普通高等教育土建学科专业"十一五"规划教材

高等学校交通运输与工程类专业教材建设委员会规划教材

Road Engineering Drawing

道路工程制图

（第五版）

谢步瀛　袁　果　主编

何铭新　主审

人民交通出版社股份有限公司

China Communications Press　Co.,Ltd.

内 容 提 要

本书主要介绍道路工程制图的一般理论和制图方法,具有较强的专业特色,同时还包含了城市道路路线工程图、道路交叉口工程图等内容。

全书分为十七章。第一章为绪论,第二章至第十章为投影理论,第十一章为制图基础,第十二章至第十七章为专业制图。为了与本教材配合使用,还编写了《道路工程制图习题集(第五版)》,另册出版。

本书为高等学校道路桥梁与渡河工程、土木工程、交通工程等专业的本科生教学用书,也可供相关中等专业学校教学及技术人员在生产实践中参考。

图书在版编目(CIP)数据

道路工程制图 / 谢步瀛,袁果主编. — 5 版. — 北京:人民交通出版社股份有限公司,2017.5

普通高等教育土建学科专业"十一五"规划教材　高等学校交通运输与工程类专业规划教材

ISBN 978-7-114-13883-6

Ⅰ. ①道…　Ⅱ. ①谢… ②袁…　Ⅲ. ①道路工程—工程制图—高等学校—教材　Ⅳ. ①U412.5

中国版本图书馆 CIP 数据核字(2017)第 124439 号

普通高等教育土建学科专业"十一五"规划教材
高等学校交通运输与工程类专业教材建设委员会规划教材

书　　　名:	道路工程制图(第五版)
著 作 者:	谢步瀛　袁　果
责任编辑:	郑蕉林　李　晴
出版发行:	人民交通出版社股份有限公司
地　　　址:	(100011)北京市朝阳区安定门外外馆斜街 3 号
网　　　址:	http://www.ccpcl.com.cn
销售电话:	(010)59757973
总 经 销:	人民交通出版社股份有限公司发行部
经　　　销:	各地新华书店
印　　　刷:	北京印匠彩色印刷有限公司
开　　　本:	787 × 1092　1/16
印　　　张:	22.25
字　　　数:	505 千
版　　　次:	1979 年 8 月　第 1 版　1983 年 6 月　第 2 版　1990 年 9 月　第 3 版 2006 年 7 月　第 4 版　2017 年 5 月　第 5 版
印　　　次:	2024 年 6 月　第 5 版　第 8 次印刷　总第 58 次印刷
书　　　号:	ISBN 978-7-114-13883-6
定　　　价:	46.00 元

(有印刷、装订质量问题的图书由本公司负责调换)

第五版前言

1979 年 8 月由同济大学主编,湖南大学、重庆建筑工程学院、南京工学院和河北工学院共同执笔,由西安公路学院主审,编成《道路工程制图》(试用教材)。

1983 年 6 月在第一版教材的基础上,汲取各兄弟院校数年来的教学经验,仍由上述院校执笔编写成《道路工程制图(第二版)》(高等学校教材)。

1990 年 9 月在《道路工程制图(第二版)》的基础上,汲取各兄弟院校的教学经验,由同济大学主编,湖南大学、北京建筑工程学院、西安公路学院、广东工学院、福州大学、东南大学和东北农业大学共同执笔,编写成《道路工程制图(第三版)》(高等学校教材)。

2005 年 10 月在《道路工程制图(第三版)》的基础上,汲取各兄弟院校多年来的教学经验并参照新修订的国家标准《房屋建筑制图统一标准》(GB/T 50001—2001)、《总图制图标准》(GB/T 50103—2001)、《建筑制图标准》(GB/T 50104—2001)、《建筑结构制图标准》(GB/T 50105—2001)、《给水排水制图标准》(GB/T 50106—2001)和《暖通空调制图标准》(GB/T 50114—2001)、《道路工程制图标准》(GB 50162—1992)进行修订,完成《道路工程制图(第四版)》(高等学校教材)。

由于国家标准已经修订,本教材按照《房屋建筑制图统一标准》(GB/T 50001—2010)、《总图制图标准》(GB/T 50103—2010)、《建筑制图标准》(GB/T 50104—2010)、《建筑结构制图标准》(GB/T 50105—2010)、《给水排水制图标准》(GB/T 50106—2010)进行修订,完成《道路工程制图(第五版)》(高等学校交通运输与工程类专业规划教材)。

为了紧密配合本教材教学,由湖南大学袁果、同济大学刘政主编的《道路工程制图习题集(第五版)》另册出版。

本教材由同济大学谢步瀛、湖南大学袁果任主编。参加本教材修订的编写人员有:谢步瀛(第一章),蒋德松(第二、三章),袁果(第四、七、八、十五章、第十四章部分),陈美华(第五、十三章),刘政(第六、十二、十六、十七章),王德芳(第九、十章),董冰(第十一章),张阳(第十四章部分)。

在编写过程中,承有关设计单位、科研所及兄弟院校大力支持并提供资料,谨此表示感谢。

本教材虽然作了修订,但由于我们水平所限,难免存在不少缺点和错误,恳请读者批评指正。

编　者

2016 年 9 月

第四版前言

1979 年 8 月由同济大学主编,湖南大学、重庆建筑工程学院、南京工学院和河北工学院共同执笔,由西安公路学院主审,编成《道路工程制图》(试用教材)。

1983 年 6 月在第一版教材的基础上,汲取各兄弟院校数年来的教学经验,仍由上述院校执笔编写成《道路工程制图(第二版)》(高等学校教材)。

1990 年 9 月在《道路工程制图(第二版)》的基础上,汲取各兄弟院校的教学经验,由同济大学主编,湖南大学、北京建筑工程学院、西安公路学院、广东工学院、福州大学、东南大学和东北农业大学共同执笔,编写成《道路工程制图(第三版)》(高等学校教材)。

本教材是在《道路工程制图(第三版)》的基础上,参照已修订和新颁布的国家标准《房屋建筑制图统一标准》(GB/T 50001—2001)、《总图制图标准》(GB/T 50103—2001)、《建筑制图标准》(GB/T 50104—2001)、《建筑结构制图标准》(GB/T 50105—2001)、《给水排水制图标准》(GB/T 50106—2001)、《道路工程制图标准》(GB 50162—1992)和有关《技术制图》《机械制图》的国家标准进行修订。

本教材除加强了投影理论和系统性外,还丰富了一些必修内容,注意理论与实际结合,精简了某些繁琐内容。把原第一章制图基础移到投影原理的后面,把原第二章投影的基本知识加上本课程的内容与要求、方法等作为第一章绪论,有

1

些章节的次序作了一些调整。

由于工程中的习惯,本教材不严格区分直线与线段。与以前各版不同,本教材用 AB 与 $\overline{AB}$ 区分线段(直线)和线段(直线)的长度。两个字母 AB 可以用来表示一条线段,$AB/\!/CD$ 表示两条直线平行,$AB \perp CD$ 表示两条直线垂直。AB 表示一条直线,$\overline{AB}$ 表示一条直线段的长度,因此可以写 $\overline{AB}=10$,但不能写 $AB=10$。

计算机绘图另外单独编写,本教材不再包含该部分内容。

为了紧密配合本教材教学,由湖南大学袁果、同济大学刘政主编,同济大学何铭新教授主审的《道路工程制图习题集(第四版)》另册出版。

本教材由同济大学谢步瀛、湖南大学袁果任主编,同济大学何铭新教授主审。参加本教材修订的编写人员有:谢步瀛(第一章),蒋德松(第二、三章),聂旭英(第四、八章),陈美华(第五、十三章),刘政(第六、十二、十六、十七章),袁果(第七、十五章、第十四章部分),王德芳(第九、十章),董冰(第十一章),张阳(第十四章部分)。

在编写过程中,承有关设计单位、科研所及兄弟院校大力支持并提供资料,谨此表示感谢。

本教材虽然作了修订,但由于我们水平所限,难免存在不少缺点和错误,恳请读者批评指正,以便再版时修订。

编　者
2006 年 6 月

第三版前言

1979 年 8 月由同济大学主编,湖南大学、重庆建筑工程学院、南京工学院和河北工学院共同执笔,由西安公路学院主审,编成《道路工程制图》(试用教材)。

1983 年 6 月在第一版教材的基础上,汲取各兄弟院校数年来的教学经验,仍由上述院校执笔编写成《道路工程制图(第二版)》(高等学校教材)。

本教材是在《道路工程制图(第二版)》的基础上,汲取各兄弟院校六年来的教学经验并参照新修订的国家标准《房屋建筑制图统一标准》(GBJ 1—1986)、《总图制图标准》(GBJ 103—1987)、《建筑制图标准》(GBJ 104—1987)和《机械制图标准》(1984-07-11 发布)进行修订。

本教材除加强了投影理论和系统性外,还丰富了一些必修内容,注意理论与实际结合,精简了某些繁琐内容。把原第八章立体的投影分写成两章(即第八章立体的投影及直线、平面与立体相交和第九章两立体相交);原第九章组合体的投影及尺寸注法改为第十章,并加强了组合体的形体分析和尺寸注法分析;原第十一章轴测投影改为第十二章,内容作了较大的变动;原第十三章路线工作图改成第十四章,并增加了城市道路内容;原第十四章桥隧工程图改为第十五章,把双曲拱桥改为斜拉桥内容;原第十六章透视投影改为第十七章,保留原来的配景内容并按画法几何系统重新编写;原第十七章房屋建筑图改为第十八章,按新的房屋建筑制图国家标准作了修改;原第十八章机械制图改为第十九章,按新的机械制图国家标准修改;原第十九章数控绘图改为第二十章,改用 BASIC 算法语言、IBM 微机编程。

为了紧密配合本教材教学,由同济大学徐志宏主编、东南大学陶诗诏主审的《道路工程制图习题集(第三版)》另册出版。

本教材由同济大学郑国权主编、西安公路学院蒋敦教主审,参加本教材修订的编写人员按章次顺序有:

湖南大学　朱志仁(第一、二十章)、谢美淼(第二、三、四、五、七章)

北京建筑工程学院　潘海东(第六章)

西安公路学院　何彦博(第八章)

广东工学院　王玛琍(第九、十四章)

同济大学　郑国权(第十、十一、十五、十六章)

福州大学　林国华(第十二章)

同济大学　徐志宏(第十三、十八章)

东南大学　陶诗诏(第十七章)

东北林业大学李若兰与同济大学徐志宏合编第十九章

参加本教材绘图工作的有王秀贞、何卫、沈云跃、黄勤、孙岩等。

在编写过程中,承有关设计单位、科研所及兄弟院校大力支持并提供资料,谨此表示感谢。

本教材虽然作了修订,但由于我们水平所限,还一定存在不少缺点和错误,恳请读者批评指正。

编　者

1990 年 9 月

目录

第一章

绪论

第一节 道路工程制图课程概述

一、本课程的地位、性质和任务

工程制图是研究工程与产品信息表达、交流与传递的学科。工程图样是工程与产品技术信息的载体,是工程界表达、交流技术思想的语言。

在工程设计中,工程图样作为构型、设计与制造中工程与产品信息的定义、表达和传递的主要媒介,在工程领域的技术工作与管理工作中有着广泛的应用;在科学研究中,图形可直观表达试验数据、反映科学规律,对于人们把握事物的内在联系、掌握问题的变化趋势有重要的意义;在表达、交流信息和形象思维的过程中,图样的形象性、直观性和简洁性,是人们认识规律、探索未知的重要工具。

工程图样是工程技术部门的一项重要技术文件。它可以用二维图形表达,也可以用三维图形表达;可以用手工绘制,也可以由计算机生成。

本课程理论严谨,实践性强,与工程实践有密切的联系,对培养学生掌握科学思维方法,增强工程和创新意识,培养工程素质有重要作用,是普通高等院校本科专业重要的技术基础课程。

道路工程制图是道路工程类专业的一门必修的技术基础课。它研究解决绘制、阅读道路工程图样的理论和方法。

本课程的主要任务是：

(1)培养对三维形状与相关位置的空间逻辑思维和形象思维能力。

(2)培养创造性构型设计的能力。

(3)培养绘制和阅读道路工程图样的初步能力。

在教学过程中还必须有意识地培养自学能力、分析问题和解决问题的能力。

二、本课程的内容与要求

本课程包括画法几何、制图基础和道路工程专业图三部分,具体内容与要求如下：

(1)画法几何研究投影原理,主要是空间形体与平面图形之间的对应关系,要求学会空间几何关系的分析。

(2)制图基础要求学生学会正确使用绘图工具和仪器的方法,贯彻国家标准中有关房屋制图标准和道路工程制图的基本规定,掌握工程形体投影图的画法、读法和尺寸标注法,培养用工具、仪器和徒手绘图的能力。

(3)通过道路工程专业图的学习,应熟悉有关专业的一些基本知识,了解道路工程专业图(如房屋、给水、排水、道路、桥梁、涵洞、隧道等图样)的内容和图示特点,遵守有关专业制图标准的规定,初步掌握绘制和阅读专业图样的方法。

本课程只能为学生的绘图和读图打下一定的基础,要达到合格的工科学生所必须具备的有关要求,还有待于在后续课程、生产实习、课程设计和毕业设计中继续培养和提高。

三、本课程的学习方法

(1)由于本课程是一门实践性较强的课程,所以必须切实加强实践性教学环节,认真地完成一定数量的习题和作业。通过习题和作业,将理解和应用投影法的基本理论、贯彻制图标准的基本规定、熟悉初步的专业知识、训练手工绘图的操作技能,与培养对三维形状和相关位置的空间逻辑思维和形象思维能力、培养绘图和读图能力紧密地结合起来。

(2)学习制图基础应了解、熟悉并严格遵守制图标准的有关规定,踏实地进行制图技能的操作训练,养成正确使用制图工具、仪器,以及正确地循序制图和准确作图的习惯。在培养绘制和阅读工程形体的图样的基本能力时,必须由浅入深地反复通过由物画图和由图想物的实践,不断发展空间想象力。

(3)在进入学习道路工程专业图阶段后,应结合所学的一些初步的专业知识,运用制图基础阶段所学的制图标准的基本规定和当前所学的专业制图标准的有关规定,读懂教材和习题集上所列出的主要图样。在绘制专业图作业时,必须在读懂已有图样的基础上进行制图,继续进行制图技能的操作训练,严格遵守制图标准的各项规定,坚持培养认真负责的工作态度和严谨细致的工作作风,从而达到培养绘制和阅读土建图样的初步能力的预期要求。

(4)在学习本课程的过程中,应逐步提高自学能力、分析问题和解决问题的能力,及时复习和进行阶段小结,学会通过自己阅读作业指示和查阅教材来解决习题和作业中的问题,作为今后查阅有关的标准、规范、手册等资料来解决工程实际问题能力的起步。要有意识地逐步将中学时期的学习方法转变为适应于高等工业学校的学习方法。

第二节 投影的基础知识

一、投影法

投影是通过空间物体的一组选定的直线与一个选定的面交得的图形。在平面上用图形来表示空间形体时,首先要解决如何把空间形体的形象表示到平面上的问题。

在日常生活中,物体在灯光和日光照射下,会在地面、墙面或其他物体表面上产生影子。这种影子常能在某种程度上显示出物体的形状和大小,并随光线照射方向等的不同而变化。图1-1a)为空间四面体在平行光线照射下,在平面上形成影子的情况。

因而在工程上,人们就把上述的自然现象加以抽象来得到空间形体的图形,如图1-1b)所示。这时,我们规定:影子落在一个平面上,并且光线可以穿过物体,使得所产生的"影子"不像真实影子那样黑色一片,而能在"影子"范围内由线条来显示物体的完整形象;此外,对光线方向也作了某些选择,使其能产生合适的"影子"形状。这种通过空间物体的一组选定直线,在一个选定的面上形成的图形,即为物体在该面上的投影。投影所在的面,称为投影面。本书的投影面均为平面;形成投影的直线,称为投射线。这种应用投射线在投影面上得到投影的过程称为投射,这种方法称为投影法。

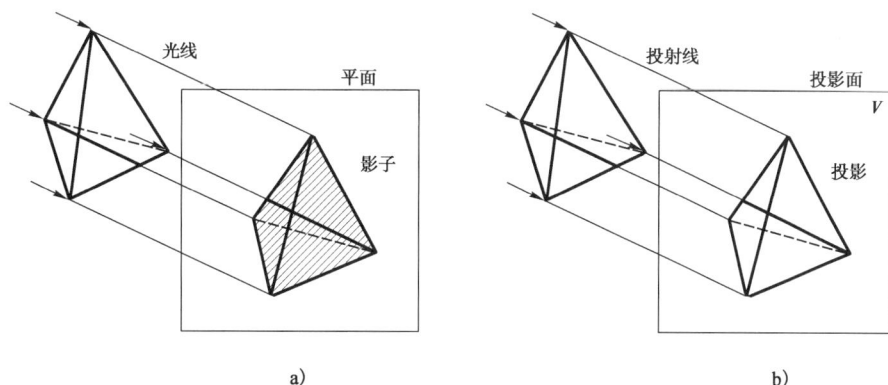

图1-1 影子和投影
a)影子;b)投影

二、投影的种类

按照投射线相互之间关系和对投影面的方向不同,将投影分为以下两种:投射线从一点(S点)出发的投影,称为中心投影,如图1-2所示,点S称为投影中心;投射线互相平行的投影,称为平行投影,如图1-3所示。平行投影中,投射线与投影面斜交时的投影,称为斜投影,如图1-3a)所示;投射线与投影面正交(垂直)时的投影,称为正投影,如图1-3b)所示。

三、平行投影的性质

平行投影有以下性质:

(1)平行两直线的投影,仍互相平行(图1-4),即如果$AB/\!/CD$,则$ab/\!/cd$。

（2）属于直线的点，其投影属于直线的投影（图1-5），即如果 $F \in EG$，则 $f \in eg$。

（3）点分线段的比值，投影后保持不变（图1-5），即 $EF:FG = ef:fg$。

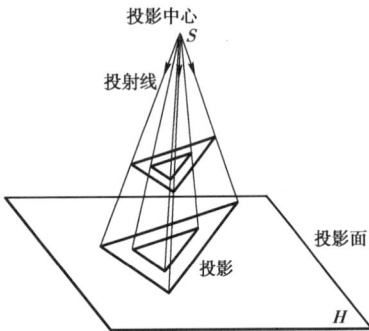

图1-2　中心投影

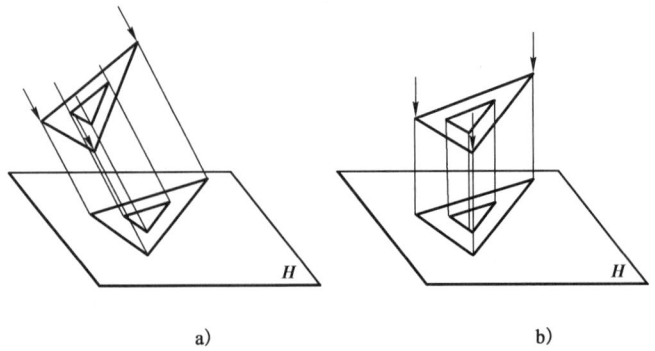

图1-3 平行投影
a)斜投影;b)正投影

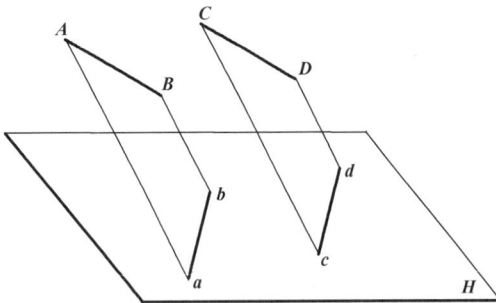

图1-4　平行直线的投影

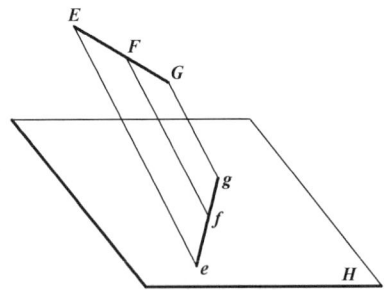

图1-5　线段上的点和分比

四、土建工程中常用的投影图

工程中常用的投影图有多面正投影图、轴测投影图、透视投影图和标高投影图。

多面正投影图是由物体在两个互相垂直的投影面上的正投影，或在两个以上的投影面（其中相邻的两投影面互相垂直）上的正投影所组成。例如图1-6是一个零件的正投影图，图中被遮的不可见投影画成虚线。多面正投影是道路工程中最主要的图样。

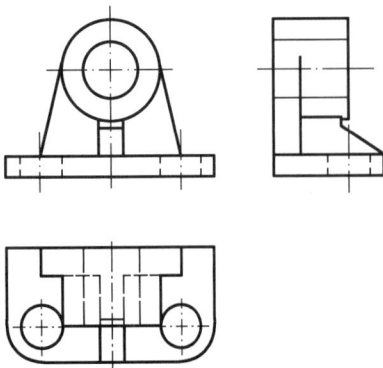

轴测投影图是沿不平行于任一坐标面的方向，用平行投影法将其投射在单一投影面上所得的图形，可以是正投影，也可以是斜投影。例如图1-7就是图1-6所示零件的轴测投影图，图中被遮的不可见投影通常省略不画。轴测投影图有较强的立体感，在道路工程中常用来绘制给水、排水、采暖通风和空气调节等方面的管道系统图。

透视投影图是用中心投影法将物体投射在单一投影面上所得的图形。例如图1-8是房屋的透视投影图。透

图1-6　多面正投影图

视投影图有很强的立体感,形象逼真,如拍摄的照片和人的视觉形象,图中通常也不画出不可见的投影。当投影中心、投影面和物体的相对位置配置得不同时,可以获得不同的透视图,正如照相机在不同的地点、以不同的方向拍摄,会得到不同的照片,以及在不同的地点、以不同的方向视物,会得到不同的视觉形象。在建筑设计中,常用透视图作为表现房屋、道路和桥梁等的外貌、室内装修与布置的视觉形象的效果图。

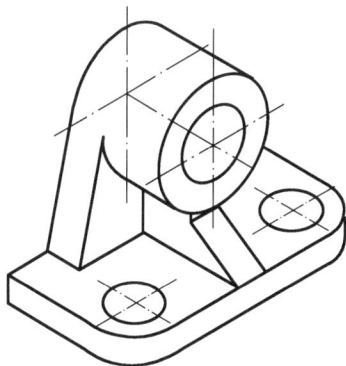

图 1-7 轴测投影图

图 1-8 透视投影图

标高投影图是物体在水平投影上加注某些特征面、线以及控制点的高程数值的单面正投影。标高投影图常用来表达地形和工程建筑物,如图 1-9 所示。

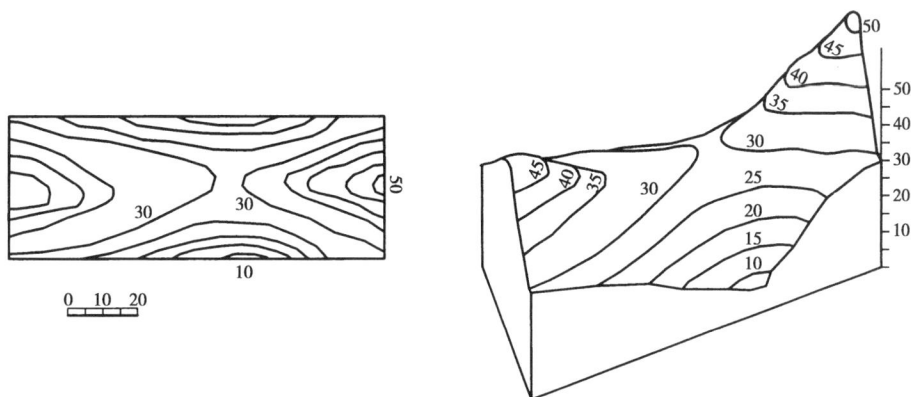

图 1-9 标高投影图

第三节 工程制图的发展史

一、工程制图的发展史简介

道路工程制图与其他学科一样,都是从人们的生产实践中产生和发展起来的。从我国和世界各国的历史可知,工程图样起源于图画。在古代,当人们学会了制作简单工具和营造各种建筑物时,就已经使用图画来表达意图了。在一段很长的时期中,都是按照写真方法画图的。随着生产的发展,对生产工具和建筑物的复杂程度与技术要求越来越高,直观的写生图已不能表达工程形体,迫切需要总结出一套正确绘制工程图样的规律和方法,这些规律和方法在许多工匠、技师、建筑师和学者们的生产实践活动中逐步积累和发展起来。之后由于生产和工程建设的不断发展,工程图样也越来越需要有统一的标准,于是各国纷纷制定了工业生产领域里各有关专业的制图标准,并随着生产建设的发展逐步修订。为了协调各国各自制定的制图标准和逐步导向统一,国际上还制定了国际标准 ISO,供各国制定和修订制图标准时参考。

二、我国历史上在工程制图方面的成就

我国是一个历史悠久的国家,创造了大量灿烂文化,在工程图方面也有不少成就。

在现存的大量汉代的画像砖和画像石上的图画,如房屋、桥、车辆等,包含了透视图、轴测图和正投影图等。又如现存的河北平山县战国时中山王墓中的一件铜制的建筑规划的平面图(940mm × 480mm),比例为五百分之一,有文字标明尺寸。还有现存的宋平江图(平江即今苏州)石刻(2020mm × 1360mm),是宋绍定三年(1229 年)重建时的石刻,为一幅城市规划图。

另外还保存下来不少著作,如刊于宋崇宁四年(1106 年)李明仲的《营造法式》,是一本建筑格式的书籍,全书共三十六卷,有大量房屋图;此外,如宋苏颂(1020 ~ 1101 年)所著《新仪象法要》,有天文仪器的立体装配图、零件的单面投影图等;还有,元王桢著的《农书》(1313 年)、明宋应星著的《天工开物》(1637 年)等,都附有很多图样。

在作图理论方面,如南北朝宋炳的《山水画序》中有:"张素绡以远映,则昆、阆之形,可围于方寸之间",其论述与现代透视投影原理类似。

在仪器工具方面,如现存的汉武氏祠石像上有伏羲拿矩、女娲拿规的像,规、矩相似于现今的圆规和角尺。

在比例方面,在汉代《周髀算经》中有"以丈为尺,以尺为寸,以寸为分"的画图比例,如上述中山墓中石刻,应用了五百分之一的比例。

综上所述,可见我国的工程图学已有很长历史,在此不一一列举。

三、新中国成立后我国工程制图的发展

我国虽然在历史上对工程制图有过许多成就,但由于新中国成立前有一段较长的时期处于半封建、半殖民地的状态,工农业生产发展滞缓,制图技术的发展也受到阻碍,在工程制图方面没有统一的标准。中华人民共和国成立后,随着科学技术、工农业生产和工程建设的不断发展,在理论图学、应用图学、图学教育、制图技术、制图标准和计算机图学等方面,都逐步得到了相应的发展。尤其是在制图标准方面,新中国成立后,为了适应社会主义建设的需要,并与国际接轨,国家有关部门制定了《总图制图标准》(GB/T 50103—2010)、《建筑制图标准》(GB/T 50104—2010)、《建筑结构制图标准》(GB/T 50105—2010)、《给水排水制图标准》(GB/T 50106—2010)、《采暖通风与空气调节制图标准》(GB/T 50114—2001)、《道路工程制图标准》(GB 50162—1992)、《水利水电工程制图标准》(SL 73—1995)等。

作为一名工程技术人员,要认真贯彻国家的制图标准,并且要关心制图标准的更新,一旦制图标准有所修订,就应该按新标准执行。

四、制图技术的发展

随着计算机性能呈数量级地提高,其价格成倍地下降,计算机辅助绘图(CAD)技术的普

及应用越来越广泛,越来越深入。

20世纪90年代以来,从事科研和应用开发CAD的技术人员认识到,要让CAD技术成为生产力,关键是让设计人员都用上、会用CAD系统。原国家科学技术委员会确定以"甩图板"来实现绘图设计自动化这一工程目标作为推广应用CAD技术的突破口,今天,许多地方、企业已经推广了CAD,取得了较好的效果。

计算机二维绘图和三维造型是适应现代化建设的新技术,对学生以后掌握计算机辅助设计技术具有重要的影响。

在学完本课程后,开设"计算机绘图"选修课或必修课,能够为学生较好地掌握现代化绘图技术和学习计算机辅助设计打下必要的基础。

随着现代社会科学技术的发展,对绘图精度的要求越来越高。工业产品的更新换代十分迅速,要求新产品的设计必须高效率地完成。手工绘图根本无法胜任。由于计算机绘图具有出图速度快,精度高,图形文件便于管理、检索、修改等特点,因此,为了顺应数字信息时代的潮流,利用计算机的高速运算及数据处理能力,实现计算机辅助设计与绘图是科学技术发展的必然趋势。

随着CAD技术的普及,土建行业开始进入"BIM时代"。

建筑信息模型(Building Information Modeling,BIM)是以建筑工程项目的各项相关信息数据作为模型的基础,进行建筑模型的建立,通过数字信息仿真模拟建筑物所具有的真实信息。它在信息完备性、信息关联性、信息一致性、可视化、协调性、模拟性、优化性和可出图性八个特性上具有突出优势。

BIM是一种应用于工程设计建造管理的数据化工具,通过参数模型整合各种项目的相关信息,在项目策划、运行和维护的全生命周期过程中进行共享和传递,可使工程技术人员对各种建筑信息做出正确理解和高效应对,为设计团队以及包括建筑运营单位在内的各方建设主体提供协同工作的基础,在提高生产效率、节约成本和缩短工期方面可发挥重要作用。

BIM同时又是一种应用于设计、建造、管理的数字化方法,这种方法支持建筑工程的集成管理环境,可以使建筑工程在其整个建设进程中显著提高效率和大幅降低风险。

由于BIM需要支持建筑工程全生命周期的集成管理环境,因此其结构是一个包含有数据模型和行为模型的复合结构。它除了包含与几何图形及数据有关的数据模型外,还包含与管理有关的行为模型,两相结合通过关联为数据赋予意义,因而可用于模拟真实世界的行为,例如模拟建筑的结构应力状况、围护结构的传热状况。当然,行为的模拟与信息的质量是密切相关的。

应用BIM,可以支持项目各种信息的连续应用及实时应用,这些信息质量高、可靠性强、集成程度高而且完全协调,可大大提高设计乃至整个工程的质量和效率,显著降低成本。

应用BIM,马上可以得到的好处就是使建筑工程更快、更省、更精确,各工种配合得更好和减少了图纸的出错风险,而长远得到的好处已经超越了设计和施工的阶段,惠及将来的建筑物的运作、维护和设施管理,还包括可持续地节省费用。

BIM是应用于建筑业的信息技术发展到今天的必然产物。事实上,多年来,国际学术界一直在对如何在计算机辅助建筑设计中进行信息建模进行深入的讨论和积极的探索。目前BIM的概念已经在学术界和软件开发商中获得共识,Graphisoft公司的ArchiCAD、Bentley公司的TriForma、Autodesk公司的Revit以及斯维尔的建筑设计(Arch)等这些引领潮流的国际和国内建筑设计软件系统,都是应用了 BIM 技术而开发的,可以支持建筑工程全生命周期的集成管理。

BIM 技术在我国已经有相当多成功的案例,包括:上海中心大厦,总建筑高度为 632m;天津 117 大厦,中国结构第一高楼,总建筑高度为 596.5m;国家会展中心,施工体量大,施工工期极紧;苏州中南中心,中国在建第一高楼,总建筑高度为 729m。

第二章

点和直线

点、线（直线或曲线）、面（平面或曲面）是构成工程结构物最基本的三种几何元素。为在平面上图示各种工程结构物和解决某些空间几何问题打下理论基础，本章将对点和直线的投影原理加以研讨。

第一节 点 的 投 影

一、点的两面投影

1.点的正投影规律

点的空间位置不能由它的一个投影确定，至少需要两个投影。在所设定的相互重直的 V、H 两投影面体系中［图 2-1a)］，由空间点 A 分别向投影面 V 和 H 引垂线，垂足 a'、a 即为 A 点的 V 面投影和 H 面投影。使正立的投影面 V（也称正面或正立投影面）保持不动，水平的投影面 H（也称为水平面或水平投影面）绕它们的交线（投影面的交线称投影轴）OX 向下旋转到 V 面的下方，即将投影面 H 展开与投影面 V 在同一平面上，去掉边框线后，即得到图 2-1b)和图 2-1c)所示 A 点的两面投影图，a'、a 也称为 A 点的正面投影、水平投影。

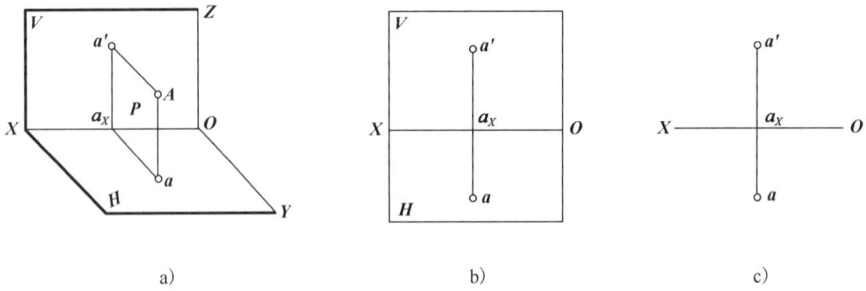

图 2-1　点的两面投影

a)立体图;b)投影图;c)去边框后的投影图

规定空间点用大写字母标记,如 A、B、$C\cdots$,H 面投影用相应的小写字母标记,如 a、b、$c\cdots$,V 面投影面用相应的小写字母加一撇标记,如 a'、b'、$c'\cdots$。

根据图 2-1,可得出点的两条基本投影规律。

(1)一点在两投影面体系中的投影,在投影图上的连线,一定垂直于该两投影面的交线,即垂直于投影轴($a'a\perp OX$ 轴)。现证明如下:

由投射线 Aa'、Aa 所构成的投射平面 $P(Aa'a_Xa)$ 与 OX 轴相交于 a_X 点,因 $P\perp V$,$P\perp H$,则 P、V、H 三面互相垂直,由立体几何可知,此三平面两两的交线必互相垂直,即 $a'a_X\perp OX$,$aa_X\perp OX$,$a'a_X\perp aa_X$,故 P 面为矩形。

当 H 面旋转到与 V 面重合时,a_X 不动,且 $aa_X\perp OX$ 轴的关系不变,所以 a'、a_X、a 三点共线,即 $a'a\perp OX$ 轴。

(2)空间一点到某一投影面的距离,等于该点在另一个与该投影面垂直的投影面上的投影到投影轴的距离。如图 2-1 所示,$\overline{Aa'}=\overline{aa_X}$,$\overline{Aa}=\overline{a'a_X}$。

2.点在两面体系中的各种位置

平面是可以无限延伸的,设想图 2-1a)中的 V 面、H 面向下、向后扩展而将整个空间划分为四个部分,每一部分称为一个分角,一般规定四个分角的排列顺序如图 2-2 中所示。展开时由于 H 面的前半部分向下旋转,其后半部分则绕 OX 轴向上旋转与 V 面重合。

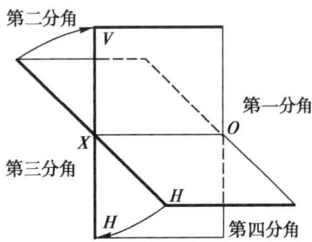

图 2-2　四个分角

上面研究了点位于第一分角的两条基本投影规律,显然点也可以位于四个分角中的其他各种位置,如图 2-3 中的 A、B、C、D 四点分别位于一、二、三、四分角,这时各点的投影图同样符合上述两条基本投影规律,仅由于点所处分角的不同,其两个投影与 OX 轴的相对位置各异:第二分角点的 V、H 面投影均在 OX 轴上方,而第四分角则刚好与之相反;第三分角点的 V、H 面投影虽分居 OX 轴的上下方,但与第一分角的情形也正好相反。

图 2-4 为各点分别在投影面(轴)上的情形:投影面上的点,如 K、N、M、L,其中一个投影与空间点重合,另一个投影在 OX 轴上;投影轴上的点如 G,其两个投影均与空间点重合,即均在 OX 轴上。总之它们的投影仍完全符合上述两条基本投影规律。

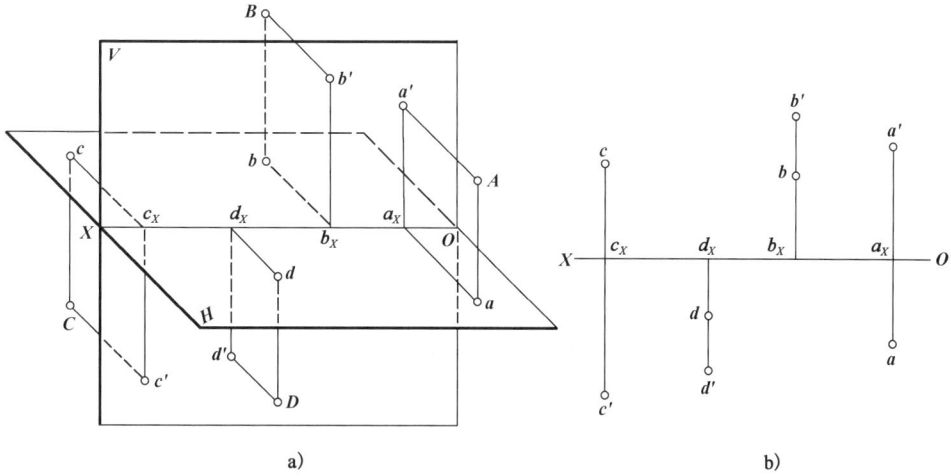

图 2-3　四个分角中的点
a)立体图;b)投影图

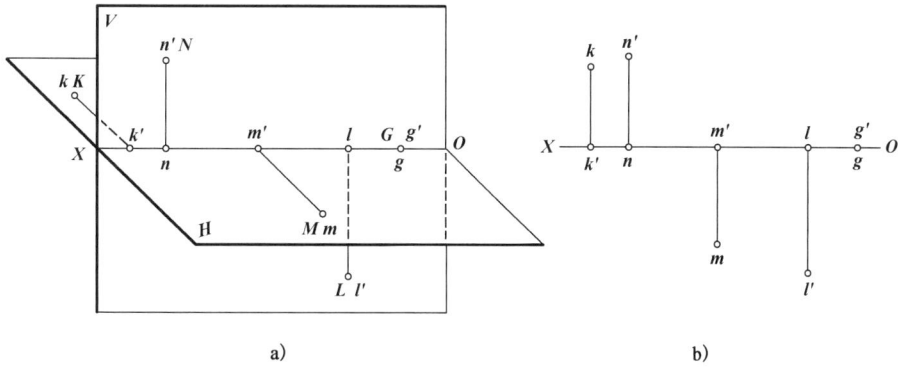

图 2-4　投影面和投影轴上的点
a)立体图;b)投影图

二、点的三面投影

图 2-5 为空间点 A 在三投影面体系中的投影。在 V、H 两投影面体系中加设与 H 面、V 面都垂直的 W 面(也称为侧面或侧立投影面),它与 H 面、V 面的交线,就是投影轴 OY、OZ,即得三投影面体系。如前法求得 H 面和 V 面的投影 a 和 a' 之后,过点 A 向 W 面作垂线,与之相交于 a'',即为 A 点的 W 面投影,也称为 A 点的侧面投影,并规定点的 W 面投影用相应的小写字母加两撇标记,如 a''、b''…。

分析图 2-5 可得出点在三面体系中的投影规律。

(1)点的 V 面投影和 H 面投影的连线垂直于 OX 轴;点的 V 面投影和 W 面投影的连线垂直于 OZ 轴,即两投影的连线必垂直于相应的投影轴,在图 2-5b)中,$aa' \perp OX$ 轴,已在二投影面体系中证明。同理,亦可证得 $a'a'' \perp OZ$ 轴。

由于 OX 轴规定画成水平线,OZ 轴规定画成竖直线,所以一点的正面投影和水平投影必在同一竖直线上,正面投影和侧面投影必在同一水平线上,即长对正、高平齐。

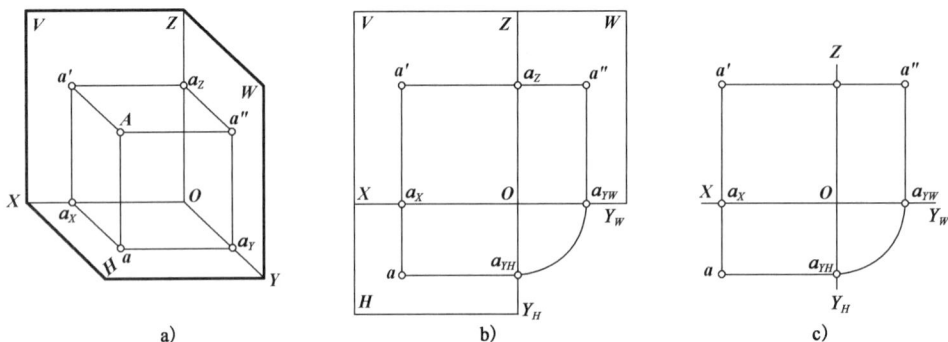

图 2-5　点的三面投影

a)立体图;b)投影图;c)去边框后的投影图

(2)点的 H 面投影至 OX 轴的距离,等于其 W 面投影至 OZ 轴的距离,即宽相等。从图 2-5a)和图2-5b)可以看出:

①A 点至 W 面的距离:$\overline{Aa''} = \overline{a'a_Z} = \overline{aa_{YH}}$。

②A 点至 V 面的距离:$\overline{Aa'} = \overline{aa_X} = \overline{a''a_Z}$。

③A 点至 H 面的距离:$\overline{Aa} = \overline{a'a_X} = \overline{a''a_{YW}}$。

上述投影特性即"长对正,高平齐,宽相等"的理论根据。

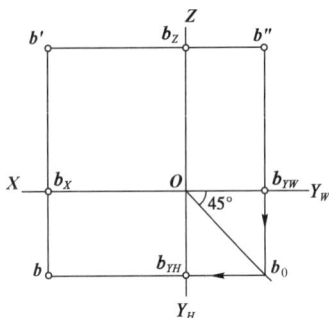

图 2-6　已知点的两投影求第三投影

根据上述投影规律,只要已知点的任意两投影,即可求其第三投影。

【例 2-1】　如图 2-6所示,已知点 B 的 V、W 面投影 b'、b'',求 b。

解　(1)按第一条规律,过 b' 作 OX 轴的垂线,与 OX 轴交于 b_X 点。

(2)按第二条规律,在所作垂线上量取 $\overline{b_X b} = \overline{b_Z b''}$ 得 b 点,即为所求。作图时,也可借助于过 O 点所作45°斜线 Ob_0,因 $b_0 b_{YH}$ 是正方形,故 $\overline{Ob_{YH}} = \overline{Ob_{YW}}$,作图过程如图 2-6 中箭头所示。

三、点的投影与坐标

研究点的坐标,也是研究点与投影面的相对位置。可把三个投影面看作坐标面,投影轴看作坐标轴,如图 2-5 所示。这时:

(1)A 点到 W 面的距离为 x 坐标。

(2)A 点到 V 面的距离为 y 坐标。

(3)A 点到 H 面的距离为 z 坐标。

因此,一点的三面投影与点的坐标关系为:

(1)A 点的 H 面投影 a 可反映该点的 x 和 y 坐标。

(2)A 点的 V 面投影 a' 可反映该点的 x 和 z 坐标。

(3)A 点的 W 面投影 a'' 可反映该点的 y 和 z 坐标。

空间点 A 若用坐标表示,可写成 $A(x,y,z)$,那么,它的三个投影的坐标分别为 $a(x,y)$、$a'(x,z)$ 和 $a''(y,z)$。如已知一点 A 的三投影 a、a' 和 a'',就可从图上量出该点的三个坐标;反之,如已知 A 点的三个坐标,就能作出该点的三面投影。

【例 2-2】 已知 $B(4,6,5)$,求作 B 点的三面投影。

解 作图步骤如图 2-7 所示。

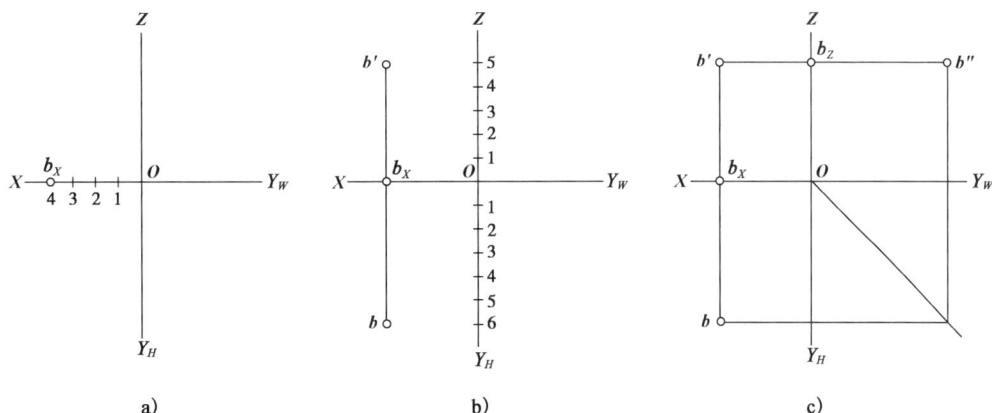

图 2-7 已知点的坐标求作点的三面投影
a)作 b_X;b)作 b' 和 b;c)作 b''

(1)画出投影轴及原点 O,在 OX 轴上自 O 点向左量取 $x = 4$ 单位,得 b_X 点,如图 2-7a)所示。

(2)过 b_X 引 OX 轴的垂线,由 b_X 向上量取 $z = 5$ 单位,得 V 面投影 b',再向下量取 $y = 6$ 单位,得 H 面投影 b,如图 2-7b)所示。

(3)过 b' 作线平行于 OX 轴,与 OZ 轴相交于 b_z,量取 $\overline{b_z b} = Y_B = \overline{b_X b}$,得 W 面投影 b'',如图 2-7c)所示。b、b' 和 b'' 即为所求。在作出 b'、b 之后,也可利用 45°斜线求出 b''。

四、两点的相对位置和重影点

1.两点的相对位置

空间两点的相对位置是以其中某一点为基准,判别另一点在该点的前后、左右和上下的位置,这可从两点的坐标差来确定。如图 2-8a)所示,若以 B 点为基准,因 $X_a < X_b$,$Y_a < Y_b$,$Z_a > Z_b$,故知 A 点在 B 点的右、后、上方。图 2-8b)为其立体图。

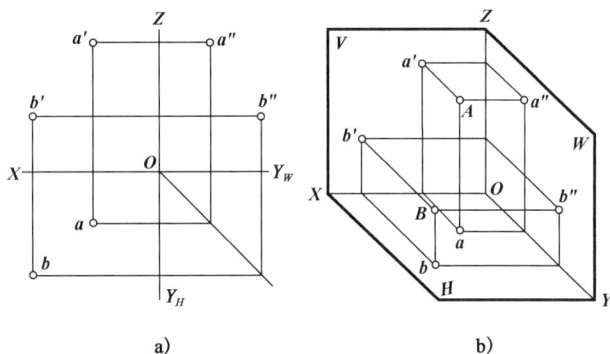

图 2-8 两点的相对位置
a)投影图;b)立体图

2.重影点及其可见性的判别

当空间两点位于某一投影面的同一投射线上时,则此两点在该投影面上的投影重合。此重合的投影称为重影点。如图2-9a)所示,A、B两点在同一垂直H面的投射线上,这时称A点在B点的正上方;B点则在A点的正下方。同理,C点在D点的正前方;F点在E点的正右方,见图2-9c)、d)。由图2-9a)可知a、b两投影重合,为对H面的重影点,但其他的两对同面投影不重合。至于a、b两点的可见性,可从图2-9b)的V面投影(或W面投影)进行判别。

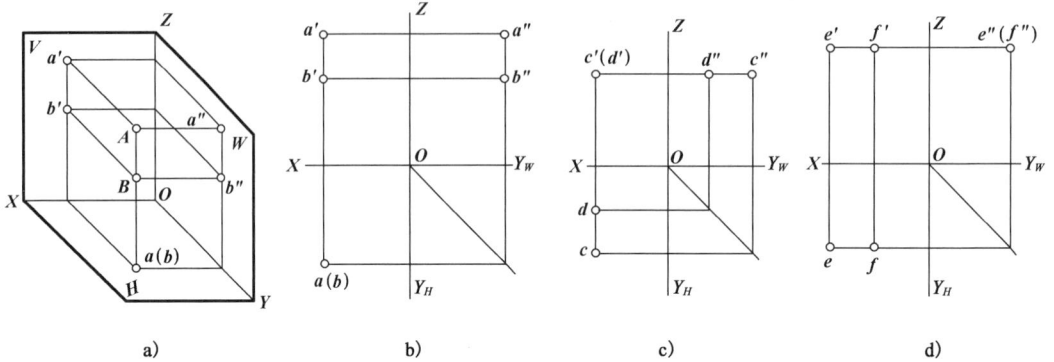

图2-9 重影点及其可见性的判别
a)立体图;b)投影图;c)投影图;d)投影图

因a'高于b'(或a''高于b''),即A点在B点之正上方,故a为可见,b为不可见。为了区别起见,凡不可见的投影其字母写在后面,加括号表示,如图2-9b)、c)、d)中,b在a之下,d'在c'之后,f''在e''之右。

第二节 直线的投影

从几何学可知,两点确定一条直线,故画出直线上任意两点的投影,连接其同面投影,即为直线的投影(为了简述起见,本书中常常将直线段也统称直线)。

按直线与投影面的相对位置可分为一般位置直线、投影面平行线和投影面垂直线三种,后两种统称为特殊位置直线。

一、一般位置直线

对三个投影面均不平行又不垂直的直线称为一般位置直线(简称一般线)。

图2-10a)为一般位置直线的立体图,直线和它在某一投影面上的投影所形成的夹角,称为直线对该投影面的倾角,对H面的倾角用α表示;对V、W面的倾角分别用β、γ表示。

一般线的投影,有如下特性:

(1)可由图2-10a)看出:$\overline{ab}=\overline{AB}\cos\alpha$,$\overline{a'b'}=\overline{AB}\cos\beta$,$\overline{a''b''}=\overline{AB}\cos\gamma$,而$\alpha$、$\beta$和$\gamma$均介于$0°$与$90°$之间,$\cos\alpha$、$\cos\beta$和$\cos\gamma$均小于1,故一般位置直线的三个投影都小于实长。

(2)一般线上各点到同一投影面的距离不等,所以各投影面上的投影都倾斜于投影轴。读图时,一条直线只要有两个投影是倾斜的,它一定是一般线。

（3）各投影与相应的投影轴所成的夹角，都不反映直线对各投影面的真实倾角，如图 2-10b)所示。

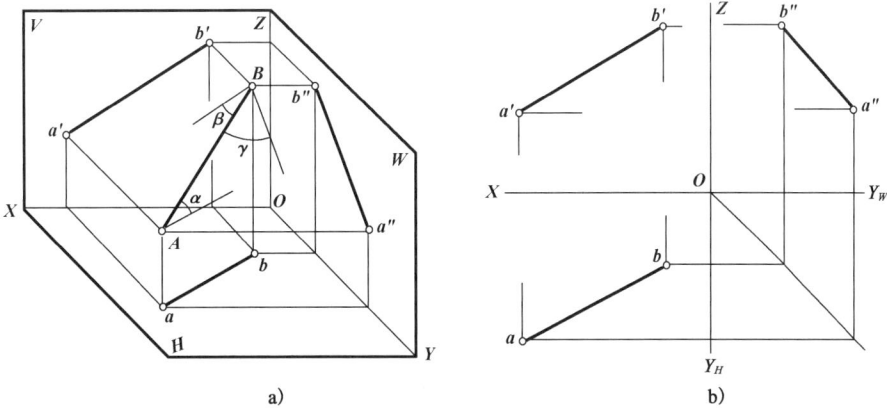

图 2-10 一般位置直线

a)立体图；b)投影图

二、投影面平行线

1. 空间位置

只平行一个投影面，倾斜于另外两个投影面的直线，称为该投影面的平行线，有如表 2-1 所示三种情况。

（1）与 V 面平行的直线称为正面平行线，简称正平线，如表 2-1 中的 AB。

（2）与 H 面平行的直线称为水平面平行线，简称水平线，如表 2-1 中的 CD。

（3）与 W 面平行的直线称为侧面平行线，简称侧平线，如表 2-1 中的 EF。

2. 投影特性

投影面平行线在它所平行的投影面上的投影是倾斜的，反映实长。这个实长投影与投影轴的夹角反映该投影面平行线对相应投影面的倾角实形。其余两投影均小于实长，且平行相应的投影轴。

例如表 2-1 中的 CD，因 $CD /\!/ H$ 面，所以 $cd = \overline{CD}$，$c'd' /\!/ OX$，$c''d'' /\!/ OY_W$ 轴，且 cd 与 OX 轴、OY_H 轴的夹角等于 CD 对 V 面、W 面的倾角 β、γ。

对于其他的投影面平行线也有类似的特性，详见表 2-1。

投影面平行情况及其特性   表 2-1

投影面平行线	立 体 图	投 影 图	投 影 特 性
正面平行线 （正平线）			1. $ab /\!/ OX$ 轴，$a''b'' /\!/ OZ$ 轴； 2. $\overline{a'b'} = \overline{AB}$； 3. $a'b'$ 与投影轴的夹角反映直线与 H、W 面的真实倾角 α、γ

续上表

投影面平行线	立 体 图	投 影 图	投 影 特 性
水平面平行线 (水平线)			1. $c'd'$ // OX 轴,$c''d''$ // OY_W 轴; 2. $\overline{cd} = \overline{CD}$; 3. cd 与投影轴的夹角反映直线与 V、W 面的真实倾角 β、γ
侧面平行线 (侧平线)			1. $e'f'$ // OZ 轴,ef // OY_H 轴; 2. $\overline{e''f''} = \overline{EF}$; 3. $e''f''$ 与投影轴的夹角反映直线与 H、V 面的真实倾角 α、β

3. 读图

一直线如果有一个投影平行于投影轴而另有一个投影倾斜时,它必然是一条投影面平行线,平行于该倾斜投影所在的投影面。如表 2-1 中 ab // OX 轴,$a'b'$ 倾斜,所以 AB 是平行于 V 面的正平线。

【例 2-3】 已知水平线 AB 的长度为 25mm,$\beta = 30°$ 和 A 点的两投影 a、a',试求 AB 的三面投影。

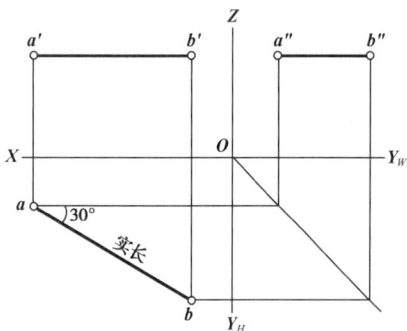

解 如图 2-11 所示:

(1)过 a 作直线 ab,其长度为 25mm,并与 OX 轴成 30°。

(2)过 a' 作直线平行 OX 轴,与过 b 所作 OX 轴的垂线相交于 b'。

(3)根据 ab 和 $a'b'$ 作出 $a''b''$。

讨论:根据已知条件,B 点可以在 A 点的前、后、左、右四种位置,即本题有四种答案。

图 2-11 求水平线的三投影

三、投影面垂直线

1. 空间位置

与某一个投影面垂直的直线统称为投影面垂直线,如表 2-2 所示。投影面垂直线也有三种情况:

(1)与 V 面垂直的称为正面垂直线,简称正垂线,如表 2-2 中的 AB。

(2)与 H 面垂直的称为水平面垂直线,简称铅垂线,如表 2-2 中的 CD。

（3）与 W 面垂直的称为侧面垂直线,简称侧垂线,如表 2-2 中的 EF。

投影面垂直情况及其特性

表 2-2

投影面垂直线	立 体 图	投 影 图	投 影 特 性
正面平行线（正垂线）			1. $a'b'$ 积聚为一点; 2. $ab \perp OX$；$a''b'' \perp OZ$; 3. $\overline{a'b'} = \overline{a''b''} = \overline{AB}$
水平面垂直线（铅垂线）			1. cd 积聚为一点; 2. $c'd' \perp OX$；$c''d'' \perp OY_W$; 3. $\overline{c'd'} = \overline{c''d''} = \overline{CD}$
侧面垂直线（侧垂线）			1. $e''f''$ 积聚为一点; 2. $e'f' \perp OZ$；$ef \perp OY_H$; 3. $\overline{e'f'} = \overline{ef} = \overline{EF}$

2. 投影特性

投影面垂直线在它所垂直的投影面上的投影积聚成一点。由于投影面垂直线与其他两投影面平行,其上各点与相应投影面等距,所以其他两投影与相应的投影轴平行,并都反映该线段的实长。

例如表 2-2 中的正垂线 AB,因 $AB \perp V$ 面,必平行 H、W 面,即为水平线、侧平线,因此,$a'b'$ 积聚为一点,$ab \perp OX$,$a''b'' \perp OZ$,$\overline{ab} = \overline{a''b''} = \overline{AB}$。

对于其他的投影面垂直线,也具有类似的特性,详见表 2-2。

3. 读图

一条直线只要有一个投影积聚为一点,它必然是一条投影面垂直线,垂直于积聚投影所在的投影面,例如表 2-2 中,CD 的一投影积聚为一点 $c(d)$,则 CD 是垂直于 H 面的垂线。

四、直线的实长及其与投影面的倾角

如要根据一般线的投影求其实长和倾角,只要分析图 2-12a) 中的直角三角形 ABB_1,即可求得解决问题的一般规律。

在 $ABba$ 所构成的投射平面内,延长 AB 和 ab 交于点 M,$\angle BMb$ 就是 AB 直线对 H 面的倾角 α。

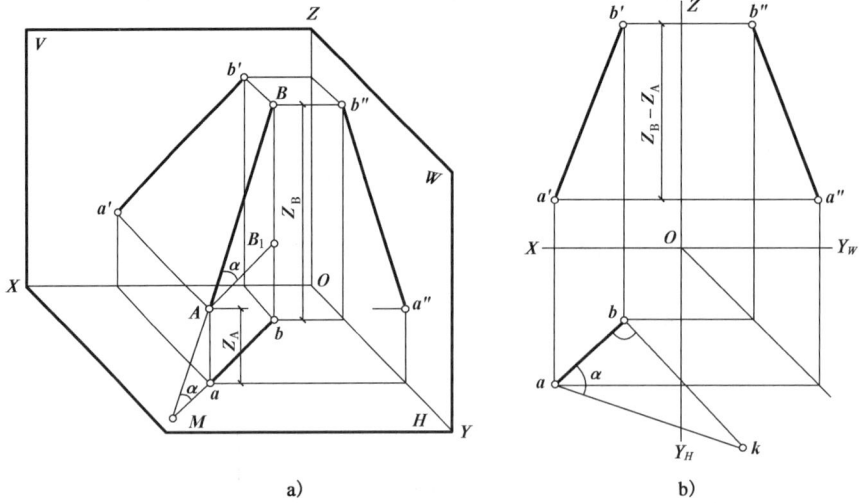

图 2-12　求直线的实长与倾角 α

a)立体图;b)投影图

过 A 点作 $AB_1 // ab$,则 $\angle BAB_1 = \alpha$,且 $\overline{AB_1} = \overline{ab}$。从直角三角形 BAB_1 中可知,只要在投影图上能作出该三角形的实形,求 AB 直线的实长与倾角 α 的问题即可解决。

其中,直角边 $\overline{AB_1} = \overline{ab}$,即为 AB 已知的 H 面投影。另一直角边 BB_1,是直线两端点的 Z 坐标差,即 $\overline{BB_1} = Z_B - Z_A$,可从 V 面投影中量得,亦为已知,其斜边 $\overline{AB}$ 即为实长。弄清空间关系后,可在平面上作出该直角三角形,如图 2-12b)所示。

(1)过 H 面投影 ab 的任一端点 b 作直线垂直 bk。

(2)在所作垂线上截取 $\overline{bk} = Z_A - Z_B$,得 k 点。

(3)连直角三角形的斜边 ak 即为所求之实长,$\angle bak$ 即为倾角 α。

同理,为求 AB 直线对 V 面的倾角 β,可对图 2-13a)做类似的空间分析,其具体作图方法如图 2-13b)所示。若求倾角 γ,则以 $a''b''$ 为一直角边,$X_B - X_A$ 为另一直角边,作出直角三角即可。

【例 2-4】　已知直线 AB 的实长为 20mm,并知 a、a'、b',试求 ab(图 2-14)。

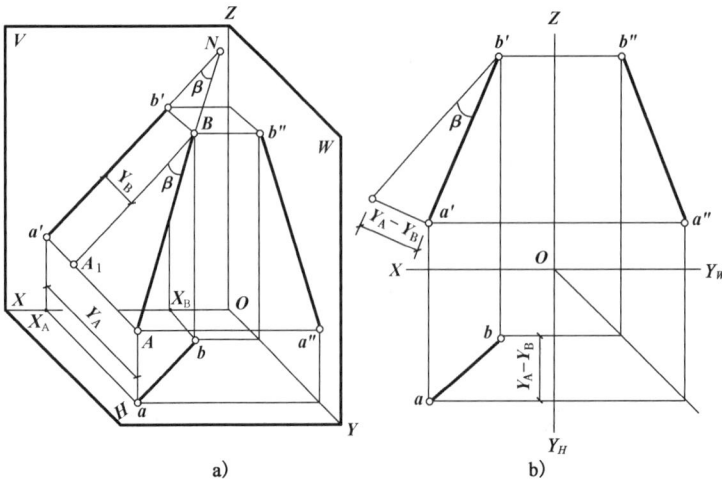

图 2-13　求直线的实长与倾角 β

a)立体图;b)投影图

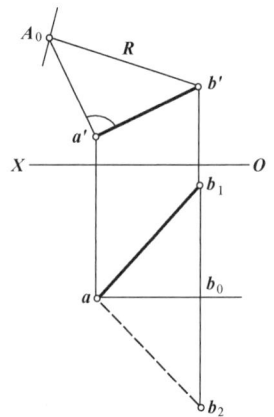

图 2-14　补全直线的投影

解 （1）过 $a'b'$ 的任一端点 a' 作 $a'b'$ 的垂线,以 b' 为圆心,$R=20\text{mm}$ 为半径画圆弧,与垂线相交于 A_0 点,得直角三角形 $A_0a'b'$。

（2）过 b' 作 OX 轴的垂线,再过 a 作 OX 轴的平行线,两直线相交于 b_0,在 $b'b_0$ 线上截取 Y 坐标差 $\overline{b_0b_1}=\overline{a'A_0}$,得 b_1 点,连接 a 与 b_1,即为所求。

显然,也可截取 $\overline{b_0b_2}=\overline{a'A_0}$,得 b_2 点,连接 a 与 b_2,也为所求,即本例有两解。

五、直线上的点

由平行投影特性可知,点在直线上,则点的投影必在该直线的同面投影上。如图 2-15 所示,点 M 在直线 AB 上,并把 AB 分成 AM、MB 两段。因为投射线 $Mm/\!/Aa/\!/Bb$,所以 $\overline{AM}:\overline{MB}=\overline{am}:\overline{mb}$。同理可知 $\overline{AM}:\overline{MB}=\overline{a'm'}:\overline{m'b'}=\overline{a''m''}:\overline{m''b''}$。由此可得点的定比分割特性:点分割线段成定比,其投影也把线段投影分成相同的比例。

【例 2-5】 已知侧平线 AB 的两投影 ab 和 $a'b'$,并知 AB 线上一点 K 的 V 面投影 k',求 k（图 2-16）。

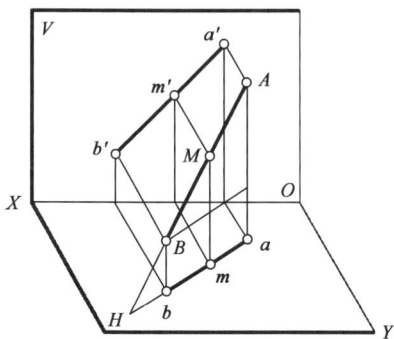

图 2-15 直线上的点

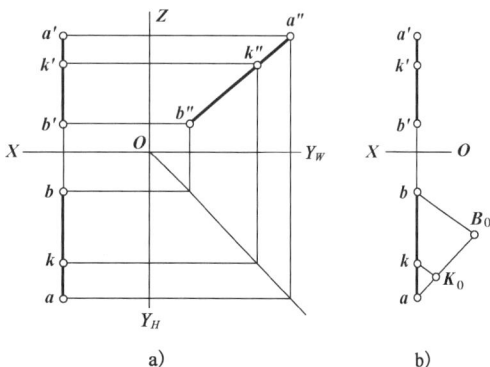

图 2-16 求直线上一点的投影
a)解法一;b)解法二

解 （1）据 ab 和 $a'b'$ 求出 $a''b''$;再求 k'',即可作出 k,如图 2-16a)所示。

（2）用定比关系也可求出 k,如图 2-16b)所示。因 $\overline{AK}:\overline{KB}=\overline{a'k'}:\overline{k'b'}=\overline{ak}:\overline{kb}$,所以可在 H 面投影中过 a 任作辅助线 aB_0,并使它等于 $a'b'$,再取 $\overline{aK_0}=\overline{a'k'}$。连 B_0 与 b,并过 K_0 作 $K_0k/\!/B_0b$ 交 ab 于 k,即为所求。

【例 2-6】 已知侧平线 CD 及点 M 的 V、H 面投影,试判定 M 点是否在侧平线 CD 上（图 2-17）。

解 （1）判定点是否在直线上,一般只要观察两面投影即可。但对于图 2-17 所示的侧平线,则可作出它们的 W 面投影来判定。现由作图结果 m'' 在 $c''d''$ 外面,可知 M 点不在直线 CD 上[图 2-17a)]。

（2）也可用定比关系来判定,如图 2-17b)所

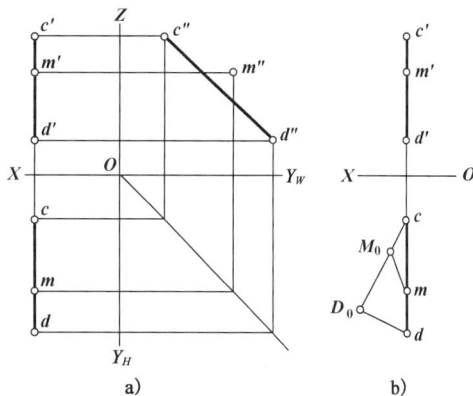

图 2-17 判定点是否在直线上
a)解法一;b)解法二

示。在任一投影(如 H 面投影)中,过 c 任作一辅助线$\overline{cD_0} = \overline{C'd'}$,并在其上取$\overline{cM_0} = \overline{c'm'}$,$\overline{M_0D_0} = \overline{m'd'}$,连接 m 与 M_0、d 与 D_0。因 mM_0 不平行于 dD_0,说明 M 点不在直线 CD 上。

六、直线的迹点

直线与投影面的交点,称为直线的迹点;直线与水平投影面的交点称为水平迹点,用 M 标记;直线与正立投影面的交点称为正面迹点,用 N 标记;直线与侧立投影面的交点称为侧面迹点,用 S 标记。

图 2-18 为直线 AB 的 H 面和 V 面迹点的求法。

迹点既是直线上的点,又是投影面上的点,因此它同时具有直线上的点和投影面上的点的投影特性。当求作直线 AB 的水平迹点 $M(m',m)$ 时,因 M 在 AB 上,则 m' 必在 $a'b'$ 上,m 必在 ab 上;又因 M 在 H 面上,则 m' 必在 OX 轴上(m 与 M 本身重合)。所以延长 $a'b'$ 与 OX 轴相交,就可首先求得 M 的 V 面投影 m',据此再求得 m,如图 2-18b)所示。

对于正面迹点 $N(n',n)$,只要作类似于上述的分析和作图,也就不难求出了(本书只讨论第一分角中直线的 V、H 面的迹点)。

【例 2-7】 求侧平线 AB 的迹点(图 2-19)。

解 AB 直线只有水平和正面两个迹点。延长 $a'b'$ 和 ab,均与 OX 轴交于同一点,这时可应用点分割线段成定比的特性求 M、N 的两面投影,具体作图见图 2-19a)。而图 2-19b)为用 W 投影求 $M(m',m)$、$N(n',n)$ 的作图过程。

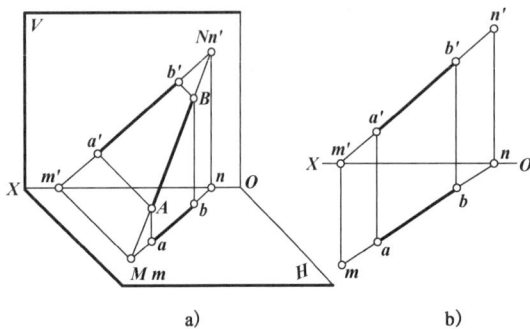

图 2-18　直线的迹点
a)立体图;b)投影图

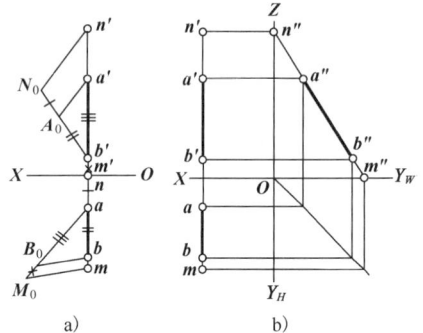

图 2-19　求侧平线的迹点
a)解法一;b)解法二

第三节　两直线的相对位置

工程结构物上的表面交线,它们两两之间的相对位置可归纳为三种情况(图 2-20):

(1)两直线互相平行。如图 2-20 所示,公路涵洞洞口模型八字墙上的 AB、CD 两直线是互相平行的。

(2)两直线相交。如图 2-20 所示,八字墙上的 CD 与 CE 两直线相交于 C 点。

(3)两直线交叉。如图 2-20 所示,八字墙上的 AB 与 EF 两直线,它们既不平行,也不相交。

由于两平行直线或两相交直线都在同一平面上,所以它们称为共面线。两交叉直线不在同一平面上,所以称为异面线。现将三种情况分述如下。

一、平行两直线

根据平行投影的特性可知:两平行直线在同一投影面上的投影相互平行。

如图2-21a)所示,若AB∥CD,则ab∥cd,$a'b'$∥$c'd'$,$a''b''$∥$c''d''$;反之,若两直线的同面投影互相平行,则此空间两直线一定互相平行,如图2-21b)所示。

判定两直线是否平行,对一般线只要观察两面投影即可。但两侧面平行线,它们的V、H面投影虽然互相平行,两直线不一定平行。如图2-22所示的两侧平线CD、EF可作出W面投影来判定,判断结果为CD与EF不平行。

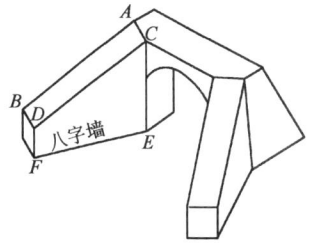

图2-20 涵洞洞口各直线的相对位置

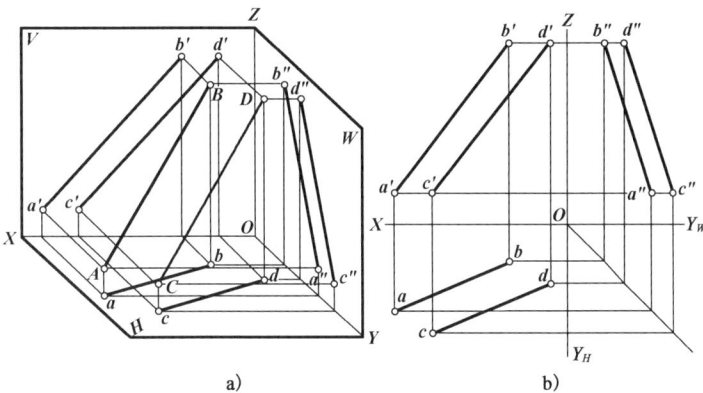

图2-21 平行两直线的投影
a)立体图;b)投影图

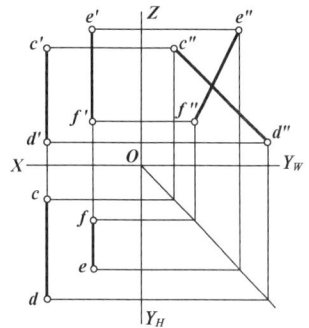

图2-22 判定两直线的相对位置

二、相交两直线

如图2-23a)所示的AB和CD为相交两直线,其交点K为两直线的共有点,它既是AB上的点,又是CD上的点。由于线上一点的投影必在该线的同面投影上,因此,K点的H面投影k应在ab上,又应在cd上。这样k必然是ab和cd的交点。同理k'必然是$a'b'$和$c'd'$的交点(若在三投影面体系中,k''也是$a''b''$和$c''d''$的交点)。由此可得,相交两直线的投影特点为:

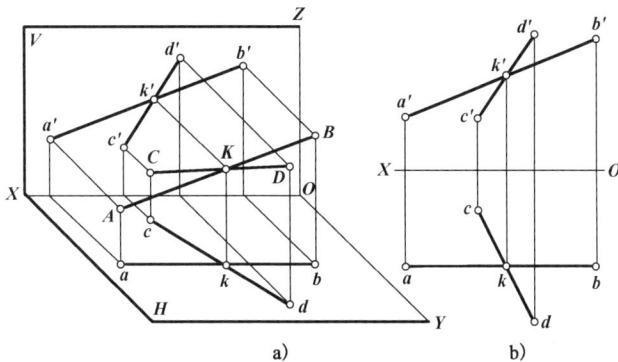

图2-23 相交两直线的投影
a)立体图;b)投影图

21

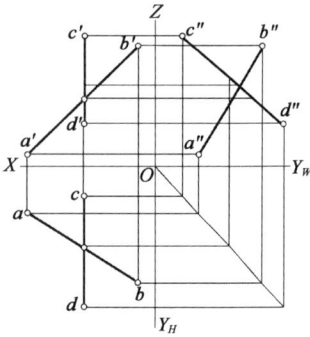

图 2-24 判定两直线的相对位置

相交两直线,其同面投影必相交,且各投影交点的连线必垂直于相应的投影轴(即符合点的投影规律)。

如图 2-23b)所示,AB、CD 均为一般线,故按上述投影特点,根据 V、H 两面投影即可判定该两直线为相交。

当两直线之一为侧面平行线时,如图 2-24 所示,CD 为侧平线,若只根据 V、H 两面投影则还不足以判定其是否相交,这里除可作出 W 面投影或利用前述定比的特性来判定外,还可用假设转化为共面(或异面)两直线的几何关系来判定(见后面的图 2-26 所述)。

三、交叉两直线

交叉两直线既不平行,也不相交。它们的投影可能有一对或两对同面投影互相平行,但绝不可能三对同面投影都互相平行(图 2-25)。

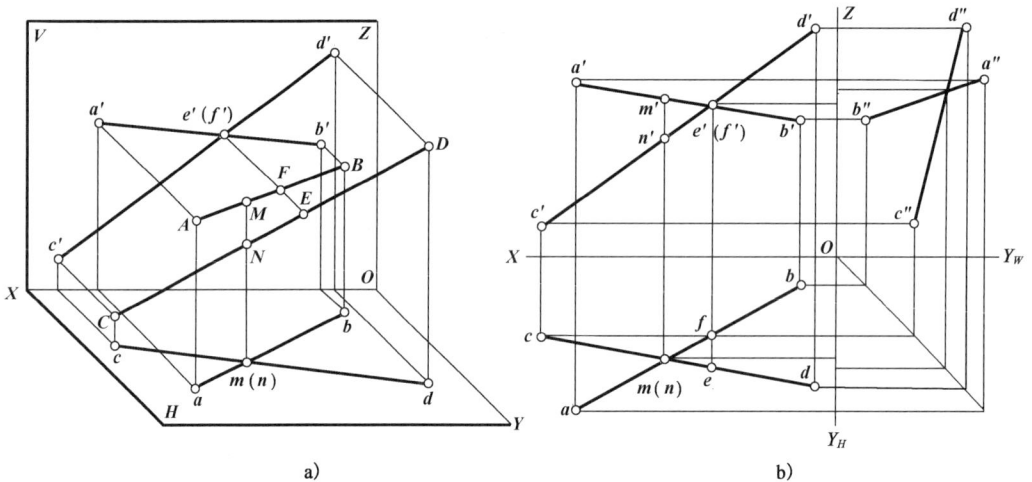

图 2-25 交叉两直线的投影
a)立体图;b)投影图

交叉两直线也可表现为一对、两对或三对同面投影相交,但其交点的连线肯定不符合点的投影规律。

如图 2-25 所示,AB 和 CD 是交叉两直线,其三面投影均相交,但其交点不符合点的投影规律,即 ab 和 cd 的交点不是一个点的投影,而是 AB 上的 M 点和 CD 点上的 N 点在 H 面上的重影点。M 点在上,m 为可见;N 点在下,n 为不可见。同样 a'b'和 c'd'的交点是 CD 上的 E 点和 AB 上的 F 点在 V 面上的重影点,E 点在前,e'为可见,F 点在后,f'为不可见。显然,a"b"和 c"d"的交点亦为重影点。在此基础上,读者可自行补全这三对投影点的全部投影以及它们的投影连线。对于图 2-22 判定两侧平线的相对位置,也可不用 W 面投影而运用两直线共面还是异面的道理来判定(图 2-26):先假设它们为共面的平行两直线,分别连接 c'f'、d'e' 及 cf、de,则 CF 和 DE 应为相交两直线。但它们交点的两投影的连线不符合点的投影规律,故与假设有矛盾,既不平行,也不可能相交,因而判定它们是交叉两直线。

四、直角投影

当两直线相交成直角时,两直角边有下列三种情况,它们的投影特性如下:

(1)当直角的两边都与投影面不平行时,在该投影面上的投影不是直角。

(2)当直角的两边都与投影面平行时,在该投影面上的投影仍是直角。

(3)当直角中有一条直线与某一投影面平行时,则此直角在该投影面上的投影仍反映直角。

1. 相交垂直的证明[图 2-27a)]

已知:$\angle ABC = 90°$,$BC /\!/ H$ 面,求证:$\angle abc = 90°$。

证明:$\because BC \perp AB$,$BC \perp Bb$,$\therefore BC \perp$ 平面 $ABba$;且 $\because bc /\!/ BC$,$\therefore bc \perp$ 平面 $ABba$。因此,bc 垂直平行面 $ABba$ 上的一切直线,即 $bc \perp ab$,$\therefore \angle abc = 90°$。

图 2-27b)为其投影图,因 $b'c' /\!/ OX$ 轴,即 BC 为水平线,故 $\angle abc = 90°$。显然其 V 面投影则不反映直角。

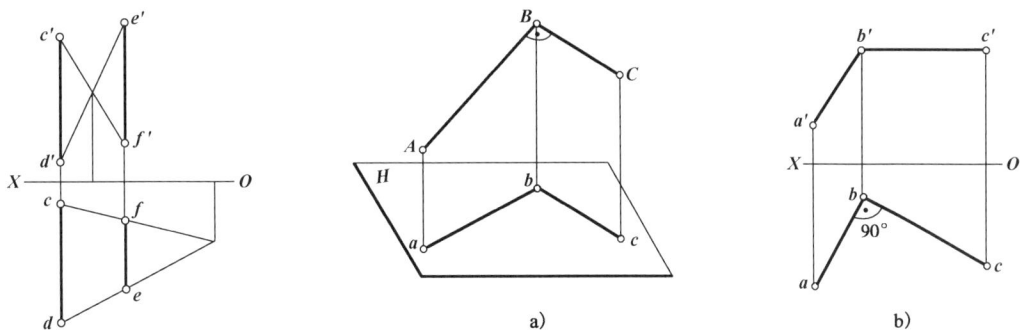

图 2-26 两侧平线相对位置的判定

图 2-27 一边平行于一投影面的直角的投影
a)立体图;b)投影图

2. 交叉垂直的证明[图 2-28a)]

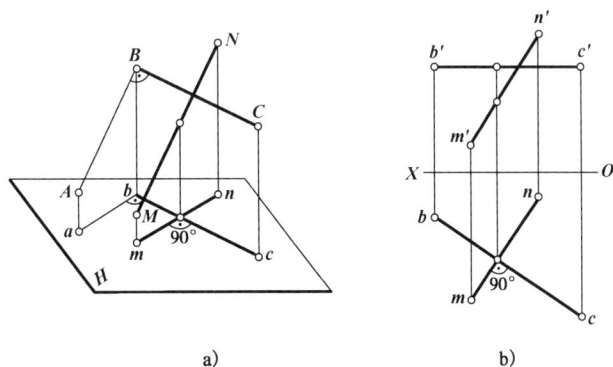

图 2-28 两直线成交叉垂直
a)立体图;b)投影图

已知:MN 与 BC 成交叉垂直,$BC /\!/ H$ 面,求证:$mn \perp bc$。

证明:过 BC 上任一点 B 作 $BA /\!/ MN$,则 $AB \perp BC$(交叉垂直的两条直线 MN、BC 所成的角为直角,所以 $\angle ABC$ 为直角,即 $AB \perp BC$)。$\because$ 根据上述证明已知 $bc \perp ab$,现 $AB /\!/ MN$,必定 $ab /\!/$

mn, $\therefore bc \perp mn$。图 2-28b)为其投影图,因 BC 为水平线,故 $bc \perp mn$。

由此可知,若相交或交叉两直线的某一投影成直角,且有一条直线平行于该投影面,则此两直线的夹角必是直角。

图 2-29 中相交两直线的 V 面投影成直角,又 $de \parallel OX$ 轴,即 DE 为正平线,故 $\angle DEF$ 必为直角。

【例 2-8】　如图2-30所示,求点 A 到正平线 BC 的距离。

解　一点到直线的距离,即为该点向该直线所引垂线之长。根据直角投影定理,其作图步骤如下:

(1)由 a' 向 $b'c'$ 作垂线,得垂足 k'。

(2)过 k' 向下引连系线在 bc 上得 k。

(3)连接 a 与 k,ak 即为所求垂线 AK 的 H 面投影。因 AK 是一般线,故要用直角三角形法求其实长,即为所求的距离。

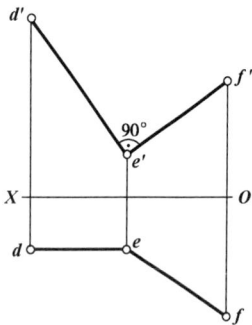

图 2-29　直角的投影

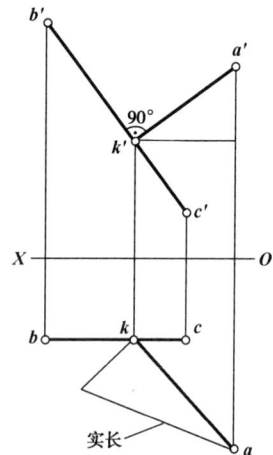

图 2-30　求点到直线之间的距离

第三章

平面

第一节　平面的表示法

平面是广阔无边的,它的空间位置常以确定该平面的点、直线或平面图形等几何元素表示:
(1)不在同一直线上的三点,如图 3-1a)的点 A、B、C。

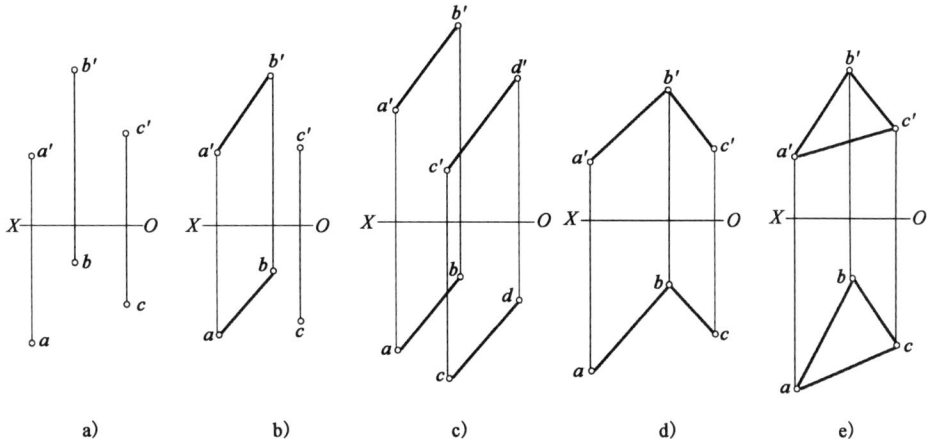

图 3-1　平面的五种表示方法

（2）一直线和线外一点，如图 3-1b)的点 *C* 和直线 *AB*。

（3）平行两直线，如图 3-1c)的直线 *AB* 和 *CD*。

（4）相交两直线，如图 3-1d)的直线 *AB* 和 *BC*。

（5）任意平面图形，如图 3-1e)的△*ABC*。

以上五组表示平面的方法，虽表达的形式不同，却都表示一个平面，并能互相转换。

第二节　平面对投影面的相对位置

平面对基本投影面的相对位置，归纳起来有投影面垂直面、投影面平行面和一般位置平面三种，前两种统称为特殊位置平面。两平面之间的夹角，就是两平面之间的二面角。平面与水平面 *H*、正立面 *V*、侧面 *W* 的夹角，称为该平面对投影面 *H*、*V*、*W* 的倾角，也用 α、β、γ 表示。

一、投影面垂直面

1. 空间位置

垂直于一个投影面，倾斜于其他投影面的平面称投影面垂直面，简称垂直面，如表 3-1 所示。垂直面有三种情况。

投 影 面 垂 直 面　　　　　　　　　　　表 3-1

投影面垂直面	立 体 图	投 影 图	投 影 特 性
水平面垂直面（铅垂面）	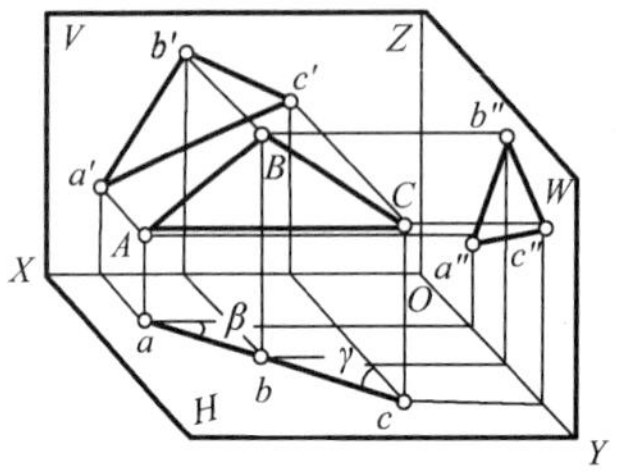	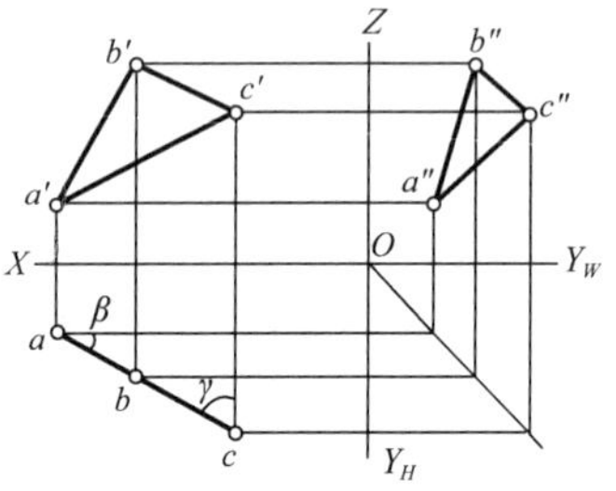	1. *H* 面投影积聚成一直线； 2. *H* 面投影与投影轴的夹角反映 β、γ 实角； 3. *V*、*W* 面投影仍为类似图形，但小于实形
正面垂直面（正垂面）	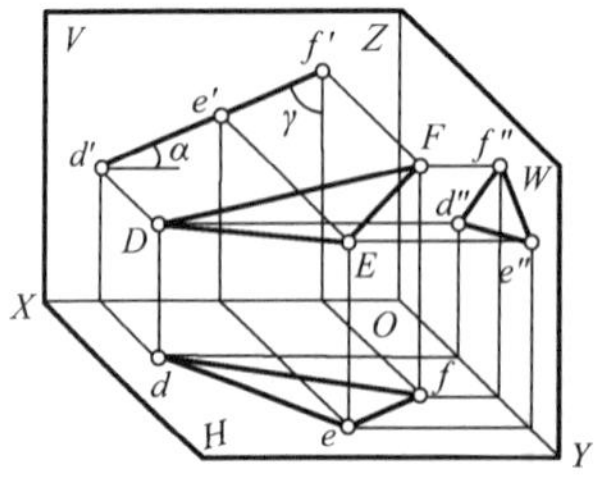	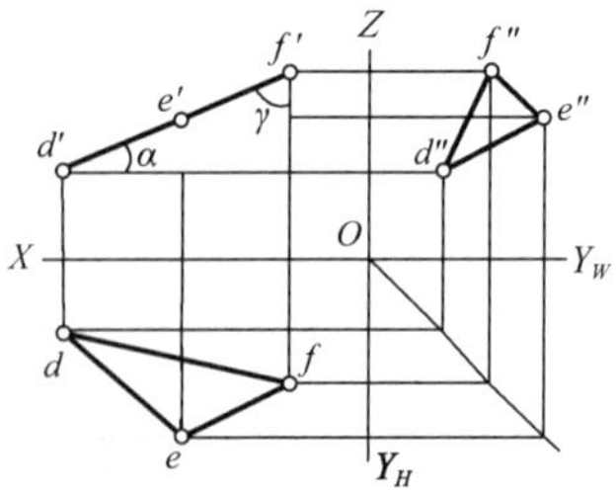	1. *V* 面投影积聚成一直线； 2. *V* 面投影与投影轴的夹角反映 α、γ 实角； 3. *H*、*W* 面投影仍为类似图形，但小于实形
侧面垂直面（侧垂面）	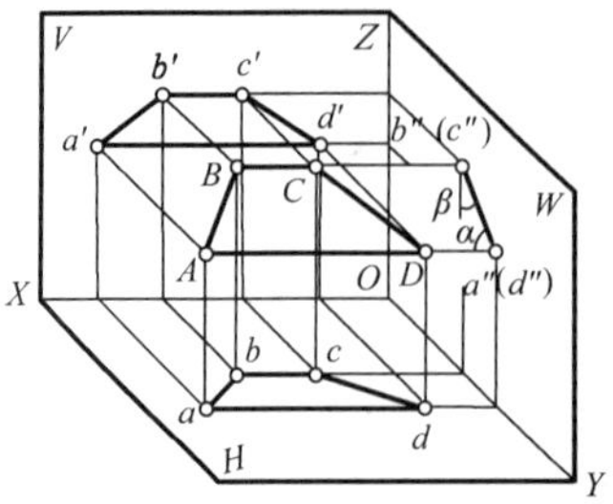	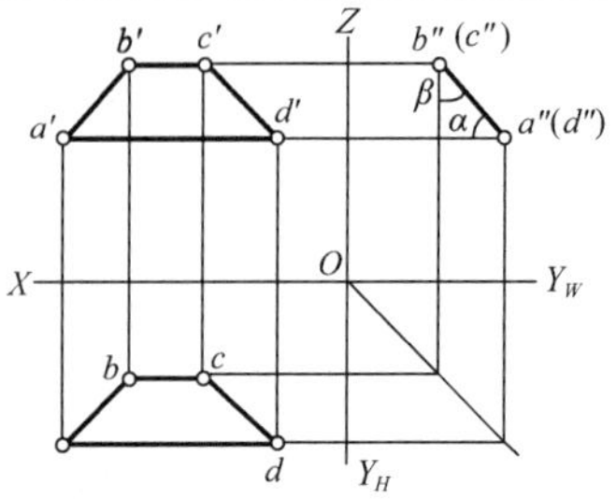	1. *W* 面投影积聚成一直线； 2. *W* 面投影与投影轴的夹角反映 α、β 实角； 3. *V*、*H* 面投影仍为类似图形，但小于实形

（1）垂直于 H 面的平面称为水平面垂直面，简称铅垂面，如表 3-1 中的 $\triangle ABC$。

（2）垂直于 V 面的平面称为正面垂直面，简称正垂面，如表 3-1 中 $\triangle DEF$。

（3）垂直于 W 面的平面称为侧面垂直面，简称侧垂面，如表 3-1 中的平面 $ABCD$。

2.投影特性

平面在所垂直的投影面上的投影积聚成一条与投影轴倾斜的直线，它与相应投影轴所成的夹角，即为该平面对其他两个投影面的倾角；其他两投影是类似图形，并小于实形。例如表 3-1 中正垂面 $\triangle DEF$ 的 V 面投影 $d'e'f'$ 积聚成直线，它与 OX 轴的夹角，即该平面与 H 面的倾角 α；它与 OZ 轴的夹角，即该平面与 W 面的倾角 γ，H 面投影 def 和 W 面投影 $d''e''f''$ 仍为三角形，但小于实形。

铅垂面与侧垂面也有类似的特性，详见表 3-1。

因为在影图中只要画出投影面垂直面的倾斜于投影轴的积聚投影，就能确定这个平面的空间位置，所以就可以用它来表示平面。并用平面的名称再加上它所垂直的投影面的名称作为下标来标注，例如铅垂面 P 用 P_H 标注，正垂面 Q 用 Q_V 标注，侧垂面 R 用 R_W 标注。

3.读图

一个平面只要有一个投影积聚为一倾斜线，它必然垂直于积聚投影所在的投影面。

【例 3-1】　过已知点 K 的两面投影 k'、k，作一铅垂面，并使它与 V 面的倾角 $\beta = 30°$（图 3-2）。

解　（1）过 k 点作一与 OX 轴成 30° 的直线，此直线即为所作铅垂面的 H 面投影。

（2）所作平面的 V 面投影可以用任意图形表示，例如 $\triangle a'b'c'$，如图 3-2b）所示。

（3）因过 k 可作两个方向与 OX 轴成 30° 的直线，故本题有两个解。

【例 3-2】　如图 3-3 所示，已知直线 AB 的两面投影 $a'b'$、ab，过 AB 作一正垂面 P。

解　因 $a'b'$ 重合于 P_V，故过 $a'b'$ 作延长线 P_V，P_V 即为所求。

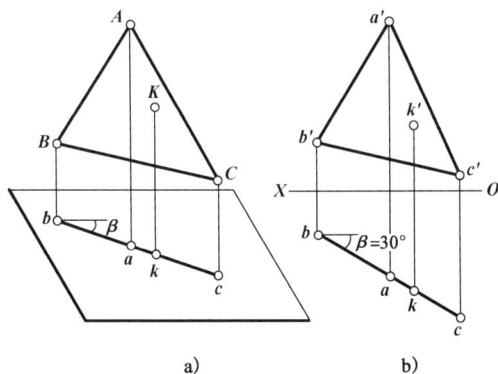

a)　　　　　　　　b)

图 3-2　过已知点 K 作铅垂面

a)立体图;b)投影图

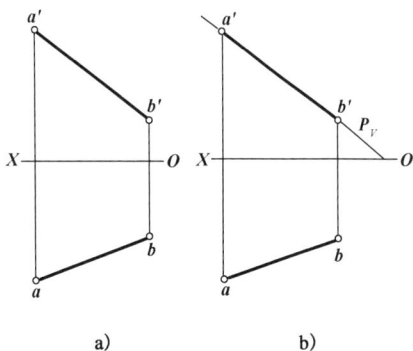

a)　　　　　　　　b)

图 3-3　过已知直线作正垂面

a)已知条件;b)作图过程

二、投影面平行面

1.空间位置

平行于某一投影面的平面，称为投影面平行面，简称平行面，如表 3-2 所示。它也有三种情况：

（1）与 H 面平行的称为水平面平行面，简称水平面，如表 3-2 中的 $\triangle ABC$。

（2）与 V 面平行的称为正面平行面，简称正平面，如表 3-2 中的 $\triangle DEF$。

（3）与 W 面平行的称为侧面平行面，简称侧平面，如表 3-2 中的 $\triangle KMN$。

投 影 面 平 行 面

表 3-2

投影面平行面	立 体 图	投 影 图	投 影 特 性
水平面平行面（水平面）	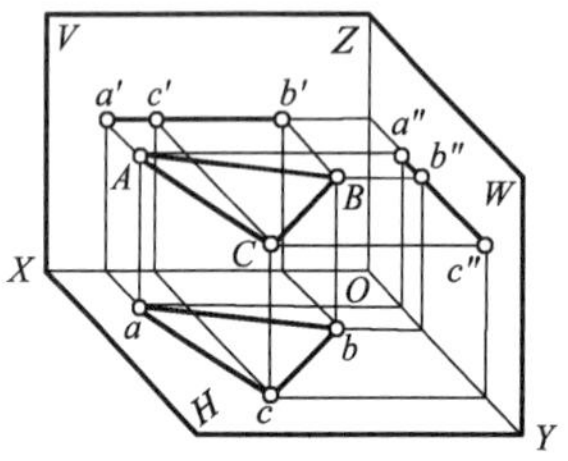	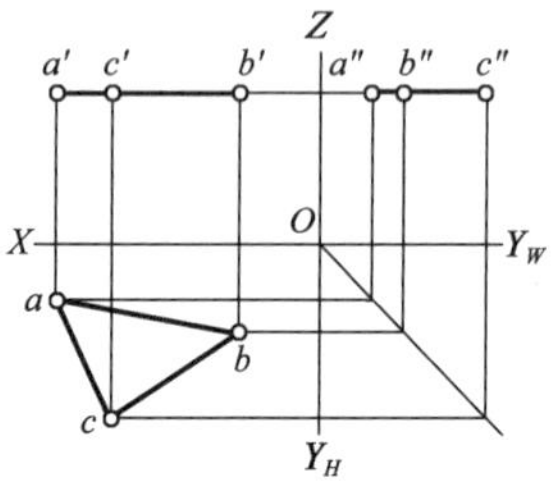	1. V 面投影积聚成直线且平行 OX 轴； 2. W 面投影积聚成直线且平行 OY_W 轴； 3. H 面投影反映实形
正面平行面（正平面）	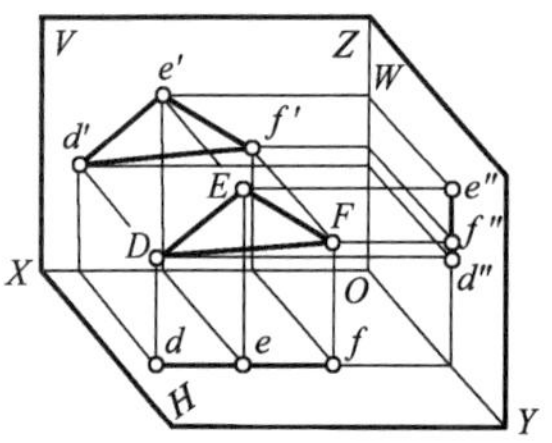	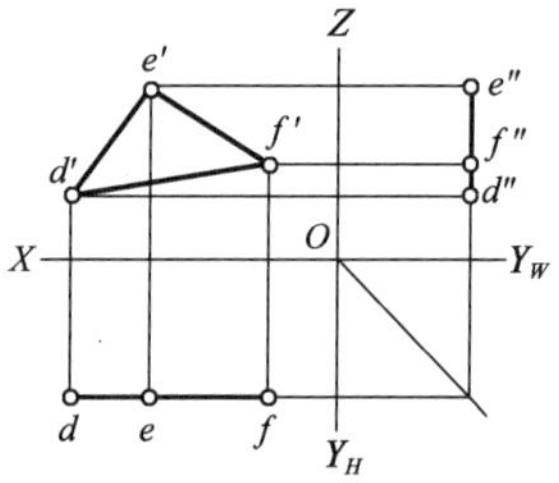	1. H 面投影积聚成直线且平行 OX 轴； 2. W 面投影积聚成直线且平行 OZ 轴； 3. V 面投影反映实形
侧面平行（侧平面）	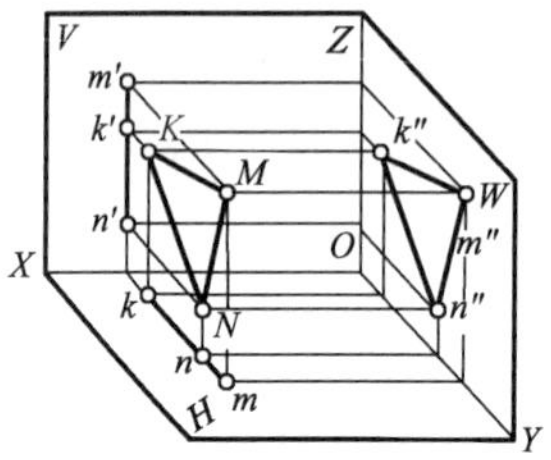	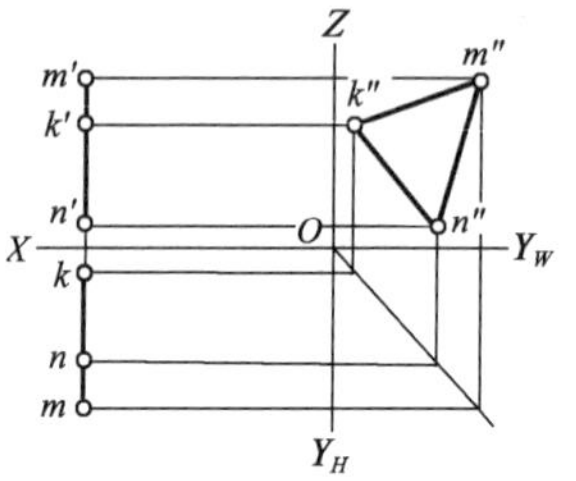	1. H 面投影积聚成直线且平行 OY_H 轴； 2. V 面投影积聚成直线且平行 OZ 轴； 3. W 面投影反映实形

2. 投影特性

平面在所平行的投影面上的投影反映实形，其他两投影都积聚成与相应投影轴平行的直线。例如表中正平面 $\triangle DEF$ 的 V 面投影 $d'e'f'$ 反映实形，H、W 面两投影都积聚成直线，且分别平行于 OX 轴和 OZ 轴。

水平面、侧平面的投影特点，详见表 3-2。

因为在投影图中只要画出投影面平行面的平行于投影轴的一条或两条积聚投影，就能确定这个平面的空间位置，所以也可以用它的一个或两个积聚投影来表示这个平面；标注的方法与投影面垂直面相同，但因投影面平行面垂直于其他两个投影面，所以水平面 P 的正面、侧面投影用 P_V、P_W 标注，正平面的水平、侧面投影用 Q_H、Q_W 标注，侧平面 R 的水平、正面投影用 R_H、R_V 标注。

3. 读图

一平面只要有一个投影积聚为一条平行于投影轴的直线，该平面必平行于非积聚投影所在的投影面,那个非积聚投影反映该平面图形的实形。

三、一般位置平面

1. 空间位置

与三个投影面既不平行也不垂直的平面称为一般位置平面,简称一般面,如图 3-4 所示的 △ABC。

2. 投影特性

根据平面的投影特点可知,一般面的各个投影都没有积聚性。用几何图形表示的平面,各投影都成类似的几何形状,但均小于实形,如图 3-4 所示。

3. 读图

一平面的三个投影如果都是平面图形,它必然是一般位置平面。如图 3-5 所示的平面 ABCD,因其三面投影都有没有积聚性,故可知其为一般面。

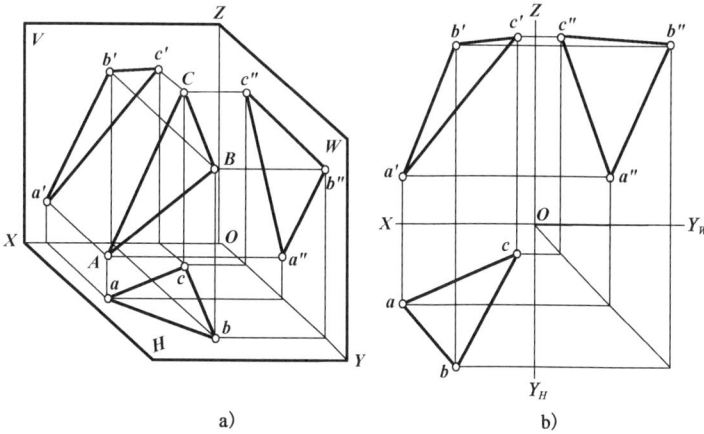

图 3-4 一般位置平面的投影
a)立体图;b)投影图

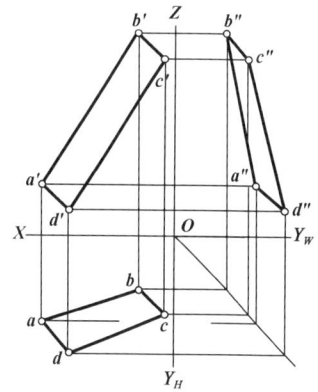

图 3-5 判定平面的空间位置

第三节 平面上的点、直线和图形

一、平面上的点和直线

若点在平面内的一条直线上,则该点必在这个平面上。

直线在一平面上必须具备下列两条件之一。

(1)通过平面上的两点。如图 3-6 所示,若在平面 P 上的 AB 和 BC 直线上各取一点 D 和 E,则过该两点的直线 DE 必在 P 面上。

(2)通过平面上的一点,且平行于该平面上的一直线。如图 3-6 所示,过 △ABC 平面上的 C 点,作 CF // AB,则直线 CF 必在 P 面上。

据此即可在投影图上进行作图。如图 3-7 所示,在 △ABC 上任作一直线 MN,可先在平面

的任一边 AB 上任取一点 $M(m',m,m'')$；在另一边 BC 上任取一点 $N(n',n,n'')$，连接两点的同面投影，则 MN 必在 $\triangle ABC$ 上。

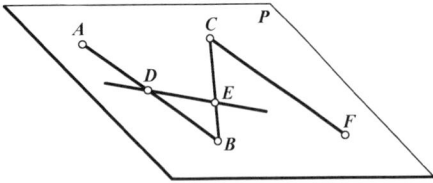

图 3-6　平面上的直线

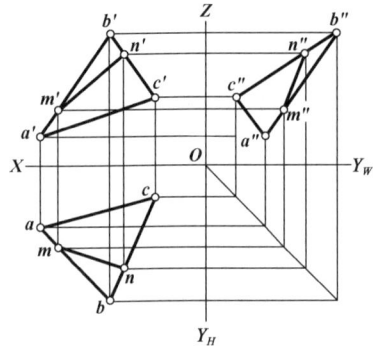

图 3-7　在平面上任作一直线

在平面上取点，必先在平面上取辅助直线，再在辅助线上取点，因所取辅助线在平面上，点又在线上，故点必在平面上。这就是点、线、面的关系。在平面上可作出无数条线，一般选取作图方便的辅助线为宜。

如图 3-8 所示，平面上有一点 K，已知 k'，求 k。

图 3-8 为 $\triangle ABC$ 所表示的平面，这时可过 k' 在平面上作辅助线 BE 的 V 面投影 $b'e'$，据此再作出 be。因 K 点在 BE 上，k 必须在 be 上，从而求得 k。

判别图 3-9 中的 M 点是否在 $\triangle ABC$ 平面上，其方法是，如能在 $\triangle ABC$ 平面上作出一通过 M 点的直线，则 M 点在该平面上，否则不在该平面上。因此，连接 a' 与 m'，交 $b'c'$ 于 d'，从 d' 作投影连线，与 bc 相交得到 d，连接 a 与 d，因 ad 通过 m，故知 M 点在 $\triangle ABC$ 平面上。

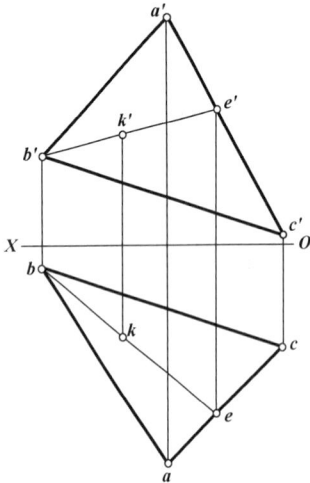

图 3-8　平面上取点

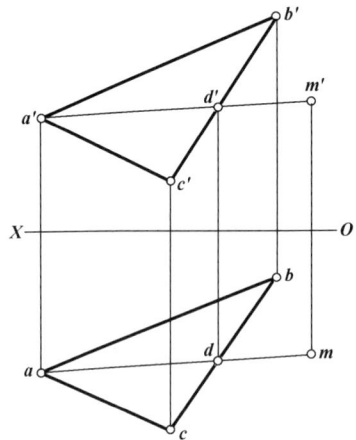

图 3-9　判别点是否在平面上

二、平面上的图形

本章只述及直线围成的平面图形，平面上由曲线围成的平面图形将在第六章讲述。作平面上的图形只要作出这个平面图形上的所有直线，就拼成了这个平面图形，或者只要作出这个平面图形上的所有顶点,也就能顺次连成这个平面图形。由此可见,平面图形的作图就可归结为平面上的直线或点的作图,现举例说明如下。

【例3-3】 已知平面 *ABCD* 的 *H* 面投影和其中两边的 *V* 面投影,试完成其 *V* 面投影(图3-10)。

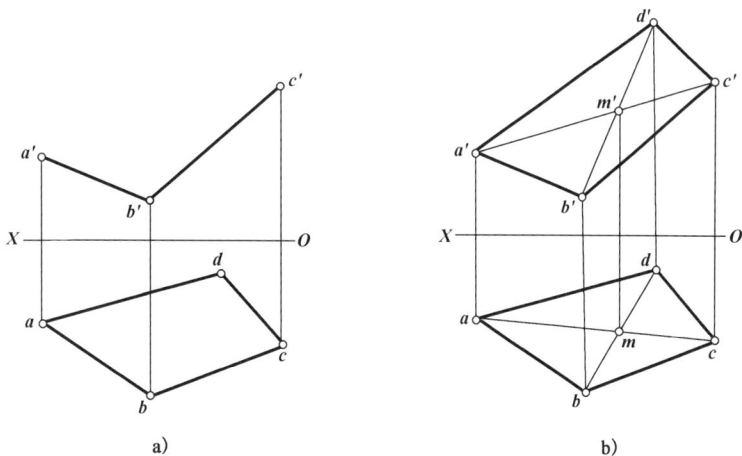

图 3-10　完成四边形的 *V* 面投影

a)已知条件;b)作图过程

解　此例实质上还是平面上取点的问题。因已知的 *A*、*B*、*C* 三点决定一平面,而 *D* 点是该面上的一点,现已知 *D* 点的 *H* 面投影 *d*,求其 *V* 面投影。

其作图步骤是,连接 *ac* 和 *a'c'*,又连接 *bd* 和 *ac* 交于 *m*,根据 *m* 可在 *a'c'* 上作出 *m'*,连接 *b'm'*,过 *d* 向 *OX* 轴作垂线,与 *b'm'* 的延长线相交于 *d'*,连接 *a'd'* 和 *d'c'*,*a'b'c'd'* 即为四边形的 *V* 面投影。

三、平面上的投影面平行线

平面上的投影面平行线有三种:平面上平行于 *H* 面的直线称为平面上的水平线;平行于 *V* 面的直线称为平面上的正平线;平行于 *W* 面的直线称为平面上的侧平线。

平面上的投影面平行线,既在平面上,又具有前述投影面平行线的投影特性,经常用以辅助解题,需熟练掌握。要在一平面 *ABC* 上,作一条水平线,可根据水平线的 *V* 面投影是水平的(∥ *OX* 轴)这个投影特点,先在 *ABC* 的正面投影上作一任意水平线(为作图简单起见,一般通过一已知点),作为所求水平线的 *V* 面投影,然后作出它的 *H* 面投影。如图 3-11 所示,为在 △*ABC* 平面上过 *A* 点所作的水平线 *AD* 的投影图。图 3-12 为在 △*ABC* 平面上分别过 *A* 点和 *C* 点所作的正平线 *AD* 和侧平线 *CE* 的投影图。

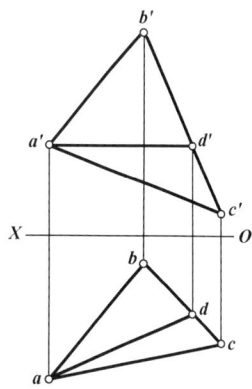

图 3-11　平面上的水平线

四、平面上的最大斜度线

平面上对投影面倾角为最大的直线称为平面上对投影面的最大斜度线,它必垂直于该平面上的投影面平行线。最大斜度线有三种:垂直于水平线的直线称为对 *H* 面的最大斜度线;垂直于正平线的直线称为对 *V* 面的最大斜度线;垂直于侧平线的直线称为对 *W* 面的最大斜度线。

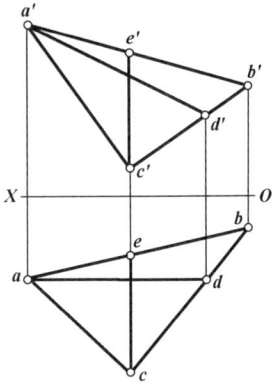

图 3-12　平面上的正平线和侧平线

如图 3-13 所示的 $\triangle ABC$，扩展成平面 P 后，它与 H 面的交线应平行这个平面上的水平线，在 $\triangle ABC$ 上作一水平线 BG，显然，平面 P 与 H 面的交线平行于 BG。过 A 点作 $AD \perp BG$，则 AD 也垂直于平面 P 与 H 面的交线，只有这种在平面上对平面上的水平线垂直的直线，对 H 面的倾角 α 为最大，现证明如下：

（1）过 A 点作任一直线 AE，它对 H 面的倾角为 α_1。

（2）在直角 $\triangle ADa$ 中，$\sin\alpha_1 = \overline{Aa}/\overline{AD}$；在直角 $\triangle AEa$ 中，$\sin\alpha_1 = \overline{Aa}/\overline{AE}$。而 $\triangle ADE$ 为直角三角形，$\overline{AD} < \overline{AE}$，故 $\alpha > \alpha_1$。

由此可知，平面上垂直于该平面的水平线的直线对 H 面的倾角为最大，故命名为"平面上对 H 面的最大斜度线"。

同理可证明，平面上对 V 面、W 面的最大斜度线也必分别垂直于平面上的正平线和侧平线。又因 AD 垂直于平面 P 与 H 面的交线，按一边平行于投影面的直线的投影特性可知，aD 也垂直平面 P 与 H 面的交线，则 $\angle ADa = \alpha$，它是 P、H 面所形成的二面角，所以平面 P 对 H 面的倾角就是最大斜度线 AD 对 H 面的倾角。故求平面对投影面的倾角，可运用其最大斜度线作出。同样，平面对 V 面、W 面的倾角就是平面上对 V 面、W 面的最大斜度线与 V 面、W 面的倾角。

【例 3-4】　求 $\triangle ABC$ 对 H 面的倾角 α（图 3-14）。

解　为求倾角 α，必须首先作出对 H 面的最大度线，其作图步骤如图 3-14 所示。

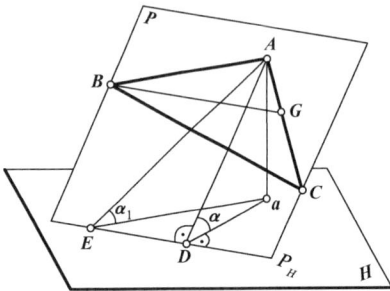

图 3-13　平面上的最大斜度线

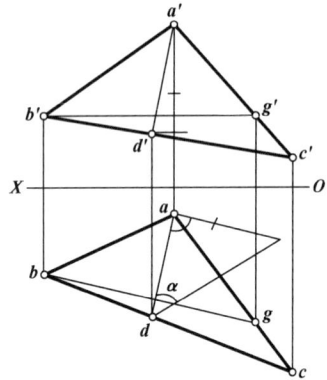

图 3-14　求 $\triangle ABC$ 对 H 面的倾角

（1）在 $\triangle ABC$ 上任作一水平线 BG 的两面投影 $b'g'$、bg。

（2）根据直角投影规律，过 a 作 bg 的垂线 ad，即为所求最大斜度线的 H 面投影，并求出其 V 面投影 $a'd'$。

（3）用直角三角形法求 AD 对 H 面的倾角 α，即为 $\triangle ABC$ 对 H 面的倾角。

第四章

直线与平面、平面与平面的相对位置

直线与平面、平面与平面之间的相对位置有平行、相交和垂直三种情况。

第一节　直线与平面、平面与平面平行

一、直线与平面平行

从立体几何学可知,若一条直线与一平面上的任一直线平行,则此直线与该平面平行。如图 4-1 所示,直线 AB 与平面 P 上的直线 CD 平行,则 $AB /\!/ P$ 面。

【例 4-1】　过 $\triangle ABC$ 平面外一点 D,作一水平直线 DE 与 $\triangle ABC$ 平行(图 4-2)。

解　(1)分析:与平面平行的水平线,必平行于该平面上的一条水平线。

(2)作图:

①在 $\triangle ABC$ 平面上任作一水平线 $BF(bf,b'f')$。

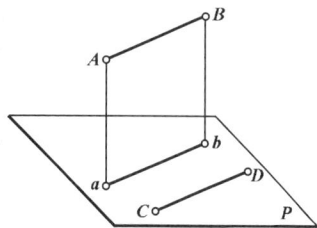

图 4-1　直线和平面平行的条件

33

②作 $DE /\!/ BF$:过 d 作 $de /\!/ bf$,过 d' 作 $d'e' /\!/ b'f'$ 。

【例4-2】 已知 $ABCD$ 平面与平面外一条直线 MN ,试检查 MN 是否与该平面平行(图4-3)。

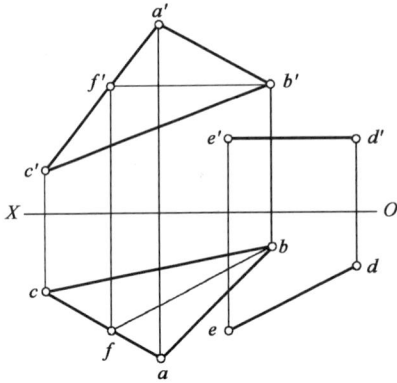

图4-2 过已知点作水平线平行已知平面   图4-3 判别直线与平面是否平行

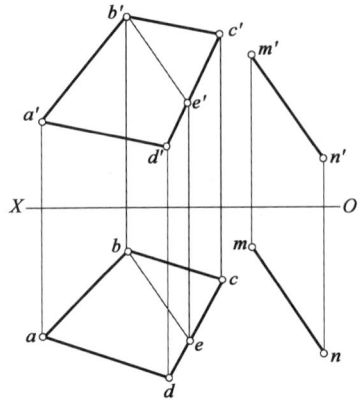

解 (1)分析:判别直线是否与平面平行,可归结为在平面上能否作出一条直线与该直线平行。

(2)作图判别:在 $ABCD$ 平面的 V 面投影上任作 $b'e' /\!/ m'n'$,由 e' 求 e ,连接 b 与 e ,经检查确定, $be /\!/ mn$,故 $BE /\!/ MN$,亦即在 $ABCD$ 平面上能作出一条直线 $BE /\!/ MN$,所以 MN 与 $ABCD$ 平面平行。若 $be \neq mn$,则 MN 与 $ABCD$ 平面不平行。

如果直线与平面同时垂直于某一投影面时,那么该直线与该平面平行。如图4-4所示,直线 EF 和平面 P 都垂直于 H 面,在平面 P 上能作出无数铅垂线与 EF 平行,所以直线 EF 和平面 P 平行。

如果投影面垂直面的积聚投影与直线的同面投影平行,那么该直线与投影面垂直面平行。如图4-4所示,直线 AB 的 H 面投影 ab 与平面 P 的 H 面积聚投影 P_H 平行,就能在平面 P 上作出许多直线,它们的 V 面投影平行于 $a'b'$,如图中的 CD 、 GH 等,即可确定直线 AB 与平面 P 平行。

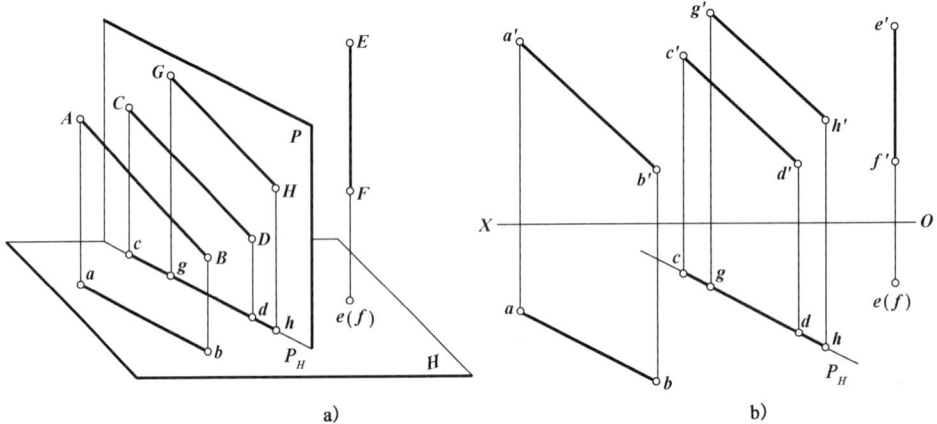

图4-4 直线与特殊位置平面平行

a)立体图;b)投影图

二、两平面平行

从立体几何学可知,若一平面上的相交两直线与另一平面上的相交两直线对应平行,则该两平面互相平行。如图 4-5 所示,平面 P 上的一对相交直线 AB 和 AC 与平面 Q 上的一对相交直线 A_1B_1 和 A_1C_1 对应平行,则 $P /\!/ Q$。

【例 4-3】 判别 $\triangle ABC$ 和 $\triangle DEF$ 两平面是否相互平行(图 4-6)。

解 (1)分析:判别两平面是否相互平行,可在任一平面上过一已知点作相交两直线与另一平面上的相交两直线对应平行,如所作的相交两直线都在该平面上,则两平面对应平行,否则两平面不互相平行。

(2)作图:过 $\triangle ABC$ 平面上的任一点 A 作相交两直线 AG 和 AK,它们的 V 面投影 $a'g' /\!/ d'e'$、$a'k' /\!/ d'f'$。由 $a'g'$ 和 $a'k'$ 作出 ag 和 ak。经检查确定,$ag /\!/ de$、$ak /\!/ df$,即在 $\triangle ABC$ 平面上能作出 $AG /\!/ DE$、$AK /\!/ DF$,故 $\triangle ABC /\!/ \triangle DEF$。

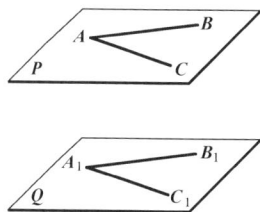

图 4-5 两平面平行的条件

【例 4-4】 过点 K 作一平面与两平行直线 AB 和 CD 所决定的平面平行(图 4-7)。

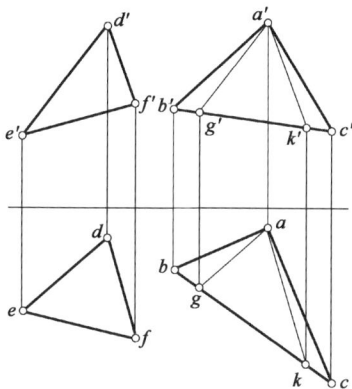

图 4-6 判别两平面是否平行

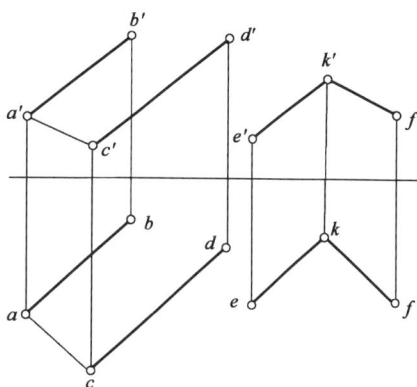

图 4-7 过已知点作平面与已知平面平行

解 (1)分析:过点 K 作平面与两平行直线所决定的平面平行,必须先在两平行直线所表示的平面上作出一对相交直线,然后再过 K 点作一对相交直线与之对应平行即可。

(2)作图:作连线 $AC(ac,a'c')$,过 k 作 $ke /\!/ ab$,$kf /\!/ ac$,再过 k' 作 $k'e' /\!/ a'b'$,$k'f' /\!/ a'c'$,相交两直线 KE 和 KF 所组成的平面即为所求平面。

若两平行平面同时垂直于某一投影面,则它们在该投影面上的积聚投影必定相互平行。如图 4-8 所示,P 面和 Q 面是互相平行的一对铅垂面,它们的 H 面积聚投影对应平行。所以,只要平面的积聚投影对应平行,即可确定这两个平面在空间是互相平行的。

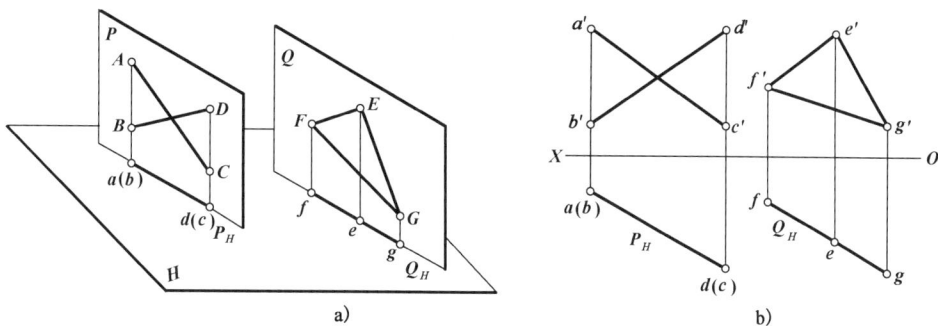

图 4-8 两特殊位置平面平行

a)立体图;b)投影图

第二节 直线与平面、平面与平面相交

直线与平面或平面与平面之间,若不平行,则必相交。

直线与平面相交有一个交点,它是直线与平面的共有点,既在直线上,又在平面上。平面与平面相交必有一条交线,它是两平面的共有线,由一系列共有点组成。求交线时,只要求出交线上的两个共面点或一个共面点和交线的方向,连之即得。

当相交的直线与平面或平面与平面在投影图中有重影时,为增强图形的清晰感,须判别可见性,把被平面遮住的部分画成虚线。

综上所述,直线与平面、平面与平面相交的作图步骤可分两步来完成:

(1)作交点或交线的投影。

(2)判别两几何元素之间的可见性,判别方法有直观法和重影点法两种。

一、一般位置直线与投影面垂直面相交

利用投影面垂直面的积聚投影,直接求出交点。

图 4-9a)为求铅垂面△ABC与一般位置直线 DE 的交点 K。因△ABC 是铅垂面,它的 H 面投影积聚为一直线 $\overline{abc}$,它与直线 DE 的 H 面投影 de 相交,且只有一个共面点,那么这个共面点就是△ABC 平面与一般位置直线 DE 的交点 K 的 H 面投影 k,并由此求出点 K 的 V 面投影 k′,K(k,k′)即为所求。

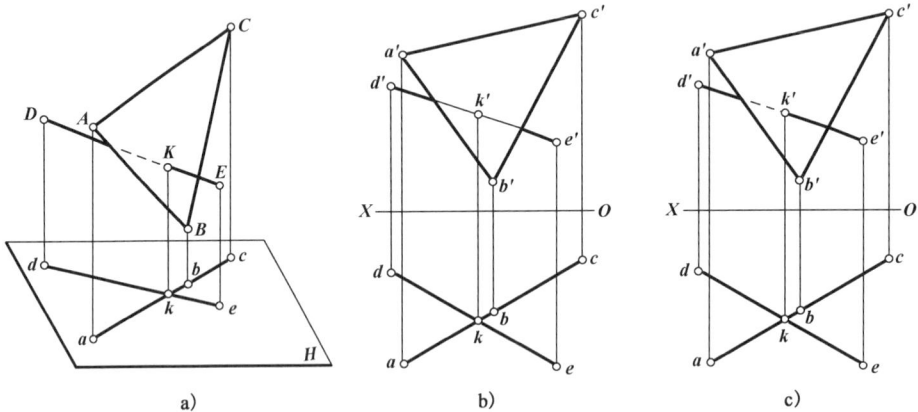

图 4-9 求直线与投影面垂直面的交点
a)立体图;b)、c)作图过程

判别可见性:铅垂面△ABC 的 H 面投影具有积聚性,直线与平面之间除交点之外,没有被遮挡部分不需要判别,但可根据直线与平面的 H 面投影的前后位置关系来判别 V 面投影重影部分的可见性。直线 DE 穿过△ABC,KE 在△ABC 平面的前面,V 面投影 k′e′可见,画粗实线;KD 在△ABC 平面的后面,与△ABC 平面 V 面投影重影的一段为不可见,画虚线[图 4-9c)]。由此可见,交点 K 是直线上可见段与不见段的分界点。这种在投影图中根据两几何元素 H 面投影的前后位置,V 面投影上下位置直接判别重影部分可见性的方法,叫作直观法。

二、投影面垂直线与一般位置平面相交

利用投影面垂直线的积聚投影,直接求出交点。

【例 4-5】 求直线 EF 与 $\triangle ABC$ 平面的交点 K(图 4-10)。

解 (1)分析:直线 EF 为铅垂线,H 面投影具有积聚性,与 $\triangle ABC$ 平面的交点 K 的 H 面投影 k 也重影在这一点的位置,又由于交点 K 也在 $\triangle ABC$ 平面上,故可用在 $\triangle ABC$ 平面上取点的方法,确定交点 K 的 V 面投影 k'。

(2)作图:在 H 面投影图上,于 $e'(f')$ 处注写重影的 k,连接 a 与 k,并延长交 bc 于 d,由 d 作投影连线,在 $b'c'$ 上作出 d',在 V 面投影上连接 a' 与 d',与 $e'f'$ 交于 k' [图 4-10b)]。

(3)判别可见性:铅垂线的 H 面投影具有积聚性,直线与平面之间除交点之外,没有被遮挡部分不需要判别。V 面投影的可见性用重影点法来判别,如图 4-10b)所示。$\triangle ABC$ 平面上的 $a'b'$ 及 $a'c'$ 与 $e'f'$ 的交点均为重影点,可任选其中的一对重影点,如 $a'b'$ 与 $e'f'$ 的投影交点来判断,它们是 AB 线上的 Ⅰ 点与 EF 线上的 Ⅱ 点在 V 面上的重影,由其 H 面投影可知,Ⅱ 点的 Y 坐标大,在 Ⅰ 点的前面,即 $2'(1')$,所以 $e'k'$ 段可见,而 $k'f'$ 的重影段为不可见(画中虚线)。本例也可用直观法判别直线 EF 在 V 面投影的可见性。

三、一般位置平面与投影面垂直面相交

图 4-11a)可视为在图 4-9 的基础上增加直线 EF,而构成相交两直线所表示的一般位置平面与铅垂面 $\triangle ABC$ 相交,求其交线。显然,这是图 4-9 问题的叠加,可同前面一样,求出交线上的一点 $K(k, k')$ 后,再求直线 EF 与 $\triangle ABC$ 平面的交点 $M(m, m')$,连线 $KM(km, k'm')$,即为所求的交线,如图 4-11b)所示。

可见性判别:由于图 4-11 是图 4-9 问题的叠加,直线 EF 的 V 面投影重影部分可见性判别与直线 ED 一样,用直观法判别出 $e'm'$ 可见,$m'f'$ 上的重影段不可见,画成中虚线,如图 4-11b)所示。由此可见,交线为两平面投影重影部分可见与不可见的分界线。

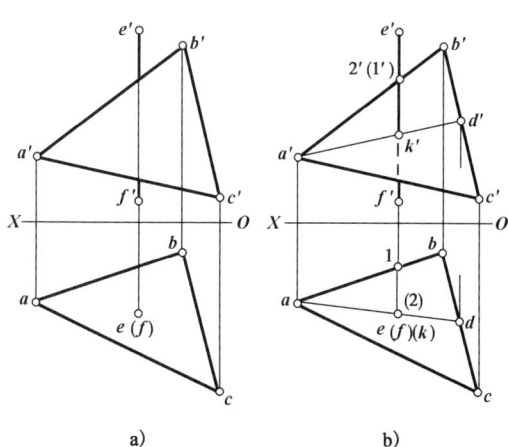

图 4-10 铅垂线与一般面相交
a)已知条件;b)作图过程

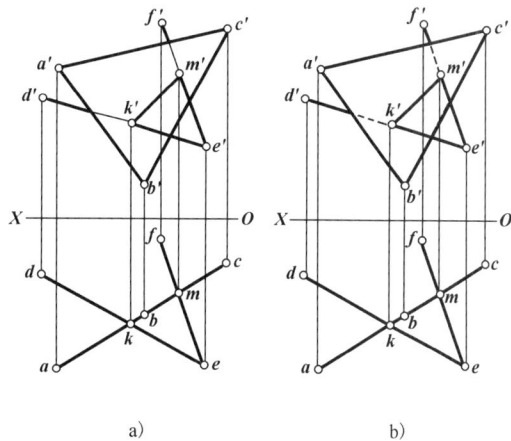

图 4-11 一般面与铅垂面相交
a)作图过程(一);b)作图过程(二)

四、一般位置直线与一般位置平面相交

利用辅助平面法求交点或交线。

【例4-6】 求一般位置直线 DF 与一般位置平面△ABC 的交点（图4-12），并判别可见性。

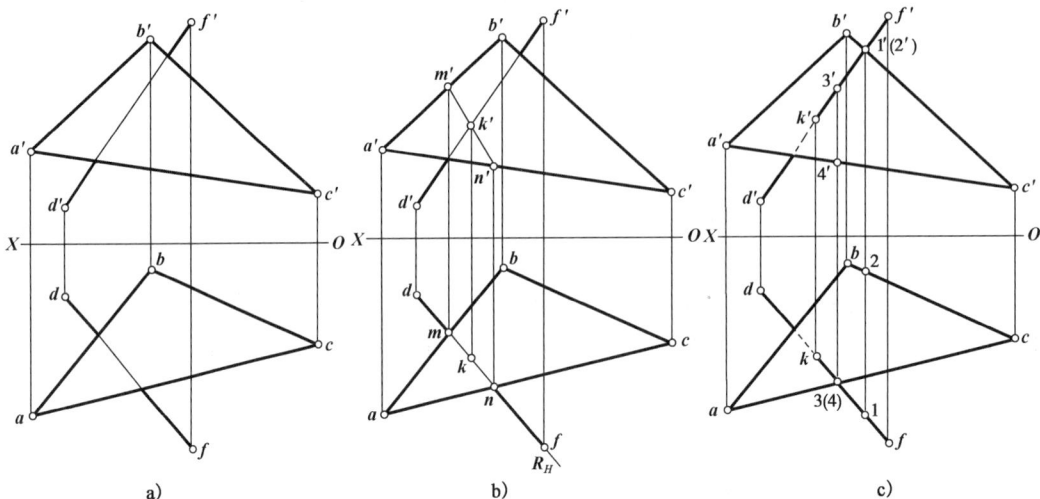

图4-12 一般位置直线与一般位置平面相交
a)已知条件;b)作图过程（一）;c)作图过程（二）

解 （1）分析:前面讨论的两相交元素中,其中有一个元素处于特殊位置,而本例的直线 DF 与△ABC 都处于一般位置,故不能利用投影的积聚性来直接求出其交点。为求出其交点,可以设法将一般问题变成特殊问题,用前面第三章第二节讨论的包含直线作投影面垂直面的方法,即包含一般位置直线 DF 作一个投影面垂直面 R_H 为辅助平面,这样就将一般的相交变成了特殊的相交,将线面相交求交点变成了面面相交求交线。这时可用上面讨论的方法,把铅垂面 R_H 与△ABC 的交线 MN 求出来,因 R_H 是包含直线 DF 作的,所以,直线 DF 与△ABC 的交点也必在交线 MN 上。最后作出交线 MN 与直线 DF 的交点 K,即为 DF 与△ABC 的交点。这种求作方法称为辅助平面法。

（2）作图:

①作辅助平面。包含直线 DF 作辅助铅垂面 R（或作辅助正垂面）,即含 df 作 R_H,为使作图简便,常用投影面垂直面作辅助平面。

②求交线。求辅助铅垂面 R 与△ABC 平面的交线 MN（mn,m'n'）。

③求交点。求出交线 MN 与已知直线 DF 的交点 K（k,k'）,在 V 面投影上的 m'n' 与 d'f' 相交于 k',过 k' 作投影连线,在 H 面投影的 df 上定出 k。

（3）判别各投影的可见性:由于直线 DF 和△ABC 平面均为一般位置,没有积聚投影,所以直线 DF 和△ABC 平面在 V 面、H 面投影中都有重影,这时可以选用重影点法,判别其在 V 面、H 面投影中的可见性。

判别 H 面投影:

①在 H 面投影图中找重影点:ab 及 ac 与 df 的交点均为重影点,任选 ac 与 df 的交点 3(4)。

②在 V 面投影图中看上下位置:过3(4)重影点向上作投影连线,由 V 面投影可知,DF 线上

Ⅲ点的投影 3′在上面(Ⅲ点的 Z 坐标大),AC 边上Ⅳ点的投影 4′在下面(Ⅳ点的 Z 坐标小),故 H 面投影图中的 3k 为可见,kd 中重影的部分为不可见,画虚线,如图4-12c)所示。

判别 V 面投影:

①在 V 面投影图中找重影点:b′c′及 a′c′与 d′f′的交点均为重影点,任选 b′c′与 d′f′的交点 1′(2′)重影点。

②在 H 面投影图中看前后位置:过 1′(2′)重影点向下作投影连线,由 H 面投影可知,DF 直线上Ⅰ点的投影 1 在前(Ⅰ点的 Y 坐标大),BC 边线上Ⅱ点的投影 2 在后(Ⅱ点的 Y 坐标小),故 V 面投影图中的 1′k′为可见,而 k′d′中重影的部分为不可见,画虚线,如图4-12c)所示。

五、一般位置平面与一般位置平面相交

图 4-13a)可视为在图 4-12 的基础上添加一直线 DE(de,d′e′)而形成的相交两直线所表示的一般位置平面(图中连接 EF,构成△DEF 平面)与△ABC 平面相交,求其交线。该图实质上是图 4-12 的重复作图。交点 K(k,k′)的求作过程不必赘述,对求直线 DE 与△ABC 平面的交点 L(l,l′),仍用上述辅助平面法求交点的方法求作。如图 4-13b)所示,包含 DE 作辅助铅垂面 P,即含 de 作 P_H,从而求出 L(l,l′),连线 KL(kl,k′l′)即为所求。

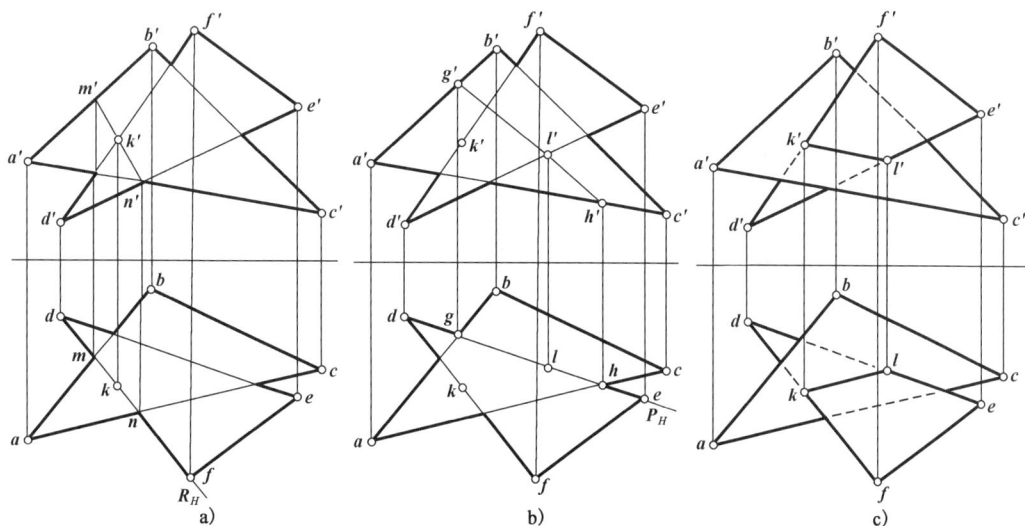

图 4-13 一般位置平面与一般位置平面相交
a)作图过程(一);b)作图过程(二);c)作图过程(三)

两平面求交线的直线选择:在一平面上的任一不平行于第二个平面的直线必与第二个平面相交,因此求交线上的两个交点时,可分别在两个平面上各取合适的一条直线与另一平面来求交点,一般在同一平面上恰当地选取两条直线(如直线 DF 和 DE)与另一平面求交点,最好是包含这两条直线同作辅助铅垂面(如 P 和 R)或辅助正垂面,图形较清晰,在求作过程中不易出错。读者可以自己去比较选择直线求交点。

可见性判别:图 4-12 已判别直线 DF 与△ABC 平面的投影重影部分的可见性,再以同样的方法判别直线 DE 与△ABC 平面的投影重影部分的可见性,如图 4-13c)所示。

图 4-13 中的重影点比较多,选重影点时,选包含交点的直线与另一平面某边的重影点比较好,因该直线有一个交点(可见与不可见的分界点),只要判断出直线的一端可见,即可确定

直线的另一端为不可见。在一个投影中,只要判别任意一个平面的一条边的可见性,其他边的可见性便可推断出来,如已判断出一个顶点的一边为可见,该顶点的另一边也必为可见,因为它是平面的一角,那么,被这个角两边遮住的另一个平面的边线为不可见。

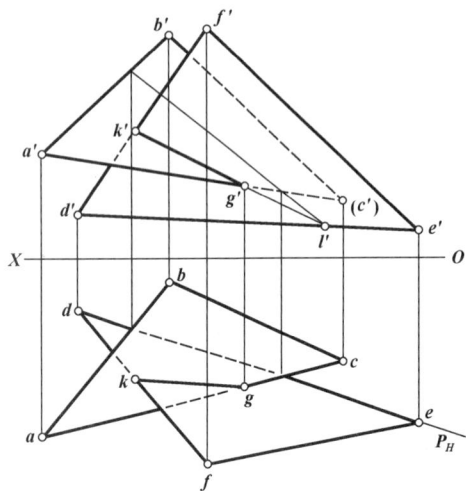

图 4-14 两一般位置平面互交

图 4-13 所示的两平面相交,其中 △DEF 平面的一角从 △ABC 平面的上表面穿入,从 △ABC 平面的下表面穿出,与 △ABC 平面的交线 KL 把 △DEF 平面分成两部分。这种一个平面有两条边线参与相交的情况属于全交。但如果将图 4-13 中的 △DEF 平面扩大,如图 4-14 所示,包含直线 DE 作铅垂面 P 为辅助面,求出的交点 L(如图中的 V 面投影 l')不在 △ABC 上,而是在 △ABC 的扩大面上。在作图求交线时,一般只取同属于两三角形范围内的一段,在连接 k'l' 时,k'l' 与 AC 边的 V 面投影 a'c' 有一个交点 g'(AC 与 △DEF 交点 G 的 V 面投影),由 g' 作投影连线,求出 g,交线 KG(kg,k'g') 为所求。像这种每一个平面都有一条边线参加相交的情况,属于两平面互交。

【例 4-7】 已知一般位置的平行四边形和一般位置的三角形相交,求它们的交线(图 4-15)。

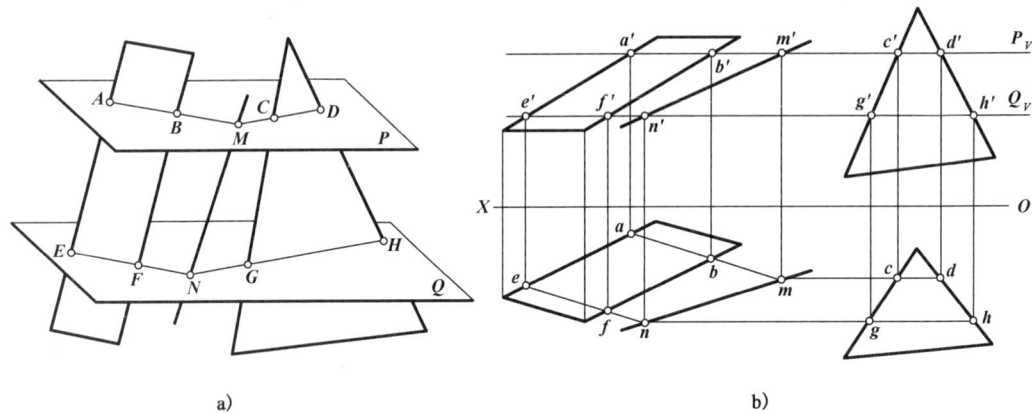

图 4-15 求两一般位置平面的交线——三面共点法
a)立体图;b)投影图

解 用三面共点法求两平面的交线。

(1)分析:平行四边形和三角形的同面投影没有重叠,不宜用前面讨论的求交点的方法作图。可以考虑作两个特殊位置的辅助平面(投影面垂直面或投影面平行面),如图 4-15 中的水平面 P 和 Q,使它在投影图中与两已知平面相交,分别求出辅助平面与这两个平面的交线,延长两交线即得交点,该点是辅助平面与两已知平面的交点(三面共点),也是两已知平面交线上的点。只要求出交线上的两个点,即可连得交线。这种利用辅助平面与两已知平面求交点的方法,叫三面共点法。

(2)作图:先求辅助平面 P 与四边形的交线 AB,再求平面 P 与三角形的交线 CD,两交线的交点 M,即为所求的共点之一。同理,利用辅助平面 Q 求出另一共点 N。连线 MN 即为两平面的交线。投影图上的作图过程,如图 4-15b)所示。

(3)可见性判别:两平面在投影图中没有重影,所以不用判别可见性。

第三节 直线与平面、平面与平面垂直

垂直是相交的特殊情况,在求解某些点、直线、平面之间的定位和度量问题时,常要用到直线与平面,以及两平面相互垂直的投影特性。其应用主要是解决度量问题,如求点到直线(或平面)之间的距离、两平面之间的距离和两直线之间的距离等。

一、直线与平面垂直

由立体几何可知:若直线垂直于一平面,则此直线必垂直于平面上的一切直线。

如图 4-16 所示,直线 AB 垂直于平面 P,B 为垂足。在平面上过垂足 B 作水平线 CD,则 AB 必垂直于 CD。又根据直角投影原理,如 $AB \perp CD$,则 ab 必垂直于 cd。如在平面上再作一水平线 MN,因 mn 平行于 cd,则 ab 也必与 mn 垂直。如在 P 平面上作正平线和侧平线,同样可以证明直线 AB 的 V 面投影垂直于 P 面上的正平线的 V 面投影,直线 AB 的 W 面投影垂直于 P 面上的侧平线的 W 面投影。

由此得出直线与平面垂直的投影特性(图 4-17):

若直线垂直于平面,则直线的水平投影垂直于该平面上的水平线的水平投影,直线的正面投影垂直于该平面上的正平线的正面投影,直线的侧面投影垂直于该平面上的侧平线的侧面投影。

反之,如果一直线的水平投影垂直于该平面上水平线的水平投影,直线的正面投影垂直于该平面上正平线的正面投影,直线的侧面投影垂直于该平面上侧平线的侧面投影,则此直线一定垂直于该平面。

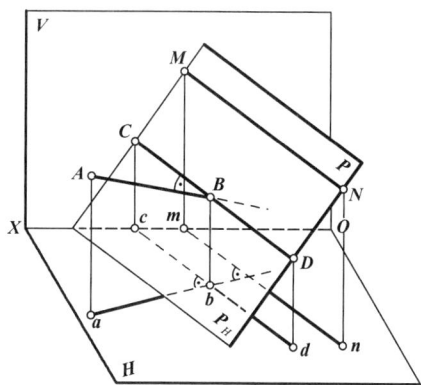

图 4-16 直线与平面垂直

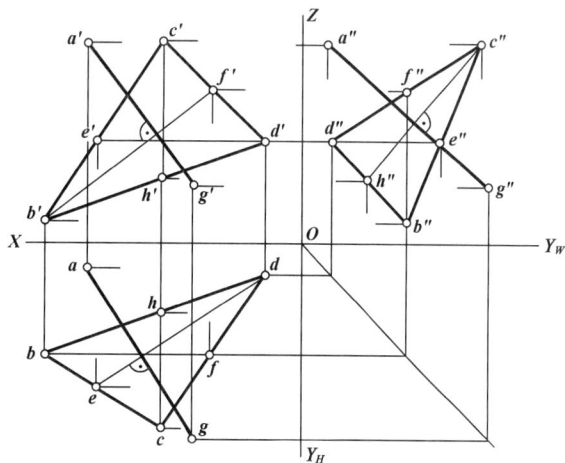

图 4-17 直线与平面垂直的投影特性

【例 4-8】 已知 $\triangle BCD$ 平面及平面外一点 A,求点 A 到 $\triangle BCD$ 平面的距离[图 4-18a)]。

解 (1)分析:求点 A 到 $\triangle BCD$ 平面的距离,就是由点 A 向该平面作垂线,求出点 A 与垂足之间的长度。

(2)作图:

①在 $\triangle BCD$ 平面上任作一水平线 $DE(de,d'e')$ 和正平线 $BF(bf,b'f')$[图 4-18b)]。

②过点 A 向 $\triangle BCD$ 平面作垂线 $AG(ag \perp de,a'g' \perp b'f')$[图 4-18b)]。

③用辅助平面法求出垂线 AG 与 $\triangle BCD$ 平面的交点(垂足)$K(k,k')$[图 4-18c)]。

④用直角三角形法求出 AK 的实长 A_0k'[图 4-18c)],即为所求。

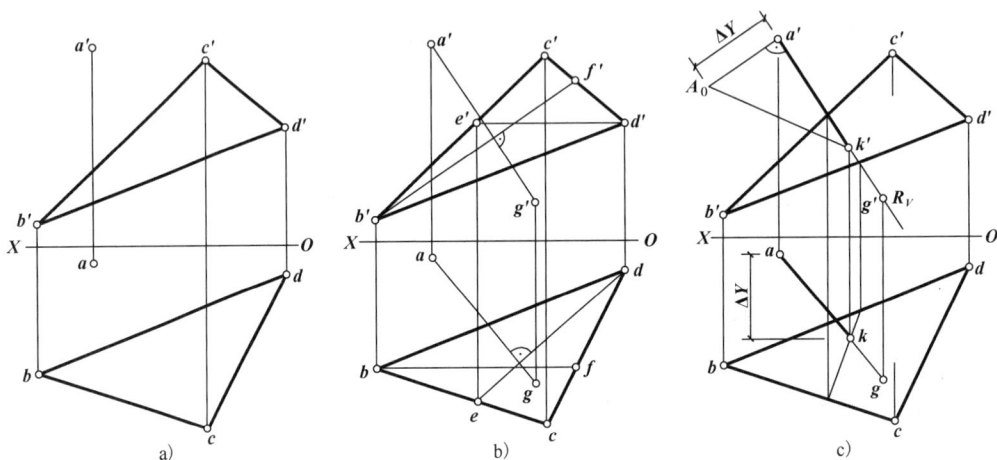

图 4-18 求点到一般位置平面的距离

a)已知条件;b)作图过程(一);c)作图过程(二)

图 4-19 也是求点 A 到 $\triangle BCD$ 平面的距离,但 $\triangle BCD$ 平面是铅垂面,铅垂面的垂直线是一条水平线,所以只要过点 A 作水平线 $AK \perp \triangle BCD$ 即可[图 4-19b)],点 K 为垂足,AK 的水平投影 ak 就是点 A 到 $\triangle BCD$ 平面的真实距离。

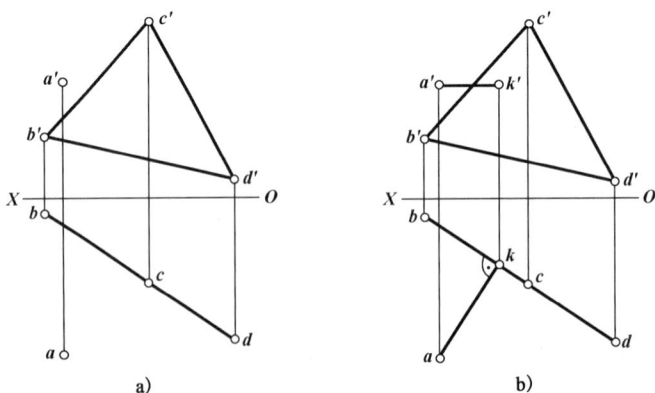

图 4-19 求点到铅垂面的距离

a)已知条件;b)作图过程

【例 4-9】 过点 K 作一直线与一般位置直线 AB 垂直(图 4-20)。

解 (1)分析:空间两互相垂直的一般位置直线,其投影不反映垂直关系,不可能在投影图上直接作出。为此,可根据直线与平面垂直的原理,过点 K 作一平面 Q 垂直于直线 AB

[图 4-20a)]，然后找出 AB 与平面 Q 的交点 M，连线 KM 即为所求。作平面垂直于直线，实际上是作直线垂直平面的逆过程。

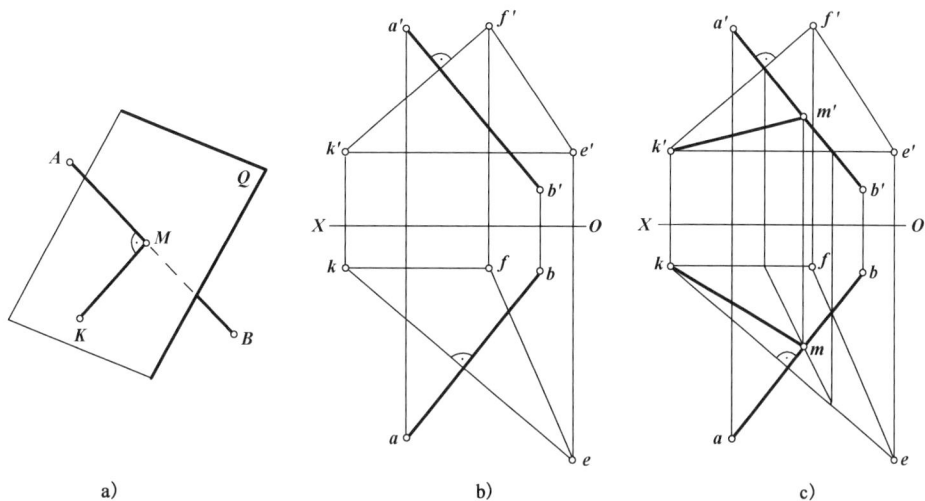

图 4-20 过点作直线垂直已知直线
a)立体图；b)作图过程(一)；c)作图过程(二)

（2）作图：

①过点 K 作辅助平面 Q 垂直直线 AB。平面 Q 由水平线 KE 和正平线 KF 所确定，即作 ke⊥ab，k'f'⊥a'b'，k'e'∥OX，kf∥OX[图 4-20b)]。

②求辅助平面 Q 与直线 AB 的交点 M(m'，m)[图 4-20c)]。

③连线 km、k'm'[图 4-20c)]，即为所求。

如果求出 KM 的实长，也就求出了点 K 到直线 AB 的真实距离。这种过点作一平面垂直于直线的作图方法可以用来求点到一般位置直线的距离。

二、两平面互相垂直

两平面互相垂直，是两平面相交的特殊情况。由立体几何可知：若一直线垂直于一平面，则包含此直线所作的一切平面均垂直于该平面。如图 4-21 所示，直线 AB⊥P 平面，包含直线 AB 所作的平面 Q、R 等均垂直于平面 P。

由此推知：若两平面互相垂直，则由第一个平面上的任意一点向第二个平面所作的垂线，必在第一个平面上。如图 4-22a)中，若 P、Q 两平面互相垂直，则由平面 Q 上任意一点 A 向平面 P 所作的垂线 AB 必在平面 Q 上，反之若所作垂线 AB 不在平面 Q 上，则 P、Q 两平面不互相垂直[图 4-22b)]。

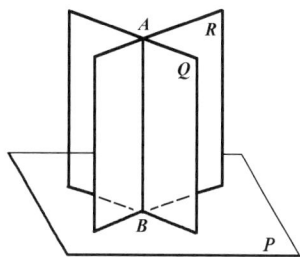

图 4-21 两平面互相垂直的条件

【例 4-10】 过直线 AB 作一平面垂直于△DEF 平面（图 4-23）。

解 （1）分析：过直线 AB 作平面垂直于△DEF 平面，可过直线 AB 上的任一端点（如点 A）作一直线 AK 垂直于△DEF 平面即可。

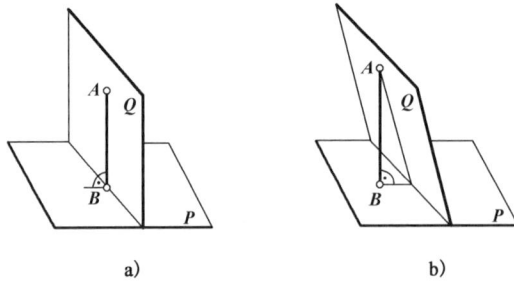

图 4-22 判别两平面是否垂直的几何条件

a)垂直;b)不垂直

（2）作图：

①在△DEF 平面上任作一水平线 DM 和一正平线 FN。

②作直线 AK 垂直于水平线 DM 和正平线 FN,即作 $a'k' \perp f'n'$, $ak \perp dm$,平面 BAK 即为所求。

【例 4-11】 判别△ABC 平面和△DEF 平面是否互相垂直（图 4-24）。

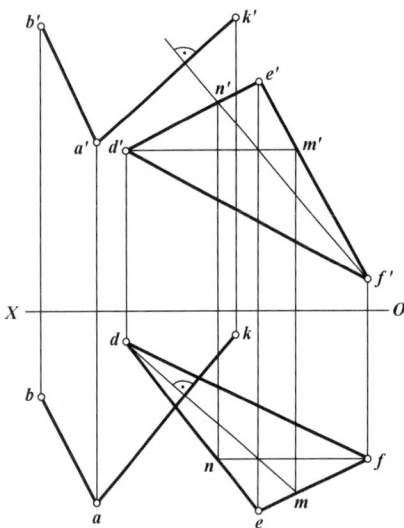

图 4-23 过直线作平面垂直于已知平面

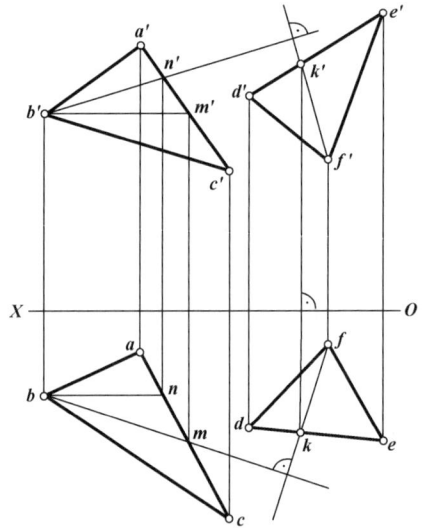

图 4-24 判别两平面是否互相垂直

解 （1）分析:判别两平面是否互相垂直,可选其中任一平面（△DEF）上的任一顶点（F）向另一平面作垂线（FK）,如果所作垂线（FK）在该平面（△DEF）上,则两平面互相垂直,否则反之。

（2）作图判别：

①在△ABC 平面上任作一水平线 BM 和一正平线 BN。

②过△DEF 平面上任一顶点 F,作一直线 FK 垂直于水平线 BM 和正平线 BN,即作 $f'k'$（k' 在 $d'e'$ 上）$\perp b'n'$,作 fk（k 在 de 上）$\perp bm$。

③判别所作垂线 FK 是否在△DEF 平面上。顶点 F 在△DEF 平面上是已知的,只要检查 k'、k 的投影连线是否垂直于 OX 轴,连接 k' 与 k,经检查确定,$k'k \perp OX$ 轴,符合点的投影规律,所以 FK 在△DEF 平面上,故△ABC 平面与△DEF 平面互相垂直。

【例 4-12】 判别△ABC 平面和△EFG 平面是否互相垂直(图 4-25)。

解 (1)分析:△EFG 平面是铅垂面,铅垂面的垂直线是水平线,若在△ABC 平面内能作出一条水平线与△EFG 平面垂直,那么△ABC 平面和△EFG 平面就互相垂直。

(2)作图判别:

①过△ABC 平面上的顶点 A 作水平线 AD⊥△EFG;作 ad⊥efg,a'd' // OX 轴。

②判别所作水平线 AD 是否在△ABC 平面上:方法同例 11,判别结果如图 4-25 所示,△ABC⊥△EFG。

当互相垂直的两个平面都垂直于某一投影面时,两平面积聚的同面投影必互相垂直,如图 4-26 所示,P、Q 均为铅垂面,且 $P_H⊥Q_H$,所以平面 P 垂直于平面 Q。

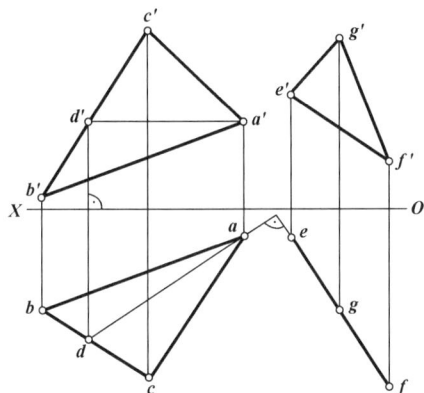

图 4-25 判别两平面是否互相垂直

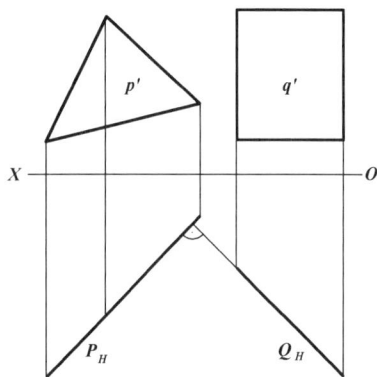

图 4-26 两个铅垂面相互垂直

第 五 章

投影变换

第一节 概　　述

从前述数章中对直线和平面的投影分析可知,当直线或平面与投影面处于特殊位置时,其投影可直接反映实长、实形或倾角,这样便可直接解决其定位(交点、交线)和度量(距离、角度、实形)问题。例如图 5-1 所示的直线和平面,这些几何元素处于有利于解题的特殊位置。

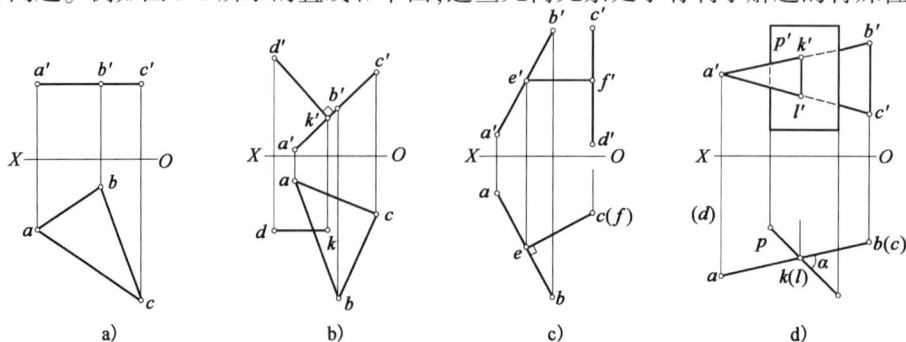

图 5-1　几何元素与投影面处于特殊位置

a)△abc 反映△ABC 实形;b)d'k'反映点 D 到△ABC 的距离(DK);c)ef 反映交叉直线 AB、CD 的距离(共垂线);d)∠α 反映两平面的夹角如果直线或平面处于不利于解题的位置时,可通过投影变换的方法把处于一般位置的空间几何元素变换成为有利于解题的特殊位置。

投影变换的方法可归纳为换面法和旋转法两类。

第二节 换 面 法

保持空间几何元素不动,用新的投影面代替旧的投影面,使新的投影面和被保留的投影面构成新的两面体系,从而达到解题的目的。这种方法称为变换投影面法,简称换面法。

如图 5-2 所示,$\triangle ABC$ 在 H、V 面上的投影,都不反映实形,现用一个 V_1 面代替 V 面,V_1 面平行于 $\triangle ABC$,同时垂直于 H 面,这样就形成新的投影面体系 $\frac{V_1}{H}$。$\triangle ABC$ 在 V_1 面上的投影 $\triangle a_1'b_1'c_1'$ 就是它的实形。

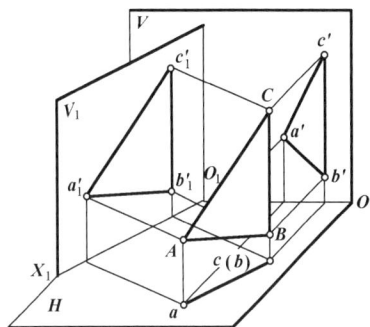

由上述可知,新投影面的选择必须符合下列两个基本条件:

(1)新投影面必须垂直于被保留下来的投影面。

(2)新投影面必须使空间几何元素处于有利于解题的位置。

图 5-2 换面法

一、点的换面法

如图 5-3a)所示,空间一点 A,它的 V 面投影为 a'、H 面投影为 a。现用一个新的投影面 V_1 代替 V 面,定出新轴 O_1X_1(这是变换点的投影,新轴 O_1X_1 可以任意选定),然后作点 A 在 V_1 面上的投影 a_1'。因 V_1 也垂直于 H 面,则得:

$$a'a_X = a_1'a_{X1}, aa_{X1} \perp O_1X_1, a_1'a_{X1} \perp O_1X_1$$

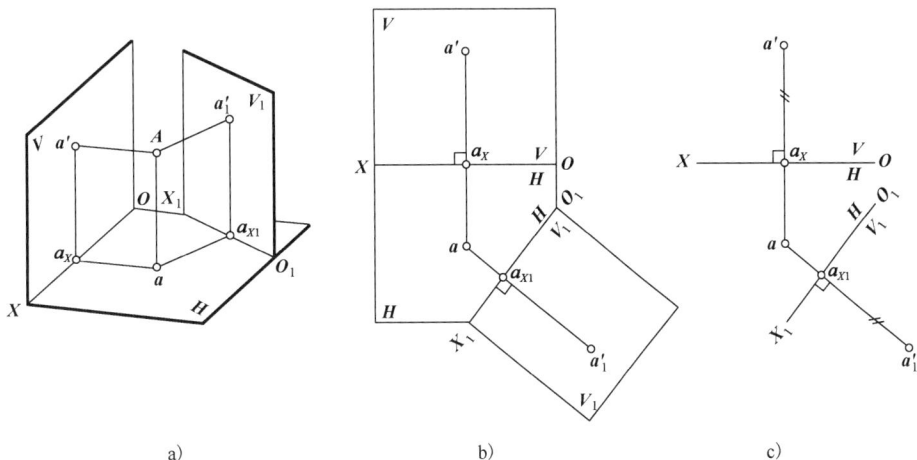

a)	b)	c)

图 5-3 点的一次换面(变换 V 面)

a)立体图;b)投影面展开;c)投影图

现将 V_1 面绕 O_1X_1 轴旋转与 H 面重合[图 5-3b)]，展开后 a'_1a_{X1} 仍垂直于 O_1X_1，因此 $aa'_1 \perp O_1X_1$。具体作图方法是先在适当的位置画 O_1X_1 轴，然后过点 a 向 O_1X_1 作垂线，再取 $a'_1a_{X1} = a'a_X$，a'_1 就是点 A 在 V_1 面上的投影，如图 5-3c) 所示。

同理，也可以作点 A 在变换 H 面的新投影面体系的投影，如图 5-4 所示，作 H_1 面代替 H 面，并使之垂直于 V 面。作图如图 5-4c) 所示：先画新轴 O_1X_1，然后过点 A 的 V 面投影 a' 向 O_1X_1 作垂线，再取 $a_1a_{X1} = aa_X$，a_1 就是点 A 在 H_1 面上的投影。

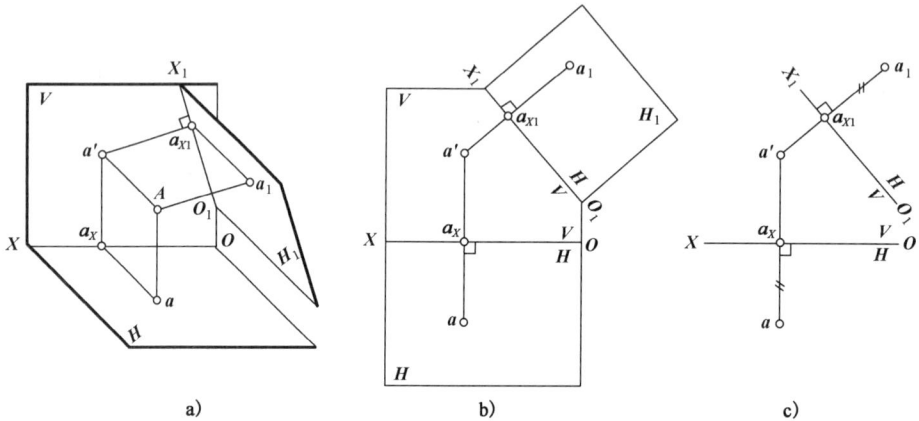

图 5-4 点的一次换面（变换 H 面）
a)立体图；b)投影面展开；c)投影图

从上述可得出如下两个结论：

(1)点的新投影与被保留旧投影面上投影的连线，必垂直于新轴 O_1X_1。如图 5-4 所示，$a_1a' \perp O_1X_1$。

(2)点的新投影到新轴的距离，等于被代替的旧投影到旧轴的距离。如图 5-4 所示，$a_1a_{X1} = aa_X$。

有一些度量或定位问题，变换一次投影面还不能达到解题的目的，需要变换两次或多次，也是采用同样的原理和作图方法。如图 5-5 所示，第一次用 V_1 代替 V 面，$V_1 \perp H$，形成 $\dfrac{H}{V_1}$ 体系。

第二次用 H_2 面代替 H 面，$H_2 \perp V_1$，形成 $\dfrac{V_1}{H_2}$ 体系。以这样的替代方式，才能保证新旧投影体系的坐标关系，如 $a'_1a_{X1} = a'a_X$，$a'_1a \perp O_1X_1$；$a_2a_{X2} = aa_{X1}$，$a_2a'_1 \perp O_2X_2$，两次以上的连续变换是上述规律的重复使用。

现规定：在第一次变换的新投影面上，对所有字母的右下角注以"1"字，如图 5-5 中 V_1 面上的 a'_1、a_{X1} 和 O_1X_1。第二次则加注以"2"字，如图 5-5 中 H_2 面上的 a_{X2}、a_2 和 O_2X_2 等。

二、直线的换面法

1. 把一般位置直线变换成投影面平行线

如图 5-6 所示，已知直线 AB 的两投影 ab、$a'b'$。用换面法求它的实长及对 H 面的倾角。要使直线 AB 在新投影面上反映实长及对 H 面的倾角，则代替 V 面的新投影面 V_1 必须平行于直线 AB。即将直线 AB 变换为 V_1 面的平行线。作图步骤如下：

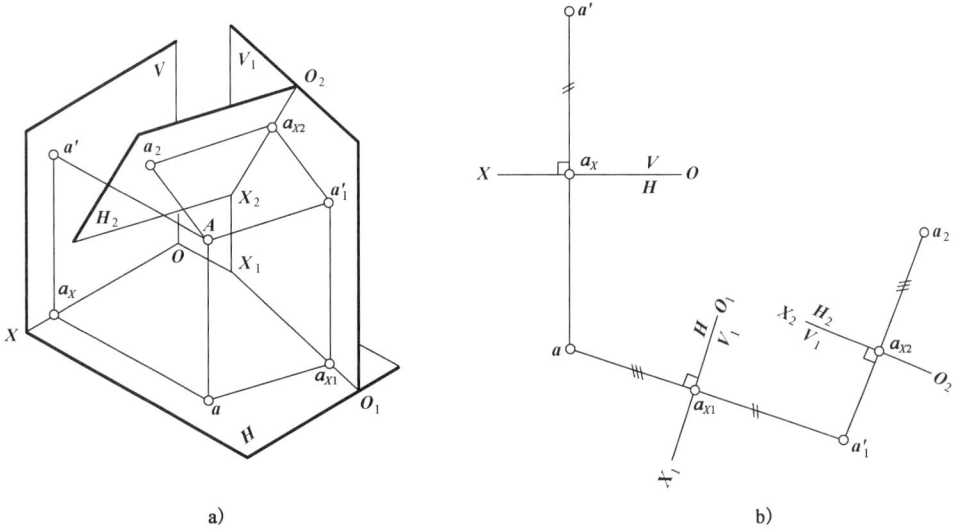

图 5-5　点的两次换面
a) 立体图；b) 投影图

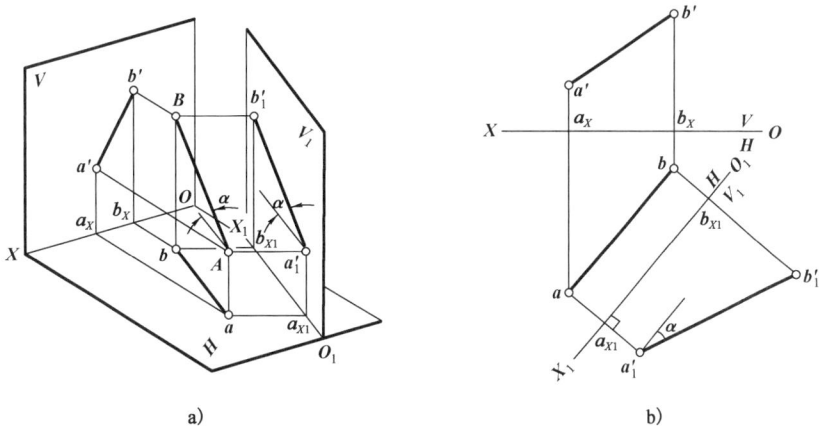

图 5-6　求直线实长及倾角 α
a) 立体图；b) 投影图

作 $O_1 X_1 /\!/ ab$，过 a、b 分别作 $O_1 X_1$ 的垂线，取 $a_1' a_{X1} = a' a_X$，$b_1' b_{X1} = b' b_X$，连接 a_1'、b_1' 即为直线 AB 的实长，$a_1' b_1'$ 与 $O_1 X_1$ 的夹角，即为直线 AB 对 H 面的倾角 α。

如需求直线 AB 对 V 面的倾角 β，则变换 H 面，用 H_1 面代替 H 面，作 $O_1 X_1$ 平行于 $a' b'$，求得实长 a、b 及对 V 面的倾角 β，具体作图步骤和变换 V 面相同。

2. 把一般位置直线变换成投影面垂直线

如图 5-7 所示，已知直线 AB 的两投影 ab、$a' b'$，变换投影面使直线 AB 在新的投影体系中，成为投影面垂直线。

直线 AB 在投影面体系 $\dfrac{V}{H}$ 中处于一般位置，若作一新投影面与直线 AB 垂直，则该面在投影面体系 $\dfrac{V}{H}$ 中仍处于一般位置，不可能与 H 面或 V 面组成投影体系，因此，必须变换两次投影面。首先把直线变换成为投影面平行线,然后再将投影面平行线变换成为投影面垂直线。如图 5-7a)所示,先设立一个平行于直线 AB 且垂直 H 面的新投影面 V_1,在 $\dfrac{H}{V_1}$ 体系中,AB 平行于 V_1 面。作出 AB 在 V_1 面上的新投影 $a_1'b_1'$。再设立一个垂直于 AB 和 V_1 面的新投影面 H_2,在 $\dfrac{V_1}{H_2}$ 体系中,AB 垂直于 H_2 面。AB 在 H_2 面上的新投影 $a_2(b_2)$ 积聚成一点。图 5-7b)为投影图的画法:作 $O_1X_1 /\!/ ab$,画出 $a_1'b_1'$;然后再作 $O_2X_2 \perp a_1'b_1'$,画出 $a_2(b_2)$,即为所求。

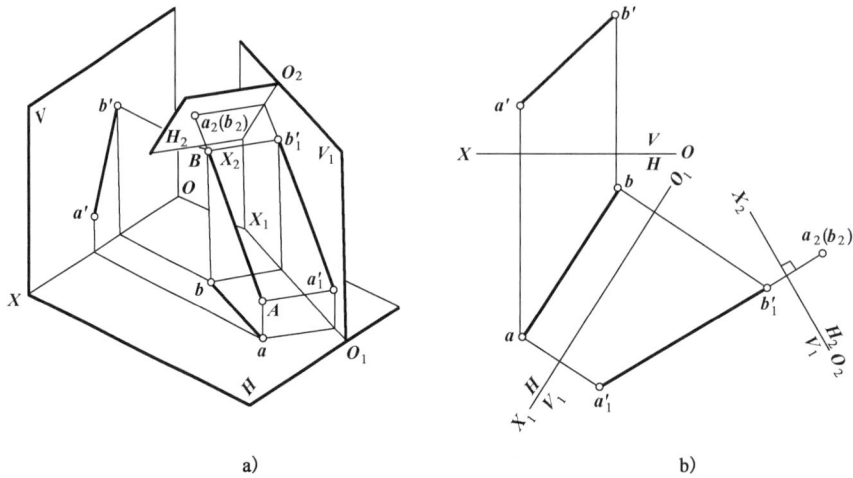

图 5-7 一般位置直线变换成投影面垂直线
a)立体图;b)投影图

从把一般位置直线变换成投影面垂直线的过程中可以看出,投影面平行线只要经过一次换面就可变换为投影面垂直线。

【例 5-1】 如图 5-8 所示,用换面法求点 A 到直线 BC 的距离以及点 A 到直线 BC 的垂线和垂足。

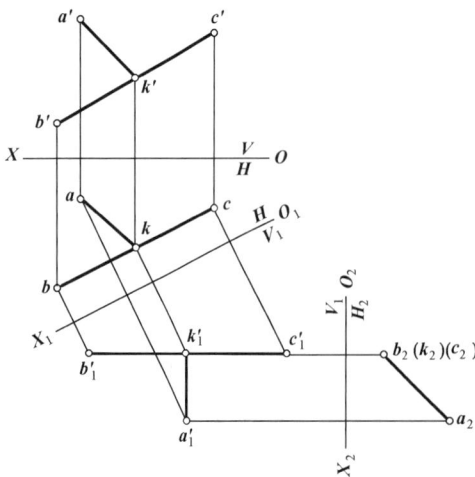

图 5-8 求点到直线的距离

解 求点 A 到直线 BC 的距离,可把点 A 和直线 BC 的投影变换两次,在新的投影体系中,BC 成为投影面垂直线,则点 A 的新投影到 BC 积聚成一点的投影的距离,即为所求;还可按直角投影的投影特性,作出垂线和垂足。作图方法如下:

(1)作新轴 $O_1X_1 /\!/ bc$,在 $\dfrac{H}{V_1}$ 体系中,作出点 A 及直线 BC 的新投影 a_1' 和 $b_1'c_1'$。

(2)作 $O_2X_2 \perp b_1'c_1'$,作出点 A 及直线 BC 在 $\dfrac{V_1}{H_2}$ 体系中的新投影 a_2 及 $b_2(c_2)$,此时 $b_2(c_2)$ 积聚成一点,a_2 到 $b_2(c_2)$ 的距离即为点 A 到直线 BC 的距离。

（3）过 a_1' 作 $a_1'k_1'//O_2X_2$，交 $b_1'c_1'$ 于点 k_1'，在 $\dfrac{V_1}{H_2}$ 体系中，AK 为 H_2 面的平行线。在 $\dfrac{V}{H}$ 体系中，点 $K(k,k')$ 为垂足，直线 $AK(ak,a'k')$ 为垂线。

【例 5-2】 如图 5-9 所示，已知平行两水平线 AB 和 CD 的投影 ab、$a'b'$ 和 $c'd'$，两直线的间距为 l，求 cd。

解 两直线 AB 和 CD 互相平行，它们的间距 l 能在垂直于两直线的新投影面上反映出来。因此，投影图的作法可选 $O_1X_1 \perp ab$，并作出直线 AB 在 V_1 面上的新投影 $a_1'(b_1')$（积聚成一点）。以 $c'd'$ 到 OX 轴的距离 Z，作新轴 O_1X_1 的平行线，以 $a_1'(b_1')$ 为圆心，l 为半径画圆弧，与 O_1X_1 的平行线交于两点，即为直线 CD 在 V_1 面上的投影 $c_1'(d_1')$。过 $c_1'(d_1')$ 作 O_1X_1 的垂线，过 c'、d' 作 OX 的垂线，它们相交于 c、d，连接 c 与 d，即为 CD 的 H 面投影 cd。

从作图可知，本题有两解。

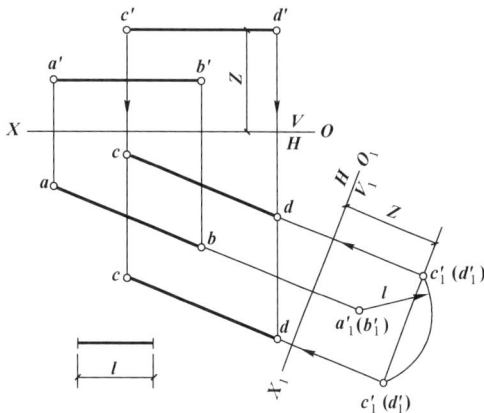

图 5-9 求平行两直线的投影

三、平面的换面法

1. 把一般位置平面变换成投影面垂直面

把一般位置平面变换成投影面垂直面，就是使该平面的新投影具有积聚性，从而使有关平面的定位和度量问题的解决大为简化。平面成为投影面垂直面的必要条件是平面内必须包含该投影面的垂直线，因此，一般位置平面变换成为投影面垂直面，实际上就是把平面内的一直线变换成为投影面垂直线的问题。因此在解题时，可在一般位置平面内取一条投影面平行线进行变换。

如图 5-10 所示，把 $\triangle ABC$ 变换成为投影面垂直面。在 $\triangle ABC$ 平面内过点 A 作水平线 AD，使新投影面 $V_1 \perp AD$［图 5-10a)］，在 $\dfrac{H}{V_1}$ 体系中，$\triangle ABC$ 成为 V_1 面垂直面，$\triangle ABC$ 在 V_1 面上的投影 $b_1'a_1'(d_1')c_1'$ 有积聚性。

图 5-10b) 为投影图的作法，在 $\triangle ABC$ 内取水平线 $AD(ad$ 和 $ad')$，作 $O_1X_1 \perp ad$，则新投影 $b_1'a_1'(d_1')c_1'$ 积聚成一条直线。$b_1'a_1'(d_1')c_1'$ 与 O_1X_1 的夹角 α 反映 $\triangle ABC$ 对 H 面的倾角。

若在 $\triangle ABC$ 内取正平线，则在 $\dfrac{V}{H_1}$ 体系中，$\triangle ABC$ 为 H_1 面垂直面，则可求得 $\triangle ABC$ 与 V 面的倾角 β。

2. 把投影面垂直面变换成投影面平行面

把投影面垂直面变换成为投影面平行面，可设立一个新投影面与已知平面平行，则平面在新投影面上的投影反映实形。

图 5-11 为投影面垂直面变换成投影面平行面的投影图，$\triangle ABC$ 为铅垂面，作新轴 $O_1X_1 // ac$(b)，再分别过 a、b、c 三点向 O_1X_1 作垂线，在 O_1X_1 的另一侧作出 a_1'、b_1'、c_1'，最后连成 $\triangle a_1'b_1'c_1'$，

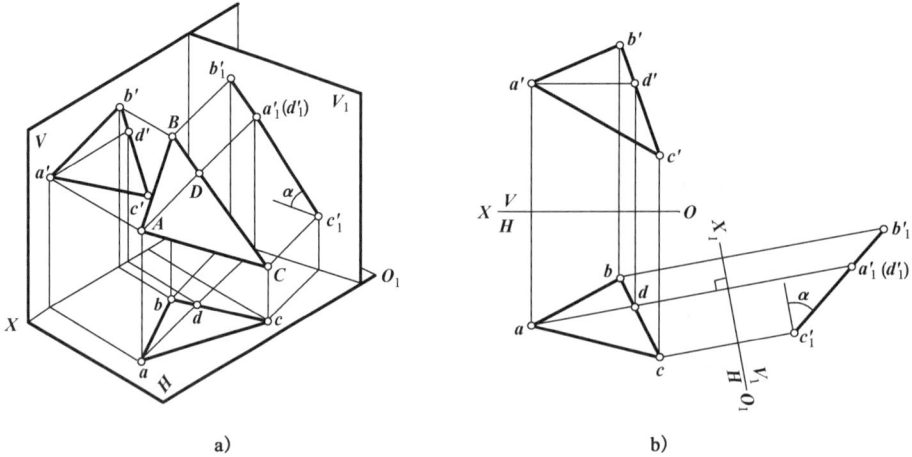

a)   b)

图 5-10　一般位置平面变换成投影面垂直面

a)立体图;b)投影图

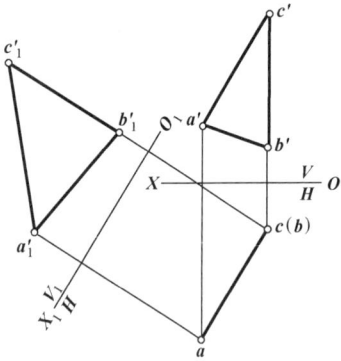

图 5-11　投影面垂直面变换为
投影面平行面

就是△ABC 的实形。

如果把一般位置平面变换成投影面平行面,则必须进行两次变换,先将一般位置平面变换成投影面垂直面,然后再把垂直面变换成投影面平行面。

【例 5-3】　如图 5-12 所示为一隧道洞门模型的三面投影,求洞门斜面的实形。

解　洞门斜面为侧垂面,用换面法求洞门实形,则新投影面 V_1 必为与斜面平行的侧垂面。因此,取 $O_1Z_1 /\!/ c''a''$,在 O_1Z_1 轴的另一侧作对称轴 $O_1'O_1' /\!/ O_1Z_1$,以 $O_1'O_1'$ 为尺寸基准,取 $\overline{a_1'f_1'} = \overline{a'f'} = L_4$,$\overline{1_1'5_1'} = \overline{1'5'} = L_3$,$\overline{b_1'e_1'} = \overline{b'e'} = L_2$,$\overline{c_1'd_1'} = \overline{c'd'} = L_1\cdots$,依次连接点 a_1'、b_1'、$c_1'\cdots$,即为洞门斜面的实形。

【例 5-4】　如图 5-13 所示,用换面法求两平面△ABC 和△ABD 的夹角。

解　要反映两平面的夹角,这两个平面必须同时垂直于一个新投影面,即两平面的交线垂直于新投影面,如图 5-13a)所示。其作图方法如图 5-13b)所示。

(1)第一次变换,作新轴 $O_1X_1 /\!/ ab$,在 $\dfrac{H}{V_1}$ 体系中,AB 为 V_1 面平行线。作出△ABC 和△ABD 在 V_1 面上的新投影△$a_1'b_1'c_1'$ 和△$a_1'b_1'd_1'$。

(2)第二次变换,作新轴 $O_2X_2 \perp a_1'b_1'$,在 $\dfrac{V_1}{H_2}$ 体系中,AB 为 H_2 面垂直线。作出△ABC 和△ABD 在 H_2 面上的新投影 $a_2(b_2)c_2$ 和 $a_2(b_2)d_2$,α 即为两平面的夹角。

【例 5-5】　如图 5-14 所示,摆 MN 挂在 M 点,它在垂直于△ABC 的铅垂面内摆动,求:

(1)摆 MN 的端点 N 与平面△ABC 的接触点 K 的投影。

(2)摆 MN 在接触点 K 时,摆动的幅角 α。

解　摆 MN 摆动所形成的面是一个垂直于△ABC 的铅垂面,因此它垂直于△ABC 内水平线。为了在新投影面上反映它的实形,新投影面必须与它平行,即垂直于△ABC 内的水平线。

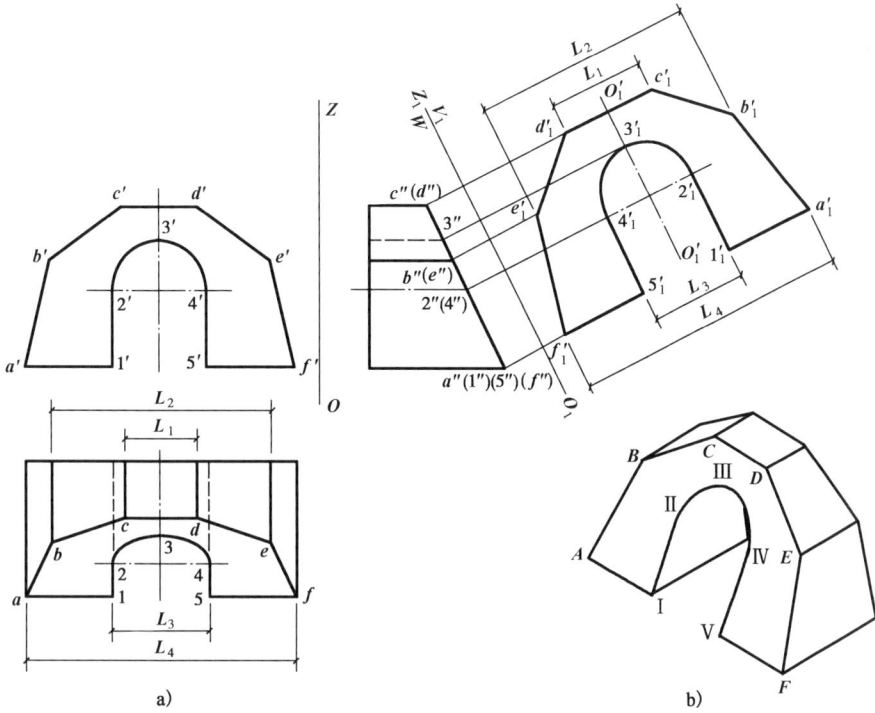

图 5-12 求洞门斜面的实形
a)投影图;b)立体图

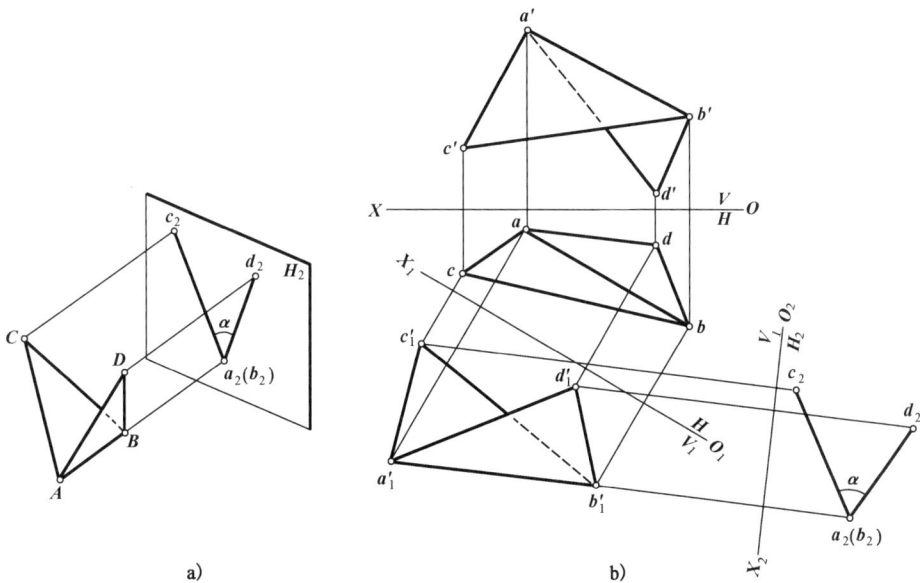

图 5-13 求两平面的夹角
a)立体图;b)投影图

其作法如下:

(1)作△ABC 内水平线的两投影 ad 与 a'd',取新轴 O_1X_1 垂直于 ad。

(2)作 MN 及△ABC 在 V_1 面上的投影 $m_1'n_1'$ 及 $a_1'b_1'c_1'$。

（3）以 m'_1 为圆心，$m'_1n'_1$ 为半径画圆弧与 $a'_1b'_1c'_1$ 相交，得两交点 k'_{11}、k'_{21}，即为摆 MN 摆动端点 N 与 $\triangle ABC$ 的接触点。$\angle n'_1m'_1k'_{11}$ 及 $\angle n'_1m'_1k'_{21}$ 即是摆 MN 与 $\triangle ABC$ 接触时的幅角。

（4）过 $m(n)$ 作 O_1X_1 的平行线（即摆 MN 的摆动面的 H 面投影），与过 k'_{11}、k'_{21} 所作 O_1X_1 的垂线相交于 k_1、k_2 两点，即是接触点 K_1、K_{II} 在 H 面上的投影。按 V、H、V_1 面的投影关系，求得 V 面投影 k'_1、k'_2。

由上分析，若当点 M 到 $\triangle ABC$ 的距离大于或等于 MN 时，其答案又是如何？读者可自行思考。

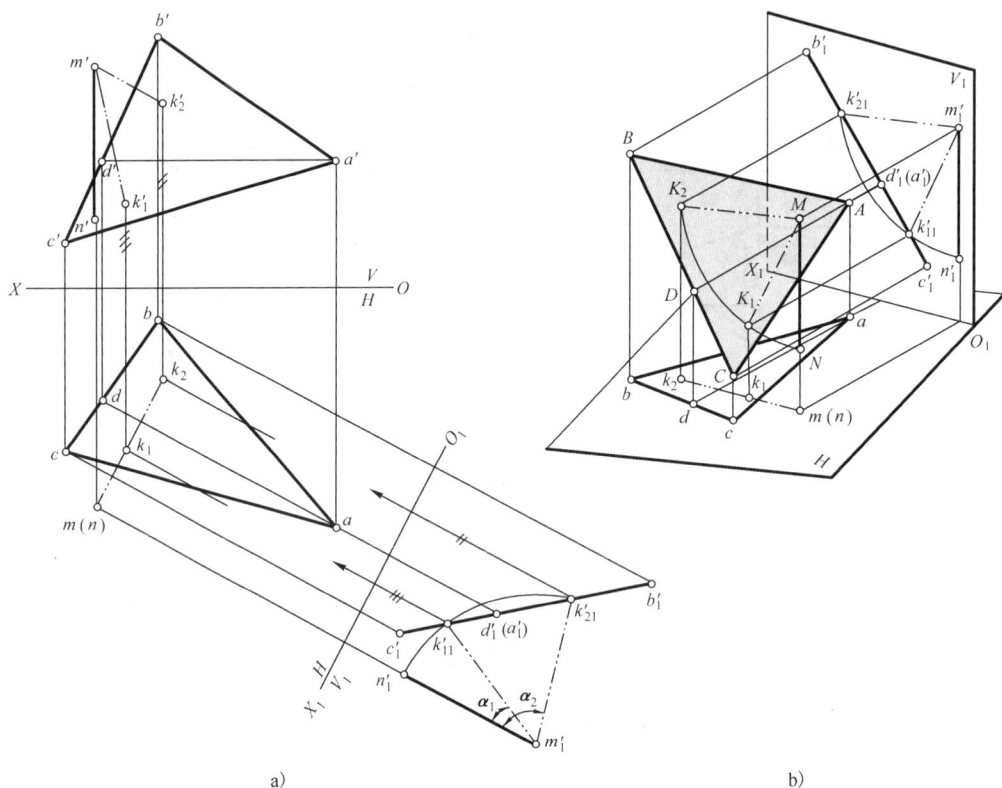

图 5-14　求摆的接触点及倾角

a）投影图；b）立体图

第三节　旋　转　法

旋转法是投影面保持不变，使空间几何元素绕垂直于或平行于投影面的轴线，旋转到与投影面处于特殊位置，以达到解题的目的。

一、绕投影面垂直线为轴旋转

如图 5-15 所示，$\triangle ABC$ 为铅垂面，如要求它的实形，可把它绕垂直于 H 面的轴 O-A-B-O 旋转，旋转到平行于 V 面的位置，则 $\triangle ABC$ 在 V 面上的新投影 $\triangle a'b'c'_1$ 反映它的实形。据此将各种几何元素的作法分述如下。

1.点的旋转

如图 5-16 所示,空间一点 A 绕垂直于 H 面的轴 OO 旋转,点 A 的运动轨迹为一圆周,称为轨迹圆。点 A 到旋转轴的距离称为旋转半径。点 A 旋转轨迹圆为一个水平圆,它在 V 面上的投影为一段平行于 OX 轴的线段,长度等于轨迹圆的直径。在 H 面上的投影反映轨迹圆实形,仍为一圆周。图 5-16 就是点 A 逆时针方向旋转 α 角到点 A_1 位置,它在 H 面上的投影为圆周上的点 a_1,V 面投影是位于过 a' 且平行于 OX 轴的直线上的点 a_1'。

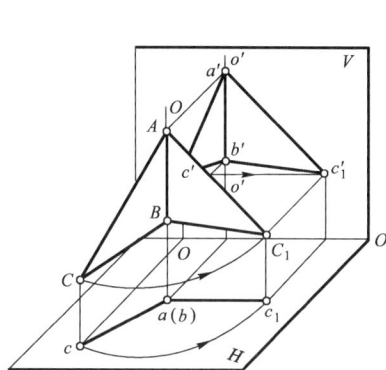

图 5-15　旋转法

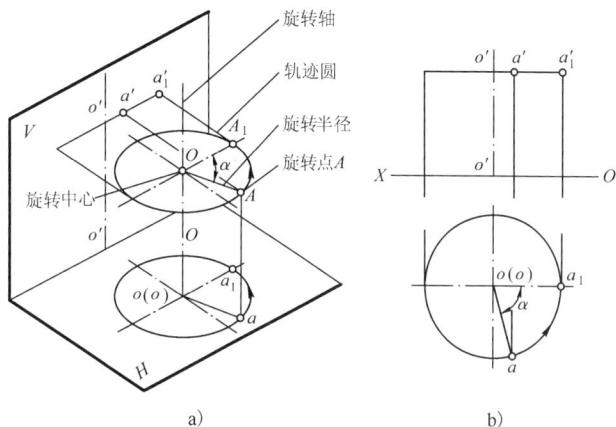

图 5-16　点绕垂直于 H 面的轴旋转
a)立体图;b)投影图

如图 5-17 所示,当点 A 绕垂直于 V 面的轴旋转时,旋转轨迹圆平行于 V 面,其 V 面投影是以点 A 到旋转轴的距离为半径的圆,H 面投影是与圆的直径等长且平行于 OX 轴的线段。

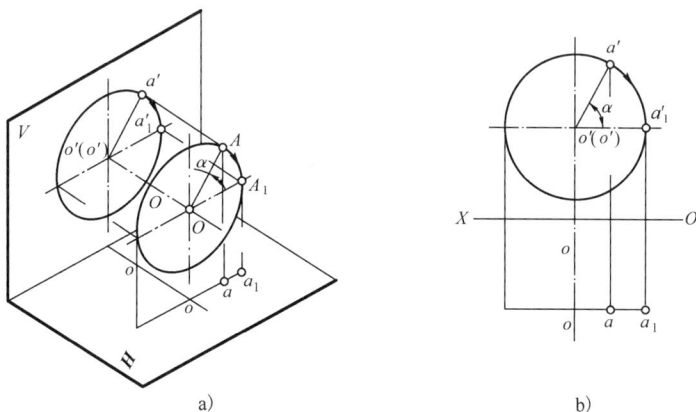

图 5-17　点绕垂直于 V 面的轴旋转
a)立体图;b)投影图

从上述可以得出:点绕着垂直于某一投影面的轴旋转,点的轨迹圆在该投影面上的投影为圆;在另一个投影面上的投影为平行于投影轴的一直线段。

2. 直线的旋转

直线的旋转,就是直线的两端点绕同一轴,以同一角度、同一方向旋转后相连而得。如图 5-18 所示,将 AB 两点同时绕一垂直于 H 面的轴 OO 旋转,且绕同一方向旋转相同的角度 θ,得 a_1、b_1 两点,然后按照前述方法,作出 V 面投影 a_1'、b_1'。分别连接其同面投影,a_1b_1、$a_1'b_1'$ 就是直线 AB 绕轴 OO 旋转后的新投影。

图 5-18 是直线 AB 绕垂直于 H 面的轴旋转,同理也可以绕垂直于 V 面的轴旋转。

直线的旋转,除上述方法外,还可直接将直线绕垂直于投影面的轴旋转,如图 5-19 所示,当直线 AB 绕垂直于 H 面的轴 OO 旋转时,其作图方法是以旋转轴的 H 面的投影 $o(o)$ 向 ab 作垂线,得垂足 k,然后以 $o(o)$ 为圆心,ok 为半径按所需的 θ 角旋转为 ok_1,与此同时,使 $a_1b_1 \perp ok_1$,$a_1k_1 = ak$,$k_1b_1 = kb$。得出 a_1b_1 后,即可求出 $a_1'b_1'$。

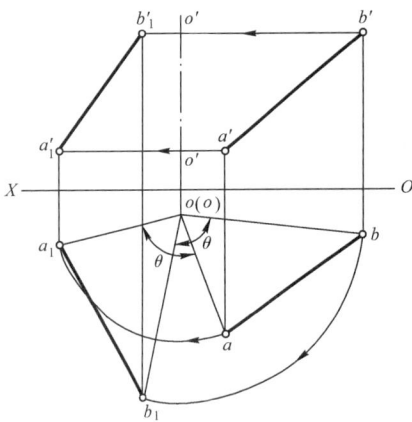

图 5-18　直线的旋转

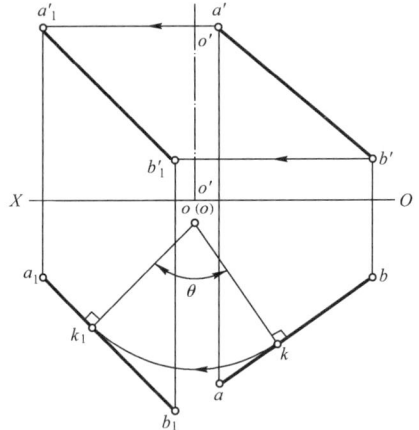

图 5-19　直线的另一种旋转法

由此可得出结论:线段绕垂直于投影面的轴旋转时,在该投影面上的投影长度不变。

直线旋转成为有利于定位、度量的位置,一般有以下两种情况:

(1)一般位置直线旋转成投影面平行线,其新投影反映实长,并且反映直线与投影面的倾角。

(2)投影面平行线旋转成投影面垂直线,其新投影积聚成一点。

如果一般位置直线旋转成为投影面垂直线,需旋转两次,第一次绕正垂线(或铅垂线)轴旋转成为投影面平行线,第二次再绕铅垂线(或正垂线)轴旋转成为投影面垂直线。

【例 5-6】　如图 5-20 所示,用旋转法求线段 AB 的实长及其对 H 面的倾角 α。

解　由前述可知,要在投影图中反映直线的实长及其对某一投影面的倾角,必须使直线平行于另一投影面,在此投影面上的投影反映实长和所求的倾角。因此此线段 AB 必须绕垂直于 H 面的轴旋转使其平行于 V 面。为了简化作图,以过点 A 且垂直于 H 面的 OA 为轴,将点 B 绕此轴旋转,使 AB 平行于 V 面。因此,在 H 面投影上,以 $o(a)$ 为圆心,ab 为半径,将点 b 旋转到点 b_1,使 ab_1 平行于 OX 轴。由 b'、b_1 得出 b_1',连接 a' 与 b_1',线段 $a'b_1'$ 就是线段 AB 的实长。$a'b_1'$ 与水平线的夹角 α,就是线段 AB 对 H 面的倾角 α。

3. 平面的旋转

平面图形的旋转,也是将图形上各有关的点绕同一轴按同一方向旋转相同的角度,从而达到解题的目的,如图 5-21 所示。

也可用直线旋转的第二种方法,将平面图形如三角形的一边(AB),绕垂直于投影面的轴旋转到所需要的位置,其投影长度不变,再取其余两投影之长,作出两个全等的三角形,如图 5-22所示。

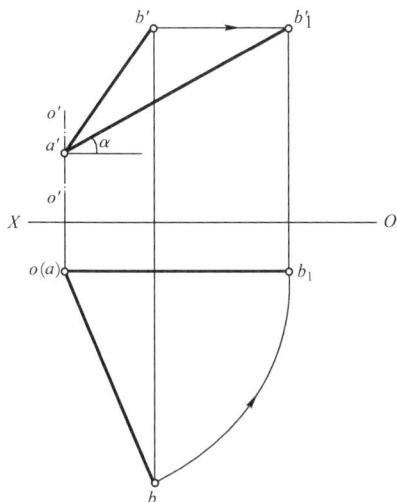

图 5-20 用旋转法求线段的实长及倾角 α

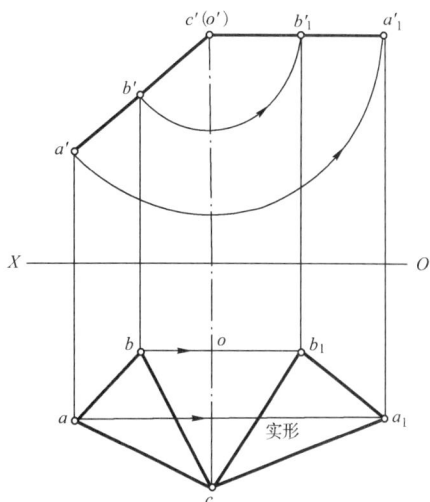

图 5-21 求 △ABC 的实形

【例 5-7】 如图 5-23 所示,试用旋转法求 △ABC 对 H 面的倾角 α。

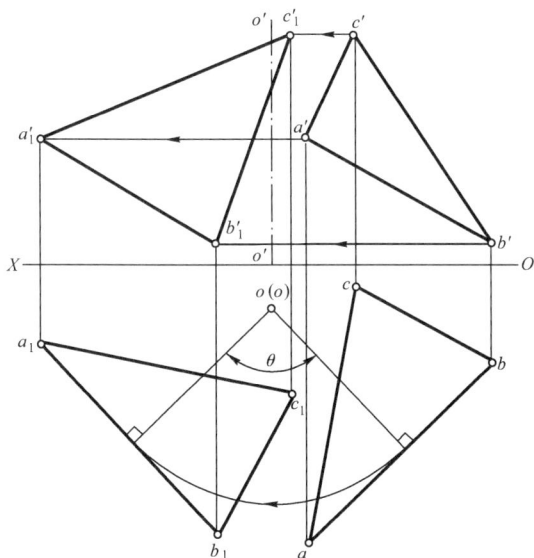

图 5-22 平面的旋转法

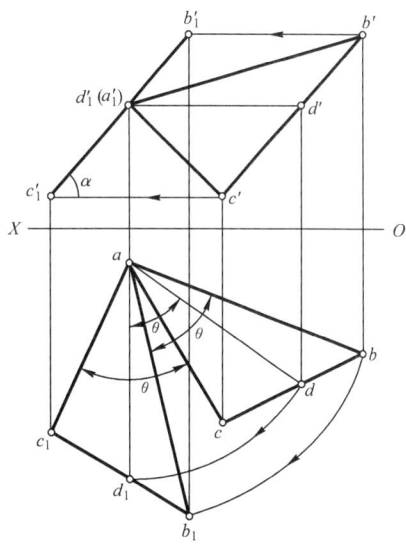

图 5-23 求 △ABC 与 H 面的倾角 α

解 当平面垂直于某一投影面时,在该投影面上的投影成为一直线,该直线与投影轴的夹角就是这个平面对另一个投影面的倾角。如 △ABC 垂直于 V 面,在 V 面上的投影是一段直线,该直线与 OX 的夹角,即 △ABC 对 H 面的倾角。因此,将 △ABC 绕着垂直于 H 面的轴旋转,使其垂直于 V 面。旋转时,首先应将 △ABC 上的水平线绕该轴旋转为垂直于 V 面。其作图步

骤如下:

(1)为了作图简便,过$\triangle ABC$的一顶点A,作水平线AD的V面投影$a'd'$和H面投影ad。

(2)将AD绕过点A且垂直于H面的轴旋转,使其垂直于V面,即使$ad_1 \perp OX$,则$a'd'_1$积聚成一点。

(3)然后将点b、c绕同一轴旋转与点d旋转相同的角度θ,得点b_1、c_1。

(4)再根据b_1、c_1及点的旋转方法,作出V面投影b'_1、c'_1,得出的直线段$c'_1d'_1(a')b'_1$,就是$\triangle ABC$旋转后的V面投影,它与水平线的夹角α就是$\triangle ABC$对H面的倾角。

*二、绕平行于投影面的轴旋转

绕平行于投影面的轴旋转,对于解决某些问题,如求平面图形的实形、两直线的夹角等,较前述方法简便,只需旋转一次即可解决问题。

图5-24a)为绕水平轴旋转的基本原理。当点A绕水平轴OO旋转时,旋转轨迹为以从点A到OO的垂线的垂足O_1为圆心,O_1A为半径,且垂直于H面的圆周。此圆周的H面投影积聚成直线,与水平轴的H面投影oo交于点o_1,V面投影则为椭圆,此椭圆在解决问题时不起作用,故在具体作图时,不必画出。

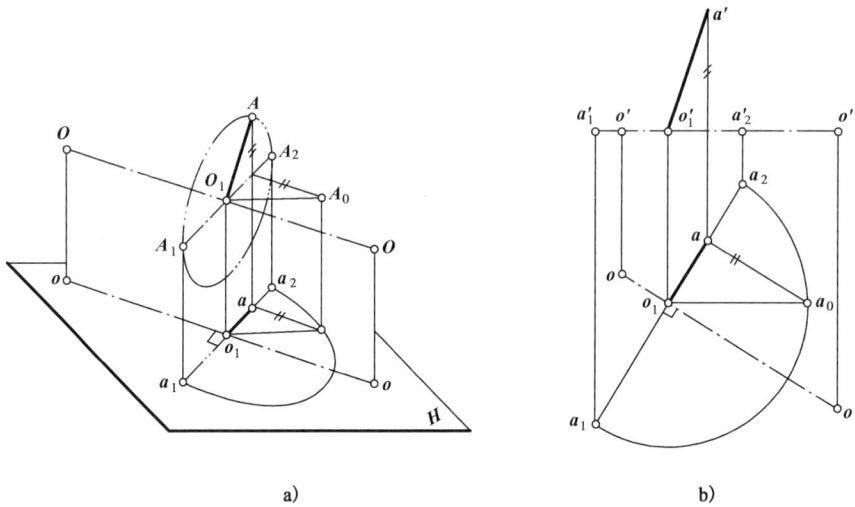

a)

b)

图5-24 点绕水平轴旋转

a)立体图;b)投影图

当点A旋转至A_1(或A_2)时,旋转半径O_1A_1(或O_1A_2)平行于H面,其H面投影o_1a_1(或o_1a_2)反映实长。

如图5-24b)所示,已知水平轴OO和点A的两面投影,求作点A的新投影a_1、a'_1。它的作图步骤如下:

(1)在H面投影中,自a作oo的垂直线,交oo于点o_1,再由o_1求出o'_1,则o_1、o'_1为旋转中心O_1的投影。连接$a'o'_1$,则ao_1和$a'o'_1$为旋转半径的投影。

(2)用直角三角形法求出旋转半径O_1A的实长o_1a_0。

(3)当O_1A旋转至平行于H面时,其H面投影反映实长,故可以o_1为圆心,o_1a_0为半径,画圆弧交o_1a的延长线于a_1(或a_2)。再由a_1(或a_2)求出a'_1(或a'_2),则a_1(或a_2)为点A旋转

到与 OO 同一高度后的新的 H 面投影。

绕平行于 V 面的轴旋转的原理与绕水平轴相同,不再作图说明。

【例 5-8】 已知 $\triangle ABC$ 的两投影,试求其实形[图 5-25b)]。

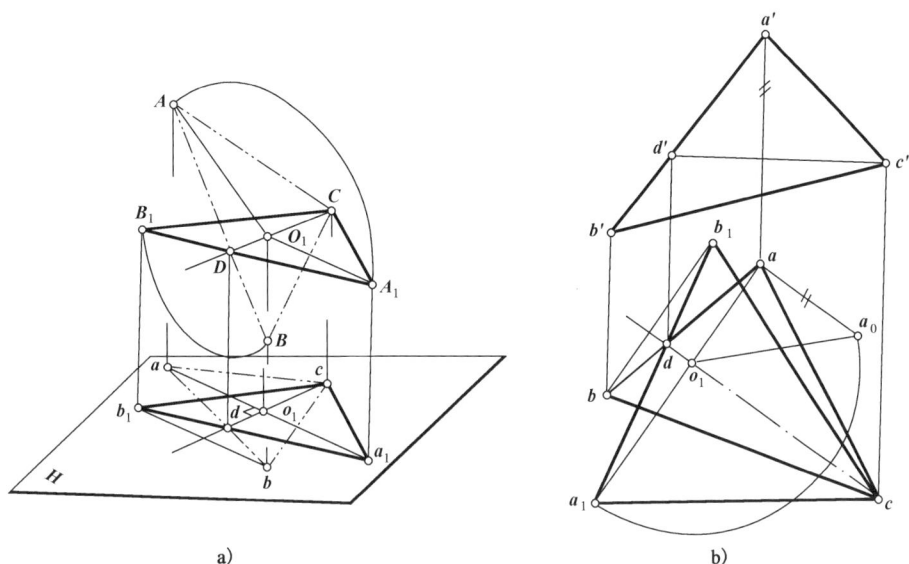

图 5-25 求 $\triangle ABC$ 的实形
a)立体图;b)投影图

解 本题采用绕平行于投影面的轴旋转甚为简便。在 $\triangle ABC$ 上取水平线 CD 为旋转轴,当 $\triangle ABC$ 旋转至与 H 面平行时,即反映实形,旋转时 C、D 两点不动,只要根据上述基本原理旋转 A、B 两点即可。其作图步骤如下:

(1)在 $\triangle ABC$ 上作一水平线 $CD(cd,c'd')$。

(2)在 H 面上自点 a 作直线垂直于 cd,确定旋转中心 O_1 的投影 o_1 和旋转半径 O_1A 的投影 o_1a。

(3)用直角三角形法求出 O_1A 的实长 o_1a_0,并利用 o_1a_0 作出点 A 的 H 面新投影 a_1。

(4)连接 a_1、c 和 a_1、d。

(5)过点 b 作直线垂直于 cd,与 a_1d 的延长线交于点 b_1。

(6)连接 b_1、c,则 $\triangle a_1b_1c_1$ 就是 $\triangle ABC$ 旋转至与 H 面平行时的 H 面投影,反映 $\triangle ABC$ 的实形。

如要将 $\triangle ABC$ 旋转至平行于 V 面并求其实形,则应在 $\triangle ABC$ 上取正平线为旋转轴。

第六章

曲线与曲面

第一节　曲线的一般知识

一、曲线的形成和分类

曲线可以视为一点连续运动的轨迹,也可以视为一系列点的集合(图6-1)。一条曲线可用一个字母或线上一些点的字母来标注。如图6-1a)中曲线可用一个字母 L 或用点的字母 A、B…标注。

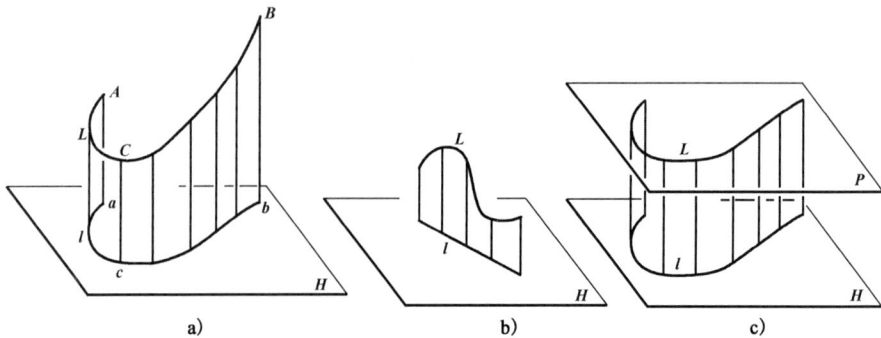

图6-1　曲线及其形成

a)空间曲线;b)平面曲线垂直 H 面;c)平面曲线平行 H 面

曲线有规则曲线,如圆周、椭圆、正弦曲线和螺旋线等;不规则曲线,如在地形图上表示不平地面时,将地面上高度相等的点连成的等高线。

曲线可分为平面曲线——曲线上所有的点都在同一平面内[图 6-1b)、c)],例如圆周、椭圆和等高线等;空间曲线——曲线上各点不全在同一平面内[图 6-1a)],例如螺旋线。

二、曲线的投影

1. 曲线的投影和曲线上点的投影

曲线的投影为曲线上一系列点的投影的集合。曲线上任一点的投影,必在曲线的同名投影上。如图 6-1a)所示,曲线 L 在投影面 H 上的投影 l,为 L 上各点 A、B…的 H 面投影 a、b…的集合。因而,曲线上任一点 A 的 H 面投影 a,必在曲线的 H 面投影 l 上。

2. 曲线的投影的作法

可作出曲线上一系列点的投影来连成。

3. 曲线的投影形状

(1)一般情况下,曲线的投影仍是曲线。如图 6-1a)所示,过曲线上 A、B…的投射线 Aa、Bb…,组成一个曲面,称为投射曲面。它与 H 面的交线 l,包含了各点的投影 a、b…,故交线 l 为曲线 L 的投影。由于投射曲面与投射面 H 相交于一条曲线,故曲线的投影在一般情况下仍是曲线。

(2)规则曲线的投影往往是有规则的。

4. 平面曲线的其他特性

(1)若平面曲线所在平面垂直于某投影面,则在该投影面的投影成为一条直线,如图 6-1b)所示。这时的投射曲面已成为一个投射平面,与投影面相交成一条直线。

(2)平面曲线所在平面如平行于某投影面,则曲线在该投影面上的投影反映实形,如图 6-1c)所示。在任何情况下,空间曲线的投影不能成为一条直线,因而也不能反映实形。

三、曲线的投影图

(1)投影图中,当曲线的投影上注出一些足以确定曲线形状的点的字母时,则由任意两个投影即可表示一条曲线,如图 6-2a)所示。但若不注出曲线端点的字母会引起误解时,则需标注。另外,还应注出重影点 B、D 和一些中间点 C 等投影的字母。

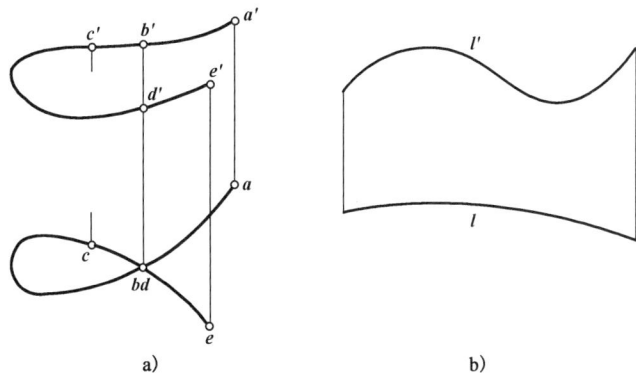

图 6-2 曲线的投影图

a)注出曲线上一些点的字;b)用一个字母注出曲线

对于某些曲线,当由两个投影已能表达该曲线而不致引起误解时,就不必注出点的字母,如图 6-2b)所示。

(2)若平面曲线所在平面平行于某投影面,则应画出该投影面上的投影。因为该投影是实形,这时平面曲线的其余两投影积聚成直线,即使注出一些字母,也不能明显地表示出这条曲线的形状。

(3)平面曲线所在平面垂直于某投影面时,如画出在该投影面上呈直线状的积聚投影,则能明显地表示出这条曲线是平面曲线,参见图 6-3 所示的圆周的投影图。

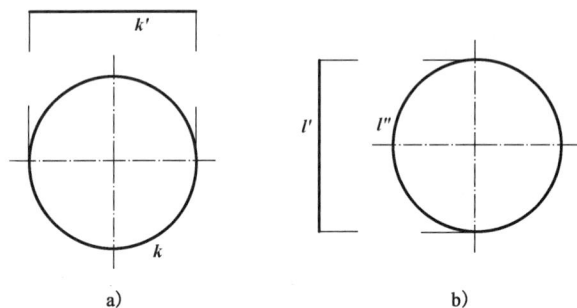

图 6-3 圆周的投影图
a)平行于 H 面的圆周;b)平行于 V 面的圆周

第二节 圆周的投影

一、平行或垂直于投影面圆周的投影

圆周平行于投影面时,其投影是一个等大的圆周;圆周平面垂直于投影面时,其投影成为长度等于圆周直径的一段直线。

图 6-3a)是一个平行于 H 面的圆周 K 的投影图。H 面投影 k 是一个与 K 等大的圆周,k 的圆心为 K 的圆心的 H 面投影;V 面投影 k′ 是一段直线,长度等于圆周直径,相当于平行 V 面的一条直径的投影,k 的中点为 K 的圆心的 V 面投影。图 6-3b)是一个平行 W 面的圆周 L 的投影图。

在投影图上,圆周的投影为圆周时,应当用细点画线表示圆周上一对互相垂直的对称位置线,称为圆周的中心线,两端稍伸出圆周。

二、倾斜于投影面的圆周的投影

圆周平面倾斜于投影面时,其投影为一个椭圆。圆心的投影为投影椭圆心。圆周直径的投影为投影椭圆的直径。圆周内平行于该投影面的直径的投影,为投影椭圆的长轴,长度等于圆周直径;圆周内与该直径垂直的那条直径的投影,为投影椭圆的短轴。

如图 6-4a)所示,圆周 K 位于 W 面垂直面 P 上,它的 W 面投影 k″ 成为一段直线,相当于 K 上平行 W 面的直径 CD 的投影 c″d″,长度等于 CD。

P 面倾斜于 V 面,圆周 K 的 V 面投影 k' 的形状是一条曲线,如图 6-4b) 中的 V 面投影 k' 所示。

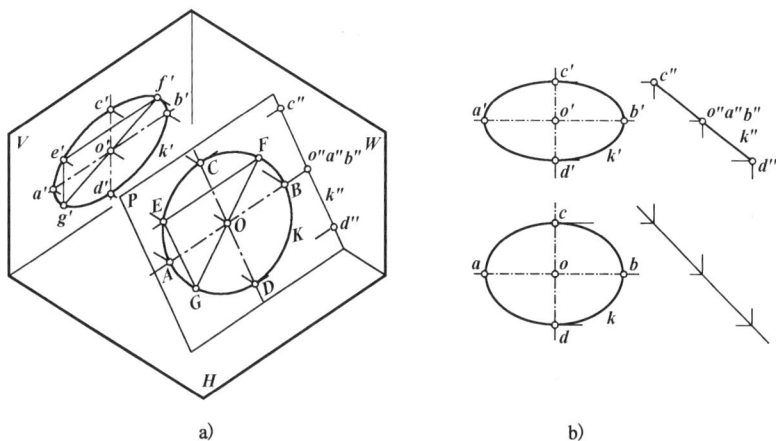

图 6-4　圆周的投影为椭圆

a) 立体图;b) 投影图

圆周上各条直径虽然长度相等,但由于它们对 V 面的倾角不同,投影的长度则不同,一般都要缩短。只有平行于 V 面的那条直径 AB 的投影 $a'b'$ 的长度不变且最长,为投影椭圆的长轴。垂直于 AB 的那条圆周直径 CD,因位于对 V 面的最大斜度线上,故 $c'd'$ 缩得最短,为投影椭圆的短轴。而且长、短轴 $a'b'$、$c'd'$ 互相垂直。长、短轴的端点 a'、b'、c' 和 d' 为椭圆的顶点。利用平行于 AB、CD 的圆周弦线 EF、EG 的投影 $e'f'$、$e'g'$ 对称于 $a'b'$、$c'd'$,故整个椭圆 k' 将以长、短轴 $a'b'$、$c'd'$ 为对称轴。

在图 6-4b) 中,圆周 K 的 H 面投影 k 也为一个椭圆,因圆周直径 AB、CD 又分别为 H 面的平行线和最大斜度线,故投影 ab、cd 又分别为 k 的长、短轴。但由于 CD 对 V 面和 H 面的倾角不同,故长度 cd 和 $c'd'$ 也是不同的。

第三节　圆柱螺旋线

一、圆柱螺旋线的形成和分类

一点沿着一直线做等速移动,直线本身又绕着一条平行的轴线做等速旋转,则直线形成一个圆柱面,而该点形成的是位于该圆柱面上的空间曲线,称为圆柱螺旋线,简称螺旋线,如图 6-5 所示。该圆柱面称为螺旋线的导圆柱;导圆柱的半径称为螺旋线半径;该点旋转一周后,在轴线方向移动的一段距离 s 称为导程。

由于点在圆柱面上旋转方向的不同,形成两种方向的螺旋线。设以翘起的拇指表示一点沿直线移动的方向,其余握紧的四指表示直线的旋转方向,若符合右手情况时,称为右螺旋线[图 6-5a)];若符合左手情况时,称为左螺旋线[图 6-5b)]。

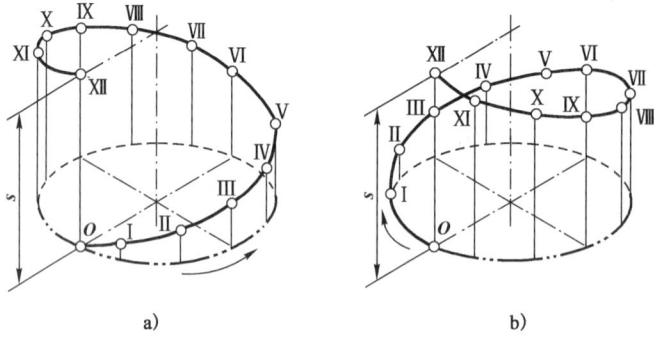

图6-5　圆柱螺旋线的形成

a)右螺旋线;b)左螺旋线

二、圆柱螺旋线的投影图

已知螺旋线半径、导程和旋转方向(右旋或左旋)三个基本要素,即可定出螺旋线,因而可作出其投影图。

在图6-6中,设轴线垂直于 H 面,并又知螺旋线半径 R、导程 s 和螺旋线的始点 $O(o,o')$ 的位置,作旋转一周的右螺旋线 L 的 H 面、V 面投影。

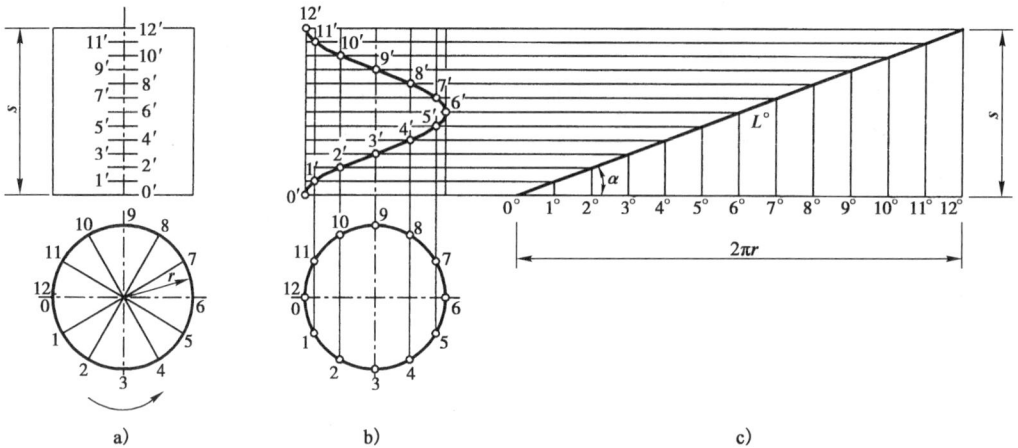

图6-6　圆柱螺旋线的画法

a)已知条件;b)投影图;c)展开图

先以已知的螺旋线半径 R 作导圆柱的 H 面投影圆周,再以已知导程 s 作导圆柱的 V 面投影矩形(导圆柱的投影参照第六章第五节柱面的投影)。

螺旋线 L 的 H 面投影 l 必积聚在导圆柱的 H 面投影圆周上。

螺旋线的 V 面投影 l' 作法如下:

(1)将 H 面投影圆周分为任意等分(图6-6分为12等分),按旋转方向编号;再在 V 面中将导程 s 作同样等分。

(2)由 H 面投影中各等分点作连系线,如图6-6b)所示;同时,在 V 面中各等分点作水平线,相应地与连系线交得 $0'$、$1'$、$2'$…。

64

（3）把本图中的各点 0′、1′、2′、…、12′光滑地连接起来，即为螺旋线 L 的 V 面投影。L 实际上是一条正弦曲线。L′在 0′、6′、12′点应与连系线相切。

三、圆柱螺旋线的展开图

螺旋线随着导圆柱面展开成平面而形成的展开图，称为螺旋线的展开图，如图 6-6c）中 L°线。

螺旋线的展开图是一条直线。因为根据螺旋线的形成规律，螺旋线上各点做等速运动。因此，在展开图上各点的高度与水平方向的距离之比为导圆柱底圆弧展开后的水平线长度与螺旋线的展开直线段的高差之比，是一个常数，因而各点的展开图位于一条直线上。也就是说，螺旋线的展开图 L° 是一条直线。它是以导程 s 和底圆周 $2\pi R$ 的展开直线为一对直角边的一个直角三角形的斜边。螺旋线的展开直线与底圆周的展开直线间的夹角 α，称为螺旋线的升角，它表示螺旋线运动上升时运动方向的倾角。

第四节　曲面的一般知识

一、曲面的形成和分类

1.曲面的形成

曲面可视为一条线运动的轨迹，也可视为一系列线的集合。

形成曲面的动线称为母线，母线的任一位置称为素线。用来控制母线运动规律的点、线、面，分别称为导点、导线、导面。母线和导线可以是直线或曲线；导面可以是平面或曲面。图 6-7 中所表示的曲面 P，是由曲母线 L，使其一点 A 沿着曲导线 K 做平行移动形成的。L 的任一位置 L_1、L_2…为素线。

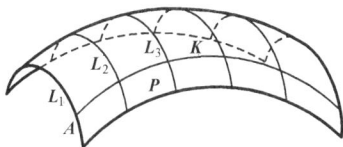

图 6-7　曲面的形成

2.曲面的分类

（1）按曲面形成是否有规律分类。母线按一定规律运动而形成的曲面，或由一些线有规律地组合而形成的曲面，称为规则曲面；反之，称为不规则曲面。

（2）按母线的形状分类。母线为直线的曲面，称为直线面或直纹面；母线为曲线的曲面，称为曲线面。一个曲面既可由直母线形成，也可由曲母线形成时，一般仍称为直线面。

（3）按曲面能否由旋转来形成分类。母线绕一轴线旋转而形成的曲面，称为旋转面（或回转面）；否则为非旋转面（非回转面）。

二、曲面的投影

投影图中，规则的闭合曲面的投影一般是由曲面的外形线来表示的。所谓的外形线就是当曲面向某一个投影面进行投影时处于曲面的最外围，构成投影的外轮廓的线条。当曲面有边线时，则要画出边线的投影。

外形线和一般的棱线是不一样的。棱柱中的棱线是空间确实存在的一条轮廓线,在每个投影图中(H、V、W 面)都必须画出它的投影。而外形线则不同,例如圆柱面最左和最右两条素线只是向 V 面投影时构成外轮廓,需要画出其投影,向 W 面投影时,它就不是外形线,不能画出其投影。圆柱面上最前和最后两条素线才是 W 面投影的外形线。

三、曲面立体的投影

表面都由曲面组成,或由曲面和平面共同组成的立体,称为曲面立体。例如球体全部由曲面组成,柱体则由曲面和平面(底面和顶面)共同组成。曲面立体的投影,就是组成它表面的曲面及平面的投影。虽然曲面表达的是表面,而曲面立体表达的是实体,但它们的投影是相同的。当曲面的投影具有对称性时,应画出它们的对称轴线。投影图上,轴线用细点画线表示,两端稍伸出图形。

第五节　可 展 曲 面

可展曲面为直线面,共有三种:柱面、锥面和切线曲面。其中柱面应用最为广泛,不仅在传统的建筑形体(如拱门、拱桥、圆柱、圆角等)中随处可见,在现代化的建筑中也得到越来越多的应用。本书仅讨论柱面和锥面。

一、柱面

1. 柱面的形成和性质

(1)柱面的形成。一直母线平行一直导线且沿着一曲导线运动而形成的曲面,称为柱面。

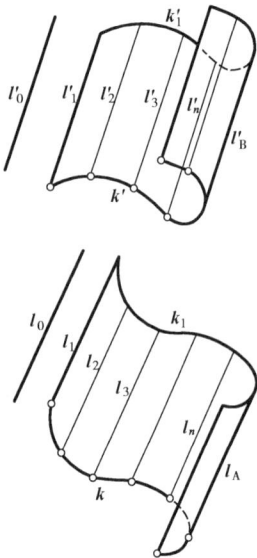

图 6-8 为一个柱面的投影图。该柱面为一条直母线 L 平行一条直导线 L_0 且沿着一条曲导线 K 运动时由素线 L_1、L_2…组成。

该柱面的边线为 K、K_1、L_1 和 L_n。H 面投影上尚有投影外形线 l_A,V 面投影上有投影外形线 l'_B。它们为空间外形线 L_A、L_B 的投影,对应的 l'_A、l_B 不必画出。

(2)柱面特性。柱面是可展曲面。由于平行的两相邻素线组成一个狭窄的平面,因而整个柱面可以视为由许多狭窄的平面组成,故它们可以连续地展开在一个平面上,即柱面可展开成一个平面,故为可展曲面。

(3)柱面的类别。一般以垂直于母线(素线)的平面与柱面的交线形状来区分。如交线为圆周时,称为圆柱面;交线为椭圆时,称为椭圆柱面。有时也以边界曲线的形状以及它所在平面与素线是否垂直来区分。如边界曲线为圆周,且圆周平面与素线垂直时,称为正圆柱面;如与素线倾斜时,称为斜圆柱面。

图 6-8　柱面

2. 正圆柱面

（1）圆柱面的形成和投影图。图 6-9 中曲面是一个正圆柱面。该圆柱面以平行于 H 面的顶圆 K 为曲导线，以通过圆心且垂直于 H 面的直导线所形成，因而所有直素线均垂直于 H 面。下方边界曲线 K_1 为一个与顶圆等大的圆周。

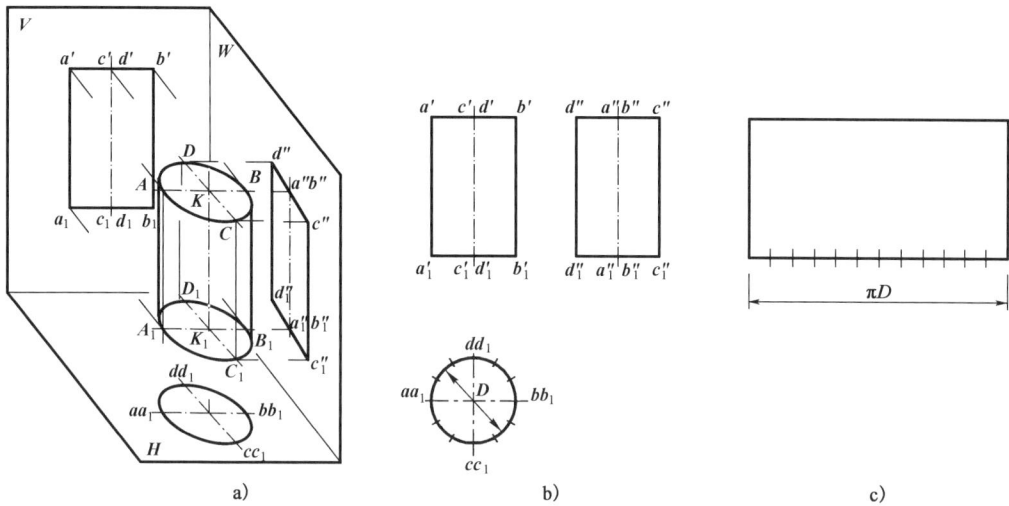

图 6-9 正圆柱面
a）空间形状；b）投影图；c）展开图

正圆柱面的 H 面投影是一个圆周，为顶圆和底圆的重影，也是圆柱面的积聚投影。显然，圆柱面上点、线的 H 面投影，均积聚在这个 H 面投影圆周上。

正圆柱面的 V 面和 W 面投影都是矩形。铅直的细点画线表示圆柱轴线的投影，称为投影（矩形）的中心线。两个矩形的上下两条水平线，分别是顶圆 K 和底圆 K_1 的积聚投影。

V 面投影矩形左右两边线为圆柱面上最左和最右两素线 AA_1、BB_1 的投影；W 面投影矩形两侧边线是圆柱面上最前和最后两素线 CC_1、DD_1 的投影。

圆柱面可以由两个投影表示。当轴线垂直于某投影面时，则必须要画出这个投影面上的投影，即画出反映曲导线（圆周形状）的投影，也就是图 6-9 中的 H 面投影。

（2）圆柱体的投影。如将圆柱面的顶圆和底圆作为圆柱体的顶面和底面，则图 6-9b）也是一个正圆柱体的投影。所以投影图所表示的可为圆柱面也可为圆柱体的投影，由图名或其他文字来区别。

（3）圆柱面的展开图。正圆柱面的展开图是一个矩形，如图 6-9c）所示。图中矩形的高度为圆柱面的高度；矩形的长度为顶圆或底圆的周长 πD。作图时，可将底圆周分成若干等分，图中为 12 等分，即把等分点间弦长作为弧长来近似作出底圆的周长。当然，等分越多则越准确。

3. 斜圆柱面

（1）投影图。图 6-10 为以水平的圆周 K 为曲导线，平行于 V 面的倾斜轴线 OO_1 为直导线所形成的斜圆柱面的投影图。

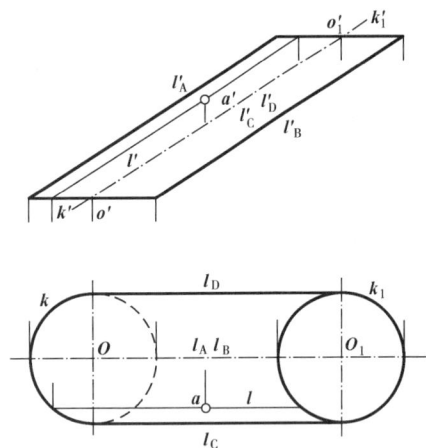

图 6-10　斜圆柱面

斜圆柱的 H 面投影的外形线,为平行于轴线的素线的 H 面投影,且与底圆和顶圆的投影相切的直线,图 6-10 中也为最前和最后两素线的 H 面投影;其 V 面投影的外形线,则为通过平行于 V 面的底圆(或顶圆)直径的端点的两条素线的 V 面投影。

(2)斜圆柱面上的点和线。斜圆柱面上的点,可在柱面上取素线来定出。如图 6-10 中,已知圆柱面上一点 A 的 V 面投影 a',利用通过 A 点的素线 $L(l,l')$ 来得出 H 面投影,如图 6-10 所示。设朝 V 面观看时 A 为可见点,即位于前半个柱面上,作图时,可过 A 点引条素线 L,则 l' 通过 a',作出(位于前半柱面上的)L 后,即可求得 a。

斜圆柱面上曲线,则可求出一些点来连得。柱面除了素线外,无其他直线。

二、锥面

1. 锥面的形成和性质

(1)锥面的形成。一直母线通过一导点且沿着一曲导线运动而形成的曲面,称为锥面。该导点称为顶点。

图 6-11 为一个锥面的投影图。该锥面为一个直母线 L 通过顶点 S (s,s') 且沿着一条曲线 $K(k,k')$ 运动时,由素线 $L_1(l_1,l_1')$、$L_2(l_2,l_2')\cdots$ 形成。H 面和 V 面投影外形线,分别为 l_A 和 l_B'。

(2)锥面特征。锥面是可展曲面。由于相交于顶点的两相邻素线组成一个狭窄的三角形平面,因而整个锥面可以视为由许多狭窄的平面所组成,故它们可以连续地展平在一个平面上,即锥面可以展开成一个平面,故为可展曲面。

(3)锥面的类别。一般也以垂直于轴线的面与锥面的交线形状来区分。如交线为圆周时,称为圆锥面;交线为椭圆时,称为椭圆锥面。有时也以边界曲线的形状以及它与轴线是否垂直来区分,如边界曲线为圆周且与轴线垂直时,称为正圆锥面;如与轴线倾斜时,称为斜圆锥面。

2. 正圆锥面

(1)圆锥面的形成和投影图。图 6-12 中的曲面是一个正圆锥面。该圆锥面可以视为以平行于 H 面的底圆周 K 为曲导线,以顶点 S 为导点所形成,所有直素线均通过顶点 S。

正圆锥面的 H 面投影为一个圆形,圆周为底圆的投影,圆心相当于顶点和底圆心重叠的投影。

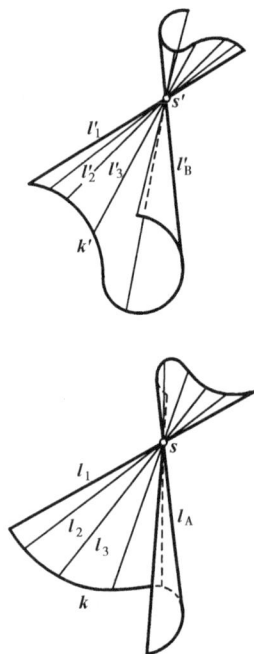

图 6-11　锥面

正圆锥面的 V 面和 W 面投影都是等腰三角形。铅直的细点画线是锥轴的投影,为锥面投影的中心线。底边为底圆 K 的积聚投影。V 面投影三角形的两腰为最左和最右素线 SA 和 SB

的投影；W 面投影中，三角形两腰是锥面上最前和最后两素线 SC 和 SD 的投影。V 面投影中，三角形范围是可见的前半个和不可见的后半个锥面的重影，其对应的 H 面投影为前半个圆形和后半个圆形，对应的 W 面投影是右半个和左半个(空间为前半个和后半个)等腰三角形。

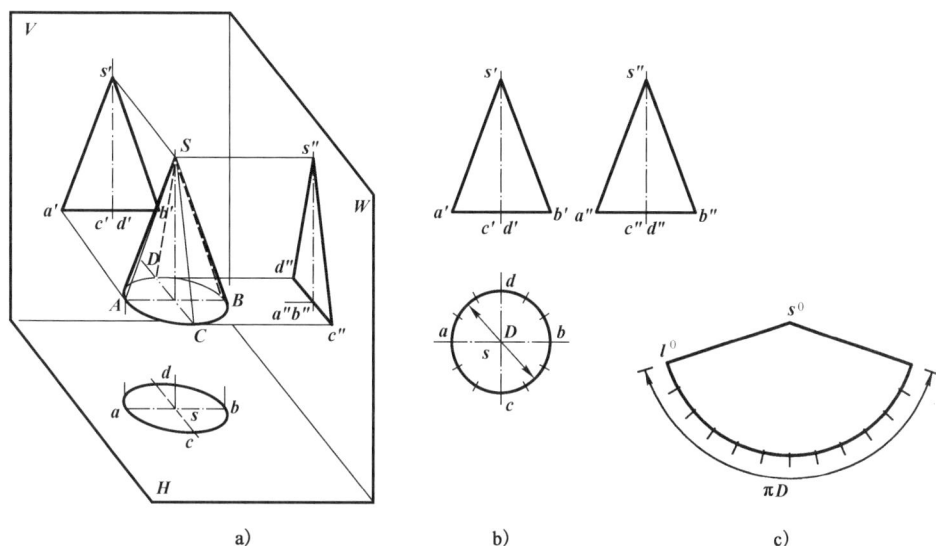

图 6-12 正圆锥面
a)空间形状；b)投影图；c)展开图

圆锥面可由两个投影表示，但其中之一应是显示底圆形状的投影。

（2）圆锥体的投影。如将圆锥面的底圆作为圆锥体的底面，则图 6-12b)也是一个正圆锥体的投影图。

（3）圆锥面的展开图。正圆锥面的展开图是一个扇形，如图 6-12c)所示。因为正圆锥面的素线等长，且各素线交于一个公共的顶点，故展开图的半径等于素线长度，如 $s'a'$，弧长等于底圆周长。故作展开图时，先任选一点 s^0 为圆心，取 s^0l^0 等于任一外形素线长度(如 $s'a'$)为半径作圆弧。再把底圆分成若干等分，本图中为 12 等分，即把底圆等分点间弦长近似地作为弧长，在展开图的圆弧上量取同样数量的弦长，近似地作为弧长。最后将起点和终点与 s^0 相连，就得正圆锥面的展开图。

【例 6-1】　如图 6-13a)所示，已知一个正圆锥的投影及表面上 A、B、C 三点的一个投影，求作其余投影。

解　（1）方法一——素线法

如图 6-13b)、c)所示，过点 A、B 分别作素线 SD、SE，利用直线上点的投影特性作出所需投影。C 点在 V 面的投影在中心线上，在 W 面的投影在外形线上。

（2）方法二——纬圆法

如图 6-13d)、e)所示，过 A、B、C 三点的各纬圆的 V 面和 W 面投影均为平行于底边的水平线，水平线的长度即纬圆的直径，作出反映诸图实形的 H 面投影，就可由圆锥面上点的已知投影在相应的纬圆的另两投影上解出所求的投影。

可见性：各点的 H 面投影均可见。A 位于左半锥面上，a'' 可见。B 位于圆锥的右、后部，b'、b'' 不可见。

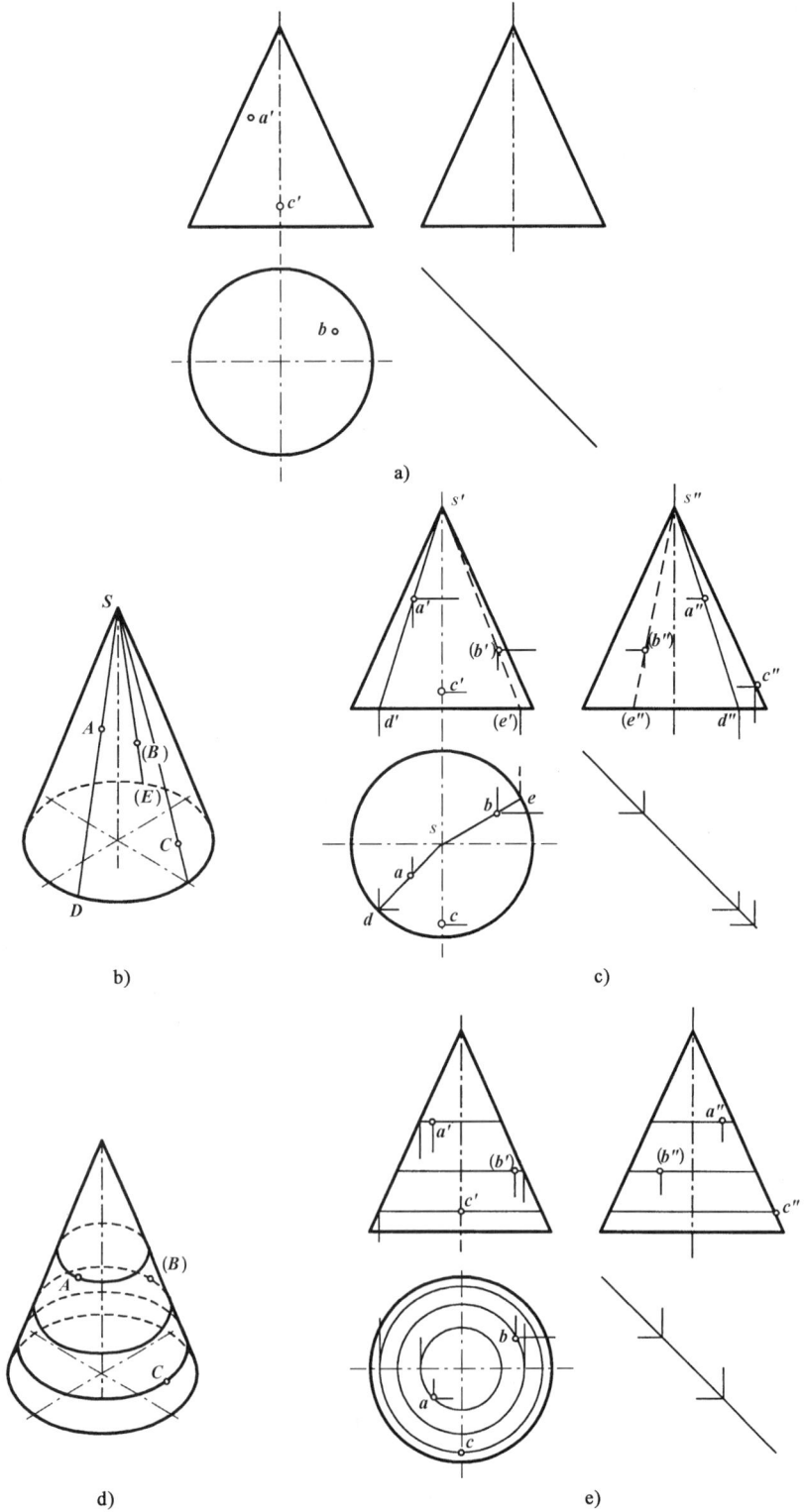

图 6-13　正圆锥面上取点

a)已知条件;b)素线法立体图;c)素线法投影图;d)纬圆法立体图;e)纬圆法投影图

3. 斜圆锥面

(1)斜圆锥面的形成和投影图。如图6-14a)所示,以顶点 S 为导点,水平的圆为曲导线形成斜圆锥面。

H 面投影的外形线,是由 S 向底圆的 H 面投影圆周所作的切线。V 面投影的外形线,是最左、最右两条素线的 V 面投影 $s'0'$、$s'6'$。

通常用细点画线画出顶点和底圆心的连线 SM 的投影 $s'm'$,习惯上称 SM 为斜圆锥面的轴线。

(2)斜圆锥面上的点。斜圆锥面上的点,需要在锥面上取素线来定出。如已知锥面上一点 A 的 H 面投影 a(设 A 点的 H 面投影为可见的),求 V 面投影 a' 时,可过 a 作素线 SB 的 H 面投影 sb,由之定出素线的 V 面投影 $s'b'$,即可求得 a',并根据投影图表明 a' 的可见性。图中没有画出这些内容,请读者自行思考和理解。

(3)斜圆锥面的展开图,如图6-14b)所示。作图时,先在图6-14a)的底圆上取若干等分点,本图为12等分,并作出通过它们的素线。然后把相邻两素线以及等分点所连成弦线构成的三角形,近似地作为两素线间的锥面。图中最左、最右两素线由 V 面投影 $s'0'$、$s'6'$ 反映实长,其余素线的实长可以通过锥点 S 的 H 面垂直线为轴的旋转法求出,如图中反映实长的 $s'5_1'$。于是在图6-14b)中,连续作出诸三角形的展开图,再将底圆上的点 1^0、2^0…连成曲线,即可作全展开图。

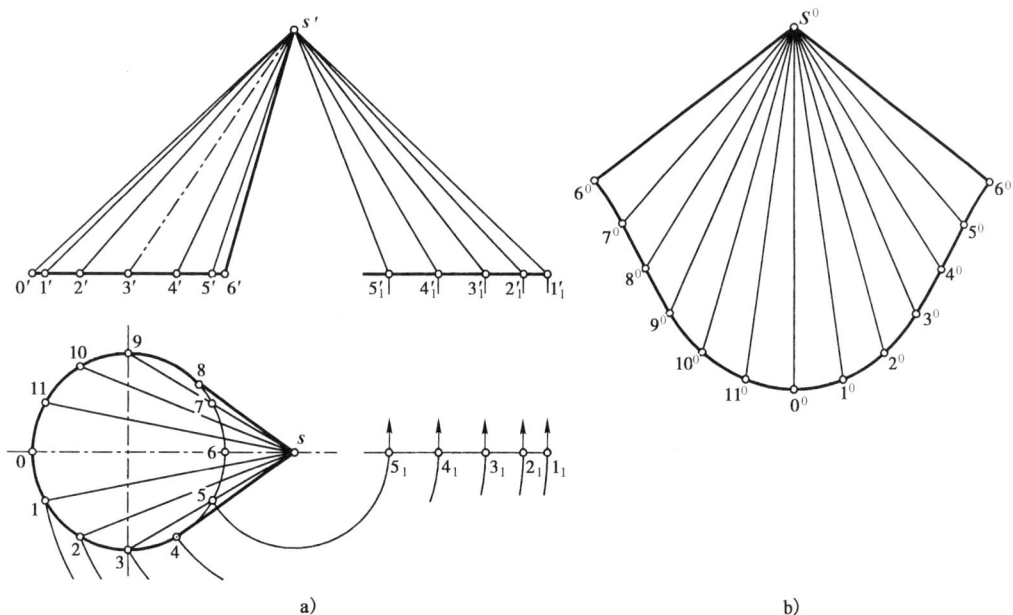

图6-14 斜圆锥面
a)投影图;b)展开图

图6-15a)为连接上方圆管和下方方管的变形接头。该接头可视为由4个三角形平面和4个1/4斜圆锥面所组成。图6-15b)为其展开图。圆锥面视为由4个狭窄的三角形所构成。各狭窄三角形的底边视为各段圆弧的弦长,均可在 H 面投影中量取;所有三角形斜边实长用旋转法求出,如图6-14a)所示。由此作出的展开图如图6-14b)所示。

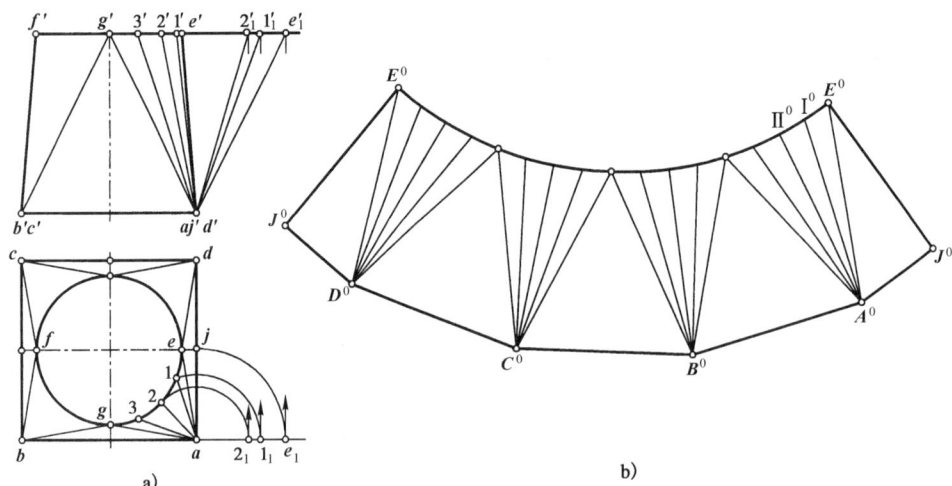

图 6-15　变形接头

a)投影图;b)展开图

第六节　扭　　面

一、扭面的形成及基本性质

(1)扭面的形成。一直母线沿着三条导线或者两条导线和一个导平面运动而形成的曲面,称为扭面。

如图 6-16 所示,设有三条导线 A、B、C,它们可以是曲线或直线,当一条直母线 L 沿着 A、B、C 运动时,就形成一个扭面。

由于扭面造型新颖美观,变化多端,再者,扭面是直线面,在工程上可由直线状构件来组成曲面。故扭面在工程上越来越受到建筑师的青睐,特别是一些体育场等大型建筑场馆的顶部,经常应用到扭面。

(2)扭面的基本性质。扭面是不可展曲面。因为按上述方法形成的扭面,其相邻两素线是交叉直线,所以,整个扭面不能展平在一平面上,故为一个不可展曲面。

图 6-17 是由扭面形成的斜涵洞,导线 A、B 是平行 V 面的两个等大的半圆,圆心为 O_A、O_B;导线 C 是一条通过轴线 $O_A O_B$ 的中点 M 的 V 面垂直线。一条直母线 L 沿着这三条导线 A、B、C 运动,形成这个扭面。

因 c' 有积聚性,故所有素线的 V 面投影都通过 c'。设过 c' 的直线 l',与 a'、b' 交于点 $1'$、$2'$,由之定出 1、2。则连线 12、$1'2'$ 为素线 L_1 的 H 面、V 面投影。

同样可作出其他素线的投影。其中 a' 和 b' 交点 $3'4'$ 是素线 L_2 的 V 面投影 l_2,因 l_2' 积聚成一点,故 L_2 为 V 面垂直线,因而与 C 平行,可视为与 C 交于无穷远处。

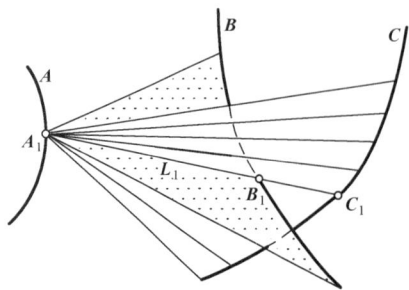

图 6-16　扭面的形成

图中作了垂直于轴线 $O_A O_B$ 的辅助投影面 V_1 上的辅助投影。图中除了重影的两个半圆 A、B 的辅助投影 a_1'、b_1' 半椭圆外，还作出了一些素线的辅助投影，如 $1_1' 2_1'$、$3_1' 4_1'$ 等。它们的包络线 k'，即为扭面的辅助投影外形线 k'，显然其净高 h 小于导线半圆的半径。

二、翘平面

一直母线沿着两条交叉直导线且平行一导平面运动而形成的曲面，称为翘平面，也可称为双曲抛物面。图 6-18 为一单叶双曲面。

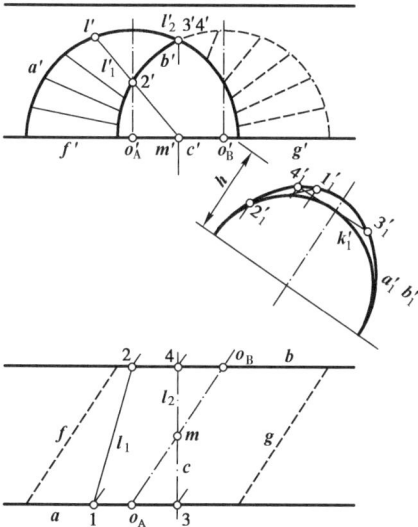

图 6-17 扭面的应用——斜涵洞

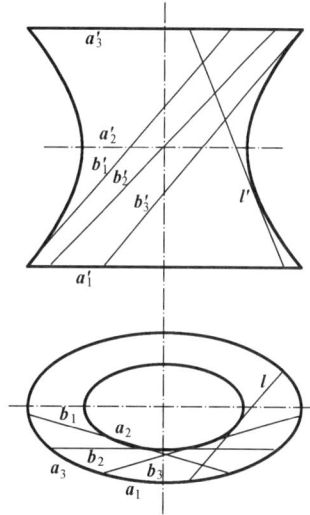

图 6-18 单叶双曲面

图 6-19 中的曲面为一翘平面，一对交叉直线 M_1 和 M_5 为导线，H 面垂直面 L_0 为导平面，直线 L 为母线。当 L 沿着 M_1 和 M_5 且平行 L_0 运动时，则素线 L_1、L_2…所形成的曲面是一个翘平面。H 面投影中，$l_1 /\!/ l_2 /\!/ \cdots /\!/ l_0$；$V$ 面投影外形线为切于 l_1'、l_2'…的包络线，是一条抛物线。

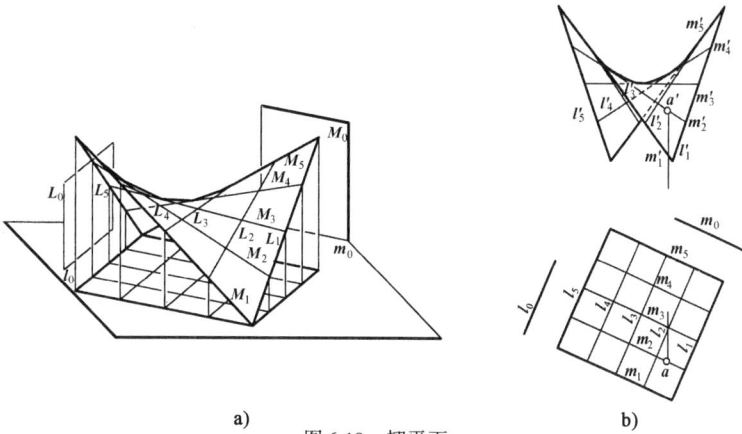

a)

图 6-19 翘平面

a)空间状况;b)投影图

在图 6-19 中，如以 L_1、L_5 为导线，以平行于 M_1 的 H 面垂直面 M_0 为导平面，母线 M 沿着 L_1、L_5 且平行 M_0 面运动时，形成同一个翘平面。

图 6-19 中作出了翘平面上一点 A 的两面投影，该点位于曲面的一素线 M_2 上。如已知其 H 面投影 a，则先过 a 作一条素线的 H 面投影如 $m_2 /\!/ m_0$，再求出 m_2'，即可定出 V 面投影 a'。

图 6-20a) 为翘平面应用于屋面之例。整个屋面由 4 片翘平面组成。

图 6-20b) 为翘平面应用于岸坡过渡处之例。此翘平面可将铅直的 P 面过渡到倾斜的 Q 面。该翘平面的导线是直线 AB 和 CD，导平面是地面；或者导线是直线 AC 和 BD，导平面是平行于 AB 和 CD 的 R 平面。

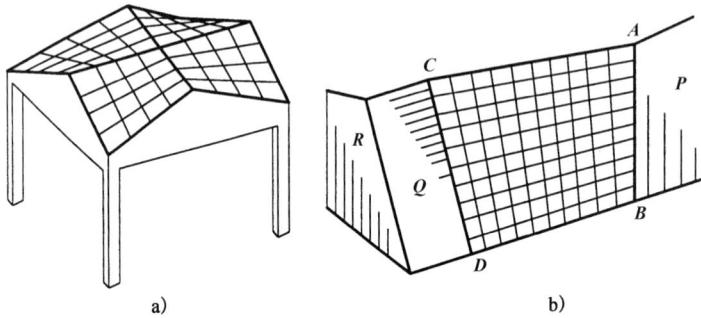

图 6-20　翘平面的应用
a) 屋面；b) 岸坡过渡

三、锥状面

一直母线沿着一直导线和一曲导线且平行一导平面运动而形成的曲面，称为锥状面。

图 6-21 中的曲面为一锥状面，直线 A 和曲线 K 为导线，H 面为导平面，直线 L 为母线。当 L 沿着 A 和 K 且平行 H 面运动时，则素线 L_1、L_2…所形成的曲面是一个锥状面。图 6-21 中，因 L_1、L_2…均为 H 面平行线，故 V 面投影 l_1'、l_2'…均为水平；又因导线 A 垂直 H 面，故素线的 H 面投影均通过 A 的积聚投影 a' 点。

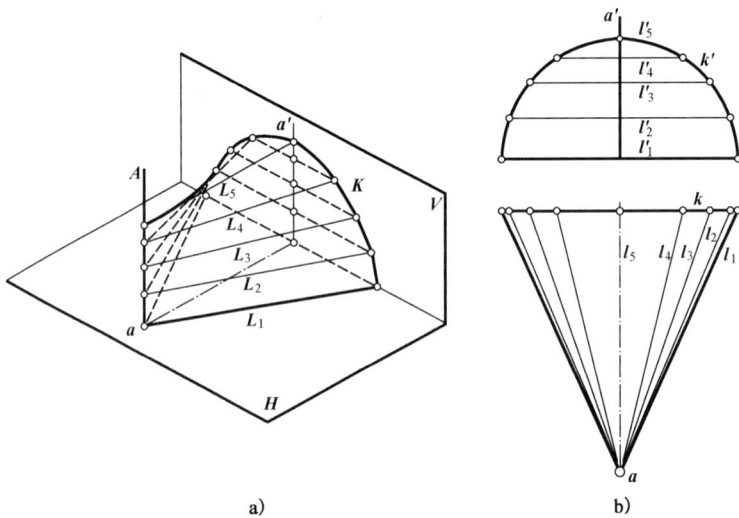

图 6-21　锥状面
a) 空间状况；b) 投影图

图 6-22 为锥状面应用于屋面之例。该锥状面的导线是直线 A 和曲线 K，导平面是 W 面。屋面的檐口曲线 B 是曲面与 W 面垂直面 P 的交线，B 也可认为是该锥状面的曲导线而代替 K。

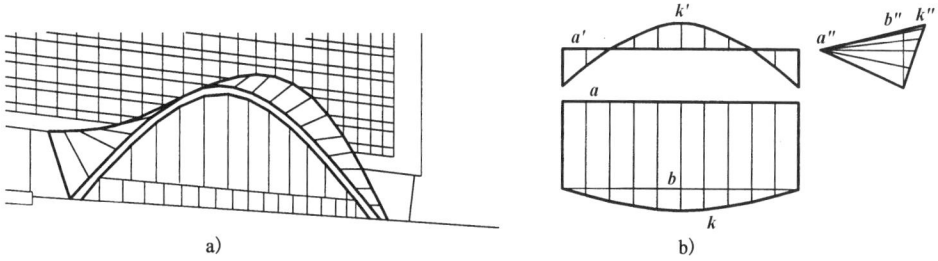

图 6-22　锥状面的应用
a)空间状况;b)投影图

四、柱状面

一直母线沿着两条曲导线且平行一导平面而形成的曲面,称为柱状面。

图 6-23 中曲面为一柱状面,曲线 K_1 和 K_2 为导线,H 面垂直面 P 为导平面,直线 L 为母线。当 L 沿着 K_1 和 K_2 且平行 P 面运动时,素线 L_A、L_B…形成的曲面是一个柱状面。因 L_A、L_B…均为 H 面垂直面 P 的平行线,故 H 面投影中 $l_A /\!/ l_B /\!/ \cdots /\!/ P$。

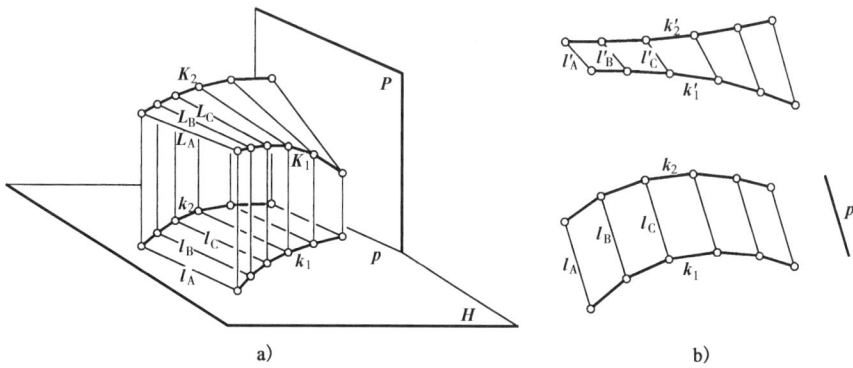

图 6-23　柱状面
a)空间状况;b)投影图

第七节　旋　转　面

一、旋转面的形成和基本性质

1. 旋转面的形成和投影

以一曲线为母线绕一条直线旋转而形成的曲面,称为旋转面(或回转面),该直线称为旋转面的轴线。

旋转面在工程上的应用也非常广泛。许多现代化建筑的穹顶都采用球面。建筑中的花式立柱、阳台栏杆都是漂亮的旋转体。

图 6-24 是以一条平面曲线 L 为母线,平面内的直线 O 为轴线所形成的旋转面。

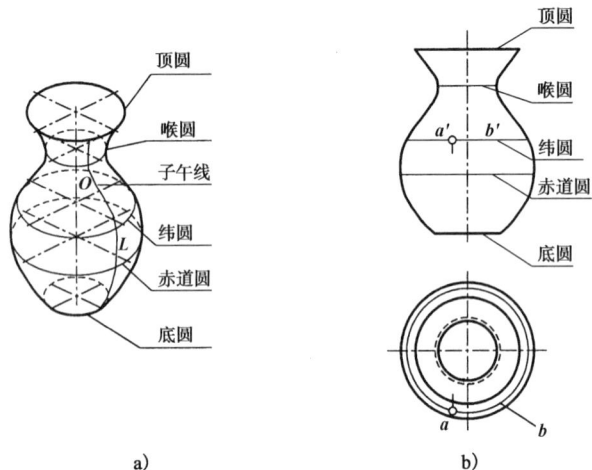

图 6-24　旋转面

a）空间状况；b）投影图

母线上任一点（如 A）绕轴线旋转时的轨迹，是一个垂直于轴线的圆周。由于放置旋转面时，一般使其轴线垂直于投影面，通常是垂直于 H 面。故一点旋转而形成的圆周，取名为纬圆。一纬圆比两侧相邻的纬圆都大时，称为赤道圆；都小时则称为喉圆。一个旋转面上，可以有许多赤道圆或喉圆，也可以没有。

旋转面的上、下边界线为纬圆时，则分别称顶圆和底圆。

当轴线垂直于 H 面时，这时所有纬圆的 H 面投影都是反映纬圆实大的圆周，如图 6-24b）所示。它们的 V 面和 W 面投影则为垂直于轴线的水平线段。旋转面的 H 面投影中外形线，即轴线所垂直的投影面上的投影外形线，为赤道圆、喉圆等特殊纬圆的投影。

通过轴线的平面称为子午面，旋转面与子午面的交线称为子午线。如轴线平行于某投影面，则平行于该投影面的子午面称为主子午面；相应的子午线称为主子午线。

旋转面只要两个投影即可表示，但其中之一应为轴线所垂直的投影面上的投影，即能表示纬圆实形的投影。投影图中用细点画线表示轴线的投影；圆形的投影中画出十字形的细点画线，即中心线。对于有限的旋转面，还应画出其边界线的投影，如顶圆、底圆的投影。

2．旋转体

封闭的旋转面，例如球面，包围成一个旋转体；若不封闭时，如图 6-24 所示，则加上顶面、底面来包围成一个旋转体。如图 6-24b）所示表示一个旋转体，向 H 面观看时，喉圆不可见，其 H 面投影以虚线表示。

3．旋转面上的点和线

旋转面上的点可以由旋转面上的纬圆来定出。如图 6-24b）中，设已知旋转面上一个可见点 A 的 V 面投影 a′，则可利用过 A 的纬圆 B（b，b′）定出其 H 面投影 a，反之亦可。

旋转面上的线，则可取一些点连成。

二、球面

以圆周为母线，绕它的一条直径为轴线旋转，形成圆球面，简称球面。

球面上各点到母线圆周的圆心的距离,均等于母线圆周的半径,故母线圆周的圆心成为球面中心,称为球心。球面直径,等于母线圆周直径。过球心的平面与圆球交得的圆周称为大圆。大圆的直径等于圆球的直径。

图 6-25a) 为球面的 H 面投影的形成情况,图 6-25b) 为投影图。

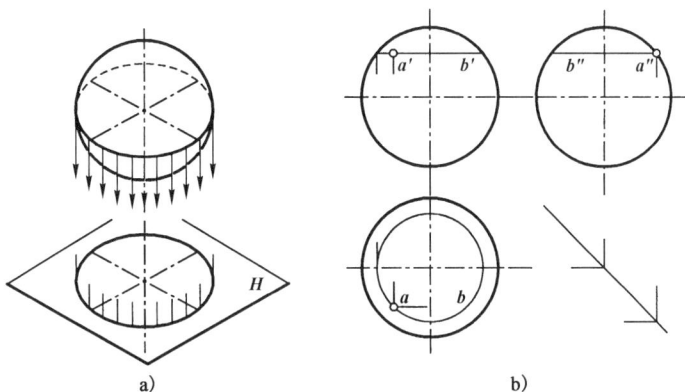

图 6-25 圆球

a) H 面投影的形成;b) 投影图

球面上平行 H 面的大圆为赤道圆,平行 V 面、W 面的大圆为主子午线,它们在平行的投影面的投影外形线,即为投影外形线,如 H 面投影为圆球上赤道圆的投影,均为以圆球直径为直径的圆周,如图 6-25b) 所示。

球面的投影,为球面上可见的和不可见的两个半球面的重影。如 H 面投影是可见的上半个和不可见的下半个球面的重影。

球面上的点可利用平行投影面的圆周来定位。如图 6-25b) 中 A 点由纬圆 B 来定位。

【例 6-2】 已知球面的投影和面上点 A、B、C 的一个投影,求点的其余投影(图 6-26)。

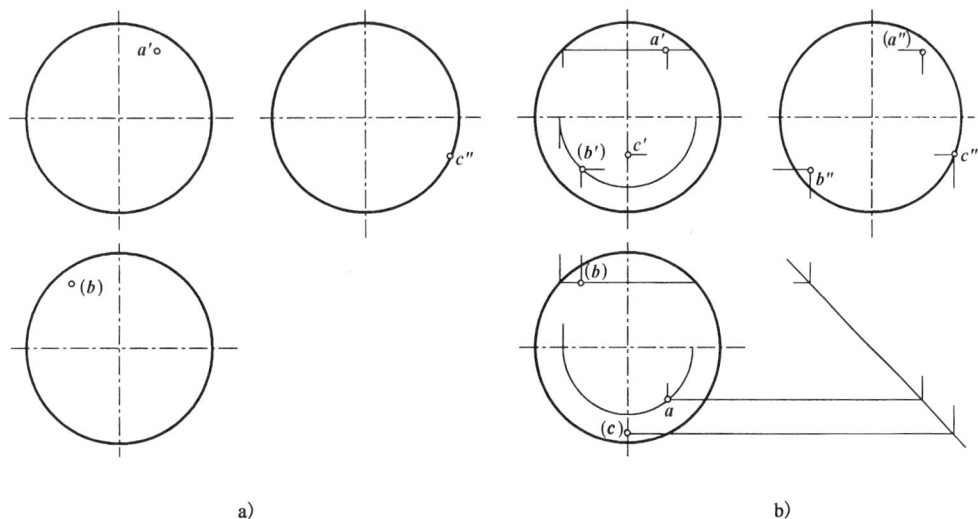

图 6-26 球面上的点

a) 已知条件;b) 作图过程

解 由 a′求作其余投影时,可作平行于 H 面的纬圆。过 a′作水平线与球外形线相交,即纬圆的 V 面投影,长度是纬圆的直径。以此直径作出纬圆的 H 面投影,然后由连系线得到 a,再求得 a″。

由 b 求作其余投影时,可作平行于 V 面的纬圆。作图过程同上。

C 点在 W 面外形线上,c′一定在 V 面投影的中心线上,可直接求得,再由连系线得到 c。

可见性:A 位于球面的上、前、右方,a 可见,a″不可见。B 位于球面的下、后、左方,b′不可见,b″可见。C 位于球面的下、前方,c 不可见,c′可见。

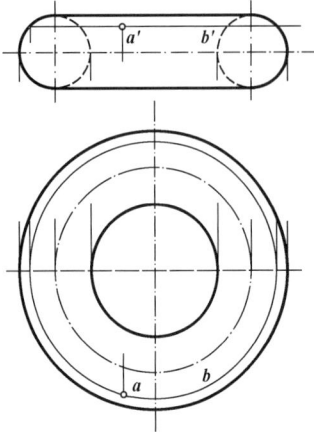

三、环面

以圆周为母线,绕位于圆周平面上但与圆周不相交的直线为轴线旋转,形成环面。

图 6-27 为一个环面的投影图。因轴线垂直 H 面,故 H 面投影中两条粗实线表示的圆周,分别为赤道圆和喉圆的投影。V 面投影外形线是环面上的两个主子午圆的投影以及顶圆、底圆的积聚投影。H 面投影上用细点画线表示的圆周是母线的圆心的旋转圆周的投影,该旋转圆周亦称为中心圆。

环面上点可由纬圆来定位。如图 6-27 中 A 点由纬圆 B 来定位。

图 6-27 环面

第八节 螺 旋 面

一、螺旋面的形成和分类

一条母线绕着一条轴线做螺旋运动而形成的曲面,称为螺旋面。常见的螺旋面为由直母线形成的平螺旋面和斜螺旋面。

螺旋面在工程中的应用,最常见的为螺旋楼梯,另外大桥的引桥、机械中的螺纹等也都是常见的螺旋面。

图 6-28a)是以一条螺旋线为曲导线,螺旋线的轴线为直导线,使一条与轴线垂直相交的直线为母线运动时所形成的螺旋面,称为平螺旋面。本图中因轴线垂直 H 面,故母线运动时始终平行 H 面,相当于以 H 面为导平面,故平螺旋面是一种锥状面。

图 6-28b)为中间有一同轴圆柱的局部平螺旋面的投影图。该圆柱与螺旋面的交线是一条螺旋线。显然,螺旋面上内、外两条螺旋线的导程相同,仅直径不等。V 面投影中所表示的螺旋面在柱子右侧的是螺旋面的顶面,左侧的是螺旋面的底面。

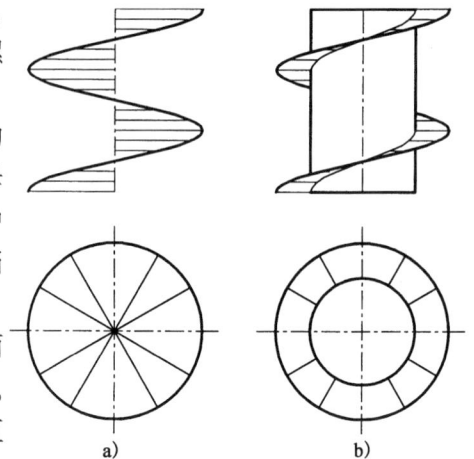

图 6-28 平螺旋面
a)平螺旋面;b)部分平螺旋面

二、螺旋楼梯画法

图 6-29 和图 6-30 为平螺旋面应用于螺旋楼梯和转弯扶手之例。

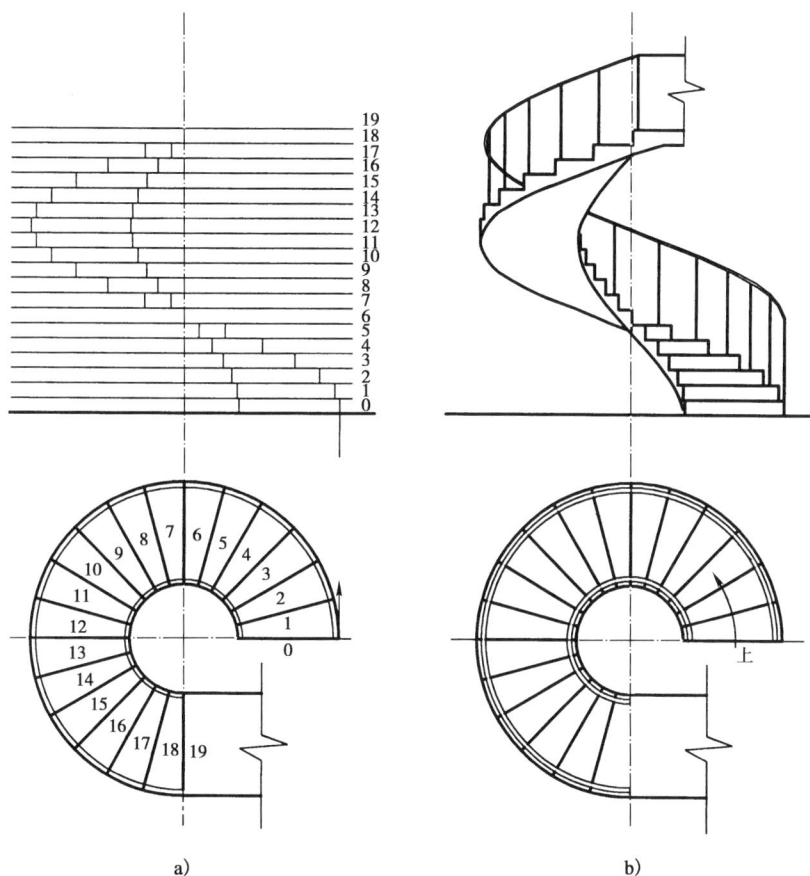

图 6-29　螺旋楼梯的画法
a)作图过程;b)作图结果

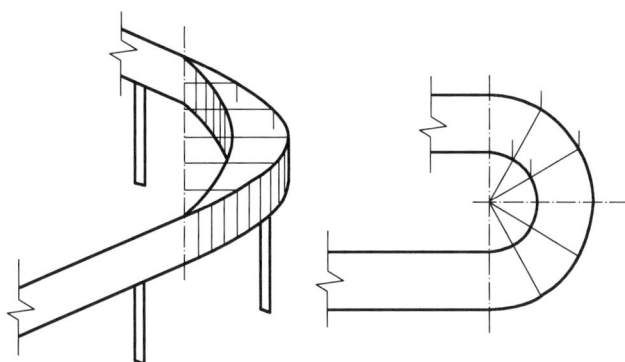

图 6-30　楼梯转弯扶手

图 6-29 所示的螺旋楼梯的底面为平螺旋面,内外边缘为圆柱螺旋线;图 6-30 中扶手的顶面和底面亦为平螺旋面,共有内、外及上、下边缘四条螺旋线。

　　螺旋楼梯的画法如下：

　　(1)根据圆弧范围内的踏步数或每个踏步的圆心角,作出踏步的 H 面投影,以及栏杆和扶手的 H 面投影,如图 6-29a)所示。

　　(2)在 V 面投影图中根据踏步数及各级踏步的高度,先画出表示所有踏步高度的水平线;再由 H 面投影画出各踏步的 V 面投影,并把可见的踏步轮廓线加粗,如图 6-29b)所示。

　　(3)由各踏步的两侧,向下量出楼梯板的垂直高度,即可连得楼梯底面的平螺旋面的两条边缘螺旋线。

　　(4)量出栏杆高度,并画出扶手的 V 面投影。为使作图清晰,图 6-30 中内圈的栏杆及扶手的 V 面投影均未画出。

　　图 6-30 中扶手的边缘螺旋线分成六个等分来画出,作图线如图 6-30 所示。

第七章
立体的投影及其表面交线

基本形体按其表面性质的不同,可分为平面立体和曲面立体两类。如果把前面介绍过的曲面围成实体,则是曲面立体。

第一节　平面立体的投影

平面立体是由平面多边形所围成,这些平面称为棱面,各棱面的交线和交点,称为棱线和顶点,由于所处的位置不同,可分为顶面、底面、侧面和底边、侧棱等。本章讨论的平面立体可归纳为棱柱体和棱锥体两种。

一、棱柱体

1. 棱柱的三面投影

图 7-1a)为一个正五棱柱及其在三个投影面上投影的立体图。为了使棱柱的投影能表达棱柱的特征形状和画图方便,使五棱柱的两底面平行于 H 面,最前面的一个棱面平行于 V 面。

画图时,运用点、线、面的投影理论,只要把棱柱体上各平面多边形的投影画出,就能显示棱柱体的投影。

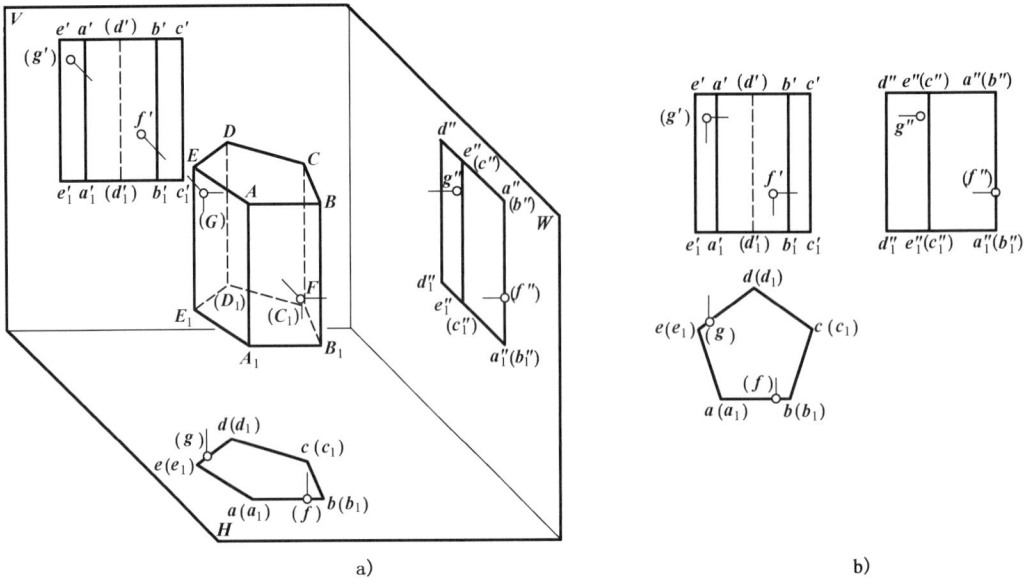

图 7-1　五棱柱的投影

a) 立体图；b) 投影图

在图 7-1b) 中，五棱柱的 H 面投影是一个正五边形，它是顶面和底面的重合投影，并且反映上、下底面的实形。H 面投影的正五边形的五条边是棱柱体五个棱面的积聚性投影。

V 面投影的上、下两段水平线，是顶面和底面的积聚性投影。五棱柱最前面的棱面 AA_1B_1B 平行于 V 面，该棱面的 V 面投影 $a'a_1'b_1'b'$ 反映实形。五棱柱前面左、右两个棱面，为 H 面垂直面，在 V 面中投影为左、右两个矩形，但比实形要窄。五棱柱后面的两棱面投影与前面的三个棱面的投影重合。棱线 DD_1 被前面的棱面遮住，从前往后投影为不可见，因此在 V 面投影中，把它画成虚线 $(d')(d_1')$。

W 面投影为两个矩形，它们是左面两个棱面与右面两个棱面的重合投影。最前面的一段铅直线 $a''a_1''(b_1'')(b'')$ 是五棱柱最前面的棱面 AA_1B_1B 的积聚性投影。上、下两段水平线是顶面和底面的积聚性投影。

2. 棱柱面上的点

在五棱柱最前的棱面上有一点 F，在后棱面上有一点 G。在 V 面投影中，f' 在前棱面上为可见，(g') 在左后棱面上为不可见。在 W 面投影中，g'' 位于左后的棱面上为可见，f、f'' 和 g 等点，均在棱面的积聚性投影上。

二、棱锥体

1. 棱锥的三面投影

图 7-2a) 为三棱锥的三面投影立体图。底面 ABC 平行于 H 面，其余三个棱面都倾斜于三个投影面。

图 7-2b) 为三棱锥的三面投影图。由于底面平行于 H 面，所以水平投影 abc 反映底面的

实形,V 面投影与 W 面投影都积聚为水平线段。只要把顶点 S 的三面投影分别与底面 ABC 的同面投影相连,便可完成该棱锥的三面投影。

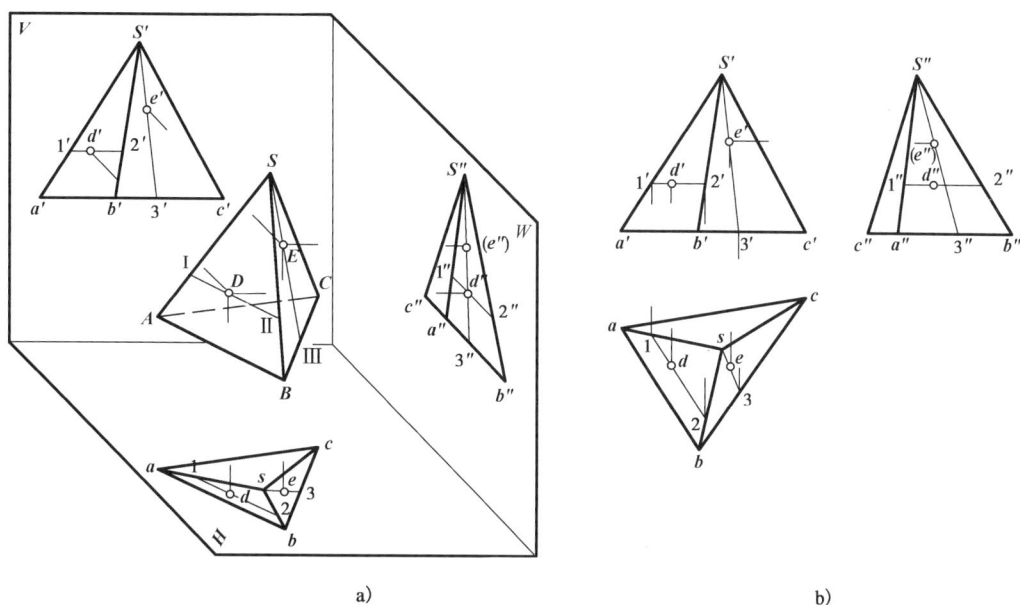

图 7-2　三棱锥的投影
a)立体图;b)投影图

可见性分析:三棱锥的三个棱面与底面的 H 面投影重合,三个棱面的投影均为可见,底面投影为不可见。V 面投影的可见性,可从 H 面投影的前后关系来分析,棱面 SAC 位于棱面 SAB 与 SBC 的后面,故 $s'a'c'$ 不可见,$s'a'b'$ 与 $s'b'c'$ 为可见。同理可分析侧面投影的可见性。

2.棱锥面上的点

如图 7-2 所示,已知三棱锥表面上 D 点的 V 面投影 d',E 点的 H 面投影 e,并且均为可见,求作其余两投影。

求作表面上 D 点的其余投影,可过棱面 SAB 上的 D 点任作一条辅助直线来求解,为了作图清晰、方便,可采用作平行于底边 AB 的水平线或过锥顶 S 和 D 点作一直线与底边相交的方法。现先介绍水平线法,即在 SAB 棱面上过 D 点作水平线Ⅲ的三面投影。由于过 d' 点作水平线 $1'2'$ 为已知,故根据点与直线的从属关系,即可求得其余两投影。具体作图步骤如下:

(1)过 d' 作 $1'2'/\!/a'b'$,并分别交于 $s'a'$ 及 $s'b'$ 的 $1'$、$2'$ 两点。

(2)求得 H 面投影 1、2,连接 1 与 2,注意 12 应与 ab 平行。从 d' 引铅垂线与 12 相交得 D 点的 H 面投影 d。

(3)根据投影关系,在 $1''2''$ 上求得 D 点的 W 面投影 d''。

若已知 SBC 棱面上 E 点的 H 面投影 e,求其 V、W 面投影,亦可在 SBC 棱面上过顶点 S 和 E 点作直线与底边 BC 相交于Ⅲ点,根据点与直线的从属关系,求得其余两投影。即在 H 面上作直线 se 与 bc 交于 3,从而求得 $3'$ 及 $3''$ 点,连接 $s'3'$ 及 $s''3''$,并在这两条直线上求得点 e' 及 e''。

第二节 平面与立体相交

基本形体被平面截割,例如图7-3a)所示的六棱柱被一个平面截割,图7-3b)所示的涵洞口被端墙斜面截割,必然在形体的表面上产生交线。

假想用来截割形体的平面,称为截平面。截平面与形体表面的交线称为截交线。截交线围成的图形称为断面[图7-3a)]。

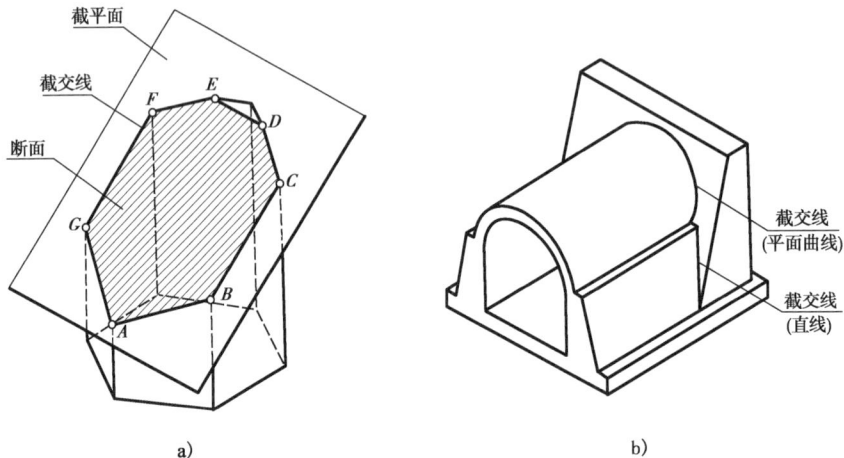

图7-3 平面与立体相交的截交线
a)平面与正六棱柱相交;b)涵洞口端墙交线

一、平面与平面立体相交

平面截割平面立体所得的截交线,是一条封闭的平面折线,为截平面和立体表面所共有。如图7-3a)所示,平面截割六棱柱,截交线为七边形 $ABCDEFG$。截交线多边形的顶点就是立体的棱线及底边与截平面的交点,求平面立体的截交线的方法可归结如下:

先求出立体上各棱线及底边与截平面的交点,然后把各点依次连接,即得截交线。连接时,只有在同一棱面上的两点才能相连。在投影图中,截交线的不可见部分用虚线表示。

1. 平面与棱柱相交

如图7-4所示,一正六棱柱被一正垂面 P 所截,其截交线求法如下:

截平面 P 是一正垂面,截交线 V 面投影积聚在 P_V 上。又正六棱柱的棱线均垂直于 H 面,截平面与棱线的交点的 H 面投影与多边形顶点投影重合。截平面 P 与六棱柱顶面的交线 DE 在 V 面投影积聚,根据长对正原理,对应到 H 面投影上得 d、e,则可求出截交线 H 面投影 $abc-defga$。

截交线的 W 面投影可通过顶点 a'、b'、c'、f'、g'分别作水平线,在 W 面投影上对应定出 a''、b''、c''、f''和 g''点。根据 D、E 的 H 投影 d、e 与中心线距离 Y 值,在六棱柱顶面的 W 面投影上定出 d''和 e'',依次连接 a''-b''-c''-d''-e''-f''-g''-a''各点,即为所求。

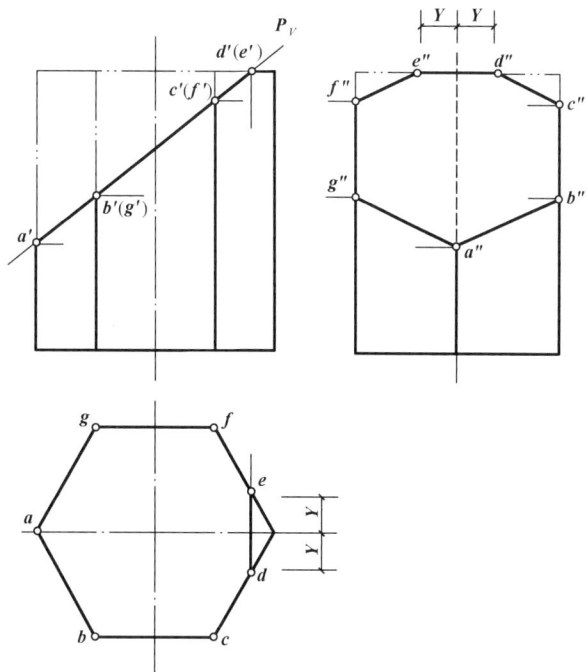

图 7-4　平面与正六棱柱相交

在 W 面投影上由于截交线围成的断面遮住了六棱柱最右边的一段棱线,将该棱线 W 面投影在 a'' 点以上部分改为虚线。

2. 平面与棱锥相交

如图 7-5a)所示,四棱锥被一正垂面 P 所截,其截交线和断面实形的求法如下:

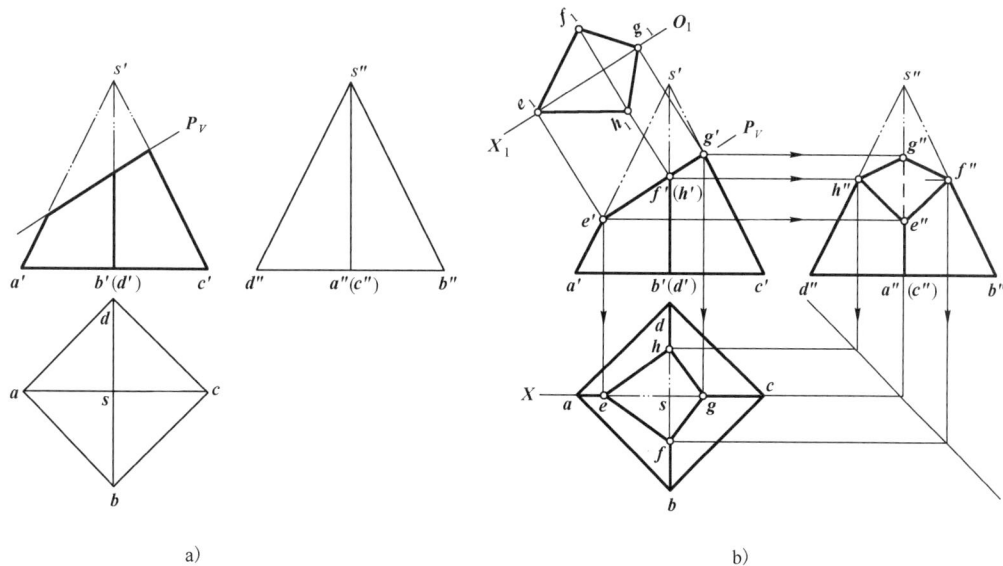

a)　　　　　　　　　　　　　　　　　b)

图 7-5　平面与四棱锥相交及断面实形

a)已知条件;b)作图过程

　　截平面 P 与正四棱锥的四个侧面都相交,截交线围成四边形;四棱锥各条棱线的 V 面投影 $s'a'$、$s'b'$、$s'c'$、$s'd'$ 分别与 P_V 的交点 e'、f'、g'、h' 即为截交线四个顶点的 V 面投影,它们都积聚在 P_V 上。

　　在图 7-5b)中,通过直接得出的点 e'、f'、g'、h',按投影关系即可分别在相应棱线的 H 面投影和 W 面投影上得出对应的点 e、f、g、h 和 e''、f''、g''、h''。当求 H 面投影 f、h 时,由于它们所属的棱线 SB、SD 为侧平线,故应先求出它们的 W 面投影 f''、g'',然后再据此求出 f、g。最后,按照在同一平面上的两个点才能相连的原则,依次把各个点的同面投影连接起来,并且区分可见性,便得到四棱锥被 P 平面截割后的投影。断面的实形可利用换面法求得[图 7-5b)]。

　　【例 7-1】 图 7-6 为一个具有切口的正三棱锥。在 V 面投影中已表示出切口的位置,要求作出具有切口形体的 H 面、W 面投影。

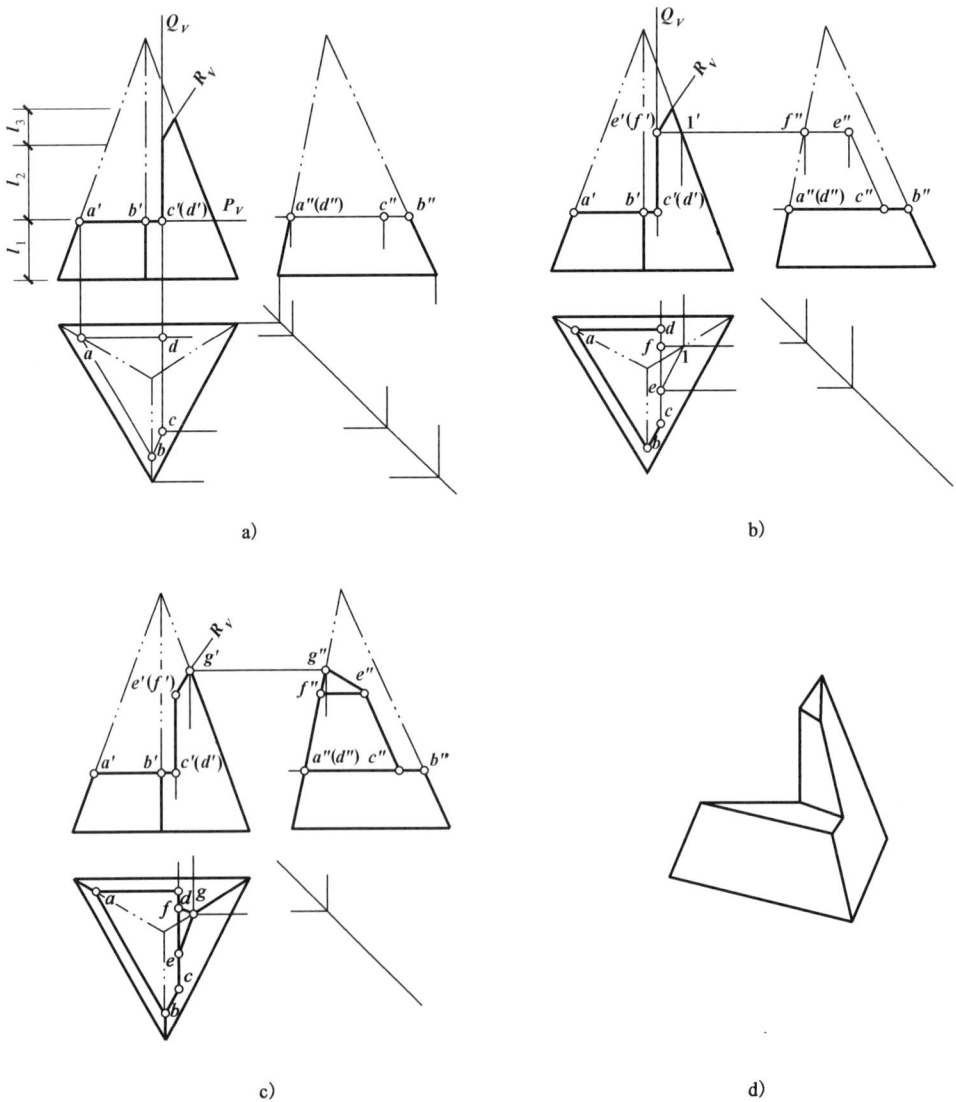

a)

b)

c)

d)

图 7-6　具有切口的正三棱锥的截交线
a)已知条件;b)作图过程;c)完成作图;d)立体图

解 具有切口的几何体,我们可以把它看作是一个完整的几何体被几个截平面所截断后留下来的部分形体。图 7-6 所给出的三棱锥是被三个截平面所截,故需要作该几何体被三个截平面截断后的交线。

如图 7-6a)所示,离棱锥底面 l_1 处设有一水平截平面 P,求截交线的 H 面、W 面投影。然后作一侧平截面 Q,如图 7-6b)所示。Q 和 P 面的交线为 CD,V 面投影 $c'(d')$ 积聚为一点,作出 CD 的 H 面、W 面投影 cd 和 $c''(d'')$。最后仍如图 7-6b)所示,再作一正垂面 R,R 和 Q 面的交线为 EF,R 面和几何体右面的棱线的交点为 G,作出 E、F、G 点的 V 面、H 面投影,并根据在同一截平面上又同时在一棱面上的两点才能相连的原则,把各点依次相连,即得到如图 7-6c)所示的图形。图 7-6d)是它的立体图。

二、平面与曲面立体相交

平面与曲面立体相交,其截交线为平面曲线,如图 7-3b)所示的拱圈与端墙面的交线即为平面曲线。在求截交线时,应考虑先求出它的特殊点,如最高、最低、最前、最后、最左、最右点和可见与不可见的分界点等,以便控制曲线的形状。

在工程中常见的平面曲线有圆、椭圆、抛物线和双曲线,这些曲线是由平面与圆柱或圆锥相截而形成,可统称为圆锥曲线。

1. 平面与圆柱相交

表 7-1 为平面与圆柱面相交的三种情况。

圆柱截交线的投影特性 表 7-1

截平面位置	垂直于圆柱轴线	倾斜于圆柱轴线	平行于圆柱轴线
断面形状	圆	椭圆	矩形
轴测图	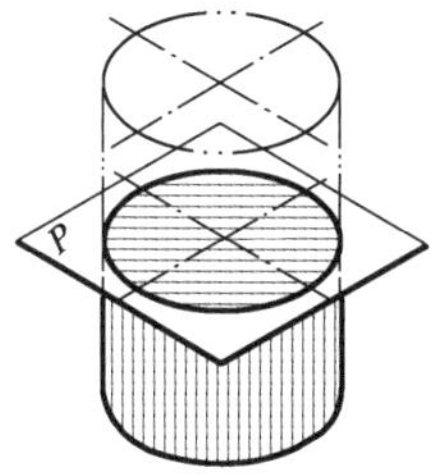	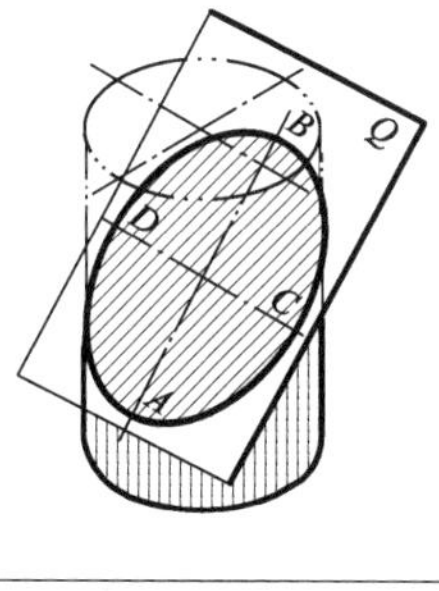	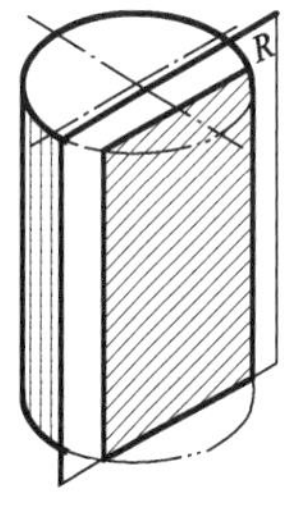
投影图	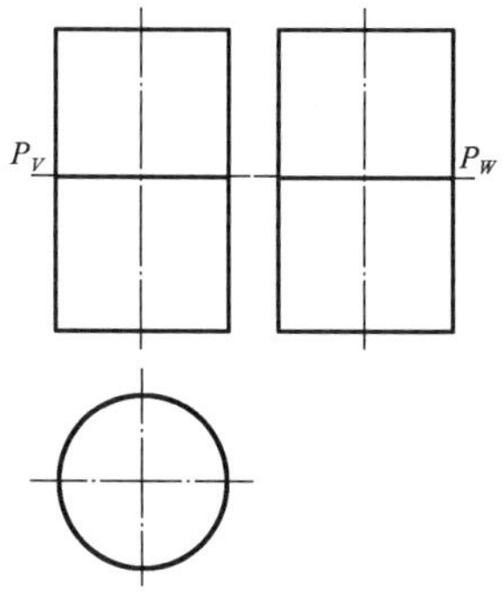	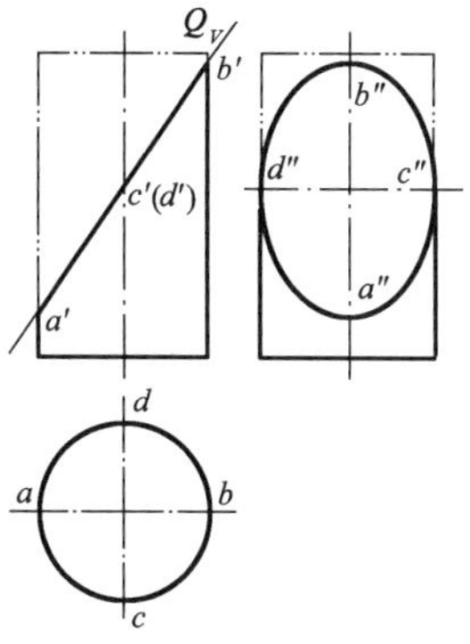	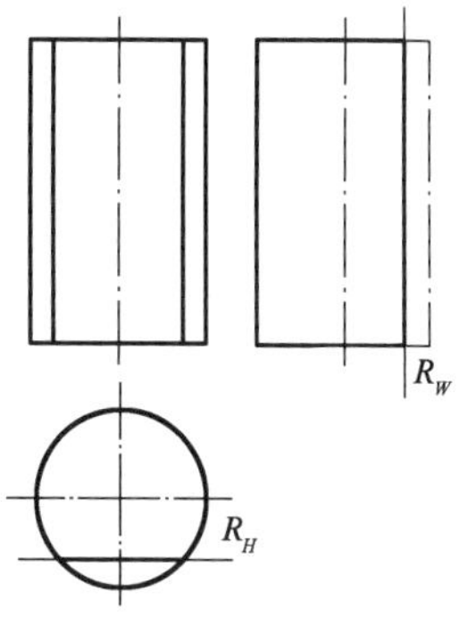

【例7-2】 如图7-7所示,圆柱被正垂面 P 切割,求截交线。

解 图7-7中的截平面 P 与圆柱轴线斜交,截交线为一椭圆。求截交线时,只要求出圆柱面上的一些素线与平面的交点,这些交点就是所求曲线上的点,依次连接,即为所求的截交线。

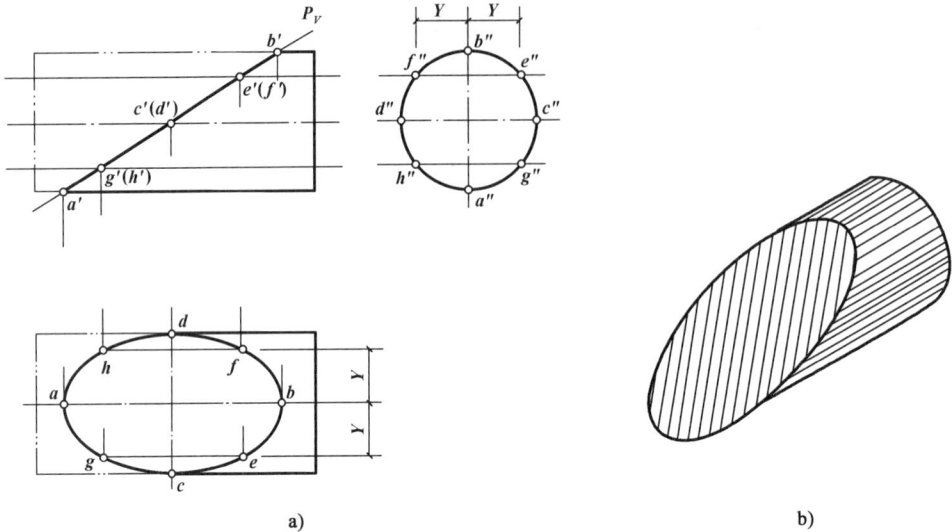

图 7-7 平面与圆柱相交
a)投影图;b)立体图

图 7-7a)中的圆柱面是侧垂面,则交线的 W 面投影积聚在圆柱面的 W 面圆周上。截平面 P 是正垂面,则交线的 V 面投影积聚在正垂面 P 的 V 面投影上。因此,仅需求交线的 H 面投影即可。

椭圆曲线上的一些点的求法如下:

椭圆长轴 AB 为正平线,其 V 面投影 $a'b'$ 反映实长;短轴 CD 是正垂线,其 H 面投影 cd 反映实长。因 $AB \perp CD$,且 $CD // H$,则 $ab \perp cd$。由于 $ab \neq cd$,故这个椭圆的 H 面投影仍为椭圆。A、B、C 和 D 四点对交线的 H 面投影起控制作用,是特殊点,应先作出。由于要控制曲线的形状,可再求一些中间点,如图 7-7 中的 E、F、G、H 等点。

求中间点可采用求素线与截平面相交求交点的方法。例如 E 和 F 点,先求出在 V 面投影上的点 e'、f',利用积聚性求出 W 面投影上的 e''、f'' 点,从而求出 e、f 点。同法可求出其他一些中间点。

最后,用光滑曲线依次连接 a-g-c-e-b-f-d-h-a 各点,即为所求。

【例7-3】 求作图 7-8a)所示的带切口圆柱的 W 面投影。

解 圆柱的上切口是被两个平行于轴线的侧平面和一个垂直于轴线的水平面截割而成,它们与圆柱面的截交线共有四段相互平行的铅垂直素线和两段水平的圆弧。

圆柱的下切口是被两个平行于轴线的侧平面和两个垂直于轴线的水平面截割而成,它们与圆柱面的截交线仍然为四段相互平行的铅垂直素线和两段水平的圆弧,但截割的部位与上切口有所不同。

在 V 面投影中,组成上、下切口的水平面和侧平面分别反映为具有积聚性的水平直线和竖直直线。在 H 面投影中圆柱面的投影为有积聚性的圆,上切口的两个侧平面积聚成两条可见的直线,下切口的两个侧平面积聚成两条不可见的直线,故画成虚线。

作图过程中特别注意,圆柱侧面投影的外形线,其位于上切口部分已被截掉,而圆柱的下切口则没有截割到该外形线,如图7-8b)所示。

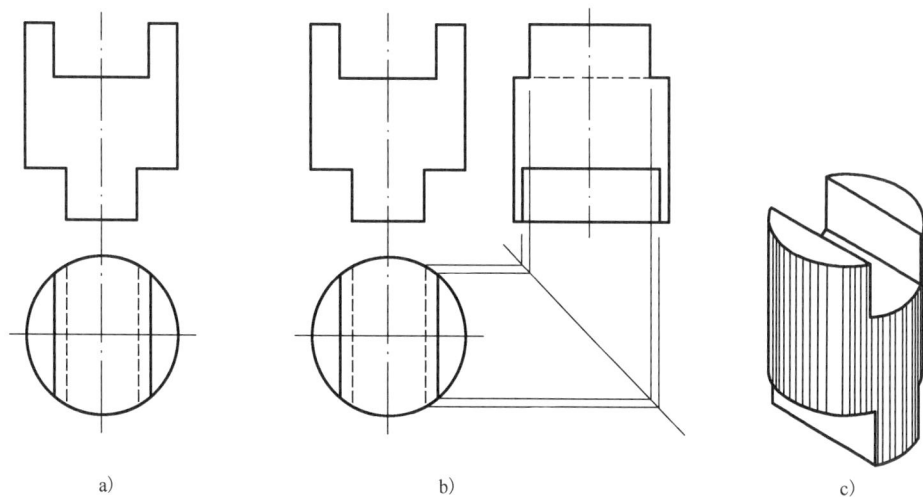

a)　　　　　　　　　　　b)　　　　　　　　　　　c)

图7-8　求作带切口圆柱的侧面投影

a)已知条件;b)作图结果;c)立体图

2.平面与圆锥相交

表7-2为平面与圆锥相交的五种情况。

圆锥截交线的投影特性 表7-2

截平面位置	垂直于圆锥轴线 $\theta = 90°$	与所有素线相交 $\theta > \alpha$	平行于任一条素线 $\theta < \alpha$	平行于任两条素线 $\theta < \alpha$	通过锥顶 $\theta < \alpha$
断面形状	圆	椭圆	抛物线	双曲线	过锥顶的两条素线
轴测图				特例 $\theta=0°$	
投影图					

【例7-4】 如图7-9所示,圆锥面被正平面P切割,求截交线。

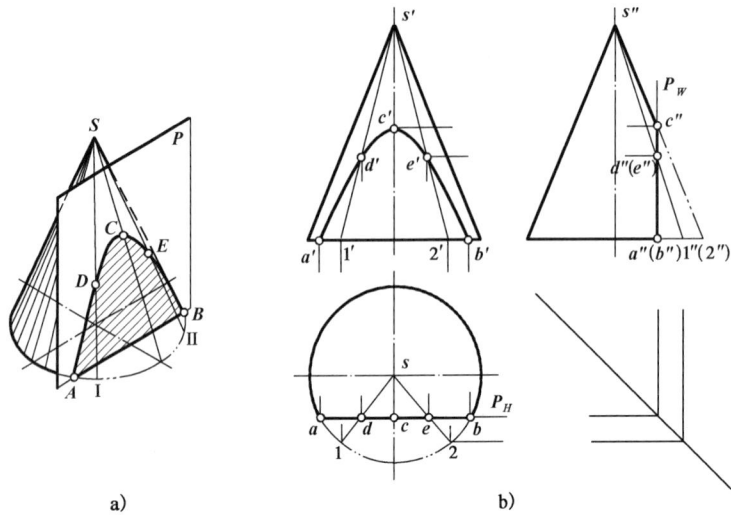

图 7-9　利用素线法求圆锥截交线
a)立体图;b)投影图

解 截平面P平行于圆锥面上的两条素线,它的截交线为双曲线。

求截交线时,只要求出圆锥面上一些素线与截平面P的交点,依次相连,即为所求的截交线。

截平面P是正平面,则交线的H面和W面投影分别积聚在P_H和P_W上。因此,仅需求出截交线的V面投影即可。

从W面投影上可以看出,截交线的最高点为C,根据c''可在其他两投影的对应素线上求得c和c'点。截交线的最低点A和B点可根据a、b对应地求出a'和b'点。

有了最高和最低点后,还要适当地求出一些中间点,可在截交线有积聚性的投影上,如在H面投影中作素线$s1$、$s2$,交P_H于d、e点,在V面投影中的对应素线$s'1'$、$s'2'$上求出d'、e'点。同样可求出其他一些中间点。

最后用光滑曲线依次连接a'-d'-c'-e'-b'各点,即为所求。

由于平面P为正平面,故截交线在V面上投影反映出双曲线的真实形状。

【例7-5】 已知圆锥被正垂面P截去一部分之后的V面投影,求截交线的H面和W面投影(图7-10)。

解 圆锥面上所有的素线均被P所截,它的截交线为一椭圆,其V面投影积聚在P_V上。

椭圆的长轴AB为正平线,$a'b'$反映实长,长轴端点的H面投影a、b在圆锥最左、最右素线上。椭圆的短轴CD是正垂线,V面投影在长轴中点处积聚,其他两投影cd和$c''d''$则反映实长,可通过纬圆法或素线法在锥面上做出。然后再求出一些中间点,依次相连,即可求得截交线椭圆的H面投影。其W面投影可根据投影关系作出。

图中g''、h''两点为圆锥的W面投影外形线与截平面交点的投影,亦是截交线W面投影椭圆与圆锥W面投影外形线的切点。

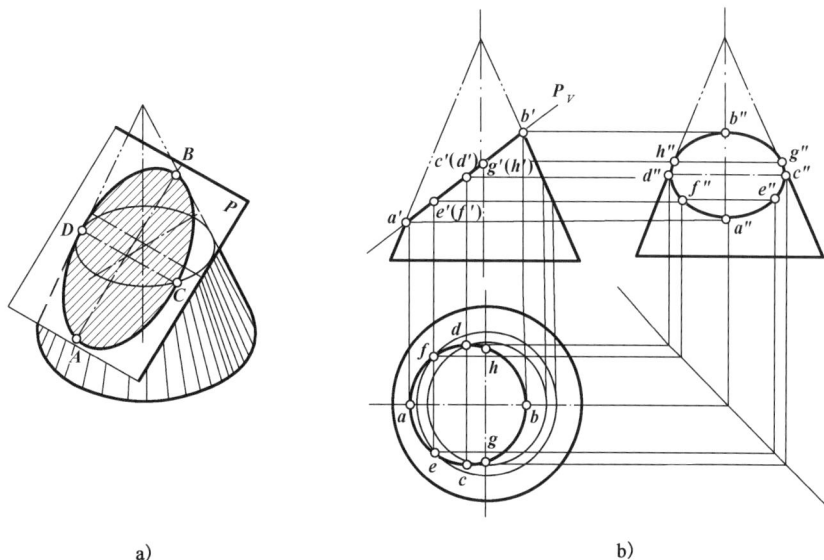

图 7-10　利用纬圆法求圆锥截交线

a)立体图;b)投影图

3.平面与球相交

平面截割球体时,不管截平面的位置如何,截交线的空间形状总是圆。当截平面平行于投影面时,圆截交线在该投影面上的投影反映圆的实形;当截平面倾斜于投影面时,它的投影为椭圆;当截平面垂直于投影面时,圆截交线积聚为直线段。

【例7-6】 如图 7-11 所示,求球体被一正垂面 P 所截的截交线。

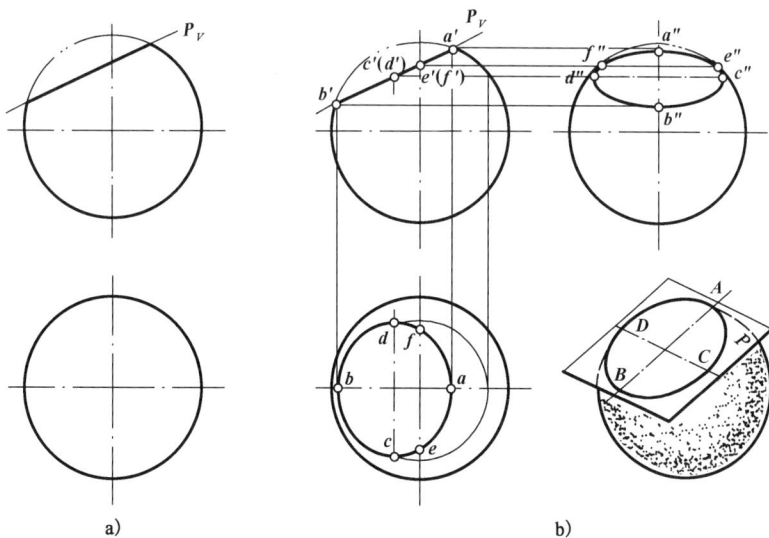

图 7-11　正垂面切割球

a)已知条件;b)投影作图

解 截平面 P 为正垂面,截交线圆的 V 面投影积聚在 P_V 上,其 H 面和 W 面投影为椭圆,可分别求出它们的长、短轴后作出。

利用纬圆法求出截交线 H、W 面投影的椭圆长轴 cd、$c''d''$，短轴 ab、$a''b''$ 及截交线与球的 W 面投影轮廓线的交点 e、e''，f、f''，依次光滑连接各点，即得截交线的 H、W 面投影。

【例 7-7】 如图 7-12 所示，求开槽半球的 H 面和 W 面投影。

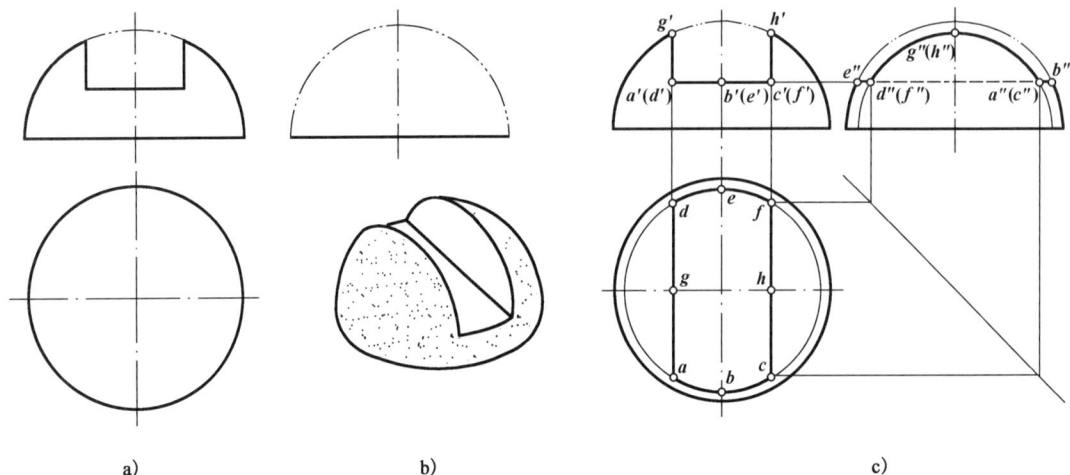

图 7-12 补全带槽半球的水平投影和侧面投影

a)已知条件;b)立体图;c)作图过程

解 由于半球被左右对称的两个侧平面和一个水平面所截割，所以两个侧平面与球面的截交线各为一段平行于侧面的圆弧，而水平面与球面的截交线为两段水平的圆弧。

在 H 面投影中，水平截平面所截的圆弧反映实形，即为 abc 和 def 两段，两个侧平截平面所截的圆弧积聚为直线段 agd 和 chf。在 W 面投影中，水平截平面所截圆弧积聚为两段直线 $a''b''$(c'') 和 $d''e''$(f'')，侧平截平面所截圆弧反映实形 $d'g'a'$ 和 (f'')(h'')(c'')，且此两圆弧重影。

由于截平面截割开槽，使得圆球面上的最大侧平圆被部分截除，原球面的 W 面投影外形线的上面一段不再存在。再根据可见性，将槽底的不可见的 W 面投影画成虚线，如图 7-12c) 所示。

*第三节 直线与立体相交

直线与立体相交时，直线与立体表面的交点称为贯穿点。当一直线贯穿立体时，贯穿点则有穿入点和穿出点。相切时，则只有一个切点。

求作贯穿点的方法，与求直线与平面的交点方法相同，仍为包含该直线作辅助平面，求出辅助平面与立体的截交线，截交线与直线的交点，就是贯穿点。

选择辅助平面时，要使所得截交线的投影作图能最准确和最简便。

在特殊情况下，当立体的表面具有积聚性投影时，可利用其积聚性直接找出其贯穿点。当直线为投影面垂直线时，贯穿点可按立体表面上点的一个投影为已知，求其余投影的方法作出。

直线穿入立体内部的一段不必画虚线。位于贯穿点以外的直线段的可见性，应看是否被立体遮住而定。

一、直线与平面立体相交

【例 7-8】 如图 7-13 所示,求直线 AB 与直四棱柱的贯穿点。

解 ab 与棱柱前后两侧面的 H 面投影交于 k、l 两点。k、l 对应地定出 k' 和 l',但 l' 已超出立体范围,故 K 点是贯穿点,而 L 点则不是。根据 $a'b'$ 与棱柱顶面的积聚性投影交于 m' 点,求出 m 点,M 点是另一个贯穿点。

经检查,贯穿点外的直线都是可见。

【例 7-9】 如图 7-14 所示,求直线 AB 与三棱锥的贯穿点。

解 由于三棱锥各侧面都为一般位置平面,它们的各个投影都没有积聚性,故采用包含直线 AB 作适当的辅助平面的方法来求贯穿点。

过直线 AB 作正垂面 P,求出平面 P 与三棱锥的截交线 $\triangle FGH$。$\triangle FGH$ 与直线 AB 的交点 K 和 L 即为所求。

由于棱面 SDC、SEC 的 H 面投影为可见,所以分别位于这两个棱面上的贯穿点的 H 面投影 k 和 l 也可见,故 ak、lb 用实线画出。V 面投影 k' 可见,$a'k'$ 用实线画出;(l') 不可见,$(l')h'$ 用虚线画出。

二、直线与曲面立体相交

【例 7-10】 如图 7-15 所示,求直线 AB 与圆锥面的贯穿点。

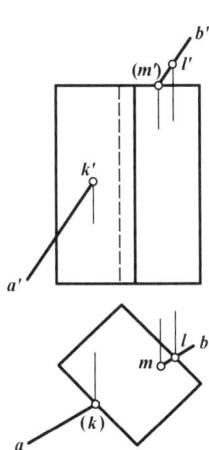

图 7-13 直线与四棱柱相交　　　　图 7-14 直线与三棱锥相交　　　　图 7-15 直线与圆锥面相交

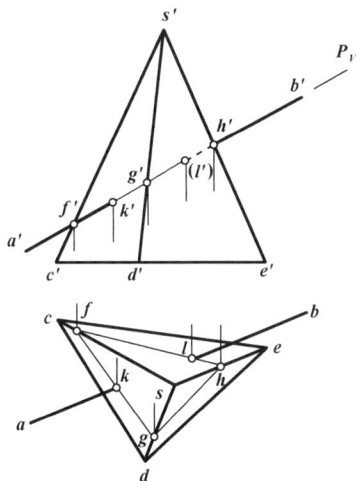

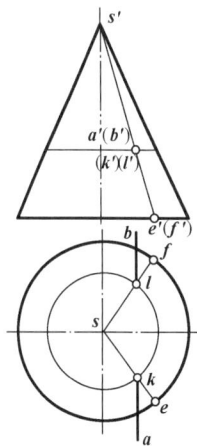

解 直线 AB 垂直于 V 面,故贯穿点 K、L 的 V 面投影积聚在 $a'(b')$ 上。其 H 面投影的求法可过 $a'(b')$ 作一纬圆,在 H 面投影上得到 ab 与纬圆的交点 k 和 l;也可过 $a'(b')$ 作两条素线 $s'e'$、$s'(f')$,在 H 面投影上即可得到 ab 与素线 se、sf 的交点 k 和 l。

K 和 L 两点为直线 AB 与圆锥面的贯穿点,贯穿点以外的线段,其 H 投影均为可见。

【例 7-11】 如图 7-16a) 所示,求一般位置直线 AB 与圆锥面的贯穿点。

解 如果包含直线 AB 作辅助正垂面或铅垂面,则与圆锥所得的截交线是椭圆,作图不仅费时,而且不易得出准确的结果。如图 7-16b)所示,由于过圆锥顶点的平面与圆锥交得的截交线是三角形,所以可包含直线 AB 和锥顶 S 作辅助平面。

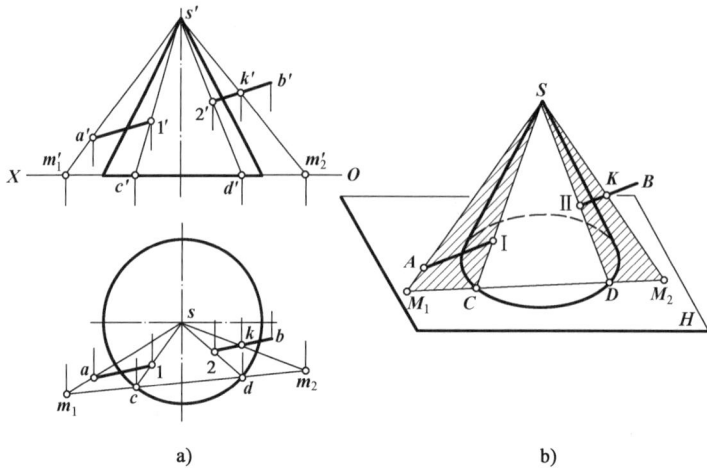

图 7-16　一般位置直线与圆锥面相交
a)投影作图;b)立体图

为了求出辅助平面与圆锥的截交线,先连接点 S 和 A 成一直线,求出此直线与圆锥底面(底面扩大)的交点 M_1,再在直线 AB 上任取一点 K,连接 S 和 K,并求出 SK 与圆锥底面的交点 M_2,然后把连线 M_1M_2 与圆锥底圆的交点 C 和 D 分别与锥顶 S 相连,则 $\triangle SCD$ 即为截交线。再求出截交线与直线 AB 的交点 $\mathrm{I}(1,1')$ 和 $\mathrm{II}(2,2')$,即为所求。可见性的判别结果如图 7-16a)所示。

【例 7-12】　如图 7-17a)所示,求一般位置直线 AB 与球面的贯穿点。

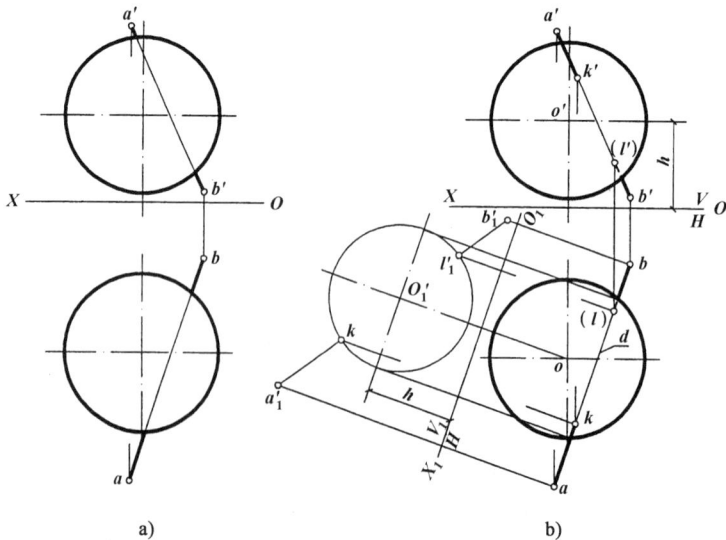

图 7-17　一般位置直线与球面相交
a)已知条件;b)作图过程

解 若过 AB 作一投影面垂直面为辅助平面（V 面垂直面或 H 面垂直面），其截交线为圆周 D，但其 V（或 H）面的投影将是一个椭圆，为了避免绘制投影椭圆，可用换面法来求解：

如图 7-17b）所示，作平行于 AB 的辅助投影面 V_1，求得 $a_1'b_1'$ 和过 AB 的铅垂面与球面截交线实形的圆周的 V_1 面投影，它们的交点 k_1'、l_1' 就是贯穿点 K、L 的辅助投影，由此可求 K、L 的 H、V 面投影 k、l 和 $k'l'$。

分析 H、V 面中贯穿点的可见性。因 K 点在前、上方的球面上，故 k、k' 为可见，即 k、k' 以外直线的 V、H 面投影均为可见，它们的投影均画成实线；L 点因在后、下方的球面上，故 l、l' 均为不可见，即 l、l' 以外的直线与球的重叠投影段均为不可见，画成虚线。

第四节　相贯的概念及两平面立体相交

一、相贯的概念

有些工程建筑物是由两个或两个以上相交的基本形体组合而成的。两立体相交，也称为两立体相贯，它们的表面交线称为相贯线。实际上，它们形成一个整体，称为相贯体。

由于相贯线是两立体表面的交线，因此相贯线是两立体表面的公共线，相贯线上的点就是两立体表面上的公共点，称为相贯点。并且相贯线又是两立体的分界线。

当一个立体全部贯穿另一个立体时，产生两组封闭的相贯线，称为全贯，如图 7-18a）所示；当两个立体相互贯穿时，则产生一组封闭的相贯线，称为互贯，如图 7-18b）所示。若两立体有一公共表面时，所产生一组相贯线是不封闭的，如图 7-18c）所示。

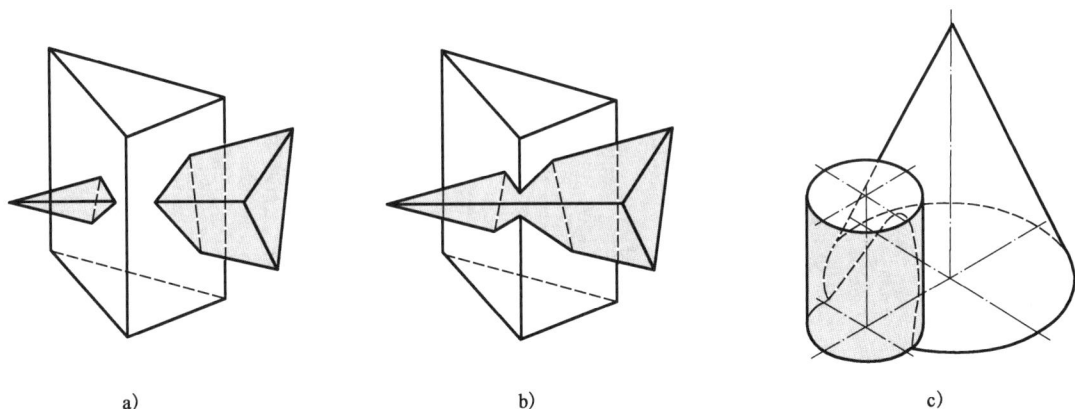

图 7-18　两立体相交
a）全贯时有两组封闭的相贯线；b）互贯时有一组封闭的相贯线；c）有一公共表面时为一组不封闭的相贯线

相贯线的形式可以分为三种：第一种是两立体相交时表面所产生的相贯线，如图 7-18 所示；第二种是两个穿孔的立体相交时，它们不仅在两立体的外表面产生相贯线，而且在两穿孔立体的内表面也产生相贯线，如图 7-19 所示。第三种是贯通孔，如图 7-20 所示，一立体被挖通穿孔称为贯通孔。

两立体相交有三种组合：平面立体与平面立体相交、平面立体与曲面立体相交、曲面立体与曲面立体相交。

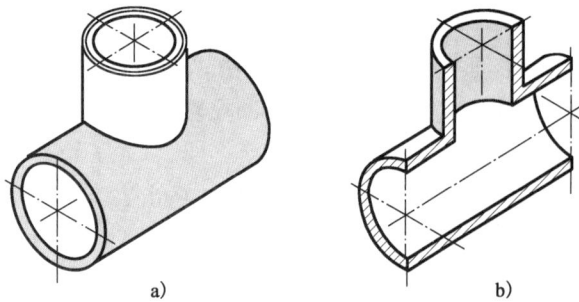

图 7-19　两穿孔立体产生的相贯线
a)外表面相贯线;b)内表面相贯线

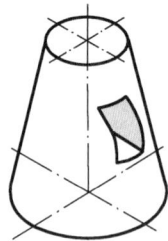

图 7-20　贯穿孔

二、两平面立体相交

两平面立体相交的相贯线,一般情况下为由直线段组合而成的空间折线多边形,如图 7-18b)所示。当一个平面立体的几个棱面只穿过一个立体的同一个棱面时,相贯线为平面折线多边形,如图 7-18a)所示。

构成折线的每一条直线,就是两个平面立体有关棱面彼此相交的交线。折线上的各个折点就是贯穿点,也就是一个立体的棱线与另一个立体的棱面的交点。

因此,求两个平面立体相贯线的方法可归纳为以下两种:

(1)求甲、乙两立体相应棱面之间的交线。

(2)求出全部多边形的顶点(贯穿点)后,再依次相连。

作相贯线时还应注意以下三点:

(1)相贯线的连接,要注意只有位于甲立体的同一个棱面上而又同时位于乙立体的同一个棱面上的两点才可以相连接。

(2)相贯线可见性的判别,必须是产生该相贯线段的两立体表面的同面投影同时可见时,该相贯线段的投影才可见,用实线表示,但只要有一个面的同面投影为不可见时,该相贯线的投影为不可见,用虚线表示。

(3)在求出相贯线后,还要注意两立体投影重合处,凡参加相交的棱线的投影,都要画到贯穿点为止,并判别其可见性。因此,当相贯线的投影求出后,还应补全相贯体的投影。

【例7-13】　如图 7-21a)所示,求四棱柱与三棱锥的相贯线。

解　(1)投影分析

①图中显示为四棱柱与三棱锥全贯,因此产生前、后两组封闭的多边形相贯线。后面一组相贯线为平面四边形,而前面一组的相贯线则为空间六边形。

②四棱柱四个侧棱面的 V 面投影有积聚性,与两组相贯线的 V 面投影重合,因此相贯线的 V 面投影不需求作,仅需求它的 H 面和 W 面投影。

③四棱柱有四条棱线与三棱锥棱面相交,而三棱锥有一条棱线与四棱柱棱面相交,共产生十个贯穿点,其中前面六个贯穿点 Ⅰ、Ⅱ、Ⅲ、Ⅳ、Ⅴ、Ⅵ和后面四个贯穿点 Ⅶ、Ⅷ、Ⅸ、Ⅹ,它们的 V 面投影 $1'$、$2'$、$3'$、$4'$、$5'$、$6'$ 和 $7'$、$8'$、$9'$、$10'$ 均可直接定出。

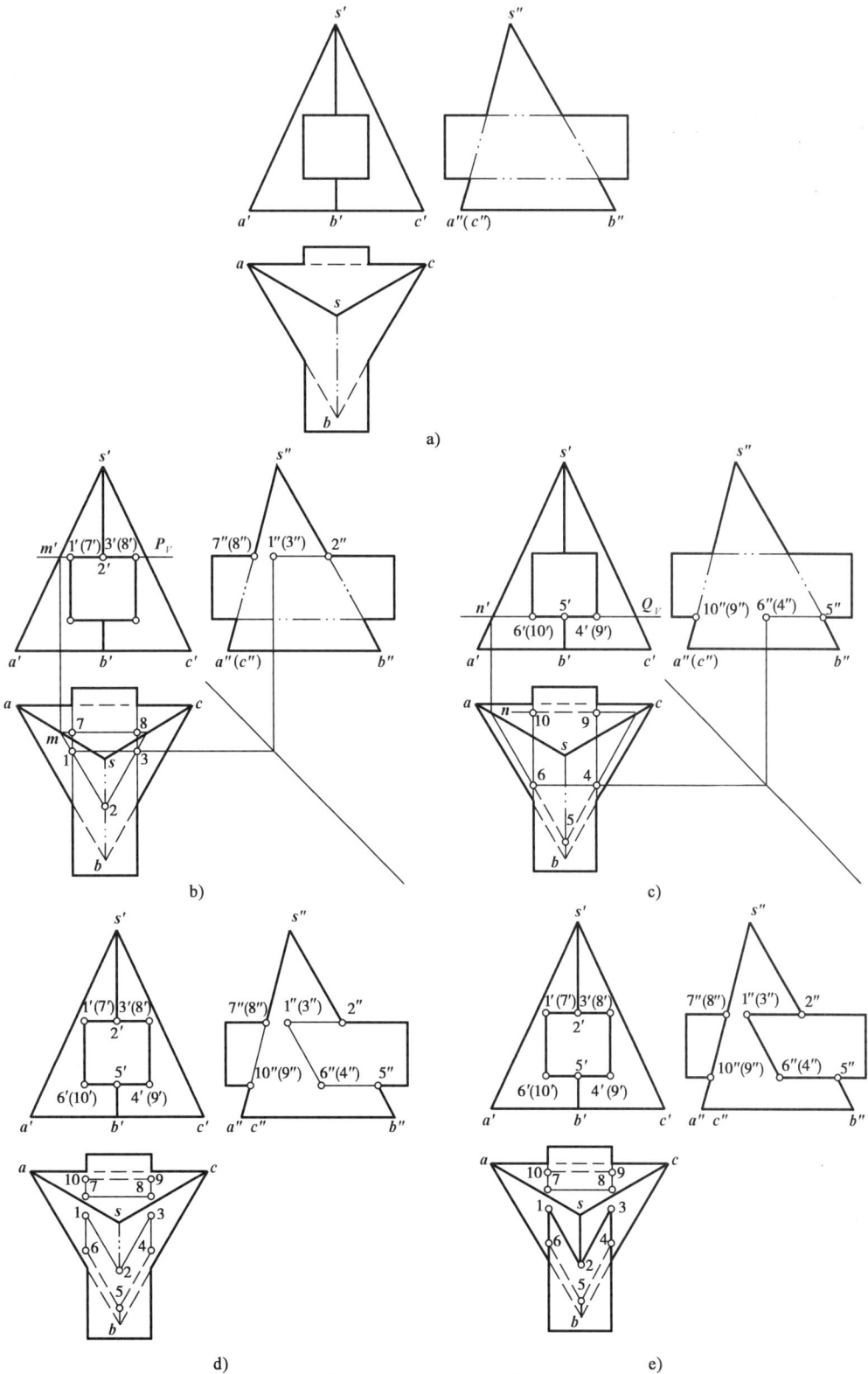

图 7-21 棱柱与棱锥的相贯线

a)已知条件;b)、c)、d)、e)作图过程

（2）作图过程

①如图 7-21b)所示,过四棱柱体的上棱面作水平面 P,即在 V 面上作积聚投影 P_V,求得三条交线和五个贯穿点的 H、W 面投影,即作直线 12、1″2″、23、2″3″、78、7″8″和点 1、1″,2、2″,3、3″,7、7″,8、8″。

由于三条交线所在的四棱柱棱面和三棱锥棱面的 H 面投影都是可见,因此该三条交线的 H 面投影均可见,画成实线 12、23 和 78。并且三条交线处于左右对称位置,其 W 面投影 1″2″、2″3″重合,画成实线段,而 7″8″则积聚成一点。

②同理,过棱柱的下棱面作水平面 Q[图 7-21c)],求得另外三条交线及五个贯穿点的 H、W 面投影,即作直线 45、4″5″,56、5″6″,109、10″9″和点 4、4″,5、5″,6、6″,9、9″,10、10″。

由于这三条交线位于四棱柱的底棱上,它的 H 面投影为不可见而画成虚线,并且,这三条交线也同样处于左右对称位置,其 W 面投影 6″5″、5″4″重合画成实线段,而 10″9″则积聚成一点。

③如图 7-21d)所示,除 45、56 和 910 画成虚线外,其余均画成实线。

④图 7-21e)是把相贯线加深后的图形,其中三棱锥最前棱线 SB 被两个贯穿点 Ⅱ、Ⅴ 分成 SⅡ、ⅡⅤ 和 ⅤB 三段,两个贯穿点 Ⅱ、Ⅴ 由于不在四棱柱的同一棱面上,故 Ⅱ 和 Ⅴ 点不可连线,在 H 面投影中,上段 s2 可见,画成实线,下段 5b 不可见,画成虚线。此外,1 和 3 及 6 和 4 也不在三棱锥的同一棱面上,也不可连线。四棱柱的四条棱线分别连到各个贯穿点如 1、6、3、4 和 7、10、8、9 为止。三棱锥的底面被四棱柱遮住部分为不可见,画成虚线。

在 W 面投影中,注意三棱锥最前棱线 $s″b″$ 与四棱柱棱面相交的两个贯穿点 2″、5″之间,以及四棱柱的四条棱线与三棱锥对应的两个贯穿点如 1″、7″,3″、8″和 6″、10″、4″、9″之间均不存在交线,不可相连(有时为了表示立体的整体性,可用细实线或双点画线相连)。

【例 7-14】 如图 7-22a)所示,求两棱柱的相贯线。

解 （1）投影分析

①从 H 面投影中,可以看出直三棱柱与斜三棱柱互贯,因此,相贯线是一组封闭的空间折线多边形。

②直三棱柱侧棱面的 H 面投影有积聚性,相贯线的 H 面投影与两棱柱棱面的 H 面投影的重叠部分重合,故仅需求其 V 面投影。

③由积聚的 H 面投影分析,直三棱柱有两个棱面 DE 和 EF 及一条棱线 E 参与相交,斜三棱柱有三个棱面 AB、BC 和 CA 及两条棱线 A 和 C 参与相交,因此共有六条相贯线段和六个贯穿点,相贯线为空间六边形。

（2）作图过程

①为了作图清晰,可将相贯点用字母顺序标注,从 H 面积聚投影入手,确定六个贯穿点的位置,再运用面上取点的方法求得它的 V 面投影,如图 7-22d)所示。

②相贯线的连接和可见性的判别,除了根据立体可见性直接观察判断外,还可采用画棱面展开示意图的办法来进行。如图 7-22c)所示,画出直三棱柱和斜三棱柱各面的 V 面投影展开示意图,把 V 投影中可见的棱面注上" $+$ "号,不可见的棱面注上" $-$ "号,将图 7-22d)中所求到的贯穿点按其所在的位置画到展开示意图中,例如 1 点既在斜三棱柱的 A 棱上又在直三棱柱的 DE 棱面上,则使 1′点既在 $a′$ 棱上又在 $d′e′$ 棱面内。各点位置定好后,将同一方格中的两点连线,如 1′、5′和 1′、3′可相连,凡在注有" $-$ "的方格中的连线均属不可见,如 1′3′、2′4′为不可

见,用虚线表示。凡在两个棱面均为"+"号的方格中的连线均属可见,如 1′5、2′5′等为可见,用实线表示。

③将展开图中连线和判别可见性的结果画到投影图中,整理加深后便得到 7-22d)所示的图形。

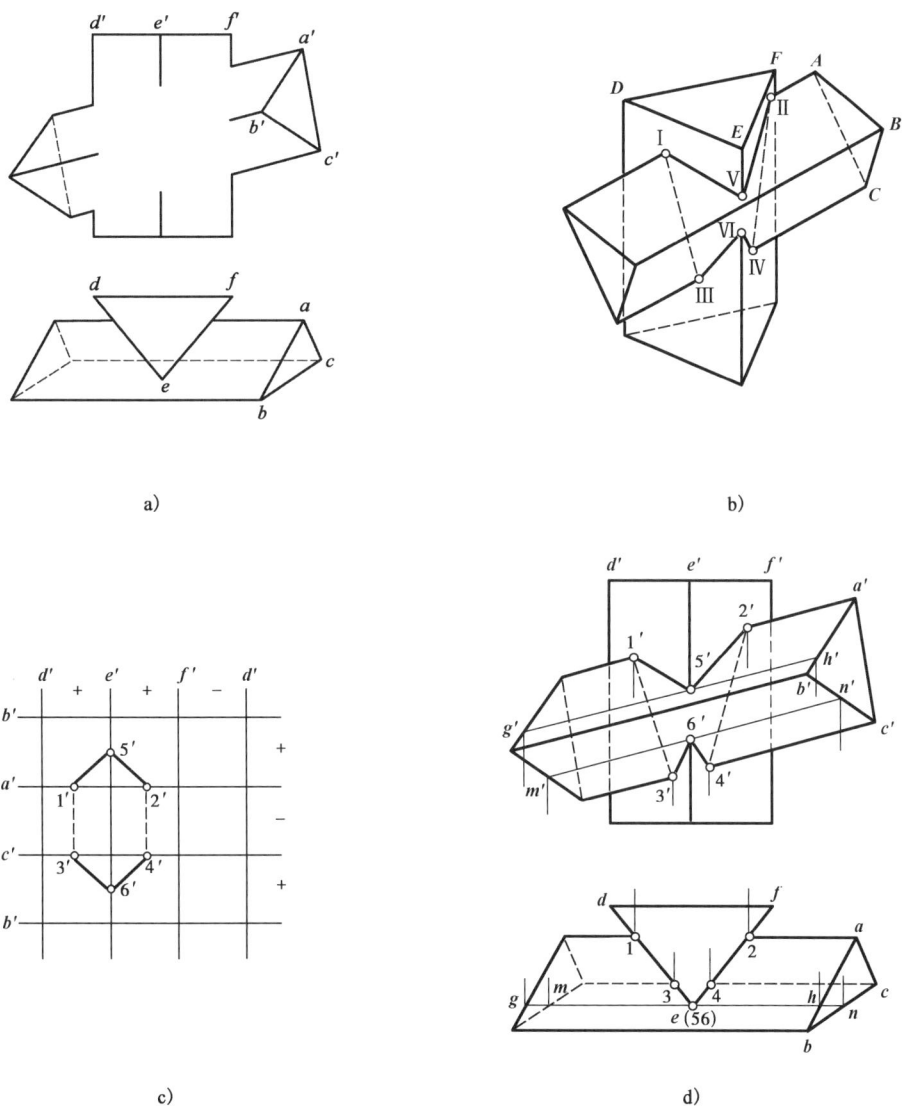

a)

b)

c)

d)

图 7-22 两三棱柱的相贯线

a)已知条件;b)立体图;c)作 V 面投影展开示意图;d)投影作用

如图 7-23 所示,为三棱锥被一垂直于 V 面的四棱柱贯穿后所形成的贯通孔,该孔口线实际上相当于图 7-21 中两平面立体的相贯线。

因此,贯通孔的作图方法与相贯线的作图方法完全相同,所不同的是贯通孔还应画出其孔内不可见的虚线。

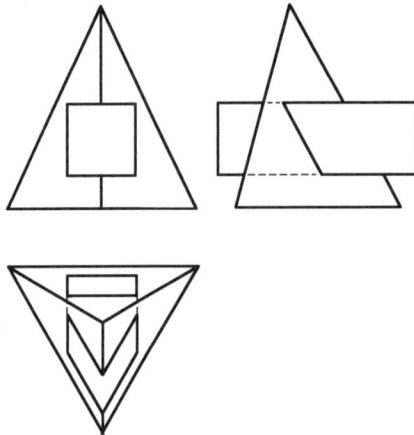

图 7-23　三棱锥内穿四棱柱孔

第五节　平面立体与曲面立体相交

平面立体与曲面立体相交,其相贯线是平面立体的棱面与曲面立体表面相交所得截交线的总和,也就是说,相贯线是由若干段平面曲线或若干段平面曲线和直线所组成。每段平面曲线或直线的转折点,就是平面立体的棱线与曲面立体表面的交点。因此,求平面立体与曲面立体的相贯线可归结为平面、直线与曲面立体表面相交的问题。

【例 7-15】　如图 7-24a)所示,求圆锥与三棱柱的相贯线。

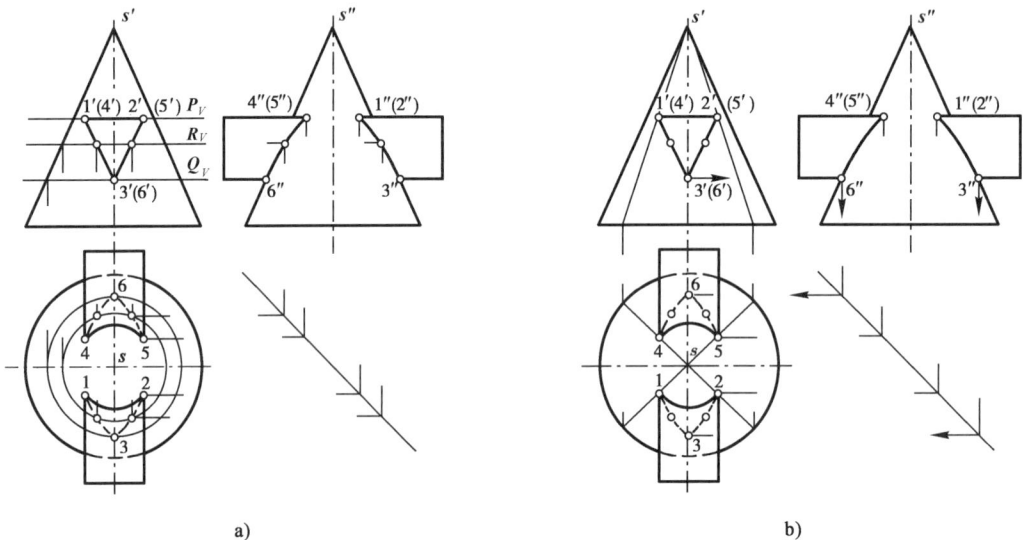

图 7-24　圆锥与三棱柱的相贯线

a)纬圆法；b)素线法

解　(1)投影分析

①图中的圆锥与三棱柱是全贯,并且有两组前后对称和封闭的相贯线,每组相贯线由三段

截交线所组成,并各有三个转折点Ⅰ、Ⅱ、Ⅲ和Ⅳ、Ⅴ、Ⅵ。

②三棱柱的V面投影有积聚性,相贯线的V面投影与它重合,故只需求H面和W面投影。

③从V面投影分析,三棱柱的左、右棱面各对应地与圆锥的一条素线平行,其截交线均为抛物线。三棱柱的一个棱面为水平面,它与圆锥轴线正交,其截交线为平行于H面的圆弧,H面投影显示实形。

(2)作图过程

①如图7-24a)所示,用过棱线的水平面为辅助平面,可作出六段截交线和六个贯穿点的H面和W面投影。图7-24b)则是采用过锥顶及包含棱线的正垂面为辅助平面作图,其最低点Ⅲ、Ⅵ的H面投影3、6可通过3′、6′和3″、6″来求得。

②判别可见性及连线,H面上的12、45可见,画实线,而13、46和23、56为不可见,用虚线表示,W面上的投影都左右重合,均画实线。

【例7-16】 如图7-25a)所示,求出三棱柱与半球的相贯线。

解 (1)投影分析

①三棱柱与半球全贯,由于有一公共底面,故只产生一组封闭的相贯线。

②三棱柱的H面投影有积聚性,相贯线的H面投影与三棱柱的H面投影重合,故只需求相贯线的V面投影。

③从H面投影分析,相贯线和三棱柱的三个棱面积聚投影重合,截交线的三个转折点的Ⅰ、Ⅳ、Ⅷ为三条棱线对半球的三个贯穿点。

④棱面与半球面的截交线三段都是圆弧。但由于棱面的相对位置的不同,故其投影的形状亦有差异,其中一个为正平面的截交线的V面投影,反映圆弧实形,其余两个为铅垂面,两段截交线的V面投影均为椭圆弧。

(2)作图过程

①在H面投影中,对左面几个特殊点进行编号,其中1、4为贯穿点,2为V面上可见性分界点,3为最高点,并过这几个点作正平面P、R、Q为辅助面,从而求出它们的V面投影1′、2′、3′、4′(也可采用以水平面为辅助面)。图中还插入两个一般点,如图7-25b)所示。

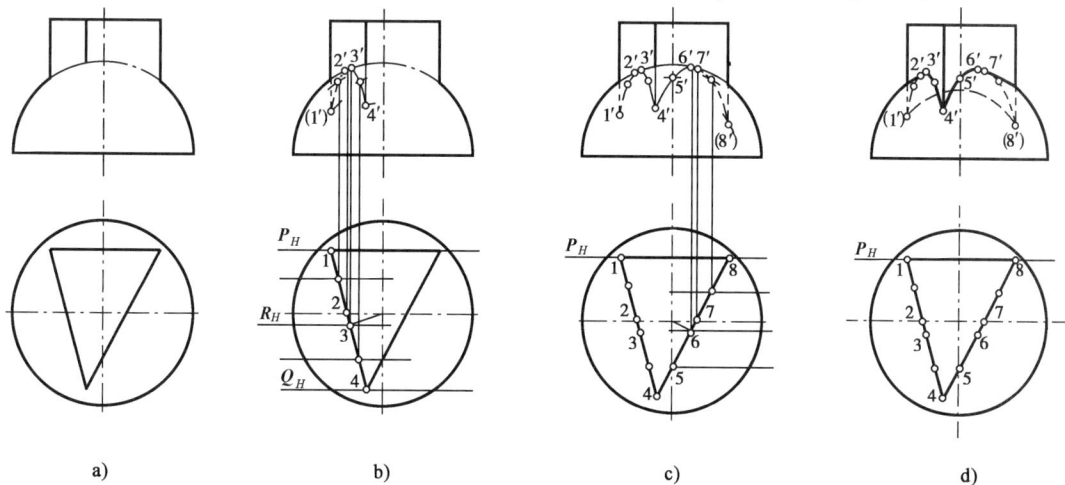

图7-25 三棱柱与半球的相贯线
a)已知条件;b)、c)、d)作图过程

②用同样方法定出右面几个特殊点的 H 面投影 4、8(贯穿点),5(中心线上的点),6(最高点),7(V 面上可见性分界点),并求出它们的 V 面投影 5′、6′、7′、8′,如图 7-25c)所示。

③1′8′圆弧直接在 V 面上反映实形,它是以正平面 P 为辅助面来求得的。

④可见性的判别,1′2′、1′8′和 7′8′在后面为不可见,用虚线表示,2′3′4′、4′5′6′7′在前面为可见,画实线,在图 7-25b)和 c)中,分别用光滑曲线连接。加深后便可得到如图 7-25d)所示的图形。

【例 7-17】 图 7-26 为圆锥内穿通一个三棱柱孔,现已知它的 H 面投影,试补全它的 V 面、W 面投影。

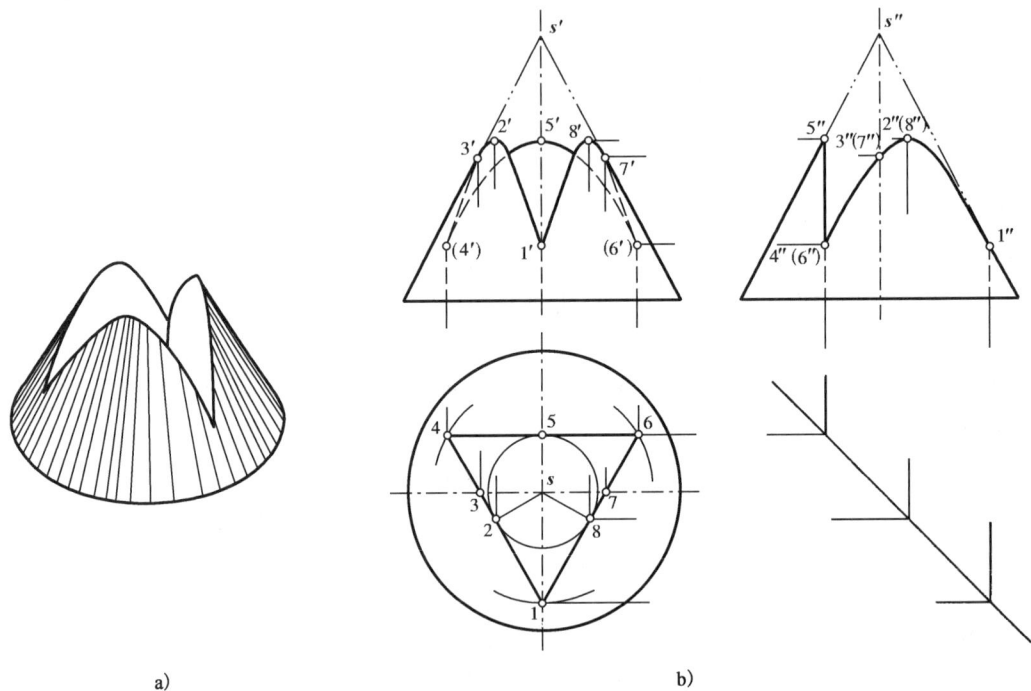

图 7-26 圆锥内穿三棱柱孔
a)立体图;b)投影图

解 (1)投影分析

①三棱柱的三个棱面在 H 面投影均积聚成直线,也就是说三个棱面均与圆锥轴线平行,即孔口是由三段双曲线所组成,其中左、右两段对称。中间的一段双曲线的 V 面投影显示实形,而它的 W 面投影则为一段铅直线。

②从 H 面投影可知,正三棱柱的轴线和圆锥顶点 S 的同面投影重合,即 $\overline{s2}=\overline{s5}=\overline{s8}$,且 2、5、8 三点距 s 点最近,即 Ⅱ、Ⅴ、Ⅷ三点高度相同,且为相贯线上的最高点;$\overline{s1}=\overline{s4}=\overline{s6}$,且 1、4、6 三点距离 s 最远,即 Ⅰ、Ⅳ、Ⅵ三点高度相同,且为相贯线上的最低点;$\overline{s3}=\overline{s7}$,即 Ⅲ、Ⅶ两点高度相同,且 3′、7′在圆锥 V 面投影的外形线上,3″、7″在圆锥 W 面投影的中心线上;1′、5′点在 V 面投影的中心线上,即 1″、5″在圆锥 W 面投影的外形线上。

(2)作图过程

①由于各点的 H 面投影为已知,故可用纬圆法或素线法求得各点的 V 面、W 面投影。

②可见性判别,V 面上圆锥前面的部分 3′2′1′和 1′8′7′均为可见,画实线,后面 4′5′6′曲线在中间空隙部分未被遮挡的一段为可见,画实线,两旁均为不可见,画虚线。

W 面上，$1''2''3''4''$ 与 $1''8''7''6''$ 重合、$4''5''$ 与 $5''6''$ 重合，均画实线。此外，三棱柱孔的三条棱线在圆锥内部均为不可见，用虚线表示。

第六节　两曲面立体相交

两曲面立体相交的相贯线，在一般情况下为空间曲线，特殊情况下可能是直线或平面曲线。

当两个二次回转曲面（圆柱、圆锥和球）的轴线相交或平行时，两回转体的轴线所构成的平面称为公共对称平面，它将两曲面立体分成对称两部分，同时也将相贯线分成对称的两部分。

两曲面立体的相贯线在一般情况下为封闭的空间曲线。求作这类相贯线的方法可归纳为以下两种：

(1)利用立体表面投影的积聚性直接求出相贯线上的一系列点。

(2)采用辅助面法（平面或球面），运用三面共点的原理求出相贯线上的一系列点。

选择辅助面时，必须使它与两曲面立体截交线的投影为直素线或圆，这样既简单易画，又作图准确。

在求作相贯线上一系列点时，需要作出它的特殊点，如可见与不可见的分界点、最高点和最低点、最前点和最后点、最左点和最右点以及切点等。一般来说，在立体的积聚性投影上，相贯线与最外轮廓线、中心线以及公共对称平面积聚性投影的交点都是特殊点。除了特殊点之外，有时还需要根据具体情况增加一般点（中间点），使相贯线能光滑作出。

一、利用曲面的积聚投影求相贯线

两曲面立体相交，如果有一个投影具有积聚性，则相贯线的同面投影必位于曲面立体的积聚投影上。这个投影已知后，其余投影就可借助于另一曲面上的素线和纬圆求出。

【例7-18】　如图7-27所示，求两正交圆柱的相贯线。

解　(1)投影分析

①图中所示的小直径的直立圆柱与大直径的水平圆柱全贯，根据图中所给位置，只有一组相贯线。

②直圆柱的 H 面投影和水平圆柱的 W 面投影均有积聚性，与相贯线的 H 面、W 面投影重合，因此只需求作相贯线的 V 面投影。

③两圆柱轴线正交具有公共对称平面，它与 V 面平行，公共对称平面将两圆柱分为前、后对称两部分，同时也将相贯线分为前、后对称的两部分。

(2)作图过程

①求特殊点。两圆柱的轴线平行 V 面，所以两圆柱的 V 面投影轮廓线的交点 a'、b' 是相贯线的最高点的 V 面投影，同时又是最左、最右点的 V 面投影。同理，W 面投影上的 c''、d'' 是相贯线上的最低点和最前、最后两个点的 W 面投影，其 V 面投影 c'、(d') 重合，如图7-27c)所示。

②求一般点。在相贯线 W 积聚投影上任取点 $e''(f'')$，e、f 必在小圆柱的 H 面积聚投影上，由此求得 e'、f'，同理求得 g'、h'。

③光滑连接各点,即为所求相贯线的投影,如图 7-27d)所示。

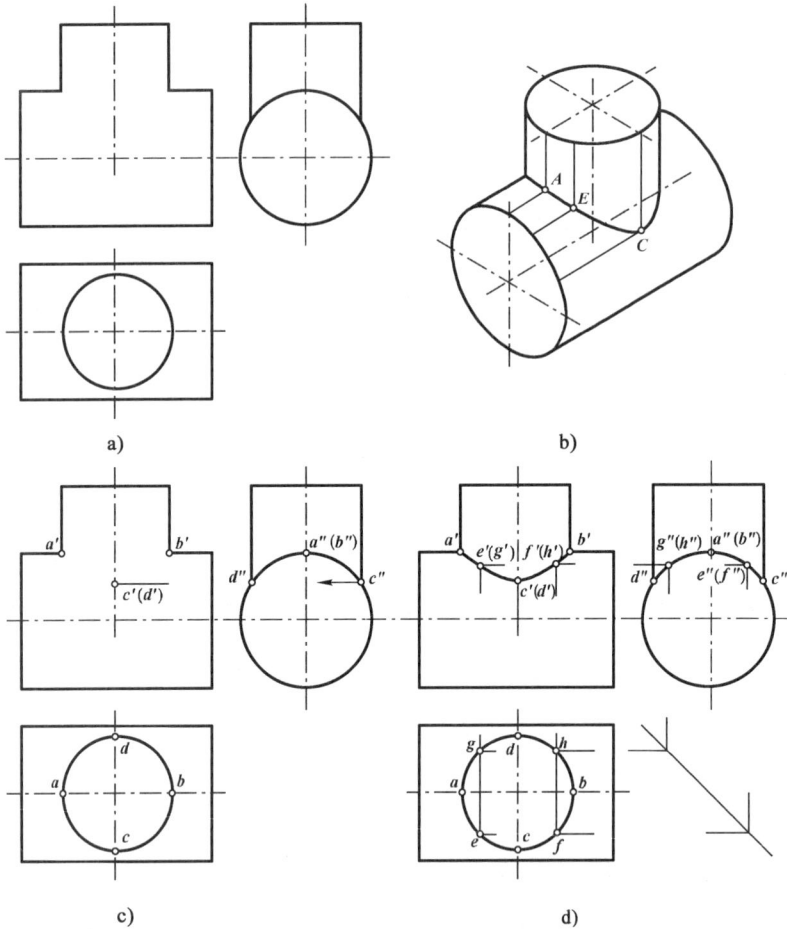

图 7-27 利用积聚性求两圆柱的相贯线

a)已知条件;b)立体图;c)求特殊点;d)求一般点,完成作图

图 7-28 表示水平圆管与直立圆管的立体图和投影图。圆管不仅外表面有一组相贯线,内表面也有一组相贯线。如图 7-29 表示圆杆上开一个圆柱孔,圆杆表面与圆柱孔表面也产生了相贯线。上述两图形虽然不同,但实质都是两圆柱相交,其相贯线的求法与图 7-27 所示一致。

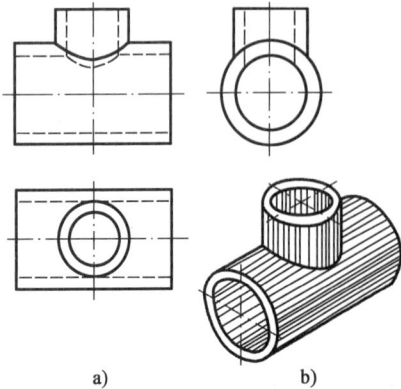

图 7-28 两圆柱管正交

a)投影图;b)立体图

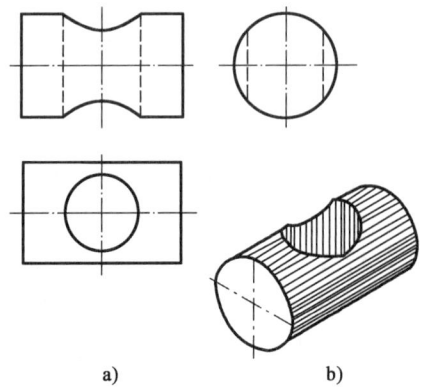

图 7-29 开孔圆柱

a)投影图;b)立体图

二、用辅助平面法求相贯线

两回转体的相贯线,也可应用"三面共点"的原理求解。例如,当用一个辅助平面去同时截割两个回转体时,得两条截交线,这两条截交线的交点,就是辅助平面和两回转体表面的三面共点,亦即为相贯线上的点,这种求作相贯线的方法叫辅助平面法。

选择辅助平面时要注意:为了使作图简便,一定要使选用的辅助平面与两相交的回转体的截交线为直线或圆,并且投影也是直线或圆,否则截交线的投影会出现非圆曲线,作图既复杂又不精确。

【例7-19】 如图7-30所示,求正圆锥与水平圆柱正交的相贯线。

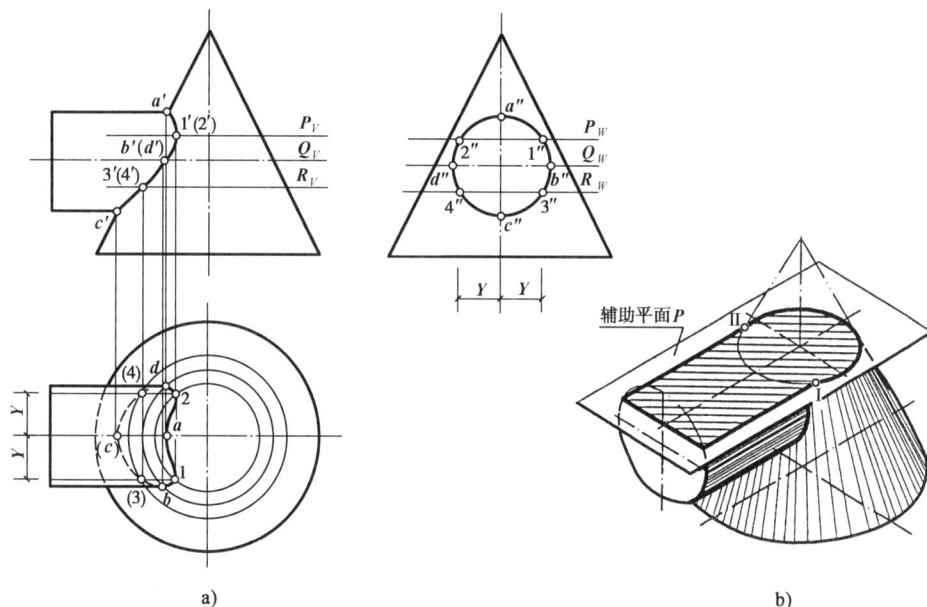

图 7-30 圆柱与圆锥的相贯线
a)投影图;b)辅助平面的选择立体图

解 (1)投影分析

①从 W 面投影看出,水平圆柱全部贯穿了正圆锥,根据题目所给位置,只有一组相贯线。相贯线的 W 面投影积聚在圆柱的 W 面投影上,因此,只要求相贯线的 H 面、V 面投影即可。

②从投影图可知,相贯线前后对称。

③根据圆柱和圆锥的空间位置,选用平行于圆柱轴线且垂直于圆锥轴线的水平面为辅助平面。该辅助平面与圆柱相交为素线,与圆锥相交为纬圆,该素线与纬圆的交点便是相贯线上的点。

(2)投影过程

①求特殊点。由于两曲面体的轴线同处于一个正平面上,故 V 面投影两轮廓的交点 a'、c' 即为相贯线上最高、最低点的 V 面投影,c' 同时也是最左点的投影,据此求得 H 面投影 a、c。过圆柱轴线作水平辅助面 Q,Q 面截圆柱为最前、最后两条素线,截圆锥为水平圆,它们的 H 面投影的交点 b、d 即为相贯线上最前、最后点的 H 面投影,由此求得 b'(d')。

②求一般点。选用水平面 P 作为辅助平面,P 面截圆柱为两条素线,截圆锥为水平圆,它

们的 H 面投影交点 1、2 即为相贯线上两一般点的 H 面投影。然后根据 1、2,求得 $1'(2')$。

同理,利用与 P 面对称的辅助平面 R,求得相贯线上的点 Ⅲ、Ⅳ 的投影。

③连点。依次光滑连接各点的同面投影。

④判别可见性。相贯线投影上的 b、d 是 H 面投影可见性的分界点,圆柱的上半部分与圆锥面的交线 b-1-a-2-d 为可见,用实线表示。圆柱下半部分与圆锥面的交线 b-3-c-4-d 为不可见,用虚线表示。V 面投影上,前后两段重影,只需连接可见的一段 a'-1'-b'-3'-c'。

*三、用辅助球面法求相贯线

在某种条件下,两回转体的相贯线可用球面作为辅助面求作。如图 7-31 所示,球面与回转体相交,当回转体轴线通过球心时,它们的交线为垂直于轴线的圆,又当回转轴平行于某投影面时,在该投影面上,该圆的投影为垂直于轴线的一直线段。由此可知,当两回转体轴线相交并同时平行于某投影面时,以两回转体的轴线交点为球心作辅助球面,辅助球面与两回转面的交线在回转轴平行的投影面上的投影为两条直线段,它们的交点即是相贯线上的点。

因此,采用辅助球面法的条件是:

(1)两曲面立体均为回转体,从而使它们与辅助球面的交线都是圆。

(2)两回转体的轴线相交,交点可作为辅助球面的中心。

(3)两曲面体的轴线应同时平行于某个投影面,从而使交线(圆)在该投影面上的投影成为直线段。如果两轴线不平行于任一投影面,则可用换面法使它们满足平行于某一投影面的条件。

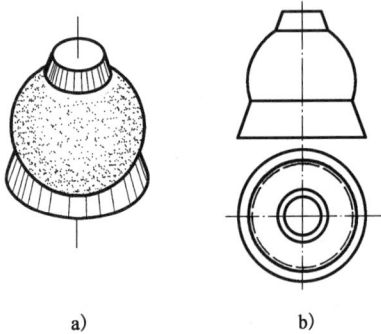

图 7-31　球与同轴回转体的表面交线
a)立体图;b)投影图

【例 7-20】　如图 7-32a)所示,求圆柱与圆锥斜交的相贯线。

解　(1)投影分析

①如图 7-32a)所示,斜圆柱与正圆锥左上部全贯,其相贯线为一组封闭的空间曲线。

②两曲面立体的投影均无积聚性,其 H 面、V 面投影均需求作。

③两回转体轴线相交,且其公共对称平面与 V 面平行(若不与 V 面平行,可采用换面法),圆柱上、下素线与圆锥最左素线的交点 Ⅰ 和 Ⅱ 是相贯线上的最高点和最低点。

④由于无法选择恰当的辅助平面,使它与两曲面立体相交所得截交线的投影同时为圆或直素线。故不宜采用辅助平面法。而两曲面均为回转体,且轴线相交,故可采用辅助球面法求解。

⑤所选用的辅助球面半径 R 应满足 $R_{小} \leqslant R \leqslant R_{大}$,否则无交点。

(2)作图过程

①求特殊点。如图 7-32b)所示,两回转体 V 面投影外形线的交点 $1'$ 和 $2'$ 可直接求得。

②求一般点。作辅助球面的投影,以两轴线交点 O 为圆心,以适当的半径作圆。此球与圆锥相交于水平圆甲,与圆柱相交于圆乙,它们的 V 面投影积聚为两条直线,此两线的交点为 $3'(4')$,便是相贯线上 Ⅲ、Ⅳ 点的 V 面投影。其 H 面投影 3、4,可用水平圆甲的 H 面投影求得。同理,可求出其他点的两面投影,如图 7-32c)所示。

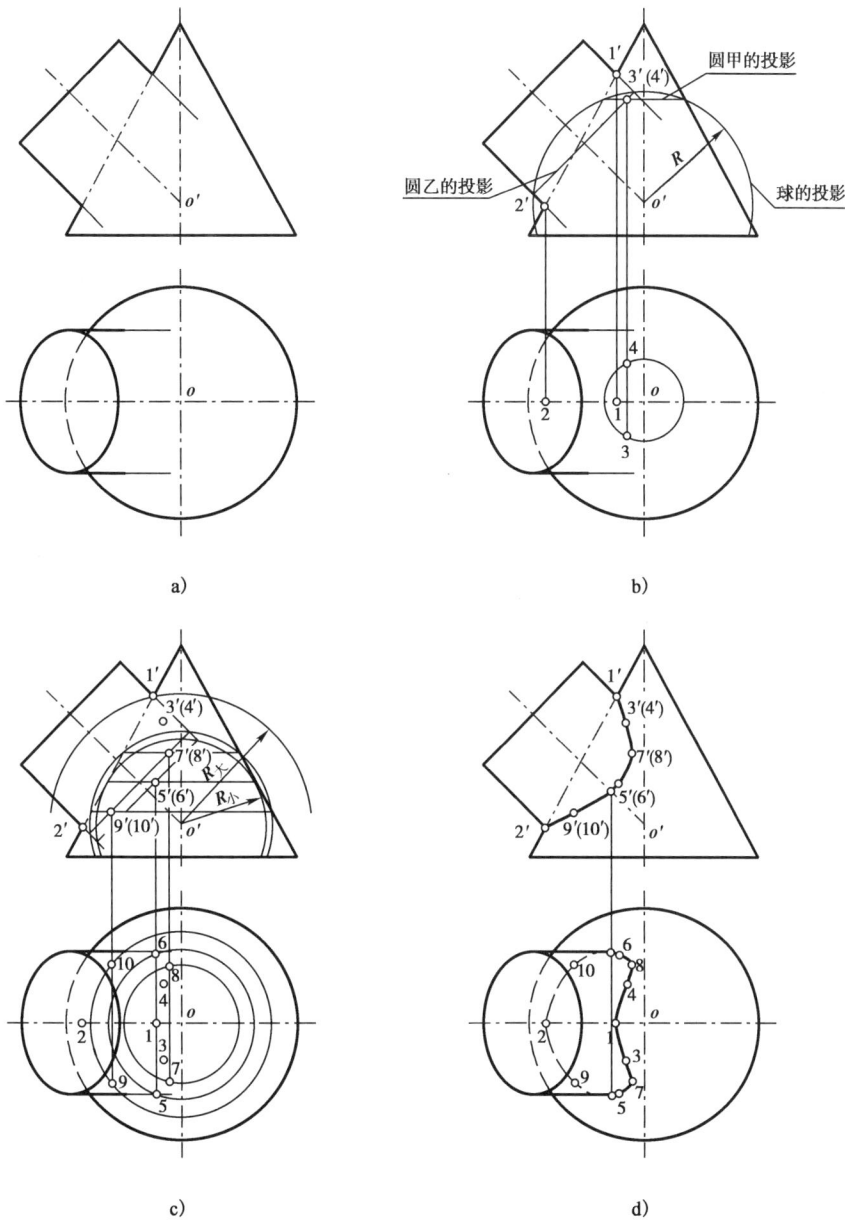

图 7-32 球面法求圆柱与圆锥的相贯线

a) 已知条件; b)、c) 作图过程; d) 作图结果

辅助球面的半径 R 应在最大半径 $R_大$ 与最小半径 $R_小$ 之间。从 V 面投影可知 $R_大 = o'1'$，因为半径大于 $o'1'$ 的球面与圆锥、圆柱的截交圆不能相交。最小半径 $R_小$ 就为与圆锥相切的球和与圆柱相切的球二者中半径较大者，此题应为与圆锥相切的半径。

③连点。如图 7-32d) 所示，用光滑曲线连接 $1'$、$3'$、$7'$、$5'$、$9'$、$2'$ 各点，从而求得前半段相贯线的 V 面投影，由于相贯线为前后对称，后半段相贯线的 V 面投影 $1'4'8'6'10'2'$ 与 $1'3'7'5'9'2'$ 重影，它们与圆柱 V 面投影中心线上的交点 $5'$、$6'$ 为相贯线上的最前和最后点的 V 面投影，其 H 面投影 5、6 同时又是相贯线 H 面投影可见与不可见的分界点。

④判别可见性。相贯线的 V 面投影不可见的 $1'4'8'6'10'2'$ 与可见的 $1'3'7'5'9'2'$ 重合。相贯线的 H 面投影 5731486 位于圆锥与圆柱的可见表面,故用实线表示。而 592106 位于圆柱的下半部表面为不可见,用虚线表示。

四、两曲面体相交的特殊情况

（1）具有同一轴线的两回转体相交时,相贯线为垂直于该轴线的圆。如图 7-33 所示的水塔,它由同轴的圆柱、圆锥（台）和球相交形成。由于轴线平行于 V 面,所以每个相贯线圆的 V 面投影,都是一段连接相邻形体 V 面投影外形线交点的直线段;H 面投影则为反映实形的圆。

（2）两个二次曲面相交,只要它们都同时外切于一个球,它们的相贯线为两相交的平面曲线。例如当两直径相等的圆柱轴线正交时,如图 7-34a）所示,相贯线为两大小相等的椭圆;当两等径圆柱斜交时,如图 7-34b）所示,相贯线为两长轴不等但短轴相等的两个椭圆。当圆柱与圆锥同时外切于一球（图 7-35）,相贯线为大小相等的两个椭圆,椭圆的 V 面投影积聚为两条相交的直线段,H 面投影为两相交的椭圆。

这种具有公共内切球的圆柱、圆锥的相贯,还常应用于管道的连接。如图 7-36 所示等径 90°弯管,每两段圆柱轴线的交点即为公共内切球心,球径等于圆柱直径。对于这类形体通常只画出它在轴线所平行的那个投影面上的投影即可。

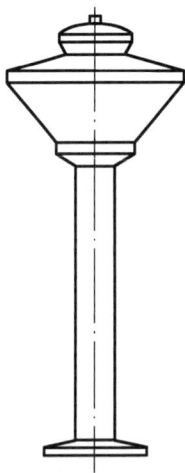

图 7-33　水塔的 V 面投影

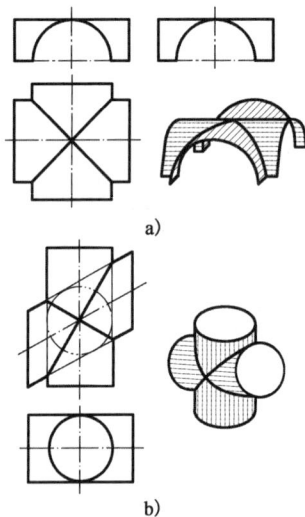

a)

b)

图 7-34　直径相等的两圆柱相交
a)轴线正交;b)轴线斜交

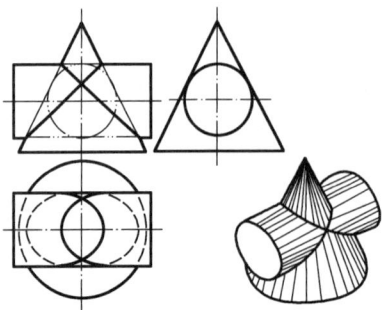

图 7-35　具有内切球的圆柱与圆锥相交

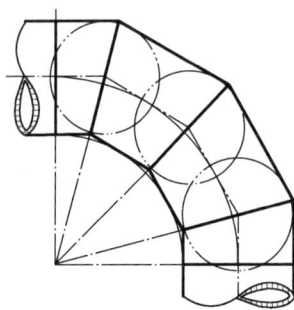

图 7-36　等径 90°弯管

（3）两柱面轴线平行或两锥面共顶时，相贯线为两条直线，如图 7-37 所示。

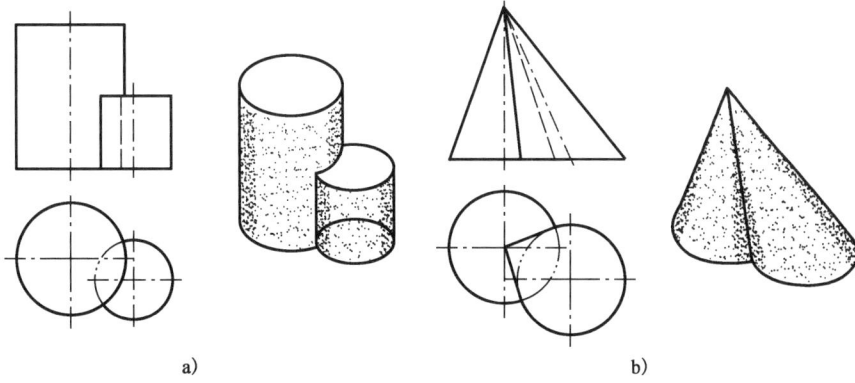

图 7-37 相贯线为直线

a）轴线平行的两圆柱面相交；b）共锥顶的两锥面相交

第八章

轴测投影

第一节　轴测投影的基本知识

正投影图能够完整、准确地表达形体的形状和大小,且作图简便,所以在工程中被广泛采用。但是,这种图没有立体感,较难看懂。如图 8-1a) 所示轻型桥台的三面投影,由于每个投影只反映出形体的长、宽、高三个向度中的两个,不易看懂形体的形状。如若画出桥台的轴测投影[图 8-1b)],显然,直观性好而容易看懂。这是因为轴测投影选择的投射方向不平行于桥台的任一坐标轴和任一坐标面,所以能在一个投影中同时反映出形体的长、宽、高三个向度及各个侧面的投影。

轴测投影具有立体感强的优点,但它不能反映出形体各个侧面的实形,量度性较差,另外,对于复杂的构造物,其绘制方法也比较麻烦。所以在工程上常将它作为辅助图样,起帮助读懂图样的作用。

一、轴测投影的形成

如图 8-2 所示,形体在 H、V 面上的投影是正投影图。如再取 P 面作为另一投影面,选择一个不平行于任一坐标面的投射方向 S,用平行投影法将形体连同确定该形体的直角坐标系按 S 方向投射到投影面 P 上,所得到的投影称为轴测投影,又称轴测图。

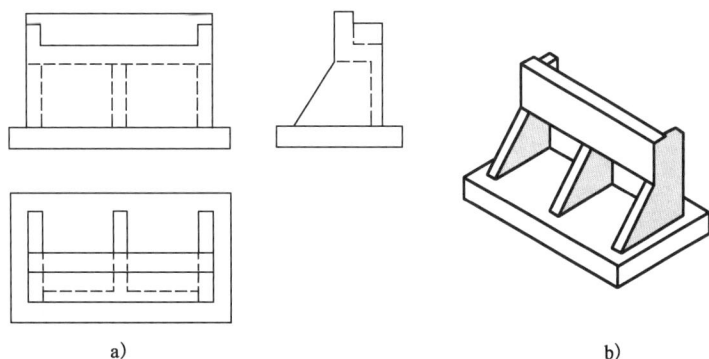

图 8-1 正投影图和轴测投影图

a)正投影图;b)轴测投影图

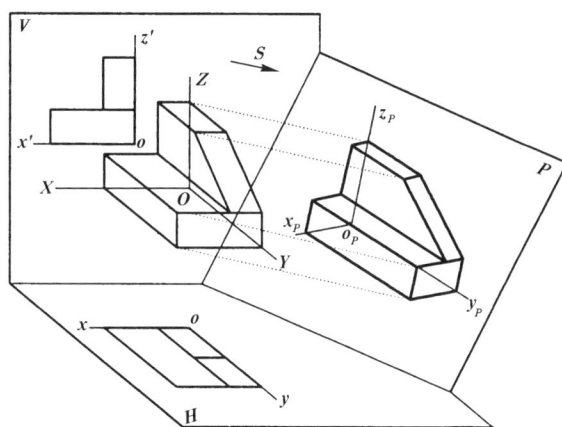

图 8-2 轴测投影的形成

在轴测投影中,投影面 P 称为轴测投影面,坐标轴在轴测投影面上的投影称为轴测投影轴,简称轴测轴。

二、轴间角和轴向伸缩系数

空间互相垂直的坐标轴 OX、OY 和 OZ 在轴测投影面上的轴测轴,分别以 $o_p x_p$、$o_p y_p$ 和 $o_p z_p$ 表示。三个轴测轴之间的夹角 $\angle x_p o_p y_p$、$\angle y_p o_p z_p$ 和 $\angle x_p o_p z_p$ 称为轴间角,在轴测投影中它们用来确定三根轴测轴之间的相互位置。

设从形体上分离出一点 A,如图 8-3 所示,Oa_X、Oa_Y 和 Oa_Z 为点 A 的坐标线段,点 A 的坐标线段投影成为 $o_p a_{XP}$、$o_p a_{YP}$ 和 $o_p a_{ZP}$,称为轴测坐标线段,点 A 的轴测坐标线段与其对应的坐标线段的比值,称之为轴向伸缩系数,分别用 p、q、r 表示。

X 向:
$$p = \frac{o_p a_{XP}}{Oa_X}$$

$$o_p a_{XP} = p \cdot Oa_X$$

Y 向:
$$q = \frac{o_p a_{YP}}{Oa_Y}$$

$$o_P a_{YP} = q \cdot Oa_Y$$

Z 向：

$$r = \frac{o_P a_{ZP}}{Oa_Z}$$

$$o_P a_{ZP} = r \cdot Oa_Z$$

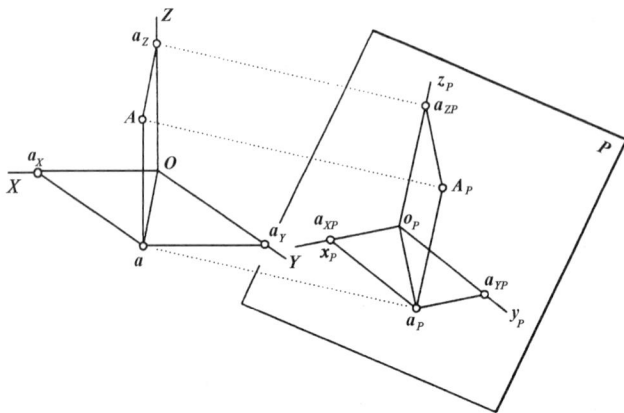

图 8-3　点的轴测投影

轴间角和轴向伸缩系数是作轴测投影的两个基本参数。如果改变形体与轴测投影面的相对位置和投射方向,就可以得到不同的轴间角和轴向伸缩系数,也可作出不同的轴测投影图。

三、轴测投影的特性

从图 8-2 中看出,形体上不平行于投影面的平面,在轴测投影中大小发生了变化,不平行于轴测投影面的直线,在轴测投影中长度也发生了变化,而且直线对投影面的倾角不一样,其长度变化也不一样,以上的投影变化正好符合平行投影特性的相仿性,由于轴测投影是用平行投影法作出的一种平行投影图,因此,它具有平行投影的一切特性,但下面这两条投影特性将有助于快速、准确地绘制轴测投影,特列出如下:

(1)空间各平行直线的轴测投影仍彼此平行。

(2)空间平行于坐标轴的线段,其轴测投影的伸缩系数与相应的坐标轴的轴测投影伸缩系数相等。

即平行于坐标轴的线段,其轴测投影长等于原来长度乘以其相应的轴向伸缩系数,这就是把这种投影叫作轴测投影的原因。

对于不平行于坐标轴的线段,则只能根据线段两端点的坐标来确定。

四、轴测投影的分类

根据投射方向和轴测投影面的位置不同,轴测投影可分为两类。

(1)正轴测投影:投射方向垂直于轴测投影面。

(2)斜轴测投影:投射方向倾斜于轴测投影面。

这两类轴测投影按其轴向伸缩系数的不同,又可分为三种。

(1)正(或斜)等轴测投影:三个轴向伸缩系数都相等,简称正(或斜)等测。

（2）正（或斜）二轴测投影：三个轴向伸缩系数有两个相等，简称正（或斜）二测。

（3）正（或斜）三轴测投影：三个轴向伸缩系数各不相等，简称正（或斜）三测。

为了获得立体感较强且作图又简便的轴测图，工程上多采用正等测、正二测、斜二测和水平斜轴测等形式。

五、轴测投影的画法

由形体的正投影图画轴测投影时，一般的作图步骤为：

（1）读懂正投影图，并确定形体上直角坐标系的位置。

（2）选择合适的轴测种类，并画出轴测轴。

（3）选择作图方法：画轴测投影的基本作图方法是坐标法（根据形体上每一顶点的直角坐标，沿轴线方向定出它们在轴测投影中的位置，再利用轴测投影特性作图），在这种作图方法的基础上，根据形体特征可再应用装箱法、切割法、叠砌法、端面法和方格网法等方法来帮助快速作图。

（4）轻画底稿线。

（5）检查底稿无误后，清理图面，加粗可见轮廓线。

轴测投影的可见轮廓线宜用中实线绘制，断面轮廓线宜用粗实线绘制，不可见轮廓线一般不绘出，必要时，可用细虚线绘出所需部分。本教材为区别作图过程和作图结果，所有作图过程中的图线都用中实线，作图结果的图线都用粗实线。

轴测轴在作图过程中只起着定位和测量等作用，加粗图线时，不要加粗轴测轴。轴测轴的命名在后面的举例作图过程中，不再用 x_P、y_P 和 z_P，而用 X、Y 和 Z，与国家制图标准规定的名称一致。

第二节　正轴测投影

一、轴向伸缩系数

在图 8-4 中，P 为轴测投影面，S 为投射方向，$OXYZ$ 为空间直角坐标系，$o_P x_P y_P z_P$ 为空间直角坐标系的轴测投影。

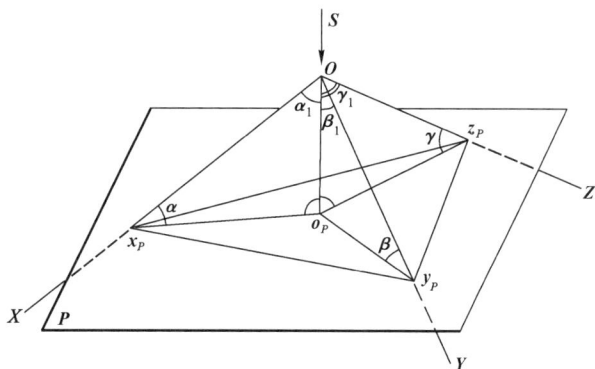

图 8-4　空间坐标系的正轴测投影

由图可见：

$$p = \frac{o_P x_P}{O x_P} = \cos\alpha = \sin\alpha_1$$

$$q = \frac{o_P y_P}{O y_P} = \cos\beta = \sin\beta_1$$

$$r = \frac{o_P z_P}{O z_P} = \cos\gamma = \sin\gamma_1$$

由空间解析几何可知：

$$\cos^2\alpha_1 + \cos^2\beta_1 + \cos^2\gamma_1 = 1 \tag{8-1}$$

即：

$$(1 - \sin^2\alpha_1) + (1 - \sin^2\beta_1) + (1 - \sin^2\gamma_1) = 1 \tag{8-2}$$

将 p、q、r 代入上式整理得：

$$p^2 + q^2 + r^2 = 2 \tag{8-3}$$

此式表明,在正轴测投影中,三个轴向伸缩系数的平方和等于2,因此：

(1)在正等测中,采用 $p = q = r$ 代入式(8-3)得：

$$p = q = r \approx 0.82$$

(2)在正二测中,采用 $p = r = 2q$ 代入式(8-1)得：

$$p = r \approx 0.94, q \approx 0.47$$

按照轴向伸缩系数作图时,需要把每个轴向尺寸乘上轴向伸缩系数。为使作图简便,在实际画图时,通常采用简化系数作图。常用的简化系数如下：

(1)在正等测中,取 $p = q = r = 1$。用简化系数画出的正等测图的每一轴向尺寸都放大了 $1/0.82 \approx 1.22$ 倍。

(2)在正二测中,取 $p = r = 1, q = 0.5$。用简化系数画出的正二测图的每一轴向尺寸都放大了 $1/0.94 \approx 1.06$ 倍。

二、轴间角

在正轴测投影中,只要空间坐系与轴测投影面的相对位置一经确定,则轴向伸缩系数和轴间角也就随着被确定。根据已求出的轴向伸缩系数,就可得到相对应的轴间角。即：

(1)正等测

$$\angle x_P o_P y_P = \angle y_P o_P z_P = \angle x_P o_P z_P = 120°$$

(2)正二测

$$\angle x_P o_P z_P = 97°10', \angle x_P o_P y_P = \angle y_P o_P z_P = 131°25'$$

正等测轴测轴画法,如图 8-5a)所示。

正二测轴测轴画法,如图 8-5b)所示。因 $\tan 97°10' \approx 1/8$, $\tan 41°25' \approx 7/8$,故可采用图 8-5c)所示画法。

【例8-1】 图8-6a)为点 A 的正投影图,试画出其正等测投影(采用简化伸缩系数)。

解 根据点 A 在正投影中的 x、y 和 z 坐标,分步把它量到对应的轴测坐标中,即可求得点 A 的轴测投影。

用坐标法作图：

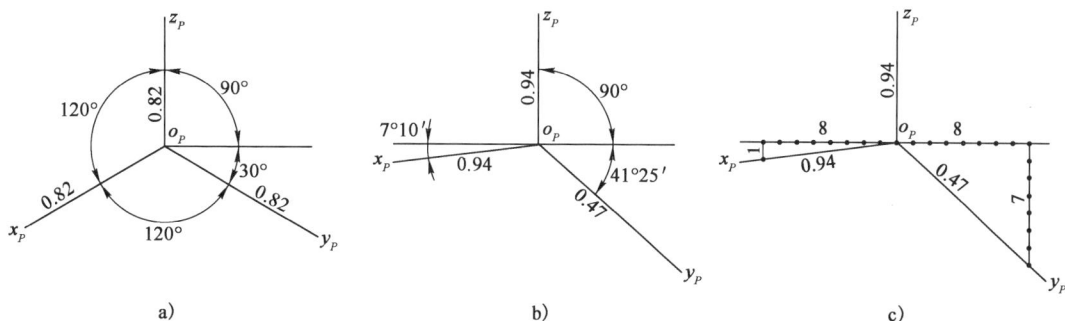

图 8-5　正轴测图的轴测轴画法

a)正等测轴测轴;b)、c)正二测轴

（1）画正等测轴测轴。

（2）把在正投影中点 A 的 x 坐标量到对应的 X 轴测轴上定 a_X，如图 8-6b）所示。

（3）过 a_X 作 Y 轴测轴的平行线，取其长度等于点 A 的 y 坐标定 a，如图 8-6c）所示。

（4）过 a 作 Z 轴测轴的平行线，取其长度等于点 A 的 z 坐标定 A，如图 8-6d）所示，由 a 和 A 可确定点 A 的空间位置。

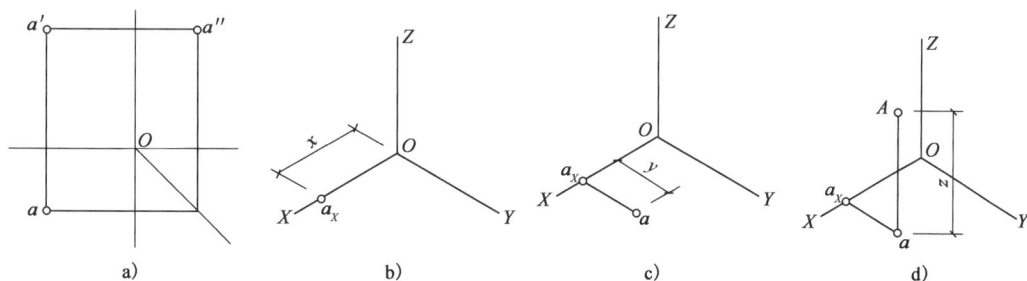

图 8-6　点的正等测图画法

a)正投影图;b)、c)、d)作图过程

空间点 A 在 V、H 和 W 面上的正投影分别为 a、a' 和 a''，其正投影的轴测投影称为点 A 的次投影，对应的轴测投影分别为水平面次投影、正面次投影和侧面次投影。

仅有点的轴测投影不能确定点的空间位置，还必须画出它的任意一个次投影。

第三节　斜轴测投影

当投射方向与轴测投影面倾斜时，所得到的平行投影称为斜轴测投影。常用的斜轴测投影有正面斜轴测投影和水平斜轴测投影两种。

一、正面斜轴测投影

将形体的 XOZ 坐标面平行于轴测投影面 P（P 与 V 面平行或重合），用斜投影法进行投射所得到的轴测投影称为正面斜轴测投影，简称正面斜轴测。

如图 8-7a）所示，由于 XOZ 坐标面平行于 P 面，这样，不论投射方向如何变化，$o_p x_p$ 和 $o_p z_p$

之间的轴间角恒等于 $90°$，$o_p x_p$ 和 $o_p z_p$ 的轴向伸缩系数恒等于 $1(p=r=1)$。

至于轴测轴 $o_p y_p$ 的位置和轴向伸缩系数则由投射方向而定。Y 轴经投射后，可以形成任意的轴向伸缩系数和任意的轴间角，一般取 $o_p y_p$ 与水平线成 $30°$、$45°$ 或 $60°$ 的角，y_p 轴向伸缩系数取 1 或 0.5。若取 1，则称为正面斜等测；若取 0.5，则称为正面斜二测。正面斜轴测的轴向伸缩系数和轴间角如图 8-7b)所示。

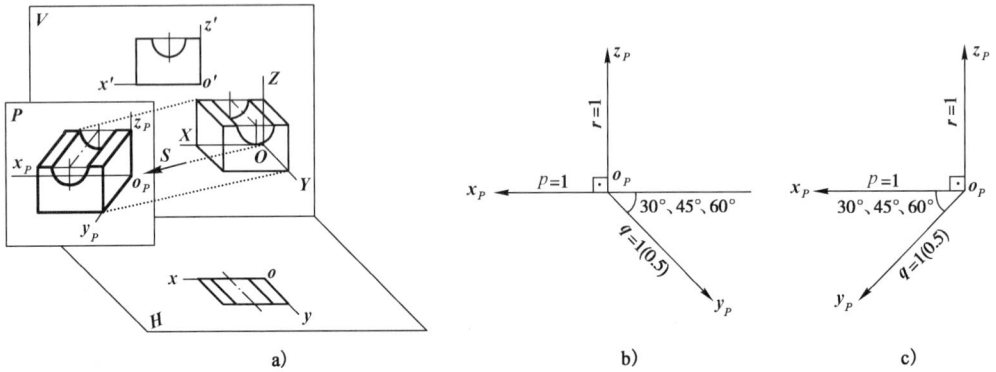

图 8-7　正面斜轴测投影
a)正面斜轴测投影的形成；b)、c)常用的轴测轴及轴向伸缩系数

正面斜轴测投影的优点在于：形体上平行坐标面 XOZ 的平面在投影后形状不变。这对正平面上有圆的形体，画其轴测投影很方便。

【例 8-2】　画出图 8-8a)所示的隧道洞口的正面斜二测。

解　选取隧道洞口前面作 XOZ 坐标面，按先前面后背面的顺序作图。

(1)画与立面完全相同的正面形状[图 8-8b)]。

(2)过各顶点画 $45°$ 斜线(平行于 Y 轴)[图 8-8b)]。

(3)按 $q=0.5$ 的伸缩系数，取宽度乘以 0.5 在斜线上定出 Y 轴方向上的各点[图 8-8b)]。

(4)画看得见的与正面形状相同的背面形状[图 8-8c)]。

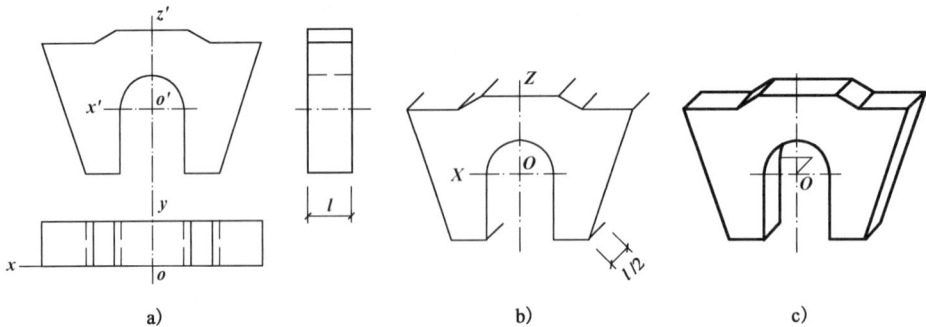

图 8-8　隧道洞口的斜二测投影
a)正投影图；b)、c)作图过程

二、水平斜轴测投影

将形体的 XOY 坐标面平行于轴测投影面 $P(P$ 面与 H 面平行或重合)，用斜投影法进行投射所得到的轴测投影，称为水平斜轴测投影，简称水平斜轴测。

如图 8-9a）所示，由于 XOY 坐标面平行于 P 面，这样，不论投射方向如何变化，$o_p x_p$ 和 $o_p y_p$ 之间的轴间角恒等于 90°，$o_p x_p$ 和 $o_p y_p$ 的轴向伸缩系数恒等于 1（$p = q = 1$）。

至于轴测轴 $o_p z_p$ 的位置和轴向伸缩系数则由投射方向而定。Z 轴经投射后，可以形成任意的轴向伸缩系数和任意的轴间角，通常取 $o_p z_p$ 成铅直方向，则 $o_p x_p$、$o_p y_p$ 与水平线夹角分别为 30°、45° 或 60° 的角。z_p 轴向伸缩系数取 1 或 0.5。若取 1，则称为水平斜等测；若取 0.5，则称为水平斜二测。水平斜轴测的轴向伸缩系数和轴间角，如图 8-9b）所示。

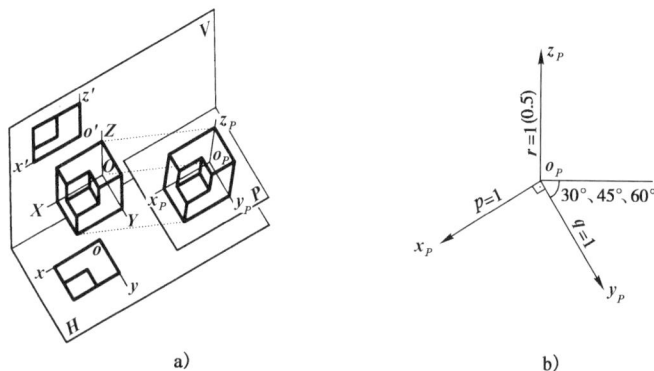

图 8-9 水平面斜轴测投影
a）水平斜轴测投影的形成；b）常用的轴测轴及轴向伸缩系数

水平斜轴测投影的优点在于：形体上平行于坐标面 XOY 的平面在投影后形状不变，可用于画水平面上有复杂图案的形体，如绘制一个区域的总平面图或建筑物的水平剖面等。

第四节 圆和曲线的轴测投影

在平行投影中，当圆所在的平面平行于投影面时，其投影是一个圆；当圆所在的平面平行于投射方向时，其投影为一直线；而当圆所在的平面倾斜于投影面时，则投影为一椭圆。

一、圆的正等测投影

图 8-10 为三个坐标面内直径相等的圆的正等测投影。由于三个坐标面均倾斜于轴测投影面，圆的正等测投影形状都是椭圆，且三个轴测椭圆大小全等。轴测椭圆轴的方向和采用简化系数的长轴、短轴长度如图 8-10 所示。

工程上常用近似画法来作轴测椭圆，对于正等测投影，通常采用四圆弧近似法画椭圆。

现以平行 XOZ 坐标面上圆的轴测椭圆画法为例。对于正等测投影，如图 8-10 所示，首先画出圆的外切正方形的轴测投影——菱形，过菱形各边中点 a、c、b、d 作垂线，于是，得到垂线的交点 1、2、3、4（其中 1、2 恰为菱形的一对顶点）。分别以 1、2 为圆心，$2a$ 和 $1b$ 为半径作圆弧 ad 和 bc；再以 3 和 4 为圆心，$3c$ 和 $4d$ 为半径作圆弧 ca 和 db，就作出了近似椭圆 $adbc$。所得到的近似椭圆，又称为四心椭圆。图 8-10 还表示了轴侧椭圆轴的方向及采用简化轴向伸缩系数时的轴侧椭圆长轴、短轴的长度。

图 8-11 表示了一竖直放置的圆柱的正等测画法，选取圆柱底面作 XOY 坐标面，根据圆柱

的高度定上、下底圆的中心并画出轴测轴,作上、下底圆的正等测投影——椭圆,画圆柱轴测投影的外形素线(两椭圆的外公切线),即得圆柱的正等测投影。

图 8-12 所示的长方体有两个 1/4 圆柱面的圆角,圆角的上、下表面都是 1/4 的圆弧,这两段圆弧的轴测投影可视为同一椭圆的不同弧段,用四圆弧近似法画其弧段,先画长方体上表面两圆角的圆弧[图 8-12b)],再用移心法(将圆心 O_1、O_2 下移高度 h)画长方体下表面两圆角的圆弧即可[图 8-12c)]。

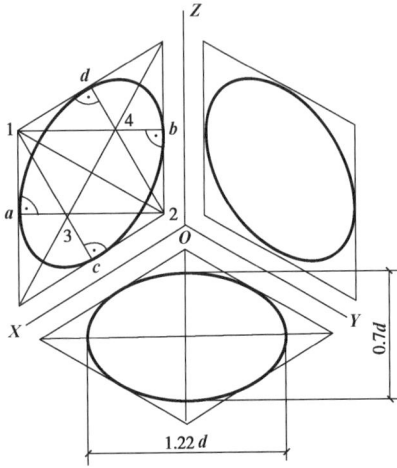

图 8-10　圆的正等测投影

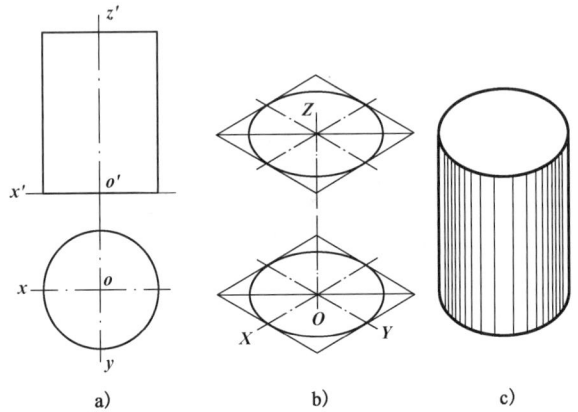

图 8-11　圆柱的正等测画法
a)正投影图;b)、c)作图过程

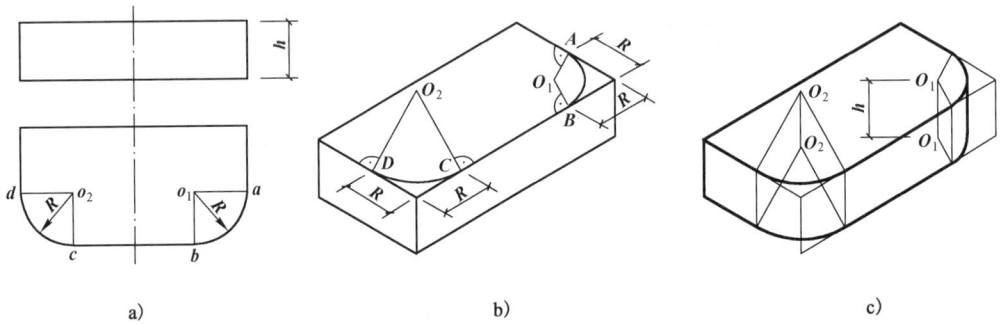

图 8-12　圆角的正等测画法
a)正投影图;b)、c)作图过程

*二、圆的正二测投影

在正二测投影中,同样以三个坐标面内直径相等的圆的轴测投影为例。由于各个坐标面不平行于轴测投影面,它们的轴测投影仍然是椭圆,而水平面和侧平面的两个轴测椭圆大小全等,如图 8-13a)所示。图 8-13a)还表示了各轴测椭圆轴的方向及采用简化轴向伸缩系数时的各轴测椭圆长轴、短轴的长度。各轴测椭圆的近似画法如下。

1. 正平圆的轴测投影

平行于 XOZ 坐标面圆的轴测椭圆与正等测圆的轴测椭圆画法相同,如图 8-13a)所示。

2. 水平圆、侧平圆的轴测投影

平行于 XOY 坐标面和 YOZ 坐标面的圆的轴测椭圆画法相同。以 XOY 坐标面上的轴测椭圆画法为例,如图 8-13b)所示,作圆外接正方形的轴测投影——平行四边形。a、d、b 和 c 为平行四边形各边的中点,过 o 点作一直线与 Z 垂直即是椭圆长轴的方向,短轴与 Z 平行。过 o 点作一直线与 Z 平行,并在其上取 $\overline{oo_1} = \overline{oo_2} = D$($D$ 为圆的直径)定圆心 o_1 和 o_2,连接 o_1b、o_2a 与长轴相交于 o_3、o_4,以 o_1、o_2、o_3 和 o_4 为圆心作近似椭圆 $adbc$[图 8-13b)]。

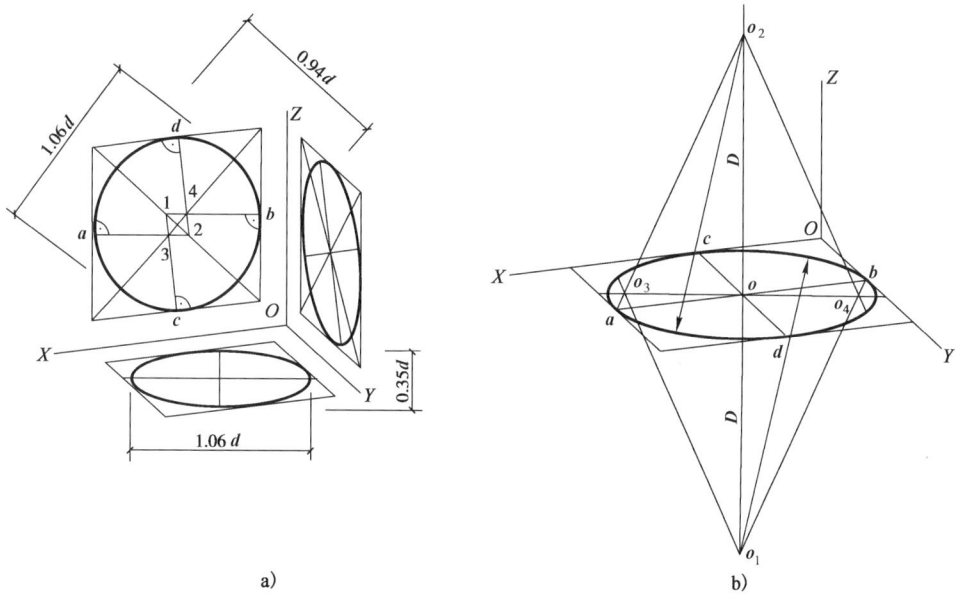

图 8-13 圆的正二测投影画法
a)正平圆;b)水平圆

正二测圆的轴测椭圆也采用四圆弧近似法作图(又称四心椭圆),与正等测的轴测椭圆画法比较,由于 Y 轴的轴向伸缩系数不同,所以在坐标面 XOY、YOZ 内或平行于这两个坐标面的圆的轴测椭圆的画法不一样。

*三、圆的斜二测投影

正面斜二测的轴测投影面是和正立面(XOZ 坐标面)平行的,故正平圆的轴测投影仍然是圆。水平圆和侧平圆的轴测投影则是椭圆。作椭圆时,可借助于圆的外接正方形的轴测投影,定出属于椭圆上的八个点,然后连成椭圆,这种方法称为八点法。

如图 8-14a)所示,$abcd$ 是水平圆的外接正方形,平行四边形 $a_1b_1c_1d_1$ 是正方形的轴测投影。正方形各边的中点是与圆的切点,则平行四边形 $a_1b_1c_1d_1$ 各边的中点 1_1、2_1、3_1 和 4_1 应当是椭圆上的切点。正方形对角线与圆相交的四个点 5_1、6_1、7_1 和 8_1 的轴测投影应在平行四边形的对角线上。又 5 点和 6 点是直线 ef 与正方形对角线的交点。e 点将线段 $1b$ 分成两段,$\overline{1e} = \overline{1b}\sin45°$,根据平行投影的性质则 $\overline{1_1e_1} = \overline{1_1b_1}\sin45°$。这样就可用作图的方法求得 $e_1 1$ 点。如图 8-14b)所示,过 1_1 和 b_1 各作一直线与 a_1b_1 成 45°,此二线相交于 e_{01},以 1_1 为圆心,$\overline{1_1e_{01}}$ 为半径画弧,与 a_1b_1 交于 e_1、g_1。过 e_1、g_1 分别作 a_1d_1 或 b_1c_1 的平行线,与平行四边形对角线相交,得 5_1、6_1、7_1

和 8_1 各点,把前后所得的八个点用平滑的曲线连接起来,就得到所求的椭圆。这种方法不仅适用于斜二测投影、斜等测投影,而且也适用于正等测、正二测。应当指出,求四边形对角线上的四个点,并不一定只限于在 a_1b_1 边上作图,而是可以在任何边上进行作图。

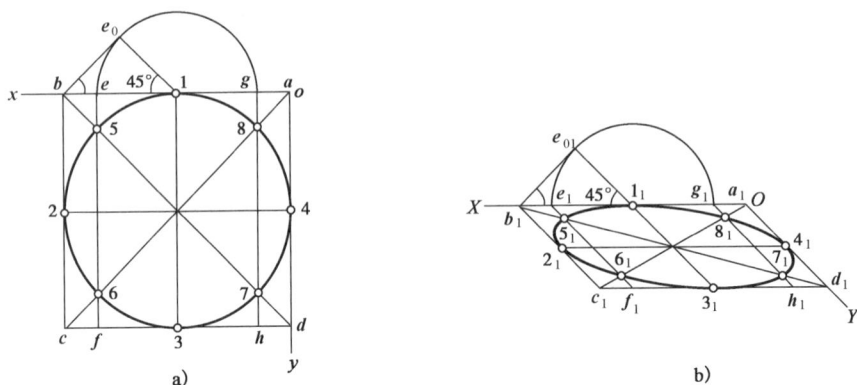

图 8-14　用八点法画圆的斜二测投影

a)正投影图;b)斜二测投影

四、非圆曲线的轴测投影

曲线的轴测投影,一般情况下仍是曲线,可用坐标法作出曲线上一系列点后,用平滑的曲线连接起来即可。但也可用网格法作图,即在反映曲线实形的正投影图中,作出方格网,画出方格网的轴测图,在轴测格网中,按照正投影格网中曲线的位置,画出曲线的轴测图。

【例 8-3】　图 8-15a)为墙面空花装饰的正面形状,厚度为 0.5m,试画出其正二测图。

解　在正二测图中,先用网格法依格画空花的正面形状[图 8-15b)],再取 Y 向厚度为 0.5m,画出看得见的与正面形状相同的背面形状[图 8-15c)],则作出空花的正二测投影图。

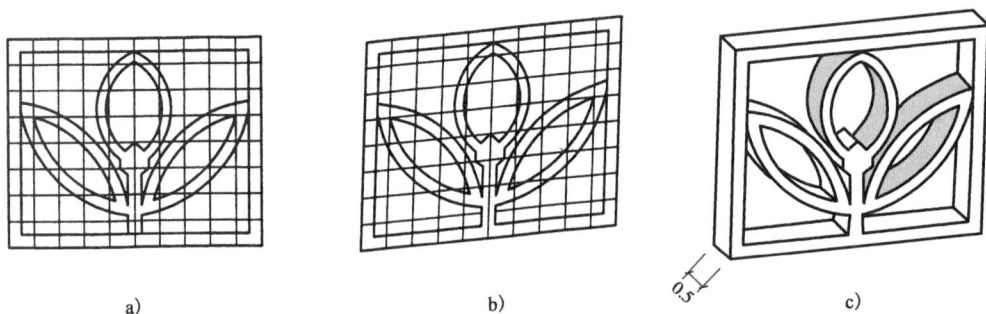

图 8-15　花格的正二测投影

a)正投影图;b)、c)作图过程

【例 8-4】　图 8-16a)为一被截切后的圆柱的正投影图,试画其正等测图。

解　圆柱被截切后的交线是空间曲线,其余轮廓线是圆柱底圆和表面素线的轴测投影。其关键是作空间曲线的轴测投影。作图过程如下:

(1)选取圆柱底面作 XOY 坐标面,将底圆分成 12 等份,求出交线上对应点的 V 面投影[图 8-16a)]。

(2)画出轴测轴,作出底圆和交线上各点的水平面次投影[图 8-16b)]。

(3)在 Y 轴上取一点 o',作 $o'x' \parallel OX$、$o'z' \parallel OZ$,在 $x'o'z'$ 坐标面上作出圆柱和交线上各点

的正面次投影[图8-16b)]。

（4）过各水平面次投影点作 *OZ* 的平行线与正面次投影对应点的 *OY* 平行线相交,得到交线上各点 *A*、*B*、*C*…的轴测投影。光滑连接各点,即成圆柱交线的轴测投影[图8-16b)]。

（5）清理图面,加深所需线条,便得到被截切圆柱的正等测轴测图[图8-16c)]。

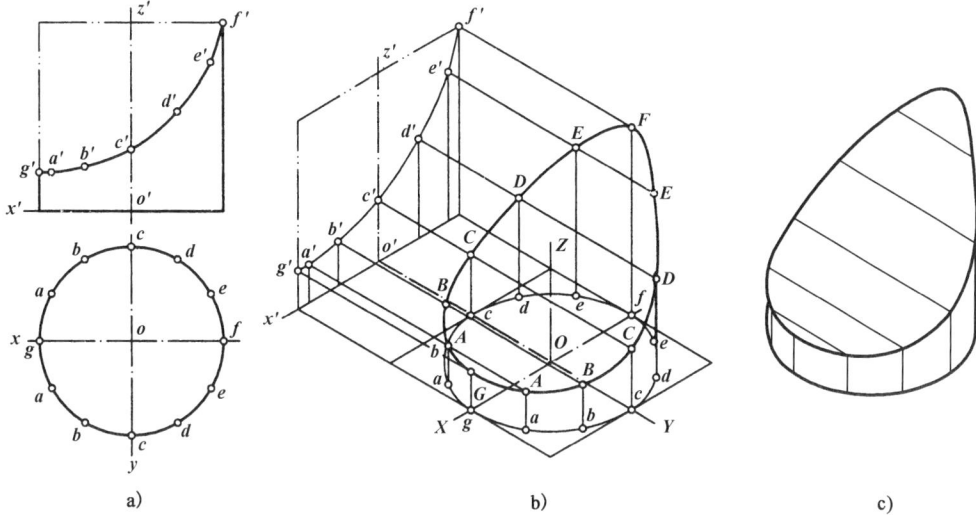

图8-16 截切圆柱的正等测画法
a)正投影图;b)、c)作图过程

第五节　轴测投影的画法举例

为了进一步掌握轴测投影的画法,现举例如下(例题均采用简化轴向伸缩系数)。

【例8-5】 图8-17a)为正六棱柱的正投影图,试画出其正等测投影。

解 将坐标面 *XOY* 置于正六棱柱的顶面,*OZ* 轴置于正六棱柱的轴线上,按先顶面后底面的顺序作图。用坐标法作图:

（1）画正等测轴测轴和顶面,在 *X* 轴上定 *A*、*D* 点,在 *Y* 轴上定Ⅰ点,过Ⅰ点作 *X* 轴的平行线定 *B*、*C* 点,再以同样的方法定出 *E*、*F* 点[图8-17b)]。

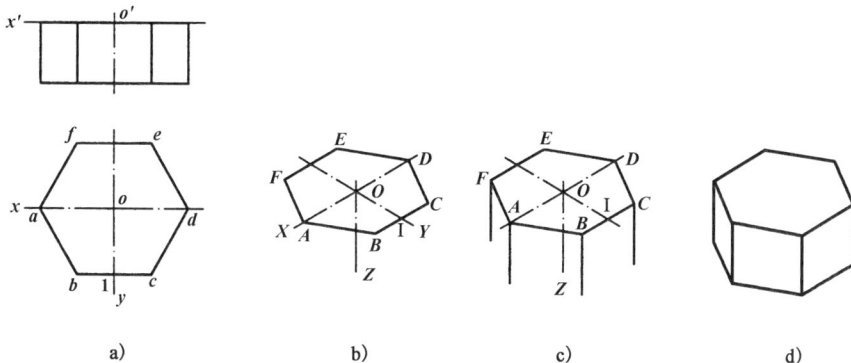

图8-17 正六棱柱的正等测投影
a)正投影图;b)、c)、d)作图过程

121

(2)过各顶点作 Z 轴的平行线,取其长度等于正六棱柱的高度[图 8-17c)]。

(3)画底面的可见边,就完成了正六棱柱的正等测投影[图 8-17d)]。

正六棱柱的顶、底面的各个边长相等,但在轴测投影上则有三组不同的长度,只有平行于坐标轴的一组边长投影后的长度没有改变,其他两组的边长各不相同,这说明不平行于坐标轴的线段,投影后的变形系数不确定,所以在作图时,如点不在轴上,可通过找中间点(如图 8-17 中的 I 点)的方法,通过中间点作轴向平行线来定出需要求作的点的轴测投影。

本例要点在于先画形体一个端面的轴测投影,然后根据另一方向的尺寸画出整个形体的轴测投影。这对于画柱类形体的轴测图是极为方便的。

【例 8-6】 画出图 8-18a)所示的木榫头的正二测投影。

解 可以把木榫头看成是由长方体切割而成,先在左上方切掉一块,再切去左前方和左后方各一角而形成。画图时也按这样的步骤进行。用装箱法和切割法作图:

(1)按木榫头的总长、总宽和总高画长方体(装箱法)[图 8-18b)]。

(2)将长方体的左上方切掉一块(切割法)[图 8-18c)]。

(3)将长方体的左前方和左后方各切掉一角(切割法),清理图面,加深后便得到木榫头的正二测投影[图 8-18d)]。

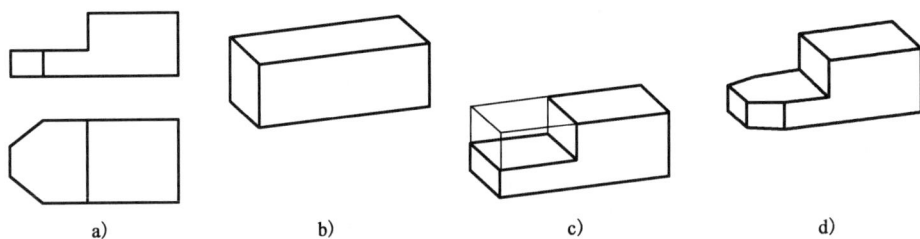

图 8-18 木榫头的正二测投影
a)正投影图;b)、c)、d)作图过程

【例 8-7】 已知台阶的正投影图[图 8-19a)],试画出其正等测投影。

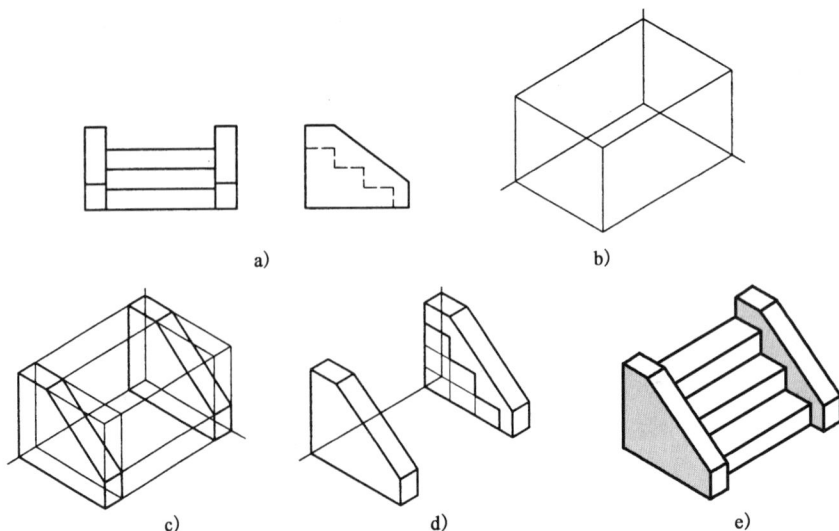

图 8-19 台阶的正等测画法
a)正投影图;b)、c)、d)、e)作图过程

122

解 台阶由左右两块牵边和中间三级踏步构成,可以把它看成是由长方体分步切割而形成。画轴测投影时也可按这样的步骤进行。用装箱法、切割法和端面法作图:

(1)用装箱法按台阶的总长、总宽和总高画长方体[图 8-19b)]。

(2)用切割法切出台阶的左、右牵边[图 8-19c)]。

(3)用端面法画台阶与右牵边的左侧表面的交线[图 8-19d)]。

(4)画踏面和踢面的交线、第三级踏步顶面的后边线与第一级踏步踢面的下边线,便得到台阶的正等测投影[图 8-19e)]。

【例 8-8】 如图 8-20a)所示,试画出梁板柱节点的仰视正等测投影。

解 梁板柱节点由若干四棱柱叠砌而成。用叠砌法按板、柱、主梁、次梁的顺序作图:

(1)画楼板底面,往上按板高度画楼板顶面(只连可见边)[图 8-20b)]。

(2)在楼板底面上画柱子、主梁和次梁的水平面次投影[图 8-20c)]。

(3)过柱子的水平面次投影向下按柱的高度画柱子[图 8-20d)]。

(4)过主梁的水平面次投影向下按主梁的高度画主梁,并画出主梁与柱子的左、右侧表面的交线[图 8-20e)]。

(5)过次梁的水平面次投影向下按次梁的高度画次梁,并画出次梁与柱子的前、后表面的交线,清理图面,加深图线,便得到梁板柱节点的仰视正等测投影[图 8-20f)]。

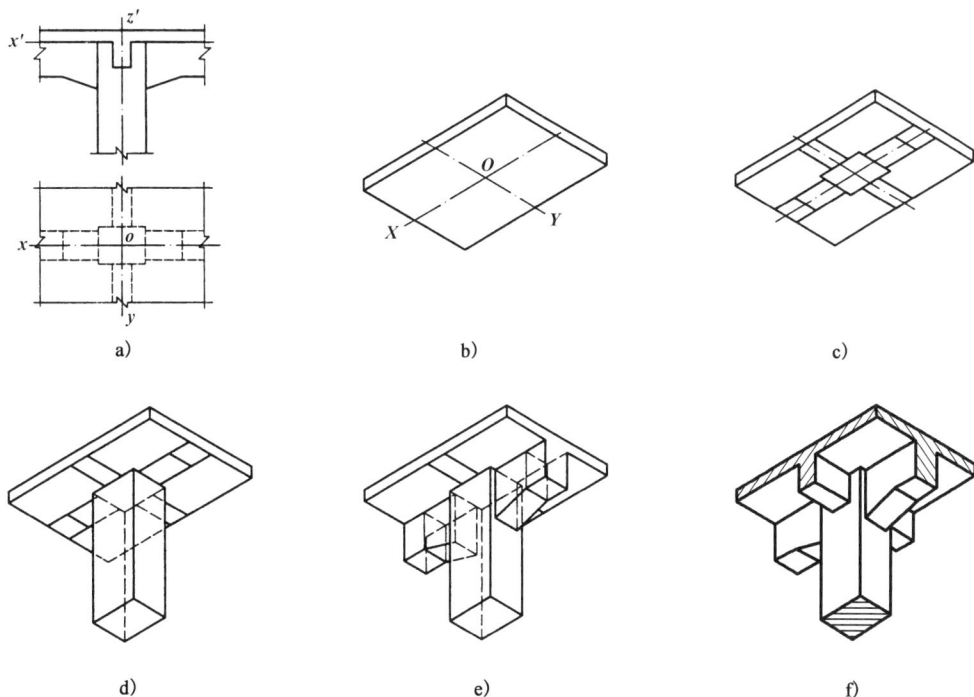

图 8-20 梁板柱节点的正等测画法

a)正投影图;b)、c)、d)、e)、f)作图过程

【例 8-9】 如图 8-21a)所示,试画出相贯两隧道模型的正等测图。

解 主洞和次洞分别由长方体和半圆柱所组成。两半圆柱之间的相贯线为空间曲线。可采用辅助截平面法求相贯线的轴测投影。作图过程如下:

(1)画两长方体和两半圆柱的正等测投影[图8-21b)]。

(2)作两辅助正平面Q和R,与主洞圆柱相交于两条素线,与相贯线相交于A、B和C点[图8-21a)]。

(3)在主洞圆柱表面上作两条素线,并在两条素线上分别量取A、B、C点到主洞端面的距离长度,定出A、B、C点,按主洞顶面与前墙面的切线定出E、F点,光滑连接E、C、A、B、F各点,即得圆柱相贯线的轴测投影。最后清理图面,加深需要的线条,便得到两相贯隧道模型的轴测图[图8-21c)],图8-21c)中保留的投影符号、作图线、尺寸等是为了让读者看清作图过程,实际在清理图面时,这些内容都要擦去。

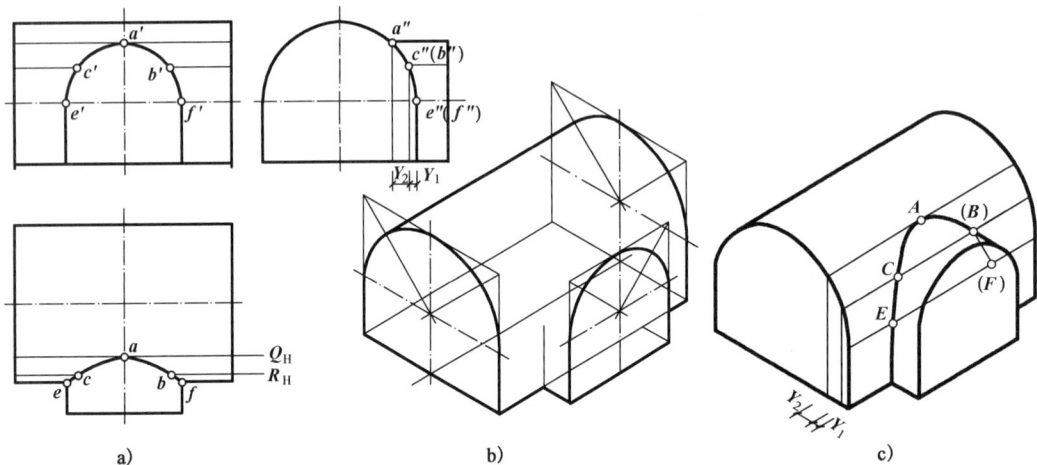

图8-21 相贯两隧道模型的正等测画法
a)正投影图;b)、c)作图过程

【例8-10】 如图8-22所示,已知建筑群的总平面图[图8-22a)],并已知有关建筑物的高度(另外提供),试画出其水平斜轴测图。

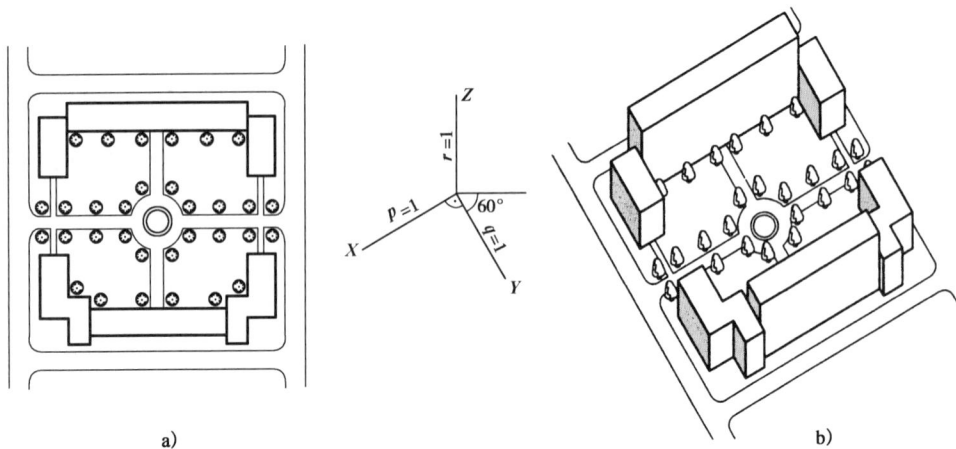

图8-22 总平面图的水平面斜轴测投影
a)正投影图;b)轴测图

解 图 8-22b)为建筑群的水平斜轴测图,把 Z 轴置于铅垂位置,以表达建筑物和树的高度。用水平斜轴测图来表达建筑群,既有总平面图的优点,又具有直观性。

第六节 剖切轴测图

在轴测图中为了表示形体的内部构造,经常采用在轴测图上剖切的方法来表示形体的内部形状,这种轴测图称为剖切轴测图。图 8-23 表示了一圆形沉井的剖切轴测图。

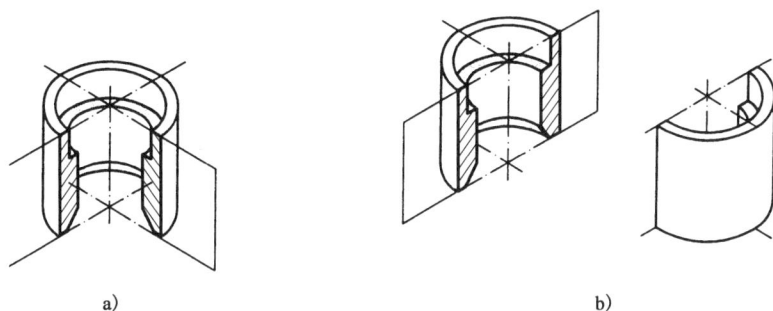

a)   b)

图 8-23 沉井的剖切轴测图
a)剖去 1/4;b)剖去 1/2

一、画剖切轴测图时应注意的问题

(1)画剖切轴测图时,可假想用两个互相垂直的剖切平面(剖切平面平行于相应的坐标面),过形体的对称面将形体切去 1/4,画出其内部形状,如图 8-23a)所示。一般不采用将形体切去一半画轴测剖切图的方法,如采用这种画法,应按图 8-23b)所示,将切掉的部分向前移一段距离画出,这样才能较全面地显示形体的外形。

(2)剖切平面截到形体的断面应画材料图例,材料图例应按其断面所在坐标面的轴测方向绘制,如图 8-24 所示。

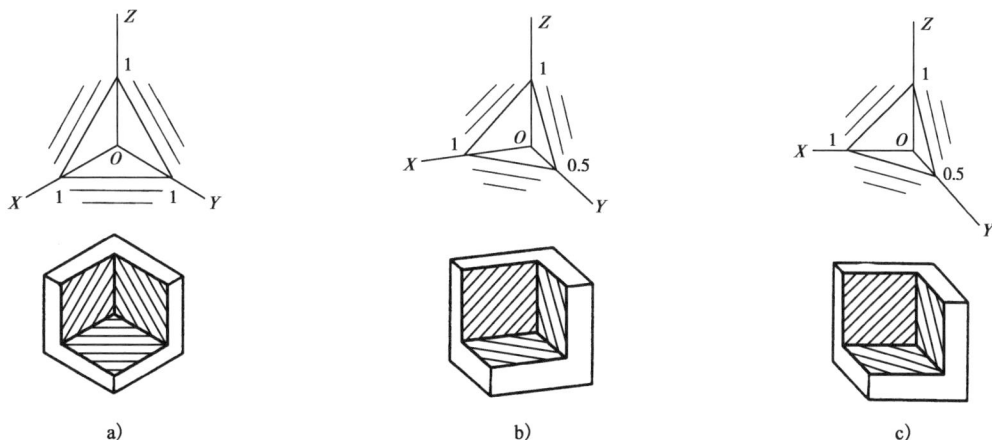

a)   b)   c)

图 8-24 轴测图中材料图例线方向的确定
a)正等测;b)正二测;c)正面斜二测

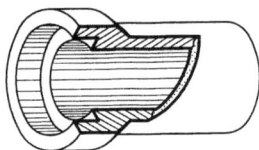

图 8-25 局部剖切轴测图

(3)在轴测图上也可以把需要表示的某一局部切开,称为局部剖切。平行于坐标面的剖切部分画材料图例,而对于不规则的断裂表面则画上不规则分布的小点,如图 8-25 所示。

二、剖切轴测图的画法

画剖切轴测图的方法一般可先画出形体的完整外形,再画断面和内部可见轮廓线,并把剖切到的断面画上材料图例。图 8-26a) 为一形体的正投影图,画其剖切轴测图的步骤如下:

(1)画出形体外表轴测图[图 8-26b)]。

(2)沿形体对称面切去 1/4,画出剖切平面截到形体的断面(剖切平面与形体表面的交线围成的部分)[图 8-26c)]。

(3)画出看得见的内部形状,如上大下小的两个同轴圆柱孔[图 8-26d)]。

(4)在断面上按规定画材料图例线,并擦去多余的线条,加粗轮廓线[图 8-26d)]。

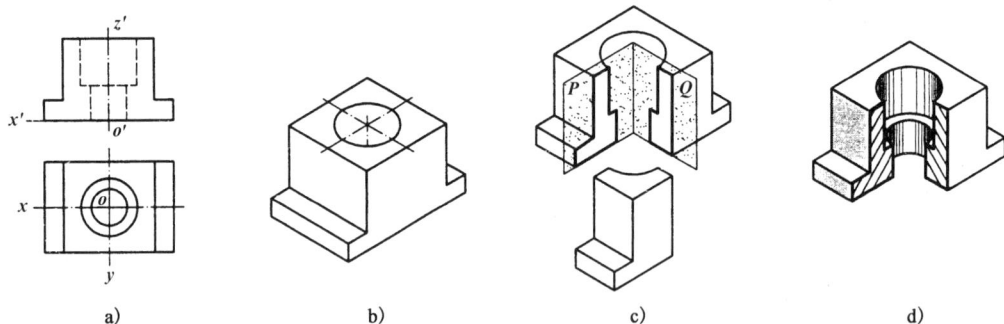

图 8-26 剖切轴测图的画法
a)正投影图;b)、c)、d)作图过程

第七节 轴测投影的选择

在绘制轴测图时,首先要解决的是选用哪种轴测图来表达形体。由于正等测图、正二测图和斜二测图的投射方向与轴测投影面之间的角度,以及投射方向与坐标面之间的角度均有所不同,甚至形体本身的特殊形状都会影响图示效果,所以在选择轴测种类时应该考虑画出的图样有较强的立体感,不要有太大的变形,以致不符合正常的视觉形象。同时还要考虑从哪个方向去观察形体,才能使形体最复杂的部分显示出来。总之要求图形明显、自然,作图方法力求简便。

一、轴测类型的选择

(1)在正投影图中,如果形体的表面和水平方向成 45°,就不应采用正等测图。这是因为这个方向的面在轴测图上均积聚为和 Z 轴平行的一直线,平面的轴测图就显示不出来,如图 8-27a)所示。同样,若正投影图中形体的表面交线也位于和水平方向成 45°的平面内,该表面交线在轴测图上投影成和 Z 轴平行的一直线[图 8-27b)],这就削弱了图形的立体感。故上面两种情况都宜采用斜二图或正二测图。例如图 8-27 中的正二测图的立体感都较好。

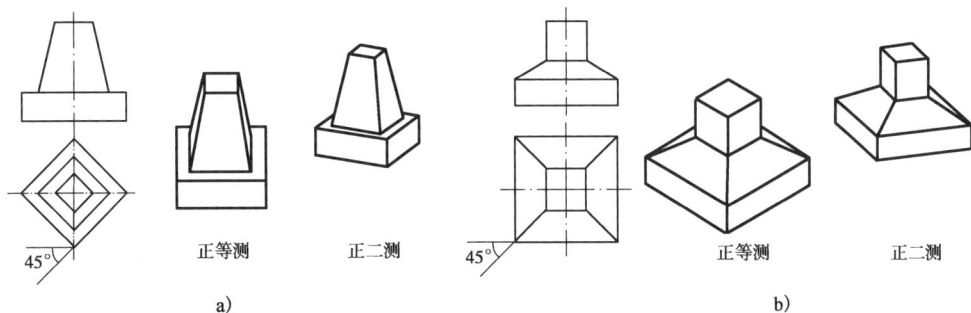

图 8-27　轴测投影的选择

（2）正等测图的三个轴间角和轴向伸缩系数均相等,故平行于三个坐标平面的圆的轴测投影(椭圆)的画法相同,且作图简便。因此,具有水平或侧平圆的形体宜采用正等测图。如图 8-28 所示为一桥墩模型的轴测图。桥墩因工作位置必须竖放,而墩身的两端有平行于 H 面的半圆,采用正等测作图较为方便。

（3）凡形体上有平行于 V 面的圆或曲线,采用正面斜轴测,平行于 V 面的圆或曲线在轴测投影中反映实形,画图较为方便。如图 8-29 所示的涵洞管节,管节端面平行于 V 面,故采用正面斜二测作图较为方便。

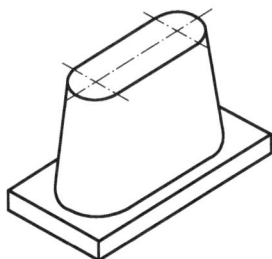

图 8-28　桥墩模型的正等测图

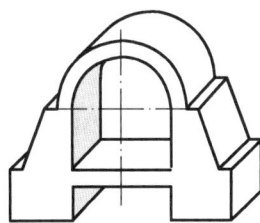

图 8-29　涵洞管节的斜二测图

二、投射方向的选择

在决定了轴测投影的类型以后,还须根据形体的形状选择适当的投射方向,使需要表达的部分尽可能表示清楚。图 8-30 所示为一形体的斜二测投影,并表示了自前向后观看该形体的四种典型情况。图 8-30a)、b) 为自上向下观看,即形体位于低处,可称俯视轴测投影;图 8-30c)、d) 为自下向上观看,即形体位于高处,可称仰视轴测投影;图 8-30a)、c) 为自右向左观看;图 8-30b)、d) 为自左向右观看。画图时,应根据表示要求予以选用。

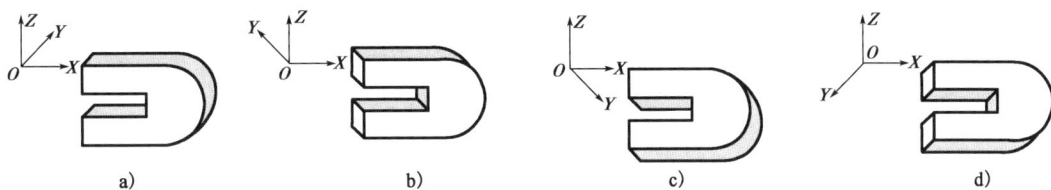

图 8-30　四种不同方向的正面斜二测

a)向左下方观察;b)向右下方观察;c)向左上方观察;d)向右上方观察

图 8-31 所示为形体从不同方向投影所得的三个正等测图。从图形的明显性来看,图 8-31b)最好,图8-31c)次之。图 8-31d)主要表现形体底部的形状,底部为一平板,而复杂的部分未表达出来,所示较差。

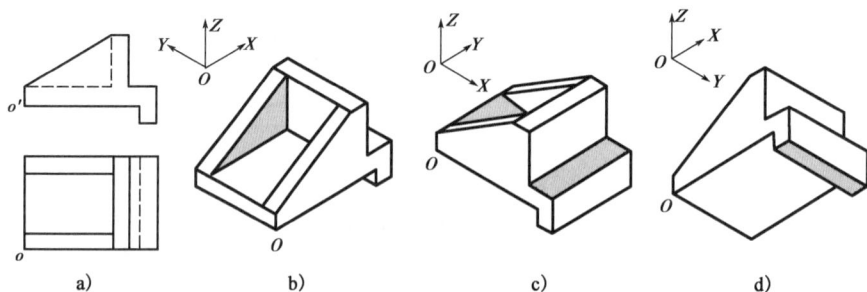

图 8-31 三种不同方向的正等测图
a)正投影图;b)明显性较好;c)明显性次之;d)明显性较差

第八节 轴测草图

有时为了简便、迅速地交流设计的意图,可徒手用铅笔来绘制轴测图,称为轴测草图。轴测草图的作图步骤与用仪器绘制轴测图完全一样。所不同的是轴测草图用铅笔徒手绘制,作图比较简便、迅速。

轴测草图不是潦草的图样,形体各部分的大小要保持比例关系,应尽量做到直线平直、曲线平滑,同类线条的粗细要基本均匀。加深后的线条要光滑,深度一致。

画轴测草图应掌握下列基本要领:

(1)图纸不必固定,可根据需要而转动,握笔姿势要轻松,手不能紧贴纸面,以利移动方便。

(2)画水平线时,可将图纸倾斜放置,左低右高,用小手指支在纸上,与手腕一起移动。画线方向是从左至右[图 8-32a)]。

(3)画垂直线时,将图纸放正,用小手指支在纸面上,用握笔的手指动作,画线方向是从上至下[图 8-32b)]。

(4)画倾斜线时,可将图纸转动,使倾斜线转成水平线位置来画。

(5)画较长的线时应配合手臂动作。

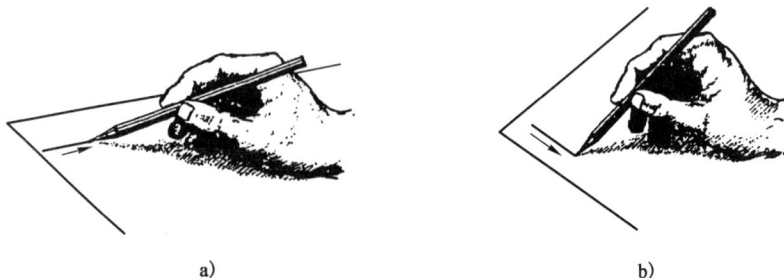

图 8-32 徒手画直线
a)画水平线;b)画垂直线

（6）在两点间画直线时，笔尖落在起点，眼睛注视终点，以便掌握方向。

（7）画大圆时，先画中心线和通过圆心的45°线，在这些线上画出短弧，然后逐步扩大各短弧描绘成圆[图8-33]。

（8）画小圆或小圆弧时，应先按直径或半径长度画出外接正方形，然后描成小圆或小圆弧[图8-34]。

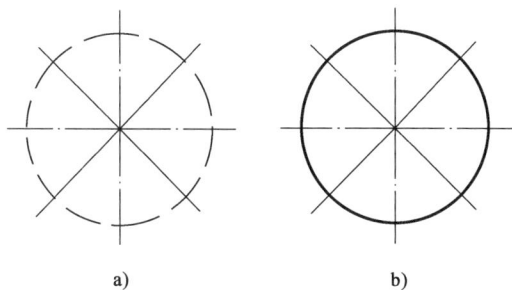

a) b)

图8-33 徒手画大圆

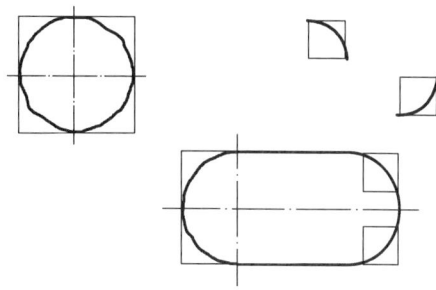

图8-34 徒手画小圆及小圆弧

（9）作图前先要选择好轴测类型，画出三条轴测轴。

（10）如有椭圆，可先画一立方体及其三个坐标面上的椭圆做参考，在作椭圆时最好将椭圆的外接四边形画出，这样容易确定椭圆长短轴的方向和比例[图8-35b)]。

图8-35为画轴测草图的举例。

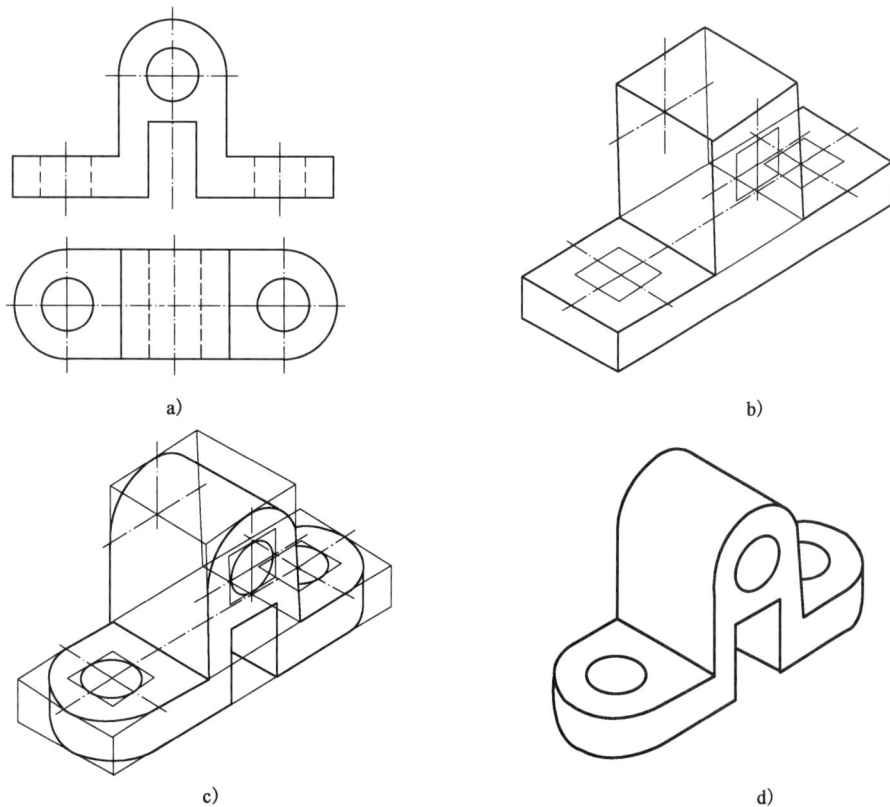

a) b)

c) d)

图8-35 轴测草图

a)正投影图;b)、c)、d)作图过程

第九章

透视

第一节　透视概述

一、透视图的特点

在建筑设计过程中,为了表达设计意图,在建筑物未建以前,常常需要画出建筑物建成后的内、外部整体和局部的直观形象,以给予人们的视觉印象和造型感受。因此,就需要根据建筑物的平面图、立面图、剖面图等(也可根据平面、立面、剖面等的尺寸)画出像照片一样准确的建筑物及其环境的透视图。

这种图形可以从室外来观察房屋,也可以从室内去察看房屋,有些大型的、艺术要求较高的建筑物,还需从室内外各个角度去观察该建筑。

一个建筑的群体或总体,也往往要以透视图来表达建筑群体之间或各部分之间的配合关系和空间处理的效果。甚至桥梁工程、高速公路等,也往往需要画透视图来加以配合。

透视图有时也作为调整修改设计的依据之一,同时也便于领导和群众对设计作审查、评价和欣赏。

透视图的画法,可有多种方法,如建筑师法、交线法、量点法、理想透视方法等。而本书仅叙述常用的建筑师法以及透视的辅助作法。

二、画透视图的基本知识

我们透过一个面来视物时,该面同视线所交成的图形称为透视或透视图,相当于以一只眼睛为投影中心时的中心投影,故也称透视投影。透视图和透视投影均简称为透视。图 9-1 是某大学大门的透视图。平时当我们透过玻璃窗来观看室外的景物时,如果把看见的图像描绘在玻璃面上,就是一幅室外景物的透视图,而该透明的玻璃窗面称为画面。如将透视图描绘出来,再把物体移去,或将景物移至别处观看,但使其保持绘图时眼睛与图形的相对位置,则观看透视图时所得的视觉印象,就像在原处观看实物一样。

图 9-1 大门的透视

作透视时,除了不便直接描绘外,正如前面已述,对于尚未建造的建筑物,更是无从描绘。因此需要研究有关透视的规律和绘图的方法,以便根据正投影图或建筑物的形体尺寸,用制图工具来绘制透视图。应用这种规律所绘制的透视图,画出的形象比较准确。

三、基本术语

绘制透视的面,称为画面。画面可采用平面形状,也可采用曲面形状,但通常采用平面状画面,且一般放成铅直位置。

如图 9-2 中把投影面 V 作为画面,又把投影面 H 作为物体所在的平面,称为基面。基面与画面的交线称为基线,即为图中的 H 面和 V 面所相交的 OX 轴。眼睛所在的位置,即为投影中心 S,称为视点。视点的 H 面投影(视点在基面上的投影)称为站点。视点至站点的高度 Ss 称

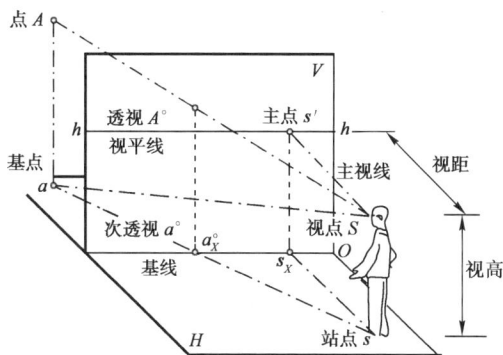

图 9-2 基本术语

131

为视高。视点的 V 面投影(画面投影)s' 称为主点。投射线 Ss' 称为主视线。视点至主点的距离称为视距。过主点 s' 的水平线 hh 称为视平线。相当于通过视点 S 的水平面同画面的交线,该水平面称为视平面。

空间一点 A 的 H 面(基面)投影 a 称为基点。A 点与视点 S 间连线 SA 即为视线。过 A 点的视线与画面的交点 $A°$ 即为 A 点的透视。用与空间点相同的字母在右上角加"°"来表示,A 点的 H 面投影 a 的透视 $a°$ 称为 A 点的次透视,连线 $A°a°$ 称为连系线。

第二节　点、直线和平面的透视

一、点的透视

点的透视为通过该点的视线与画面的交点,如图9-3a)所示,设画面为 V,S 为视点。现有一点 A 位于画面 V 的后面,引视线 SA 与画面 V 的交点 $A°$,即为 A 点的透视。因视线是一条直线,与一个平面 V 仅能交于一点,故一点的透视仍是一点。

设 B 点位于画面 V 之前,则延长视线 SB,与 V 面交得透视 $B°$。

若一点 C 恰在画面 V 上,则透视 $C°$ 与 C 重合。

反之,如已知一点的透视却不能唯一地确定空间点的位置。如图9-3b)所示,由于空间 A 点和 A_1 点位于一条通过 S 点的视线上,故该两点的透视 $A°$、$A_1°$ 位于同一点。

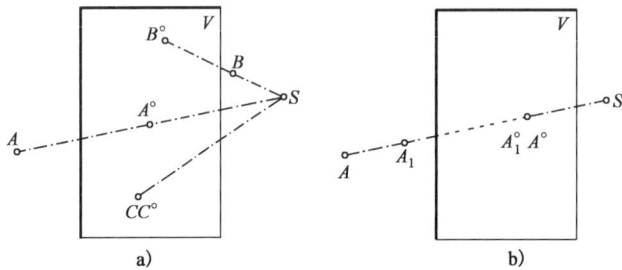

图9-3　点的透视

a)由空间点可确定该点的透视;b)由点的透视不能确定该点的空间位置

二、线的透视

1.定义

线的透视为线上一系列点的透视的集合,如图9-4中曲线 A 的透视 $A°$,是 A 曲线上一些点 A_1、A_2…的透视 $A_1°$、$A_2°$…的集合。故线上一点的透视必在线的透视上。

2.直线的透视

直线的透视,一般情况下仍为直线;只有当直线通过视点时,其透视成一点。因直线的透视,实为通过直线上各点的视线所组成的视平面与画面 V 相交而成,图9-5中的 L 直线所引成的视平面与画面交得的 $L°$ 线,即为 L 直线的透视,但当图中的 M 直线通过视点 S 时,则通过直线上各点的视线实际上是同一条线,故这种直线的透视蜕化成一点。

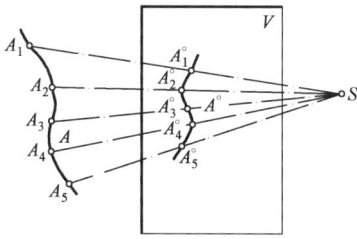

图9-4　曲线的透视

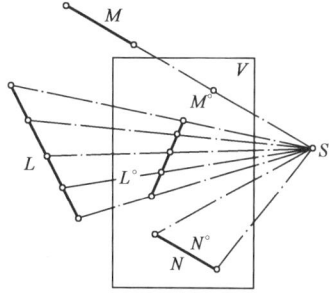

图9-5　直线的透视

当直线 N 位于画面上时,其透视 $N°$ 与本身重合。

直线对画面的相对位置,可分为两类:

(1)画面平行线:与画面平行的直线。

(2)画面相交线:与画面相交的直线。

3.画面平行线的透视特性

(1)画面平行线的透视,与直线本身平行。如图 9-6a)所示,直线 AB 平行画面 V,则通过它的视平面 SAB 与 V 面相交的直线,即为 AB 线的透视。其透视 $A°B°$ 应与 AB 平行,因而竖直线的透视仍为竖直线。

(2)平行的两画面平行线的透视仍互相平行。如图 9-6b)所示,如 $AB /\!/ CD$,且平行 V 面,因 $A°B° /\!/ AB$,$C°D° /\!/ CD$,故 $A°B° /\!/ C°D°$。

a)

b)

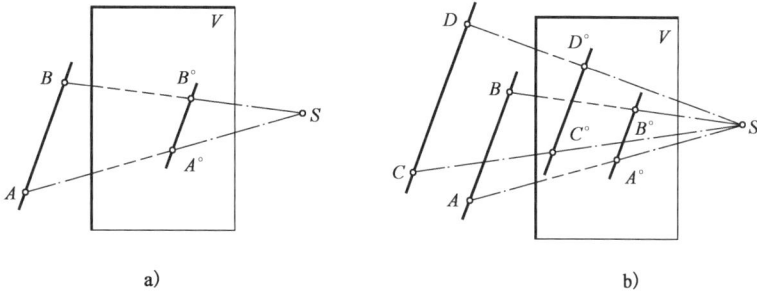

图9-6　画面平行线的透视

a)画面平行线;b)互相平行的诸画面平行线

推广之,所有互相平行的画面平行线的透视仍互相平行。

(3)画面平行线上各线段长度之比,等于这些线段透视长度之比。如图 9-7 所示,当直线 AB 平行于画面时,因 AB 与透视 $A°B°$ 平行,它们被一组相交于一点的诸视线所截,各对应线段应成同一比例,$AC:CD:DB = A°C°:C°D°:D°B°$。如 $AC = CD = DB$ 则 $A°C° = C°D° = D°B°$。

4.画面相交线的透视特性

(1)画面交点:画面相交线(或其延长线)与画面的交点称画面交点或画面迹点。

画面相交线的透视,必能过该直线的画面交点。如图 9-8所示,直线与画面 V 交于画面交点 $\bar{A}$。因 $\bar{A}$ 在画面上,故其透视 $\bar{A}°$ 即为 $\bar{A}$ 本身;且由于直线的透视必通过直线上各点的透视,故直线的透视 $A°$ 必通过 $\bar{A}°$,即必通过画面交点 $\bar{A}$。

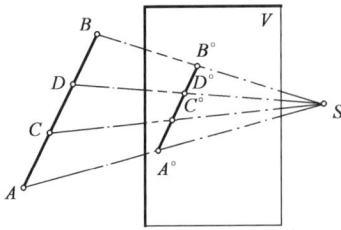

图 9-7　画面平行线的透视比值

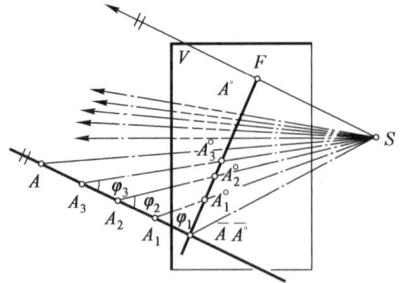

图 9-8　画面相交线的画面交点及灭点

（2）灭点：画面相交线上无穷远点的透视，称为灭点。画面相交线的透视（或其延长线）必通过该直线的灭点。如图 9-8 中，设画面相交线上有许多点 A_1、$A_2\cdots$，其相应的透视为 $A^\circ_1 A^\circ_2\cdots$，当一点离开视点 S 越远，则其视线与直线 A 之间的夹角越小，即 $\varphi_3 < \varphi_2 < \varphi_1$。当直线上的点趋近到无穷远时，其夹角也必小到为零，则通过该无穷远点的视线 SF 必将平行于直线 A，这平行于该直线 A 的视线与画面的交点 F，就是直线 A 上无穷远点的透视，就是该直线的灭点。因而直线的透视 A°（或其延长线）必通过灭点 F。

连接直线的灭点和迹点，就是直线从迹点到无穷远点的这段不定长度的透视，称为直线的全透视（或直线的不定长透视），即为直线透视的方向。再由 S 点与直线的两端点作视线，可得出直线的透视位置。因此可理解为由迹点、灭点来定透视的方向，再由视线来定出透视的位置。

（3）从图 9-8 可看出，虽然 $\overline{A}A_1 = A_1 A_2 = A_2 A_3$，但 $\varphi_3 < \varphi_2 < \varphi_1$，故 $\overline{A^\circ}A^\circ_1 > A^\circ_1 A^\circ_2 > A^\circ_2 A^\circ_3$，即空间的画面相交线上等长线段，离视点越远，其透视长度越短，称为近大远小的现象。

（4）两条平行的画面相交线有同一灭点，它们的透视通过该同一灭点。如图 9-9 所示，有平行的两画面相交线 A 和 B，如作与其中一条相平行的视线 SF，亦必定会平行另一条直线，因为过 S 点只能作一条视线与它们平行，即 $SF /\!/ A /\!/ B$，故 A 和 B 公有一条视线 SF 而有同一灭点 F，其透视 A°、B° 必通过同一灭点 F。

推广之，所有互相平行的画面相交线的透视，通过同一灭点。

5. 相交两直线的透视

两相交直线的交点的透视，为两直线的透视的交点。如图 9-10 所示，直线 AB 和 CD 交于 E 点，则透视 E° 必分别在 $A^\circ B^\circ$ 和 $C^\circ D^\circ$ 上，故 E° 为 $A^\circ B^\circ$ 和 $C^\circ D^\circ$ 的交点。

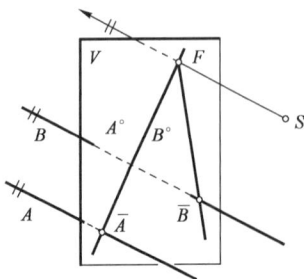

图 9-9　平行的两画面相交线

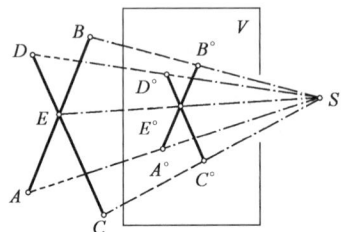

图 9-10　相交两直线

6. 交叉两直线的透视

两交叉直线的透视为相交时，交点为两直线上位于同一视线上两点的透视。如图 9-11 所示,两交叉直线 AB 和 CD,若它们的透视 $A°B°$ 和 $C°D°$ 相交于 $E°$ 点,则是由于两条线上各一点 E_1 和 E_2 的重合的透视,这是由于 E_1 和 E_2 位于一条视线上的缘故。

三、平面的透视

1. 定义

平面图形的透视,为平面图形轮廓线的透视,一般情况仍为一个平面图形;只有当平面通过视点时,其透视成为一直线。因为平面图形的形状、大小和位置,是由它的轮廓线决定的,故如图 9-12 所示,平面图形 $ABC\cdots$ 的透视,由其轮廓线的透视 $A°B°C°\cdots$ 来表示。

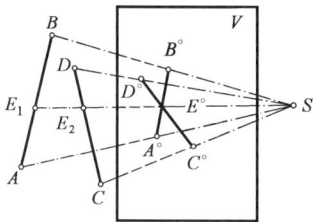

图 9-11　交叉两直线　　　　　　　　　　图 9-12　画面平行的透视

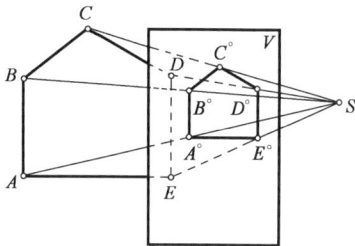

当平面通过视点时,通过平面上各点的透视,包括通过轮廓线上各点的透视,位于一个与该面重合的视平面上,故该平面的透视,相当于视平面与画面的交线,因而该平面的透视成为一条直线。

平面图形位于画面上时,其透视为图形本身。即其形状、大小和位置不变。

2. 画面平行面的透视特性

与画面平行的平面,称为画面的平行面。画面平行面的透视,为一个与原形相似的图形。如图 9-12 所示,因为经过平面图形轮廓线上各点的视线,组成一个以视点为顶点的锥面,其透视相当于以画面为截平面的截交线。现在画面 V 与锥面的底也(平面图形)平行,故相当于截交线的透视图形必与底面相似。

第三节　透　视　作　法

一、直线的透视作法

1. H 面上的直线和 H 面平行线的透视作法

(1) H 面上的直线的透视作法

这里所讲的 H 面上直线,是指在 H 面上与画面相交的直线,不包括 H 面上与画面的平行线。如图 9-13a)所示,H 面上有一条画面相交线 AB,它的 H 面投影 ab 与之重合,设已知画面 V、基面 H、视点 S 及视平线 hh 和基线 OX,求作 AB 直线的透视。

现介绍利用直线的画面交点(迹点)、灭点和视线的 H 面投影来作透视的方法,也即先定向再定位的建筑师法。

①投影面布置

在图9-13b)中,为了使得 H 面和 V 面上的图形不重叠,将 H、V 面拆开来排列,如图9-13b)中,H 面排于下方,V 面排于上方,但上下仍应对齐。OX 出现两次,V 面中改用 $O'X'$ 表示。

在 H 面上画出已知的 ab 和 s,V 面上画出 hh,但实际作图时,与 H 面和 V 面的大小无关,故求作时可不必画出 H、V 面的边框,如图9-13c)所示。

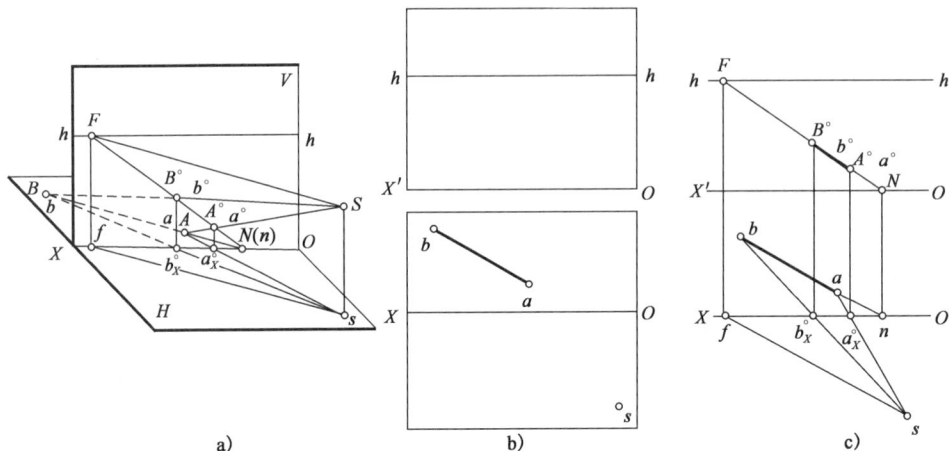

图9-13　H 面上直线的透视作法——建筑师法(视线法)
a)空间状况;b)已知条件;c)透视作法

②画面交点作法

H 面上直线的画面交点位于 OX 轴上,如图9-13a)所示,延长直线 $AB(a,b)$,与画面的交点 $N(n)$ 必在 OX 轴上,$N(n)$ 的透视即为本身。

图9-13b)中的 H 面投影为已知条件,于是在图9-13c)中延长 ab,与 OX 交得 n 点。由 n 作铅垂线,与 $O'X'$ 交得 N[N 与 n 实际上是重合的,见图9-13a)],N 点即为 AB 直线的画面交点(迹点)在画面上的位置(图中未表明 $O'X'$、OX 及 n 点)。

③灭点作法

H 面上直线的灭点位于视平线 hh 上。平行 AB 的视线 SF,是一条 H 面平行线,位于通过视点 S 的水平的视平面内,而视平线 hh 相当于该视平面与画面的交线,故 SF 与画面的交点,即灭点 F,必位于视平线 hh 上。

视线 SF 的 H 面投影为 sf,因 SF 为一条 H 面平行线,故 sf∥SF;又因 SF∥$AB(ab)$,故 sf∥ab。sf 与 OX 轴的交点 f,即为灭点 F 的 H 面投影。

作图时,在图9-13c)中先过 s 点作 sf∥ab,与 OX 交于 f 点,由 f 作铅垂线 fF,与视平线 hh 的交点 F 即为直线 $AB(ab)$ 的灭点。连线 NF 为直线段延长后的透视,称为 AB 直线的全透视或透视方向。

④利用视线的 H 面投影定直线段的透视

作出 AB 线段的全透视后,AB 直线的透视 $A°B°$ 必在其上。直线段 AB 的端点 A、B 的透视 $A°$、$B°$ 的位置,可利用视线的 H 面投影来作得。如图9-13a)所示,视线 SA 的 H 面投影为 sa,它与 OX 的交点 $a_X°$,为透视 $A°$ 的 H 面投影。

作图时,在图9-13c)中引 sa 与 OX 交于 $a_X°$,由之作铅垂线 $a_X°A°$,与 NF 的交点 $A°$,即为 A 点的透视。

同法可作出 B 点的透视 $B°$，于是直线段 $A°B°$ 即为 AB 的透视。

因 ab 和 AB 重合，故 $a°b°$ 与 $A°B°$ 重合。

这种利用视线的 H 面投影作直线段的透视的方法，亦称为视线法，为作建筑物透视图时最常用的基本方法。

（2）H 面平行线的透视作法

这里所讲的 H 面平行线，亦是仅指平行于 H 面的画面相交线。投影面的布置与图 9-13 相同，其法有下述两种。

①利用 H 面次透视作空间直线的透视

a. 如图 9-14 所示，先根据图 9-13 同样的方法，作出 AB 直线在 H 面上投影 ab 的透视 $a°b°$，也即为 A 线的次透视。

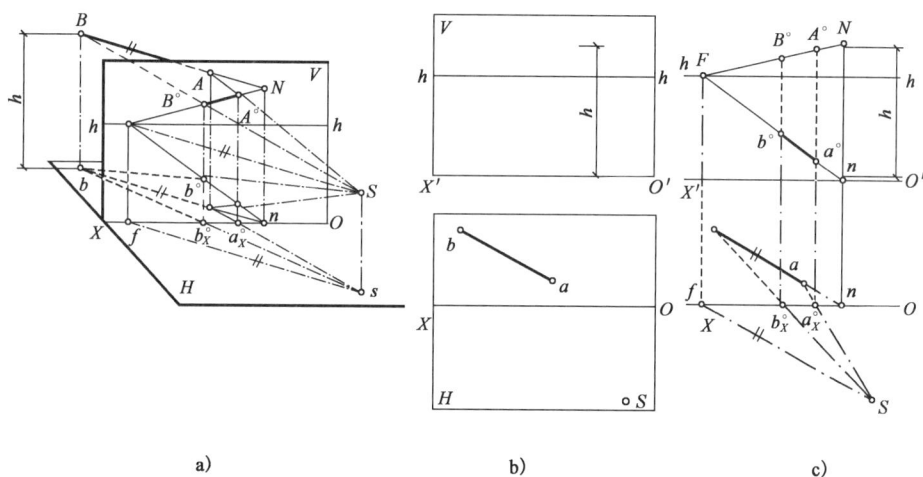

图 9-14 H 面平行线的透视作法一
a）空间状况；b）已知条件；c）透视作图

b. 画面交点和真高线。如图 9-14a）所示，当延长直线 AB 的 H 面投影 ab 与画面交得画面交点 n 时，则 AB 亦必延长，与画面交于 N 点，为 AB 直线的画面交点。该投射线 Nn 必垂直于 OX 轴，其长度反映了 AB 线离开 H 面的高度 h，也即 $AB（ab）$ 直线延长到该点 $N（n）$ 位置，Nn 的透视高度不变，且透视与其本身重合，故直线 Nn 称为 H 面平行线的真高线。

c. 作图时，在图 9-14c）中由 AB 直线的次透视的交点（迹点）n，引 $O'X'$ 轴的垂线，再由在画面 $O'X'$ 上的 n 点向上量取铅直高度 h，得 N 点，N 点即为 AB 直线在画面上的交点（迹点），连线 FN 为 AB 直线的全透视。

d. 由已作出的次透视上的 $a°$、$b°$ 点作铅垂线（或由 $a°_X$、$b°_X$ 作铅垂线）与 FN 交得 $A°$、$B°$，$A°B°$ 即为 AB 直线的透视，而 $a°b°$ 则为 AB 直线的次透视。

②利用真高线直接作空间直线的透视

可不必先作出 H 面平行线的次透视，而直接作出 AB 直线的透视。

a. 如图 9-15 所示，延长直线的 H 面投影 ab，与 OX 轴相交于 n 点，该 n 点实为 AB 直线与 V 面交点的 H 面投影，再作 $sf // ab$，得 f 点，再得画面上的 F 点。

b. 由 H 面投影上的 n 点作铅垂线与 $O'X'$ 轴上相交于 n 点，由 n 点向上量取高度 h，得 N 点，

N 点即为 AB 直线与画面的交点，Nn 为 AB 直线的真高线。连线 FN 即为 AB 直线的全透视。

c. 与图 9-13 一样，利用视线的 H 面投影完成 AB 直线段的透视 $A°B°$。

2. 画面垂直线的透视作法

画面垂直线的灭点为主点 s'。画面垂直线为垂直于画面的直线，是 H 面平行线的特殊情况。

如图 9-16 所示，已知画面垂直线 AB 的 H 面投影 ab，并知离开 H 面的高度 h，作透视 $A°B°$ 及次透视 $a°b°$。

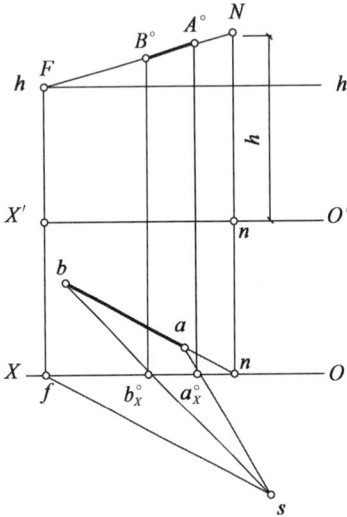

图 9-15 H 面平行线的透视作法二   图 9-16 画面垂直线的透视作法

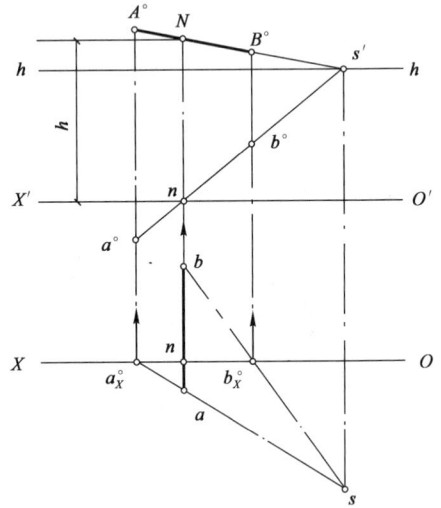

在图 9-16 中，因 ab 位于 OX 的两侧，故 AB 穿过 V 面，ab 与 OX 交得的 n，即为 AB 直线与画面交点的 H 面投影，也即为 ab 与画面的交点，然后应用前面所述的同样方法，可利用真高线作得画面交点 N 和 n。

因平行 AB 的视线即为主视线 Ss'，故主点 s' 即为 AB 的灭点。

作图时，先作连线 ns'、Ns'；再作视线的 H 面投影 Sa、Sb，与 OX 交于 $a°_X$ 和 $b°_X$；由 $a°_X$ 和 $b°_X$ 各作竖直线，便可得透视 $A°B°$ 和次透视 $a°b°$。

注意：如把 $A°B°$、$a°b°$ 分别分成两部分，则 $A°N$ 至 $a°n$ 的透视高度比真实高度大，而 $NB°$ 至 $nb°$ 的透视高度比真实高度小，因此说明了凡是在画面之前的形体其透视应放大，而在画面之后的形体其透视应缩小。

3. H 面垂直线的透视作法

如图 9-17a) 所示，空间有一条 H 面垂直线 Aa，其下端 a 在 H 面上，该线的高度为 h。于是在图 9-17b) 中设已知的 OX、s、a（为 Aa 的积聚投影）及 $O'X'$，hh，并画出已知高度 h，要在画面上作 $A°a°$。

H 面垂直线亦平行 V 面，故 $A°a°$ 亦为一条竖直线。引连线 sa 与 OX 交于 $a°_X$，由 $a°_X$ 作竖直线，则 $A°a°$ 必在其上。

要得出 $A°a°$ 的透视位置，如图 9-17a) 所示，可过 A、a 任作两条平行的水平辅助线 $\overline{AA}$、$\overline{aa}$，

与 V 面交得画面交点 $\bar{A}$、$\bar{a}$。因 a 在 H 面上,故 $\bar{a}$ 在 OX 轴上,连线 $\overline{Aa}$ 垂直 OX,其高度等于 h,故 $\overline{Aa}$ 为真高线。

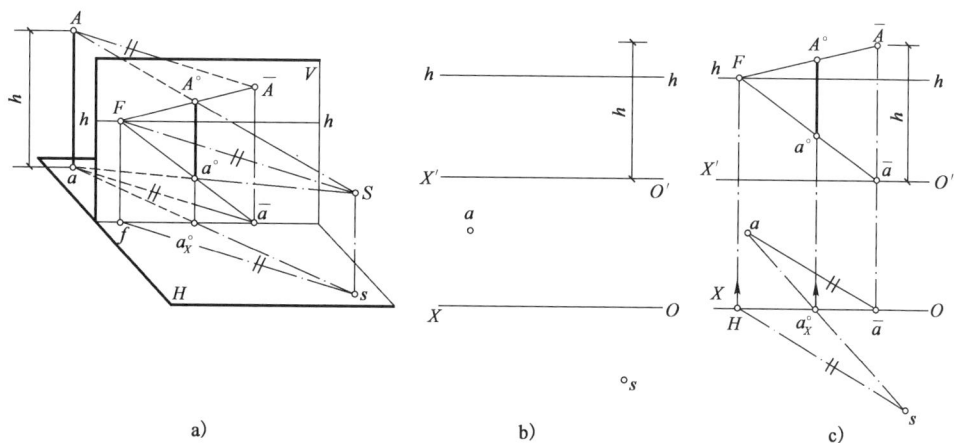

图 9-17 H 面垂直线的透视作法
a)空间状况;b)已知条件;c)透视作法

然后再作辅助线的灭点 F,则连线 $\overline{AF}$、aF 分别为两辅助线的全透视,而 A°、a° 必在其上。

作图时,如图 9-17c)所示,可过 a 任作水平辅助线的 H 面投影 aa,在 aa 与 OX 轴的交点 $\bar{a}$ 处作竖直线,与 $O'X'$ 交得 $\bar{a}$,由 $\bar{a}$ 量取高度 $\overline{aA}=h$。再在 H 面上,作 $sf/\!/aa$,在 sf 与 OX 的交点 f 处作竖直线,与 hh 交得辅助线的灭点 F。

将 $\bar{a}$、$\bar{A}$ 与 F 相连,即得通过 A、a 所作的两辅助线的全透视 $\overline{aF}$、$\overline{AF}$,它们与通过 sa 与 OX 的交点 a_X° 所作竖直线就交得透视 $A^\circ a^\circ$。

本图也相当于已知一点 A 的 H 面投影 a,并知 A 点离开 H 面的高度,求作 A 点的透视 A° 及次透视 a° 的作图。

利用作辅助线及利用真高线的方法,同样可求得下端高于 H 面的 H 面垂直线的透视。

4.画面平行线以及其他位置直线的透视作法

对于其他位置直线,可以作出它们端点的透视来连成直线的透视。如能利用直线的透视的其他特性,尚可简化作图,如作画面平行线的透视。

【例9-1】 如图 9-18 所示,设画面平行线 AB 的 H 面投影 ab 为已知,又知它左下端离开 H 面的高度为 h,又设 AB 的倾角 α 为 $60°$,求 $A^\circ B^\circ$ 和 $a^\circ b^\circ$。

解 过 Aa 作 V 面垂直线 $A\bar{A}$、aa 为辅助线,灭点为 S'。画面交点为 $\bar{a}$、$\bar{A}$,则 $\overline{aA}$ 应等于 h。并由 sa 与 OX 交点 a_X° 处作竖直线,与辅助线全透视 $S'\bar{A}$、$S'\bar{a}$ 交得 A°、a°。

因 $AB/\!/V$,故 $A^\circ B^\circ/\!/AB$,即 $A^\circ B^\circ$ 与水平方向间夹角亦为 $60°$;又因 $AB/\!/V$,故 $a^\circ b^\circ/\!/OX$,因而 $a^\circ b^\circ$ 亦为水平方向。故由 A° 向右上方作 $60°$ 直线,并由 a° 作水平线,与由

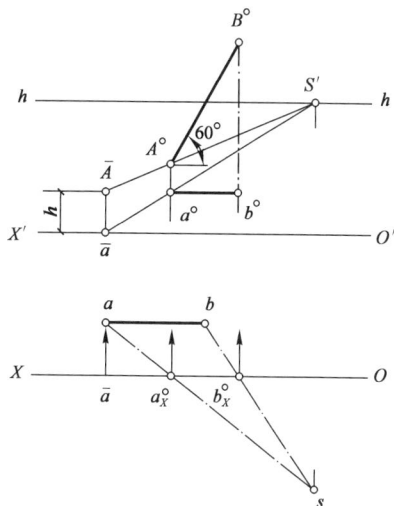

图 9-18 画面平行线的透视作法

sb 与 OX 的交点 b_X° 处所作的竖直线交得 B°、b°。于是就作出了 $A^\circ B^\circ$、$a^\circ b^\circ$。

二、平面图形的透视作法

H 面平行面的透视作法:H 面平行面的灭线为视平线 hh。H 面平行面为画面相交面的一种,故有灭线。平行于所有 H 面平行面的视平面为同一水平面,故它与画面相交成的灭线即为前述的视平线 hh。同时,所有水平线的灭点必在该视平线上。

H 面上平面图形为 H 面平行面的特殊情况。

【例 9-2】 如图 9-19 所示,已知 H 面上的平面图形 $ACDEFBA$、画面 V 与视点的 H 面投影,因 $ACDEFBA$ 在 H 面内,故其 H 面投影 $acdefba$ 与它相重合,并将按视高画出的画面 V 上的 $O'X'$ 与 hh 插在其中,求这个平面图形的透视。

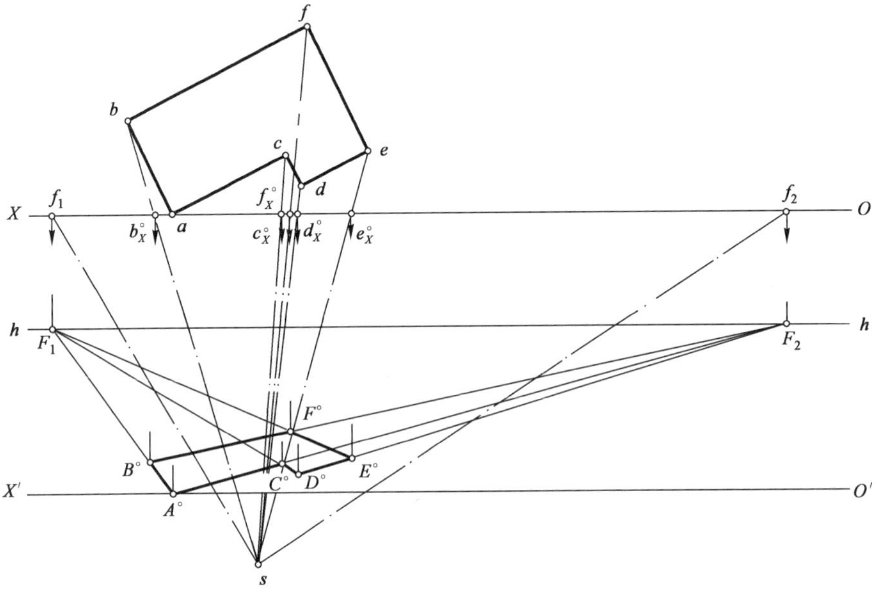

图 9-19　作 H 面上的图形的透视

图中将画面 V 上的 $O'X'$、hh 及透视图形布置于站点 s 到 OX 之间的空白地方,是为了节省图幅。

先求平面图形轮廓线的灭点,此图形有两组方向的直线,于是先作 AB 方向的灭点 F_1 和 AC 方向的灭点 F_2,应作 $sf_1 // ab$ 及 $sf_2 // ac$,与 OX 交得 f_1、f_2,由之作铅垂线,与 hh 交得灭点 F_1、F_2。

因 a 在 OX 上,即 a 在画面上,故 a 的透视 $A^\circ(a^\circ)$ 与本身重合,于是,由 a 作铅垂线,与 $O'X'$ 交得 A°。连接 $A^\circ F_1$,为 AB 的全透视。再作 sb,与 OX 交于 b_X°。由之作铅垂线,与 $A^\circ F_1$ 交得 B°。同样连接 $A^\circ F_2$,再作 sc,在 sc 与 OX 交点 c_X° 处作铅垂线,与 $A^\circ F_2$ 交得 C°。

因 CD 上一点 C 的透视 C° 业已作出,故连接 $C^\circ F_1$,再由 s 和 d 的连线与 OX 的交点 d_X° 处作铅垂线,与 $C^\circ F_1$ 交得 D°。

同样继续作图,作出 $D^\circ E^\circ$,连接 B°、f_2 和 E°、f_1,交得 F°,遂完成全图。

三、立体的透视作法

1. 立体的透视

立体的透视,即为立体表面的透视。立体的表面由平面或曲面所组成,故绘制立体的透视即为绘制平面或曲面的透视。

平面立体的表面形状、大小和位置,由它的棱线所决定,所以作平面立体的透视,实为作各种位置直线的透视。如图 9-20 所示,作该房屋轮廓的透视,实为作两组 H 面平行线和一组 H 面垂直线的透视。当立体为曲面立体时,除了画出它的轮廓线的透视外,还要画出透视的外形线等。

因为图 9-19 所示的图形就是图 9-20 所示的房屋轮廓的 H 面投影的外框,所以在图 9-19 所作出的透视图加上高度,即可作出房屋轮廓的透视。如图 9-20 中,由于 A 点在画面上,故通过 A 点的墙角线 A_1A 也在画面上,为真高线,其透视高度不变,于是由 $A°$ 直接量取 V 面投影中的 $a_1'a'$ 高度,得到 A_1 的透视 $A_1°$ 及墙角线 A_1A 的透视 $A_1°A°$。

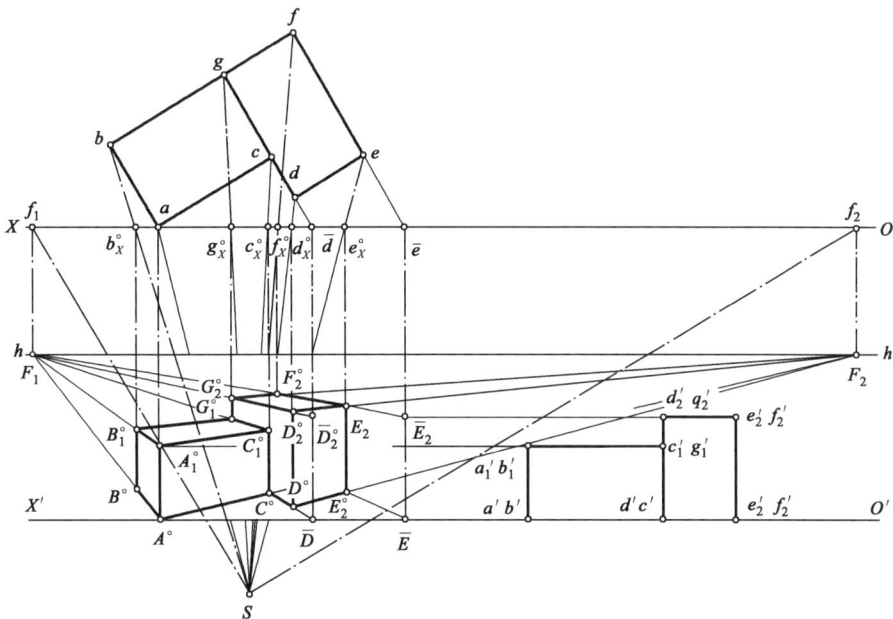

图 9-20 作房屋轮廓的透视

从该房屋平面图的轮廓线的交点 $B°$、$C°$ 竖直向上画出墙角线的透视位置,再由 $A_1°$ 作为起点,连左边低屋部分各轮廓线的灭点作屋檐的全透视,与各墙角线的透视位置交得透视 $B_1°$、$C_1°$ 和 $G_1°$ 点,从而完成左边低屋部分的透视。

右边高屋部分,因这些墙角线均不在画面上,故可以通过扩大 $G_1G_2D_2D$ 或 F_2E_2E 平面与画面相交的方法,使 $\overline{D_2D}$ 或 $\overline{E_2E}$ 反映高屋墙面的真高,然后用高屋顶面各轮廓线的透视方向和各墙角线的透视位置的交点完成全图。

下面再继续讲述画建筑物的透视图时怎样选定视点和画面的位置,以及常用的透视图的种类和它们的画法。

2.视点和画面位置

(1)视角

观看物体时,视线应在一定范围内才感舒适,合适地选定视点,可使画出的透视图不致变形。这个范围近似地为一个以视点为顶点,主视线为轴线的圆锥。该圆锥称为视锥,其顶角称为视角。视角应在 $20° \sim 60°$ 的范围内,以 $30°$ 左右为佳。

视角通常可由 H 面投影中最外视线间夹角来控制,如图 9-22 中,虽房屋的 H 面投影位于 $\angle 1sl = 37°$ 范围内,但视角要以 $2\varphi_1$ 计,因为当两旁视线不对称时,应以与主视线夹角为最大的一侧视线来量度。如两旁视线与主视线的夹角分别为 φ_1 和 φ_2,而当 $\varphi_1 > \varphi_2$ 时,则视角应为 $2\varphi_1$(不等于 $\varphi_1 + \varphi_2$)。但如图 9-21 中的视角则应为 2α(因两旁视线对称)。

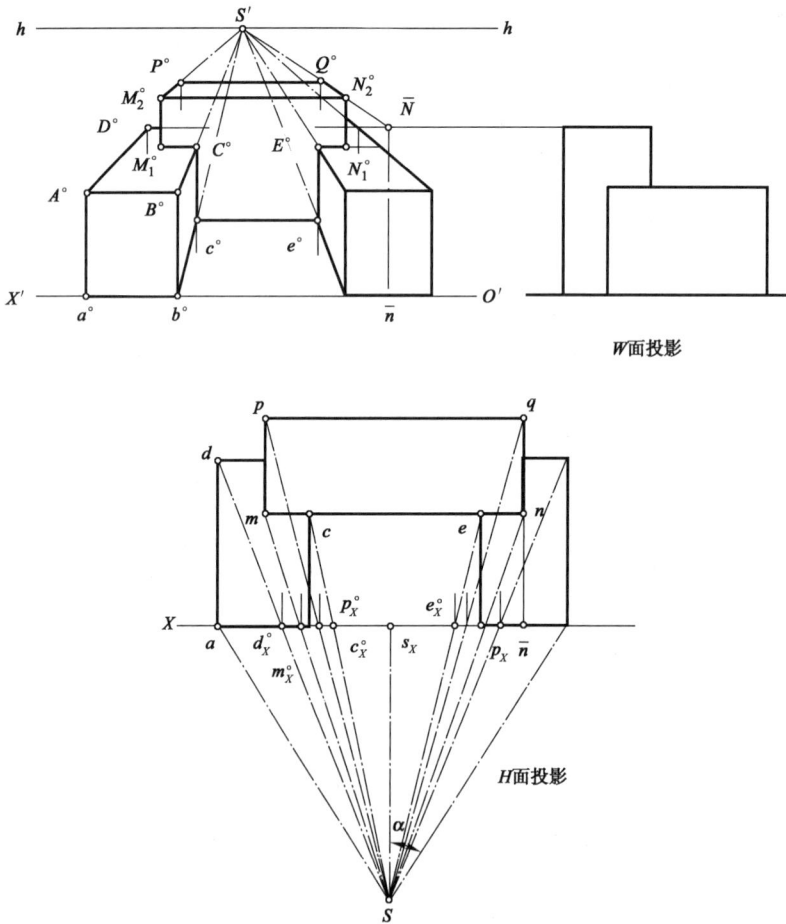

图 9-21　长方形房屋的正面透视

对于高耸建筑物,或者视点低于或高于建筑物较多时,则视角的大小,应由铅垂方向的视角控制(即高度视角),或由最下方或最上方的视线同主视线间夹角中的较大者的两倍来控制。并且对于高耸建筑物或视点低于和高于建筑物时的视距,可取建筑物高度或者视点到建筑物底或顶的高度的 $1.5 \sim 2.0$ 倍,如图 9-23 所示。

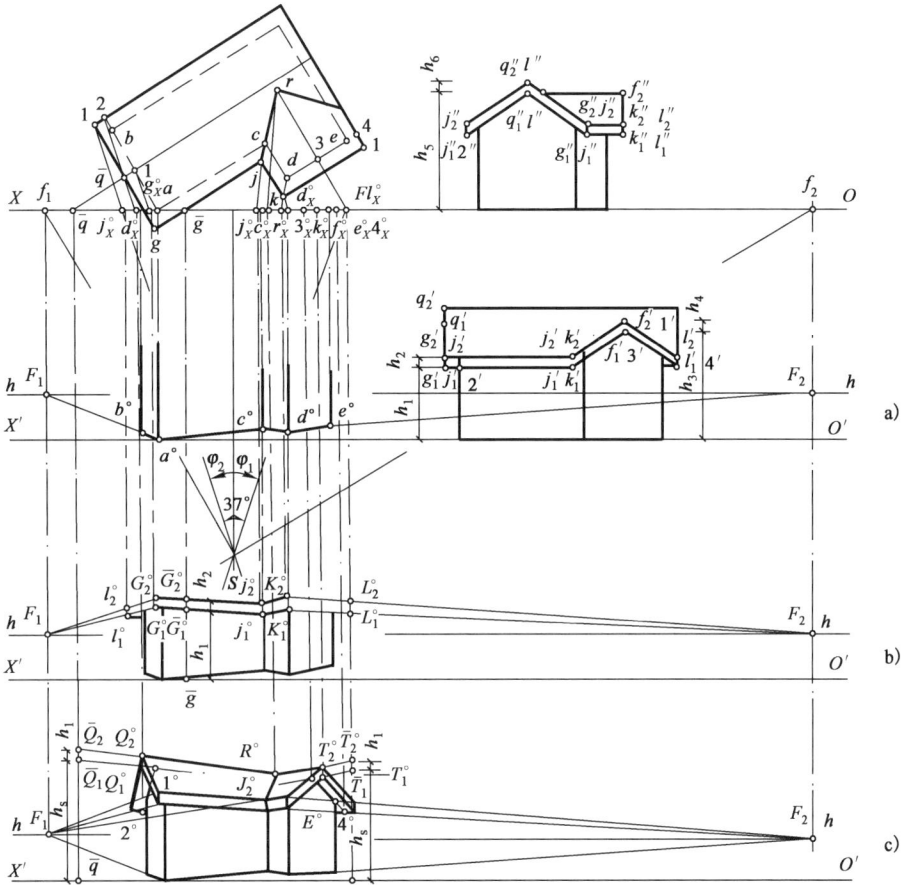

图 9-22　坡顶房屋轮廓的成角透视

a)已知条件与作图过程;b)作图过程二;c)作图过程三

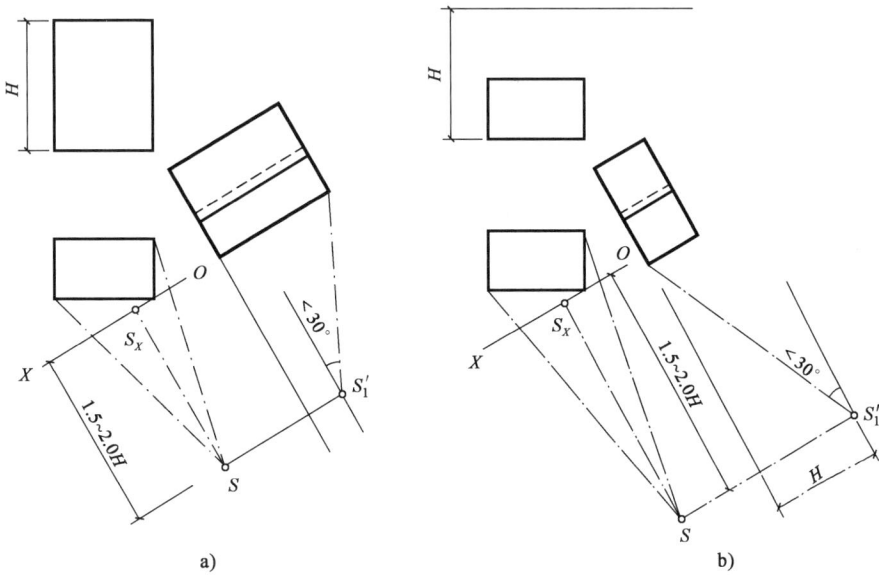

图 9-23　高耸建筑和高视点的视角

a)高耸建筑的视角;b)视点较高时的视角

（2）透视种类

画面、视点可对物体有各种不同的相对位置，因而形成的透视亦有不同的名称。如图 9-21 所示，画面与长方体的正面平行时，所得的透视称为正面透视；又如图 9-22 所示，画面与房屋的两种方向墙面各成一夹角时，所得的透视称为成角透视；又如图 9-21 中，视点高于立体，好像在高处观看，所得的透视也可称为鸟瞰图；等等。

3. 立体的透视作法举例

【例 9-3】 试作房屋轮廓的透视。如图 9-21 所示，已知房屋的 H 面投影和 W 面投影；又知视点 $S(s、s')$ 和视平线 hh；设地面恰为 H 面，故 $O'X'$ 与 W 面投影的底边平齐；又设画面平行于房屋的正面，且与侧屋的前墙重合，故 OX 恰与房屋的 H 面投影的前边重合。

解 此时，房屋的三组不同方向的轮廓线中，一组竖直的墙身线（如 Cc 等）和一组水平线（如 M_2N_2 等）平行于画面，故它们的透视 $C^\circ c^\circ$、$M_2^\circ N_2^\circ$ 的方向不变；另一组水平组（如 BC 等）垂直于画面，灭点即为主点 s'。

透视图位于 V 面上，因侧屋前墙 $AabB$ 等恰在画面上，故透视与本身重合，即可画出其透视 $A^\circ a^\circ b^\circ B^\circ$ 等。作连线 $A^\circ s'$、$b^\circ s'$、$B^\circ s'$，与由 sd、sc 和 OX 的交点 d_X°、c_X° 处的竖直线，交成棱线的透视 $A^\circ D^\circ$、$b^\circ c^\circ$、$B^\circ C^\circ$ 及 $C^\circ c^\circ$。并由 c°、C° 作水平线，与由 se、sm、sn 同 OX 交点 e_X°、m_X°、n_X° 处的竖直线，交成透视 $c^\circ e^\circ$、$C^\circ M_1^\circ$ 及 $E^\circ N_1^\circ$。利用真高线 $\overline{nN}$ 可作出 N_2°。其余各线的作法如图 9-21 所示。全图遂成。

【例 9-4】 试作坡顶房屋轮廓的透视，如图 9-22 所示，已知房屋的 H 面、V 面和 W 面投影。OX 表示画面位置，房屋的 H 面投影对 OX 呈倾斜位置，即房屋的墙面对画面成一夹角；视点的 H 面投影 s 为已知；并知 $O'X'$ 和 hh。

解 （1）如图 9-22 所示，除了竖直的墙角线等平行画面而透视方向不变外，其余两组水平直线如 ab、ac 等的灭点分别各为 F_1 和 F_2，作法如图所示。

因 OX 通过 a，即画面通过该处墙角线，因而 a° 与 a 重合。作连线 $a^\circ F_1$、$a^\circ F_2$ 与由 sb、sc 和 OX 的交点 b_X°、c_X° 处的竖直线交得 b°、c°，故得透视 $a^\circ b^\circ$、$a^\circ c^\circ$。于是作 $c^\circ F_1$，与由 sd 和 OX 交点 d_X° 处的竖直线，交成透视 $c^\circ d^\circ$。同法求出 $d^\circ e^\circ$。通过 a°、$b^\circ \cdots$ 的竖直线，即为各墙角线的透视。

（2）再作屋檐的透视：在 H 面投影中，屋檐 G_1J_1、G_2J_2 的 H 面投影 gj 交 OX 于 $\overline{g}$，由之作竖直线可作得真高线 $\overline{gG_1G_2}$。连线 $\overline{G_1}F_2$、$\overline{G_2}F_2$，与由 sg、sj 和 OX 的交点 g_X°、j_X° 处的竖直线交得透视 $G_1^\circ J_1^\circ$、$G_2^\circ J_2^\circ$、$G_1^\circ G_2^\circ$ 及 $J_1^\circ J_2^\circ$，连接 J_1° 与 F_1、J_2° 与 F_1，与由 sK 和 OX 的交点 K_X° 处的竖直线交得透视 $J_1^\circ K_1^\circ$、$J_2^\circ K_2^\circ$ 及 $K_1^\circ K_2^\circ$。

至于 L_1°、L_2° 可设想有水平辅助线 K_1L_1、K_2L_2。故作连线 $K_1^\circ F_2$、$K_2^\circ F_2$，与 sl 同 OX 的交点 L_X° 处竖直线交得 $L_1^\circ L_2^\circ$。连线 $L_1^\circ F_1$ 得右方屋檐的一小段透视。同样利用水平辅助线 G_1I_1、G_2I_2 可作得 $I_1^\circ I_2^\circ$。连接 I_1° 与 F_2，就作出了左后方屋檐的透视。

（3）屋脊求法：如屋脊 $T_2^\circ R^\circ$，可延长 tr，与 OX 交于点 $\overline{t}$（本图中恰与 l_X° 重合），将过 t 所作的竖直线作为真高线，量得 $\overline{T_1}$、$\overline{T_2}$，作边线 $\overline{T_1}F_1$、$\overline{T_2}F_1$ 与 st、st 和 OX 交点 t_X°、r_X° 处的竖直线交得 T_2°、R° 及 T_1° 点，并可连得斜檐的透视 $K_1^\circ T_1^\circ$、$K_2^\circ T_2^\circ$、$L_1^\circ T_1^\circ$ 及 $L_2^\circ T_2^\circ$，也可连得天沟的透视 $R^\circ J_2^\circ$。斜平顶与墙面的交线 $E^\circ 3^\circ$，可利用其延长线与屋檐的交点 4° 来作出，如图 9-22 所示。同法可求

出正屋面的屋脊与左方斜屋檐等的透视 $G_1^\circ Q_1^\circ$、$G_2^\circ Q_2^\circ \cdots$。

【例9-5】 已知条件如图9-24a)所示,作进门的透视。

解 从图9-24中 H 面投影可以看出,因整个外墙面均位于 OX 的前方,故外墙面位于画面之前。此时,建筑物上画面平行线的透视较实长为长,故也称为放大透视。如果画面置于建筑物之前,即画面置于建筑物与视点之间,此时,建筑物上诸画面平行线的透视较实长为短,故也称为缩小透视。在图中,该房屋的墙角位于 OX 上,故以该墙角作为真高线,所有高度均从置于右方的剖面图作水平线来获得,其作法如下:

(1)先画出门、窗在外墙上的洞口,再画出雨篷、踏步、窗台等与外墙面的交线。

(2)完成全图。有关作图线均如图9-24所示。本图中灭点 F_2 已越出书页外。

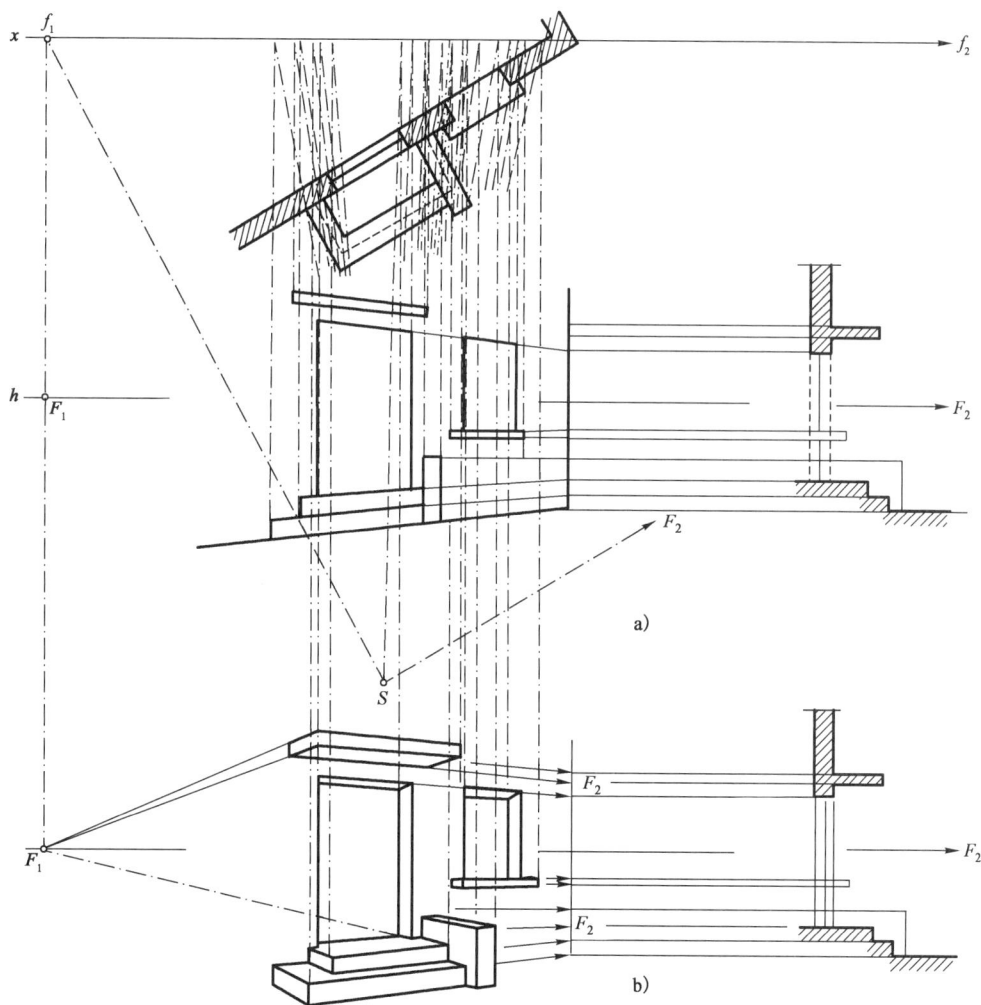

图9-24 进口的成角透视
a)已知条件作图过程一;b)作图过程二

【例9-6】 已知条件如图9-25所示,作进厅的室内透视。

解 所画透视应为放大透视,其作法步骤如下:

(1)求出该建筑两组水平的画面相交线的灭点 F_1 和 F_2(已越出图外)。

（2）由于墙角线 Aa 位于画面上，故为房屋中各水平轮廓线的真高线，则可将 $A°a°$ 真高线与基线 $O'X'$ 的交点 $a_1°$ 作为起点，逐段量取室内平台每级踏步的高度 Z_1、Z_2、Z_3 等于空间真实的高度和门（包括各水平方向分格线）的真实高度 Z_4，以及室内高低平顶和灯槽的真实高度 Z_5、Z_6。

（3）根据这些轮廓线在画面之前或之后的位置，并根据这两组水平的画面相交线的灭点 F_1 和 F_2，利用 F_2 求出门及门内各水平分格线的透视方向。利用 F_1 灭点，求出平台上各级踏步、室内高低平顶和灯槽（使灯槽扩大到右侧墙面）在右侧墙面上的水平交线的透视位置。

（4）然后利用视线的 H 面投影，作出室内踏步、室内高低平顶和灯槽的透视。

（5）中间具有壁画的墙面和突出的壁画面，分别使其向右扩大到画面，然后分别在这两条真高线上量取墙面和壁画面的高度位置，再根据视线的 H 面投影，完成墙面和壁画面的透视。完成的透视如图 9-25 所示。

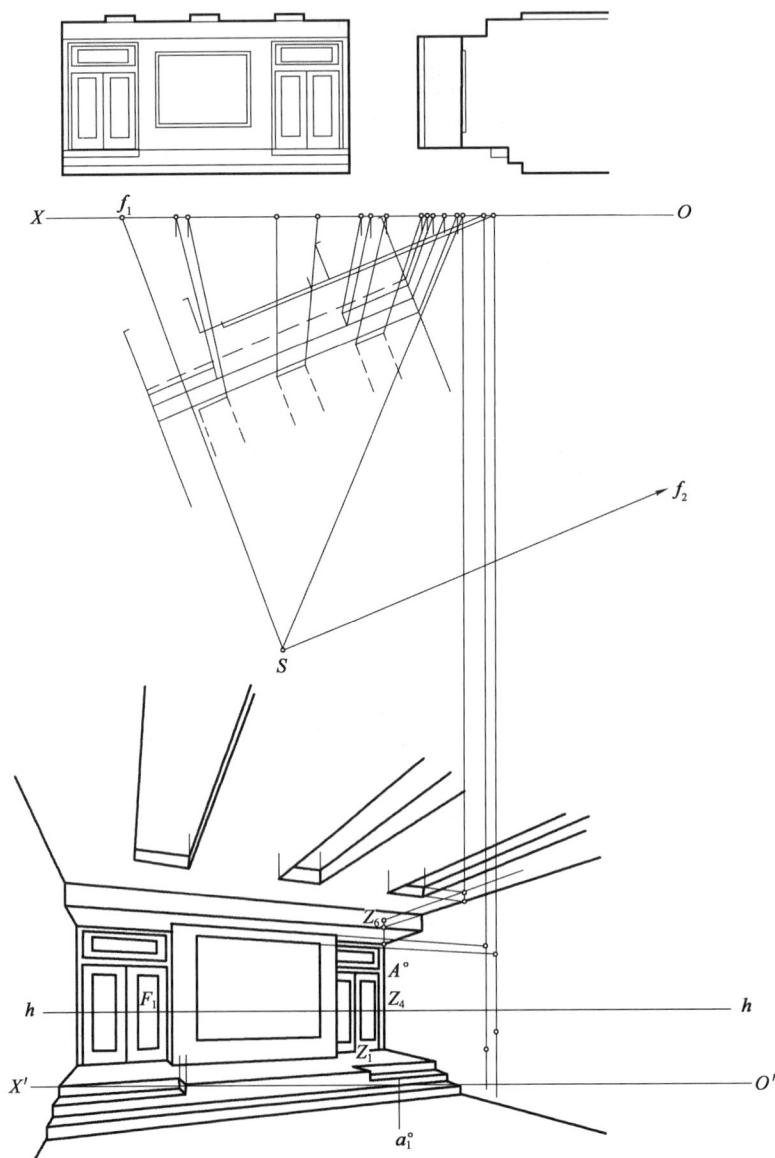

图 9-25　进厅的室内透视

【**例9-7**】　如图9-26所示，已知H面上竖直的圆柱的H面投影及柱高h，作圆柱的透视。

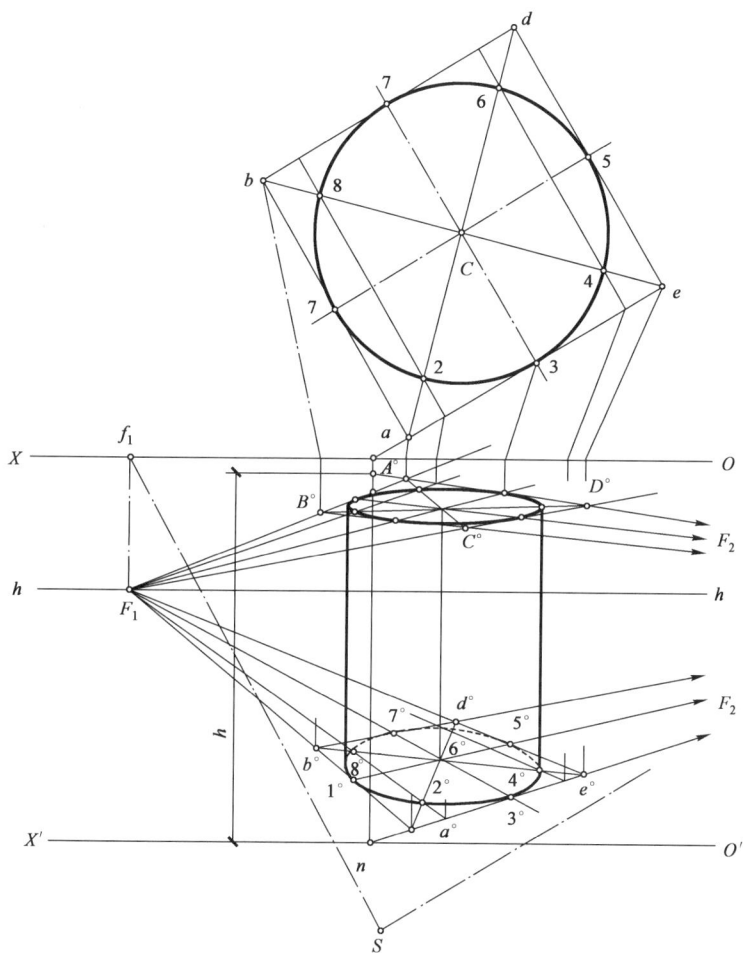

图9-26　圆柱的透视

解　先作底圆及顶圆的透视。当然可作出圆周上一些点的透视来连成圆周的透视，本图用八点法作图。如H面投影所示，作圆周的外切正方形$abde$，与圆周切于四点1、3、5、7；并与正方形的对角线交于四点2、4、6、8。

然后作出此顶圆和底圆的外切正方形的透视，并作上述八点的透视，于是可连得顶圆及底圆的透视。最后，对它们作两条竖直的公切线，即为圆柱面的透视投影的外形线。顶圆和底圆中不可见部分，实际上不必画出。

【**例9-8**】　如图9-27a)所示，作圆拱门的透视。

解　该拱门主要是求解两个半圆周的透视。现详细叙述前墙面上的半个圆周的透视作法。

（1）如图9-27a)所示，先作出墙与门洞侧壁的透视的可见部分，然后在V面投影中将半个圆周纳于半个正方形$I\,AB\,V\,(1'a'b'5')$中，并作小正方形的对角线$CA(c'a')$、$CB(c'b')$，与半圆周交于$II(2')$、$IV(4')$两点，并作辅助线$II\,IV(2'4')$。于是在透视中，利用视线的H面投影及真高线作出透视$I°A°B°V°$，以及辅助线的透视$II°IV°$，并作对角线$C°A°$、$C°B°$。于是得$I°、II°、III°、IV°、V°$各点，从而可连得半个透视椭圆。

(2)如图9-27b)所示,用同样的方法可作后方半圆周的透视。图中作出了前后两个半圆周上对应点的连线,应通向灭点 F_2,利用这个特性作出后半圆周上各对应点的透视,连出其可见的透视投影,这样可使作图简化。

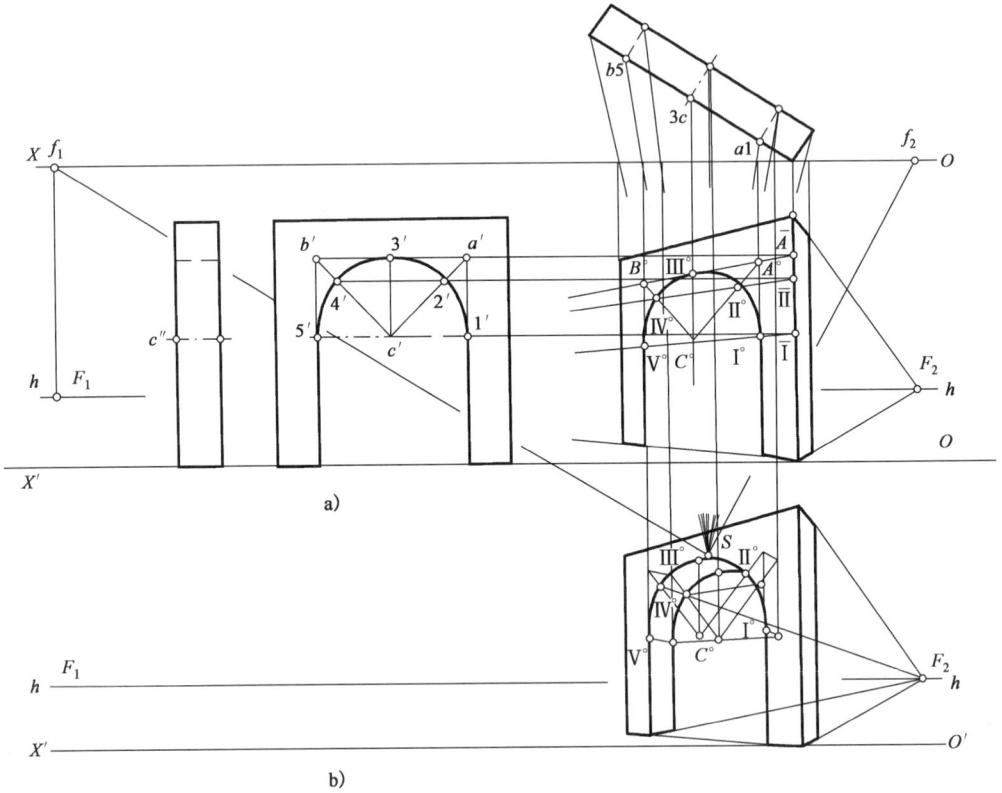

图 9-27 圆拱门的透视

a)已知条件和作图过程一;b)作图过程二

四、透视放大和方格网的透视

1. 透视放大作法

(1)由正投影图进行透视放大作法

如原来的正投影图较小,希望画出较大的透视图形,除了把画面放得离视点较远,以获得较大的透视外,也可如图9-30所示,将图9-28中 f_1、f_2、a、b_X°…点的相互水平距离按需要的倍数放大,再移至图9-30的 $O'X'$ 上(本例中 F_2 已越出书页)。

并在作图时,表示视高的 $O'X'$ 与 hh 间距离,以及真高线上 $A^\circ A_1^\circ$、$\overline{EE_2}$ 等高度,均按同样比例放大。

一个灭点不可达时,如图9-30中 F_2 已越出图外,不利用 F_2 作图,则再加一条真高线 $\overline{DD_2}$,并利用视线的 H 面投影,直接作出 D°、D_2°、$C^\circ C_1^\circ$、C_1°,使可连得原来通向 F_2 的直线 $A^\circ C^\circ$、$A_1^\circ C_1^\circ$、$D^\circ E^\circ$…。

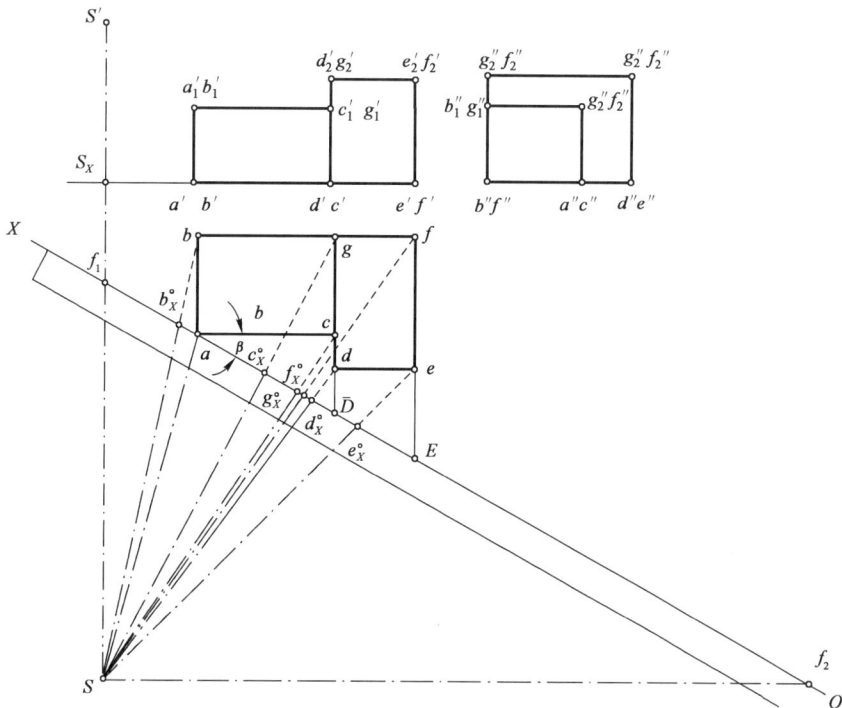

图 9-28 房屋轮廓的投影图

（2）从已作好的透视图直接进行放大

根据如图 9-29 所示的已作出的透视图，并加添 g_X°、c_X°、e_X° 等点的位置，然后同样地把 f_1、f_2、b_X°、aA° 等点相互的水平距离按需要的倍数放大，把 $O'X'$ 与 hh 间距离及各真高线上的高度，均按同样比例放大。可得出由透视图直接放大的作图法，通常使用于在群体透视图中，放大某一单体之用。

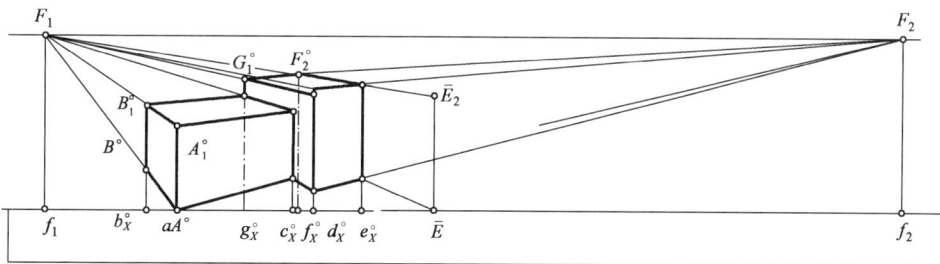

图 9-29 房屋轮廓的透视图

2. 方格网的透视作法

凡遇图形不整齐、弯曲或分散等情况，可将它们纳入一个正方形组成的网格中来定位。先作出这方格网的透视，然后按图形在方格网中的位置，在相应的透视网格中，定出图形的透视位置。这种利用方格网来作透视的方法称为方格网法，或称网格法。网格法除应用在如图 9-30 所示的求作一般曲线透视外，还常用于建筑规划区的群体布置，地面上的道路布置等的透视图中。

图 9-31 为求位于 H 面上平面曲线的透视示例，作图过程如下：

（1）可先在曲线上作出方格后，使一组为平行于画面，如 ab、ec 等，另一组则垂直于画面，如 ae、bc 等，并作垂直于画面的这组直线的迹点 $a(A^\circ)$、$I(I^\circ)\cdots$。

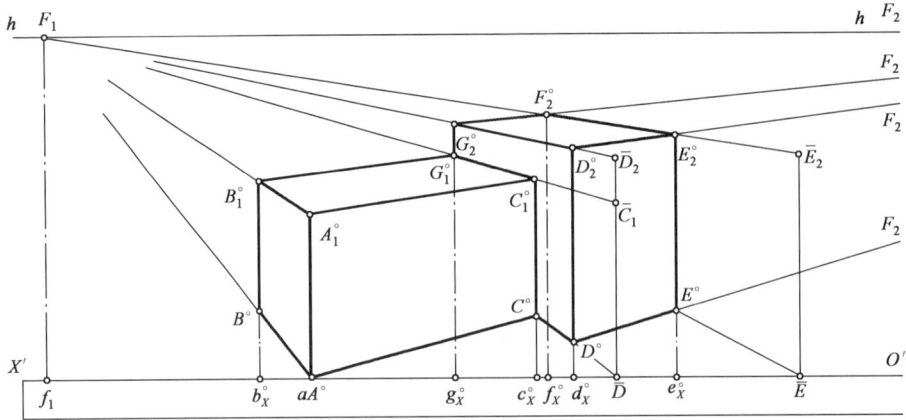

图 9-30　放大透视画法

（2）过视点 S 求出灭点 s'（即为主点）；由 s' 连接各迹点 $A°$、$I°\cdots$，得垂直于画面的这些直线的全透视。

（3）至于平行画面的这组直线的透视，可利用方格对角线的透视来作出，图中取 $a3_1$；由 S 作 $a3_1$ 直线的灭点 $F_D = F_{45°}$，连接 $A°$ 和 F_D，$A°F_D$ 与垂直于画面各直线的透视相交得 $III_1°$ 等点，再过这些交点作 $O'X'$ 的平行线，即得平行于画面各直线的透视 $E°C°$ 等，由此作出了方格的透视。

（4）由此在方格网的透视中，定出曲线与方格的交点的透视。在平行于画面的方格线上的点可按原来比例作出，而垂直画面方格线的透视有灭点，所以在这些线上的交点应按原来比例并须考虑近大远小（近宽远狭）的关系定出。在一小方格内的一段曲线，也可取适当位置的点，再在该小方格的透视中定出各点的透视位置，这样可使所求曲线的透视更为准确（图中略）。

（5）在方格透视中用曲线光滑地连接各点，即成该曲线的透视。

【例 9-9】　如图 9-32 所示，试用一边平行画面的方格网绘制建筑群的透视图。

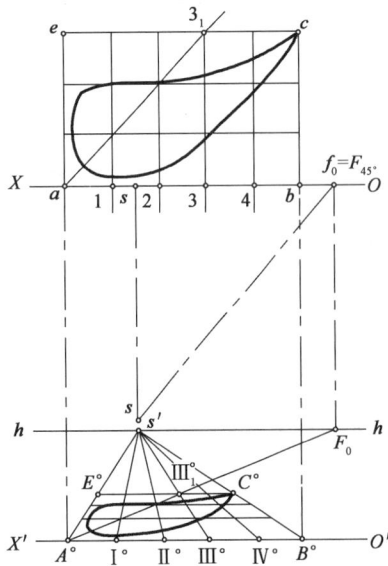

图 9-31　方格网作曲线的透视

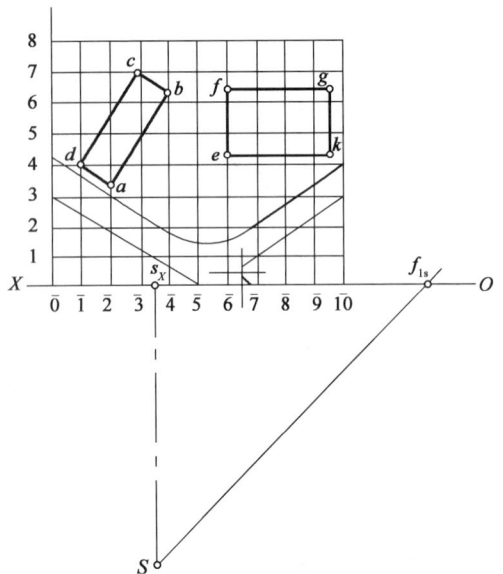

图 9-32　平面图加一边平行于画面的方格网

图 9-32 为一组建筑群平面图的一部分。由于房屋歪斜,并有道路等,故把它们纳入一个方格网中,本图使方格网的一边平行画面,OX 轴重叠于格网的最前边线。其作图步骤如下:

(1) 方格网的透视

设要放大一倍画出其透视。先根据已定的视高,放大一倍后,定出 $O'X'$ 和 hh,如图9-33所示;再根据图 9-32 中的 s_X 位置,相应移至放大后的图 9-33 中的 s_X 位置;然后由 s_X 点作 $O'X'$ 的垂线,用图 9-32 中放大一倍后的视距尺度定出图 9-33 中的 s 点,并由 s_X 作铅垂线,交于 hh 上 s'点,作出一组垂直于画面的方格网的灭点 s'(即主点)。

这一组垂直于画面的格线的画面交点 $\overline{0}$、$\overline{1}$、$\overline{2}$…间距离,反映了方格的宽度,按图9-32a)放大一倍后,再根据它们的对视点 $S(s',s)$ 的左右相对位置,作于图 9-33 中的 $O'X'$上的 $\overline{0}°$、$\overline{1}°$、$\overline{2}°$…位置。连线 $s'\overline{0}°$、$s'\overline{1}°$、$s'\overline{2}°$…为这组格线的透视。图中还作出了与水平格线成 45°方向的网格对角线的灭点 $F_{45°}$。连线 $\overline{0}°F_{45°}$ 即为对角线的透视。从 $\overline{0}°F_{45°}$ 与 $s'\overline{1}°$、$s'\overline{2}°$…的交点 1_1、2_2…作 $O'X'$平行线,即为平行于画面的另一组格线的透视。

如某处需要较小格子,则在透视中,用对角线加一些小格子,如图 9-33 中道路的转角处。

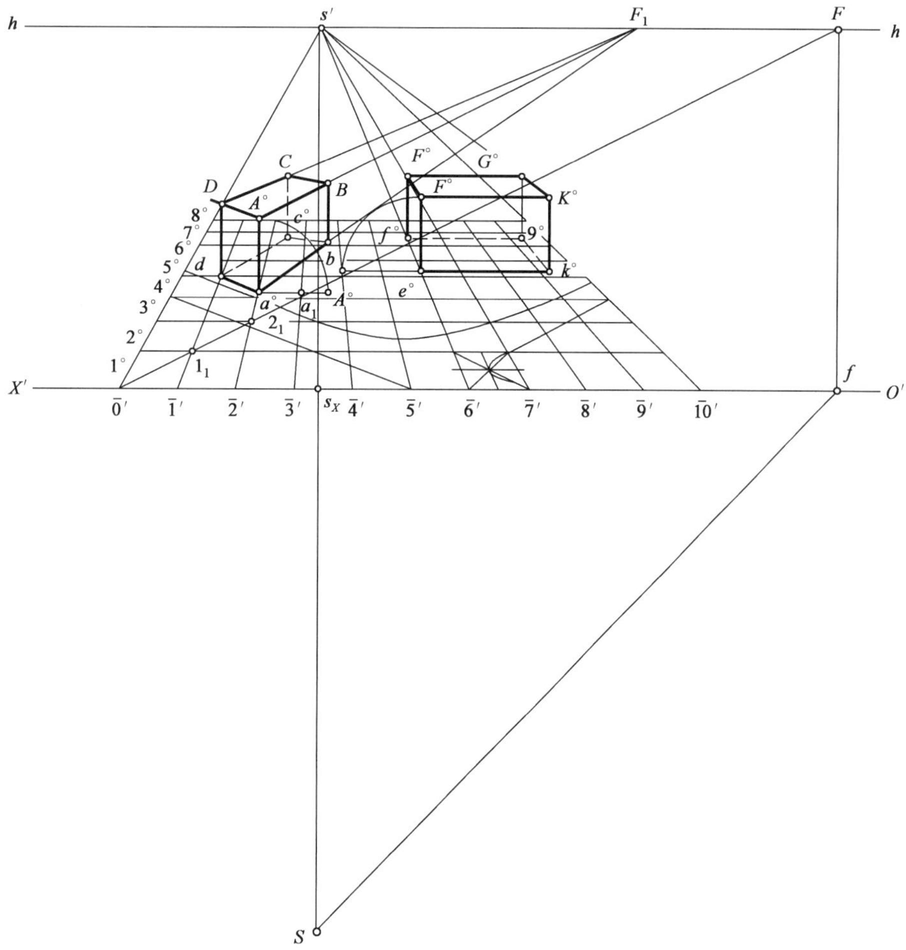

图 9-33　用一边平行于画面的网格作建筑群的透视

(2)平面图的透视

根据图9-32中建筑物的平面图和道路等在方格中的位置,在图9-33的格网透视中,尽可能准确地先目估定出一些点的透视位置,再连成建筑物和道路等的透视平面图。

一点在格线上的位置与图9-31一样,当定在透视网格上时,一点把格线分成两段长度之比:在平行于画面的格线的点,这个分比在透视格线上不变;但在不平行于画面的格线的点,定在透视格线上时,应考虑近长远短的规律。例如,一点位于平面图上格线的中点,当在平行于画面的格线上时,在透视中仍为中点;但在不平行画面的格线上时,在透视中,近的一段要比远的一段长些。如一点不在格线上,则到附近格线的距离,也应考虑到这些性质。

(3)透视高度

量取建筑物的透视高度,可用下述方法:因平行画面的正方形,透视仍为一个正方形,即高度和宽度相等。故如本图中,假定墙角线 aA 的空间高度相当于平面图上网格的1.6格宽度,则在透视中,$a°A°$ 相当于该处1.6格透视网格的宽度。作图时,由墙脚 $a°$ 作 $O'X'$ 平行线,与 $s'\overline{2}°$、$s'\overline{3}°$ 交得该处1格宽度 $a°a_1$,于是取长度 $a°A_1 = 1.6 \times a°a_1$,即为1.6格透视宽度。再取 $a°A° = a°A_1$,即得 $A°$。

同法,可作出屋顶的端点 $B°$、$C°$、$D°$,即可连得左方房屋的透视。如图9-33中,把 $a°b°$ 延长,与 hh 交得灭点 F_1,则作图时,可利用 F_1 来简化作图。

右方一座房屋的高度和 $E°$ 的作法如图9-33所示。由于这座房屋的一组水平轮廓线平行画面,故透视平行 $O'X'$;另一组垂直画面,故它们的灭点为 s',利用这些特点,可简化作图。

【例9-10】 用两边均不平行画面的方格网作建筑群的透视。

如图9-34所示,由于建筑物互相平行,故选择平行于建筑物水平轮廓线的方格网。设这时的画面位置如图9-34中 OX 所示,并设透视放大一倍画出。作图过程如下:

(1)如图9-35所示,先根据图9-34中已定的画面和视点相对位置放大一倍,作出画面上的 $O'X'$(画面的 H 面投影 OX 与它重合),及两组水平格线的灭点 F_1、F_2 的 H 面投影 f_1、f_2 和

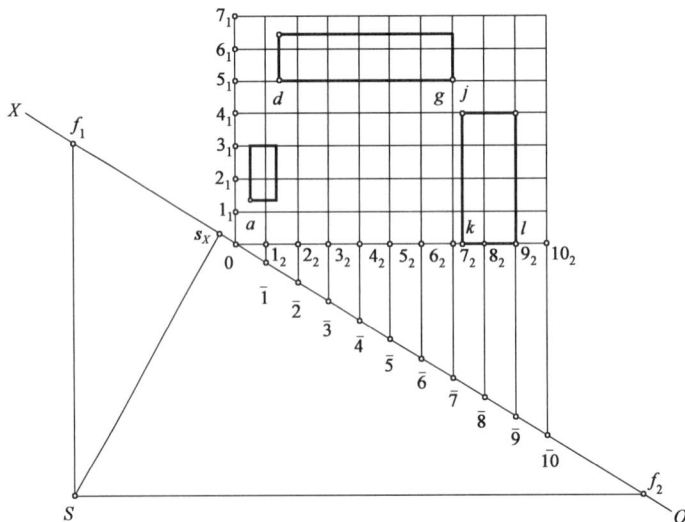

图9-34 平面图加两边均不平行于画面的方格网

主点的 H 面投影 s_X。

　　然后根据已定的视高,经放大一倍后,在图 9-35 中定出 hh,并把图 9-34 中 OX 上的 f_1、f_2 点和 s_X 点的间距放大一倍后移至图 9-35 中 $O'X'$ 上的 f_1、f_2 和 s_X 点(f_2 已越出图外),由 s_X 作铅垂线,并量取放大一倍后的视距尺度得出图 9-35 中的 s 点,由 s 点作 f_1Sf_2 的角平分线,与 $O'X'$ 交于 f_{45}。即为两组水平格线对角线的灭点在 $O'X'$ 轴线上的位置,由 f_1、f_2、s_X、f_{45}。分别作铅垂线,与 hh 视平线上交得 F_1、F_2、s' 和 F_{45}。点,分别为两组水平格线的灭点、主点和对角线的灭点(F_2 已越出图外)。

　　(2)方格网的透视,先在图 9-34 中延长一组水平格线与画面相交于 0、$\overline{1}$、$\overline{2}$…点,再按图 9-34 放大一倍后,按它们对视点 $S(s'、s_X)$ 的左右相对位置,在图 9-35 中的 $O'X'$ 上作出 $0°$、$\overline{1}°$、$\overline{2}°$…点,连线 $F_1 0°$、$F_1 \overline{1}°$、$F_1 \overline{2}°$…为这组格线的透视方向,再应用对角线的灭点 F_{45}。,并利用对角线的透视 $0°F_{45}°$ 与 $F_1 \overline{1}°$、$F_1 \overline{2}°$…交得 1_2、2_2…点,将 $\overline{0}$、1_2、2_2…点与 F_2 相连,得出另一组水平格线的透视方向,这两组水平格线交得该方格网的透视。

　　(3)图中各房屋的透视高度用真高线方法来作出,如图 9-35 所示。

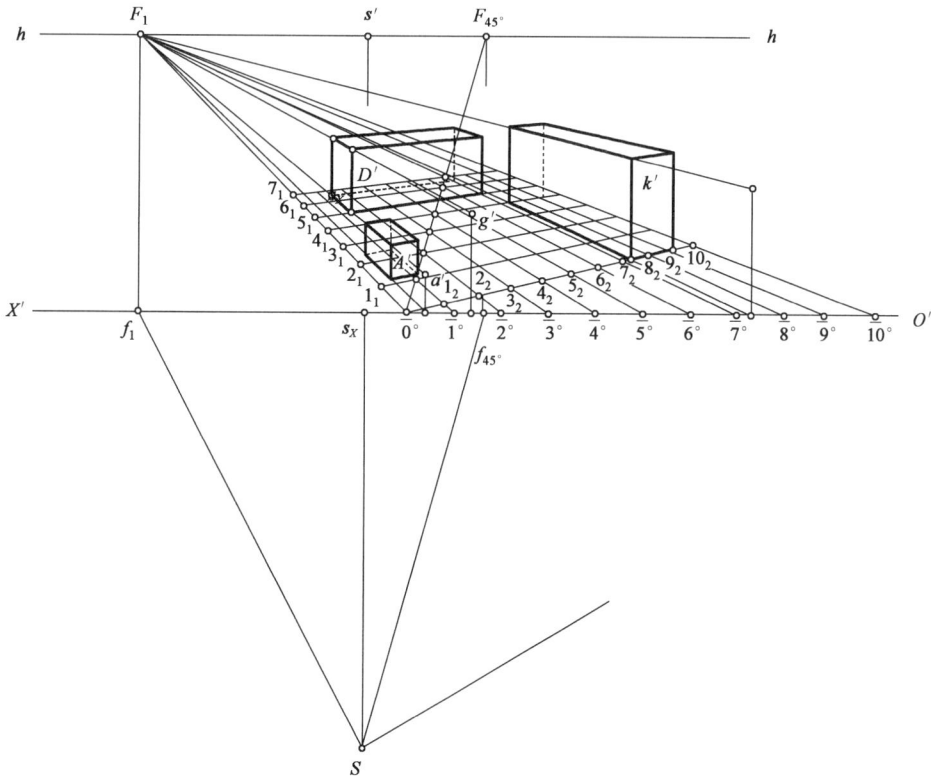

图 9-35　用两边均不平行于画面的网格作建筑群的透视

五、透视辅助作法

　　绘制建筑物的透视时,首先绘制主要轮廓的透视,至于建筑细部,如各层的门窗及门窗分格以及其他细部的图形很小,不便用建筑师法作图时,可以应用辅助方法来补充作图,现举例如下。

1.画面平行线的等分线(或分段)

画面平行线除了恰在画面上时透视长度不变外,当不在画面上时,长度将产生变化,但是直线上各线段长度之比,在透视中不变,利用这个特性可在已经作得的画面平行线的透视上,应用分比法作出直线各段的透视。如图9-36所示,已知铅垂线 AB 的透视 $A°B°$,又知 AB 内线段 $AC=l_1$、$CB=l_2$,求 $C°$ 的位置。

如图9-36所示,任取一线 A_1B_1 使其一端(如 A_1)重合于 $A°$,长度等于 AB,并使 $A_1C_1=l_1$、$C_1B_1=l_2$。作连线 $B_1B°$,再作 $C_1C°/\!/B_1B°$ 与 $A°B°$ 交得 $C°$。因为 $A°C°:C°B°=A_1C_1:C_1B_1=l_1:l_2$,就求出了 $C°$。

2. H 面平行线的等分段(或分段)

H 面平行线一般是指画面相交线,非但直线的透视不等于原来的长度,且直线上各线段的长度之比,在透视中也不再保持,但可以利用画面平行线来进行作图。

如图9-37所示,设已作出一条 H 面平行线 AB 的透视 $A°B°$。将 $A°B°$ 分成五等份。

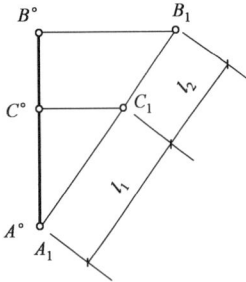

图9-36　画面平行线的分段　　　　图9-37　H 面平行线的等分段

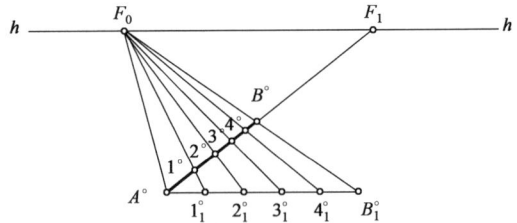

可过 $A°B°$ 的任一端(如 $A°$),作一水平线 $A°B°_1$,并使得 $A°1°_1=1°_12°_1=2°_13°_1=3°_14°_1=4°_1B°_1$,作连线 $B°_1B°$,延长 $B°_1B$,与 hh 交于 F_0 点。再作连线 $F_01°_1$、$F_02°_1$、$F_03°_1$、$F_04°_1$,与 $A°B°$ 交得 $1°$、$2°$、$3°$、$4°$,就将 $A°B°$ 分成五等份。因为 $A°B°_1$ 是条平行于 V 面的一条水平线的透视,故其透视比例不变,而过 F_0 的 $F_01°_1$、$F_02°_1$、$F_03°_1$、$F_04°_1$,相当于是分割两 H 面平行线间的相互平行的以及平行于 H 面的一组辅助线的透视,故它们的灭点 F_0 在 hh 上,这些线把 $A°B°$ 分成的分段,即为 AB 直线分成五等份的透视。

3.在 H 面平行线上连续截取等长的线段

如图9-38所示,已知 H 面平行线 AB 的透视 $A°B°$,要在 AB 的延长线上截取一些与 AB 等长的线段的透视。

先过 $A°$ 作一条水平线,以任一长度单位取等长度段 $A°B_1=B_1C_1=\cdots$,连接 B_1 与 $B°$,延长 $B_1B°$,与 hh 交于 F_0 点。再作连线 F_0C_1、$F_0D_1\cdots$,在 $A°B°$ 的延长线上,交得 $C°$、$D°$、$E°$,则线段 $B°C°$、$C°D°$、$D°E°$ 等即为所求。倘若尚欲延长,请参见图9-38中从 $D°$ 再作水平线后所示的同样作法。

4.矩形的分割

如图9-39所示,已知一个铅直矩形的透视 $A°B°D°C°$,将它沿 AC 方向三等分。可在铅垂边(如 $A°B°$)上,取三个单位长度 $A°1$、12、23,连接 3、F,$3F$ 与 $C°D°$ 交于 4,$A°34C°$ 成为一个矩形的透视。作对角线 $A°4$,与 $1F$、$2F$ 交于点 5、6,由之作铅垂线,即将 $A°B°D°C°$ 分成铅垂的三等份。

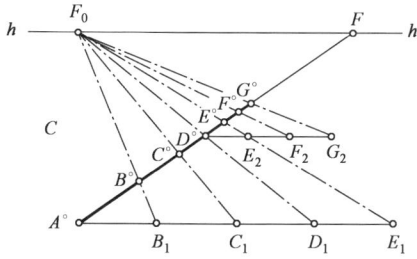

图 9-38 作连续线段的透视

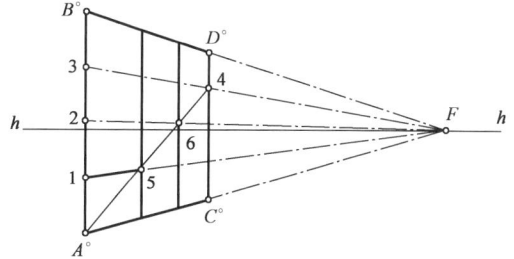

图 9-39 矩形三等分

5. 矩形对分

如图 9-40 所示,已知一个铅垂矩形的透视 $A°B°C°D°$,将它沿铅垂方向对分。先连对角线 $A°C°$、$B°D°$,相交得矩形中心的透视 $E°$,由之作铅垂线 $F°G°$,即可将矩形的透视等分两半。

如图 9-41 所示,已知一个水平矩形的透视 $A°B°C°D°$,将它分成四个等块,亦是先连对角线,得中点的透视 $E°$,由 $E°$ 与点 F_1 与 F_2 相连,即得到将矩形分成四个等块的透视图。

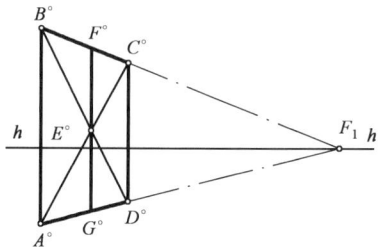

图 9-40 铅垂面对分

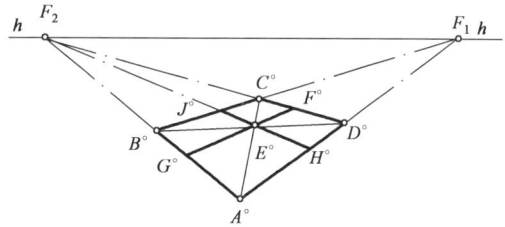

图 9-41 分水平面为四个等块

6. 矩形的连续

如图 9-42 所示,已知一个水平的矩形的透视 $A°B°C°D°$,延长对角线 $A°C°$ 与 hh 交得 F_3,作 $D°F_3$,与 $B°F_1$ 交得 $E°$ 点,作连线 $E°F_2$,得第二个矩形的透视 $C°D°G°E°$,同样,可连续作出一些矩形的透视。

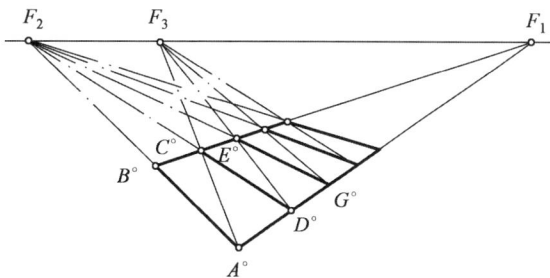

图 9-42 作连续矩形的透视

7. 对称图形

如图 9-43 所示,已知矩形的透视 $A°B°D°C°$ 及 $C°D°F°E°$,求 $A°B°D°C°$ 的对称图形,作 $C°D°F°E°$ 的对角线 $C°F°$ 及 $D°E°$ 交得中心的透视 $M°$,作连线 $A°M°$,与 $B°F$ 交得 $H°$,由 $H°$ 作铅垂线 $H°G°$,则 $E°F°H°G°$ 即为所求。

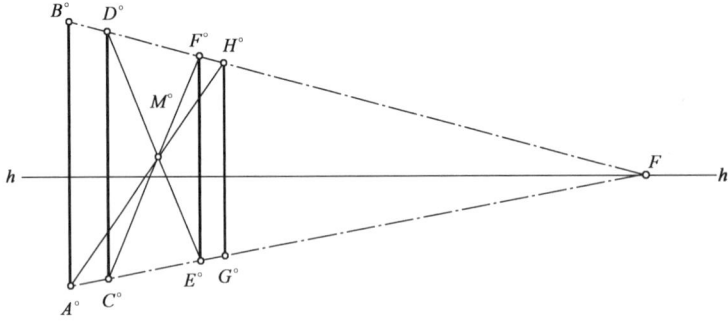

图 9-43　作对称图形

如图 9-44 所示，如要作 $A^\circ B^\circ H^\circ G^\circ$ 的连续图形，则可作连线 $M^\circ F$，与 $E^\circ F^\circ$、$G^\circ H^\circ$ 交得 N°、P° 点，再作连线 $A^\circ N^\circ$、$C^\circ P^\circ$，与 $B^\circ F$ 交于 K°、R°，由 K°、R° 作铅垂线，即得连续图形。

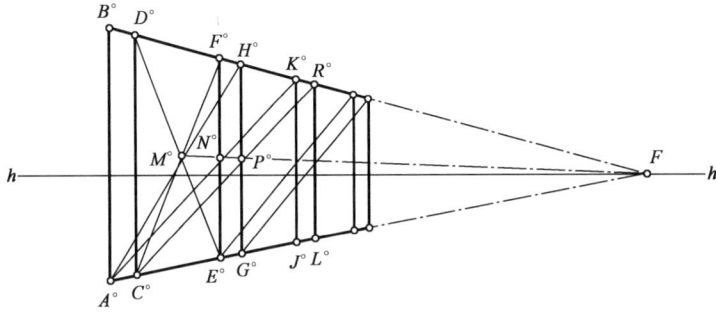

图 9-44　作连续图形

第 十 章

标高投影

在土木工程中,常常需绘制地形图,以便于在图纸上解决有关的问题。由于地面的形状比较复杂,而且高度与地面上的任何水平方向之比相关很大,如采用前述的相互垂直的投影面上的多面正投影,不仅作图繁复,而且图形也不够明显。因此常采用本章所述的标高投影法。

标高投影法——标高投影图在水平投影上加注形体上某些点、线、面的整数高度,以高度数字代替多面投影中的正面投影的投影图,它仍然是正投影。用标高投影图表示形体的投影方法称为标高标影法。

第一节 点和直线的标高投影

一、点的标高投影

在点的水平投影旁,标注出该点离开水平投影面高度的数字,便是该点的标高投影。

如图 10-1a)所示,设空间有三个点 A、B、C,作出它们在水平投影面 H 上的水平投影 a、b、c,并在字母的右下角标上各点离开 H 面的高度数字 5、0、-3,就是各点的标高投影。高度数值称为标高。选择水平面 H 为零高度,当一点高于 H 面时,标高为正,如 a_5 为 A 点高于 H 面 5

单位。恰在 H 面上时为零,如 b_0。低于 H 面时为负,在数字前加负号($-$),如 c_{-3},长度单位为 m,图中并应画出由平行的一组粗、细双线表示的比例尺。

图 10-1b) 为 A、B、C 三点的标高投影。

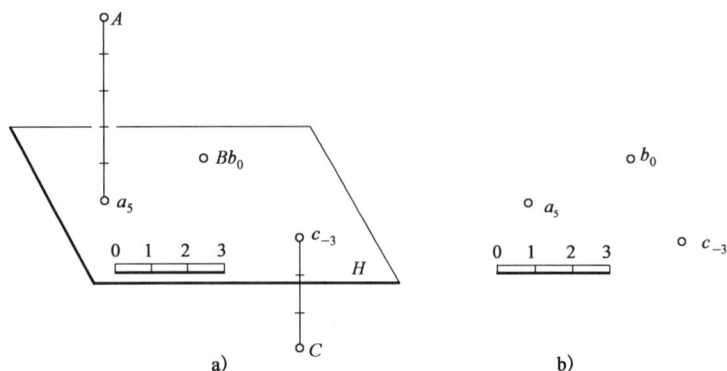

图 10-1 点的标高投影
a)空间情况;b)标高投影

已知空间点和 H 面,就可确定该点的标高;反之,根据一点的标高投影,就可确定该点在空间的位置。如由 a_5 作垂直于 H 面的投射线,向上量 5m,即得 A 点。

二、直线的标高投影

1. 直线的标高投影表示法

(1)直线由它的水平投影加注直线上两点的标高投影来表示,如图 10-2 中的一般位置直线 AB、铅垂线(H 面垂直线)CD 和水平线(H 面平行线)EF,它们的标高投影分别为 a_5b_2、c_5d_2 和 e_3f_3。

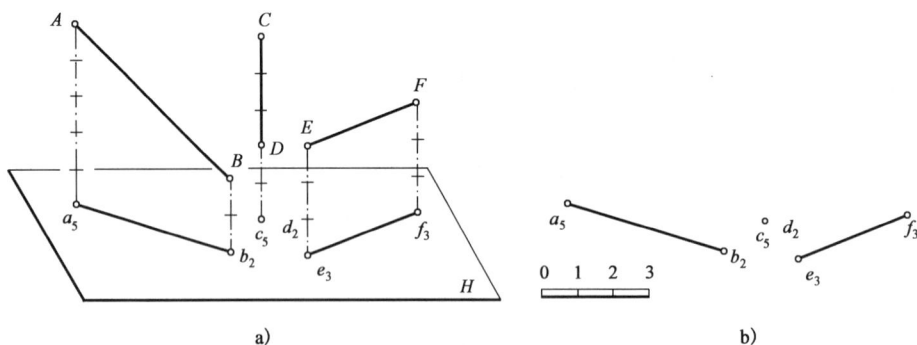

图 10-2 直线的标高投影
a)空间情况;b)标高投影

(2)水平线也可由其水平投影加注一个标高来表示,如图 10-3 所示。这种水平线上各点的标高相等,故水平线及其投影也都称为等高线。

(3)一般位置直线也可由其水平投影加注直线上一点的标高投影以及直线的下降方向和坡度 i 表示,如图 10-4 所示。

坡度 i 为直线上任意两点间的高度差 ΔH 同水平距离 L 之比,也相当于两点间的水平距离为 1 单位长度(1m)时的高度差 Δh;就是直线对 H 面倾角 α 的正切值 $\tan\alpha$。

$$坡度\ i = \frac{\Delta H}{L} = \frac{\Delta h}{1} = \tan\alpha$$

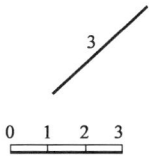

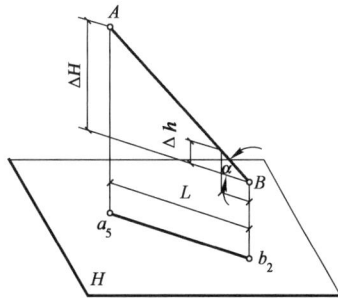

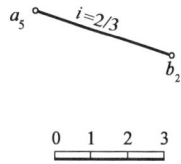

图 10-3　等高线

图 10-4　直线的坡度
a)空间情况;b)标点投影

2. 直线的实长、倾角、刻度、平距和坡度

(1)直线的实长和倾角,其求法同正投影图一样,由直角三角形法来求得。如图 10-5a)所示,在直角 $\triangle AA_1B$ 中,已知 $\angle AA_1B$ 为直角,AA_1 为 A、B 两点的高度差。$A_1B = a_5b_2$,即可由直角 $\triangle AA_1B$ 求出 AB 的实长及倾角 $\angle ABA_1 = \alpha$(就是直线对 H 面的倾角)。

在标高投影图[图 10-5b)]中,过已知点 a_5 作 $a_5A° \perp a_5b_2$,取 $a_5A° = A$、B 两点的高差 $= a_5 - b_2 = 5 - 2 = 3(\mathrm{m})$。连接 $A°$ 和 b_2,则 $A°b_2 = AB$,$\angle a_5b_2A° = \alpha$。

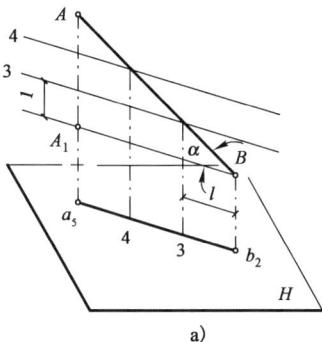

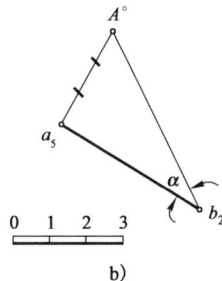

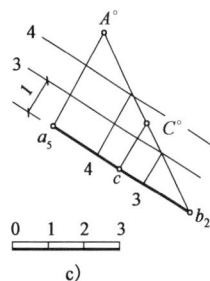

图 10-5　直线的实长、倾角、刻度和平距
a)空间情况;b)求实长、倾角;c)求刻度、平距

(2)刻度——直线上整数标高的诸点的投影,如图 10-5a)、c)中 a_5b_2 上数字 3、4。

如已知 a_5b_2,可在表示实长的直角三角形上,作出相当于标高为 3、4 的直线平行于 a_5b_2,由它们与斜边 $b_2A°$ 的交点向 a_5b_2 作垂线,垂足即为 a_5b_2 的刻度 3、4。

【例 10-1】 已知直线 CD 的标高投影 $c_{1.3}d_{4.8}$,求 CD 上整数标高点(图 10-6)。

解　(1)平行于 $c_{1.3}d_{4.8}$ 作五条等距(间距按比例尺上的 1m 长)的平行线。

(2)由点 $c_{1.3}$、$d_{4.8}$ 作直线垂直于 $c_{1.3}d_{4.8}$。

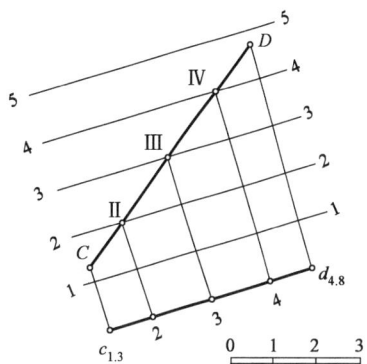

图 10-6　定直线上整数标高点

(3)在其垂线上分别按其标高数字 1.3 和 4.8 定出 C、D 两点,连线 CD 即为实长。

(4)CD 与各平行线的交点 Ⅱ、Ⅲ、Ⅳ 即为直线 CD 的整数标高点,由这些点作 $c_{1.3}d_{4.8}$ 的垂线,就可在 $C_{1.3}d_{4.8}$ 上定出整数标高点的投影 2、3 和 4。

延长 DC 线,与 $d_{4.8}c_{1.3}$ 延长线相交的夹角,就是直线 CD 对 H 面的倾角 α。

【例 10-2】 已知直线 AB 的标高投影 a_5b_2 和线上一点 C 的水平投影 c,求 C 的标高[图 10-5c)]。

解:(1)可在图 10-5c)求刻度的图中,由 c 作 a_5b_2 的垂线,与 $A°b_2$ 交于 $C°$ 点。

(2)量出 $C°$ 在平行线 3 和 4 之间的距离为 0.5,故 C 的标高为 3.5(单位)。

(3)平距 l:直线上两点间高度差为 1 单位长度(1m)时的水平距离 l[图 10-5a)]。

$$平距 l = \frac{l}{1} = \frac{A_1B(L)}{AA_1(\Delta H)} = \cot\alpha = \frac{1}{\tan\alpha} = \frac{1}{i}$$

即平距 l 与坡度 i 互为倒数。故直线的坡度越大,平距越小;坡度越小,平距越大。

【例 10-3】 如图 13-7a)所示,用直线的坡度与平距,求直线上 C 点的标高。

解 今用数解法求解,计算过程如下:

(1)先求出 ΔH 和 L

$$\Delta H_{AB} = 12.5 - 6.5 = 6(单位)$$
$$L_{AB}(ab \text{ 长}) = 9(用所给的比例尺量得)$$

(2)再求出坡度和平距

坡度 $$i = \frac{\Delta H}{L} = \frac{6}{9} = \frac{2}{3}$$

平距 $$l = \frac{1}{i} = \frac{1}{\frac{2}{3}} = \frac{3}{2}$$

(3)量得 $ac = 3$,因为 $i = \dfrac{\Delta H}{L}$,即 $\dfrac{2}{3} = \dfrac{\Delta H_{AC}}{3}$,所以 $\Delta H_{AC} = 2$

$$C \text{ 点的标高为 } 12.5 - 2 = 10.5(单位)$$

本例也可用例 1 中图 10-6 的方法,求出 C 点的标高,如图 10-7b)所示。

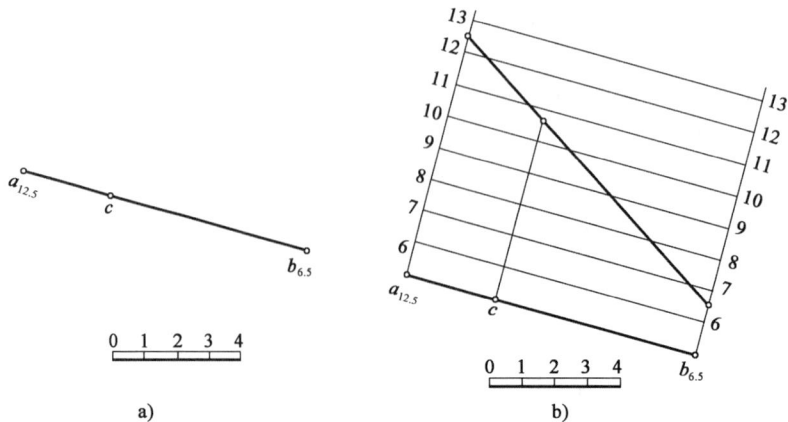

图 10-7 求直线上 C 点的标高

a)用坡度和平距求 C 点的标高;b)用求刻度法求 C 点的标高

第二节 平面的标高投影

一、平面上的等高线和坡度比例尺

1. 等高线

平面上的等高线是水平线。因为水平线上任一点距水平面 H 的距离相等。在实际工程应用中,我们常采取平面上整数标高的水平线为等高线。平面与水平面 H 的交线是高度为零的等高线。

图 10-8a) 中的 0、1、2…表示平面上等高线。图 10-8b) 中 0、1、2…表示平面上等高线的标高投影,高差为 1 单位长度(1m)的两等高线之间的水平距离为等高线的平距。

平面上的等高线有以下一些特性:

(1)等高线是直线。

(2)等高线互相平行。

(3)平距相等。

一组等高线的标高数字的字头应朝向高处,很像由低处向上看,等高线用细线表示。

2. 坡度比例尺

如图 10-8a)、c)所示,平面上与平面上的等高线垂直的直线是平面对 H 面的最大斜度线,也称平面上的最大坡度线。最大坡度线对水平面 H 的倾角,即为平面对水平面 H 的倾角 α。最大坡度线的坡度就代表平面的坡度。

坡度比例尺——平面上带有刻度的最大坡度线(最大斜度线)的标高投影。用平行的一粗一细双线表示。

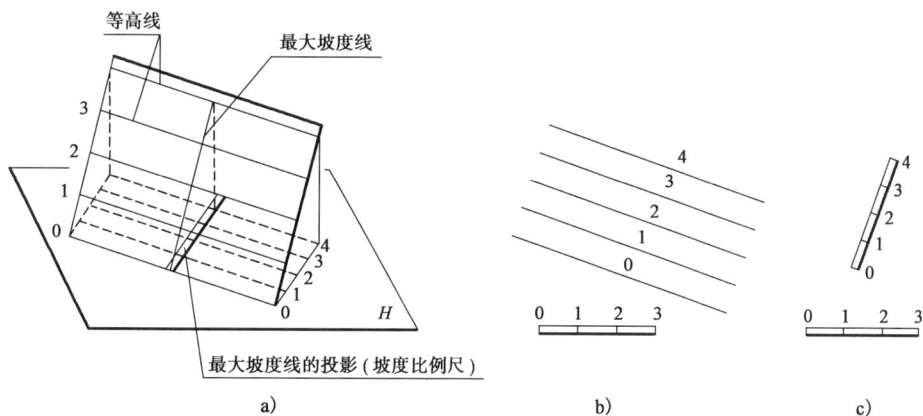

图 10-8 平面上的等高线和坡度比例尺

a)空间情况;b)等高线;c)坡度比例尺

由于最大坡度线垂直于平面上的等高线,根据一边平行于投影面的直角的投影特性,最大坡度线的投影和平面上的等高线投影互相垂直。最大坡度线的平距就是等高线的平距。

二、平面的常用表示法

1. 用五种几何元素表示平面

在前面正投影中介绍的五种几何元素表示平面的方法,在标高投影中仍然适用,即:

(1)不在同一直线上的三点。

(2)一直线及线外一点。

(3)相交两直线。

(4)平行两直线。

(5)其他平面图形。

上述几何元素表示的平面,仅在水平投影上表示,其V面投影的高度是用标高数字来代替。

2. 用等高线表示的平面

如图 10-8b)所示为等高线投影表示的平面。

3. 用坡度比例尺表示的平面

如图 10-8c)所示,因为坡度比例尺的坡度代表平面的坡度,所以坡度比例尺的位置和方向一经给定,平面的方向位置也就随之而定。等高线与坡度比例尺垂直,过坡度比例尺上各整数标高点作坡度比例尺的垂线,即得平面上的诸等高线。

4. 用一条等高线和平面的一条最大坡度线表示平面

该最大坡度线用注有坡度和带有下降方向箭头的细直线表示。

图 10-9a)是用平面上的一条等高线和平面的坡度表示平面。知道平面上的一条等高线就可以定出最大坡度线的方向,即平面的方向,而平面的坡度给定后,则平面的方向和位置就确定了。如要变换成等高线来表示平面,先利用坡度求得等高线的平距(坡度的倒数),即可作出等高线的标高投影,如图 10-9b)所示。

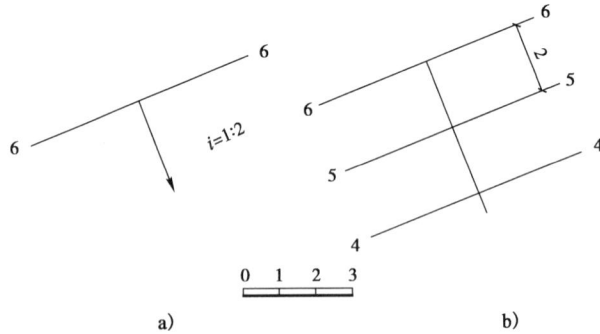

图 10-9　平面上的等高线和坡度表示平面

a)等高线和坡度;b)变换成等高线

5. 用一条直线(一般位置直线)和平面的坡度表示平面

过一条直线可以作无数个平面,然而平面的坡度给定后,则平面就确定了。

如图 10-10a)所示,其下降方向的箭头为大致的方向,故用虚线表示,其坡度为1/2。

图 10-10b)表示平面上等高线的作法,其空间情况见图 10-10c)。

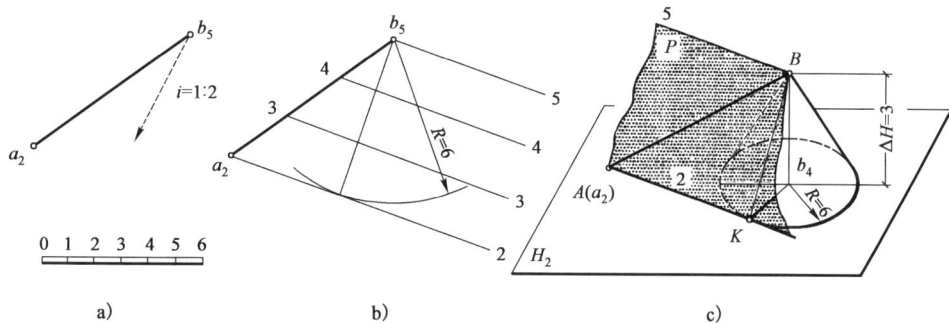

图 10-10　直线和平面的坡度表示平面
a) 直线和坡度; b) 作等高线; c) 空间情况

过 a_2 有一条标高为 2 的等高线,过 b_5 有一条标高为 5 的等高线。这两条等高线之间的水平距离 L 应等于它们的高度差 ΔH 除以平面的坡度 i,即 ΔH 乘以平距 l,$L = 3 \times 2 = 6$,也就是 b_5 到等高线 2 的距离。

因此,以 b_5 为圆心,$R = L = 6$ 为半径(按图中所给的比例量取),在平面的倾斜方向的一侧作圆弧,再过 a_2 向圆弧作切线,就得到标高为 2 的等高线。三等分 $a_2 b_5$,得到直线上标高为 3、4 的点。过 3、4 点作直线与等高线 2 平行,即得 3、4 两条等高线。

6. 用 ▼ 加注标高表示与 H 面平行的水平面

水平面(H 面平行面)则用一个完全涂黑的倒三角形加注标高来表示,如第四节中图 10-25 中标高为 40 的水平面。

【例 10-4】　如图 10-11 所示,已知一平面上 A、B、C 三点的标高投影 a_0、b_4、$c_{1.5}$,求该平面的等高线、坡度比例尺、平距和倾角。

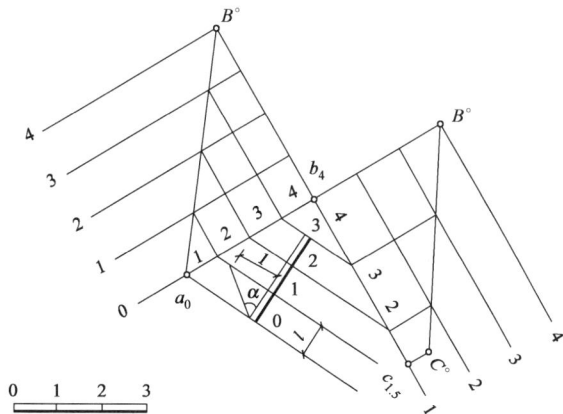

图 10-11　求平面的等高线及坡度比例尺

解　(1)先作连线 $AB(a_0 b_4)$ 和 $BC(b_4 c_{1.5})$,求出它们的刻度 1、2、3 等。把刻度相同的点相连,即得等高线 2、3 等;由 $a_0 b_4$ 上刻度 0、1 等点作等高线的平行线,得等高线 0、1 等。

(2)作等高线的垂线,即可画出坡度比例尺。

(3)等高线间距离 l,即为平距。

(4)再作一个直角三角形,两直角边长度分别为 l 和 1 单位长度(1m),则斜边与坡度比例尺间的夹角 α,即为平面对水平面的倾角。

三、两平面的相对位置

1. 两平面平行

若两平面平行,则它们的坡度比例尺平行;刻度相等,即平距相等;而且标高数字的增减方向一致,如图 10-12 所示。

2. 两平面相交

在标高投影中,求两平面的交线,常采用水平面为辅助平面,求出辅助水平面与两已知平面的交线,就是两条等高线,它们的交点就是两平面交线上的一个点。如图 10-13 所示,用两个标高为 3 和 7 的水平面 H_3 和 H_7 作为辅助平面,与平面 P、Q 相交。其交线是标高为 3 和 7 的两对等高线,两对等高线的交点为 A、B,连接 A、B,a_7b_3 即为所求交线。

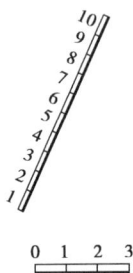

图 10-12　两平面平行

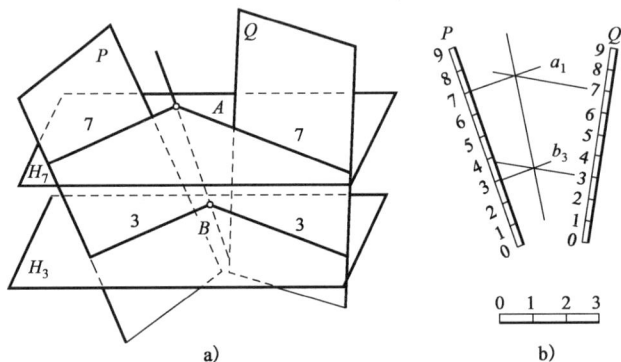

图 10-13　求两平面交线
a)空间情况;b)标高投影

【例 10-5】　如图 10-14 所示,已知两个平面,一个由坡度比例尺 a_0b_4 表示,另一个由一条等高线 3 和坡度线表示,坡度为 1∶2,求它们的交线的标高投影。

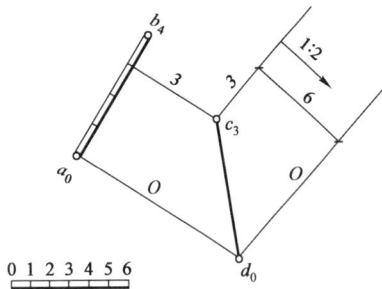

图 10-14　求两平面的交线

解　(1)在由坡度比例尺表示的平面上,由刻度 0 和 3 作坡度比例尺的垂线,得等高线 0 和 3。

(2)在等高线 3 和坡度线表示的平面上,因平距为坡度 1∶2 的倒数,故等于 2,则等高线 0 同 3 之间的距离为 $3×2=6$(单位),于是作得该平面的等高线 0。

(3)两对等高线分别交于 c_3、d_0,则连线 c_3d_0 即为两平面的交线的标高投影。

【例 10-6】　如图 10-15a)所示,已知基坑底的标高为 -4,以及坑底的大小和各坡面的坡度,假设地面是一个标高为零的平面,求作基坑的平面图。

解　(1)因坑底和地面均为平面,已知地面标高为零,故问题归结为画出各坡面上标高为零的水平线以及各坡面彼此间的交线。为此,先算出各坡面的平距。左边坡面的平距为 2,右边坡面的平距为 3/2,前、后坡面的平距为 1。因坑底与坑顶的高差为 4 单位,故各坡面上标高为零的水平线与坑底边缘的水平距离为:

$$L_1 = 2×4 = 8(单位)$$

$$L_2 = \frac{3}{2} \times 4 = 6 (单位)$$

$$L_3 = 1 \times 4 = 4 (单位)$$

（2）如图 10-15b）所示，按照算出的距离相应地作出各边的平行线，即为坑顶边线。

（3）连接坑底和坑顶边线的对应交点，得到各坡面之间的交线，所得的图形即为要求的平面图。

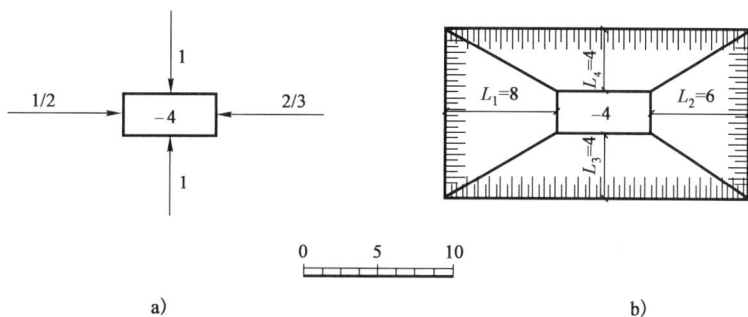

图 10-15 作基坑的平面图

a)已知条件；b)基坑的平面图

最后为了使读图方便，在坡面画一长一短相同间隔的细线，称为边坡线，方向平行坡度线，即垂直等高线，边坡线画在边坡面高的一侧。

【例 10-7】 如图 10-16a）所示，已知一段路堤由高度为零升到 4 单位，两侧和尽头坡面的坡度见图，求作路堤坡面与地面的交线，以及坡面间的交线。

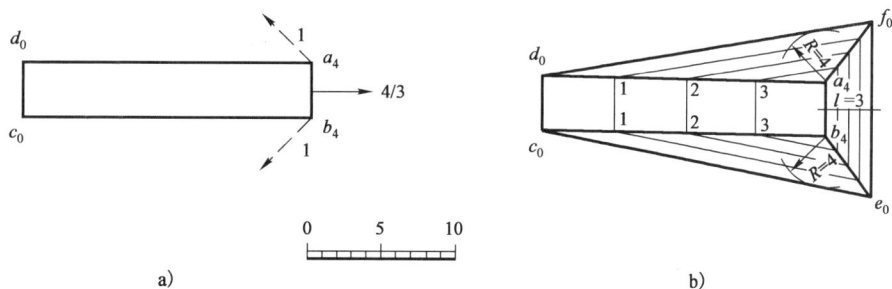

图 10-16 作路堤坡面与地面的交线

a)已知条件；b)标高投影

解 作图过程如图 10-16b）所示：

（1）作出两侧坡面的等高线，其作法与前述图 10-10 相同。

（2）路堤端坡面上 $a_4 b_4$ 到标高为零的等高线的水平距离 $L = \frac{3}{4} \times 4 = 3$（单位），由水平距离即可作出标高为零的等高线。

（3）两侧坡面为零的等高线与端坡面为零的高等线交于 e_0、f_0 点，连接 $b_4 e_0$ 和 $a_4 f_0$，即为路堤两侧边坡与端坡面的交线，图中未画出边坡线。

第三节　曲面的标高投影

一、曲面的表示法

曲面的标高投影,由曲面上一组等高线表示,相当于一组水平面与曲面的交线。

图 10-17 及图 10-18 分别为一个正圆锥和一个倒圆锥面。图 10-17b) 和图 10-18b) 为它们的标高投影,所有等高线为一些同心圆。

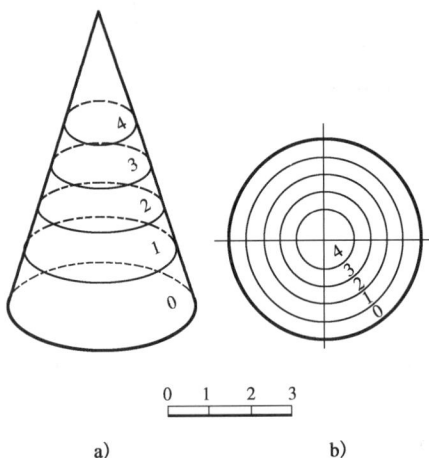

图 10-17　正圆锥面的标高投影
a) 空间情况;b) 标高投影

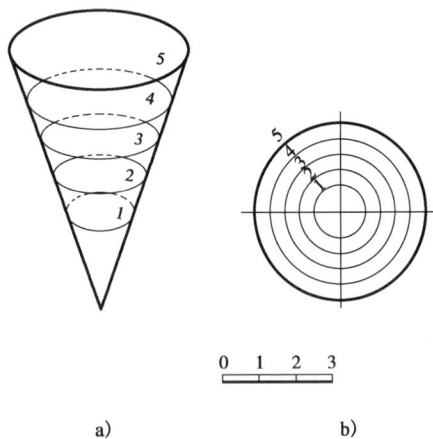

图 10-18　倒圆锥面的标高投影
a) 空间情况;b) 标高投影

图 10-19 为一个斜圆锥,下方为标高投影,该锥左侧素线的坡度大,右侧素线的坡度小,故等高线的距离左侧密,右侧稀。也就是说左侧平距小,右侧平距大。

二、同坡曲面

同坡曲面——各处的坡度皆相等的曲面。直圆锥即为一例。

同坡曲面的形成如图 10-20 所示,以一条空间曲线为导线,一个正圆锥的顶点沿此曲导线运动,当正圆锥的轴线方向不变时(轴线垂直于 H 面),所有正圆锥的包络曲面就是同坡曲面。

要作出同坡曲面上的等高线,应明确以下几点:

(1)运动的正圆锥在任何位置都和同坡曲面相切。

(2)如果两个曲面相切(同坡曲面和正圆锥面相切),则它们与同一水平面的交线也相切。即同坡曲面与运动的正圆锥的相同高度的等高线也相切。

(3)运动的正圆锥的坡度就是同坡曲面的坡度。

在图 10-20b)中,已知曲线的标高投影及同坡曲面的坡度,分别以 a_2、b_3、c_4 为圆心,用平距为半径的级差作出各圆锥面的等高线(同心圆),然后作等高线的包络切线,即为同坡曲面上的等高线。

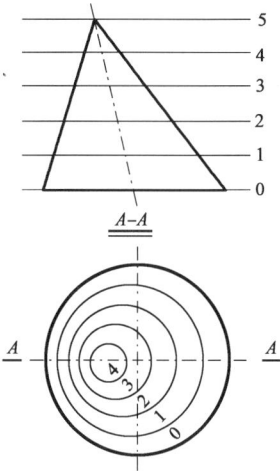

图 10-19 斜圆锥的标高投影

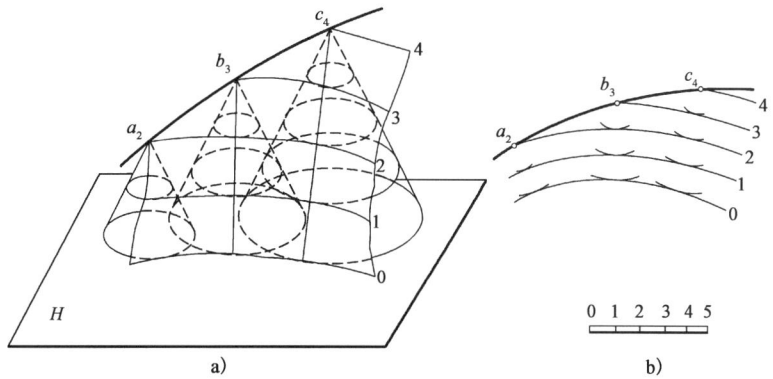

图 10-20 同坡曲面的形成

a)空间情况;b)标高投影

【例 10-8】 如图 10-21a)所示,一倾斜道路与干道相连,若道路顶面的标高为 +4,设地面的标高为零,倾斜道路由地面逐渐升高,与干道相接。各边坡的坡度已在图中注出,求作各坡面的等高线以及坡面与坡面之间的交线。

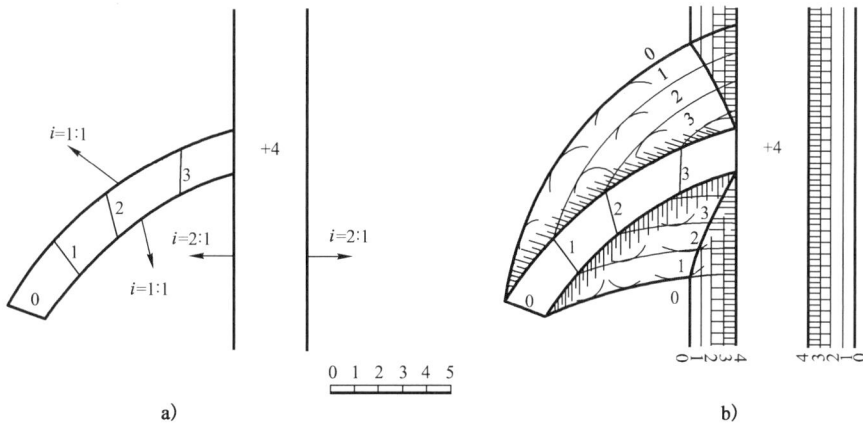

图 10-21 作倾斜道路的同坡曲面的等高线

a)已知条件;b)标高投影

解 作图过程如图 10-21b)所示:

(1)倾斜道路两边的边坡是同坡曲面,其平距为 $l=1$(单位)。道路的两条路边线即为同坡曲面的导线,在导线上取一些整数标高点(平均分隔导线,如 1、2、3 和 4),作为锥顶的位置,分别作正圆锥。

(2)在正圆锥所处的位置上,用半径 $R=l$、$2l$、$3l$、$4l$ 作各个正圆锥的等高线。

(3)作出各正圆锥上同名等高线的曲切线(包络线),即是同坡曲面上的等高线。

(4)干道的边坡坡度为 2,则平距为 1/2,作出其等高线。

(5)连接同坡曲面与干道坡面相同等高线的交点,即为两坡面的交线。图中还画出了边坡线。

三、地形图

地面的标高投影,如图 10-22 所示,亦由等高线表示。这些等高线一般为不规则的平面曲线。图 10-22 的中部标高大,故为山丘地形。为了阅读和标注方便,地面的等高线可每隔四条加粗一条,这条加粗的等高线称为计曲线,在地形图中也可仅标注计曲线的标高,因此,图中只标注了标高为 15 和 20 的计曲线,并且用加粗的线表示这两条等高线。这种用等高线来表示地面形状的标高投影,称为地形图。

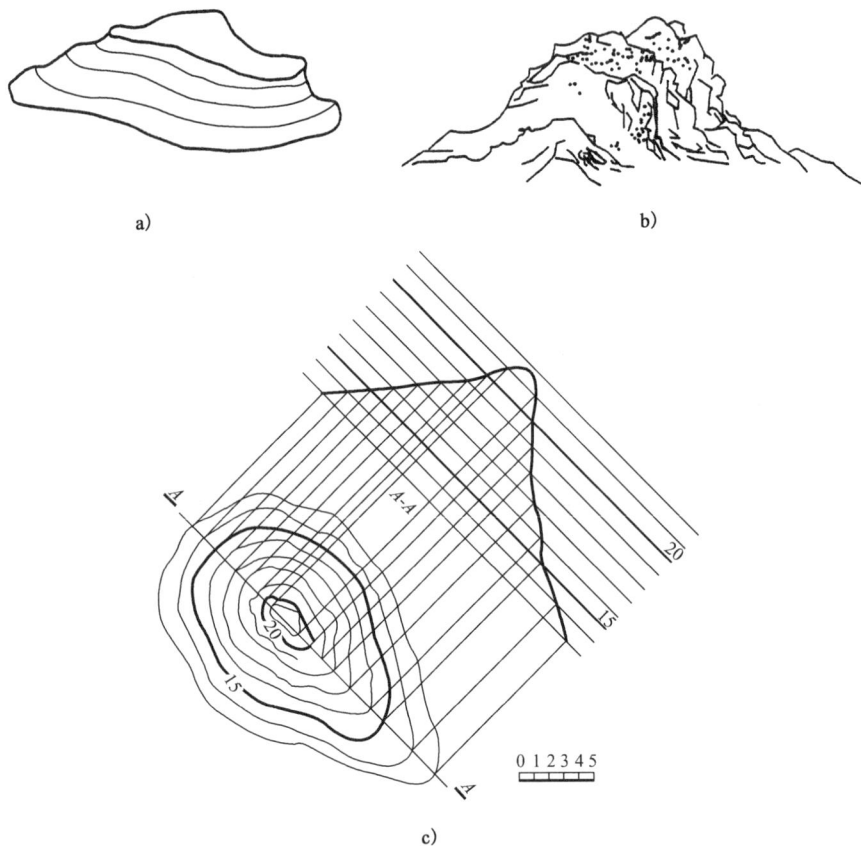

a)

b)

0 1 2 3 4 5

c)

图 10-22　地形图

a)示意图;b)空间情况;c)标高投影与断面图

图 10-22 所示地形图的右上方,画出了 A-A 断面图,即按 A-A 方向垂直平面(垂直水平面)切下去与地形面的交线,其方法与前面的辅助投影面法相似。在 A-A 断面图上可以明显地表示出断面处的地面起伏形状。

【例 10-9】　如图 10-13 所示,已知管线两端的高程分别为 19.5 和 20.5,求管线 AB 与地形面的交点。

解　求直线与地形面的交点,一般都是包含直线作铅垂面,作出铅垂面与地形面的交线,即断面的轮廓线。再求直线与断面轮廓线的交点,就是直线与地形面的交点。

在图 10-23 的上方作间距为 1 单位的平行线,与直线 $a_{19.5}b_{20.5}$ 平行,并标出各线的高程数字。

再作包含管线 AB 的铅垂面,其在地形图上与 $a_{19.5}b_{20.5}$ 线重合。该线与等高线的交点就是截断面轮廓线上点的标高投影。根据标高投影在图上方对应地定出其高程,用曲线连接这些点即得断面轮廓线,其与画出的 AB 高程直线交于四个点 K_1、K_2、K_3 和 K_4,即为管线与地形面的交点。由此可在地形面上得到交点的标高投影。图中未标注出这四个交点的标高。

图上方是按比例尺作出的间距相等的平行线,因此 AB 和断面图均反映实形。

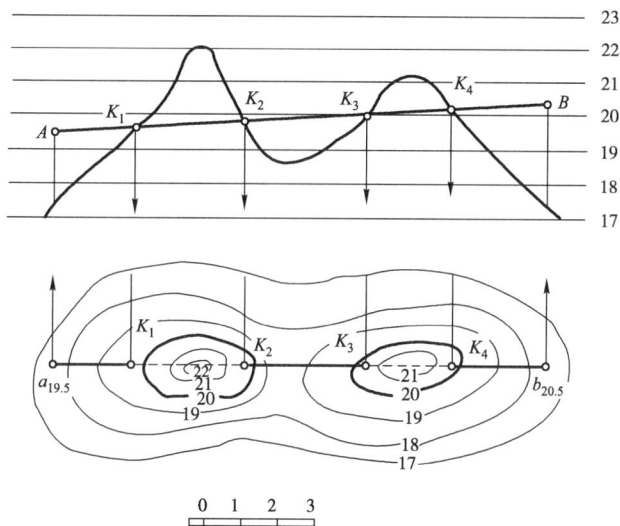

图 10-23 求管线与地形面的交点

第四节　坡面与地形面的交线

求坡面与地形面的交线,可先求坡面上与地形面上标高相同的等高线的交点,然后用平滑的曲线顺次连接起来,即得交线。

【例 10-10】　如图 10-24a)所示,需要在地形面上建筑一个广场,已知广场边坡的坡度和地形面的等高线,求作各边坡面与地形面的交线以及坡面之间的交线。

解　(1)地形高程比 24 更高的地方,应该是挖土的部分,在这些地方的坡面的下降方向是向着广场内部的,因而在圆弧形边缘处的坡面应该是倒锥面;而在高程比 24 低的地方,应该是填土部分,在这些地方的坡面的下降方向,应该是朝着广场外部的。

(2)如图 10-24b)所示立体图,作图时,只要作出坡面上的诸等高线,顺次连接它们与地形面的同高程的等高线的交点,即为各坡面与地形面的交线。

(3)作图过程如图 10-24c)所示,由于在挖方部分的坡度为 $\frac{3}{2}$,则平距为 $\frac{2}{3}$,故以 $\frac{2}{3}$ 单位长度为间距,顺次作出挖土部分的两侧平面坡面的等高线,以广场边缘的半圆的半径长度加上整数倍的平距为半径,作同心圆弧,即为倒锥面的诸等高线。

同理,由于填土部分的坡度为1,故其平距亦为一个单位长度,因此,便可作出填土部分的平面坡面的诸等高线。顺次连接坡面与坡面、坡面与地形面的同高程的等高线的交点,即为所求的交线。

在等高线 31 与 32 以及 23 与 24 之间的交线可按已画出的交线的趋向,目估连成封闭。

图 10-24d) 为求解结果的标高投影。

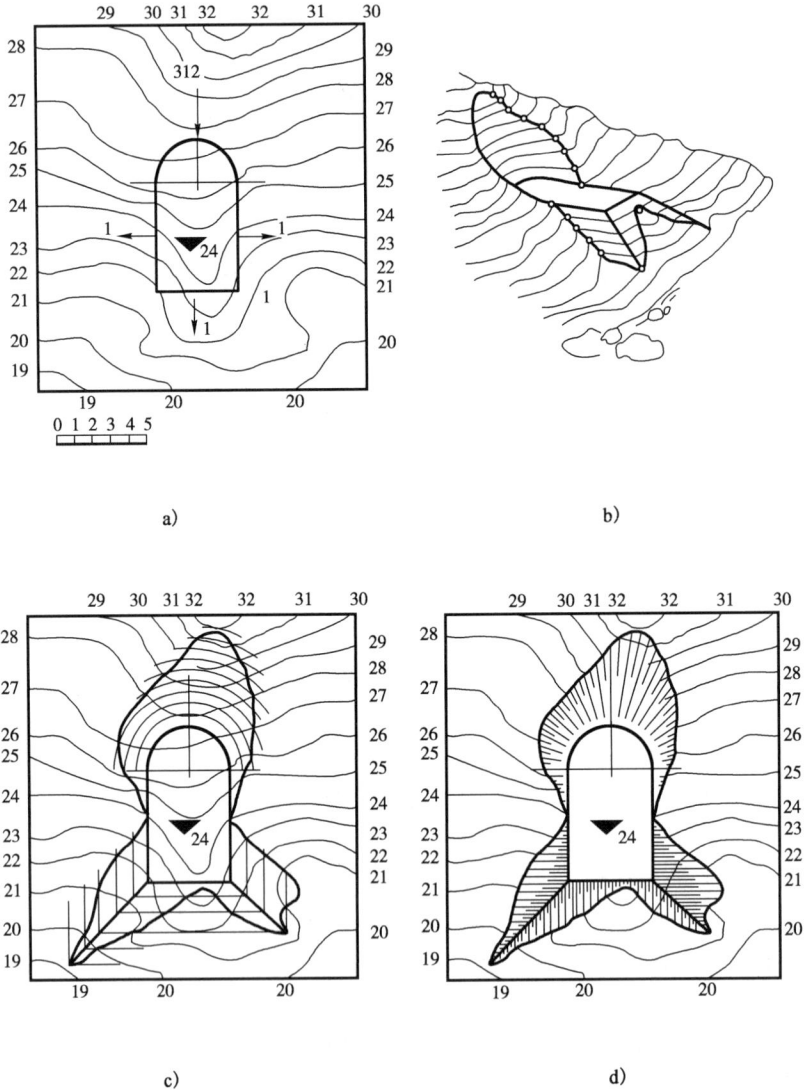

a)

b)

c)

d)

图 10-24 求作广场的坡面与地形面的交线

a)已知条件;b)立体图;c)作图过程;d)求解结果

【例 10-11】 图 10-25 要补全带有斜坡道的一座平台的标高投影。已知地形面为斜面。平台顶为水平面,高程为40(单位),平台的边坡中右前方的填方坡度为2:3,左后方的挖方坡度为1:1。

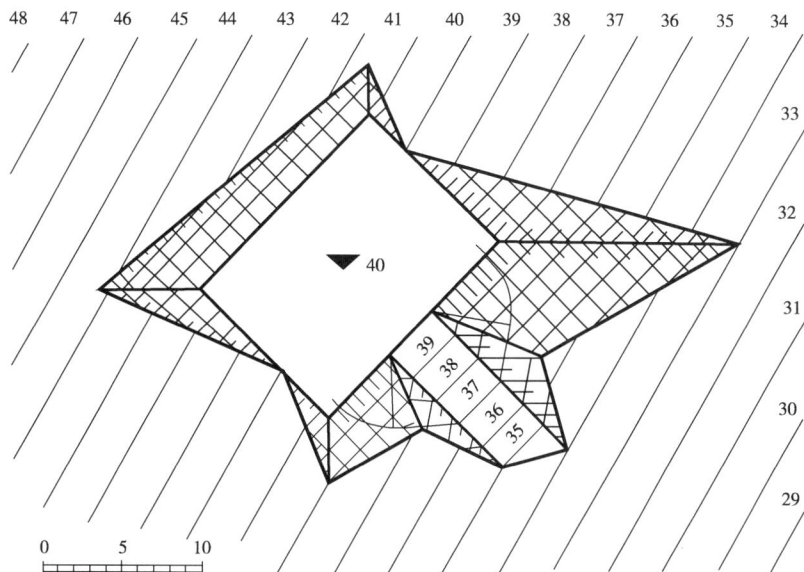

图 10-25　有斜坡道平台的标高投影

解　填挖方的分界处在平台顶面边线和地面的标高相同的等高线的交点处。图中作出了边坡间的交线以及边坡与地面的交线,它们分别是各面上标高相同的诸等高线的交点的连线。平台四周的边坡的平距分别为填挖方坡度的倒数,即 3：2 和 1：1;斜坡道的边坡的等高线作法同图 10-16。

第十一章

制图基础

第一节 概　　述

　　作为传递工程技术信息的载体——工程图的出现已有千年以上的历史。自从人类社会有了分工以后,就开始出现专业人员,如木工、泥工、铁工等。为了在专门的领域内交流技术的需要,就开始有了图纸。当然,随着社会的发展及技术交流的发达,使得图纸的绘制必须遵守共同认可的规则——这就是制图标准的开始。在今天,我们国家已经有了完整的工程制图的准则,即技术制图的国标。还有具体的如《机械制图》(GB/T 4457~4459)、《房屋建筑制图统一标准》(GB/T 50001—2010)等国家标准。这些国家标准是我们绘制工程图的基本依据和出发点。

第二节　制图规格

　　建筑工程图是表达土木工程专业设计的重要技术资料,是建筑施工的依据。为了便于技术交流,提高绘图效率,满足设计、施工、管理等方面的要求,工程图的绘制必须符合国家标准的规定,其中包括图幅、图线、比例、字体、尺寸注法等。下面的介绍主要取自国家标准《房屋建筑制图统一标准》(GB/T 50001—2010)、《建筑制图标准》(GB/T 50104—2010)。

一、图幅

图幅是指用来绘制工程图的纸张的大小、规格等。

1. 图纸的幅面

绘制工程图时,必须采用表 11-1 所规定的基本幅面。必要时可加长,但也要符合有关规定。

图幅及图框尺寸 （单位:mm） 表 11-1

幅面代号	A0	A1	A2	A3	A4
$b \times l$	841×1189	594×481	420×594	297×420	210×297
c		10		5	
a			25		

在图纸上必须用粗实线画出图框,如图 11-1 所示。

2. 图纸的格式

上述的图幅及图框均为横式图纸,是最常见的图纸格式,也是一般情况下优先使用的图纸格式。有时为了需要,也可采用立式图纸的格式,如图 11-2 所示。

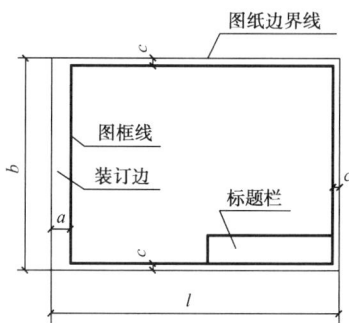

图 11-1 图幅及图框

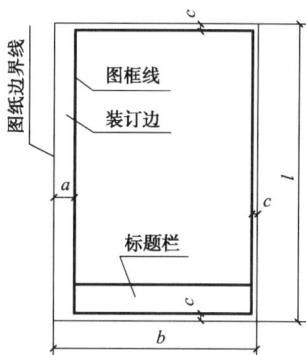

图 11-2 立式图纸

3. 标题栏

图幅上在图框的右下角还应有标题栏,在装订边的上侧也应有会签栏。但在学习阶段的制图作业,一般只要求同学按图 11-3 的格式绘制标题栏即可。

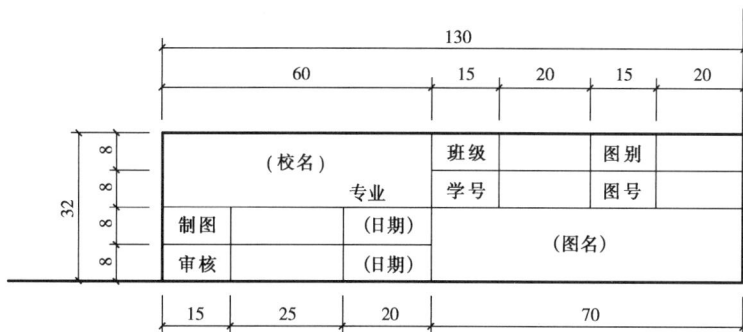

图 11-3 制图作业的标题栏格式(尺寸单位:mm)

二、图线

工程图是线框图,即图中的信息是由线条来表示的。为了反映图中不同的内容和分清主次,必须使用不同型式的图线。

1. 图线的型式

图线的型式包括两个方面:图线的粗细和图线的类型。

(1)图线的粗细

建筑工程图一般使用三种粗细的图线,且互成一定的比例,即粗线、中线、细线的比例规定为1:0.5:0.25。绘图时,根据图样的复杂程度与比例大小,先确定基本线宽(粗线的)b,再从表11-2中选用适当的线宽组。基本线宽b应从下列线宽系列中选取:2.0mm、1.4mm、1.0mm、0.7mm、0.5mm、0.35mm。

线 宽 组 (单位:mm)　　　　　　　　　　表11-2

线宽比	线 宽 组					
b	2.0	1.4	1.0	0.7	0.5	0.35
$0.5b$	1.0	0.7	0.5	0.35	0.25	0.18
$0.25b$	0.5	0.35	0.25	0.18	0.13	—

(2)图线的类型

建筑工程图通常使用不同粗细的实线、虚线、单点长画线、双点长画线和用细线画的折断线、波浪线等类型的图线,它们适用于不同的场合,如表11-3所示。

图 线 型 式　　　　　　　　　　表11-3

名称		线　　型	线宽	一 般 用 途
实线	粗		b	主要可见轮廓线
	中		$0.5b$	可见轮廓线
	细		$0.25b$	可见轮廓线,尺寸线,图例线等
虚线	粗		b	见各有关专业制图标准
	中		$0.5b$	不可见轮廓线
	细		$0.25b$	不可见轮廓线,图例线等
单点长画线	粗		b	见各有关专业制图标准
	中		$0.5b$	见各有关专业制图标准
	细		$0.25b$	中心线,轴线,对称线等
双点长画线	粗		b	见各有关专业制图标准
	中		$0.5b$	见各有关专业制图标准
	细		$0.25b$	假想轮廓线,成型前原始轮廓线
折断线			$0.25b$	断开界线
波浪线			$0.25b$	断开界线

注:在本书中仍常常按习惯将单点长画线和双点长画线简称为点画线、双点画线。

2. 图线的应用

在制图过程中,使用图线应遵循下列原则:

(1)同一张图纸内,相同比例的各图样,应选用相同的线宽组。

(2)绘制比较简单的图样或比例较小的图样时,可以只用两种线宽,即只用粗线和细线而不用中线。

(3)图纸的图框线和标题栏外框线用粗实线绘制,标题栏分格线用细实线绘制。

(4)相互平行的图线,其间隙不宜小于粗线的宽度,且绝对宽度不宜小于 0.7mm。

(5)虚线、单点长画线或双点长画线的线段长度和间隔,宜各自相等。

(6)单点长画线或双点长画线,在较小图形中绘制有困难时,可用细实线代替。

(7)单点长画线或双点长画线的两端,不应是点。与其他图线交接时,应该是线段交接。

(8)虚线与虚线交接或虚线与其他图线交接时,应该是线段交接。虚线为实线的延长线时,不得与实线连接。

(9)图线不得与文字、数字、符号等重叠、混淆。不可避免时,应首先保证文字或数字等的清晰。

图线应用实例如图 11-4 所示。

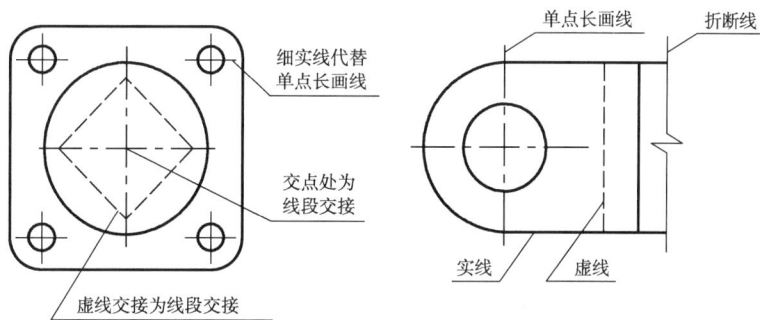

图 11-4　图线画法举例

三、比例

比例是指图纸中的图形与实际工程形体相应要素的线性尺寸之比,即图样上反映物体的线长与实际长度之比。因而比例只适用于线性尺寸,不包括角度、面积或体积等。比例有三种情况:原值比例、缩小比例和放大比例。建筑工程专业的特点决定了建筑工程图主要采用的是缩小比例。比例用阿拉伯数字和符号":"组成,前面的数字表示图样的线性大小,后面的数字表示实际的线性大小,如 1:100,表示图样上 1 个单位线长代表实际上的长度为 100 单位。比例宜注写在图名的右侧,字的基准线应取平;比例的字高宜比图名的字高小一号或二号,如图 11-5 所示。

立面图1:100

图 11-5　比例的注写

1. 常用比例

国家标准规定,不能任意选用比例。对于建筑工程图而言,推荐优先选用系列,即常用比例,如表 11-4 所示。

绘 图 用 比 例 (一)									表 11-4
常 用 比 例									
1:1	1:2	1:5	1:10	1:20	1:50	1:100	1:150	1:200	1:500
$1:1\times10^{n}$		$1:2\times10^{n}$		$1:5\times10^{n}$		$n=3\sim5$			

2. 可用比例

对于一些个别的特殊工程形体不适合用上述的常用比例,国家标准推荐使用表 11-5 所列的可用比例。

绘 图 用 比 例 (二)									表 11-5
可 用 比 例									
1:3	1:4	1:6	1:15	1:25	1:30	1:40	1:60	1:80	1:250	1:300
1:400	1:600								

四、尺寸注法

尺寸是用规定的长度单位或角度单位,表示物体大小和位置的数值。因为图形只能表示物体的形状,而物体大小必须通过尺寸标注来确定。在建筑工程图中,除了按比例画出物体的形状外,还要标注尺寸,作为施工的依据等。图样上标注的尺寸,必须完整、正确、清晰。

1. 尺寸的组成

图样上的尺寸,包括尺寸界线、尺寸线、尺寸终端和尺寸数字,如图 11-6 所示。

(1)尺寸界线

尺寸界线用细实线绘制,一般应与被标注的长度垂直,其一端应离开图样轮廓线不小于2mm,另一端宜超出尺寸线 2~3mm。图样轮廓线可用作尺寸界线,如图 11-7 所示。

(2)尺寸线

尺寸线用细实线绘制,应与被标注长度平行。图样本身的任何图线均不得用作尺寸线。

(3)尺寸终端

尺寸终端用中线绘制,为斜短划线,其倾斜方向与尺寸界线成顺时针 45°角,长度 h 宜为2~3mm,半径、直径、角度、弧长等的尺寸终端宜用箭头表示,如图 11-8 所示。

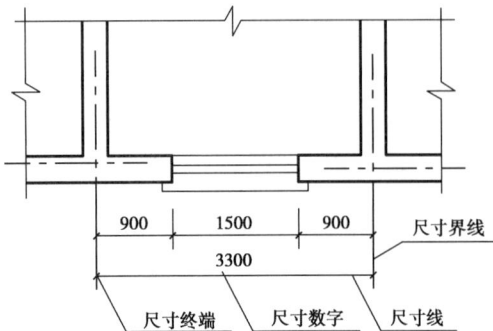

图 11-6 尺寸的组成(尺寸单位:mm)

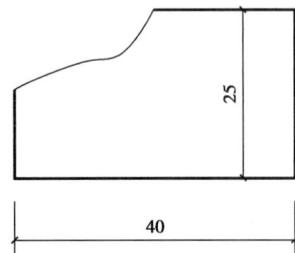

图 11-7 尺寸界线

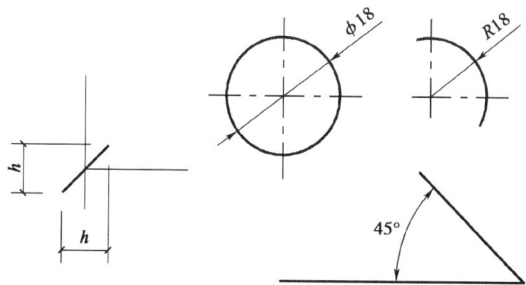

图 11-8 尺寸终端

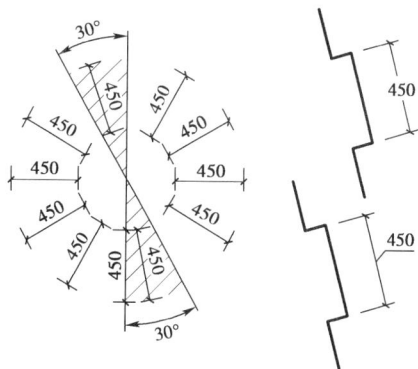

图 11-9 尺寸数字的注写位置与方向

（4）尺寸数字

图样上的尺寸，应以尺寸数字为准，不得从图上直接量取。尺寸数字不加后缀单位，图样上的尺寸单位除标高和总平面图以米为单位外，其他均以毫米为单位。尺寸数字一般应依据其方向注写在靠近尺寸线的上方中部。如没有足够的注写位置，最外边的尺寸数字可注写在尺寸界线的外侧，中间相邻的尺寸数字可错开注写。另外，当尺寸线的角度过于接近竖直线（≤30°）时，尺寸数字宜挪位水平注写，如图 11-9 所示。

2. 尺寸的标注

尺寸标注包含各种类型，虽然都由尺寸界线、尺寸线、尺寸终端、尺寸数字四部分组成，但具体的注写却各有不同。

（1）长度型尺寸的标注

这是最典型、最常见的一种尺寸标注类型。在建筑工程图上，最大量的尺寸标注都属于长度型的尺寸标注。这类尺寸标注的特点是尺寸线平行被标注对象（通常为水平或竖直方向），尺寸界线通常垂直尺寸线，尺寸数字依据注写方向位于尺寸线的上方中部，如图 11-6所示。

（2）径向型尺寸的标注

这类尺寸标注的特点是尺寸界线在图中积聚为点，尺寸线处于一般位置（不得水平或竖直画出），且通过被标注对象的圆心，尺寸终端采用箭头形式，尺寸数字前缀 R、ϕ 或 $S\phi$（$S\phi$ 表示圆球直径），如图 11-10 所示。

（3）角度型尺寸的标注

这类尺寸标注的特点是尺寸界线相交于一点，尺寸线变化成圆弧线（其圆心即为尺寸界线的交点），尺寸终端采用箭头形式，尺寸数字后缀"°"，并水平书写，如图 11-11 所示。

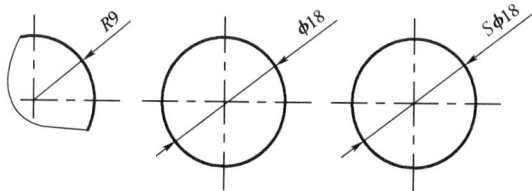

图 11-10 径向型尺寸标注

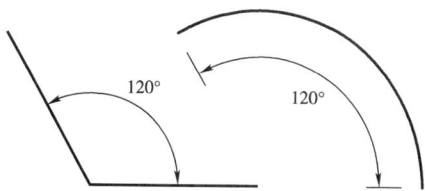

图 11-11 角度型尺寸标注

177

(4)弧长型尺寸的标注

这类尺寸标注综合了长度型和角度型尺寸标注的特点。尺寸界线类似长度型尺寸标注,尺寸线和尺寸终端与角度型尺寸标注相同,并在尺寸数字上方加注圆弧符号"⌒",如图 11-12 所示。

(5)尺寸标注的排列与布置

尺寸宜标注在图样轮廓线以外,不宜与图线、文字、符号等相交。图线不得穿过尺寸数字,不可避免时,应将尺寸数字处的图线断开,以保证尺寸数字的清晰。互相平行的尺寸线,应从被标注的图样轮廓线由近向远整齐排列,较小尺寸应离轮廓线较近,较大尺寸应离轮廓线较远。图样轮廓线以外的尺寸线,距图样最外轮廓线之间的距离不宜小于 10mm。平行排列的尺寸线之间的距离宜为 7 ~ 10mm,并保持一致,如图 11-13 所示。

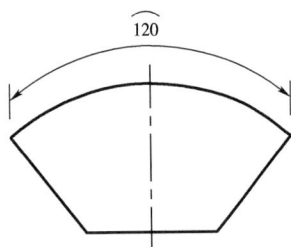

图 11-12   弧长型尺寸标注

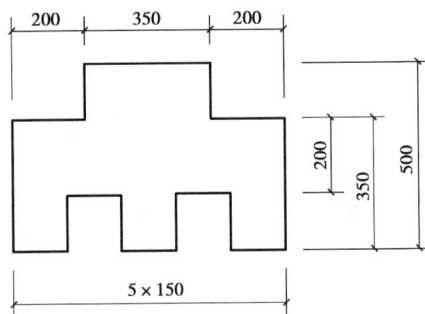

图 11-13   尺寸标注的排列与布置

五、文字注法

图样上的标注,除了尺寸标注外,还有文字标注。文字标注包括汉字和非汉字的标注,汉字采用长仿宋体,非汉字则包括拉丁字母、希腊字母、阿拉伯数字、罗马数字以及一些符号等。图样上的文字标注,均应字体工整、笔画清楚、间隔均匀、排列整齐,标点符号也要清楚正确。

1. 字体及字号

字号代表字体的高度,汉字的字高系列为 20mm、14mm、10mm、7mm、5mm、3.5mm,字的宽度约为字高的 2/3,相当于下一号字体的字高。例如,5 号字的字宽为 3.5mm。如需书写更大的字,其高度应按 $\sqrt{2}$ 的比值递增。手工书写汉字应采用中华人民共和国国务院正式公布推行的《汉字简化方案》中规定的简化字。拉丁字母、希腊字母、阿拉伯数字、罗马数字等可写成直体或斜体。斜体字字头向右倾斜,与水平基线成 75°。书写时为了保证书写字体的大小一致和整齐,可先画格子或于描图纸下衬以长方形字体格子,然后写字。图 11-14 为汉字体的示例。

要手写好图样中的汉字和非汉字,必须按照字体示例多多练习。特别是汉字,要以长仿宋体的基本笔法为基准,书写整个字体。图 11-15 为长仿宋体的基本笔法,可作为手书汉字的练习依据。

2. 文字的标注

在工程图样上,文字注写的范围很广,如图名、比例、轴线编号、文字说明等,也包括前面讲到的尺寸标注里的尺寸数字。文字标注的基本要求是清晰明了,规范统一。所以在一张图样上,文字标注要协调,字体、字高要统一。

排列整齐字体工整笔画清晰注意起落

横平竖直结构均匀写字前先划好格子

技术制图土木建筑井坑港口汽车航空船舶机械电子纺织服装

书写文字包括长仿宋体汉字、拉丁字母、希腊字母、阿拉伯数字、罗马数字等

图 11-14 字体示例

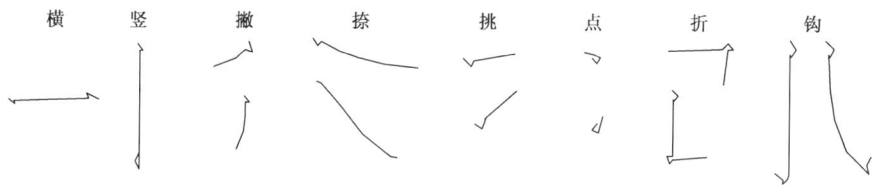

横	竖	撇	捺	挑	点	折	钩

图 11-15 长仿宋体的基本笔法示例

六、剖切区域的填充图例

当建筑物或建筑构配件被剖切时,应在图样中的断面轮廓线内画出建筑材料图例,用以表示相对应的建筑材料。图 11-16 列出了一些常见的建筑材料图例。由于建筑材料种类繁多,采用图例时要注意区别。绘制建筑材料图例,应画得简明而形象化。如混凝土或钢筋混凝土图例,徒手画的小三角形,不必画得太多,不必画得太有规律;图例中的点也不必画得太密,但要点得清晰。

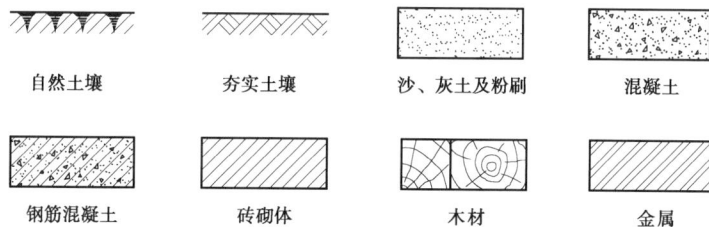

自然土壤	夯实土壤	沙、灰土及粉刷	混凝土
钢筋混凝土	砖砌体	木材	金属

图 11-16 建筑材料图例

第三节 制 图 技 术

手工绘制工程图是借助尺规完成的,尺规几何作图内容是工程图绘制的基础。

一、尺规绘图用品及仪器介绍

尺规绘制工程图,应当配置必需的绘图用品和仪器,如图板、丁字尺、三角板、比例尺、铅

笔、绘图墨水笔、圆规等。绘图用品和仪器的质量以及使用的方法是否正确和熟练,会直接影响到绘图质量和绘图速度。因此,必须养成正确使用和经常维护绘图用品和仪器的良好习惯。

1.铅笔和图纸

铅笔和图纸是最基本的绘图用品。铅笔是指木杆铅芯的绘图铅笔,主要使用的型号是2H~3B,用于工程图的打底稿和描深。图纸分为制图纸和描图纸,前者为不透明的纸,用铅笔绘制;后者为透明的纸,用墨水笔描绘。

2.图板、丁字尺和三角尺

图板、丁字尺和三角尺是传统的尺规绘制工程图主要和基本的工具。图板用于固定图纸,图板的左侧作为丁字尺上下移动的导边,图板的板面和导边要求平直。丁字尺用于画水平线。使用丁字尺时,左手扶住尺头,使尺头紧靠导边,移动到需要画线的位置,自左向右画水平线。三角尺配合丁字尺可画竖直线,或者画与水平线成30°、45°、60°和15°、75°角的斜线,画图时,应将三角尺的一边靠在丁字尺上,沿另一边画竖直线或画与水平线成上述角度的斜线。因为光线从左上方射来,所以画横线时,应按从左向右的方向画,画竖直线时,自下而上画,如图11-17所示。

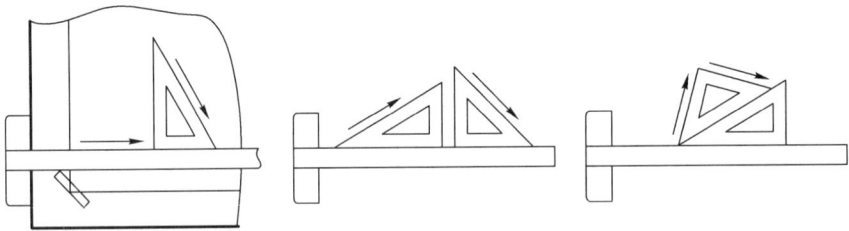

图 11-17　图板、丁字尺和三角尺的使用

3.比例尺

比例尺是刻有不同比例的直尺,一般为三棱柱形状,所以又叫三棱尺。比例尺的每面两侧各有一条为缩小比例的刻度,由此可直接量取有关比例的长度。比例尺上的数字单位为米（m）。比例尺及其用法如图11-18所示(图左为1∶100作图,图右为1∶50作图——以1∶500比例尺放大10倍用)。

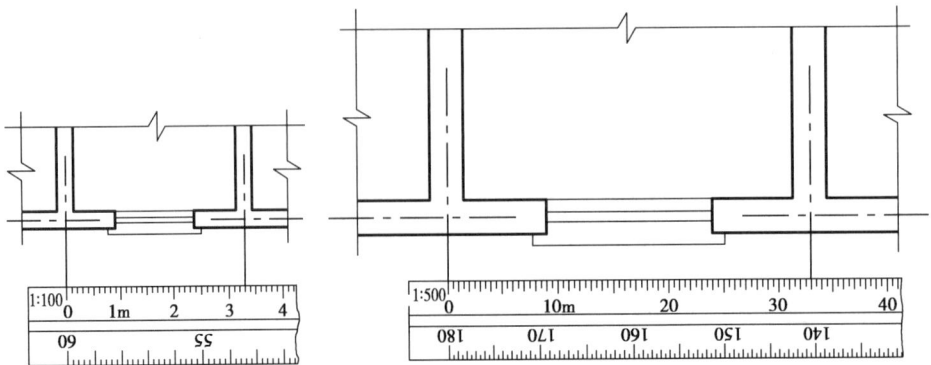

图 11-18　比例尺及其用法

4. 绘图墨水笔

绘图墨水笔是用来画墨线图的。绘图墨水笔的笔头为一针管,所以又称为针管笔。绘图墨水笔的针管有不同的粗细规格,可以分别用来画出不同线宽的墨线,如图 11-19 所示。

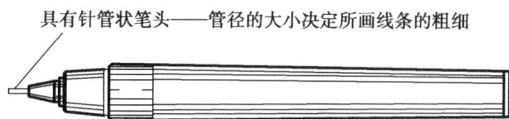

具有针管状笔头——管径的大小决定所画线条的粗细

图 11-19   绘图墨水笔

5. 圆规和量规

圆规是画圆或圆弧的仪器。圆规的一根装铅芯的插腿可以按需要换上墨水笔接头或其他腿端附件配合使用。量规是量取长度或等分线段的仪器,用量规的两个针脚可较准确地量取长度,直接辅助绘图。

6. 曲线板

曲线板用于画非圆曲线。曲线由一系列点所确定,先徒手将这些点顺序轻轻连成曲线,然后在曲线板上找出一段使之与 3 个以上的点吻合,从起点开始沿曲线板通过这些点描画,但不能全部描完,要留出一小段;再在曲线板上找一段与已描的最后一小段相重合,且与后面未描的 3 个以上的点吻合,按上述方法继续描画,直至光滑地描画出整条曲线,如图 11-20 所示。

图 11-20   曲线板及其用法

7. 其他绘图工具

除上述外,为了提高绘图质量,加快绘图速度,还有一些专用的量画结合、多功能的绘图工具,如一字尺、多用三角尺、绘图架、模板等。

二、几何作图

尺规绘图技术从根本上讲,就是使用尺规绘图工具进行几何作图。所谓工程图绘制的基础,主要也是指这一点。所以几何作图是学习工程制图的出发点,在学习的初期应该进行使用尺规绘图工具完成几何作图的训练。

任何工程图都是由一些基本几何图形组合而成,基本几何图形则由直线、圆弧、圆及少量其他曲线连接而成。因此,掌握基本几何图形的画法,就成为我们学习画工程图的开始。

1. 直线的画法

直线是最基本的线条,也是建筑工程图上最大量出现的线条,工程图样上经常会有画互相平行或垂直的直线、在直线上求等分点、平行直线间求等分距离等作图要求,如图 11-21 ~ 图 11-23 所示。

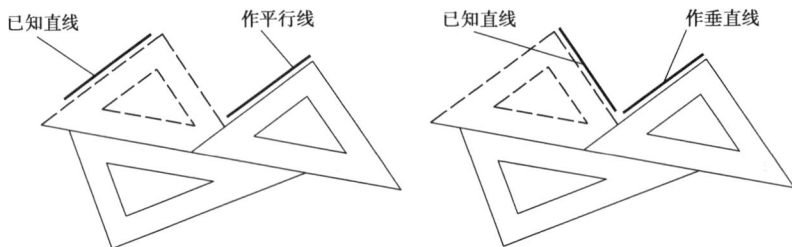

图 11-21 作已知直线的平行线和垂直线

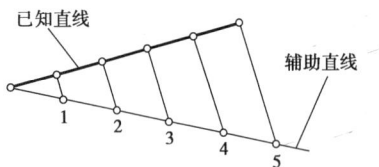

图 11-22 作已知直线的等分点

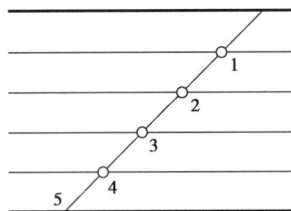

图 11-23 作已知直线间的等分距离

2. 多边形的画法

(1)正四边形

已知正四边形(正方形)的外接圆,可借助45°三角尺和丁字尺作出,如图 11-24 所示。

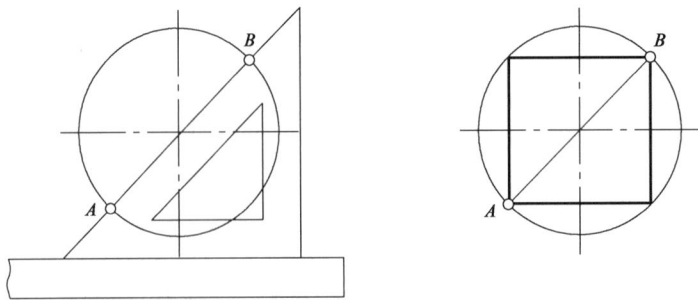

图 11-24 已知外接圆作正方形

(2)正五边形

已知正五边形的外接圆,可按图 11-25 所示的绘图步骤完成。先以圆半径 OA 的中点 M 为圆心,$1M$ 为半径画弧交于 N,则 $1N$ 即为正五边形的边长。以 $1N$ 为弦长,依次在圆周上截取,即可作出该正五边形。

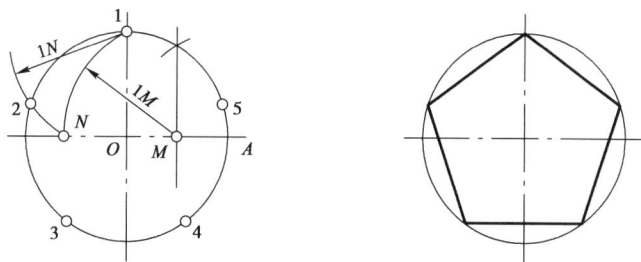

图 11-25　已知外接圆作正五边形

（3）正六边形

已知正六边形的外接圆,可借助 30°(60°) 三角尺和丁字尺来出,如图 11-26 所示。

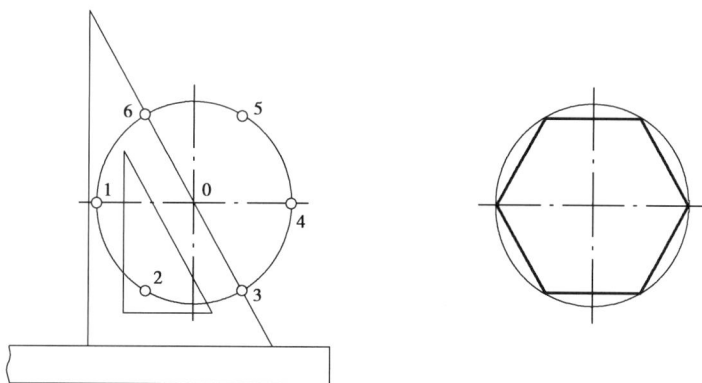

图 11-26　已知外接圆作正六边形

（4）正任意多边形

已知外接圆作正任意多边形的方法,实际上是一种近似的(手工尺规)画法,但已相当逼近真正精确的正任意多边形。图 11-27 所示的为正七边形的绘制过程,先将垂直方向的直径七等分,以 N 为圆心为半径画弧,交于 N_1 和 N_2。再从 N_1 和 N_2 出发分别画直线至等分点 2、4、6,并延伸与圆周交于 B、G、C、F、D、E。依次连接 A、B、C、D、E、F、G、A,即得正七边形。

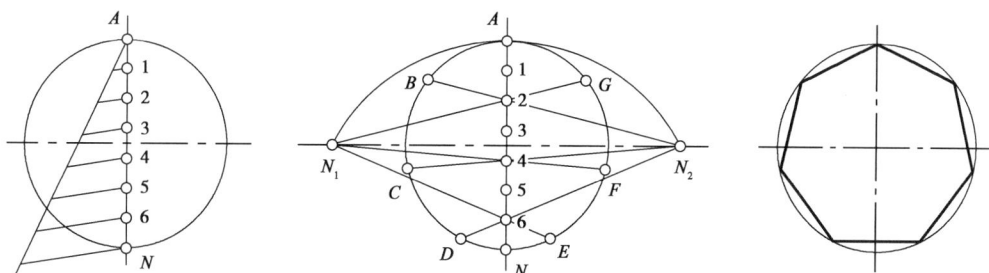

图 11-27　已知外接圆作正七边形

3. 弧线的画法

（1）圆弧连接

所谓圆弧连接是指作圆弧光滑连接已知直线或圆弧。光滑连接就是相切连接,这就要求作图时准确求出连接圆弧的圆心和切点(光滑连接点)。

①连接两直线。如图 11-28 所示，作半径为 R 的连接圆弧，光滑连接已知两直线。先分别作与两直线距离为 R 的平行线，交于点 O，该点即为连接圆弧的圆心，过 O 点分别作已知两直线的垂线，垂足 M 和 N 即为切点。再以 O 点为圆心，R 为半径，自 M 向 N 画圆弧即可。

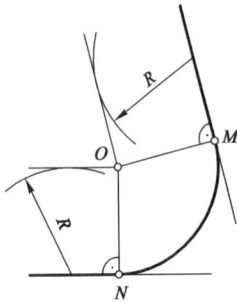

②连接一直线和一圆弧。如图 11-29 所示，作连接圆弧，光滑连接已知的一直线和一圆弧。分别作与直线相距 r 的平行线和圆弧的圆心圆（外切为已知弧半径与 r 相加，内切为已知弧半径与 r 半径相减），交点即为连接圆弧的圆心 O，过 O 点作已知直线的垂线和已知圆弧的圆心连线，得垂足 M 和交点（切点）N，再以 O 点为圆心，R 为半径，自 M 和 N 画圆弧即可。

图 11-28　两直线的圆弧连接

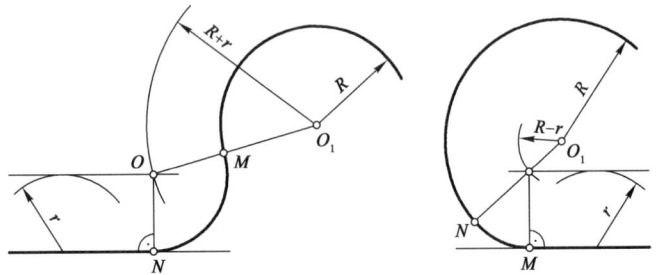

图 11-29　直线和圆弧的圆弧连接

③连接两圆弧。如图 11-30 所示，作半径为 R 的连接圆弧光滑连接已知两圆弧。分别作两已知圆的同心圆（外切为已知弧半径与 R 相加，内切为已知弧半径与 R 相减），交点即为连接圆弧的圆心 O，过 O 点作已知圆弧的圆心连线，得切点 M 和 N，再以 O 点为圆心，R 为半径，自 M 向 N 画圆弧即可。

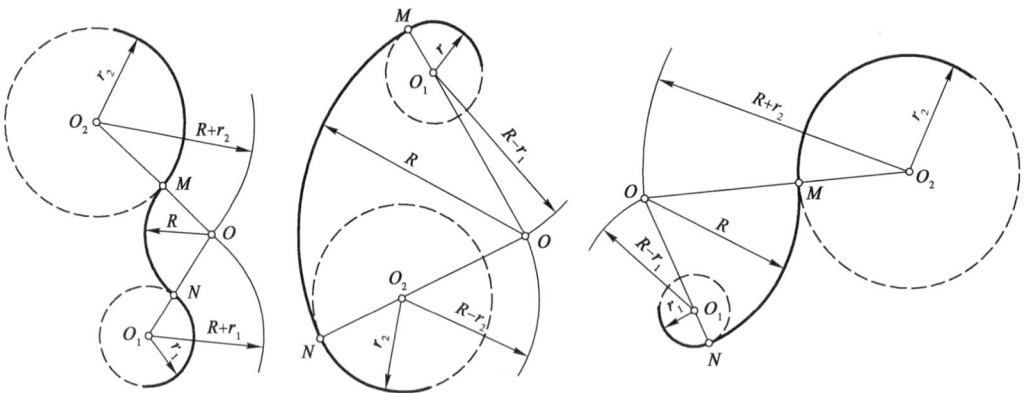

图 11-30　两圆弧的圆弧连接

（2）椭圆

一般以互相垂直的两长短轴来定义椭圆。

①同心圆法。如图 11-31 所示，分别以长短两轴为直径作两同心圆；过圆心作若干射线交于两圆弧；过大圆交点和小圆交点分别作短轴和长轴的平行线；两线的交点即为椭圆上的点；用曲线板光滑连接这些点完成椭圆绘制。

②四心圆法。这实际上是一种近似画椭圆方法，但却是工程上通常采用的方法，因为该方法最方便之处是直接可用圆规作图。如图 11-32 所示，连接长短两轴端点 AC 并取 E 点（使 $CE = OA - OC$）；作 AE 的垂直等分线交于长、短轴的 O_1、O_2；再作其对称点 O_3、O_4 即为四个圆

心;分别以 O_1,O_3 和 O_2,O_4 画圆弧拼成椭圆(四段圆弧间的切点为 T_1、T_2、T_3、T_4)。

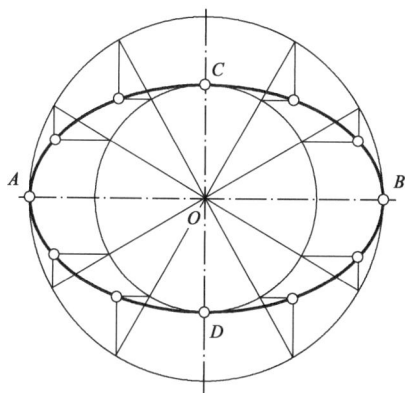

图 11-31 同心圆法画椭圆

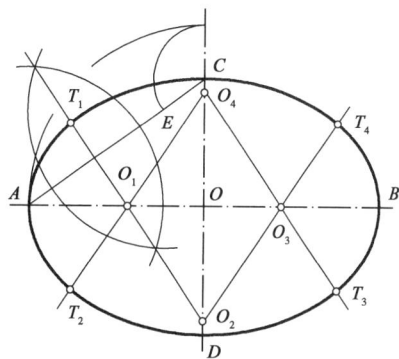

图 11-32 四心圆法画椭圆

4.草图的画法

在一些工程现场的测绘或工程设计过程中的草图,往往是徒手完成的,所以徒手画草图也是我们必须掌握的一种绘图技能。徒手画草图也就是不借助绘图仪器或工具,直接用手拿笔画出图样。徒手画草图的基本要求是:快、准、好。所谓快是指画图速度要快,特别是现场工作,有时间要求;所谓准是指画图时目测比例要比较准确,不能失真太大;而所谓的好是指画的质量要好,图形正确、规范、字体清晰、工整。

徒手草图一般画在白纸上,也可以画在方格纸上。画好徒手草图,必须先掌握各种线条的画法。图 11-33 是常见的一些线条的画法。

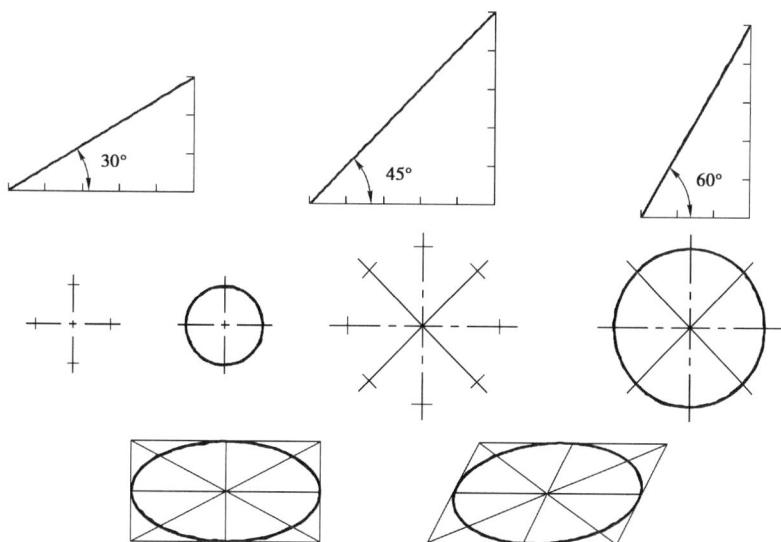

图 11-33 徒手画线条

直线的画法:画直线时,笔从起点出发,眼睛应注视其终点,运笔用力要均匀。画水平线要自左向右;画竖直线要自上往下;而在画斜线时,要目测估计水平与竖直方向的直角边近似比例,如 30°、45°、60°的斜线等。

圆的画法:画较小的圆时,可在两条互相垂直中心线的端部目测半径长度定出四个点,然后分四段圆弧光滑画出;画较大的圆时,可过圆心再画两条45°的辅助线,目测半径长度定出八个点,然后分八段圆弧光滑画出。

椭圆的画法:先画出长短轴及作矩形;连接矩形对角线,并在该两条对角线上按目测估计从角点向中心取3:7的分点;最后,将长短轴上四个点和对角线上四个分点顺序光滑连成椭圆。

三、平面图形绘制

平面图形就是几何作图的应用,一般由多段线条连接而成。在绘制过程中,要注意对图形的分析,按照已知的定位尺寸和定形尺寸确定画法。

1. 平面图形的作图过程

尺规绘制平面图形的作图通常可按以下步骤进行:

(1)根据定位尺寸画出定位线。

(2)根据已知的定形尺寸和对图形的分析画出已知线段。

(3)根据已画好的已知线段画出连接线段。

(4)根据各线段的起讫点,擦去多余部分,并描深图线,完成作图。

图11-34为一平面图形,分析如下:其中图形下部较大圆弧和左右两圆弧,以及三个相等小圆和中部大圆,都为已知线段;而中上部的左右两圆弧和下部两条与已知圆弧相切的直线则为连接线段,三个圆心距尺寸均为定位尺寸。

2. 平面图形的尺寸标注

尺寸标注是一项很细致的工作,在标注尺寸时,应该分析图形各部位的构成,选定尺寸基准,逐个注出定型尺寸和定位尺寸。尺寸标注的原则是完整、正确、清晰。

完整是指尺寸标注要齐全,不能遗漏任何一个尺寸,也不能有矛盾的尺寸。通常不标注重复的尺寸,必要时,可允许标注。

正确是指尺寸标注要符合国家标准的有关规定。

清晰是指尺寸标注的安排要布局整齐、标注清楚。

图11-35是以图11-34的图形为例,进行尺寸标注后产生的图形。我们可以通过对图中所注的尺寸,理解尺寸标注的具体要求。

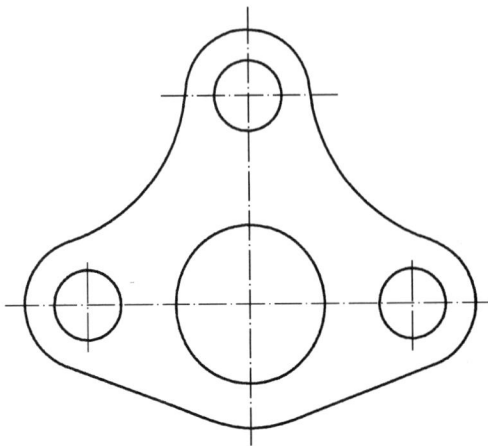

图11-34 平面图形图例

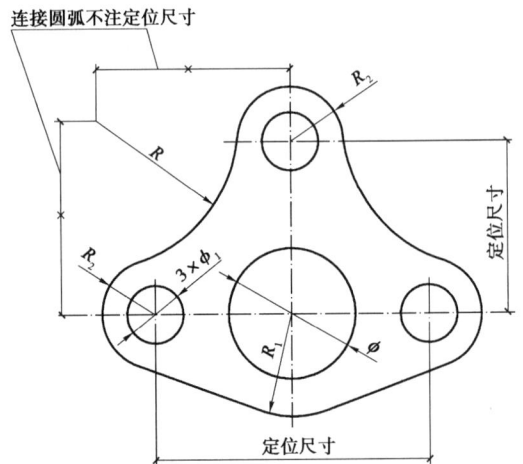

图11-35 平面图形尺寸标注图例

第十二章

投影制图

画法几何与工程制图采用的都是正投影方法,因此画法几何中的投影原理均适合于工程制图。但画法几何主要是研究基本几何体的投影,工程制图主要是研究工程形体(即组合体)的投影和表达方法。

第一节　视　　图

在画法几何中,如要在一个平面上表达一个空间物体,如图 12-1 所示,设有三个投影面 V、H、W,用正投影的方法,通过物体上各点,引垂直于投影面的投射线就与投影面交得物体在投影面上的图形,这种图形称为正投影,在工程制图中就称为视图。相当于人们位于投影面前无穷远处,正对投影面观看物体时形成一组相互平行的视线与投影面交得而成。画法几何中有关正投影的方法和规律,均适用于视图。

一、基本视图

画法几何中人们从上向下观看物体时所得到的图形,称为 H 面投影,在工程制图中称为平面图;从前向后观看物体时所得到的图形,称为 V 面投影,在工程制图中称为正面图(或正

187

立面图);从左向右观看物体得到的图形,称为 W 面投影,在工程制图中称为左侧面图(或左侧立面图)。

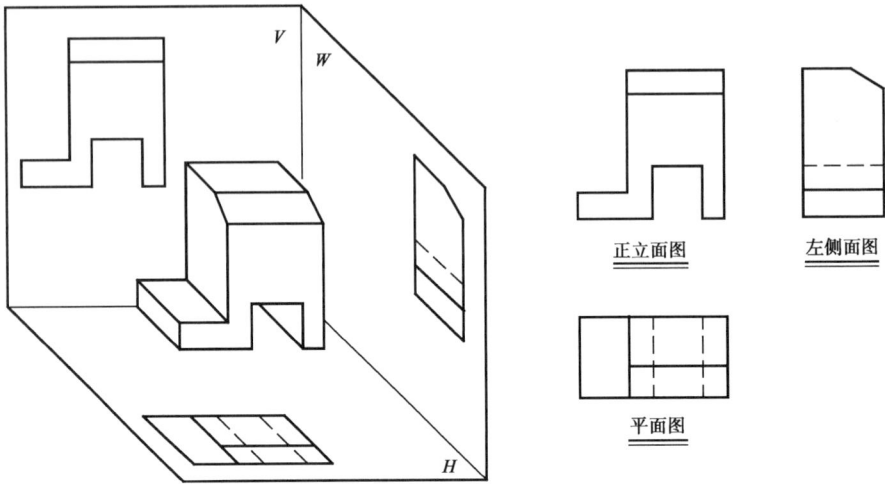

图 12-1　三面视图的形成

如图 12-2a)所示,除了用正面图、平面图,左侧面图外,尚有用三个分别平行于 H、V 和 W 面的新投影面 H_1、V_1 和 W_1,并在它们上面分别形成从下向上、从后向前和从左向左观看时所得到的视图,分别称为底面图、背面图(背立面图)和右侧面图。然后将六个视图展平在 V 面所在的平面上,便得到如图12-2b)所示的六个视图的排列位置。这样排列的好处是投影关系比较明确,但缺点是图面布置不够整齐,图纸的利用也不够经济,所以,如果要在同一张图纸上绘制若干个视图时,各视图的位置可以按图 12-3 的顺序进行配置。如果按图 12-2b)的位置布置视图,可以省略图名,因为按投影关系就能确定该图是什么图;如果按图 12-3 布置视图则必须在每个视图的下方注写图名,以免引起不必要的误解。

在土木工程中,由于所需表达的形体较大,各视图并不能配置在同一张图纸内,一般是将各视图分别画在不同的图纸内,加注上图名就可以了。

这六个视图称为基本视图。相应地这六个投影面称为基本投影面。

二、特殊视图

1.镜像视图

在房屋建筑工程制图国家标准中,介绍了镜像图示法,即当用六面基本视图不易表达时,可采用镜像图示法表示,但应在图名后注写"镜像"二字,或可以画一个如图 12-4c)所示的镜像投影识别符号。如图 12-4 所示,把镜面放在物体的下面,代替水平投影面,在镜面中反射得到的图像,则成为"平面图(镜像)"。由图可知它和通常投影法绘制的平面图是不相同的。

目前,在室内装饰工程图中,表示室内屋顶装饰做法的"天花板平面图",采用的就是镜像投影图。

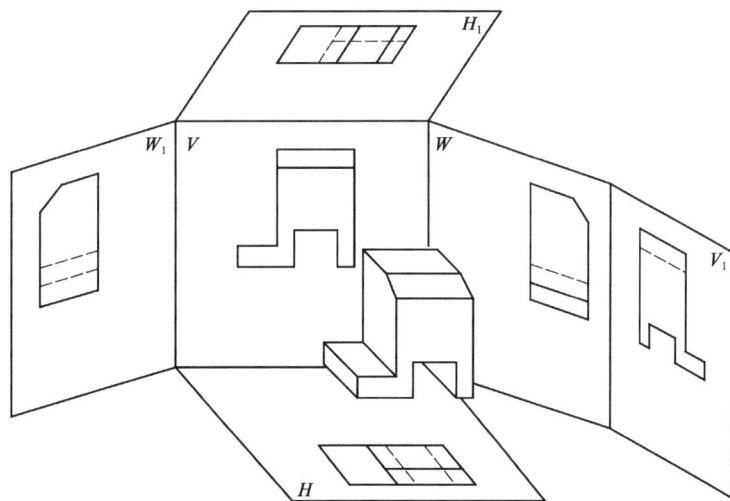

a)

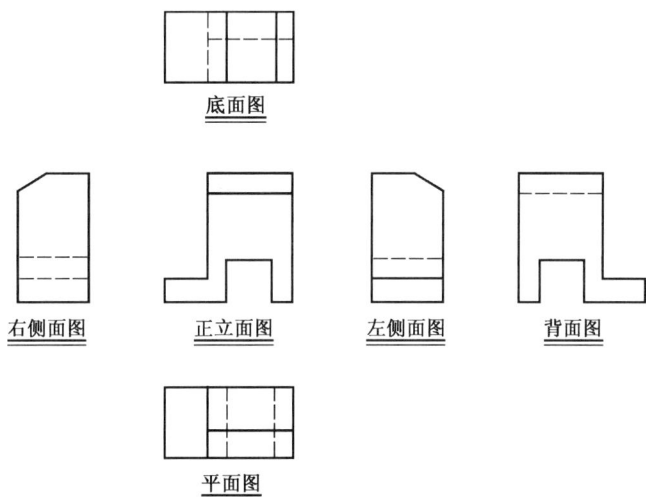

底面图

右侧面图　　　正立面图　　　左侧面图　　　背面图

平面图

b)

图 12-2　六面视图的形成

a)形成过程;b)六面视图

2. 斜视图

物体在倾斜于基本投影面的投影面上的视图,称为斜视图,它相当于画法几何中的换面法得到的投影。

如图 12-5a)所示,物体的斜面倾斜于基本投影面,为了得到反映物体上斜面的实形视图,可应用换面法,即设置一个平行于该倾斜平面的辅助投影面,得到反映实形的投影。此图形就是斜视图。

斜视图仅画出所需要部分的投影,如图中只需表达物体斜面的情况。

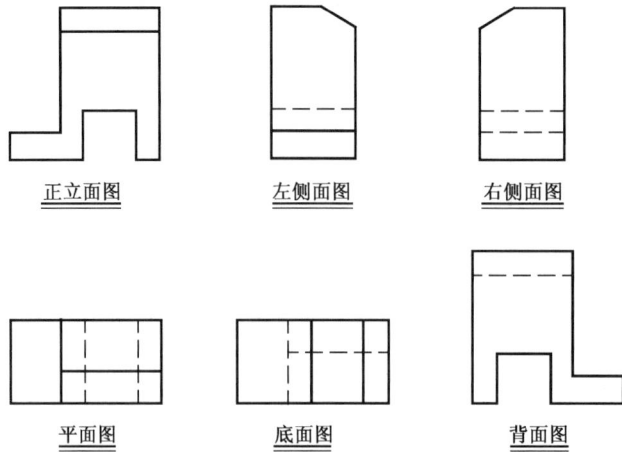

图 12-3　视图的配置

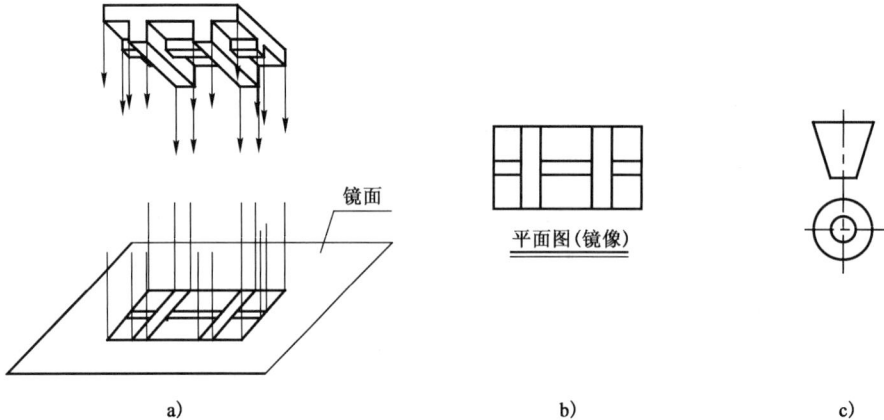

图 12-4　镜像视图
a)形成过程;b)镜像视图;c)识别符号

　　斜视图中,在反映斜面的积聚投影的视图中(即辅助投影面所垂直的基本投影面中)用箭头表示斜视图的观看方向,并注上字母,如图 12-5a)中"A"字,并在斜视图下方注写"A 向"两字,字均沿水平方向书写。

　　斜视图最好布置在箭头所指的方向,如图 12-5a)所示,也允许将斜视图旋转成不倾斜而布置在合适的位置,如图 12-5b)所示,但这时应加注"旋转"两字。

　　3.局部视图

　　物体平行于基本投影面的某一部分的视图,称为局部视图。

　　如图 12-5 所示的物体,平面图所在位置的视图,只是物体的平板部分的视图,所以是局部视图。

　　局部视图同斜视图一样,要在基本视图上用箭头表示局部视图的观看方向,并注上字母,如图 12-5 中的"B",局部视图本身则应注上"B 向"。

　　斜视图也是可以用来表达局部的情况,但它与局部视图的区别在于:局部视图是在基本投

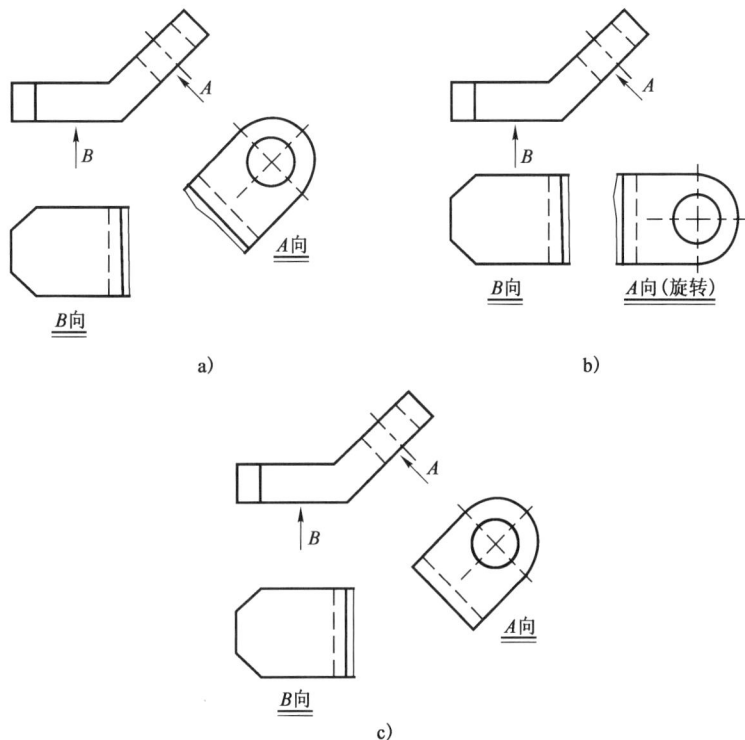

图 12-5 斜视图与局部视图

a)表示法一;b)表示法二;c)表示法三

影面上表达局部的情况,适用于表达物体中平行于投影面的部分;而斜视图则是要另加一个倾斜的辅助投影面来表达某一局部,适用于表达物体中不平行基本投影面的部分。

斜视图和局部视图的边界线用波浪线表示,如图 12-5a)、b)所示。也可以用轮廓线表示,即所示部分以轮廓线为界线时则不必画波浪线,如图 12-5c)所示。

4.旋转视图

假想把物体的倾斜部分旋转到平行于基本投影面后得到的视图,称为旋转视图。

如图 12-6 所示,在一竖直圆柱与两水平梁的相交处,其中一根与基本投影面呈倾斜的梁可应用画法几何中的旋转法将其旋转到平行于基本投影面,再作它的视图。

旋转视图不必标注旋转方向与字母。但需在视图的图名后加注"展开"二字,如图 12-6 中的立面图。

在图 12-7 所示的房屋形体中的右面部分与基本投影面倾斜,为了能清晰地表达出各个立面的实形,可采用 12-7a)的表示法,即用局部视图和斜视图来表达,其中 A 向、E 向和 F 向是局部视图,B 向、C 向和 D 向是斜视图。也可采用另一种表示法,如图 12-7b)所示,即用两个旋转视图加上一个局部视图和一个斜视图来表示。

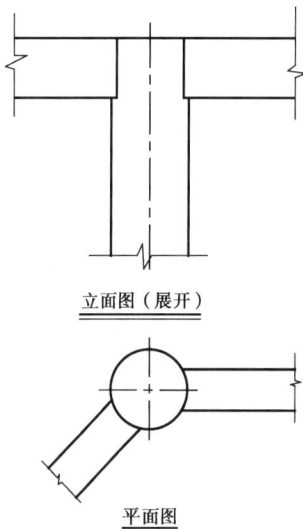

立面图(展开)

平面图

图 12-6 旋转视图

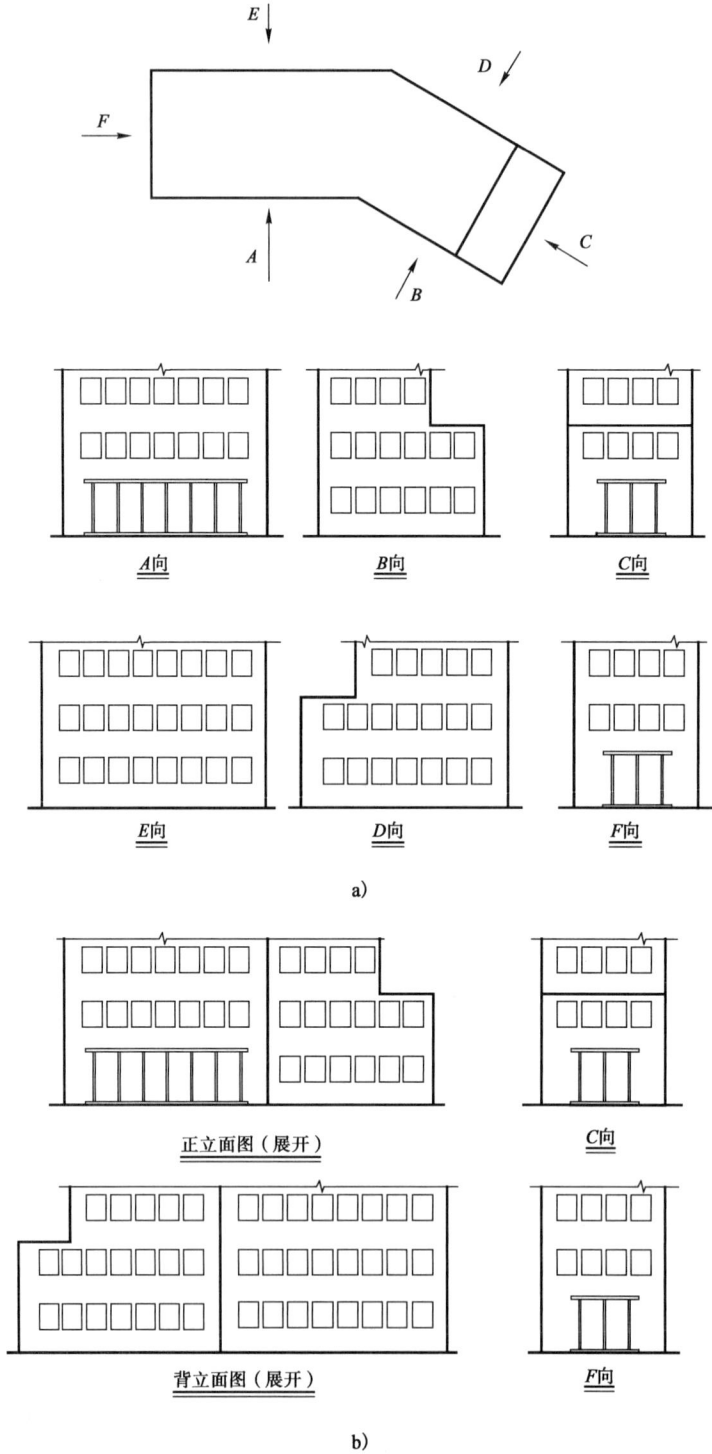

图 12-7　房屋的视图
a)表示法一;b)表示法二

在房屋图中,斜视图一般不布置在箭头所指方向,而是将地面线画成水平位置。

第二节　视图的绘制方法

把已知的空间物体用视图表示出来,称为绘制视图,简称画视图。

画视图的一般步骤是:形体分析——→视图选择——→具体绘制。

一、形体分析

绘制视图时,首先要研究物体本身的形状。工程物体的形状,可以是千姿百态,但通常是由若干个基本的几何体通过叠加和切割等方法组合而成,所以也称为组合体。这种将形状复杂的物体分析成一些简单的几何体的方法,称为形体分析法。

工程上最常见的基本几何体有棱柱、棱锥、圆柱、圆锥和圆球等,它们的视图如图 12-8 所示。

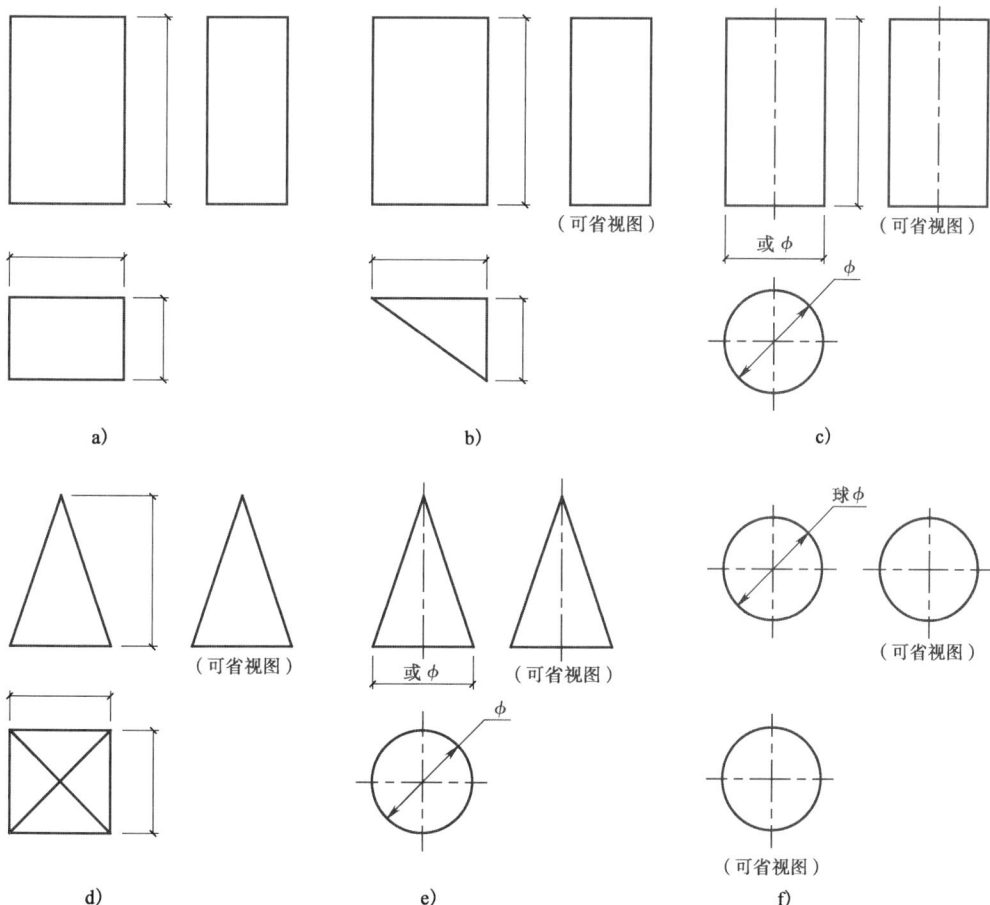

图 12-8　基本几何体的视图

a)长方体;b)三棱柱;c)圆柱;d)四棱锥;e)圆锥;f)圆球

图 12-9a)所示的连接件可以看作是两个四棱柱(底板和竖板)与一个三棱柱(肋板)叠加,再切割掉两个圆柱孔和两个长圆孔组合而成,如图 12-9b)所示。

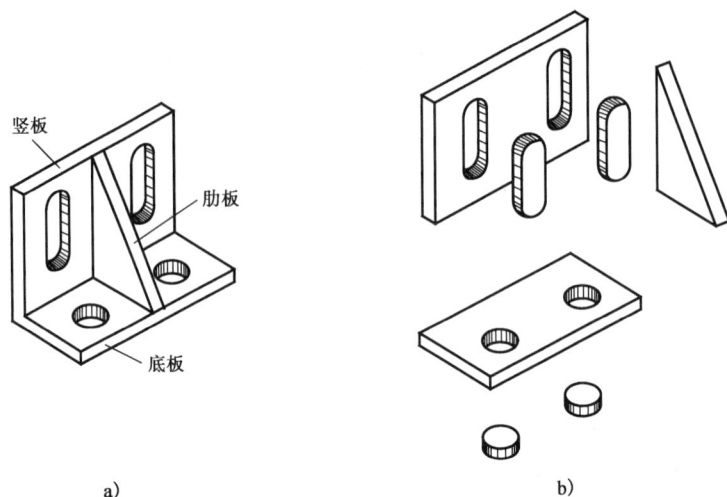

图 12-9　连接件的形体分析

a)连接件;b)分析过程

图 12-10a)所示的涵洞口可以看作是两个四棱柱(其中一个底面为矩形,即物体的下部;另一个底面为梯形,即物体的中部)和一个五棱柱叠加,再切割掉一个圆柱体组合而成,如图 12-10b)所示。

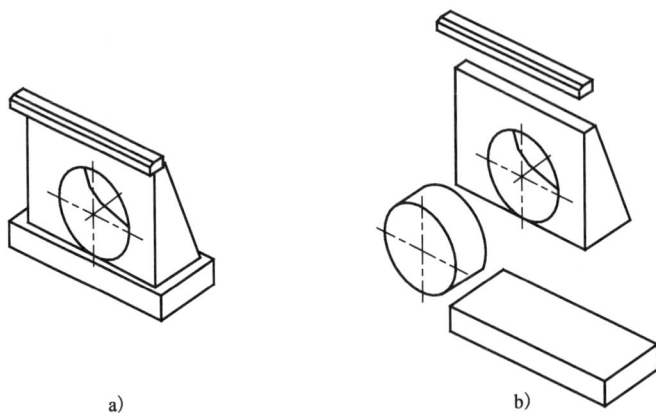

图 12-10　涵洞口的形体分析

a)涵洞口;b)分析过程

图 12-11a)所示的建筑形体,可以认为是一个四棱柱和一个半圆柱叠加后经过三次切割而形成,如图 12-11b)所示。

二、视图选择

正面图的选择:在工程图样中,通常以正面图为主要图样。因为观看某一建筑物时,通常先看到正面,且能给人留下初步的印象。因此,选择好正面图是视图选择的首要步骤。

选择正面图的原则是:

(1)符合物体的自然位置,例如房屋的自然位置是屋顶在上。

(2)能反映物体特征,例如房屋的正面是能够反映该房屋特征的面。

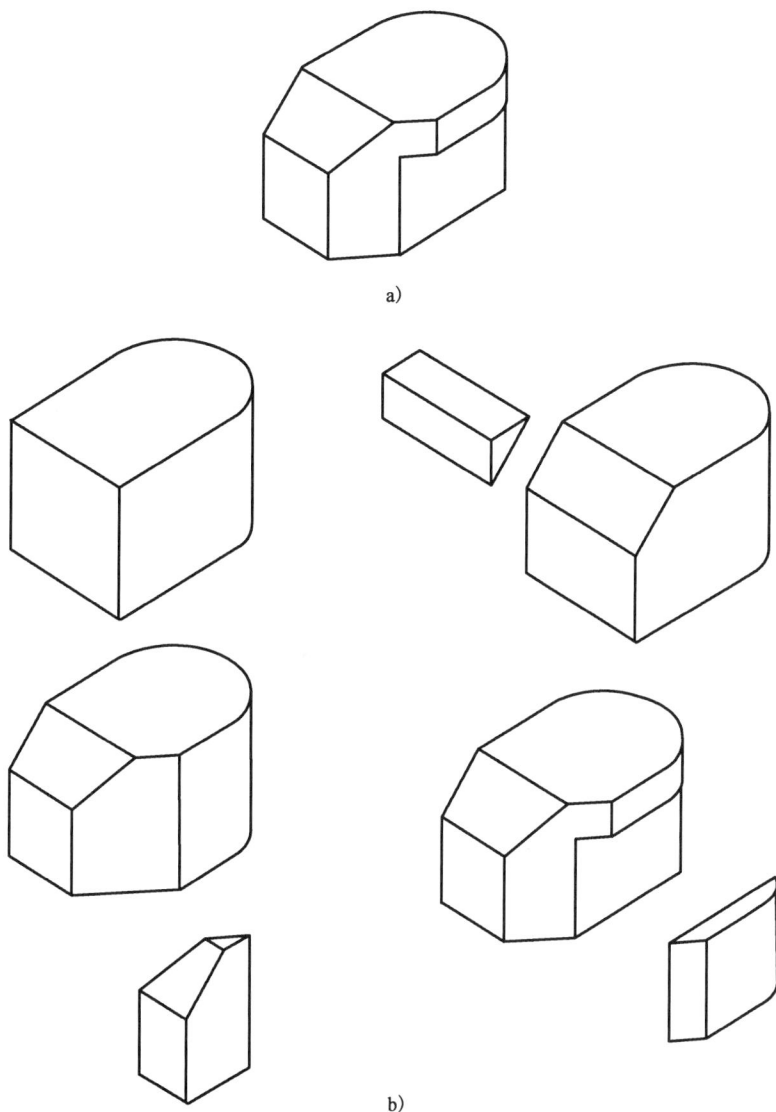

图 12-11 建筑形体的形体分析
a)建筑形体;b)分析过程

（3）考虑其他视图的选配,如图 12-12c)所示为一楼梯模型,图 12-12a)、b)为两组三视图。两组视图中正面图均能反映物体特征,但图 12-12a)比图 12-12b)好,图 12-12b)中的侧面图出现虚线较多,两根柱子的情况也不如图 12-12a)表达得清楚。

（4）合理使用图纸,如图 12-13 所示为一挡土墙模型的视图。图 12-13a)、b)两组视图中的正面图都可以,但图 12-13b)比图 12-13a)好,图面布置合理,图幅经济。

视图数量的选择:选择原则是在保证能够清晰、完整地表达物体的前提下,选用最少数量的视图。

视图选择中还应尽量少用背面图和底面图。左侧面图和右侧面图中一般选用虚线较少的一个,情况相同时习惯上选用左侧面图。应综合考虑各方面的情况,遇有矛盾难以兼顾时,权衡轻重来舍取处理。一般情况下,较多选用正面图、平面图、侧面图三个视图来表示。

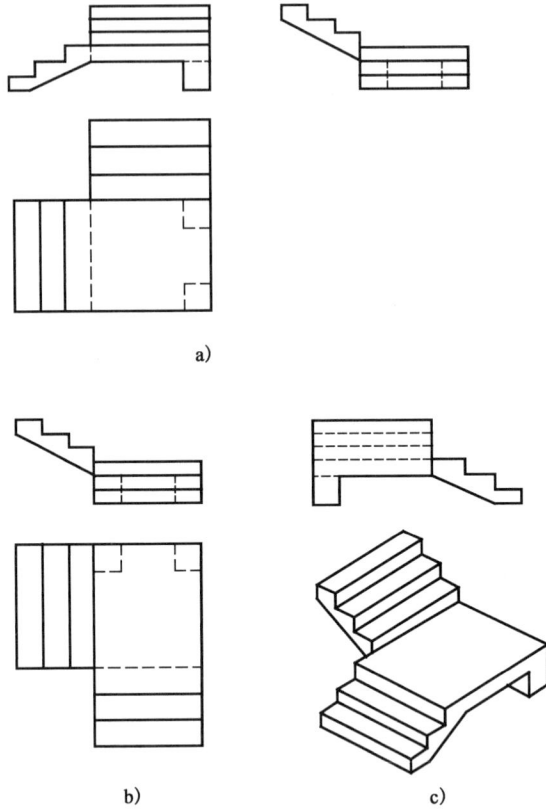

a)

b)   c)

图 12-12　视图选择示例一

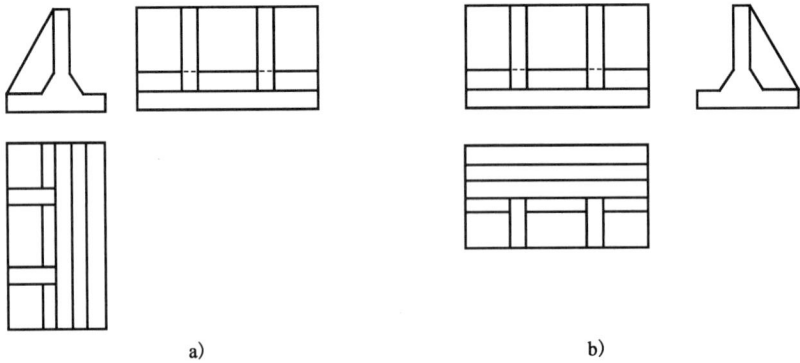

a)   b)

图 12-13　视图选择示例二

三、实例

【例 12-1】　如前述的图 12-9a)所示,绘制连接件的视图。

解　该组合体的形体分析参阅图 12-9。

具体画图步骤如图 12-14 所示。第一步,画出底板的视图;第二步,叠加竖板的视图,这里应注意的是,基本几何体叠加后,如两者位于同一平面时,则不应再画出它们的界线,如图中底板和竖板在左侧面图中是没有界线的;第三步,叠加肋板的视图;第四步,切割掉圆孔和长圆孔,圆孔和长圆孔的不可见投影都画虚线。

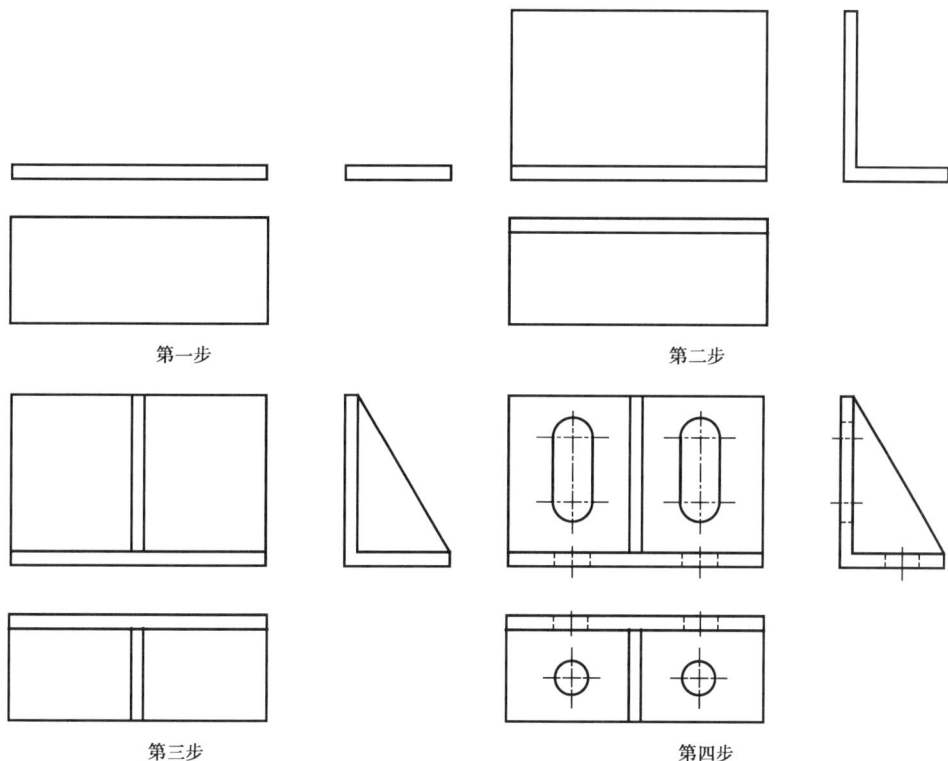

图 12-14 作图过程

【例 12-2】 如前述的图 12-10a)所示,绘制一涵洞口的视图。

解 涵洞口模型的形体分析如图 12-10 所示。

具体画图过程如图 12-15 所示。第一步,先画出下部四棱柱的视图;第二步,叠加中部四棱柱的视图;第三步,再叠加上部五棱柱的视图;第四步,切割掉一个圆柱孔。这里应注意的是基本几何体叠加后使有些线条成为不可见,应画成虚线,如第三步叠加上小五棱柱后,在平面图上出现两段小虚线。切割掉基本几何体后也会产生虚线,如第四步切割掉圆柱体后平面图上产生的两条虚线是圆柱体的外形线,侧面图中,圆柱体上方的外形线在图中是虚线,但下方虚线因与其他可见外形线重合,所以不画虚线。

【例 12-3】 如前述的图 12-11a)所示,绘制一建筑形体的视图。

形体分析如图 12-11 所示。

具体画图过程如图 12-16 所示。第一步,画出四棱柱加半圆柱相切的形体;第二步,切割掉一个棱线垂直于正面的三棱柱;第三步,再切割掉一个棱线垂直于水平面的三棱柱;第四步,再在前方用正平面和水平面切割掉一部分,上方并未切割到头,所以平面图中是一条虚线。被切割掉的部分,左边是棱柱,右边是圆柱,由于截平面与圆柱面交于素线,圆柱面上的截交线是直线。

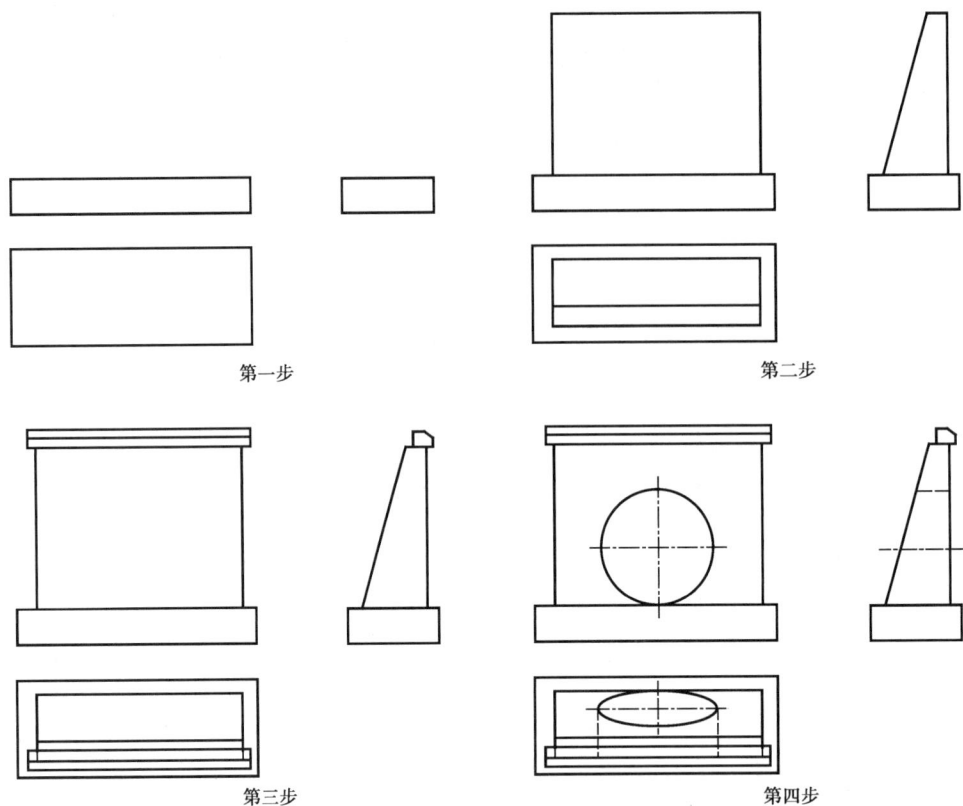

第一步   第二步

第三步   第四步

图 12-15　作图过程

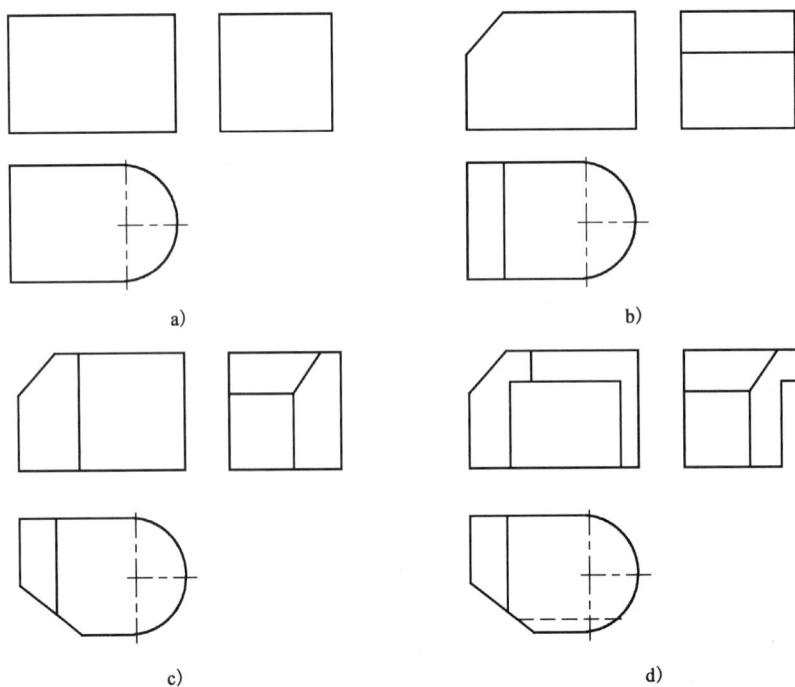

a)   b)

c)   d)

图 12-16　作图过程

第三节 视图的阅读方法

一、阅读视图的一般方法

根据已知视图想象出空间物体的形状和大小,称为读视图或读图。读图比画图难度要大一些,画图是从三维到二维的思维过程,而读图是从二维到三维的思维过程。

读图的方法是:对于组合关系比较简单的形体一般用形体分析法;对于组合关系比较复杂的形体应在形体分析的基础上,再辅之以线面分析法。

形体分析法就是分析组合体是由哪些几何体组合而成的,逐一找出每个几何体的投影,想清楚它们的空间形状,再根据它们的组合方式和相对位置想象出整体的空间形状。

线面分析法指的是对于物体上那些投影重叠或位置倾斜而不易一下子看懂的局部形状,可以利用直线和平面的投影特性去加以分析。

常用到的投影特性有:

(1)视图上的一条线可能是物体上一条线的投影(如图 12-17 中打"×"的线),也可能是物体上一个面的积聚投影(如图中打"△"的线),也可能是曲面的外形线的投影(如图中打"/"的线)。

(2)视图上一个封闭的线框,一般表示一个面(平面或曲面),也可能表示一个孔。

(3)多边形平面的投影一定是类似形,除非积聚。如五边形的投影一定是五边形,"L"形的投影一定是"L"形,但不一定是实形(平行于投影面时是实形)。如图 12-18 中三角形(画点的部分)为一般位置平面,它在每个视图中的投影均为三角形,但不是实形。图中的"L"形(画格子的部分)为一正垂面,正面上积聚成直线,另外两个视图中均是"L"形,也不是实形。

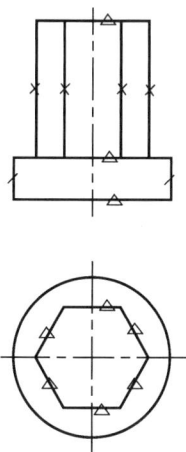

图 12-17 投影特性(一)   图 12-18 投影特性(二)

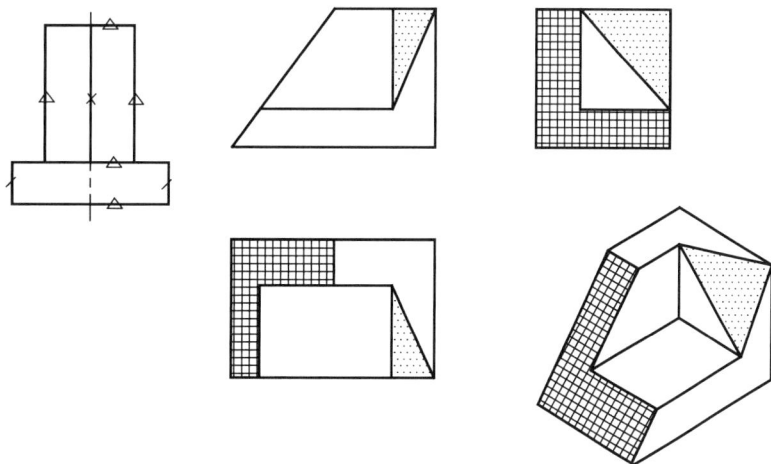

读图一定要几个视图对照起来读,因为光看一个视图不能确定物体的形状,如图 12-19 中,只有一个视图,如图 12-19a)所示,那么图 12-19b)、c)、d)、e)均有可能是它要表达的对象,其他可能的对象还有很多。有时看两个视图也不能确定物体的形状,如图 12-20 中 b)和 c)都

有可能是视图图 12-20a)要表达的对象。

读图的基本步骤是:形体分析(或结合线面分析)→想象出各几何体的形状→分析各几何体的组合方式和相对位置→想象出整体形状。

读图时首先要从能够反映形体特征的视图着手。如先看视图上形状明显的图形,再在其他视图中找出对应的图形是什么形状,由此想象出所示的几何体形状。

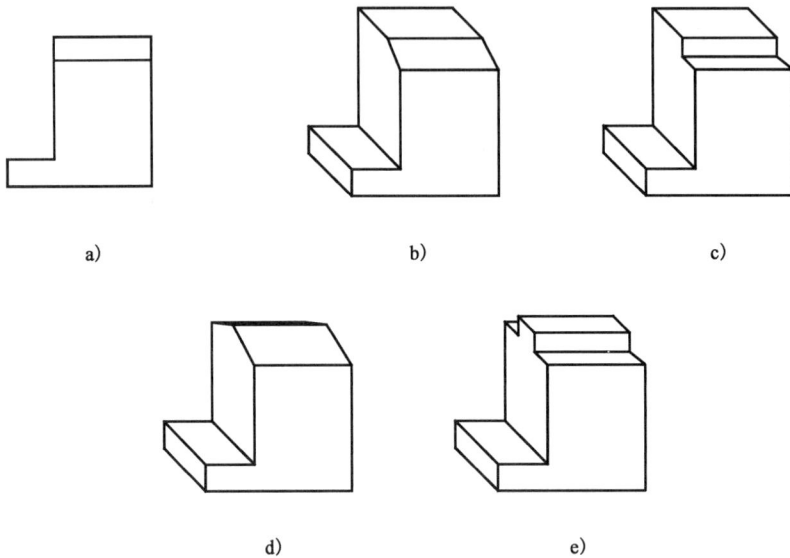

图 12-19　一个视图不能确定形状

a)以一个视图表达物体;b)、c)、d)、e)为图 12-19a)视图可能表达的物体示例

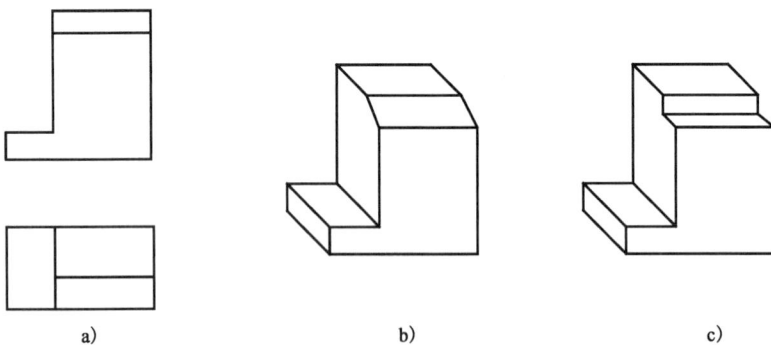

图 12-20　两个视图不能确定形状

a)以两个视图表达物体;b)、c)为图 12-20 视图可能表达的物体示例

【例 12-4】　根据图 12-21a)所示的两个视图想象出物体的形状。

解　根据形体分析,可以看出下部为一个"⌒"形的基础,上面为一个"⌒"形的墙身,并在墙身的两端上部各切割掉一块,再有一个穿过墙身的空心圆柱。首先可以分别画出各部分的草图,如图 12-21b)所示,然后综合起来可以想出和画出如图 12-21c)所示的整体草图(当然,只要脑中想象出来了也不一定要画草图)。

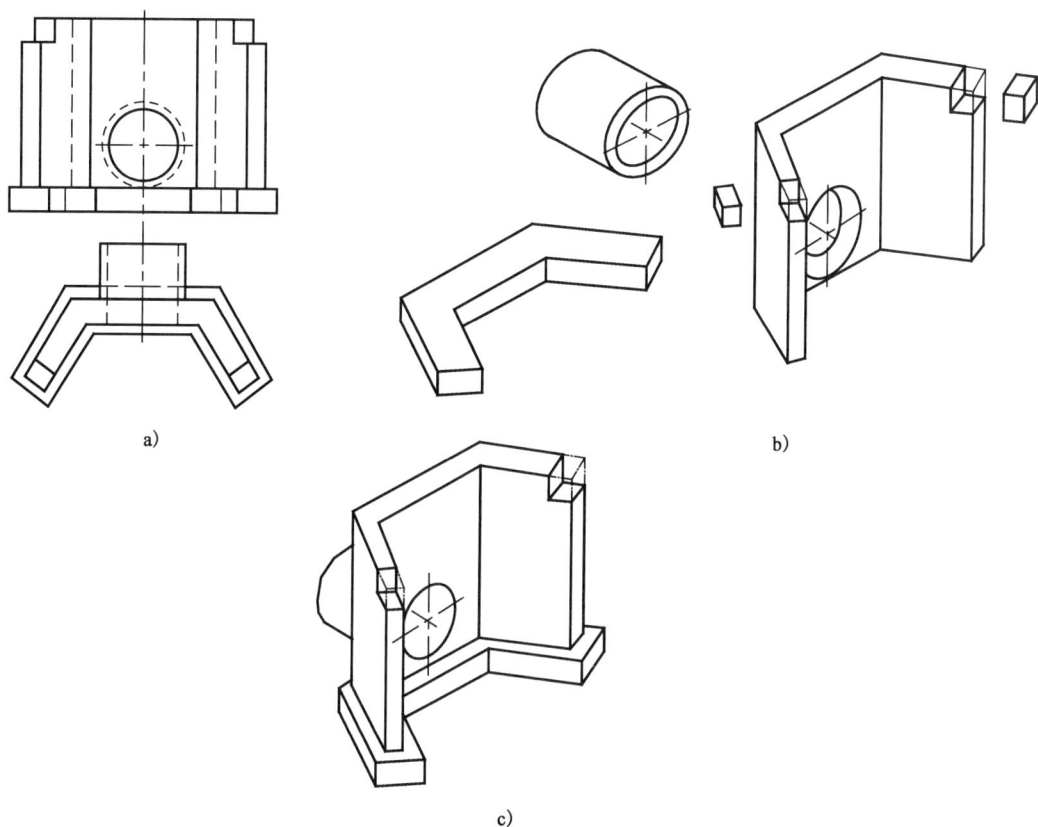

a)

b)

c)

图 12-21　涵洞口的读图
a)三视图;b)形体分析;c)想象结果

【例 12-5】　根据图 12-22a)所示的三视图想象出物体的形状。

解　图 12-22 所示为交梁楼盖的一部分,进行形体分析后,可知它是由楼板 A、柱子 B、主梁 C 和次梁 D 四部分组成,如图 12-22b)所示。它们的形体基本上都是四棱柱,但是在图 12-22a)中,正立面图中主梁 c' 的下面还有一个矩形 $1'2'3'4'$,究竟表示什么还需作线面分析。根据三视图的投影相互关系,可以找到它的左侧立面投影是重叠两条斜线 $1''4''$ 和 $2''3''$,水平面投影是一个矩形 1234,因此可以判定它是一个侧垂面。这样,就可以知道主梁的底面靠近柱子部分做成一个斜面与柱子连接而形成一个梁托。最后可以知道,图 12-22a)的三视图所要表达的形体就是图 12-22c)所示的物体。

二、补视图

根据已知的两视图补第三视图,也是训练读图和画图综合能力的一个较好方法。应该说补第三视图要比读三视图更难一些,因为要根据两个视图来想象出该物体的空间形状。对于比较简单的物体,只要用形体分析法分析出各个几何体和它们的相对位置,就可以想出它的空间形状。对于比较复杂的物体可以一边作形体分析一边在草稿纸上画一个轴测草图,然后再根据已知视图上的线面关系,参照轴测图,补出第三视图。

【例 12-6】　已知两个视图[图 12-23a)],求作左侧面图。

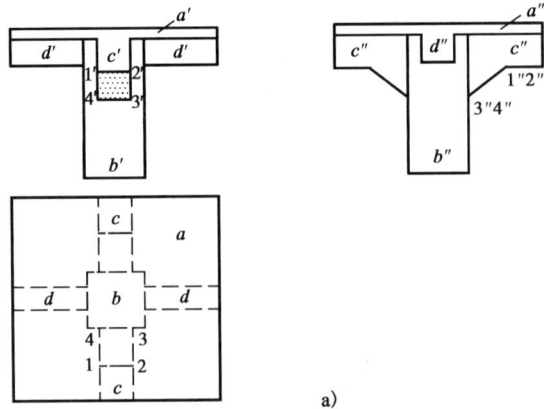

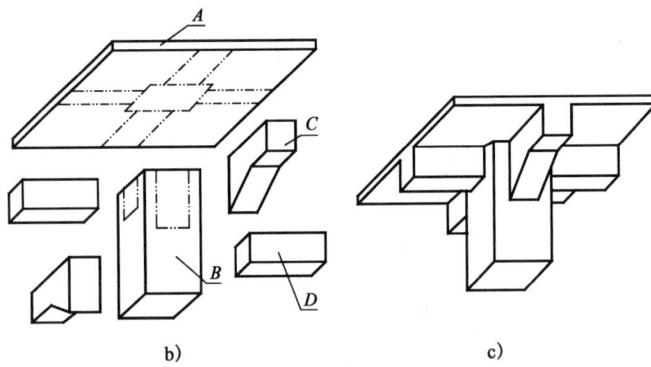

图 12-22　交梁楼盖的读图
a)三视图;b)形体分析;c)想象结果

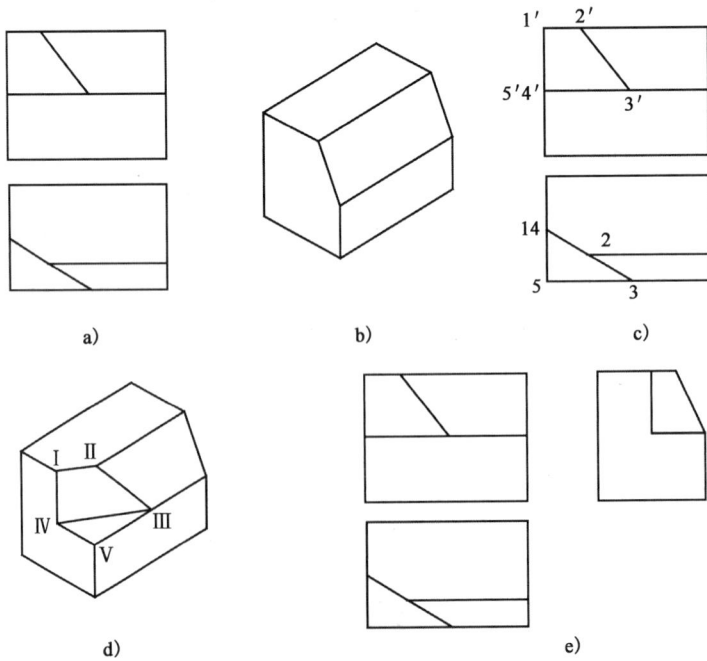

图 12-23　补视图
a)已知的视图;b)形体分析;c)线面分析;d)想象结果;e)补视图

解 先作形体分析,此形体的空间形状应该是在图 12-23b)所示的一个五棱柱的左前角切割掉一部分。关键是如何切割? 可应用线面分析,由于图 12-23c)正面图上有一个四边形 1′2′3′4′,而平面图上没有对应的四边形,所以该四边形一定是铅垂面,因而找到积聚投影 1234。平面图上有一个三角形 345,而正面图上没有对应的三角形,3′4′5′一定是积聚投影。想到这里,图 12-23d)所示的形状已在脑中清晰成形,便可轻松补出侧面图了。

【例 12-7】 已知如图 12-24a)所示的正面图和左侧面图,求作平面图。

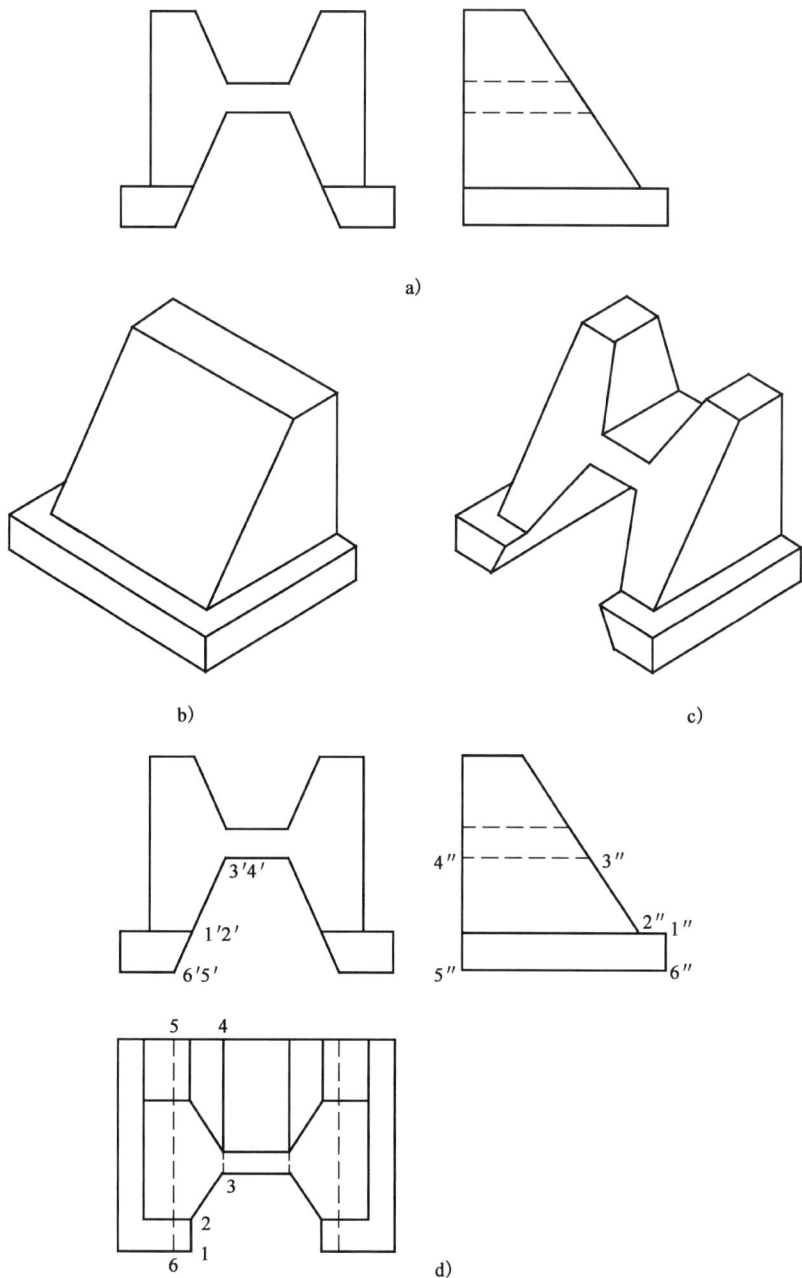

a)

b)

c)

d)

图 12-24 补视图

a)已知的视图;b)、c)形体分析;d)线面分析并补画视图

203

解 先作形体分析，从已知视图可以看出，该形体是先由两个四棱柱叠加，形状如图 12-24b）所示，再在此基础上切割掉上下两个四棱柱，形状如图 12-24c）所示。形体的轮廓已心中有数了，具体画的过程一般也是按形体分析法，一个形体一个形体地画，先画出两柱叠加后的视图，再画出切去上方四棱柱后的视图，最后，再画出切去下方四棱柱后的视图，全图就完成了。在画的过程中应用线面分析，正立面上有一个"H"形多边形，左侧面上积聚成斜线，说明是个侧垂面，但平面上不积聚，一定也有一个"H"形。同理，每个多边形只要不积聚，都应有投影类似形，如图中的六边形。

第四节　尺　寸　标　注

在工程图中，视图只能表达物体的形状，不能确定物体的真实大小，因此必须注出物体的实际尺寸。在上一章所述的平面图形尺寸注法的基础上，本节阐述几何体和组合体的尺寸注法。关于专业图的尺寸注法将在后面有关章节中结合专业图的图示方法再作详细叙述。

一、基本几何体的尺寸

基本几何体的尺寸注法，如图 12-8 所示。任何几何体都有长、宽、高三个方向的大小，均应注出。但如果是圆周，注上直径后，即表示两个尺寸。基本几何体在标注尺寸后往往可以减少视图数量。例如圆柱体或圆锥体，当标注出底圆直径和高度尺寸后用一个视图即可表达。但用一个视图表达直观性较差，一般还是用两个视图来表达。对于球，三个视图都是等大的圆周，标注尺寸后只需一个视图即可。但因要区别于其他几何体，规定在球的直径代号 ϕ 之前标"S"字母。只有长方体（四棱柱）即使注出尺寸后，仍需三个视图才能肯定形状。

二、组合体的尺寸

在绘制组合体视图时，常运用形体分析法把组合体分析成基本几何体，在标注组合体尺寸时也可以同样运用形体分析法对组合体的尺寸进行分析。除了要标注各基本几何体的尺寸外，还需标注它们之间的相对位置尺寸及总体尺寸。因此，组合体的尺寸分为三类，即定形尺寸、定位尺寸和总尺寸。

1. 定形尺寸

表示构成组合体的各基本几何体的大小尺寸，称为定形尺寸，用来确定各基本几何体的形状。

图 12-25 为钢板连接件的尺寸标注（单位为 mm）。根据前面的形体分析（图 12-9），它是由底板、竖板、肋板和圆孔等组合而成，分别标注出它们的尺寸就是定形尺寸。如底板长 300、宽 125、高 14；竖板长 300、宽 14、高 186；肋板高 186、宽 111、厚 14，圆孔的直径为 30，孔深 14（与板厚相同）等。

2. 定位尺寸

表示组合体中各基本几何体之间相对位置的尺寸，称为定位尺寸，用来确定各基本几何体之间的相互位置。

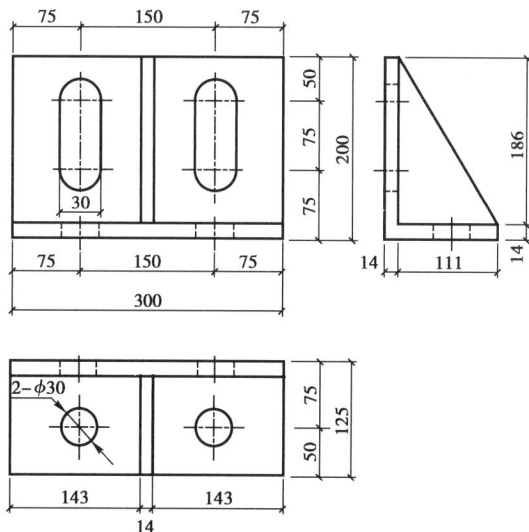

图 12-25　连接件的尺寸标注

如图 12-25 中竖板的两个长圆孔的定位尺寸是：高度方向的 75、75、50 和长度方向的 75、150、75，因长圆孔在竖板上是通孔，不用标注宽度方向的定位尺寸。水平底板上两个圆孔的定位尺寸是：长度方向的 75、150、75 和宽度方向的 75、50，因圆孔在水平底板上是通孔，不用标注高度方向的定位尺寸。肋板的定位尺寸是：长度方向的 143，高度方向的 14 和宽度方向的 14。

3. 总尺寸

表示组合体的总长、总宽、总高的尺寸，称为总尺寸。如图 12-25 中总长为 300、总宽为 125、总高为 200。

有些尺寸兼有二者的功能，如 300 和 125 既是底板长、宽方向的定形尺寸，又是形体长、宽方向的总尺寸。

三、尺寸的配置

尺寸的配置除了尺寸标注要正确和合理外，还应清晰、整齐、便于阅读。应尽可能做到以下几点：

1. 尺寸标注要明显

(1)尽可能把尺寸标注在反映形状特征的视图上，如图 12-25 中肋板(三棱柱)的尺寸注在左侧面图上。

(2)与两个视图有关的尺寸应注在两视图间的一个视图旁，如图 12-25 中将总高尺寸注在正立面图与左侧面图之间，总长尺寸注在正立面图与平面图之间。但是如平面图图形较大，或尺寸注在平面图上较合适时，也可以注在平面图的下方，以利读图。

(3)尽可能不要把尺寸注在虚线上。

2. 尺寸布置要整齐

尺寸较多时可把长、宽、高三个方向的尺寸组合起来排成几道，小尺寸在内(靠近图形)，大尺寸在外。相互的平行的尺寸线之间的距离要大致相等，尺寸数字应写在尺寸界线中间位置,如图 12-25 所示。

3.尺寸标注要齐全

保证阅读时能直接读出各部分的尺寸,不用读图时再计算需要的尺寸。但也不要重复,一个尺寸一般只注一次。但在土建专业图中必要时允许重复。

还有一些需注意的问题将结合例题来讨论。

4.尺寸标注应注意的问题

(1)斜线的标注:斜线长度一般不直接标注尺寸,可以标注斜线的长、宽两个方向的尺寸,如图 12-27 正面图中的 12、12,平面图中的 19、15;或用比例的方式,如图 12-26 中的 3.75:1,意为"竖直边:水平边"。

(2)圆弧的标注:一般情况下大于半圆的圆弧需标注直径,等于或小于半圆的圆弧标注半径,如图 12-27 所示。

(3)有圆弧时的总尺寸:一般情况下长、高、宽三个方向均需标出总尺寸,但图 2-27 没有标出总长,它的总长应为圆孔的定位尺寸 37 和半圆柱的半径 18 之和 55,由于尺寸不宜注到圆柱的素线处,而只是注到圆心处,所以不予注出总长。

(4)圆的定位:圆的定位尺寸一般宜定到圆心,如图 12-26 中的 125,图 12-27 中的 37。

(5)多种尺寸标注法:尺寸标注的正确方式不是唯一的,可以有多种标注法,要根据具体情况而定。如长度方向的尺寸可以标在正面图上,也可以标在平面图上,宽度方向的尺寸可以标在平面图上,也可以标在侧面图上,等等。

(6)正方形时标注:如所注的形状是边长为 a 的正方形时,可以在其一条边旁标注"$a \times a$",另一方向不需标注。但长方形(特别是两条边长相差不多时)一般不宜用这样形式的标注。

四、举例

【例 12-8】 为前述的图 12-10a)所示的涵洞口的视图标注尺寸。

解 具体标注如图 12-26 所示。

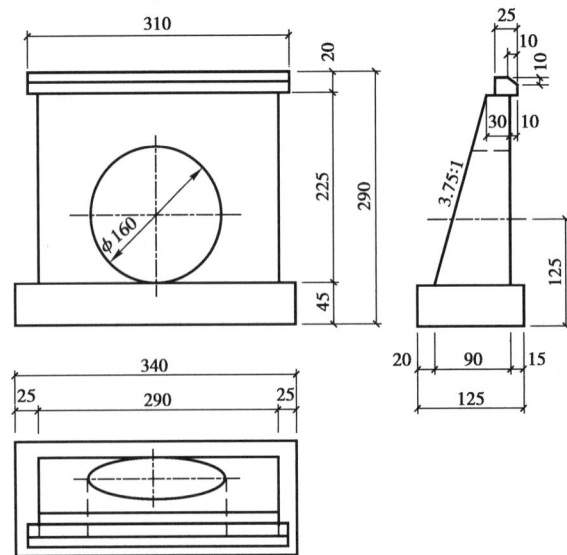

图 12-26　涵洞口的尺寸标注

【例 12-9】 为前述的图 12-11a)所示的建筑形体的视图标注尺寸。

解 具体标注如图 12-27 所示。

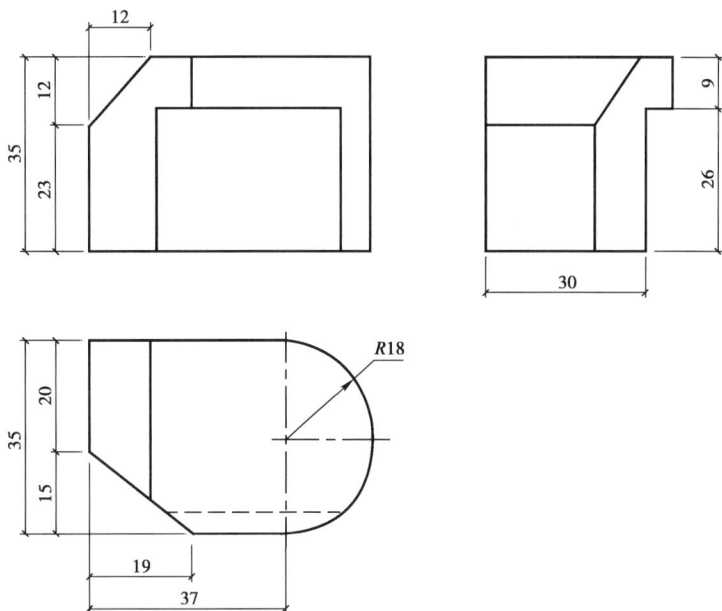

图 12-27 建筑形体的尺寸标注

第五节 断面图和剖面图

运用基本视图和特殊视图,可以把物体的外部形状和大小表达清楚;至于物体内部的不可见部分,在视图中则用虚线表示。如果物体内部的形状比较复杂,在视图中就会出现较多的虚线甚至虚、实线相互重叠或交叉,致使视图很不清晰,难以认读,也不便标注尺寸。为此,常采用断面图和剖面图来解决这一问题。

一、概述

1.断面图和剖面图的形成

图 12-28a)为一台阶的三面视图。当观看者自左向右观看台阶时,由于踏步被侧板遮住而不可见,故在左侧面图中画成虚线。现假设有一个平面把台阶剖切开来,如图 12-28b)所示,该平面就称为剖切平面。剖切平面与物体交得的图形称为断面图,如图 12-28c)中的 1-1 断面。移去观看者与剖切平面之间的那部分台阶,然后作出剩下的那部分台阶的视图,称为剖面图,如图 12-28d)所示的 1-1 剖面。

断面图与剖面图既有区别又有联系,区别在于断面图是一个平面的实形,相当于画法几何中的截断面实形,而剖面图是剖切后剩下的那部分立体的投影。它们的联系在于剖面图中包含了断面图,就是剖面图中画图例符号的那部分。

2.剖切的表示

(1)剖切位置:一般把剖切平面设置成垂直于某个投影面的位置,则剖切平面在该投影面上的视图中,积聚成一直线,这一直线就表明剖切平面的位置,称为剖切位置线,简称剖切线。剖切线用断开的两段短粗实线表示,长度为 6~10mm,画在物体的投影的外边,即与视图的图线不相接触,如图 12-28 所示。

(2)投射方向:画剖面图时,在剖面线两端的同侧各画一段与它垂直的短粗实线,表示观察方向为朝向这一侧,即投射方向线,长度为 4~6mm。如图 12-28d)中的观察方向是向右看,故画在剖切线的右侧。

(3)编号:断面图和剖面图一般都采用数字来编号。在剖面图中,数字编号应分别注在剖面方向线的端侧;在断面图中,以编号注在剖切线的那一侧来表示观察方向(因断面图中不画表示观察方向的短线)。如图 12-28c)中数字注在剖切线的右侧,表示向右看,并在断面图或剖面图的图名前注上编号,如"1-1"。

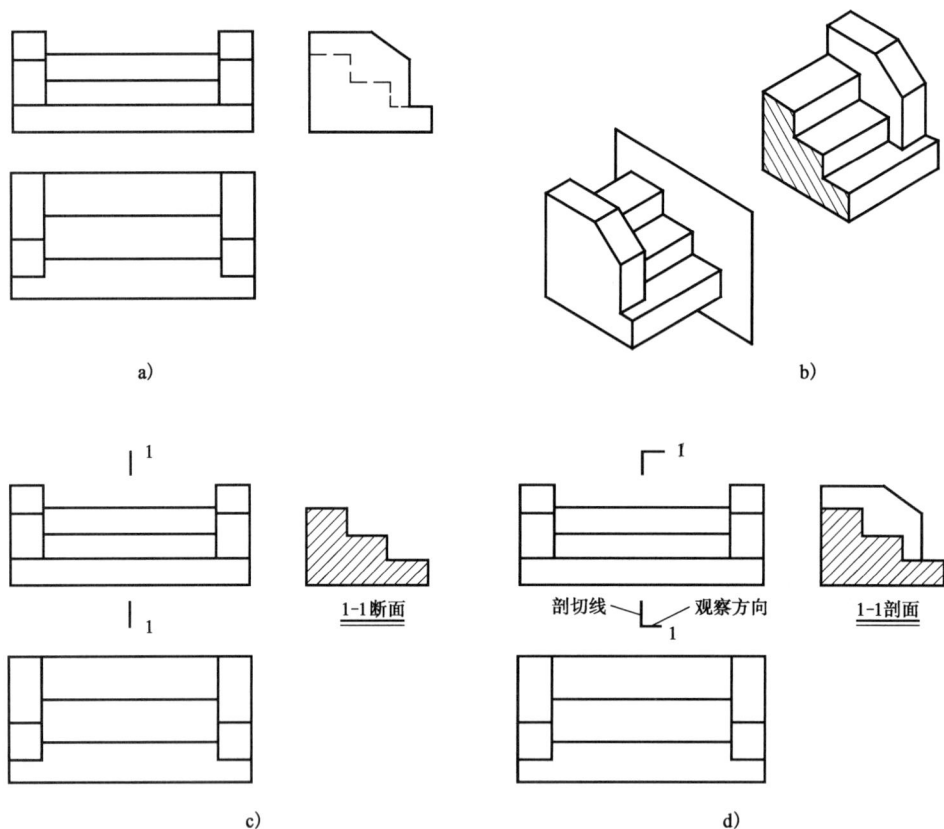

图 12-28 台阶的剖面图和断面图
a)三视图;b)用剖切平面剖开;c)断面图;d)剖面图

(4)断面图例符号:断面图和剖面图的断面上应画上表示材料种类的图例。常用的材料图例见表 12-1。

当不指明材料种类时,则可用 45°方向平行细线表示,称为图例线,如图 12-28c)所示。对于图中狭窄的断面,画出材料图例有困难时,则可用涂黑来表示,这时两个相邻断面间,必须留有一定的空白间隔,如图 12-29 所示。涂黑的方式多用于材料为钢或钢筋混凝土时。

常用建筑材料图例 表 12-1

名 称	图 例	名 称	图 例
自然土壤		纤维材料	
夯实土壤		多孔材料	
砂、灰土		钢筋混凝土	
砂砾石、碎砖三合土		混凝土	
石材		金属	
毛石		木材	
普通砖		胶合板	
空心砖		玻璃	
饰面砖		粉刷	

二、剖面图

根据不同的剖切方式,剖面图可分为以下几种:

1. 用一个剖切平面剖切(通常称为全剖面图)

图 12-29　断面涂黑

用一个剖切平面把物体全部剖开后得到的剖面图称为全剖面图,如图 12-28 所示的台阶的 1-1 剖面图。它主要应用于需要把整个物体全部剖切开来的情况。例如所需的剖面图的图形为不对称时,如图 12-28 的 1-1 剖面和图 12-30 中的 1-1 剖面(剖切情况如图 12-31 所示)。或者,图形虽具对称性,但外形比较简单,如后面的图 12-41 中的 1-1 剖面。用一个剖切平面剖切一般要标注剖切线与投射方向。

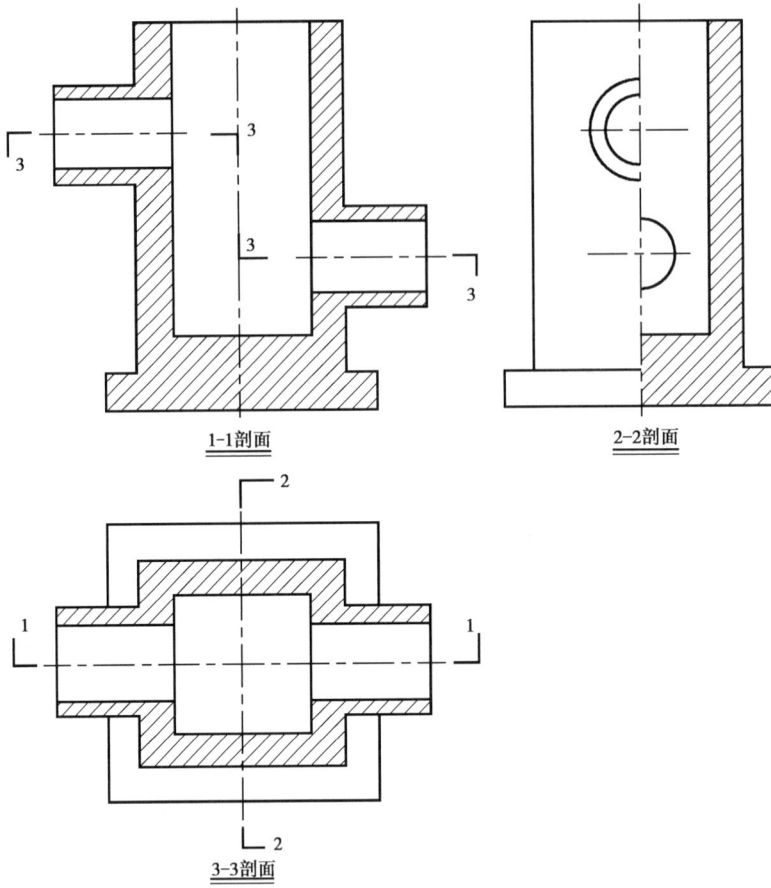

1-1剖面   2-2剖面

3-3剖面

图 12-30   窨井的剖面图

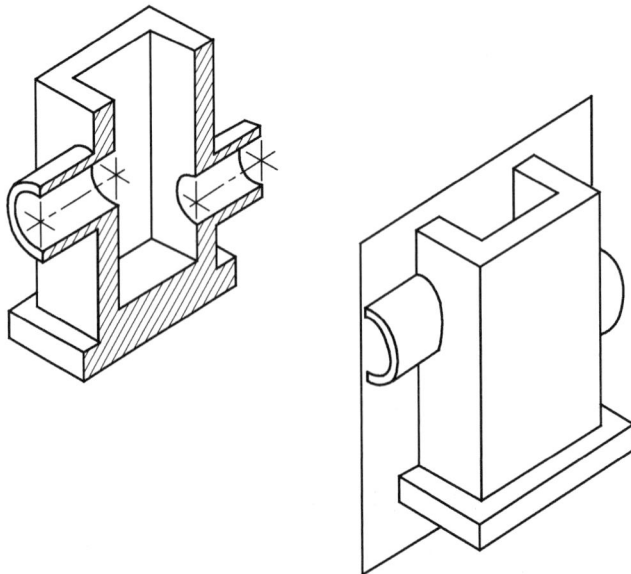

图 12-31   一个剖切平面剖切

2. 一个剖切平面剖切的简化画法（通常称为半剖面图）

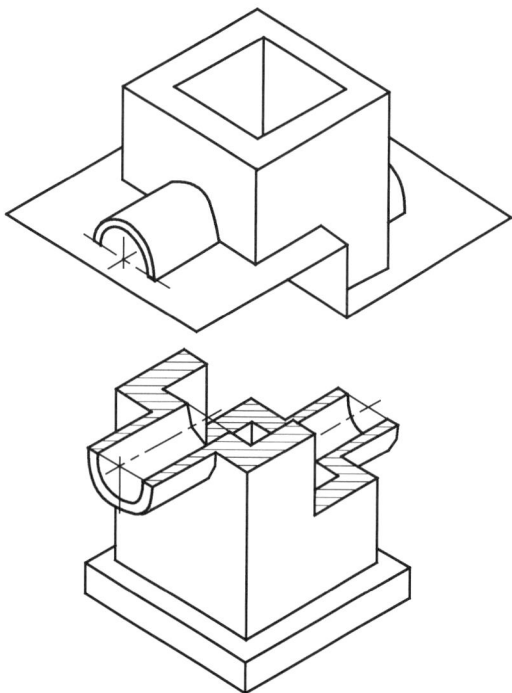

当所作的剖面图具有对称性时，就不必全部画成剖面图，可以一半画未剖切时的视图，另一半画成剖面图。这样用一半表示物体的外部，另一半表示物体的内部，可谓一举两得。视图和剖面图以中心线为分界，通常在中心线上画上对称符号。如图 12-30 中的 2-2 剖面即是。剖切情况相当于用过窨井铅垂轴线的正平面和侧平面剖切掉左前方一部分后向右投射，如图 12-32 所示。因剖切平面是假想的，不要画出两剖切平面的交线。这种简化画法一般应用于需得的剖面图的图形具有对称性，而且在中心线上没有轮廓线时。由于它实际上是全剖面图的一种简化形式，所以标注方法与全剖面图相同。

3. 用两个或两个以上平行的剖切平面剖切（通常称为阶梯剖面图）

用相互平行的两个剖切平面去剖切一个物体所得到的剖面图，如图 12-30 中的 3-3 剖面。剖切情况如图 12-33 所示。当采用一个剖切平面还不能表达清楚物体的内部构造时，可以将剖切平面转折成两个或两个以上相互平行的剖切平面。图 12-30 中的窨井由于两根圆管的轴线不能都位于同一水平的剖切平面上，为了要同时表达两根圆管的情况，故采用阶梯剖面图。

图 12-32　一个剖切平面剖切的简化画法　　　　图 12-33　两个平行的剖切面剖切

阶梯剖面图的标注方式如图 12-30 所示，标注在 1-1 剖面中。在图线外的剖切线处应注明编号，转折处可不注，但如容易与其他图线发生混淆时，转折处也应在转角的外侧加注相同的编号。

由于剖面是假想的，故阶梯剖面图中不应画出两个剖切平面间的交线。

4. 用两个相交的剖切平面剖切（通常称为旋转剖面图）

一个物体被两个不垂直相交的剖切平面剖切时，将倾斜于基本投影面的部分旋转到平行于基本投影面后得到的剖面图，称为旋转剖面图。图 12-34 中的 1-1 剖面即为旋转剖面图（2-2

剖面为阶梯剖面图）。剖切情况如图 12-34b)所示,图中因两根圆管的轴线不同时位于某个基本投影面的平行面上,故用两个相交的剖切平面,右方的剖切平面平行于基本投影面,左方的剖切平面倾斜于基本投影面,两剖切平面相交于圆柱的轴线。剖切后,将倾斜的部分以轴线为旋转轴旋转成平行投影面的位置。

旋转剖面图的标注如图 12-34 所示,注在 2-2 剖面中。剖切线的两端及转折处均应注明编号,并在剖面图的图名后加注"展开"两字。

由于剖面是假想的,故两个相交剖切平面的交线不应画出。

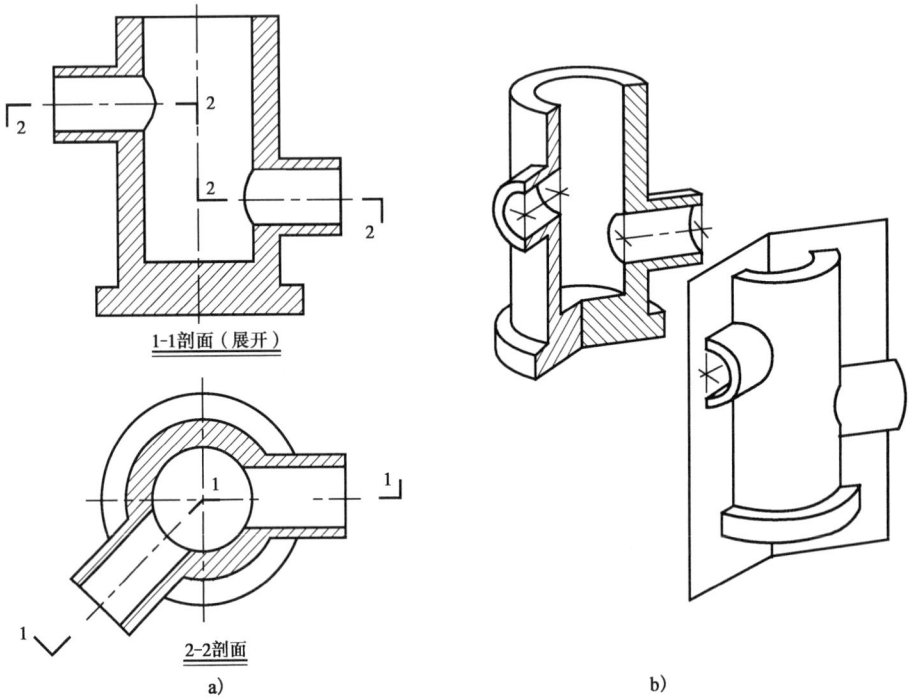

图 12-34　两个相交的剖切平面剖切
a)剖面图;b)剖切情况

5.局部分层剖切(通常称为局部剖面图)

剖切掉物体的局部,即由部分视图和部分剖面图组成的图形称为局部剖面图。视图与剖面图以波浪线为界。

局部剖面图一般适用于以下三种情况:第一种情况是仅有一小部分需剖切开来表示,如图 12-35 所示;第二种情况是局部分层剖切,如图 12-36 所示,局部分层剖切的剖面图以波浪线将各层隔开,波浪线不应与任何图线重合;第三种情况是某些对称视图,由于中心线处具有轮廓线,不适宜作半剖面图,通常应画成局部剖面图,如图 12-37 所示。图 12-37a)中物体在正立面图的中心线处具有内部不可见的轮廓线的投影,故物体上剖切掉的部分要大于一半,才能使内部的轮廓线在剖面图中反映出来。图 12-37b)中物体的正立面图中心线与外轮廓线的投影重合,应剖切掉的部分要小于一半,使该外轮廓线的投影保留在视图中。图 12-37c)中物体的内部和外部轮廓线的投影同时在正立面图上与中心线重合,则宜采用剖切后使内部与外部的轮廓线的投影均能反映出一部分的局部剖面图。在中心线处的一条实线上半部为内部轮廓线在剖面图中表示出来,下半部分为外轮廓线在视图中表示出来。

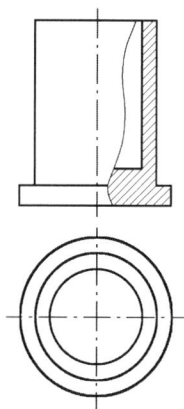

图 12-35 局部剖切

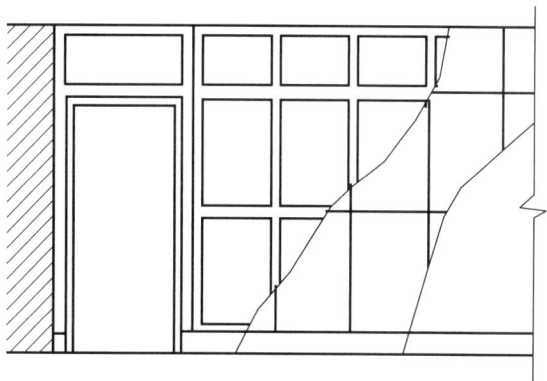

图 12-36 局部分层剖切

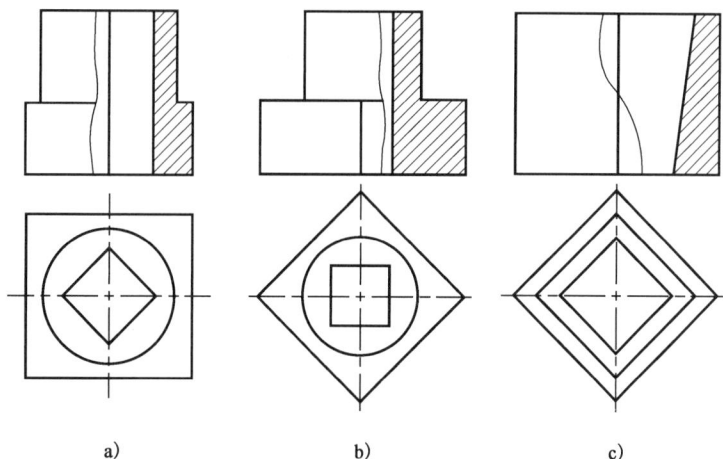

a)   b)   c)

图 12-37 对称图形的局部剖切

局部剖面图不需要标注剖切线与投射方向。

三、断面图

断面图根据布置位置的不同,分为移出断面图、重合断面图和中断断面图等。

1. 移出断面图

位于视图以外的断面图,称为移出断面图。前述的图 12-28a)中的 1-1 断面,就是移出断面图。在图 12-38a)中,柱子的 1-1 断面和 2-2 断面均是移出断面图。移出断面图的位置比较灵活,可以画在截断位置的旁边,也可以画在其他地方。但必须标注剖切线和断面编号。柱子的剖切情况如图 12-38c)所示。当断面形状为对称时,移出断面图也可以如图 12-38b)所示那样表示,剖切线改画成点画线,此点画线的延长线就是断面的对称中心线,这时不必标注断面编号。移出断面还可以用与原图不同的比例画出,放大或缩小都可以。

2. 重合断面图

重叠在视图之内的断面图,称为重合断面图。图 12-39 为柱子的重合断面图。重合断面

图一般不画剖切线,也不予编号。为了与视图轮廓线相区别,重合断面的轮廓线可用中粗实线表示,视图上与重合断面轮廓线位置一致的原有轮廓线不应断开,即仍完整地画出。

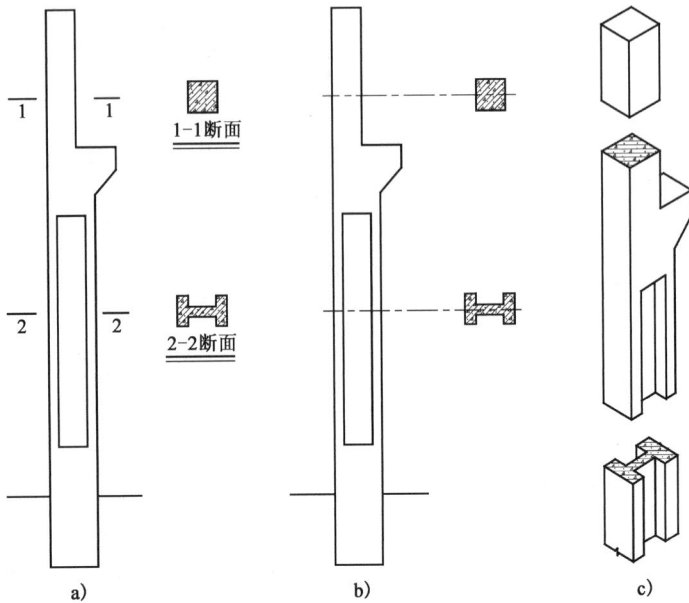

图 12-38　移出断面图

3. 中断断面图

布置在视图的中断处的断面图,称为中断断面图。图 12-40 为柱子的中断断面图。如果原来物体的断面形状相同的部分较长,可假想把物体中间断开来画出视图,而把断面布置在中断处。这时不必标注剖切线及编号,柱子中断处画波浪线。这时原来物体的两端可以移近,以节省图幅。

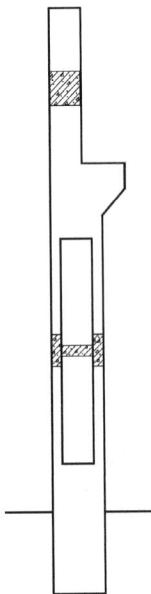

图 12-39　重合断面图

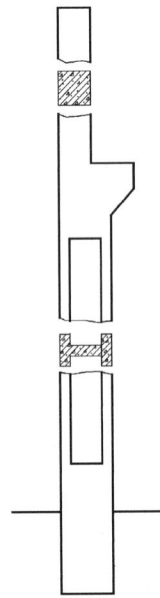

图 12-40　中断断面图

四、实例

在画剖面图和断面图时有几点是值得注意的。

（1）剖切是假想的，其目的是为了清楚地表达物体的内部形状。当物体的一个投影用剖面图或断面图来表达后，其余的投影图不受影响，仍按完整的物体画出，或当其余投影再需剖切时，还是把物体作为完整的来剖切。如图 12-30 的 1-1 剖面是剖切掉一半后得到的，在作 2-2 剖面和 3-3 剖面时需把物体还原成整体后再剖切。

（2）在采用了剖面图和断面图后，除非不画虚线不足以表示形状外，一般不画虚线。因剖面图、断面图再结合其他视图已足以表达清虚线要表示的形状。如图 12-30 中的半剖面图，未剖的一半就不必再画虚线，全剖面图中，圆管与窨井外壁的相交处也有不可见的交线，均省略不画。但如有在剖面图或断面图中没有表示清楚的内部形状，则仍应画上必要的虚线。

（3）在一般情况下，全剖面图与半剖面图均应标注剖切位置、投射方向、编号和剖面名称。但有时是可以省略的，当剖切平面与物体的对称面重合，且剖面图又处于基本视图的位置时，可不予标注。如在图 12-30 中，1-1 剖面图和 2-2 剖面图标有剖切位置线、投射方向、编号及剖面名称，实际上是可以省略的，因为它符合上述的两个条件。

还有一些需注意的地方将结合下面的例题来叙述。

【例 12-10】 如图 12-41a）所示，作出 1-1 剖面、2-2 断面和 3-3 断面，材料为钢筋混凝土。

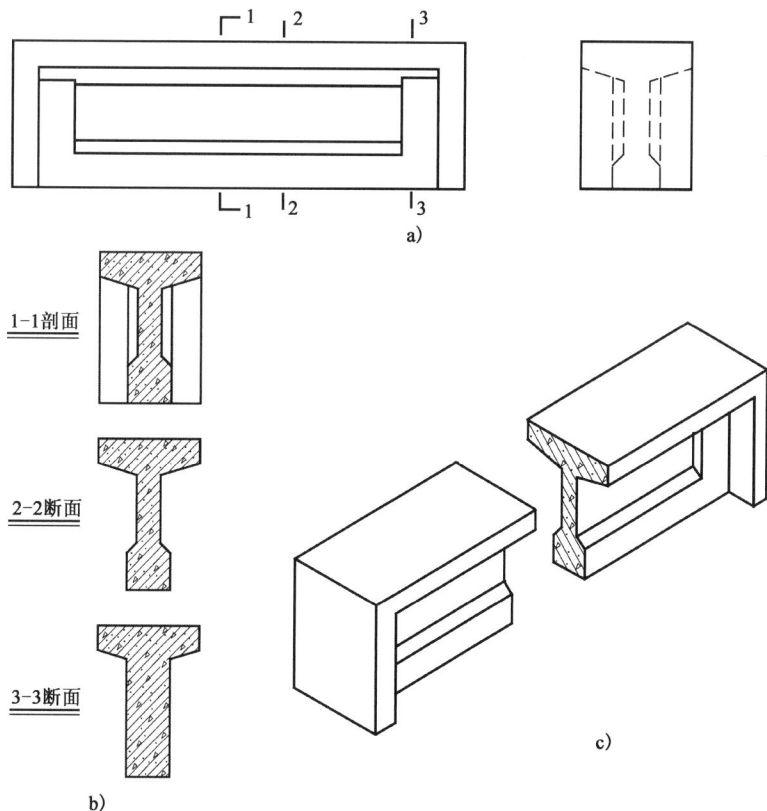

图 12-41 变截面梁的剖面图和断面图
a）两视图；b）剖面图和断面图；c）示意图

解 从图 12-41a)可以看到已知的两视图所示的构件是一变截面梁,图 12-41c)为其示意图。对这类变截面形体(如变截面梁、变截面柱等)一般常选择正立面图与若干断面图来表示,而不需要侧面图(这里加了1-1剖面是为了让初学者对剖面和断面有所比较)。这样表示的优点是可以在每一处不同的截面处给出它的截断面实形,而不会产生虚线,便于读图。这里的1-1剖面采用全剖面图、2-2 断面和3-3 断面是移出断面图,按规定图例画钢筋混凝土的图例如图 12-41b)所示。请读者注意一下剖面图与断面图的区别和联系。

【例 12-11】 将如图 12-42a)所示水池的三视图改画为适当的剖面图。

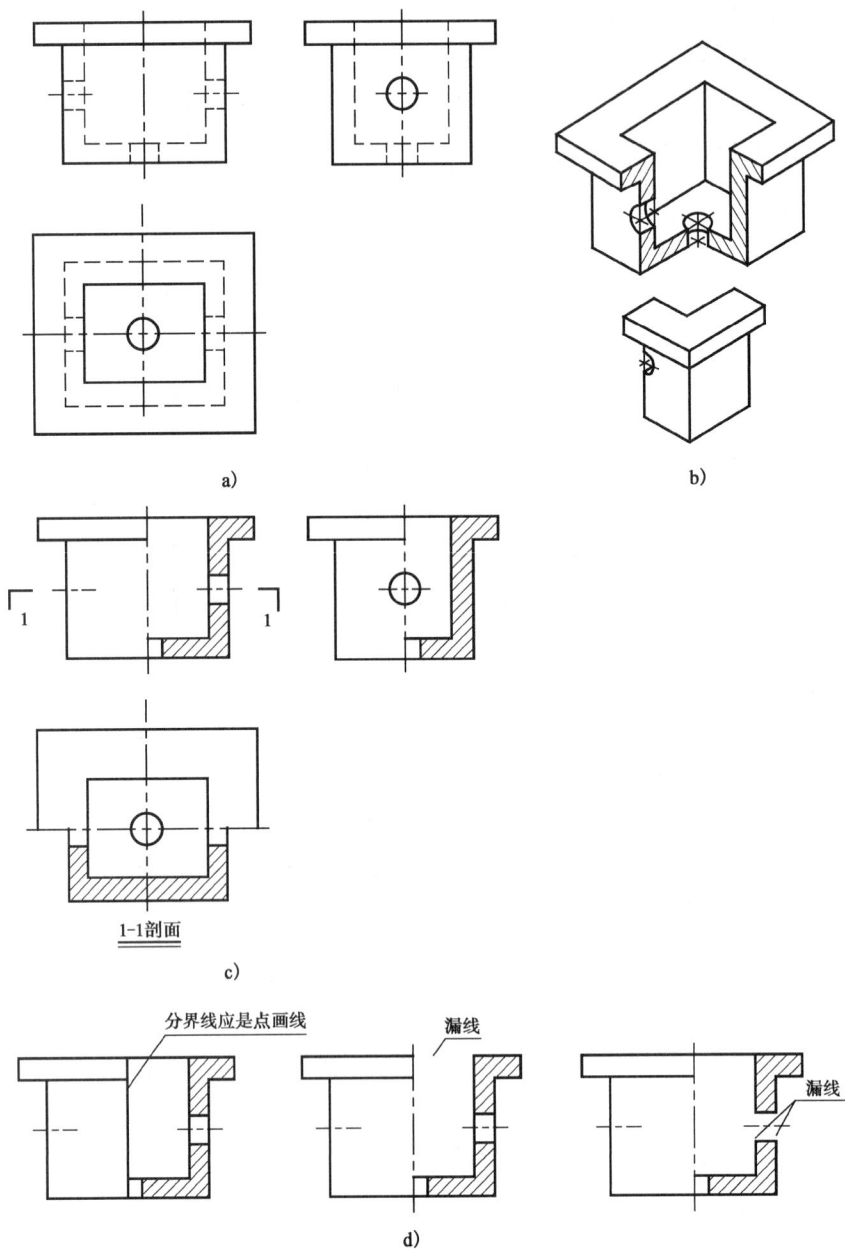

a)

b)

1-1剖面

c)

分界线应是点画线   漏线   漏线

d)

图 12-42 水池的剖面图

a)已知的三视图;b)想象水池的形状;c)剖面图;d)易犯的错误示例

解 通过读三视图可以想象出水池的大致形状如图 12-42b)。由于三个视图均为对称图形,且中心线处没有轮廓线,适合选择用一个剖切平面剖切的简化画法表达,即用半剖面图来表示。一半表达外形,另一半表达内部构造。图 12-42c)是改画后的采用剖面图的三视图,比图 12-42a)表达得更清晰、更易读。读者还需要注意以下几个细节:

(1)其中的 1-1 剖面因为剖切平面不是对称平面,故必须标注剖切符号和剖面名称。其他两个剖面因剖切平面与对称平面重合,故不需标注。

(2)半剖面图中画剖面图的位置,当图形左右对称时,剖面图一般画在点画线的右方,如图 12-42c)中正立面图和侧面图位置上的两个剖面图;当图形上下对称时一般画在点画线的下方,如图 12-42c)中的 1-1 剖面。

(3)剖面图中虽然一般不画虚线,但圆柱、圆孔等的轴线仍应画出,如正面图中左侧画有圆孔的水平轴线。图 12-42d)是初学者容易犯的错误,应引起注意。

【例 12-12】 图 12-43 为一构筑物的剖面图和剖面轴测图。因为是画物体的下半部分,平面图实际上是一个全剖面图,正面图采用的是阶梯剖面图,即 1-1 剖面。侧面图采用的是半剖面图,即 2-2 剖面。图中标注了尺寸。这里需要注意的是剖面图中尺寸的标注方法,基本上与前面所说的组合体的标注法相同,1-1 剖面和 2-2 剖面中各有一个尺寸 60 和 40,其尺寸线只能画出一个起止符号,这时要将尺寸线的另一端画到超过中心线,尺寸仍应注全尺寸 60 和 40,不能只注一半。

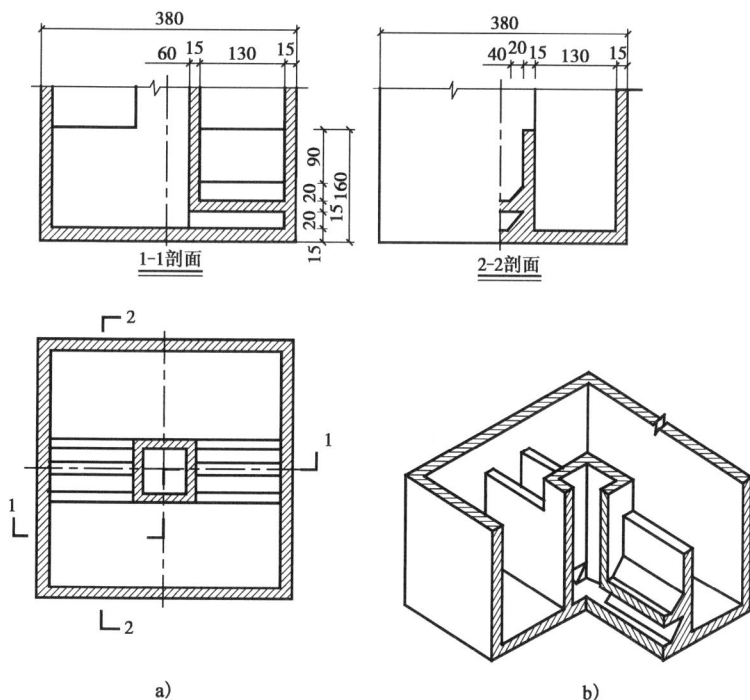

图 12-43 构筑物的剖面图

图 12-44 为房屋模型的三视图。平面图实际上是由一个水平的剖切平面在窗台上方将房屋全部切开,并移去上面部分后从上向下观看时的全剖面图,如图 12-45 所示。它在房屋图中习惯上仍称为平面图,也不用标注剖切线与观察方向。剖到的墙壁由于图形较小,图例可以省略不画,但要把剖到的砖墙轮廓线画得粗些,以区别没有剖到的轮廓线。1-1 剖面也是一个全

剖面图，它是用一个与侧面平行的剖切平面将房屋切开，移去左边部分，再从左向右投影而得，如图 12-46 所示。1-1 剖面表达了屋顶、门窗等的形状及高度。由于采用了两个全剖面图，房屋的内部情况已表达清楚，所以正面图只需用实线画出外形，不必再画出表示内部的虚线。

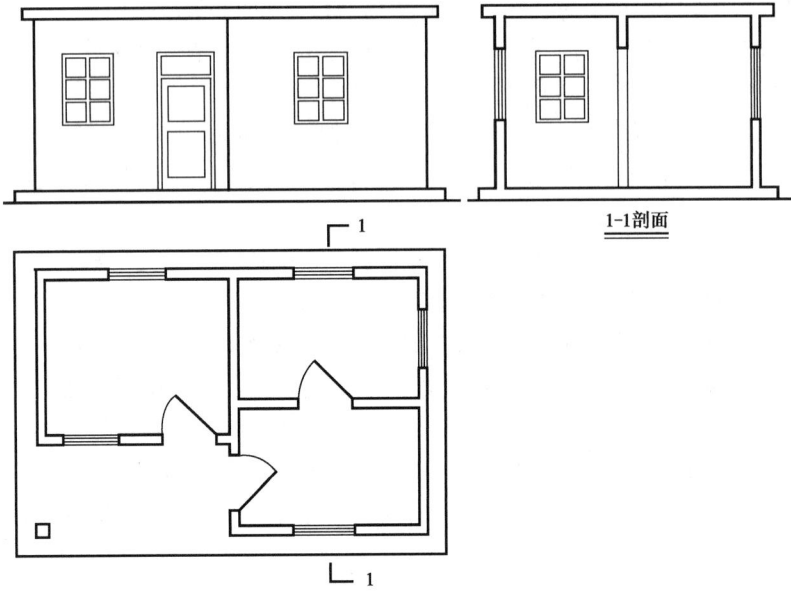

1-1剖面

图 12-44　房屋的剖面图

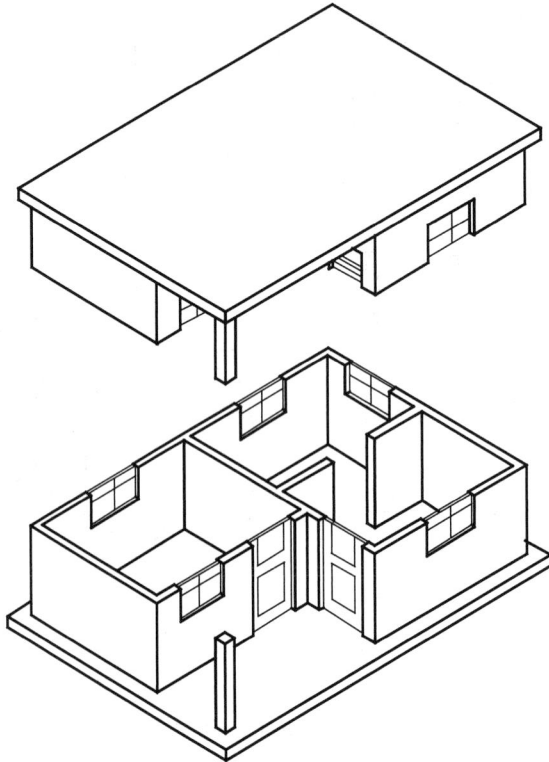

图 12-45　房屋的水平剖切

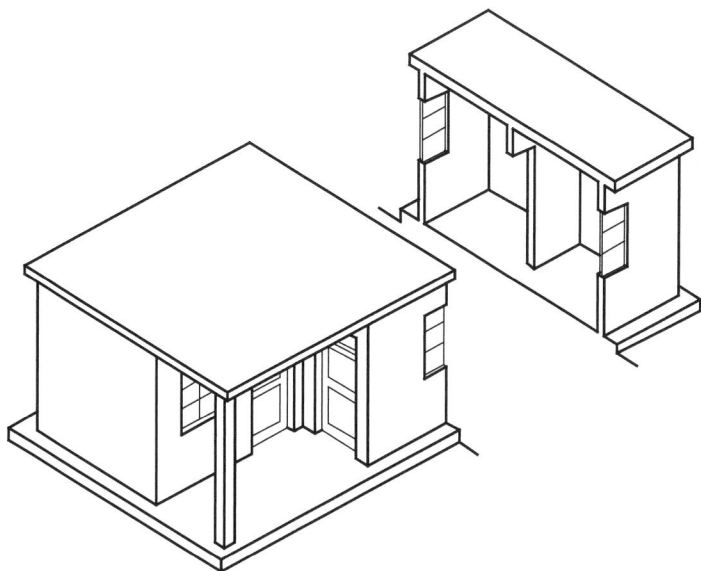

图 12-46 房屋的垂直剖切

五、剖面轴测图

在轴测图中,为了表示物体的内部构造,经常需要把物体剖切开来画,这种轴测图称为剖面轴测图。

画剖面轴测图的一般方法是先画出物体的外形轮廓,再用剖切平面进行剖切,剖切平面一般用与坐标面平行的平面,然后补画出经剖切后内部的轮廓线,并画上图例线。当然,也可以直接画出需要的部分,即不必画出被剖切掉的那部分的外形。

平行坐标面的断面上图例线的画法:

(1)在正等测中,在三个轴上各取一点,使它们到 O 点的距离相等,把此三点连成一个等边三角形,三角形的各边分别表示剖切平面与各坐标平面平行时断面上的图例线的方向,如图 12-47a)所示。

(2)在正面二等斜轴测中(如 Y 轴的变形系数为 0.5),在 X、Z 轴上截取线段长度相等,在 Y 轴上截取 1/2 的长度,以三点连成一个三角形,三角形的三条边分别表示剖切平面与各坐标平面平行时的图例线的方向,如图 12-47b)所示。

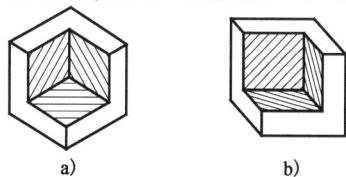

图 12-47 图例线的画法
a)正等测;b)正面二等斜轴测

(3)其他种类的轴测剖面图的图例线方向也可同理得到。

以图 12-48 为例,说明画出构筑物的剖面轴测图的画图步骤:

(1)画出构筑物的外形轮廓[图 12-48a)]。

(2)沿轴测轴切去 1/4[图 12-48b)]。

(3)画出剖切后可见的内部轮廓线[图 12-48c)]。

(4)加粗轮廓线,并按规定方向画出图例线[图 12-48d)]。

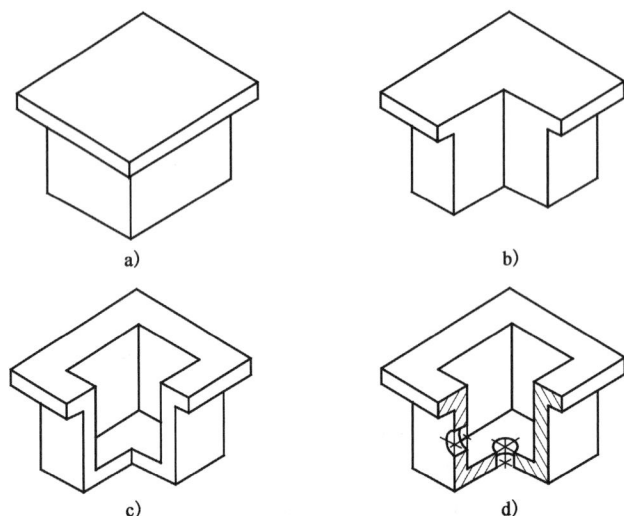

图 12-48　剖面轴测图的画法

第六节　简 化 画 法

当必须依靠实形图样进行生产时,对图纸上的每一部分都要求按准确的投影来作图。但在不影响生产的前提下,为了节约绘图时间,允许采用国家标准统一规定的简化画法。现简要介绍一些常见的简化画法如下:

(1)构配件的视图有一条对称线,可只画该视图的一半;视图有两条对称线,可只画该视图的1/4,并画出对称符号,如图 12-49a)所示。图形也可稍超出其对称线,此时可不画对称符号,如图 12-49b)所示。

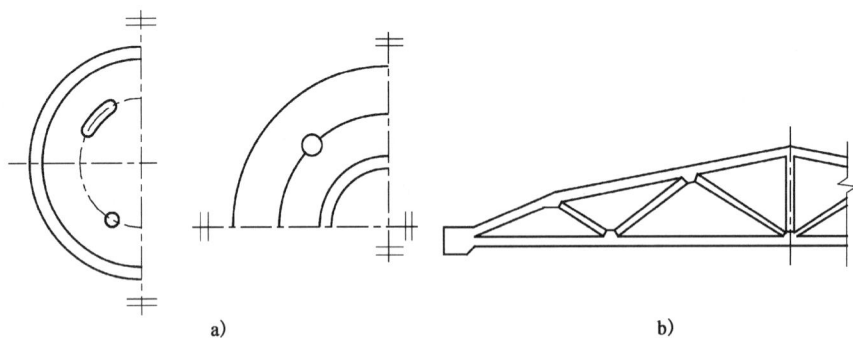

图 12-49　对称图形的简化画法

(2)构配件内多个完全相同而连续排列的构造要素,可仅在两端或适当位置画出其完整形状,其余部分以中心线或中心线交点表示,如图 12-50a)所示。如相同的构造要素少于中心线交点,则其余部分应在相同构造要素位置的中心线交点处用小圆点表示,如图 12-50b)所示。

(3)较长的构件,如沿长度方向的形状相同或按一定规律变化,可断开省略绘制,断开处应以折断线表示,如图 12-51 所示。

(4)一个构配件,如绘制位置不够,可分成几部分绘制,并应以连接符号表示相连,如图 12-52 所示。

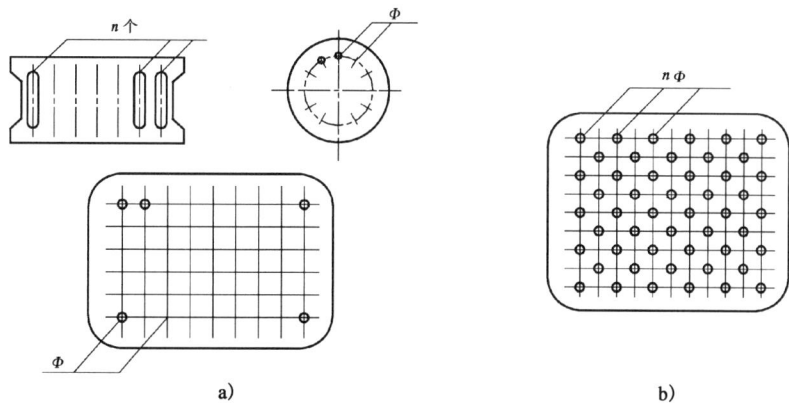

图 12-50　相同要素简化画法

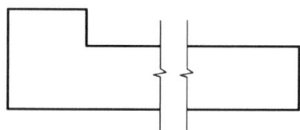

图 12-51　折断简化画法

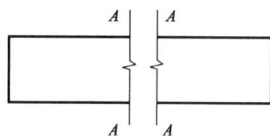

图 12-52　分几部分绘制

（5）一个构配件如与另一构配件仅部分不相同,该构配件可只画不同部分,但应在两个构配件的相同部分与不同部分的分界线处,分别绘制连接符号,如图 12-53 所示。

（6）对于斜度不大的倾斜面,如在一个视图中已表达清楚,其他视图可以只按小端画出,如图 12-54 所示。

（7）对于大面积剖面图可以只画出沿物体轮廓的部分图例线,如图 12-55 所示的滚水坝的剖面图。

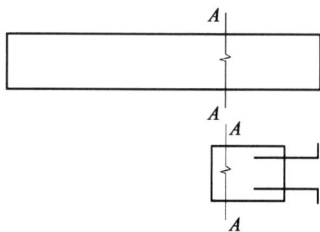

图 12-53　构件局部不同的简化画法　　图 12-54　斜度不大的倾斜面简化画法　　图 12-55　滚水坝的剖面图

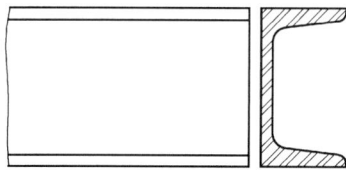

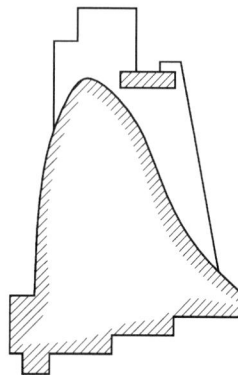

第十三章

道路工程图

道路是一种供车辆行驶和行人步行的带状结构物。道路根据交通性质和所在位置,主要可分为公路和城市道路两种。联结城市、乡村的道路称为公路,位于城市范围以内的道路称为城市道路。

道路路线是指道路沿长度方向的行车道中心线,也称道路中心线、路中心线、道路中线或路中线。由于地形、地物和地质条件的限制,道路路线的线形在平面上是由直线和曲线段组成,在纵面上是由平坡和上、下坡段及竖曲线组成。因此从整体上来看,道路路线是一条空间曲线。

道路路线设计的最后结果是以平面图、纵断面图和横断面图来表达。由于道路建筑在大地表面狭长地带上,道路竖向高差和平面的弯曲变化都与地面起伏形状紧密相关,因此道路工程图的图示方法与一般的工程图不同,它是以地形图和道路中线在水平面上的投影图作为路线平面图;用一曲面沿道路中心线铅垂剖切后,再展开在一个 V 面平行面上投影的断面图作为立面图;沿道路中心线上任意一点(中桩)作法向剖切平面所得的横断面图作为侧面图,如图 13-1 所示。这三种图都各自画在单独的图纸上,用它们来表达道路的空间位置、线形和尺寸。

路线设计是指确定路线的平、纵、横三向各部位的尺寸、材料和构造等细致工作。一条道路从无到有建造起来,要经过如下步骤。

1. 可行性研究

编写可行性研究报告作为项目申请依据,送上级主管领导机构批准。

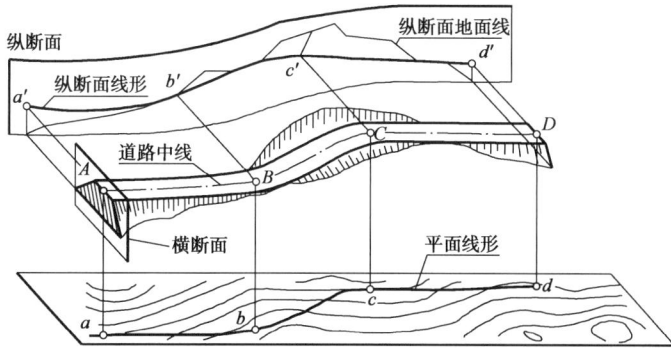

图 13-1　平面、纵断面和横断面图的图示法

2. 勘测设计

一般采用两阶段设计,即初步设计和施工图设计。对于技术方案明确的小型项目,可采用一阶段设计。而对于特大桥、长隧道、大型地质灾害治理等,必要时采用三阶段设计,即初步设计、技术设计和施工图设计。其设计结果应表达在设计文件和图样中。设计文件和图样的组成有:

(1)总体设计(包含项目地理位置图、说明书、图表及附件)。

(2)路线。

(3)路基、路面及排水。

(4)桥梁、涵洞。

(5)隧道。

(6)路线交叉。

(7)交通工程及沿线设施。

(8)环境保护及景观设计。

(9)其他工程。

(10)筑路材料。

(11)施工方案。

(12)设计概算。

(13)附件(基础资料),包括平面控制测量、资料高程控制测量资料、综合地质勘察和地震烈度复核资料、水文调查与计算资料等。

3. 施工建造

施工承包单位应做出施工方案和施工组织设计。

以上各项同时应具有相关的详细的施工图。

本章着重介绍道路工程的公路路线、城市道路路线、路线交叉、交通工程及沿线设施等工程的施工图的内容、图示特点、读图和绘图方法。道路、桥梁、隧道与涵洞工程图都应遵循《道路工程制图标准》(GB 50162—1992)以及其他有关标准的规定。

第一节　公路路线工程图

公路是一种主要承受汽车荷载反复作用的带状工程结构物。公路的基本组成部分包括:

路基、路面、排水、桥梁、涵洞、隧道、路线交叉、交通工程及沿线设施等构造物。因此公路路线工程图是由表达线路整体状况的路线工程图和表达各工程实体结构的桥梁、隧道、涵洞等工程图组成。

公路路线工程图包括路线平面图、公路平面总体设计图、路线纵断面图、路基横断面图等工程图样。

一、路线平面图

路线平面图的作用是表达路线的方向、平面线形(直线和左、右弯道),以及沿线两侧一定范围内的地形、地物情况。

图 13-2 为公路 K1 + 620.00 ~ K2 + 215.00 路段的路线平面图,其内容包括沿线地形、地物、路线和平曲线要素表。

1.地形部分

(1)为了清晰地表示图样,根据地形起伏情况的不同,地形图采用不同的比例。一般高速公路、一级公路采用 1∶2000,其他公路可采用 1∶1000、1∶2000、1∶5000。本图比例系采用 1∶2000。

(2)为了表示地区的方位和路线的走向,地形图上需画出坐标网格或指北针。图 13-2 采用坐标网格,图中 $\underset{\text{E54400}}{\overset{\text{N86800}}{|}}$ 的十字线表示坐标网格的交点,并标注东(E)、北(N)方向的坐标

值,即交点坐标为距坐标网原点东 54400 单位、北 86800 单位(m)。

(3)路线所在地带的地形图一般是用等高线和图例表示的。表示地物常用的平面图图例如表 13-1 所示。

平面图的常用图例   表 13-1

名　称	符　号	名　称	符　号	名　称	符　号
路中心线	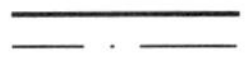	铁路		水沟	
水准点	 BM编号 高程	公路	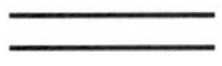	河流	
导线点	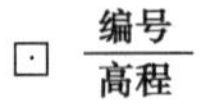 编号 高程	大车道	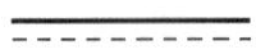	房屋	 独立 成片
交角点	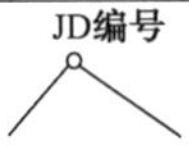 JD编号	桥梁涵洞	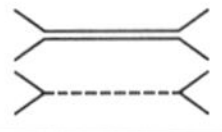	高压电线 低压电线	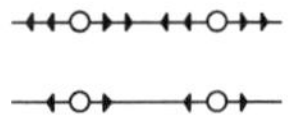
通讯线		坎		小路	
里程桩号		晒谷场		坟地	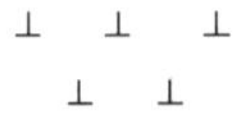
水田	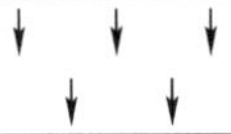	用材林	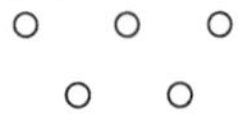	变压器	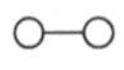
旱田	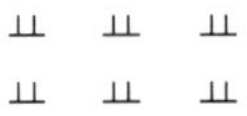	围墙	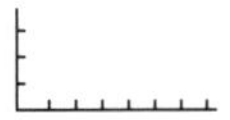	经济林	
菜地		路堤	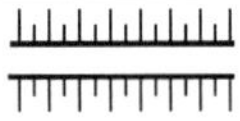	等高线　冲沟	
水库鱼塘	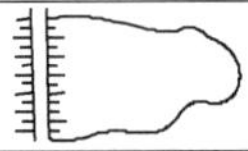	路堑	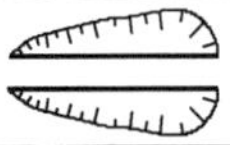	石质陡崖	

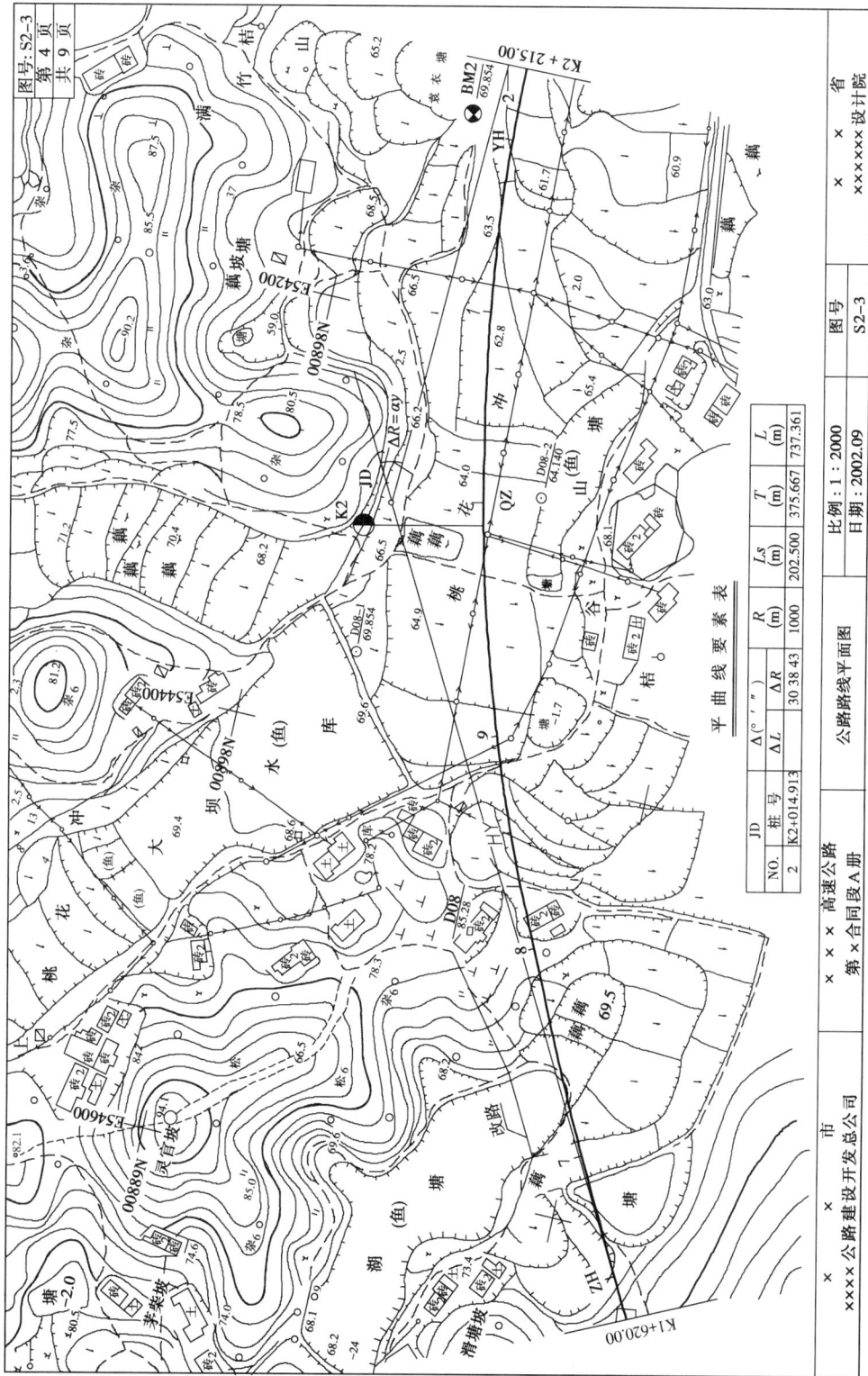

图 13-2 公路路线平面图

平曲线要素表

JD NO.	桩号	R (m)	Ls (m)	T (m)	L (m)	Δ(°′″)	ΔR	ΔL
2	K2+014.913	1000	202.500	375.667	737.361	30 38 43		

公路路线平面图	比例：1：2000	图号
	日期：2002.09	S2-3

××× 高速公路	×× 省
第×合同段A册	××××× 设计院

×× 市	
×××× 公路建设开发总公司	××××

由图 13-2 可看出,两等高线的高差为 2m,图的左、中和右上方有三座小山峰,山峰之间有梯田、鱼塘及水库等。西面和西南面地势较平坦,有果园、藕塘、鱼塘和水稻田。图中还表示了村庄房屋、入户低压电力线、连接村庄的小道等的位置。

2. 路线部分

(1)路线平面图所采用的绘图比例较小(本图为 1:2000),公路的宽度未按实际尺寸画出,在路线平面图中,路线是用加粗粗实线沿着路线中心表示的。

(2)路线的长度用里程表示,里程桩号标注在道路中线上,并规定里程由左向右递增。路线左侧设有"♥"标记表示为公里桩,公里桩之间沿路线前进方向的右侧(或左侧,图 13-2 为左侧),用垂直于路线的短细线标记表示百米桩,按《道路工程制图标准》(GB 50162—1992)规定,数字写在短细线端部,字头朝向上方。

里程桩号亦称中桩,是按一定的间隔、沿公路中线走向、钉入地面上的一系列木(或竹)桩,桩上面写有桩号,表示该点距路线起点的水平距离。如图 13-2 所示,该段路线起始桩号是 K1+620.00,右方终止桩号是 K2+215.00,K 后第 1 个数表示公里整数,由此可算出本段路线长 2215 - 1620 = 595(m)。在桩号 K1+620.00 与 K2 之间注有 7、8、9 数字表示百米桩号,即 K1+700,K1+800 等。

(3)路线的平面线形简称平曲线。它是由直线、圆弧曲线(简称圆曲线)以及缓和曲线组成,这三者称为路线平面线形三要素。对于曲线形路线的公路转弯处,将路中线的直线段延长线的交点标记为 JD,并按前进方向将交点编号为 $JD_1 \sim JD_n$。交角 α 为偏角(α_z 或 ΔL 为左偏角,α_Y 或 ΔR 为右偏角),它是沿路线前进方向、向左或向右偏转的角度。曲线设计半径 R、切线长 T、曲线全长 L、外距 E、缓和曲线长 L_s,这些平曲线要素必须填入路线平面图的平曲线要素表中(图 13-2 下方)。在每个交点处设置曲线,路线平面图中对曲线还需标出曲线的七要素点:圆曲线与直线的切点标记为 ZY(直圆)和 YZ(圆直),圆曲线中心点标记为 QZ(曲中)(图 13-3);如果设置缓和曲线,缓和曲线与直线的切点标记为 ZH(直缓)和 HZ(缓直),将圆曲线与缓和曲线的切点标记为 HY(缓圆)和 YH(圆缓)。

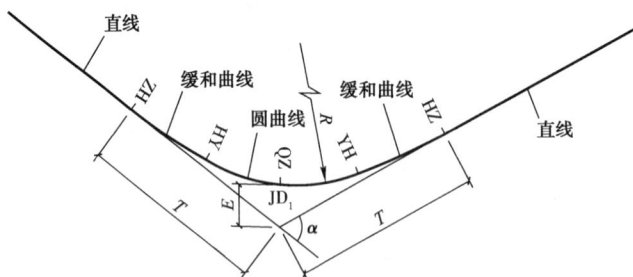

图 13-3 平曲线要素

(4)图中还标出了导线点 □ 和控制标高的水准点 ✦ 编号和位置。如"□ $\frac{D08}{85.28}$"表示第 8 号导线点,其高程为 85.28m;"✦ $\frac{BM2}{59.854}$"表示第 2 号水准点,其高程为 69.854m。

3. 画路线平面图应注意的几点

(1)先画地形图,然后画路线中心线。地形图用等高线表示,等高线按先粗后细步骤徒手绘出,要求线条顺滑。一般每5条等高线绘一条中实线,其他四条用细实线绘制。路线平面图是指包括路中心线在内的带状地形图,测绘宽度一般为路中心线两侧100~200m。对1:5000的地形图,测绘宽度每侧不应小于200m。

（2）路线平面图应从左向右绘制,桩号为左小右大。路线中心线用绘图仪器按先曲线后直线的顺序画出。为了使路中心线与等高线有显著的区别,一般用1.4B的加粗粗实线画出路中心线。

将坐标E、N值按比例精确地绘在相应的位置上。标注平曲线主要要素点、公里桩和百米桩的位置,以及本张图纸中路线的起点和终点里程桩号等。

（3）平面图的植物图例,应朝上或向北绘制。每张图纸的右上角应有角标,注明图号、图纸序号及总张数,如图13-2中右上角角标中图号S3-2、第4页共9页。

（4）平面图中字体的方向,应根据图标的位置来定。

此外由于公路路线具有狭长曲线的特点,需要分段画在若干张图纸上。使用时可以将图纸拼接起来。路线分段应在直线部分,最好取整数桩号断开,断开的两端均应以细单点长画线垂直于路线画出接图线（图13-4）。

图13-4 路线平面图拼接

4.公路平面总体设计图

一条公路本体及沿线地貌、地物的水平投影图称为公路平面总体设计图,是公路设计文件的重要组成部分。图中应绘出地形、地物、桩号、坐标网格、路线位置及沿线排水系统等,标出桥梁、涵洞、隧道、路线交叉及主要沿线设施的布置等。路线位置应标出桩号、断链、路中心线、中央分隔带路基边线、坡脚（或坡顶）线及示坡曲线的主要桩位。比例尺为1:1000或1:2000。图13-5所示为某段公路的平面总体设计图。图中除表示出地形（用疏密不同的等高线表示）、地物、坐标网格外,还表示出公路的宽度和路中心线（用细单点长画线表示）,路基边线和示坡线（用长短相间的细线表示,短细线所在的一边为高,反之为低）,排水系统水流方向及涵洞的位置（图中用两根虚线表示之处）。该公路按四车道高速公路设计,路基宽26m,每一幅车行道宽3.75×2m,行车速度为100km/h。

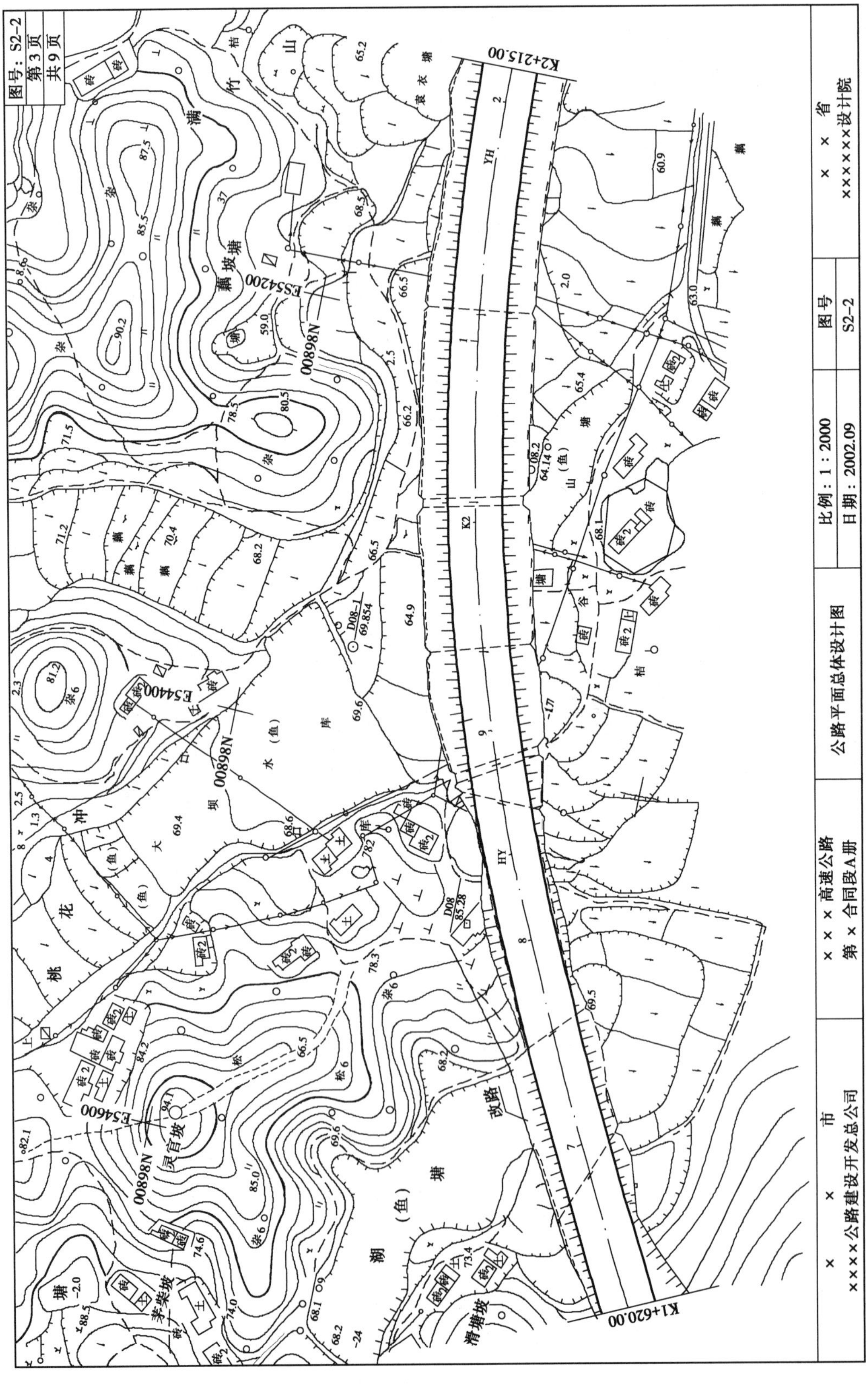

图 13-5　公路平面总体设计图

二、路线纵断面图

路线纵断面图是通过路中心线用假想的铅垂面进行剖切展平后获得的,如图 13-6 所示。由于路中心线是由直线和曲线所组成,因此剖切的铅垂面既有平面又有柱面。为了清晰地表达路线纵断面情况,采用展开的方法将断面展平成一平面,然后向其平行的投影面投射,形成路线纵断面图。

路线纵断面图的作用是表达路线中心纵向线形以及地面起伏、地质和沿线设置构造物的概况,路线平面图和纵断面图结合起来即可确定路线的空间位置。

图 13-7 为某公路 K1 + 420 ~ K2 + 160 路段的路线纵断面图。纵断面图包括高程标尺、图样和资料表(测设数据)三部分内容。一般图样应绘在图幅上方,资料应以表格形式布置在图幅下方,高程标尺应布置在资料表的上方左侧。

图 13-6 路线纵断面形成示意图

1. 图样部分

(1)路线纵断面是用展开剖切方法获得的断面图,图样的长度表示了路线的长度。在图 13-7 中水平方向表示长度,竖直方向表示高程。

(2)路线和地面的竖向高差比路线的长度小得多,为了清晰显示竖直方向的高差,因此规定竖直方向的比例按水平方向的比例放大 10 倍。一条公路纵断面图有若干张,应在第一张图的图标内标注竖、横向所采用的比例。图 13-7 中,横向比例为 1:2000,而竖向比例则为 1:200。

(3)图样中不规则的细折线表示设计中心线处的纵向地面线,它是根据一系列中心桩的地面高程连接而成的,反映出路中心线以上或以下的地貌。

(4)图中的粗实线为公路纵向设计线,它表示路中心线或路基边缘的设计高程。比较设计线与地面线的相对位置,可确定填、挖地段和填、挖高度。

在设计线纵坡变更处即变坡点,应按《公路工程技术标准》(JTG B01—2014)的规定设置竖曲线,以利于汽车行驶。竖曲线分为凸形和凹形两种,分别用"⌐⌐"和"⌐⌐"符号表示,并在其上标注竖曲线要素:曲率半径 R、切线长 T 和外距 E。变坡点用直径为 2mm 中实线圆圈表示,变坡点与竖曲线的切线采用细虚线表示。图 13-7 路线纵断面图左上方,在 K1 + 460 处设有曲率半径 $R = 10000\text{m}$,切线长 $T = 165\text{m}$,外矩 $E = 1.36\text{m}$ 的凸形曲线,该竖曲线的中点高程为 74.5m。

(5)当路线上设有桥梁、涵洞、立体交叉和通道等人工构造物时,应在其相应设计里程和高程处,按图例绘制并注明构造物的名称、种类、规格和中心里程桩号等。如图 13-7 所示,该路段路线内有三处设置了钢筋混凝土圆管涵,用"○"符号表示,其中在 K1 + 752 处的圆管涵直径为 1.5m,在 K1 + 940 和 K2 + 100 处的圆管涵直径均为 1.25m。此外还设置了箱形的盖板涵和盖板型通道(人行通道),其位置和尺寸在图 13-7 上已清晰注明。

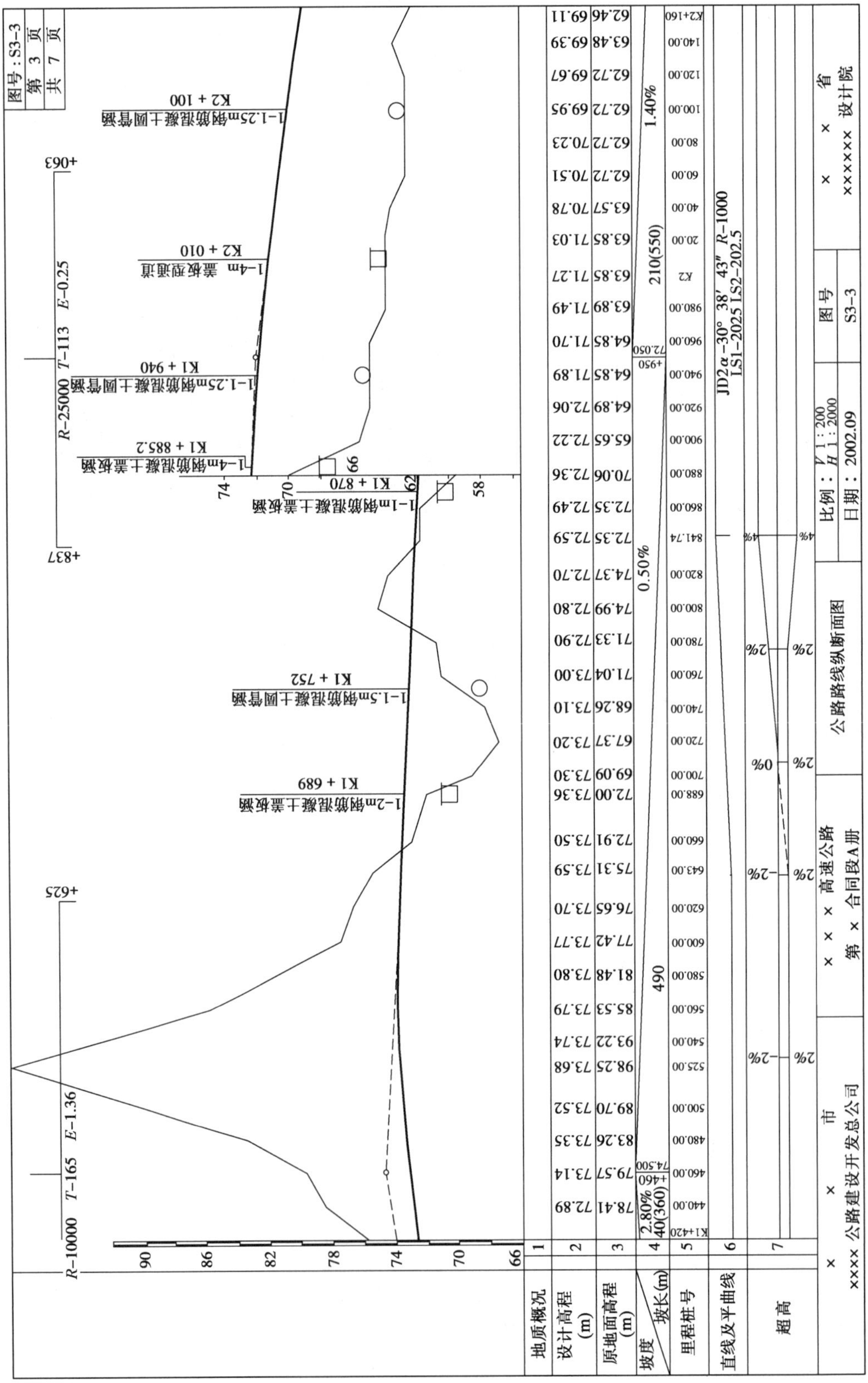

图 13-7 公路路线纵断面图

（6）根据设计线和标尺,借助三角板可读出竖曲线上各点的高程。

本例因图幅有限,纵坡较大且为下坡,设计线和地面线会超出图幅版面,因此在适当位置将高程标尺上移(若上坡就下移),使设计线能显示完整。图 13-7 中在里程桩号 K1 +880 之右,设计线下坡,地面线会超出图幅,于是在此处将设计线上移,相应标尺上刻度 70m、74m 也上移 10m,上移后表示法与左段完全相同。

为了绘图和读图方便,路线纵断面图的图样部分可绘在方格纸上。

2. 资料表(测设数据)部分

资料表一般列有:1 地质概况;2 设计高程;3 地面高程;4 坡度及坡长;5 里程桩号;6 直线及平曲线;7 超高。路线纵断面图的资料表是与图样上下对应布置的,这种表示方法能较好地反映出纵向设计线在各桩号处的高程、填挖的土方量、地质条件和纵向坡度,以及平曲线与竖曲线的配合关系。

（1）坡度用来表示均匀坡段坡度的大小,它是以上升高度 h 与水平距离 l 之比的百分数来量度的,即 $i = h/l (\%)$,上坡为正值、下坡为负值,亦可用斜线表示坡度方向(图 13-7)。坡长是每个坡度段的终止桩号与起始桩号的差值,即该段设计线的水平投影长度。

由"坡度及坡长"栏可看出 K1 +460 处为上坡(2.8%) 与下坡(-0.5%)的变坡点,因此设凸形竖曲线一个。变坡点左侧上坡段为 K1 +100 ~ K1 +460,设计长度为 360m,图中示出 40m;变坡点右侧下坡段为 K1 +460 ~ K1 +950,设计长度为 490m。

（2）在路线设计中,竖曲线与平曲线的配合关系直接影响着汽车行驶的安全性和舒适性,以及道路排水状况。在资料表中,以简略的形式表示出纵、平的配合关系。

"直线及平曲线"一栏表示该路段的平面线形。以 "——" 表示直线段,以 " ⌐⌐ " " ⌐⌐ "" ⌐⌐ "和" ⌐⌐ "四种图样表示曲线段,前两种表示设置缓和曲线,后两种表示不设缓和曲线。并在曲线一侧标注交点编号、偏角、半径和曲线长度。图样凹、凸表示曲线的转向,上凸表示右转曲线,下凹表示左转曲线,本例为带缓和曲线的右转曲线。结合纵断面情况,可想象出该路段的空间情况。

（3）超高是为抵消车辆在弯道上行驶时所产生的离心力,在该路段横断面上设置外侧高于内侧的单向横坡。"超高"一栏中,居中且贯穿全栏的直线表示设计高程。在标准路段,只有设计高程线与路缘高程线(左、右路缘重合)两条线,沿着前进方向横坡向右,坡度表示为正值,横坡向左,坡度为负值。图中虚线表示左幅路首先开始变坡,从 -2% 变到 0% ,再从 0% 变到与右幅路面同一坡度 2% ,然后左、右幅路面成一体绕公路中线旋转到 4% 的横向坡度超高值。

路线平面图与纵断面图一般安排在两张图纸上,也可按需要放在同一张图纸上。

3. 画路线纵断面应注意的几点

（1）路线纵断面图用方格纸画,方格纸的格子一般纵横方向按 1mm 为单位分格,每 5mm 处印成粗线,使之醒目,便于使用。用方格纸画路线纵断面图,既可省用比例尺,加快绘图速度,又便于进行检查。

（2）如用透明方格纸图宜画在反面,使擦除图线时不致将方格线擦掉。

（3）画路线纵断面图与画路线平面图一样,从左至右按里程顺序画出。

（4）纵断面图的标题栏绘在最后一张图或每张图的右下角或下方,注明路线名称、纵横比例等。每张图右上角应有角标,注明图号、图纸序号及总张数。

三、路基横断面图

路基横断面图是在路线中心桩处作一垂直于路线中心线的断面图。它由横断面设计线和地面线所构成。横断面设计线包括车行道、路肩、分隔带、边沟、边坡、截水沟、护坡道等设施;地面线是表示地面在横断面方向的起伏变化。

路基横断面图的作用是表达道路各中心桩处横向地面起伏以及设计路基横断面情况。应该在每一中心桩(与纵断面桩号对应)处,根据测量资料和设计要求,顺次画出每一个路基横断面图,用来计算公路的土、石方工程量,作为设计概算、施工预算的依据。

1. 路基横断面的形式

公路路基断面按填挖条件的不同,可归纳为三种基本形式:

(1)填方路基。即路堤,如图13-8a)所示,在图下方注有该断面的里程桩号、路中心线处填方高度 h_T(m)、断面的填方面积 A_T(m^2),以及断面上路面标高。

(2)挖方路基。即路堑,如图13-8b)所示,在图下注有该断面的里程桩号、路中心线处挖方高度 h_W(m)、断面的挖方面积 A_W(m^2),以及断面上路面标高。

(3)半填半挖路基。这种路基是前两种路基的综合,如图13-8c)所示。在图下仍注有该断面的里程桩号、路中心线处的填方高度 h_T(m)或挖高 h_W(m)、断面的填方面积 A_T(m^2)和挖方面积 A_W(m^2),以及断面上路面标高。

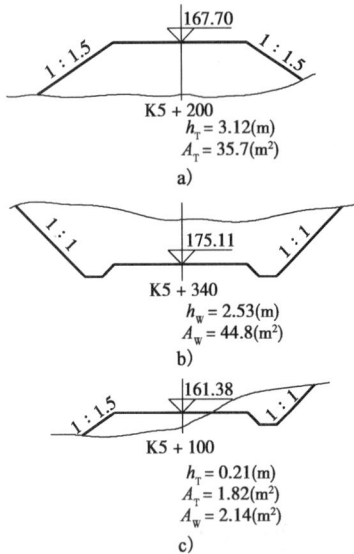

图 13-8　路基断面的基本形式
a)填方路基;b)挖方路基;c)半填半挖

2. 横断面图

(1)标准横断面。用来表现某一路段一般情况的横断面称为标准横断面。如不考虑地物关系,很多桩号处所作的横断面是完全一样的,所以在设计路线时,只选取几个具有代表性的断面绘出,这种断面图称为路基标准横断面图。路基标准横断面图中应表示路中心线、车行道、土路肩、拦水缘石、路拱横坡、边坡、护坡道、边沟、碎落台、截水沟、用地界碑等各部分的组成及其尺寸,以及路面宽度和概略结构。对于高速公路、一级公路路基,还需表示出中央分隔带、缘石、左侧路缘带、硬路肩(含右侧路缘带)、护栏、隔离栅等的设置位置。比例尺用1:200~1:100。图13-9所示为某一级公路的两个路基标准横断面图,图13-9a)为一般路基,图13-9b)为超高段路基,道路两侧用地界碑之间的宽度为道路用地范围,图中比例为1:200。在图13-9中请读者注意:按《道路工程制图标准》(GB 50162—1992)规定,视图名称应标注在视图上方居中,图名底部应绘制与图名等长的粗、细实线。尺寸起止符宜采用单边箭头表示,箭头在尺寸线的右方时,应标注在尺寸线之上;反之,应标注在尺寸线之下;也可采用把尺寸界线按顺时针转45°的斜短线表示;在连续表示的小尺寸中,也可用黑圆点表示起止符。

(2)路基横断面图。如图13-10所示的路基横断面设计图,在绘出纵断面对应桩号的地面线后,按路基标准横断面所确定的路基形式和尺寸、纵断面图上所确定的设计高程,将路基顶面线和边坡线绘制出来,俗称戴帽子。在每个横断面上需注明桩号,同时可注明填挖高度、填挖面积、路基宽度、超高等内容,也可从路基设计表查得(略)。

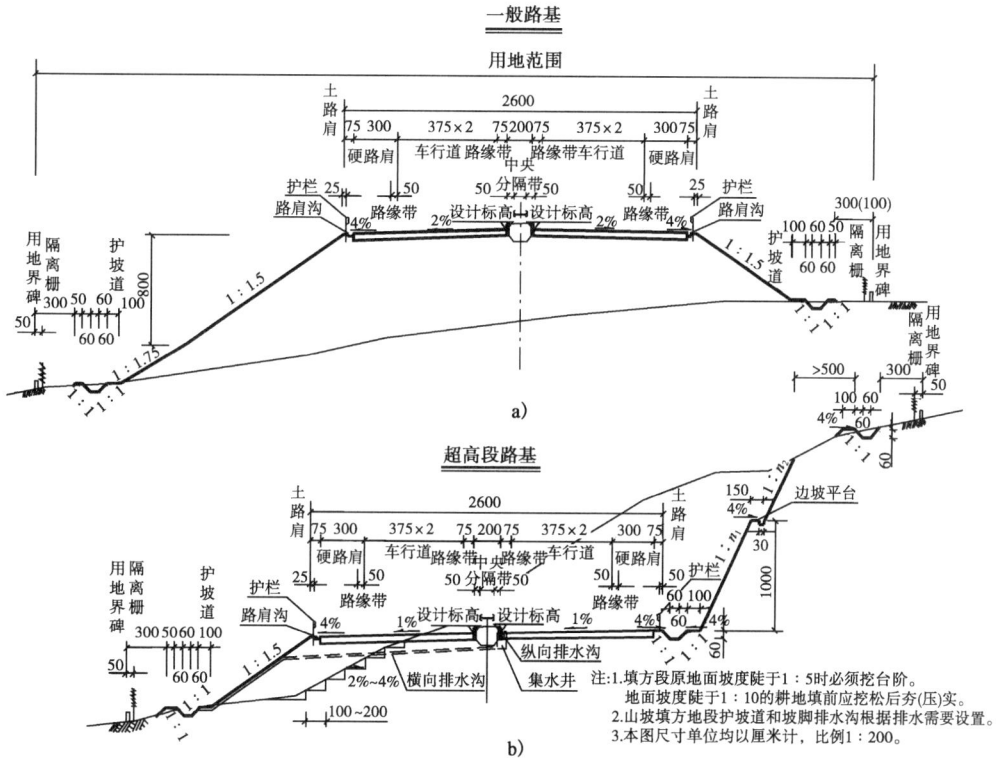

图 13-9　××公路路基标准横断面

a)一般路基;b)超高段路基

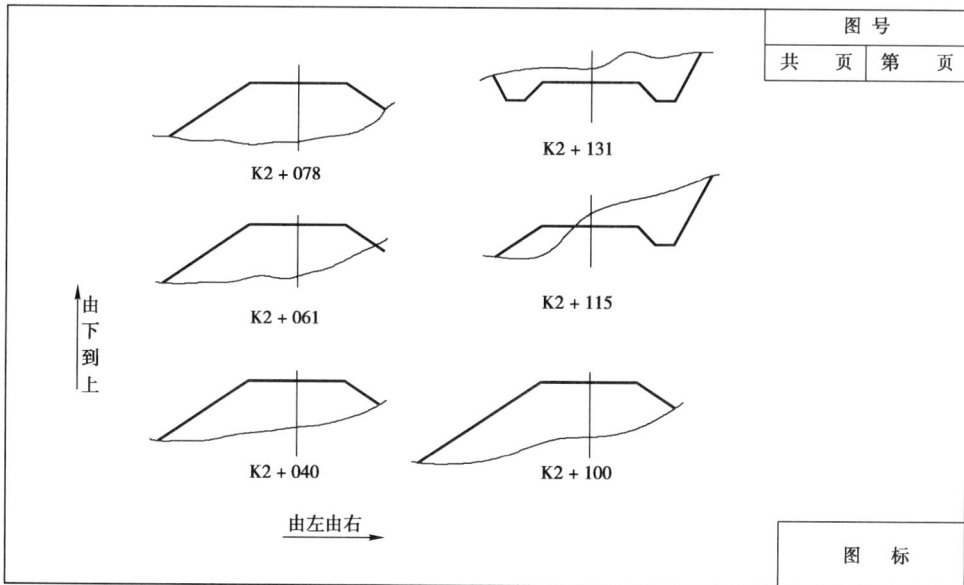

图 13-10　路基横断面设计图

3.画路基横断面图应注意的几点

(1)画路基横断面图使用方格纸,既便于计算断面的填挖面积,又给施工放样带来方便。

(2)路基横断面设计图应顺序沿着桩号从下到上,从左至右布置在一幅图纸内。若有多张路基横断面设计图时,则应按桩号自小到大顺次布置在相邻并连续编号的图幅内,以便读图、查找,利于施工。

(3)横断面图的地面线一律画细实线,设计线一律画粗实线。

(4)在每张路基横断面图的右上角应写明图号、图纸序号及总张数。在最后一张图的右下角或下方绘制图标,如图13-10所示。

第二节　城市道路路线工程图

在城市里,沿街两侧建筑红线之间的空间范围为城市交通用地。城市道路主要包括:机动车道、非机动车道、人行道、分隔带、绿带、交叉口和交通广场以及各种设施等。在交通高度发达的现代化城市,还建有架空高速道路、地下道路等。

城市道路的线形设计结果也是通过横断面图、平面图和纵断面图表达的。其图示方法与公路路线工程图完全相同。但是城市道路所处的地形一般都比较平坦,并且城市道路的设计是在城市规划与交通规划的基础上实施的,交通性质和组成部分比公路复杂得多,因此,体现在横断面图上,城市道路比公路复杂得多。

一、横断面图

城市道路横断面图是道路中心线法线方向的断面图。城市道路断面图由车行道、人行道、绿带和分离带等部分组成。根据道路功能和红线宽度的不同,可有不同形式的组合。

1.城市道路横断面布置的基本形式

根据机动车道和非机动车道不同的布置形式,道路横断面的布置有以下四种基本形式。

(1)单幅路。俗称"一块板"断面,把各种车辆都混合在同一车行道上行驶,规定机动车在中间,非机动车在两侧,如图13-11a)所示。在交通组织上,单幅路可分为划出快、慢车行驶的分车线和不划分车线两种。

(2)双幅路。俗称"两块板"断面,用一条分隔带或分隔墩从道路中央分开,使往返交通分离,但同向交通仍在一起混合行驶,如图13-11b)所示。

(3)三幅路。俗称"三块板"断面,用两条分隔带或分隔墩把机动车和非机动车交通分离。将车行道分隔为三块:中间为双向行驶的机动车道,两侧为方向彼此相反的单向行驶非机动车道,如图13-11c)所示。

(4)四幅路。俗称"四块板"断面,在"三块板"断面的基础上增设一条中央分离带,使机动车分向行驶,如图13-11d)所示。

2.横断面图的内容

横断面设计的最后成果用标准横断面设计图表示。图中表示出横断面各组成部分及其相互关系。图13-12为某道路近期设计横断面图。13-12a)为标准横断面,比例尺为1:200,为了表示高差变化情况,纵向与横向可采用不同的绘图比例。13-12b)为路面、路肩、人行道大样图(大样图又称详图),比例尺为 $1:50$。

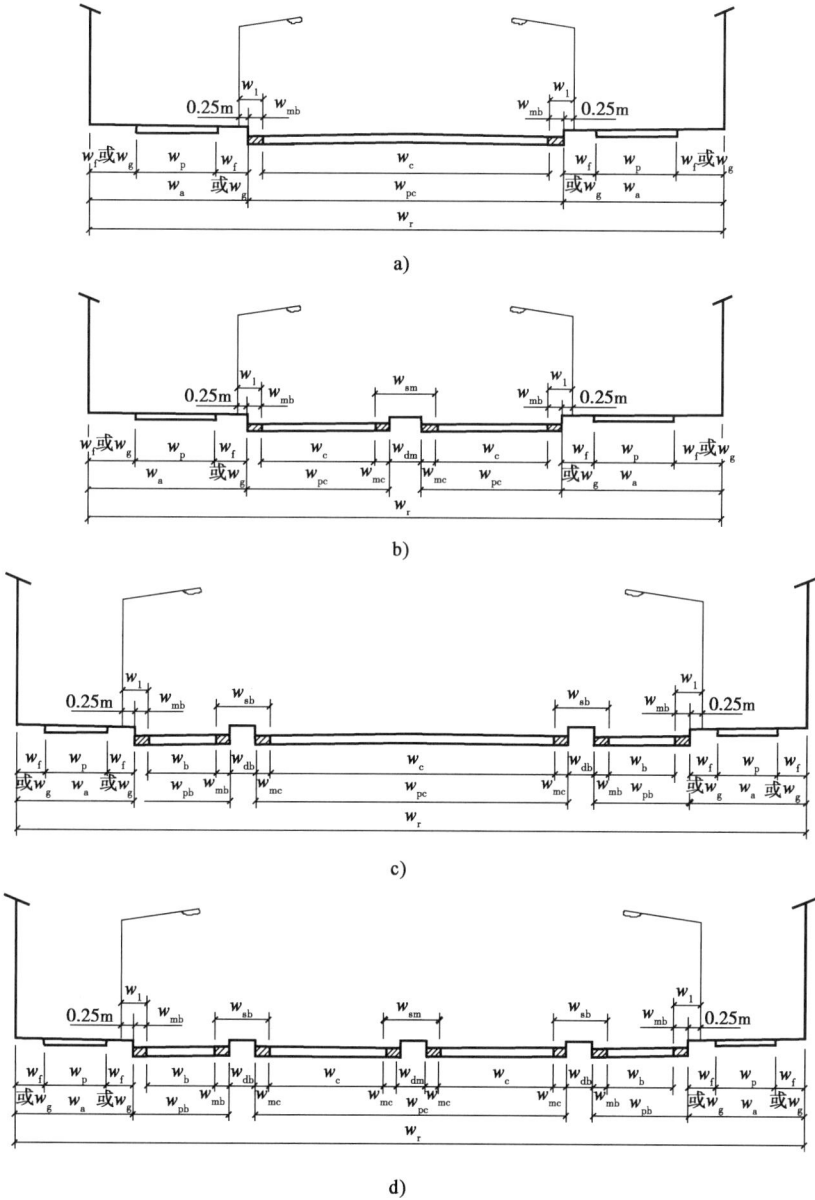

图 13-11 城市道路横断面布置的基本形式

a)单幅路横断面;b)双幅路横断面;c)三幅路横断面;d)四幅路横断面

w_r-红线宽度(m);w_c-机动车道或机非混行车道的车行道宽度;w_b-非机动车的车行道宽度(m);w_{pc}-机动车道路面宽度或机动车与非机动车混行车道的路面宽度(m);w_{pb}-机动车道的路面宽度(m);w_{mc}-机动车道路缘带宽度(m);w_{mb}-非机动车道路缘带宽度(m);w_l-侧向净宽(m);w_{dm}-中间分隔带宽度(m);w_{sm}-中间分车带宽度(m);w_{db}-两侧分隔带宽度(m);w_{sb}-两侧分车带宽度(m);w_a-路侧带宽度(m);w_p-人行带宽度(m);w_g-绿化带宽度(m);w_f-设施带宽度(m)

由图 13-12 可看出,该路段采用"单幅路"断面形式,并划出快、慢车行驶的机动车和非机动车车道,使机动车与非机动车分道单向行驶,两侧为人行道。图 13-12 中表示人行道、非机

235

动车道、机动车道及路缘带的宽度分别为：300、1160、1280 和 40（cm），横向坡度为 2%、1.5% 和 10%。并标注了路中央路拱竖曲线参数，路面中心、边缘、路缘带、人行道边缘的高差，如图 13-12a）上方和下方表格所示。路面、路肩、人行道结构用大样图表示，路基路面、人行道的材料、层次及厚度，在大样图上用竖直引出线标注。

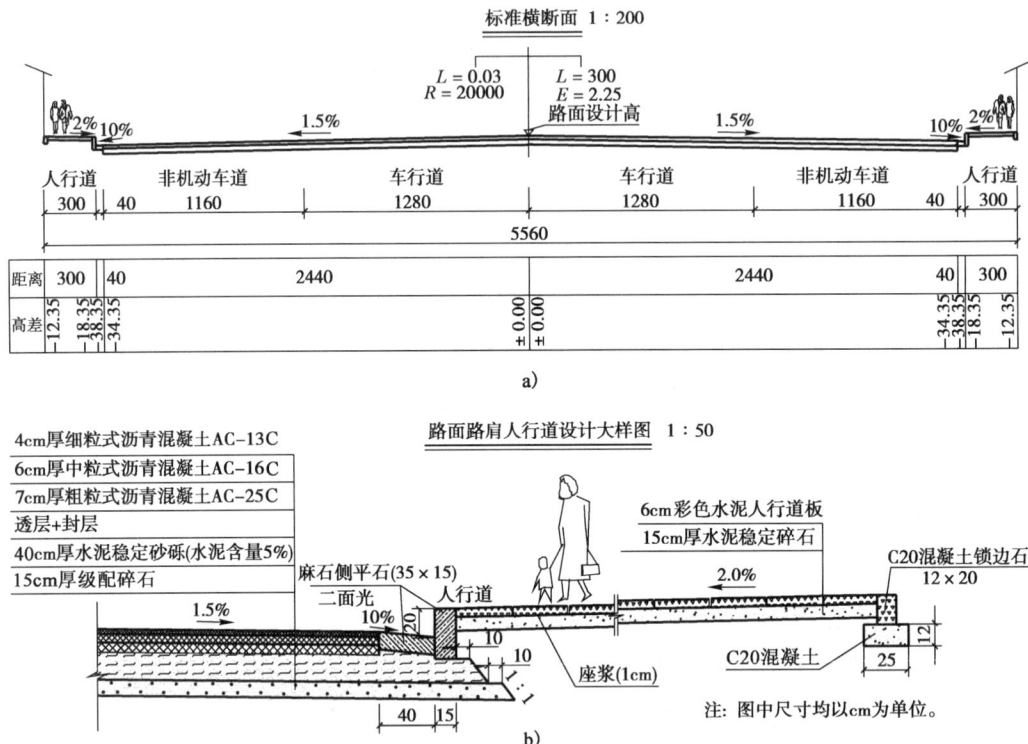

图 13-12　标准横断面设计图
a）横断面；b）大样图

当道路分期修建、改建时，除了需绘制近期设计横断面图之外，还要画出远期规划设计横断面图。为了计算土石方工程量和施工放样，与公路横断面图相同，需绘出各个中心桩的现状横断面，并加绘横断面设计图，标出中心桩的里程和设计高程，称为施工横断面图。

二、平面图

城市道路平面图与公路路线平面图相似，它是用来表示城市道路的方向、平面线形和车行道布置以及沿路两侧一定范围内的地形和地物情况。

图 13-13 为某市环线长宁路交叉口一段城市道路平面图，它主要表示了环形交叉口和二环线南段的平面设计情况。

城市道路平面图的内容可分为道路和地形、地物两部分，如图 13-13 交叉口南段道路所示。

1. 道路情况

（1）道路中心线用点画线[《道路工程制图标准》（GB 50162—1992）称点划线，本书按近期的技术制图标准和其他各专业的制图标准将点划线改称点画线]表示。为了表示道路的长度，在道路中心线上标有里程。从图中可以看出，道路是由南向北标注里程，一般每隔 20m 设

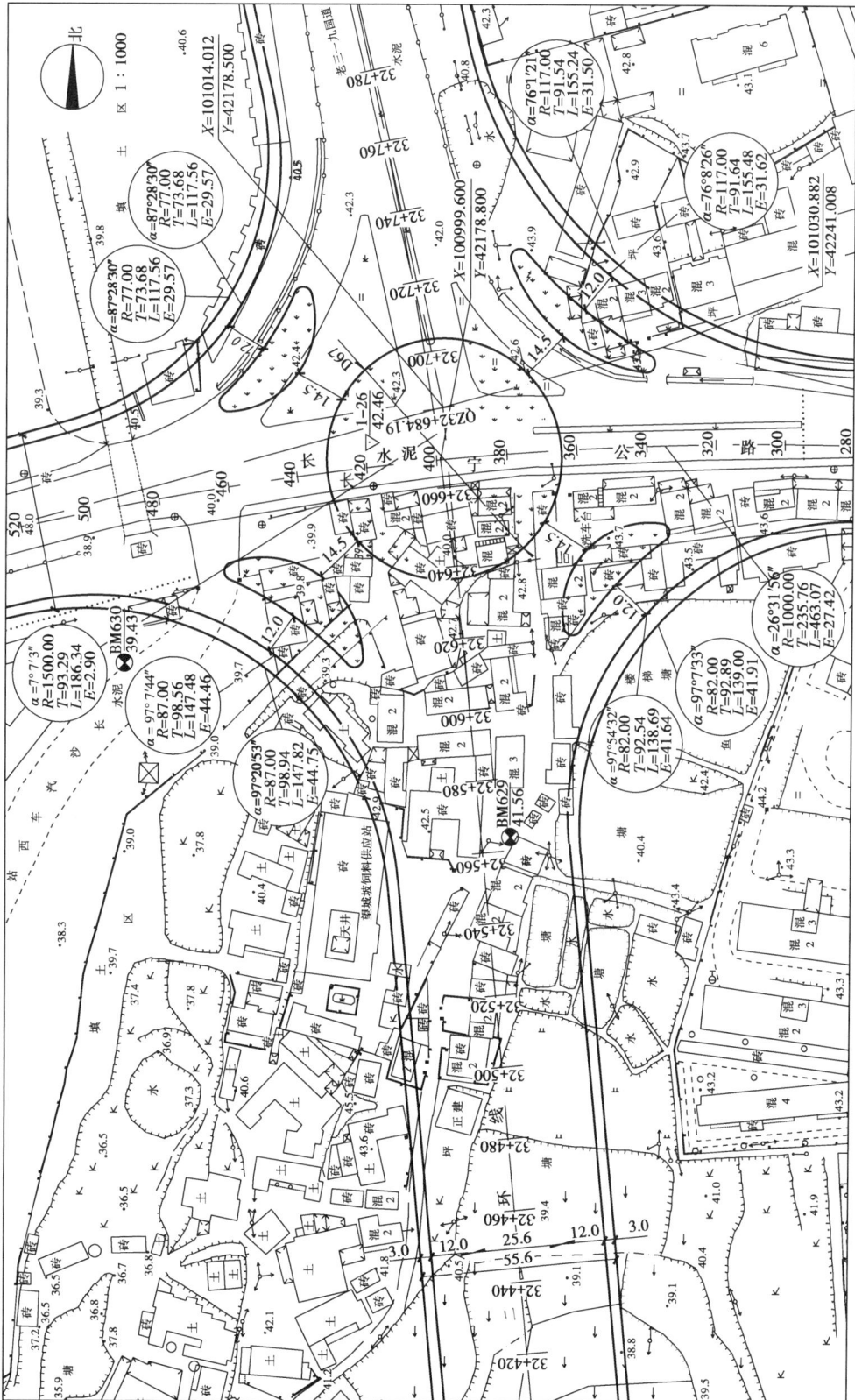

图 13-13 某市二环长宁路平面图

里程桩号。南北道路中心线不在同一直线上,其交点坐标 X 为 101014.012m、Y 为 42178.500m,偏角为 7°7′3″,其他平曲线要素:设计半径 R 为 1500m,切线长为 93.29m,圆曲线长为 186.34m,外距为 2.9m。东西道路中心线交点坐标 X 为 101030.882m、Y 为 42241.008m,偏角为 26°31′56″,设计半径 R 为 1000m,切线长 T 为 235.76m,曲线长 L 为 463.07m、外距 E 为 27.42m。

(2)道路的走向图 13-13 是用指北针"❶"符号来表示的(也可用坐标网表示)。南段道路的走向随里程减少为南偏东方向,北段道路的走向随里程增加为北偏西方向。

(3)城市道路平面图所采用的绘图比例较公路路线平面图大(图 13-13 采用 1∶1000),因此车、人行道的分布和宽度可按比例画出。由图可看出:南段道路机动车道宽度为 25.6m,非机动车道宽度为 12m,人行道为 3m,中间无分隔带。所以该路段为"单幅路"断面布置形式。

(4)平面图还画出了用地线的位置,它是表示施工后的道路占地范围。为了控制道路高程,图中还标出了水准点的位置。

2. 地形和地物情况

(1)城市道路所在的地势一般比较平坦。地形除用等高线表示外,还用大量的地形点表示高程。从图 13-13 中地形点高程值可看出,由北到南、由东到西地势逐渐降低。

(2)交叉口南段道路为新建道路,因此占用了沿路两侧一些民房和农田用地,北段道路是在原国道上扩建。该地区的地物和地貌情况可在表 13-1 和表 13-2 中查知。图 13-13 地物图例朝北绘制。

平面图的常用图例 表 13-2

名　称	符　号	名　称	符　号	名　称	符　号
棚房		砖房 土砖房	砖 土	地下检查 井下水	⊕
砖石或混凝土 结构房屋	混　3 3－层数	非明确 路边线	- - - - - - - - - - - - - -	消火栓	

三、纵断面图

城市道路纵断面图也是沿道路中心线的展开断面图。其作用与公路路线纵断面图相同,其内容也是由图样和资料表两部分组成,如图 13-14 所示为南北道路的纵断面图。

1. 图样部分

城市道路纵断面图的图样部分完全与公路路线纵断面图的图示方法相同,如绘图比例竖直方向较水平方向放大十倍表示(图 13-14 水平方向采用 1∶1000,则竖直方向采用 1∶100)。

2. 资料部分

城市道路纵断面图的资料部分基本上与公路路线纵断面图相同,不仅与图样部分上下对应,而且还标注有关的设计内容。

城市道路除作出道路中心线的纵断面图之外,当纵向排水有困难时,还需作出街沟纵断面图。

对于排水系统的设计,可在纵断面图中表示,也可单独设计绘图。

图号：S5-3-2
第 × 页
共 × 页

R-10000 T-55.486 E-0.154

32+760.710
43.070

R-20000 T-45.830 E-0.053
32+460.710
40.795

V 1 : 100
H 1 : 1000

S5-3-2	图号	2005.4	日期	审核	复核	设计	纵断面图	××路××段	××市×××设计院

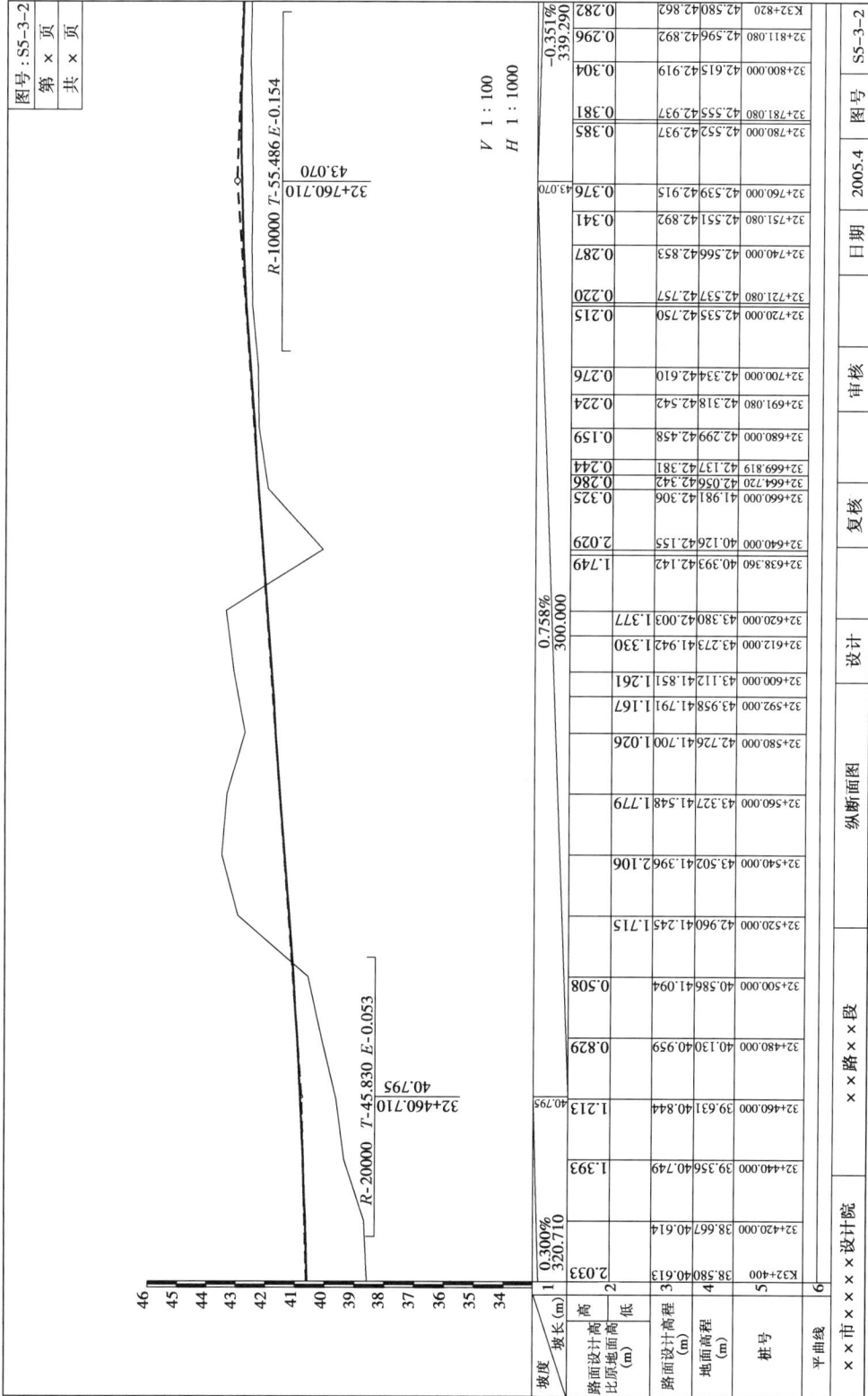

图13-14　××路纵断面图

坡度
坡长(m) 高 低
路面设计高面比原地面高(m)
路面设计高程(m)
地面高程(m)
桩号
平曲线

0.300%
320.710

0.758%
300.000

-0.351%
339.290

坡度		路面设计高 比原地面高(m)	路面设计高程(m)	地面高程(m)	桩号
	2.033		40.613	38.580	K32+400
			40.614	38.667	32+420.000
	1.393		40.749	39.356	32+440.000
	1.213		40.844	39.631	32+460.000
	0.829		40.959	40.130	32+480.000
	0.508		41.094	40.586	32+500.000
	1.715		42.960	41.245	32+520.000
	2.106		43.502	41.396	32+540.000
	1.779		43.327	41.548	32+560.000
	1.026		42.726	41.700	32+580.000
	1.167		43.958	41.791	32+592.000
	1.261		43.112	41.851	32+600.000
	1.330		41.273	41.943	32+612.000
	1.377		43.380	42.003	32+620.000
	1.749		40.393	42.142	32+638.360
	2.029		40.126	42.155	32+640.000
	0.325		41.981	42.306	32+660.000
	0.286		42.056	42.342	32+664.720
	0.244		42.137	42.381	32+669.819
	0.159		42.299	42.458	32+680.000
	0.224		42.318	42.542	32+691.080
	0.276		42.334	42.610	32+700.000
	0.215		42.535	42.750	32+720.000
	0.220		42.537	42.757	32+721.080
	0.287		42.566	42.853	32+740.000
	0.341		42.551	42.892	32+751.080
	0.376		42.539	42.915	32+760.000
	0.385		42.552	42.937	32+780.000
	0.381		42.555	42.937	32+781.080
	0.304		42.615	42.919	32+800.000
	0.296		42.596	42.892	32+811.080
	0.282		42.580	42.862	K32+820

第三节　道路交叉口

当道路与道路(或铁道)相交时,所形成的共同空间部分称为交叉口。根据通过交叉口的道路所处的空间位置,可分为平面交叉口和立体交叉口两大类。

一、平面交叉口

1.平面交叉口的形式

平面交叉口是指各相交道路中线在同一高程相交的道口。平面交叉的形式决定于道路系统规划、交通量、交通性质和交通组织,以及交叉口用地及其周围建筑的情况。常见的平面交叉口形式有十字形、X 字形、T 字形、Y 字形、错位交叉和复合交叉等,如图 13-15 所示。

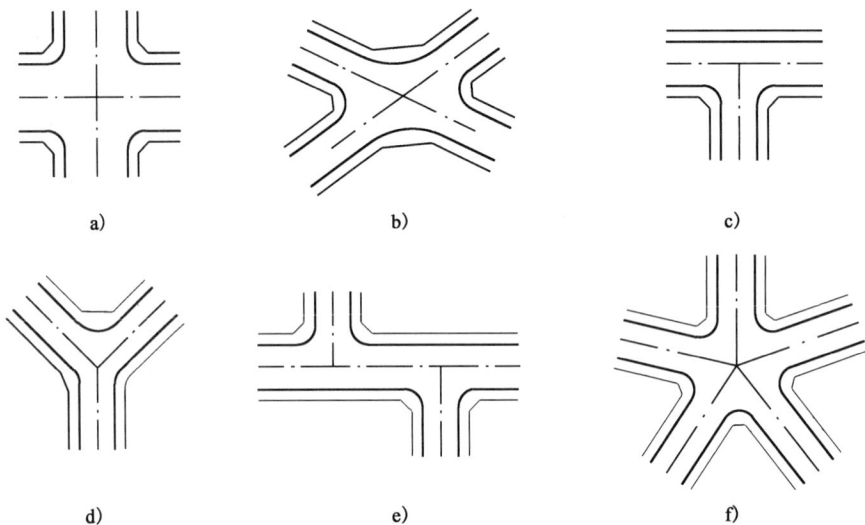

图 13-15　平面交叉口的形式
a)十字形;b)X 字形;c)T 字形;d)Y 字形;e)错位交叉;f)复合交叉

2.环形交叉口

为了提高平面交叉口的通行能力,常采用环形交叉口。环形交叉(俗称转盘)是在交叉口中央设置一个中心岛,用环道组织交通,使车辆一律作绕岛逆时针单向行驶,直至所去路口离岛驶出。中心岛的形状有圆形、椭圆形、卵形等。

前述的图 13-13 表示了某道路环形交叉口的平面设计结果。该交叉口为四路交叉,中心岛为圆形,其直径为67m[按《道路工程制图标准》(GB 50162—1992)规定,在半径、直径尺寸数字前,应分别标注 r 或 R、d 或 D],机动车环道宽 14.5m,非机动车环道宽 12m,机动车环道与非机动车环道间设有分隔带(花坛)。南北主干道和东西主干道路中线交于交叉口,交点坐标 X 为 100999.600、Y 为 42178.800。交叉口车行道、人行道转弯处缘石四处均做成圆曲线形,曲线参数在平面图示出,如西南转弯车行道缘石线偏角为 $97°7'44''$,设计半径 R 为87m,切线长为98.56m,圆曲线长为147.48m,外距为44.46m。

平面交叉口除绘出平面设计图之外,还需在交叉口平面图上绘制竖向设计图。竖向设计高程可用不同的方式表示,较简单的交叉口可标注控制点高程、排水方向及坡度,排水方向用单边箭头表示。复杂的交叉口用等高线表示,等高线为细实线,每隔四条细实线绘一条中实线;亦可用网格高程表示,如图 13-16 所示,高程数字宜标注在网格交点的右上方。网格采用平行于设计路中线的细实线绘制。道路排水方向为由北向南、由东向西、由路中向路边流动,交叉口以中心岛外 10m 宽的圆环带为界,环内向中心岛排水、环外按道路排水方向排水。

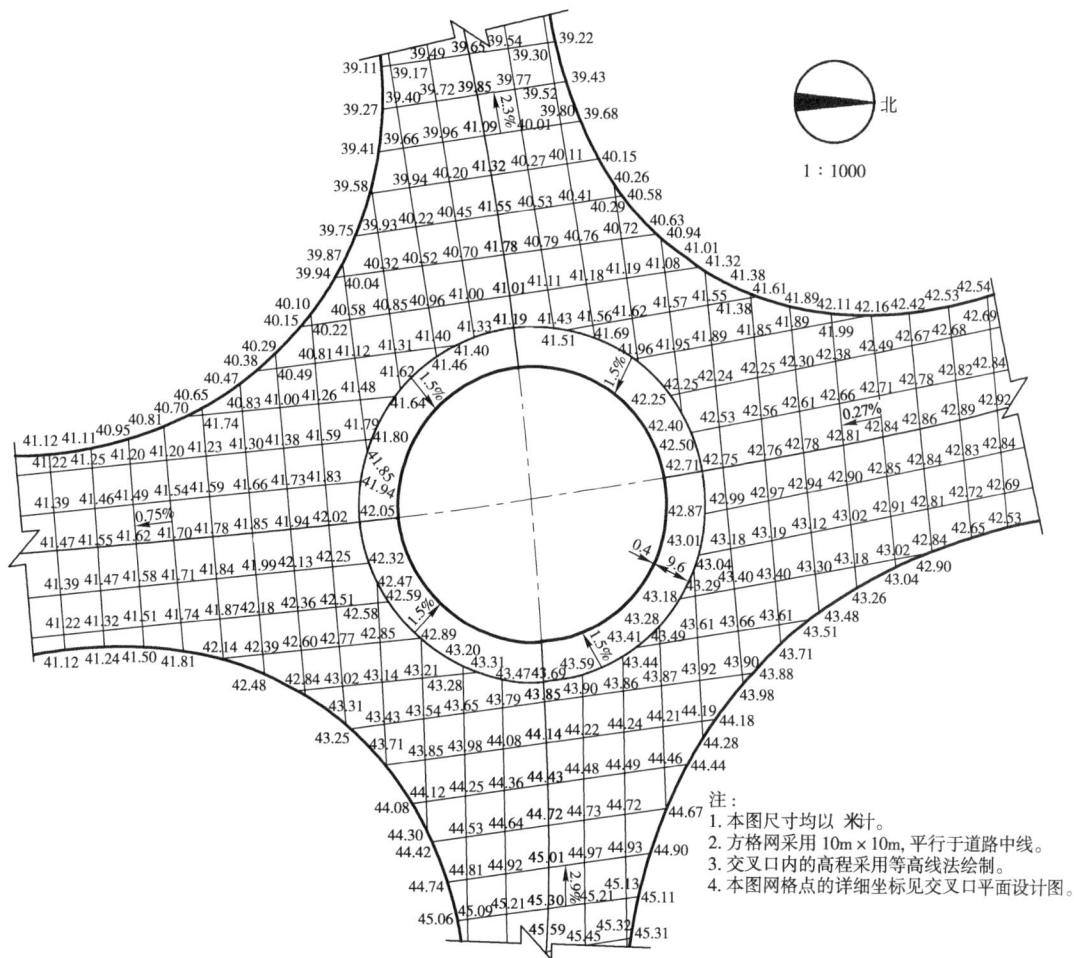

图 13-16　平面交叉口竖向设计图

二、立体交叉口

立体交叉口是指交叉道路在不同高程相交的道口。其特点是各相交道路上车流互不干扰,可以各自保持原有的行车速度通过交叉口。当平面交叉口用交通控制手段无法解决交通要求时,可采用立体交叉,以提高交叉口的通行能力。

根据立体交叉结构物形式不同可分为:隧道式和跨线桥式两种基本形式。跨线桥有下穿式和上跨式两种,主要道路从桥下通过,相交道路从桥上通过时称为下穿式,主要道路用跨线桥从相交路上跨过称为上跨式,如图 13-17 所示。

241

　　根据相交道路上行驶的车辆是否能互相转换,立体交叉又分为分离式(图 13-18)和互通式(图 13-19)两种。分离式立体交叉,在道路交叉处仅设隧道或跨线桥,而不设上、下道路之间的连接匝道。互通式立体交叉,在道路交叉处除设隧道或跨线桥外,并在上、下道路之间设有连接匝道,供车辆转换车道用。城市道路一般要求能互相转换车道,多采用互通式立体交叉。

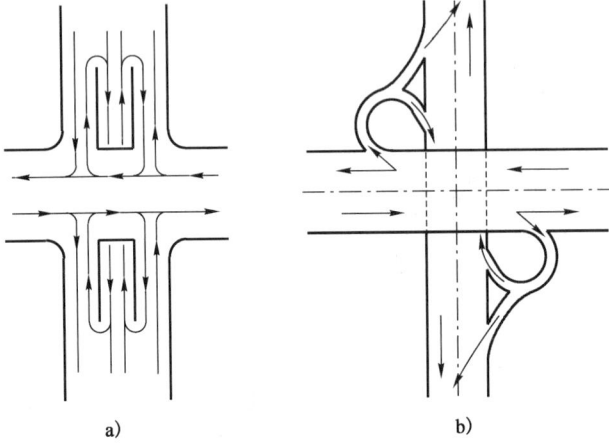

a)   b)

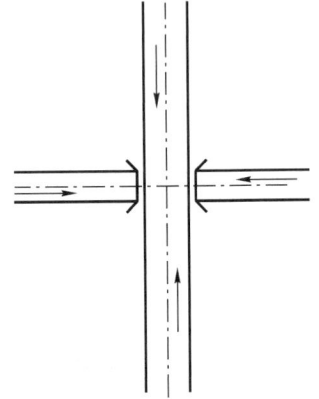

图 13-17　立体交叉的基本形式
a) 下穿式;b) 上跨式

图 13-18　分离式立体交叉

a)

b)

c)

图　13-19

图 13-19 互通式立体交叉口常见类型

a)三路相交喇叭形;b)四路相交二层式半苜蓿叶加定向形;c)四路相交二层式苜蓿叶形;d)四路相交三层式环形;e)四路相交四层式环形

1. 互通式立体交叉口的常见类型

互通式立体交叉口常见类型有:三路相交喇叭形、四路相交二层式半苜蓿叶加定向形、四路相交二层式苜蓿叶形、四路相交三层式环形和四路相交四层式环形,如图 13-19 所示。

2. 立体交叉工程图

公路与城市道路立体交叉工程图的内容视分离式还是互通式类型的不同而有所不同。互通式立体交叉工程图主要有:平面图、线位图、纵断面图、鸟瞰透视图(效果图)、横断面图及竖向设计图等。

(1)平面图(平面与交通组织图)。包括主线、匝道、变速车道及被交道路的位置,即中心线、路基边线、平曲线要素及主要桩位,匝道起终点、加减速车道长度、匝道编号、跨线桥及其交角、导线点、坐标网,以及交叉区综合排水系统等内容。如图 13-20 所示为简化的某互通式立体交叉平面和交通组织图。图中指北针表示了立体交叉的方位和走向,为东西南北四路相交多层式波隆型互通式立体交叉。它由东西主干道左、右线($G319L$、$G319R$)、南北主干道(B),四条匝道(C、D、G、H),四条左转弯车道(I、J、E、F),七条集散车道[CC、DD、GG、HH、S_1(S_2)、S_3、S_4]以及绿带组成。图中用实线箭头和虚线箭头分别表示机动车和非机动车的车流方向,以说明交通组织情况。

(2)线位图(线形布置图)。包括主线、被交叉道路、匝道的中心线,桩号(里程桩、平曲线控制点位置),平曲线要素及坐标网等内容,本例略。

(3)纵断面图。如图 13-21 所示为东西干道(L 线)纵断面图,表示东西干道左线从桩号 K0 + 000 ~ K0 + 684.86 间的纵断面线形,设计线中间跨过集散车道 S_1,左转弯车道 F 与 I,南北干道 B,左转弯车道 J 等五条车道,纵坡较大,如粗实线所示。细折线为厚地面线,中实折线为设计地面线,设计线下方的"▯"表示主线下方下穿桥或路的宽度,并分别标注交叉处主桥和下穿桥各自的桩号,如 $LK0+325.22=BK0+368.66$,表示主桥东西干道左线与下穿桥南北干道交叉处各自的桩号。图 13-21 下方列出 L 车道纵断面资料表。

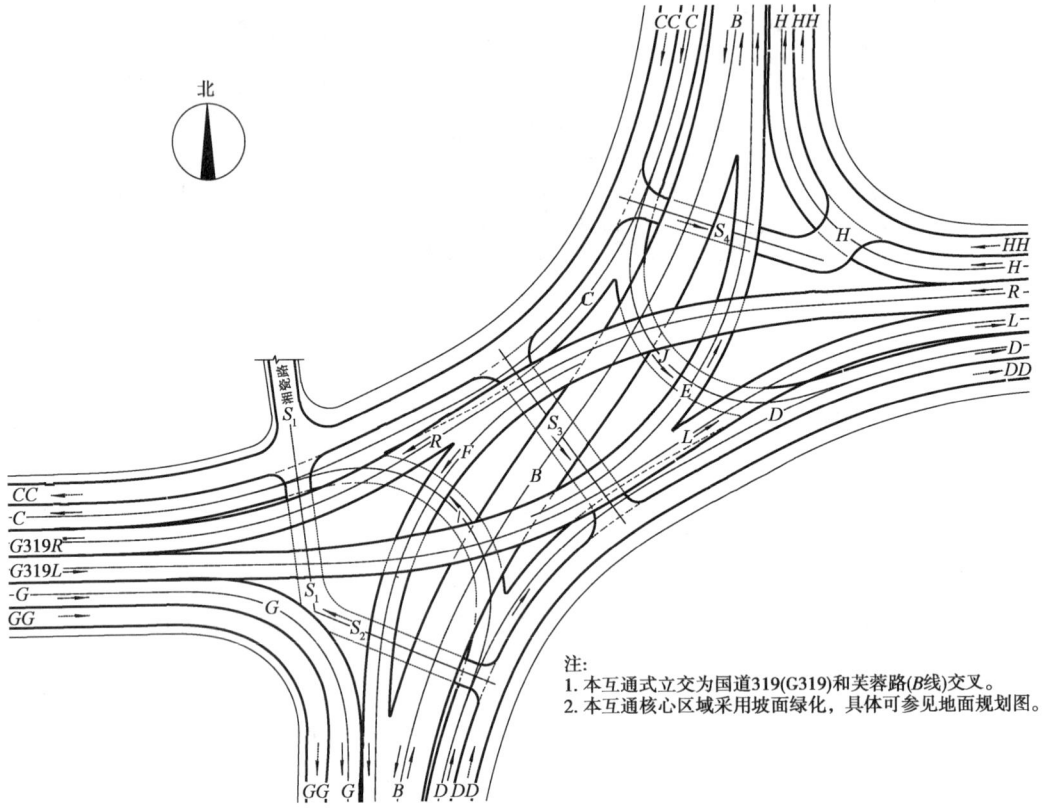

图 13-20　某互通式立体交叉平面与交通组织图

图 13-22 为南北干道(B 线)纵断面图,设计线上方的"▨"表示主线上方跨线桥的宽度,其他图示方法与前述纵断面相同。

(4)鸟瞰透视图。可绘出立体交叉的透视图,供审查设计和方案比较用,如图 13-23 所示。

(5)横断面图。图 13-24 为某互通式立体交叉的东西干道东段匝道桥起点的横断面图,图中表示主干道、匝道、集散车道及人行道的断面结构形式、分布位置、宽度、路面的横坡以及路面高程等。

(6)竖向设计图。它是在平面图上绘出设计等高线或网格高程,以表示整个立体交叉的高度变化情况,来决定排水方向及雨水口的设置。本例略,可参阅图 13-16 平面交叉口竖向设计图。

互通式立体交叉工程图除上述图纸外,还有跨线桥桥型布置图、路面结构图、管线及附属设施设计图等。

图号：S7-4-3
第 × 页
共 × 页

V 1：200
H 1：2000

G319左线(L线)

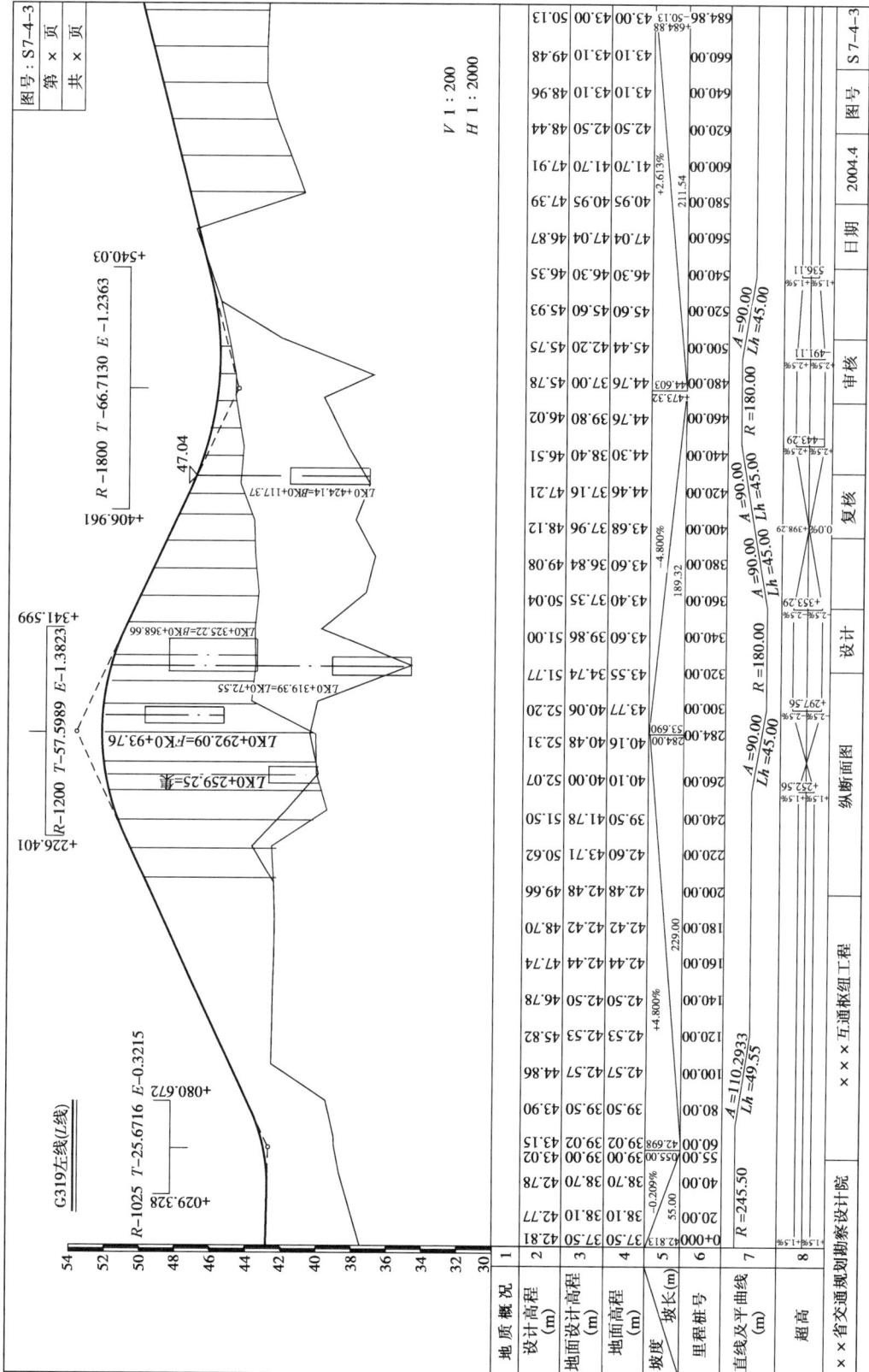

图13-21 某立体交叉东西干道（L线）纵断面图

地质概况	1		
设计高程(m)	2		
地面设计高程(m)	3		
地面高程(m)	4		
坡度坡长(m)	5		
里程桩号	6		
直线及平曲线(m)	7		
超高	8		

× × 省交通规划勘察设计院

× × × 互通板组工程

纵断面图

设计

复核

审核

图号 S 7-4-3

日期 2004.4

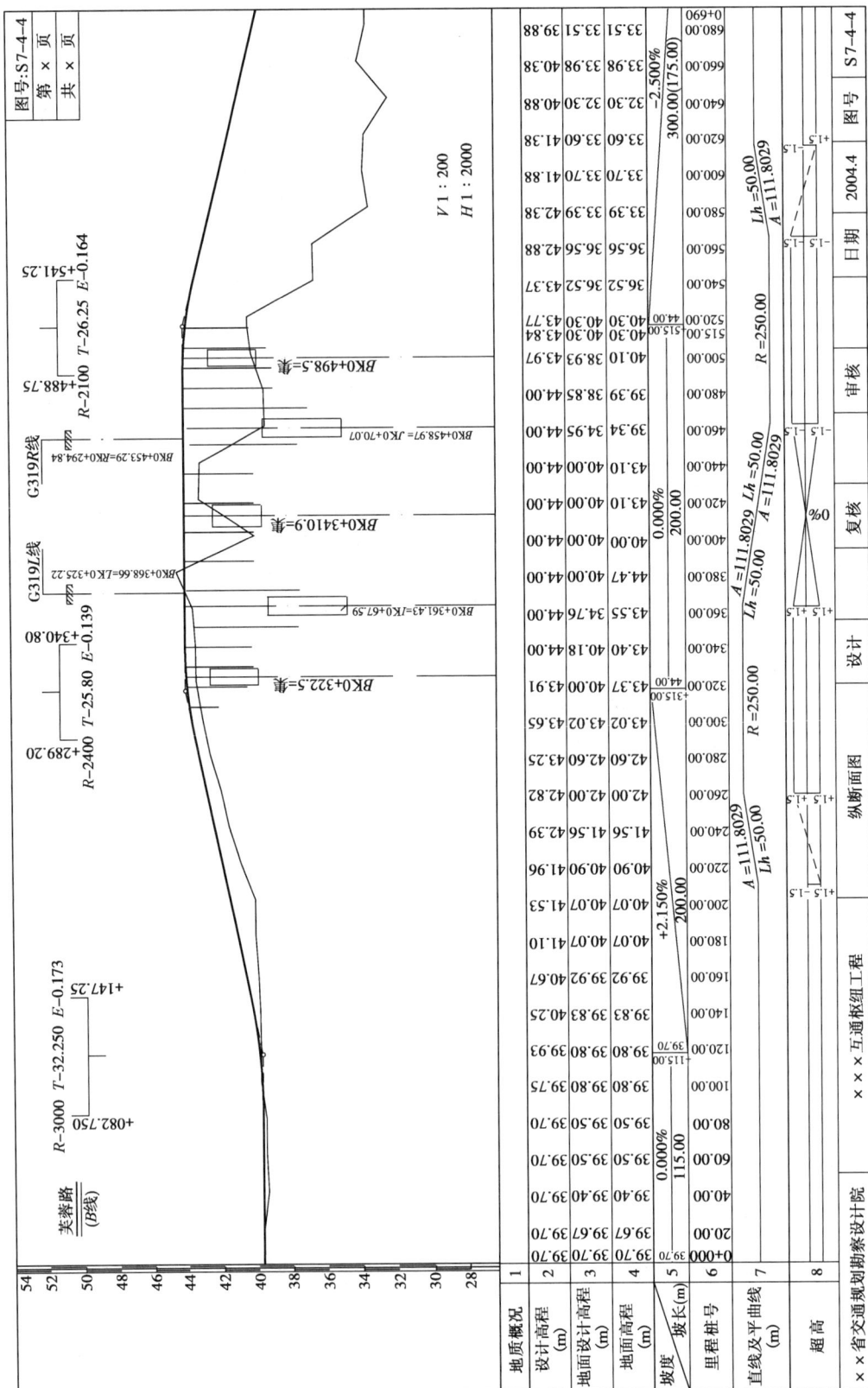

图13-22 某立体交叉南北干道（B线）纵断面图

图 13-23 某互通式立体交叉的鸟瞰效果图

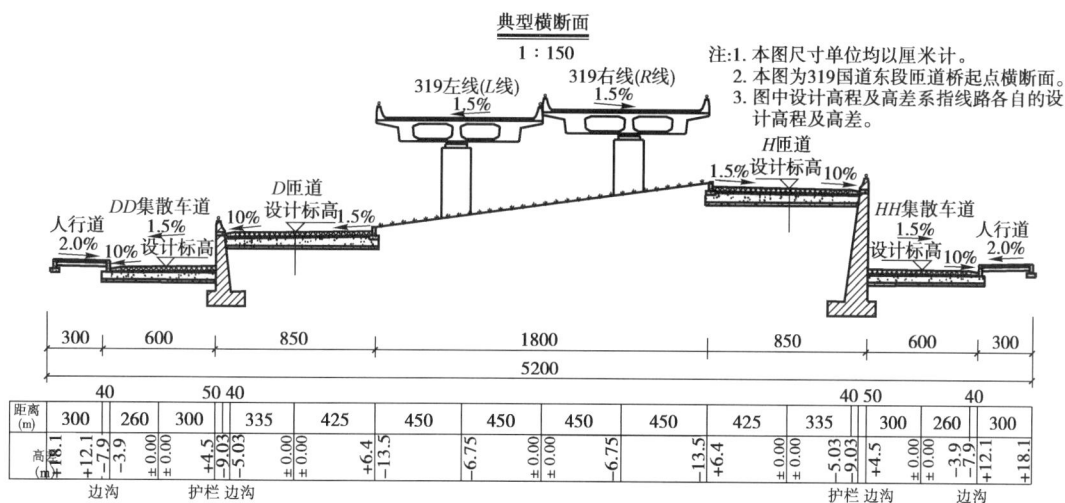

典型横断面
1 : 150

注:1. 本图尺寸单位均以厘米计。
2. 本图为319国道东段匝道桥起点横断面。
3. 图中设计高程及高差系指线路各自的设计高程及高差。

319左线(L线) 1.5%　319右线(R线) 1.5%　H匝道 1.5%设计标高 10%

DD集散车道 1.5% 10% 设计标高 1.5%　D匝道 设计标高 1.5%　HH集散车道 1.5% 设计标高 10%

人行道 2.0% 10% 设计标高　人行道 2.0%

距离(m)	300	600	850	1800	850	600	300

5200

40　50 40　40 50　40

距离(m)	300	260	300	335	425	450	450	450	450	425	335	300	260	300
高差(m)	+18.1 +12.1 −7.9	−3.9	±0.00 ±0.00	+4.5 −5.03 −9.03	+0.00 −5.03	±0.00 ±0.00	+6.4 −13.5	−6.75	±0.00 ±0.00	−6.75	−13.5 +6.4	±0.00 ±0.00	−5.03 −9.03 +4.5	+0.00 ±0.00	−3.9 −7.9	+12.1 +18.1

边沟　护栏 边沟　护栏 边沟　边沟

图 13-24 某互通式立体交叉东西干道横断面图

第四节 交通工程及沿线设施

沿线设施是道路交通安全、管理、服务、环保等设施的总称。交通安全设施是为保障行车和行人的安全和充分发挥道路的作用,在道路沿线所设置的人行地道、人行天桥、照明设备、标志、标线、标柱、护栏等设施的总称。

本节主要介绍交通安全设施中交通标线、交通标志及防护设施等工程的图样。

一、交通标线

道路交通标线是由标画于路面上的各种线条、箭头、文字、立面标记、突起路标和路边线轮廓标等所构成的交通安全设施。它的作用是管制和引导交通。它可以单独使用,也可与其他设施配合使用。

交通标线由路面标线、导向箭头及出入口标线等组成。交通标线用标线布设图和标线设计图表示。

1. 标线布设图

图 13-25 所示为某交叉口标志和标线平面布设图,本图比例尺为 1:400。图中表示了车行

道中心线、车道分界线、导向车道线、停车线、减速让行线、人行横道线等标线的位置、线宽、虚线线段和间隙长度。如图中 0.1 分道线、实线 6.0、空档 9.0,表示车道分界线线宽为 0.1m、虚线线段长 6m、间隙长 9m。交通标线应采用线宽为 1~2mm 的虚线或实线绘制,双线间净距为 1.5~2mm(中心双实线、减速让行线),人行横道线采用间隔为 1~2mm 平行细实线绘制。

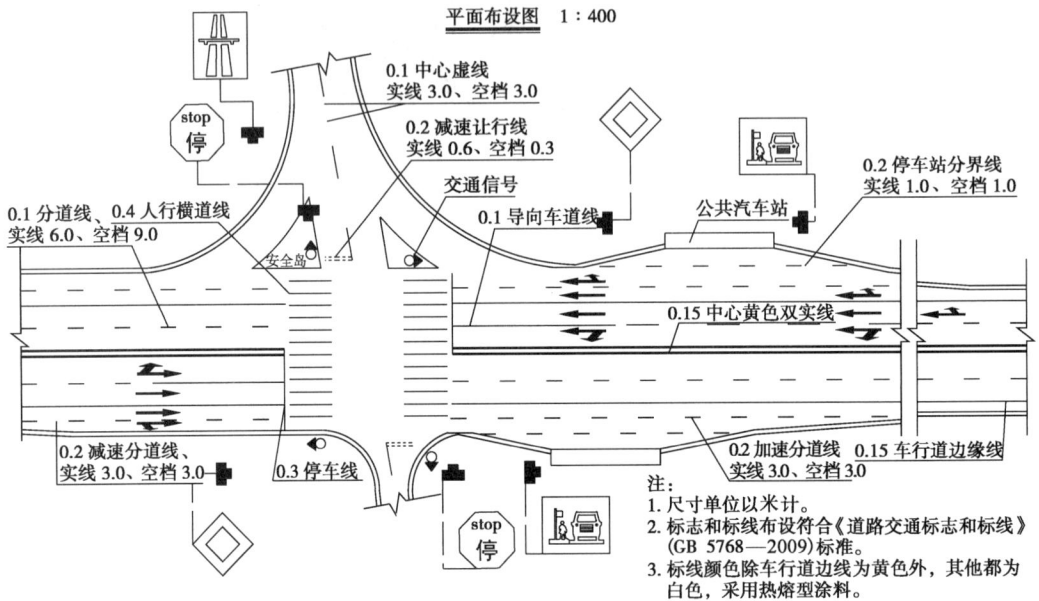

图 13-25　某交叉口标志和标线平面布设图

2. 标线设计图

图 13-26 所示分别表示道路入口标线布设图[图 13-26a)]、入口标线大样图[图 13-26b)]以及导向箭头大样图[图 13-26c)],该导向箭头适用于设计行车速度为 60~80km/h 的道路。

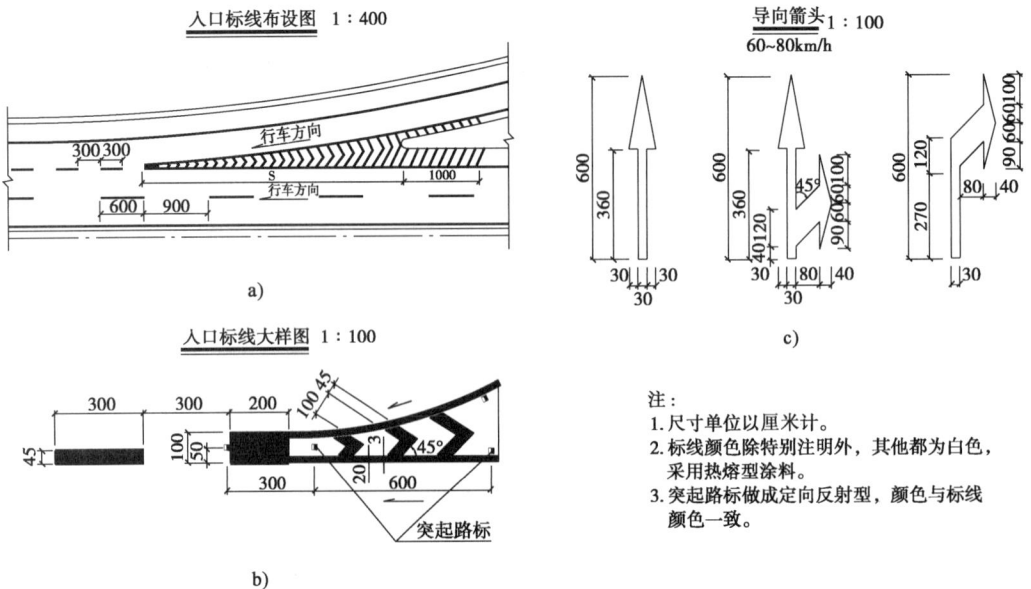

图 13-26　标线设计图

a)入口标线布设图;b)入口标线大样图;c)导向箭头

二、交通标志

道路交通标志是应用图形符号和文字符号传递特定信息,用以实行交通管理、指导行人和车辆行进的设施。交通标志分为主标志和辅助标志两大类,主标志按功能分为:警告标志、禁令标志、指示标志和指路标志四种。辅助标志附设在主标志下,对主标志作辅助说明。

交通标志设置在车辆行进方向道路右侧或分隔带上,在路线或平面交叉标志布置图中应示出交通标志的位置。如图 13-25 所示标志和标线平面布置图中,优先道路标志、停车让路标志、公共汽车停靠站等,用符号"▄▟▀"表示标志设在平面图中的位置。同时还表示了交通信号设置位置。标志宜采用细实线绘制。标志的图号、图名,应采用国家标准《道路交通标志和标线》(GB 5768—2009)有关规定。标志的尺寸及画法符合表 13-3 的规定。

标志示意图的形式及尺寸　　　　　　　　　　表 13-3

规格种类	形式与尺寸(mm)	画　法	规格种类	形式与尺寸(mm)	画　法
警告标志	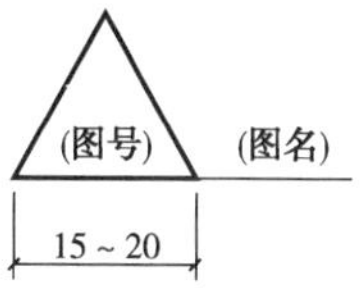 (图号) (图名) 15～20	等边三角形采用细实线绘制,顶角向上	指路标志	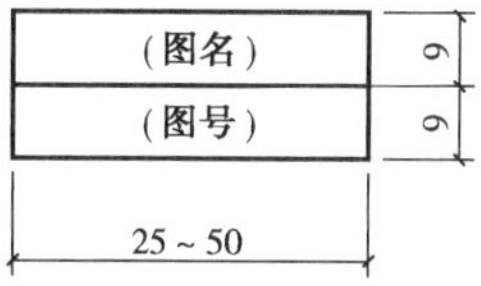 (图名) (图号) 25～50	矩形采用细实线绘制
禁令标志	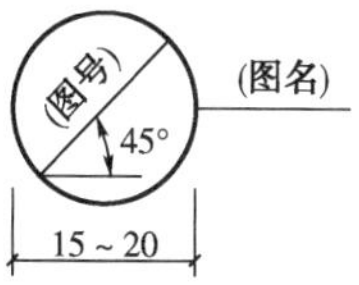 (图号)(图名) 45° 15～20	圆采用细实线绘制,圆内斜线采用粗实线绘制	高速公路指路标志	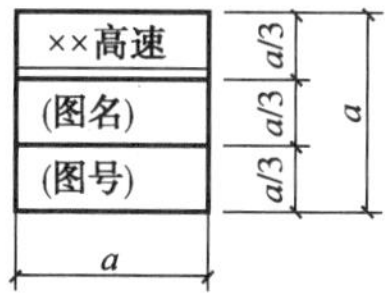 ××高速 (图名) (图号) a	正方形外框采用细实线绘制,边长为30～50mm。方框内粗、细实线间距为1mm
指示标志	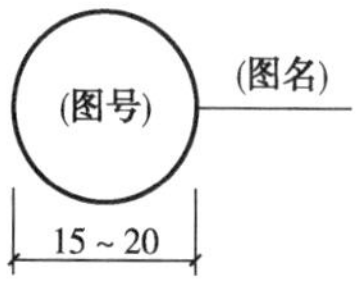 (图号)(图名) 15～20	圆采用细实线绘制	辅助标志	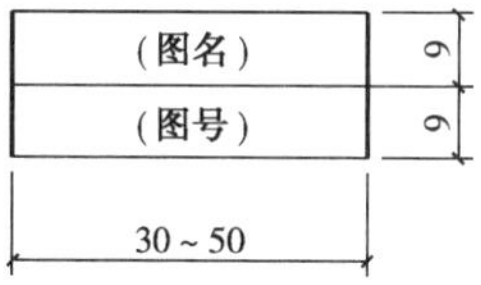 (图名) (图号) 30～50	长边采用粗实线绘制,短边采用细实线绘制

交通标志支承方式有单柱式、双柱式、悬臂式、门架式及附着式(将标志直接标注在结构物上),如图 13-27 所示。

图 13-28 为单柱式圆形标志结构设计图,其中底座的钢筋布置图和材料数量表未画出。标志牌面的形状、尺寸大小、图案和颜色符合《道路交通标志和标线》(GB 5768—2009)规定制作。

三、防护设施

交通安全除了通过设置交通标志、路面标线,控制交通信号之外,还需考虑必要的安全防护设施——护栏,以尽可能避免各种交通事故。护栏可做成城市道路隔离护栏和高速公路防撞护栏。按照护栏的结构性质可分为刚性护栏、半刚性护栏和柔性护栏。设置于公路路肩上为路侧护栏,设置于公路中央分隔带内的护栏为中央分隔带护栏,设置于桥梁上的护栏为桥梁护栏。

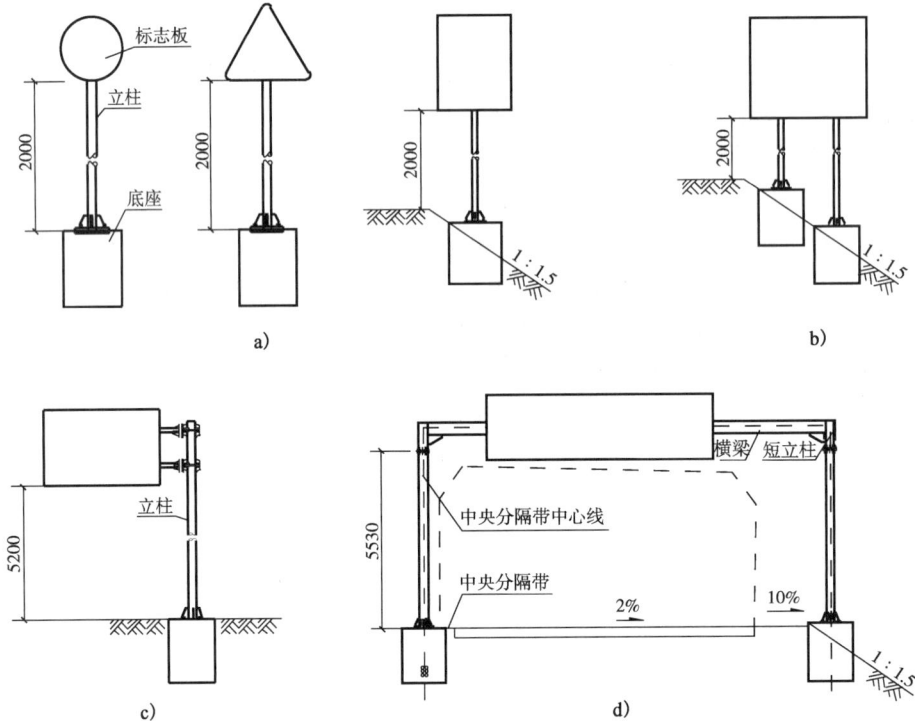

图 13-27 标志支承图式(尺寸单位:mm)
a)单柱式;b)双柱式;c)悬臂式;d)门架式

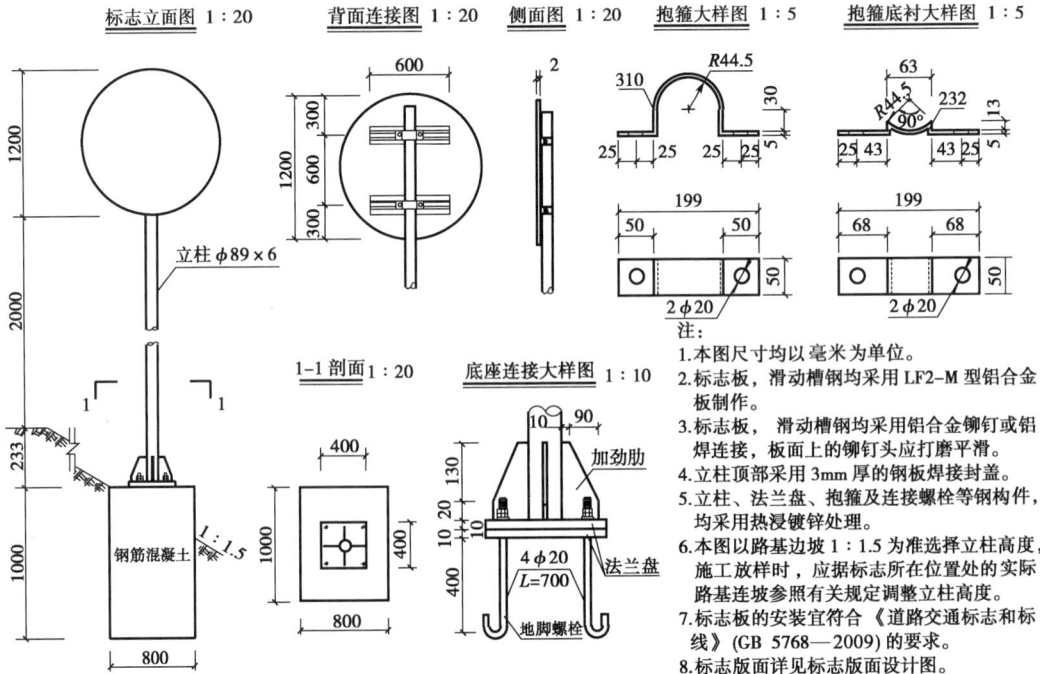

注:
1.本图尺寸均以毫米为单位。
2.标志板、滑动槽钢均采用 LF2-M 型铝合金板制作。
3.标志板、滑动槽钢均采用铝合金铆钉或铝焊连接,板面上的铆钉头应打磨平滑。
4.立柱顶部采用 3mm 厚的钢板焊接封盖。
5.立柱、法兰盘、抱箍及连接螺栓等钢构件,均采用热浸镀锌处理。
6.本图以路基边坡 1:1.5 为准选择立柱高度,施工放样时,应据标志所在位置处的实际路基连坡参照有关规定调整立柱高度。
7.标志板的安装宜符合《道路交通标志和标线》(GB 5768—2009)的要求。
8.标志版面详见标志版面设计图。

图 13-28 单柱式圆形标志结构设计图

图 13-29 所示为波形梁护栏结构,是半刚性路侧护栏,在平面、立面和断面图中表示波形梁护栏由立柱、波形梁、防阻块三部分构成,并表示了每个构件的结构、尺寸、连接方式及在道路上的安装位置。

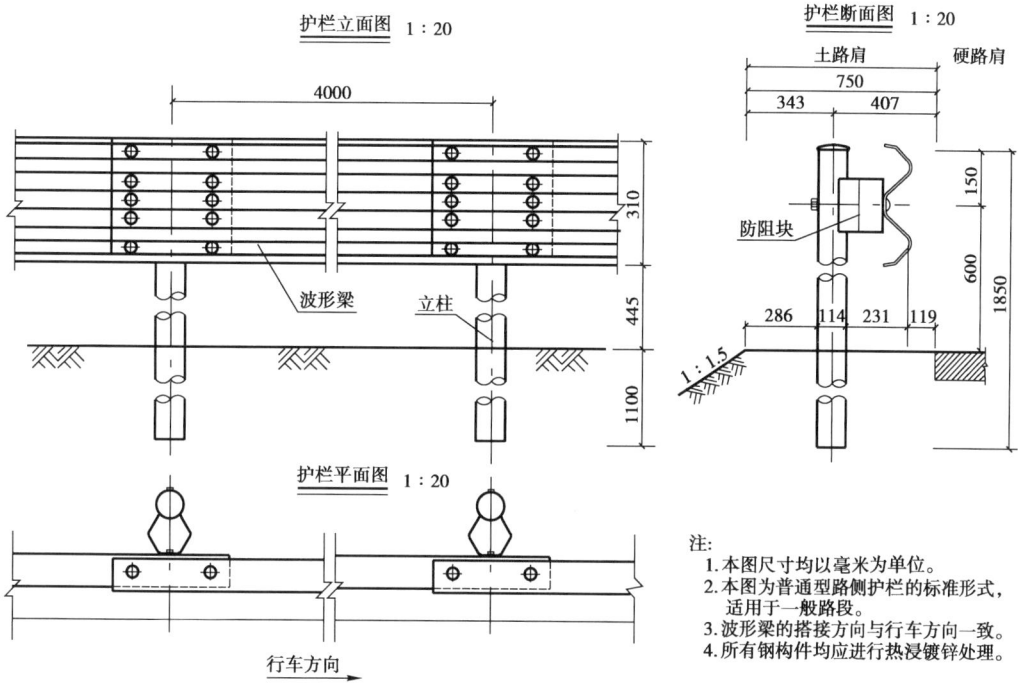

护栏立面图 1:20

4000

310

445

1100

波形梁 立柱

护栏平面图 1:20

行车方向

护栏断面图 1:20

土路肩　硬路肩

750

343　407

150

防阻块

600

1850

286 114 231 119

1:1.5

注:
1. 本图尺寸均以毫米为单位。
2. 本图为普通型路侧护栏的标准形式,适用于一般路段。
3. 波形梁的搭接方向与行车方向一致。
4. 所有钢构件均应进行热浸镀锌处理。

图 13-29　波形梁护栏设计图

第十四章

桥梁工程图

第一节　概　　述

当路线跨越河流、山谷以及道路互相交叉时,为了保持道路的畅通,一般需要架设桥梁。桥梁是道路工程的重要组成部分。

桥梁的种类很多,按建筑材料分有钢桥、钢筋混凝土桥、钢—混凝土组合桥、圬工桥、木桥等,其中钢筋混凝土是应用最为广泛的建桥材料,故本章重点介绍钢筋混凝土桥的图示方法。

桥梁按照结构形式的不同,可以分为梁桥、拱桥、悬索桥、斜拉桥和刚构桥五种。其中梁桥、拱桥、悬索桥是三种传统的桥梁结构形式,斜拉桥和刚构桥则是近代发展较快的两种桥梁结构形式。

梁桥的上部承重构件为梁,常见的有 T 形梁、空心板梁、箱梁等形式。在竖直荷载作用下,梁截面主要承受弯矩和剪力,桥墩、桥台主要承受竖直方向的力,如图 14-1 所示。

拱桥上部为曲线状结构,曲线可以为圆弧、悬链线、抛物线等。在竖直荷载作用下,上部的主拱和吊杆主要承受竖直方向的力,下部结构既受竖直方向的力,又受水平方向的力,如图 14-2 所示。

悬索桥的加劲主梁通过主缆支承受力。由于作为承重结构的主缆是柔性的,为适应在车辆行驶中桥面随主缆一起变形,现代悬索桥的加劲主梁一般为柔性的,如图 14-3 所示。

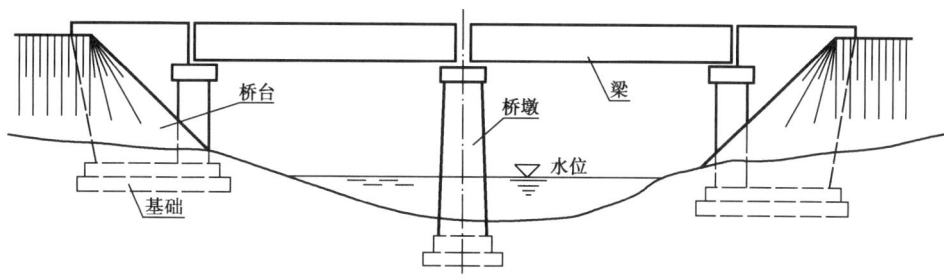

图 14-1 梁式桥示意图

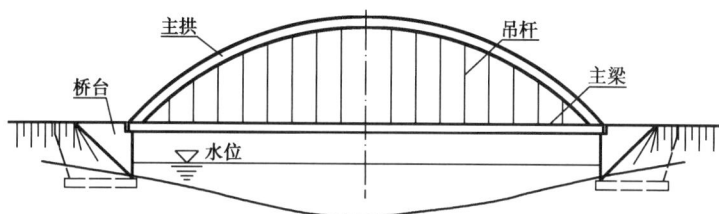

图 14-2 拱式桥示意图

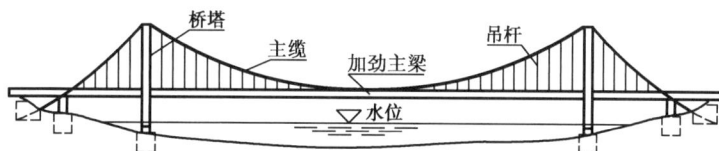

图 14-3 悬索桥示意图

从一直立的桥塔顶部向下倾斜拉下一些钢索,吊住主梁的不同部位,以保证主梁的稳定,故称"斜拉桥"。斜拉桥的主梁、斜拉索和桥塔构成一个统一体,它的优点是可以增大跨度,并且桥型美观,如图 14-4 所示。

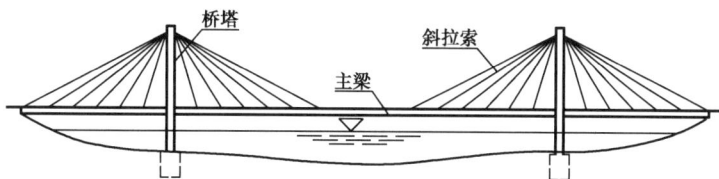

图 14-4 斜拉桥示意图

梁身和桥墩或桥台连为一体的桥梁结构称为刚构桥,其受力特点兼有梁桥和拱桥的一些特点,如图 14-5 所示。

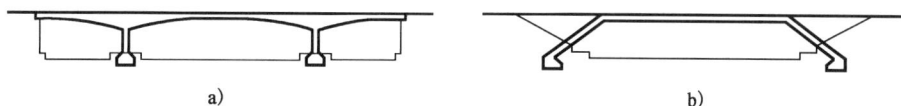

图 14-5 刚构桥示意图

a)梁与墩连为一体刚构桥;b)梁与台连为一体刚构桥

一座桥梁通常包括三个主要组成部分:

(1)上部结构。指当线路遇到障碍(如河流、山谷或其他线路等)中断时,跨越这类障碍的结构物,主要包含主梁或主拱圈、桥面,其作用是供车辆和人群通行。

253

(2)下部结构。包括桥墩、桥台以及墩台基础,是支承桥跨结构物的建筑物,通过它们将全部荷载传至地基。桥台设在桥的两端,桥墩则在两桥台之间。桥墩支承桥跨结构;桥台除了支承桥跨结构的作用外,还要与路堤衔接,并防止路堤滑塌。为保护路堤填土,桥台两侧通常设置锥形护坡。

(3)附属结构。包括支座、伸缩缝、栏杆、灯柱以及防护工程和导流工程。

第二节　钢筋混凝土结构图

用钢筋混凝土制成的板、梁、桥墩和桩等构件组成的结构物,叫作钢筋混凝土结构。为了把钢筋混凝土结构表达清楚,需要画出混凝土中钢筋的布置情况图,故又称钢筋布置图,简称结构图或钢筋图。

钢筋混凝土结构图表示了钢筋的布置情况,是钢筋下料、加工、绑扎、焊接和检验的重要依据,它应包括钢筋布置图、钢筋编号、尺寸、规格、根数、钢筋成型图和钢筋数量表及技术说明等。

一、混凝土和钢筋混凝土构件

混凝土是由水泥、砂子、石子和水按一定比例拌和而成。混凝土抗压强度高,其抗压强度分为 C20、C25、C30、C35、C40、C45、C50、C55、C60、C65、C70、C75、C80 共 13 个等级,数字越大,表示混凝土抗压强度越高。混凝土的抗拉强度比抗压强度低得多,而钢筋不但具有良好的抗拉性能,且与混凝土能很好地黏结,其热膨胀系数与混凝土相近,因此,两者可很好地结合,组成钢筋混凝土构件。

用钢筋混凝土制成的板、梁、桥墩、桩等构件,称为钢筋混凝土构件。在工地现场浇制的钢筋混凝土构件,称为现浇钢筋混凝土构件;在工厂或工地现场把构件预先制作好,然后运输吊装就位的构件,称为预制钢筋混凝土构件。此外,在混凝土构件承受外力之前,通过施加预应力,以提高构件的强度和抗裂性能,称为预应力钢筋混凝土构件。

二、钢筋

1.钢筋的种类和符号

按照强度不同,普通钢筋分为四种,它的种类及符号详见表14-1。

钢筋种类和代号 表 14-1

钢筋种类	符　号	公称直径 d(mm)	抗屈服强度 f_{yk}
HPB235	ϕ	6 ~ 22	235
HRB335	Φ	5 ~ 50	335
HRB400	Φ	5 ~ 50	400
RRB400	Φ^R	6 ~ 50	400

2.钢筋作用分类

根据钢筋在整个结构中的作用不同,可分为受力钢筋、箍筋、架立钢筋、分布钢筋、其他钢筋,如图 14-6、图 14-7 所示。

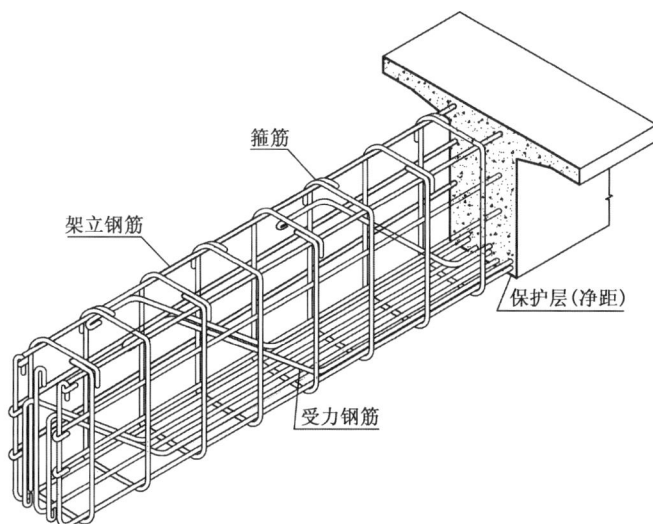

图 14-6 钢筋混凝土梁钢筋配置立体图

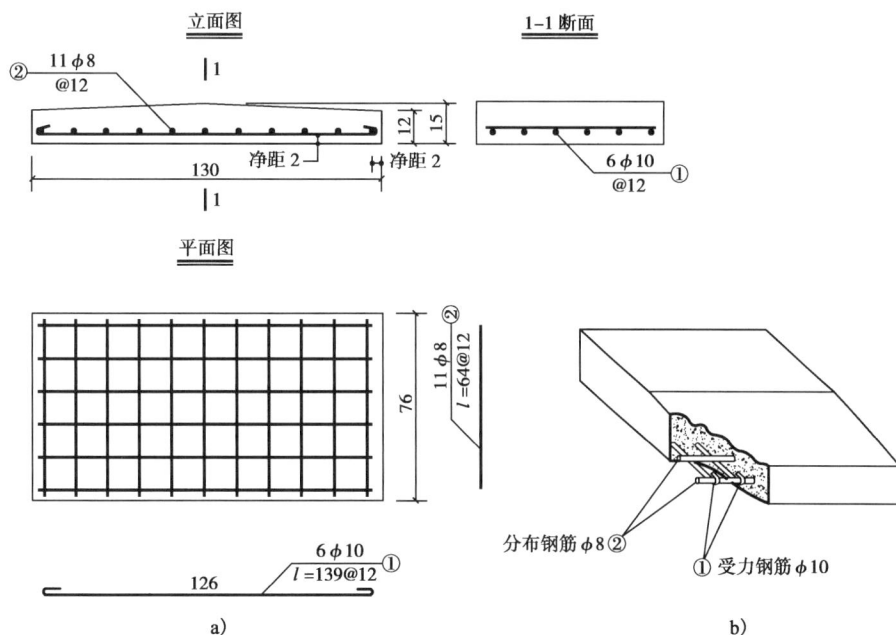

图 14-7 盖板钢筋布置图(尺寸单位:cm)

a)投影图;b)立体图

（1）受力钢筋(主筋)。用来承受主要拉力。

（2）箍筋(钢箍)。固定受力钢筋位置,并承受一部分斜拉力和剪力。

（3）架立钢筋。一般用来固定钢筋的位置,用于钢筋混凝土梁中。

（4）分布钢筋。一般用于钢筋混凝土板或高梁结构中,用以固定受力钢筋和箍筋的位置,使荷载分布给受力钢筋并防止混凝土收缩和温度变化出现的裂缝。

（5）其他钢筋。因构件构造要求或施工安装需要而配置的构造筋,如腰筋、预埋锚固筋、吊环等。

3. 钢筋的弯钩和弯起

对于光圆外形的受力钢筋,为了增加它与混凝土的黏结力,在钢筋的端部做成弯钩,弯钩的形式有半圆、直弯钩和斜弯钩三种,如图 14-8 所示。根据需要,钢筋实际长度要比端点长出 $6.25d$、$4.9d$ 或 $3.5d$。这时钢筋的长度要计算其弯钩的增长数值。

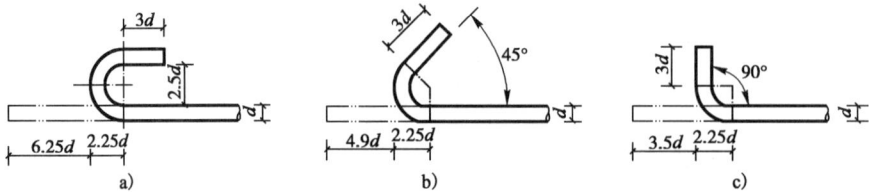

图 14-8　钢筋的弯钩

a)半圆形弯钩;b)斜弯钩;c)直角形弯钩

图 14-9 为受力钢筋中有一部分需要在梁内向上弯起,这时弧长比两切线之和短些,其计算长度应减去折减数值。

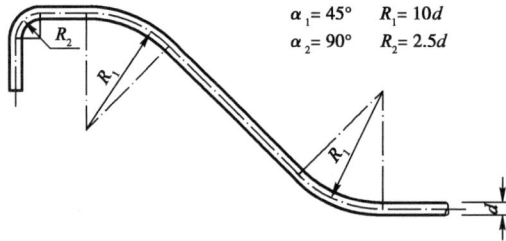

$$\alpha_1 = 45° \quad R_1 = 10d$$
$$\alpha_2 = 90° \quad R_2 = 2.5d$$

图 14-9　钢筋的弯起

为了避免计算,钢筋弯钩的增长数值和弯起的折减数均编有表格备查。表 14-2 为光圆钢筋弯钩增长数值表;表 14-3 为光圆钢筋弯起折减数值表。

光圆钢筋弯钩增长表(单位:mm)　　　表 14-2

钢筋直径	180°弯钩	135°弯钩	90°弯钩	钢筋直径	180°弯钩	135°弯钩	90°弯钩
6	38	29	21	18	113	88	63
8	50	39	28	19	119	93	67
10	63	49	35	20	125	98	70
12	75	59	42	22	138	107	77
14	88	68	49	24	150	117	84
16	100	78	56				

光圆钢筋弯转长度折减表(单位:mm)　　　表 14-3

钢筋直径	45°弯起	90°弯转	钢筋直径	45°弯起	90°弯转
6	3	6	18	8	19
8	3	9	19	8	20
10	4	11	20	9	21
12	5	13	22	9	24
14	6	15	24	10	26
16	7	17			

如图 14-7 所示,1 号 $\phi10$ 钢筋两端半圆钩端部间的长度为 126cm,查表 14-2 得弯钩长度为 63mm,即:

$$126 + 2 \times 6.3 = 126 + 12.6 = 138.6 \approx 139(\text{cm})$$

又如后面的图 14-10 所示，4 号 ϕ 22 钢筋长度为 $728 + 2 \times 65$（cm），查表 14-2、表 14-3 得弯钩长度为 138（mm）、90°弯转长度为 24（mm），即：

$$728 + 2 \times 65 + 2(13.8 - 2.4) = 880.8 \approx 881（\text{cm}）$$

4. 钢筋的保护层

为了防止锈蚀，钢筋必须全部包在混凝土中，因此钢筋边缘至混凝土表面应留有一定距离的保护层。此距离称为净距，如图 14-6 所示。

三、钢筋结构图的内容

1. 钢筋结构图的图示特点

钢筋结构图主要是表达构件内部钢筋的布置情况，所以把混凝土假设为透明体，结构外形轮廓画成细实线，钢筋则画成粗实线（钢箍为中实线），以突出钢筋的表达。而在断面图中，钢筋被剖切后，用小黑圆点表示。钢筋弯钩和净距的尺寸都比较小，画图时不能严格按照比例来画，以免线条重叠，要考虑适当放宽尺寸，以清楚为度，称为夸张画法。同理，在立面图中遇到钢筋重叠时，亦要放宽尺寸使图面清晰。

钢筋结构图，不一定三个投影图都画出来，而是根据需要来决定，例如画钢筋混凝土梁的钢筋图，一般不画平面图，只用立面图和断面图来表示。

2. 钢筋的编号和尺寸标注方式

在钢筋混凝土结构图中为了区分各种类型和不同直径的钢筋，要求对每种钢筋加以编号，并在引出线上注明其数量、规格、长度和间距。钢筋编号和尺寸标注方式如下：

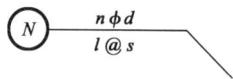

其中 N 的圆圈直径为 4 ~ 8mm。

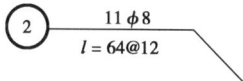

其中②表示 2 号钢筋，$11\phi 8$ 表示直径为 8mm 的 HPB235 级钢筋共 11 根，$l = 64$ 表示每根钢筋的断料长度为 64cm，@ 表示钢筋轴线之间的距离。又如图 14-7 注有 表示编号为 1 的钢筋直径为 10mm，HPB235 级钢筋 6 根，断料长度为 139cm。图 14-10 中的 2N3 表示编号 3 的钢筋有 2 根。

钢筋直径的尺寸单位采用毫米，其余尺寸单位均采用厘米，图中无须注出单位，但可以在说明中注明。

3. 钢筋成型图

在钢筋结构图中，为了能充分表明钢筋的形状以便于配料和施工，还必须画出每种钢筋加工成型图，如图 14-10 所示。图上应注明钢筋的编号、直径、根数、弯曲尺寸和断料长度等。有时为了节省图幅，可把钢筋成型图画成示意略图放在钢筋数量表内。钢筋成型图也可称为钢筋大样图。

4. 钢筋数量表

在钢筋结构图中，一般还附有钢筋数量表，内容包括钢筋的编号、直径、每根长度、根数、总长及重量等，必要时可加画略图，如图 14-10 及表 14-4 所示。

立面图 1:50

1—1 断面 1:20

钢筋成型图 1:50

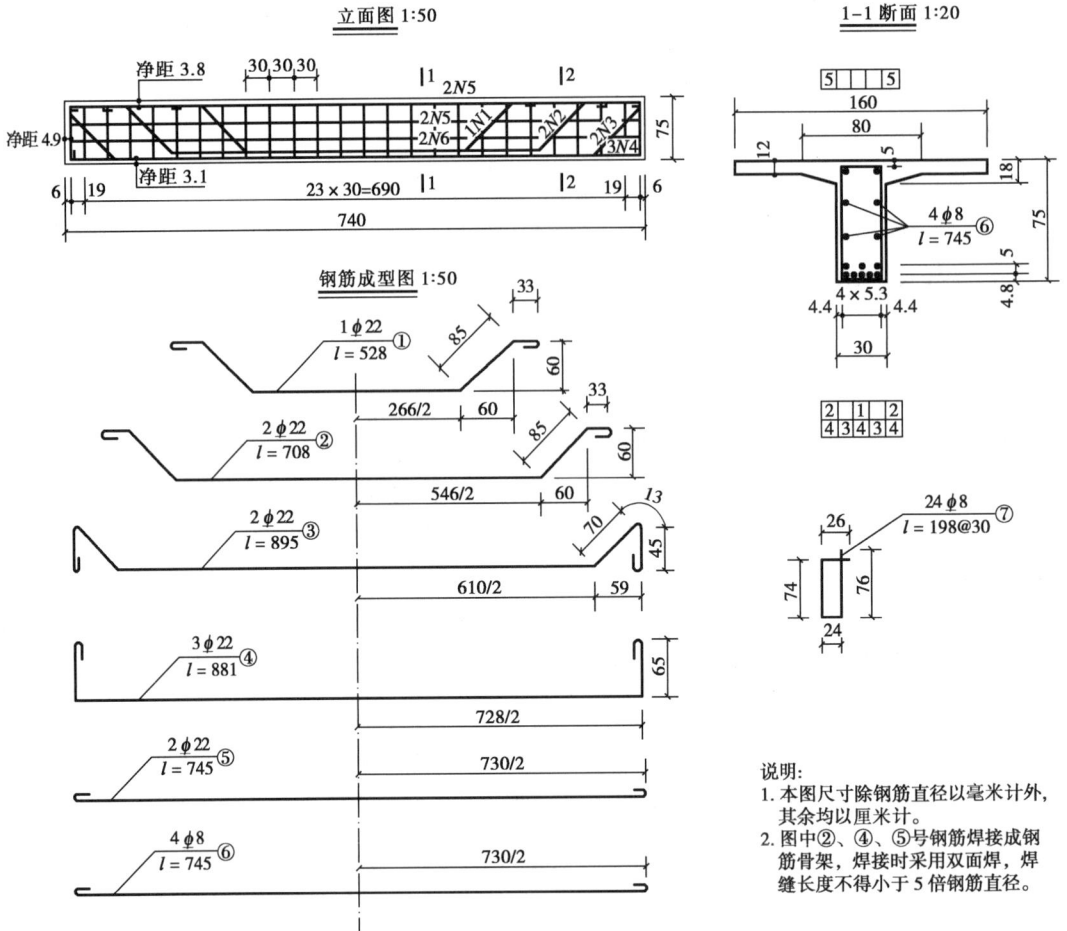

图 14-10　钢筋混凝土梁结构图

说明:
1. 本图尺寸除钢筋直径以毫米计外,其余均以厘米计。
2. 图中②、④、⑤号钢筋焊接成钢筋骨架,焊接时采用双面焊,焊缝长度不得小于 5 倍钢筋直径。

钢筋混凝土梁钢筋数量表　　　　　　　　　　表 14-4

编　号	钢号和直径 (mm)	长度 (cm)	根　数	共长 (m)	每米质量 (kg/m)	总质量 (kg)
1	$\phi 22$	528	1	5.28	2.984	15.76
2	$\phi 22$	708	2	14.16	2.984	42.25
3	$\phi 22$	892	2	17.84	2.984	53.23
4	$\phi 22$	881	3	26.43	2.984	78.87
5	$\phi 12$	745	2	14.90	0.888	13.23
6	$\phi 8$	745	4	29.80	0.395	11.77
7	$\phi 8$	198	24	47.52	0.395	18.77
总计						233.88
绑扎用铅丝 0.5%						1.17

5. 说明

钢筋结构图中,一般配有必要的文字说明,说明中除对图中的尺寸单位、参数及局部细节进行说明外,还需对结构在施工中的注意事项加以强调或规定。

四、钢筋结构图举例

如图 14-10 所示,为一根钢筋混凝土梁的钢筋结构图,从 1-1 断面图可以看出梁的断面为 "T"形,称为 T 形梁,梁内有 7 种钢筋,它的形状和尺寸在钢筋成型图上均已表达清楚。

从图 14-10 立面图及 1-1 断面图中可以看出钢筋排列的位置及数量。1-1 断面图的上方和下方画有小方格,格内注有数字,用以表明钢筋在梁内的位置及其编号。如立面图中的 2N5 是表示有两根 5 号钢筋,安置在梁内的上部,对应在 1-1 断面图中则可以看出两根 5 号钢筋在梁内的上部对称排列。立面图中还设有 2-2 断面的剖切位置线,2-2 断面图的钢筋排列位置和 1-1 断面不同,请读者自行思考。

表 14-4 是钢筋表,表中所列"每米质量(kg/m)"一栏数字,可以从有关工程手册中查得。表中所列铅丝是用来绑扎钢筋的,铅丝数量按规定为钢筋总质量的千分之五。如不用铅丝绑扎而采用焊接时,则应注出焊接方式(双面焊或单面焊)以及焊缝长度。

第三节　钢筋混凝土梁桥工程图

建造一座桥梁需用的图纸很多,但一般可以分为桥位平面图、桥位地质纵断面图、桥梁总体布置图、构件构造(布置)图和大样图等几种。

一、桥位平面图

桥位平面图,主要表明桥梁和路线连接的平面位置,通过地形测量绘出桥位处的道路、河流、水准点、钻孔及附近的地形和地物(如房屋、老桥等),以便作为设计桥梁、施工定位的根据。这种图一般采用较小的比例,如 $1:500$,$1:1000$,$1:2000$ 等。

如图 14-11 所示,为 ×× 桥的桥位平面图。除了表示路线平面形状、地形和地物外,还表明了钻孔、里程、水准点的位置⬧和数据(BM)。

桥位平面图中的植被、水准符号等均应以正北方向为准,而图中文字方向则可按路线要求及总图标方向来决定。

二、桥位地质纵断面图

根据水文调查和钻探所得的地质水文资料,绘制桥位所在河床位置的地质纵断面图,包括河床断面线、地质情况、最高水位线、常水位线和最低水位线,以便作为设计桥梁上部结构、墩、台、基础和计算土石方工程数量的根据。地质纵断面图为了显示地质和河床深浅变化情况,也可以特意把地形高度(标高)的比例较水平方向比例放大数倍画出。如图 14-12 所示,地形高度的比例采用 $1:200$,水平方向比例采用 $1:500$。

图上共画出 3 个钻孔,编号分别为 CK_1、CK_2 和 CK_3。如钻孔的 CK_1 的 1.15/15.00 中分子表示孔口标高 1.15m,分母表示钻孔深度 15.00m。钻孔穿过黄色黏土层、淤泥质亚黏土层到达暗绿色黏土层。

桥位地质纵断面图可以单独列出,作为设计的图纸之一。实际设计中,通常把地质断面图按竖直方向和水平方向同样比例直接画入总体布置图中。

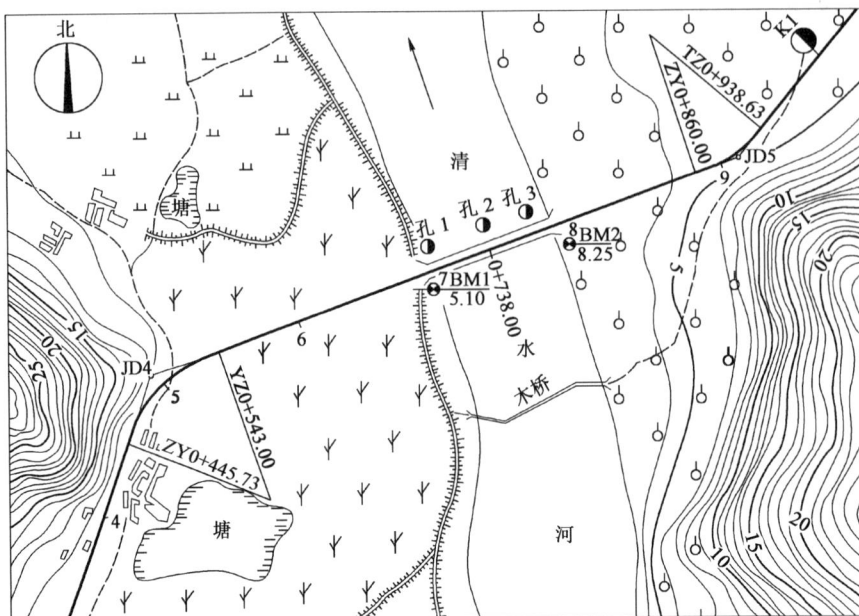

图 14-11　××桥桥位平面图

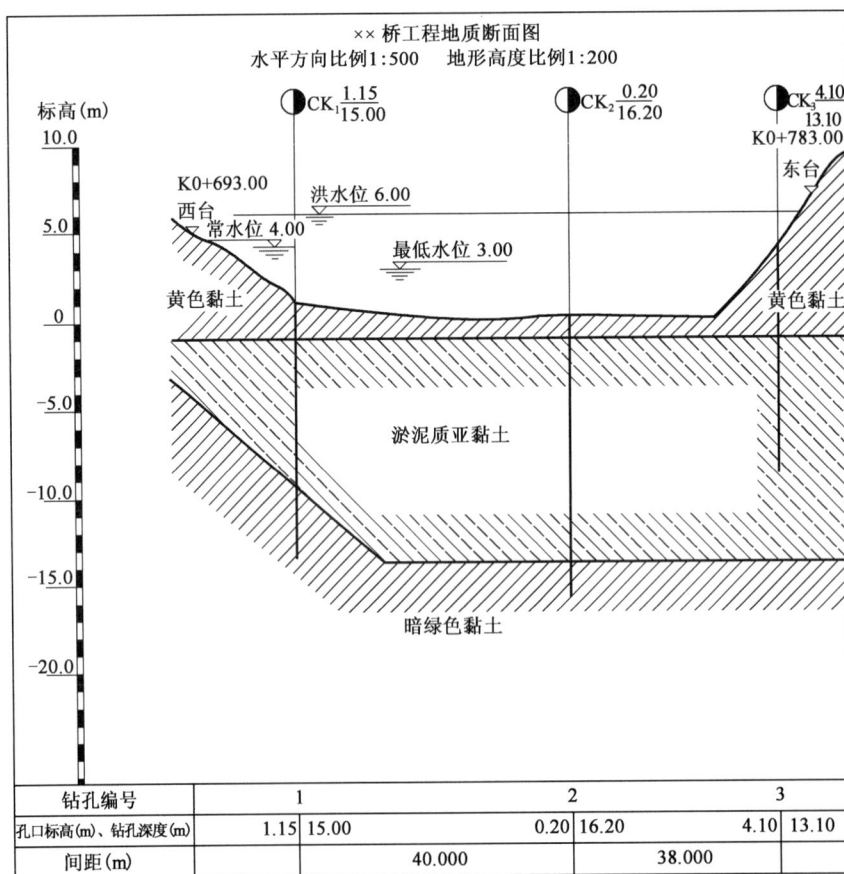

图 14-12　××桥桥位地质断面图

三、桥梁总体布置图

桥梁总体布置图主要表明桥梁的形式、跨径、孔数、总体尺寸、各主要构件的相互位置关系以及桥梁各部分的标高、材料数量、总的技术说明等,作为施工时确定墩台位置、安装构件和控制标高的依据。

图 14-13 为一总长度 91.04m、桥宽 9m、4×20m 的简支 T 形梁桥总体布置图。立面图和平面图的比例均采用 1∶300,横剖面图则采用 1∶100。

1. 立面图

立面图主要表现全桥的立面布置情况,可以反映出桥梁的主要特征和桥型,是总体布置图中的主要视图。从立面图中可以看出,该桥共有四孔,每孔跨径各为 20m,桥梁总长为 91.04m。在比例较小时,立面图的人行道和栏杆可不画出。

(1)下部结构:两端为重力式桥台,分别用编号 0 和 4 表示。河床中间设有 3 个双柱式桥墩,它由盖梁(帽梁)、立柱、桩基和系梁共同组成。图中还标出了桥台底面、桩基底面及与设计相关的水位的标高。

(2)上部结构:为四跨简支梁桥,每孔跨径为 20m。

总体布置图还反映了河床地质断面及水文情况,根据标高尺寸可以知道桩和桥台基础的埋置深度、梁底的标高尺寸。由于混凝土桩埋置深度较大,图的上方还把桥梁两端和桥墩的里程桩号标注出来,以便读图和施工放样之用。

2. 平面图

平面图主要表示全桥的平面布置情况。对照横剖面图可以看出行车道宽为 7m,人行道宽(包括栏杆)两边各为 1m。

平面图中一般不画出被桥面遮住的部分,目的是为了减少图中的虚线,使视图简洁、清晰。为了表示桥梁下部构造的平面布置情况,应在若干标准的桥墩和桥台位置处采用局部剖切的方法,切去桥梁的上部结构来表达其下部结构,断开处用折断线分隔。图中左半部为平面图,表达桥面布置情况。对照 K5+181.02 的桩号上,剖切掉上部结构后(立面图上没有画出剖切线),显示出桥墩中部是由两根空心圆柱所组成。右端是桥台的平面图,可以看出是 U 形桥台,画图时,通常把桥台背后的回填土揭去,两边的锥形护坡也省略不画,目的使桥台平面图更为清晰。这里为了施工时挖基坑的需要,只注出桥台基础的平面尺寸。

3. 横剖面图

横剖面图主要表示桥梁的横向布置情况。横剖面的数量可根据实际需要而定,但不宜过多,一般 2~3 个为宜。图 14-13 中的横剖面图是由 1-1 和 2-2 剖面图合并组成,从图中可以看出桥梁的上部结构是由 4 片 T 梁组成,还可以看到桥面宽、人行道和栏杆的尺寸。

对照立面图可知,1-1 的剖切位置在 2 和 3 号桥墩之间,并向 2 号桥墩方向投射,因此 1/2 1-1 剖面图表达了桥墩的上、下部结构情况。同理 1/2 2-2 剖面图表达了桥台的上、下部结构情况。为了更清楚地表示横剖面图,允许采用比立面图和平面图放大的比例画出。按《道路工程制图标准》(GB 50162—1992)规定,剖面的剖切符号投射方向端部应采用单边箭头。

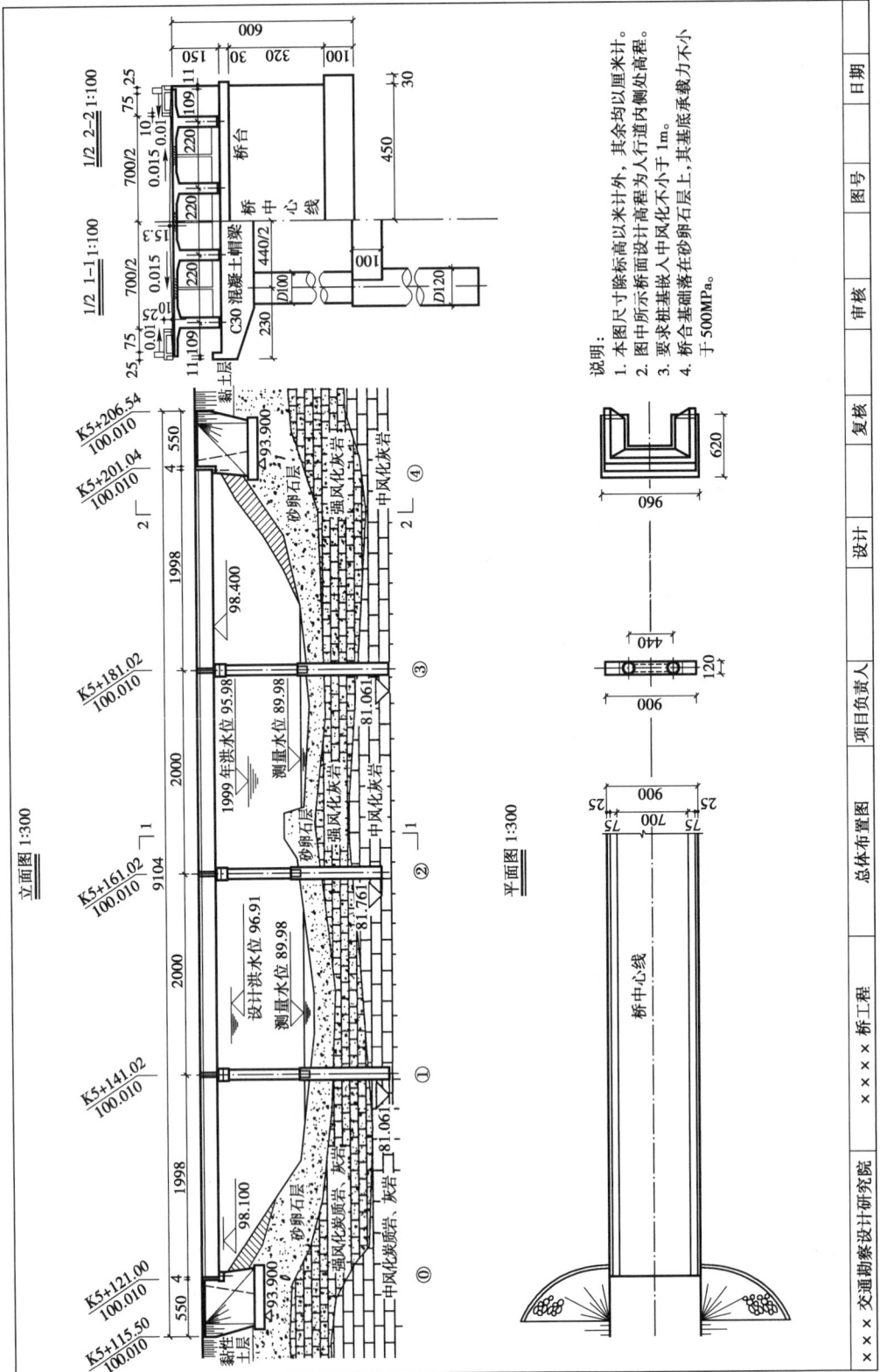

图14-13 ××桥总体布置图

四、构件结构图

在总体布置图中,只表示出了桥梁各构件的总体尺寸及它们间的相互位置关系,而各构件的局部细节都没有详细完整地表达出来。单凭总体布置图是不能进行制作和施工的,为此还必须根据总体布置图采用较大的比例把构件的形状、大小和局部细节完整地表达出来,才能作为施工的依据,这种图称为构件结构图,简称构件图,由于它采用较大的比例故也称为详图。如桥台构造图、桥墩构造图、主梁构造图、钢筋布置图、附属结构构造图等,每种构造图均可采用多张图纸表示,以表达清楚为原则。构件图的常用比例为 1:50~1:10。

当构件的某一局部在构件图中还不能清晰完整地表达时,则应采用更大的比例如 1:10~1:3 来画局部放大图。

1.桥台构造图

桥台是桥梁两端的下部结构,一方面支承梁,另一方面承受桥头路堤填土的水平推力,起着连接桥梁和道路的作用。

图 14-14 为常见的 U 形桥台,它是由台帽、台身、侧墙(翼墙)和基础组成。这种桥台是由胸墙和两道侧墙垂直相连成“U”字形,再加上台帽和基础两部分组成。

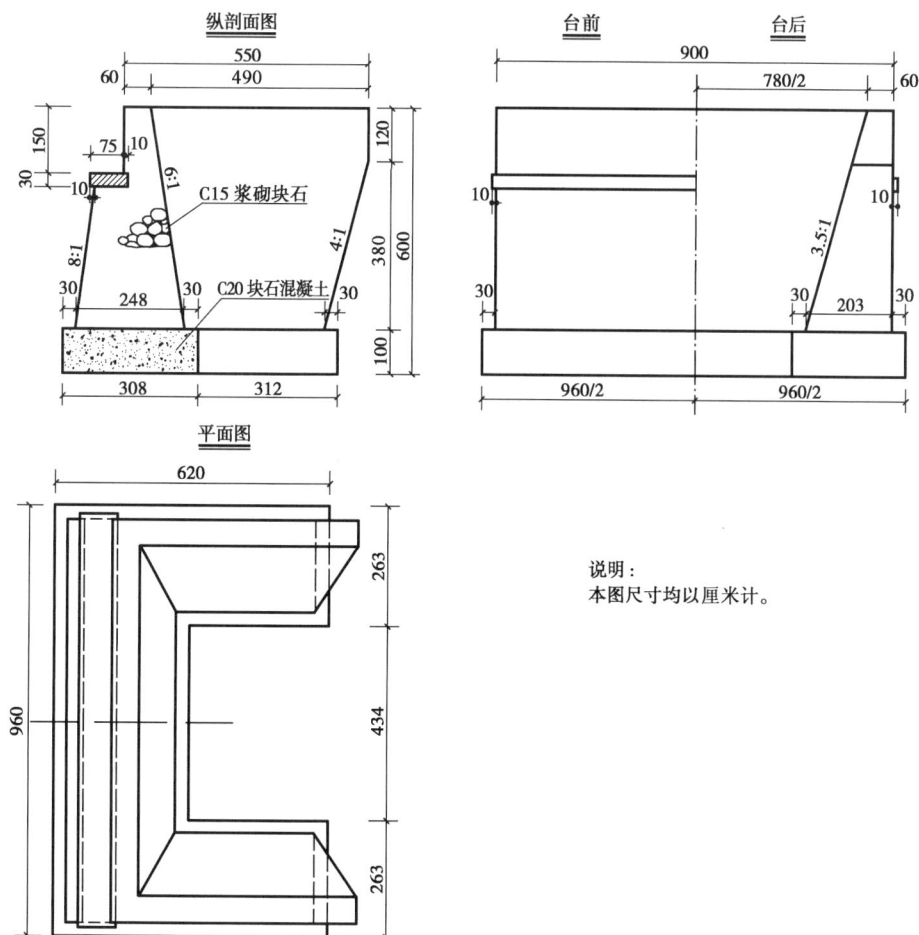

图 14-14 U 形桥台

（1）纵剖面图。采用纵剖面图代替立面图，显示了桥台内部构造和材料。

（2）平面图。设想主梁尚未安装，后台也未填土，这样就能清楚地表示出桥台的水平投影。

侧面图是由 1/2 台前和 1/2 台后两个图合成，所谓台前，是指人站在河流的一边顺着路线观看桥台前面所得的投影图；所谓后台，是站在堤岸一边观看桥台背后所得的投影图。台前和台后均只画出可见部分，合二为一就能完整地表达出整个桥台结构。

2. 桥墩构造图

桥墩和桥台一样同属桥梁的下部结构，常见的桥墩类型根据墩身的结构形式可分为实体式（重力式）桥墩、空心桥墩、柱（桩）式桥墩和组合式桥墩等。

（1）桥墩一般构造图

图 14-15 所示为双柱（桩）式桥墩构造图，它是由盖梁、墩身、系梁和桩基所构成。它的图形是由立面、平面和侧面三个投影图表示。通常情况下，桩身较长，在图中完整地表达有困难，故可将长桩基作折断处理，示意性画出即可。由于各跨处的地形和地质情况不同，相应地使桥墩和桩基的高度不同，因此各墩柱、桩基的高度尺寸，应参照图中的字母符号从《工程数量表》中查取，所用材料规格也可以从《工程数量表》中查出。另外，在桥墩构造图中通常要表示出支座的位置。

（2）桥墩钢筋构造图

图 14-15 所示的柱（桩）式桥墩钢筋构造是根据结构计算确定的。如果用一张图纸来表达整个桥墩（桩）的钢筋布置情况，就会使各视图的比例很小，外观上表达不清晰，或者采用大型号的图纸，不便装订成册。因此可将桥墩（桩）的钢筋分布采用盖梁钢筋构造图，系梁钢筋构造图，桥墩、桩钢筋布置图等多张图纸表达。

图 14-16 为桥墩盖梁钢筋构造图，此图由立面图和 1-1、2-2、3-3 断面图表示盖梁的钢筋布置，侧面图和 4-4 断面图表示防震挡块的钢筋布置。为了准确表明钢筋的形状以便配料和施工，还画出了每种钢筋的加工成型图，并列出了钢筋明细表。

图 14-17 为桥墩、桩基钢筋构造图。此图由墩身、桩身钢筋图和 1-1、2-2 断面图所组成，桩身仍然作折断处理。墩身和桩身采用螺旋状箍筋，由于它们的形式、规格、间距一致，所以图中可只示意地表示了几段，以减少工作量。钢筋形状和尺寸参照钢筋详图（成型图），而钢筋位置根数应对照材料数量表查读。钢筋的焊接或绑扎要求可在说明中注明。

3. 主梁构造图

主梁是桥梁的上结构，图 14-13 的钢筋混凝土梁桥采用跨径为 20m 的装配式钢筋混凝土 T 形梁。如图 14-18 所示为边梁和内梁的一般构造图。

为了增大视图的比例，可利用对称性，将立面图取一半来表示。图 14-18 由内梁半立面图、边梁半立面图及 1-1 ~ 5-5 共 5 个剖面图表达 T 形梁的结构形式和尺寸。图中的次要可见轮廓线用中实线表示。

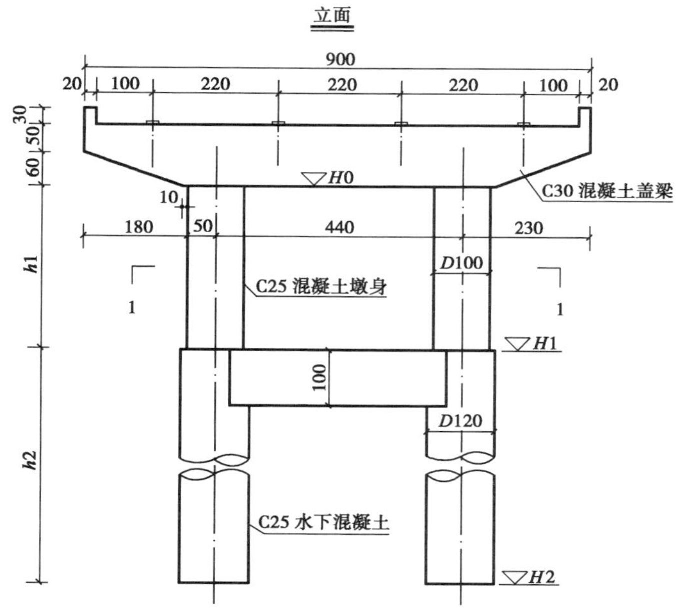

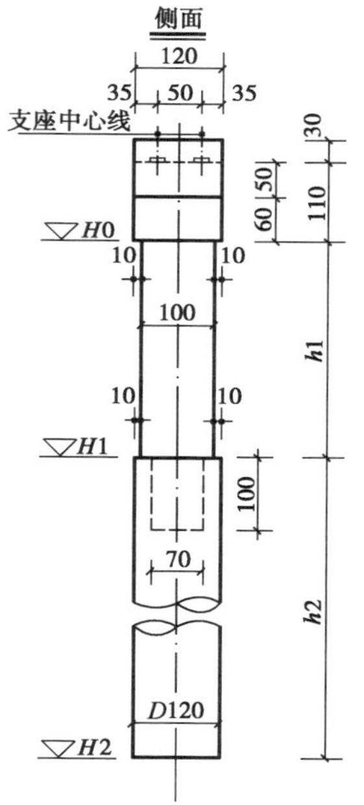

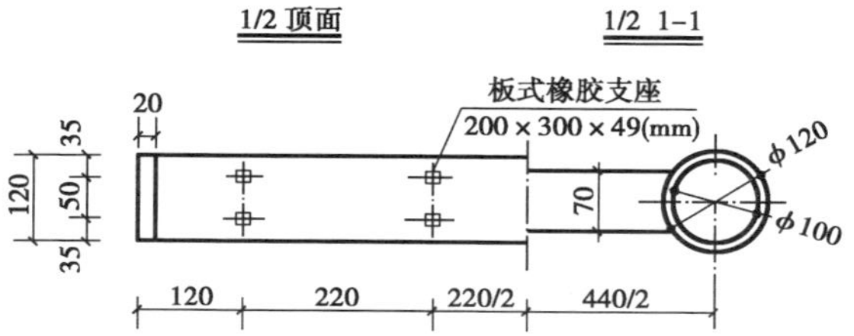

图14-15　1、2、3号桥墩一般构造图

工程数量表

墩号	H0 (m)	H1 (m)	H2 (m)	h1 (m)	h2 (m)	C30混凝土盖梁 (m³)	C25混凝土墩身 (m³)	C25混凝土系梁 (m³)	C25水下混凝土桩身 (m³)	板式橡胶支座 200×300×49(mm)
1号墩	97.261	90.061	81.061	7.20	9.00	10.80	11.30	3.10	20.36	8套
2号墩	97.261	90.761	81.761	6.50	9.00	10.80	10.22	3.10	20.36	8套
3号墩	97.261	90.061	81.061	7.20	9.00	10.80	11.30	3.10	20.36	8套
合计						32.40	32.82	9.30	61.08	24套

说明：本图除标高以米计外，图中其余尺寸均以厘米为单位。

×××交通勘察设计研究院	××桥工程	1、2、3号桥墩一般构造图	项目负责人	设计	复核	审核	图号	日期

265

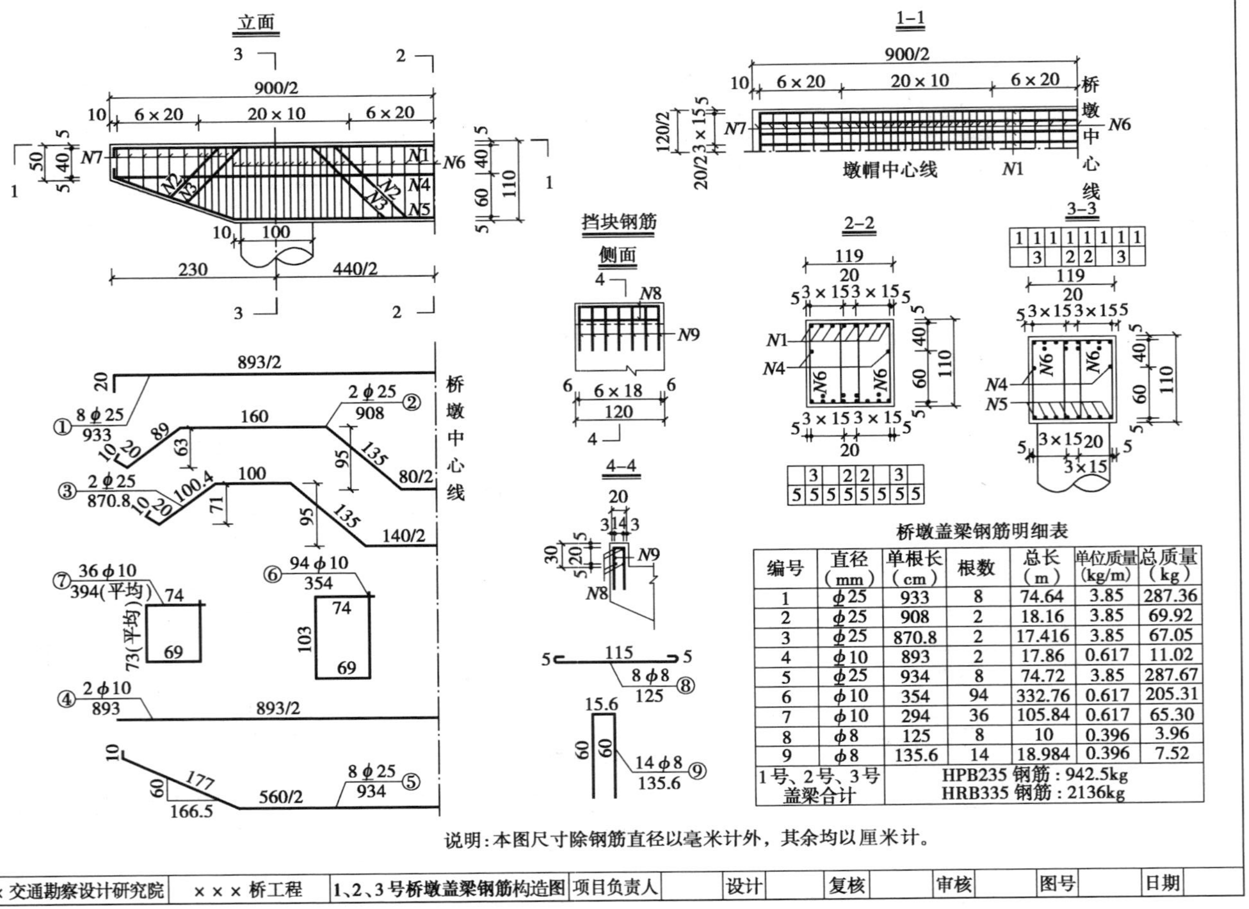

桥墩盖梁钢筋明细表

编号	直径(mm)	单根长(cm)	根数	总长(m)	单位质量(kg/m)	总质量(kg)
1	φ25	933	8	74.64	3.85	287.36
2	φ25	908	2	18.16	3.85	69.92
3	φ25	870.8	2	17.416	3.85	67.05
4	φ10	893	2	17.86	0.617	11.02
5	φ25	934	8	74.72	3.85	287.67
6	φ10	354	94	332.76	0.617	205.31
7	φ8	294	36	105.84	0.617	65.30
8	φ8	125	8	10	0.396	3.96
9	φ8	135.6	14	18.984	0.396	7.52

1号、2号、3号盖梁合计　HPB235 钢筋：942.5kg　HRB335 钢筋：2136kg

说明：本图尺寸除钢筋直径以毫米计外，其余均以厘米计。

×××交通勘察设计研究院	×××桥工程	1、2、3号桥墩盖梁钢筋构造图	项目负责人		设计		复核		审核		图号		日期	

图14-16　1、2、3号桥墩盖梁钢筋构造图

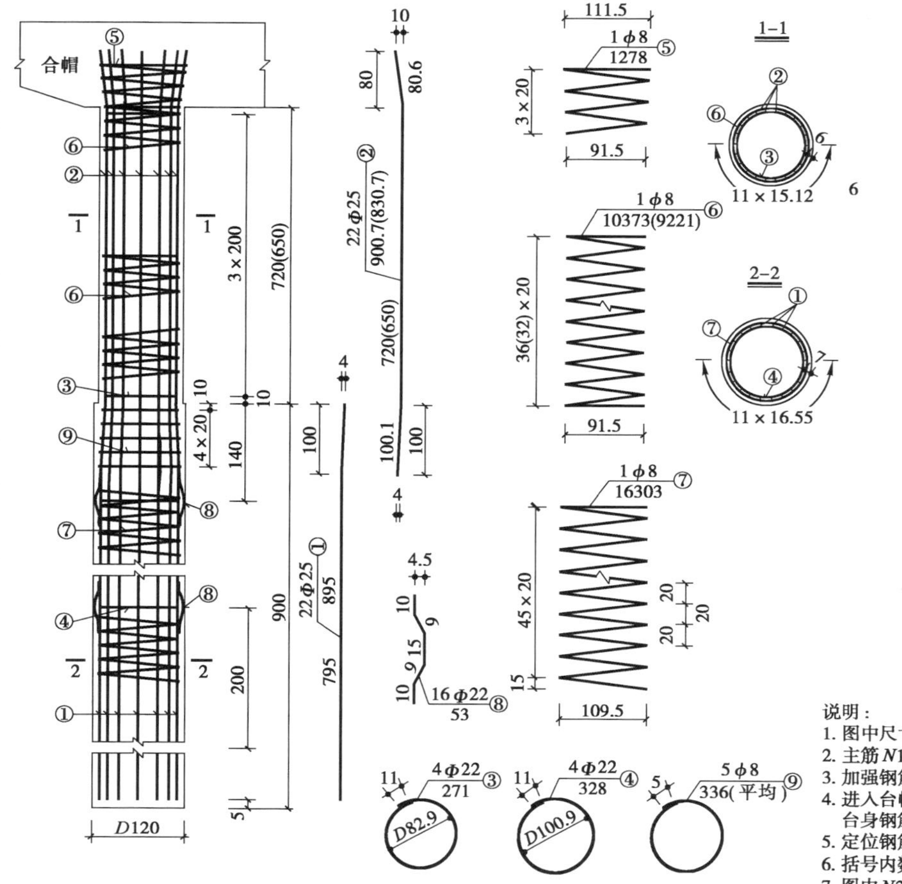

桩、墩材料数量表

墩号	编号	直径(mm)	长度(cm)	根数	共长(m)	质量(kg)	总质量(kg)
1(3)号墩	1	Φ25	895	88	787.6	3032.3	6083.8
	2	Φ25	900.7	88	792.6	3051.5	
	3	Φ22	271	16	43.4	129.6	286.4
	4	Φ22	328	16	52.5	156.8	
	5	Φ8	1278	4	51.1	20.2	442.7
	6	Φ8	10373	4	414.9	164.3	
	7	Φ8	16303	4	652.1	258.2	
	8	Φ12	53	64	33.9	30.1	30.1
	9	Φ8	336	20	67.2	26.6	26.6
				C25 混凝土 (m³)			63.3
2号墩	1	Φ25	895	44	393.8	1516.1	2923.3
	2	Φ25	830.7	44	365.5	1407.2	
	3	Φ22	271	8	21.7	64.8	143.1
	4	Φ22	328	8	26.2	78.3	
	5	Φ8	1278	2	25.6	10.1	251.8
	6	Φ8	9221	2	184.4	112.6	
	7	Φ8	16303	2	326.1	129.1	
	8	Φ12	53	32	17.0	15.1	15.1
	9	Φ8	336	10	33.6	13.3	13.3
				C25 混凝土 (m³)			61.1

全桥合计：混凝土124.4m³ HPB253钢筋734.4kg
HRB335钢筋9481.8kg

说明：
1. 图中尺寸除钢筋直径以毫米计，其余均以厘米为单位。
2. 主筋N1和N2接头均采用对焊。
3. 加强钢筋绑扎在主筋内侧，其焊接方式采用双面焊。
4. 进入台帽的钢筋若与台帽钢筋发生碰撞，可适当调整伸入台内的台身钢筋。
5. 定位钢筋N8每隔2m设一组，每组4根均匀设于加强筋N4四周，共九组。
6. 括号内数据为2号墩数据。
7. 图中N2钢筋的长度为三根桩实际长度的平均值，施工时根据实际桩长度下料。

××× 交通勘察设计研究院	桥墩、桩基钢筋构造图	项目负责人	设计	复核	审核	图号	日期
	桥墩、桩基钢筋构造图						
××× 桥工程							

图 14-17 桥墩、桩基钢筋构造图

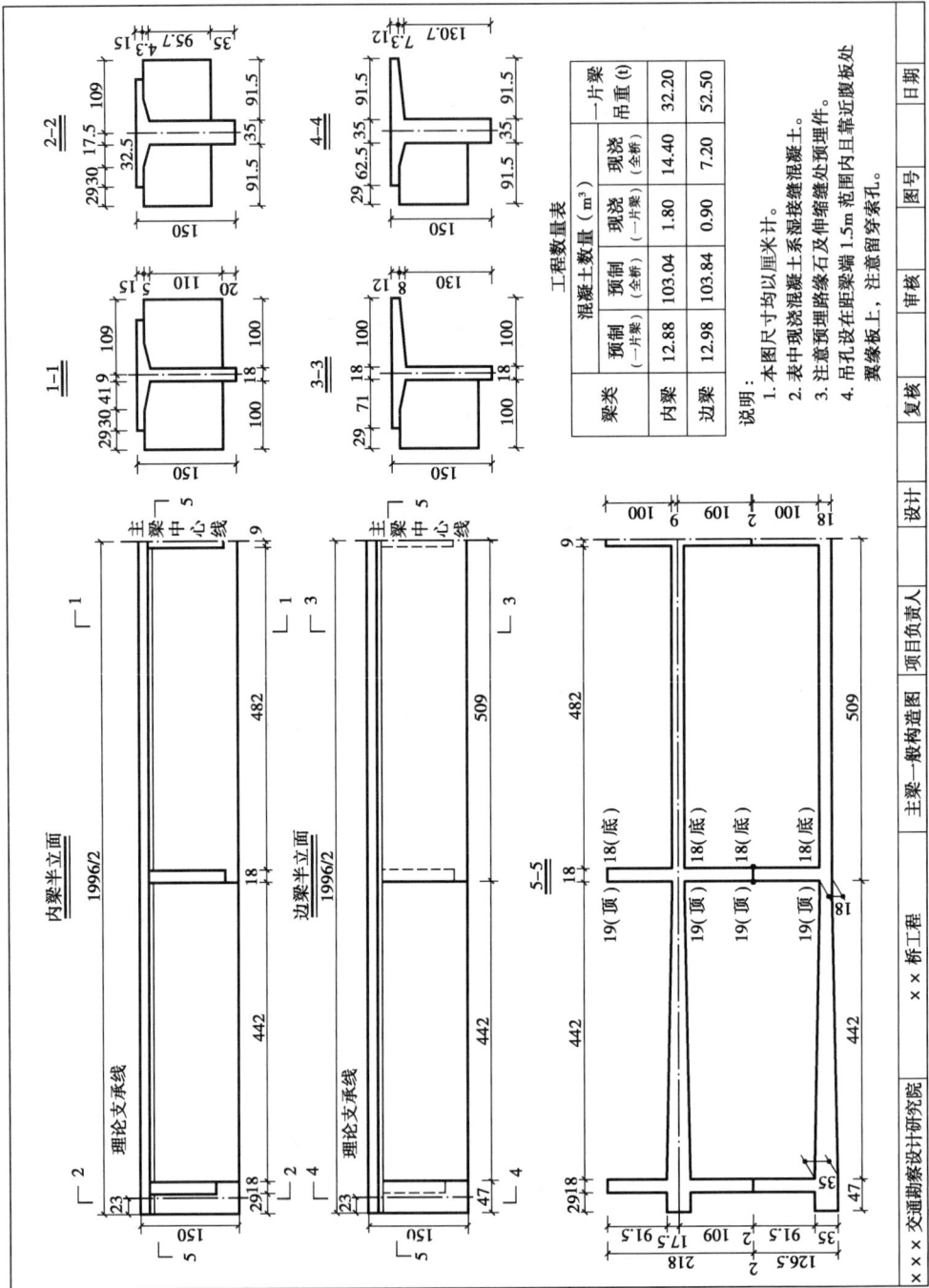

图 14-18 主梁一般构造图

工程数量表

梁类	混凝土数量（m³）				一片梁	
	预制（一片梁）	预制（全桥）	现浇（一片梁）	现浇（全桥）	吊重(t)	
内梁	12.88	103.04	1.80	14.40	32.20	
边梁	12.98	103.84	0.90	7.20	52.50	

说明：
1. 本图尺寸均以厘米计。
2. 表中现浇混凝土系湿接缝混凝土。
3. 注意预埋路缘石及伸缩缝处预埋件。
4. 吊孔设在距梁端 1.5m 范围内且靠近顶板处翼缘板上，注意留穿索孔。

第四节　钢筋混凝土斜拉桥工程图

斜拉桥是我国近年来常用的桥型,它常用于较大跨径的桥梁,主要由主梁、索塔和斜拉索三大部分组成。主梁一般采用钢筋混凝土结构、钢—混凝土组合结构或钢结构;索塔大多采用钢筋混凝土结构;而斜拉索则采用高强钢丝或钢绞线制成。

图 14-19 及图 14-20 为某双塔三跨式钢筋混凝土斜拉桥总体布置图,两边引桥部分断开省略不画。

1. 立面图

如图 14-19 所示,立面图概括地表达了桥梁的全貌。跨径分布为 80m + 90m + 190m + 432m + 190m + 90m + 80m 的七孔一联,总长度为 1152m。

由于桥梁实际尺寸较大,制图时采用的比例较小,故仅画桥梁结构的主要外形轮廓。图中钢筋混凝土梁用其顶、底面的投影(粗实线)表示,主塔也用两侧面的投影粗实线画出,每根拉索则用中实线表示,图中尺寸 2% 表示桥面纵坡,横隔梁、人行道和栏杆均省略不画。

主跨的下部结构由承台和钻孔灌注桩组成,上面的主塔固结在下面的承台上,形成一整体,使荷载能稳妥地传递到地基上。桩基采用折断处理。

立面图还反映了河床起伏(地质资料另有图,此处从略)及水文情况,根据标高尺寸可知桩基础的埋置深度、梁底和通航水位的标高尺寸。

2. 平面图

主要表达桥面的平面布置情况,图中给出了人行道和机动车道的宽度,波浪线间的部分采用局部剖切的方法切去桥面,右边是表示把桥的上部分揭去后,显示桩位的平面布置情况。

3. 剖、断面图

如图 14-20 所示的横断面表达了主塔的形状为 H 形塔。总高 152.53m,桥面以上塔高 108.00m,下塔柱底部宽度 20.4m,逐步向上变宽,至中、下塔柱交界的下横梁处(放置主梁处)最宽,为 33m。中塔柱向上略收窄,至上横梁处宽 26m,垂直至塔顶。基础采用直径为 2.8m 的钻孔混凝土灌注桩和承台基础,承台为圆形,厚度为 4m。

如图 14-20 所示的 1/2 1-1 和 1/2 2-2 断面图表达了主桥上部结构的构造。由图可知主梁采用轻型肋板截面,边实心梁高 2m,顶宽 1.5m,底宽 1.75m,全宽 23m,板厚 0.32m。3、6 号墩处由于悬臂施工的需要,根部肋板式截面梁高度增大至 3.5m。单向机动车道宽 7.5m,非机动车道宽 2.5m,拉索锚固区 1.55m,车道两侧都设有防撞栏。

图 14-19 和图 14-20 为斜拉桥总体布置图。图中仅把结构的总体轮廓和主要尺寸画出,主要表达的是大桥各部件的结构特征和相互位置关系,许多细部尺寸和构件结构图均未画出。

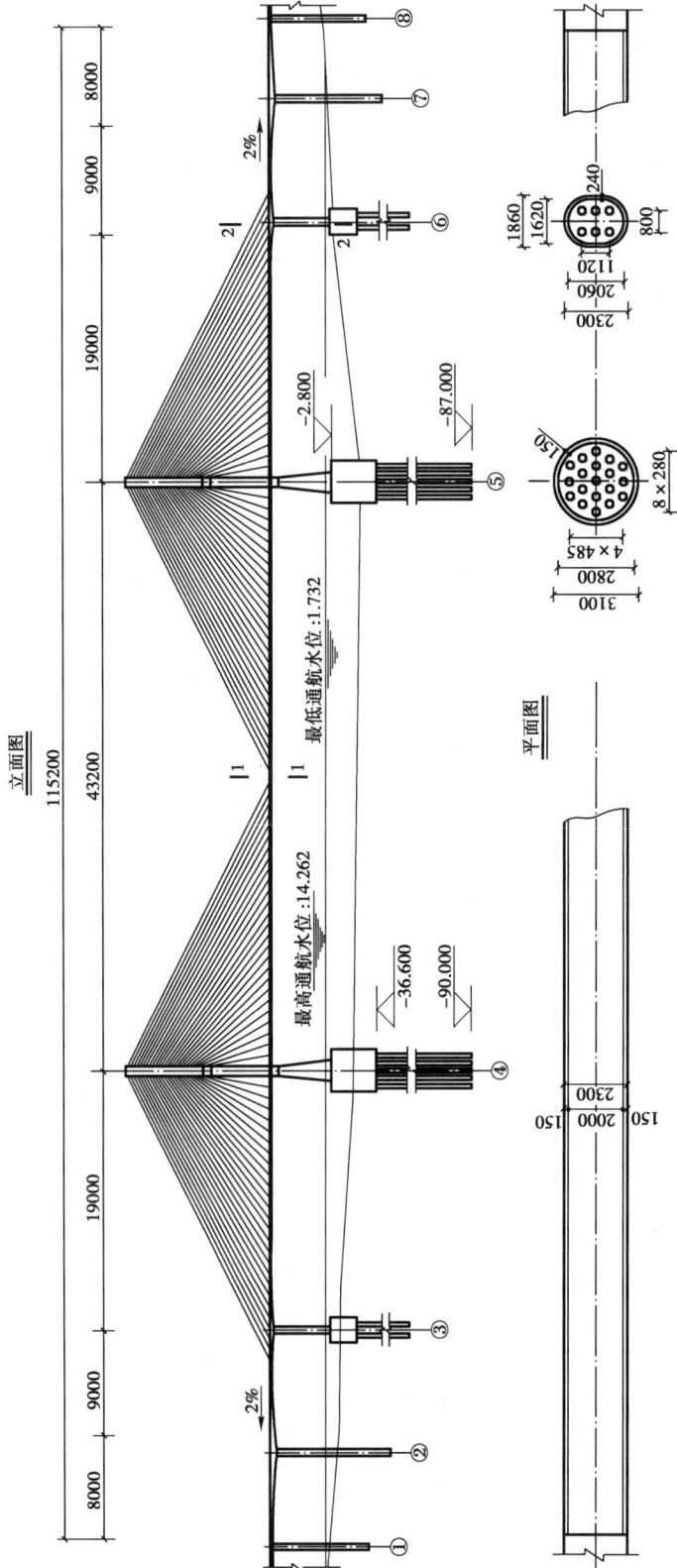

图 14-19 斜拉桥平、立面布置图(尺寸单位:mm,标高单位:m)

立面图

平面图

最高通航水位:14.262

最低通航水位:1.732

115200

43200

19000

9000

8000

8000

9000

19000

2%

2%

−2.800

−87.000

−36.600

−90.000

2060

1860

1620

1120

240

800

2300

3100

2800

4×485

8×280

150

2300

2000

150

150

270

横断面

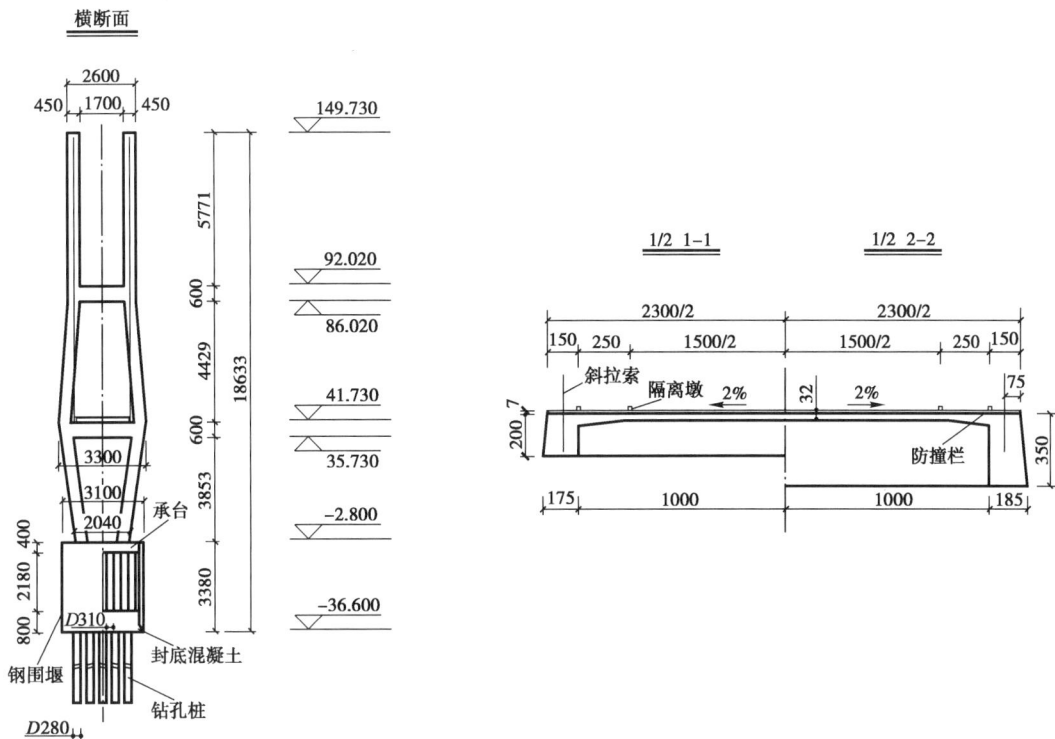

图 14-20 斜拉桥剖、断面图(尺寸单位:mm,标高单位:m)

第五节 桥梁图读图和画图步骤

一、读图

1. 方法

我们还是采用以前讲过的形体分析法来分析桥梁图。桥梁虽然是庞大而又复杂的建筑物,但它总是由许多构件所组成。我们了解了每一个构件的形状和大小,再通过总体布置图把它们联系起来,弄清彼此之间的关系,就不难了解整个桥梁的形状和大小了。因此必须把整个桥梁图由大化小、由繁化简、各个击破、解决整体,也就是先由整体到局部,再由局部到整体的反复过程。

看图的时候,决不能单看一个投影图,而是要同其他有关投影图联系起来读,包括总图、详图、钢筋明细表、说明等。再运用投影规律,互相对照,弄清整体。此外,还需了解桥梁工程图上的习惯画法。

2. 步骤

看图步骤可按下列顺序进行:

(1)先看图纸的标题栏和附注,了解桥梁名称、种类、主要技术指标、施工措施、比例、尺寸单位等。

（2）看总体图,弄清各投影图的关系,如有剖、断面,则要找出剖切线位置和投射方向。看图时,应先看立面图(包括纵剖面图),了解桥型、孔数、跨径大小、墩台类型和数目、总长和总高,了解河床断面及地质情况,再对照看平面图和侧面、横剖面等投影图,了解桥的宽度、桥面的尺寸、墩台的横向位置和主梁的断面形式等。这样,对桥梁的全貌便有一个初步的了解。

（3）分别阅读构件图和大样图,弄清构件的全部构造。

（4）了解桥梁各部分所使用的建筑材料,并阅读工程数量表、钢筋明细表及说明等。

（5）看懂桥梁图后,再看尺寸,进行复核,检查有无错误或遗漏。

（6）各构件图看懂之后,再回过头来阅读总体图,了解各构件的相互配置及装置尺寸,直到全部读懂为止。

二、画图

绘制桥梁工程图,基本上和其他工程图一样,有着共同的规律,现以图14-21为例说明画图的方法和步骤。

图14-21为一桥梁总体布置图,首先是确定投影图数目(包括剖面、断面)、比例和图纸尺寸。按规定画立面、平面、横剖面或断面三种投影图。横剖面或断面图的数量可根据实际需要而定。结构对称时,可取其一半来作图。本例中的横剖面图由两个半剖面图合并而成。

各类图样由于要求不一样,采用的比例也不相同。表14-5为桥梁图常用比例参考表。

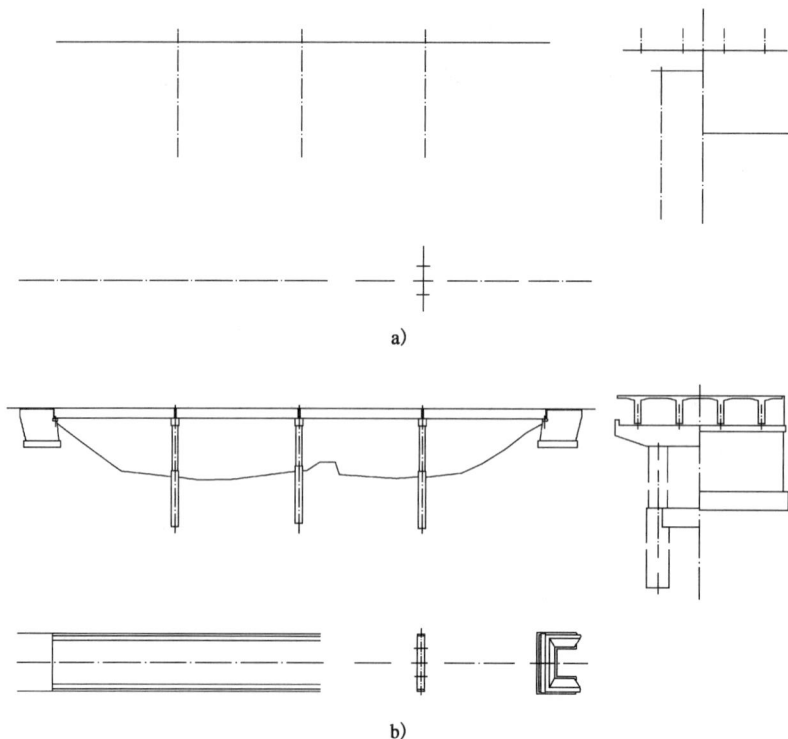

a)

b)

图 14-21

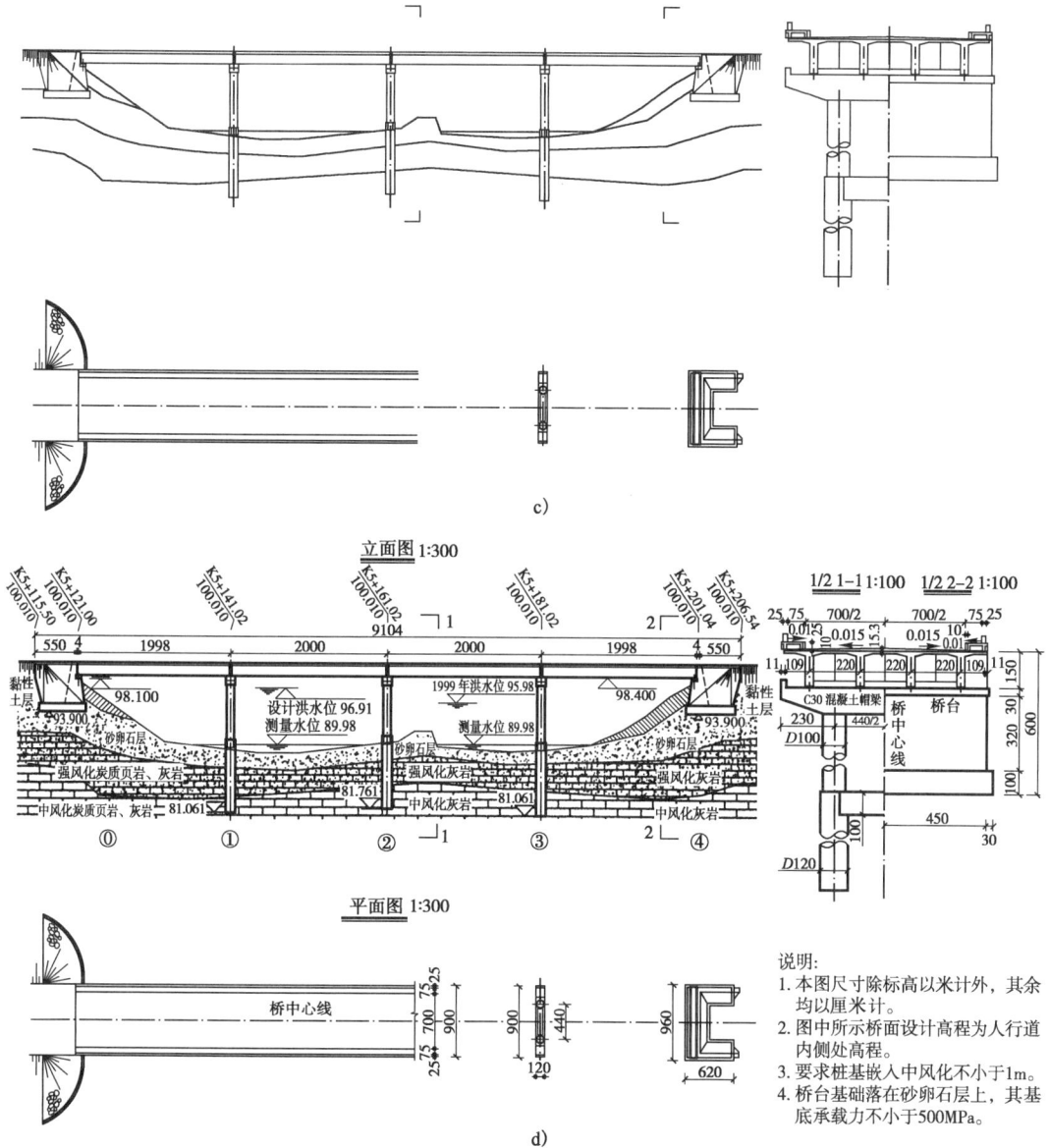

图 14-21　桥梁总体布置图的绘图步骤

a)布置和画出各投影图的基线;b)画出各构件的主要轮廓线;c)画各构件的细部;d)标注尺寸,填写说明

图 14-21 为桥梁布置图的画图步骤,按表 14-5 选用 1∶300 比例,横剖面图则采用 1∶100 比例。当投影图数目、比例和图纸尺寸决定之后便可以画图了。

画图的步骤如下:

(1)布置和画出各投影图的基线

根据所选定的比例及各投影图的相对位置把它们匀称地分布在图框内,布置时要注意空出图标、说明、投影图名称和标注尺寸的地方。当投影图位置确定之后便可以画出各投影图的基线,一般选取各投影图的中心线或边界线作为基线,图 14-21a)中的立面图是以梁底标高线作为水平基线,其余则以对称轴线作为基线。立面图和平面图对应的铅直中心线要对齐。

桥梁图常用比例参考表   表 14-5

项 目	图 名	说 明	比 例	
			常用比例	分类
1	桥位图	表示桥位及路线的位置及附近的地形、地物情况。对于桥梁、房屋及农作物等只画出示意性符号	1:2000 ~ 1:500	小比例
2	桥位地质断面图	表示桥位处的河床、地质断面及水文情况,为了突出河床的起伏情况,高度比例较水平方向比例放大数倍画出	水平方向比例:1:2000 ~ 1:500;高度方向比例:1:500 ~ 1:100	
3	桥梁总体布置图	表示桥梁的全貌、长度、高度尺寸,通航及桥梁各构件的相互位置。横剖面图可较立面图放大 1~2 倍画出	1:100 ~ 1:50	普通比例
4	构件构造图	表示梁、桥台、人行道和栏杆等杆件的构造	1:50 ~ 1:10	大比例
5	大样图（详图）	表示钢筋的弯曲和焊接、栏杆的雕刻花纹、细部等	1:10 ~ 1:3	大比例

注:1. 上述 1、2、3 项中,大桥选用较小比例,小桥采用较大比例。
　　2. 在钢结构节点图中,一般采用 1:10、1:15、1:20 的比例。

（2）画出构件的主要轮廓线

如图 14-21b)所示,以基线作为量度的起点,根据标高及各构件的尺寸画构件的主要轮廓线。

（3）画各构件的细部

根据主要轮廓线从大到小画全各构件的投影,画的时候注意各投影图的对应线条要对齐,并把剖面图中的栏杆等画出来,如图 14-21c)所示。

（4）标注尺寸,填写说明

标注各处尺寸、标高、坡度符号线,画出图例,并填写文字说明,完成桥梁总体布置图,如图 14-21d)所示。

第六节　钢 结 构 图

钢结构是通过用焊接、铆钉或螺栓连接等方法,把各种型钢如角钢、工字钢、槽钢和钢板等连接起来的结构物,是主要的土建结构类型之一,主要用于大跨径桥梁、海洋工程、高耸结构和高层建筑等。

图 14-22 是下承式钢桁架梁的立体图。此钢桁架常用于大跨径桥梁中,整个桁架梁由前后两片主桁架、顶部的上平纵联、底部的下平纵联,以及两端的桥门架和中间的横联所组成。

钢结构图通常可分为:总图、节点图、杆件图及零件图。

（1）总图。表示整个钢结构的图。

（2）节点图。表示节点的详细构造的图。

（3）杆件图及零件图。表示某一杆件或零件的详图。

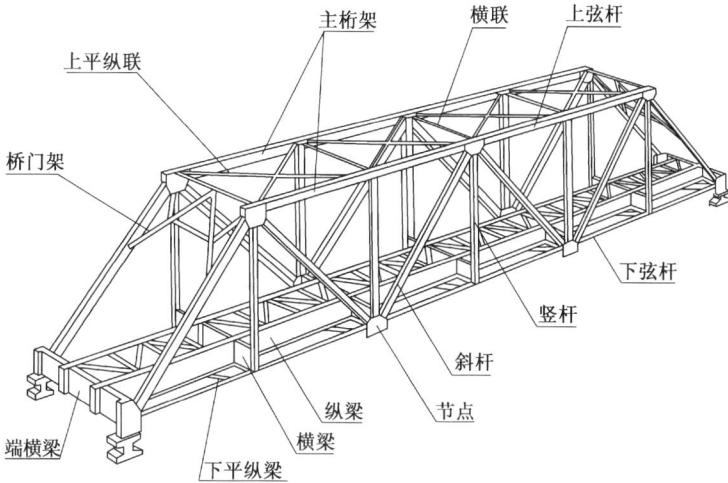

图 14-22 下承式钢桁架梁立体图

一、钢结构的焊接

焊接是目前钢结构中主要的连接方法。表示钢结构的焊缝,一般采用标注法,用焊缝代号标明焊缝的位置、形式、尺寸和辅助要求。焊缝代号主要由图形符号、补充符号和引出线等部分组成,如图 14-23 所示。图形符号表示焊缝的基本形式,如角焊缝用△表示,V 形焊缝用∨表示。补充符号表示焊缝某些特征的辅助要求。引出线由箭头线和基准线组成。基准线一般画成横线,在它的上侧和下侧用来标注各种符号和尺寸等。有时在横线的末端加一尾部符号,作为其他说明之用,如图 14-24 所示。

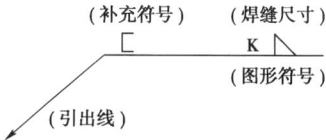

图 14-23 焊缝代号

图 14-24 引出线的尾部

几种常用的图形符号和补充符号,如表 14-6 所示。

焊缝的图形符号(部分)和补充符号 表 14-6

焊缝名称	示　意　图	图形符号	符号名称	示　意　图	补充符号	标 注 方 法
V 形焊缝		V	周围焊缝符号		○	
单边 V 形焊缝		V	三面焊缝符号		⊏	
角焊缝		△	带垫板符号		▭	

275

焊缝名称	示 意 图	图形符号	符号名称	示 意 图	补充符号	标 注 方 法
I 形焊缝		‖	现场焊接符号			
点焊缝		○	相同焊接符号		⌒	
			尾部符号		<	

二、总图

钢结构总图通常采用单线轮廓图表示。图 14-25 是跨度为 48m 的下承式钢桁架梁轮廓图。这个设计轮廓图由以下 5 个投影图组成。

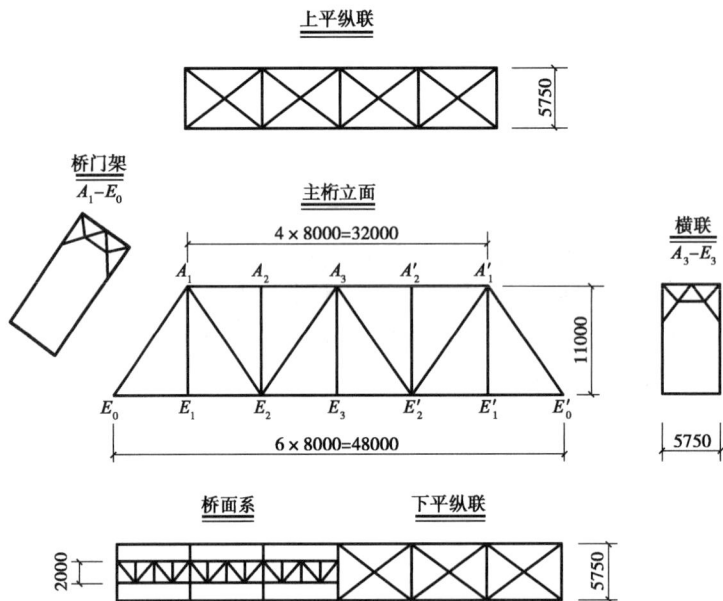

图 14-25　下承式钢桁架梁设计轮廓图(尺寸单位:mm)

(1)主桁架图。是桥梁纵方向的立面图,表示前后两片主桁架的形状和大小,主桁架是主要承重结构,它是由上弦杆、下弦杆、斜杆和竖杆组成。每片主桁架有上弦节点 5 个、下弦节点 7 个,共 12 个节点。

(2)上平纵联图。是上平纵联的平面图,通常画在主桁架图的上面,表示桁架梁顶部的上平纵联的结构形式,其作用是保证桁架的侧向稳定及承担作用于桥上的水平力,亦称为上风架。

(3)下平纵联图。是下平纵联的平面图,通常画在主桁架图的下面。图中左边一半表示桥面系的纵横梁位置和结构形式;右边一半表示下平纵联的结构形式,亦称为下风架。

(4)横联。是桥梁的横断面图,它表示两片主桁架之间横向联系的结构形式,图中表示了 $A_3 - E_3$ 处的横联结构形式。

(5)桥门架。是采用换面法把桥门(A_1-E_0)的实形画出来。它设在主梁末端支座上,主要作用是将上风架所承受水平力传递到桥梁支座上去。

三、节点图

钢节点是钢结构中较复杂的部分,图 14-26 为钢桁架梁的后片下弦节点 E_3 构造的立体图。在该节点处,用前后两块主桁节点板把主桁架中左右两根箱形断面的下弦杆和一根工字形断面的竖杆用高强螺栓连接起来。在下弦杆内部,根据需要前后各设置了两块拼接板。另外,下平纵联的两根工字形断面的水平斜杆和一根工字形断面的横撑杆用高强螺栓连接在下平纵联节点板的两块水平板上,再通过下平纵联节点板上的两块竖板将下平纵联与主桁架连接在一起。

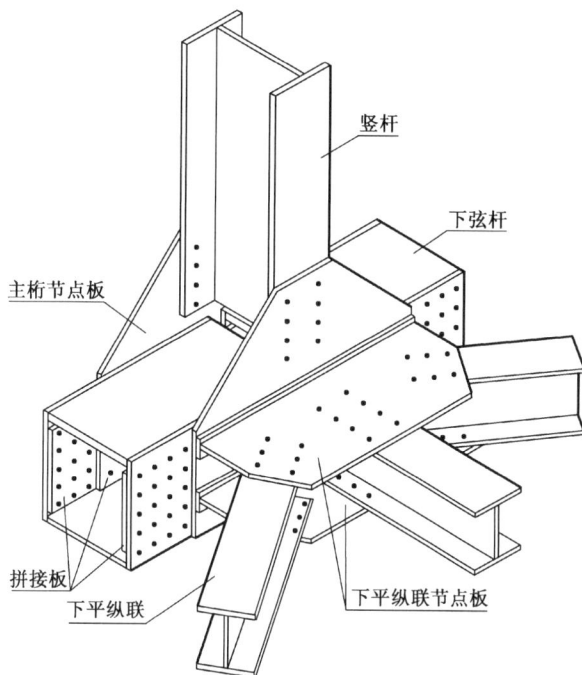

图 14-26　E_3 节点立体图

钢结构节点图除采用常用的投影图外,还配合用剖面、断面和斜视图等方法来表示,钢结构图的尺寸单位一般采用毫米,常用比例为 $1:20 \sim 1:10$。

图 14-27 所示为钢节点 E_3 详图,通常是画出后片主桁架的节点图。它在图示方法上有以下特点。

(1)节点图中一般都画有整个桁架的示意简图,称为主桁简图,用以表示桁架的式样、总长、总高,以及所绘节点在桁架中的位置。这种图用单线条、小比例绘出。这些单线条就是杆件中心线,所画节点用小圆圈标出。

(2)节点图通常采用两个基本投影图和各杆件的断面表示。如图 14-27 所示,E_3 节点图包括立面图、平面图及各杆件的断面图。

由于各杆件的断面形状不变,所以在基本视图中采用了折断画法,将各杆件的断面形状用断面图表示。断面图画在基本视图中各杆件的轴线上,一般不画材料图例。

A_3-E_3

2- 竖　板 $300 \times 12 \times 10420 \, N_1$
1- 水平板 $436 \times 10 \times 10420 \, N_2$ $\Big\} S_7$

主桁简图

$A_1 \quad A_2 \quad A_3 \quad A_2' \quad A_1'$

$E_0 \quad E_1 \quad E_2 \quad E_3 \quad E_2' \quad E_1' \quad E_0'$

$6 \times 8000 = 48000$

主桁内侧与横联
连接时共用此孔

E_2-E_3

2- 竖　板 $460 \times 24 \times 7940 \, N_1$
2- 水平板 $412 \times 20 \times 7940 \, N_2$ $\Big\} X_{18}$

14V

460

460

E_3-E_2'

2- 竖　板 $460 \times 24 \times 7940 \, N_1$
2- 水平板 $412 \times 20 \times 7940 \, N_2$ $\Big\} X_{19}$

14V

460

460

$50 \quad 50 \quad 60 \quad 60 \quad 50 \quad 50 \quad 50$

$6120 \quad 8 \times 80 = 640 \quad 90\,80\,90\,80\,90 \quad 8 \times 80 = 640 \quad 6040$

$8000 \qquad 8000$

1- 节点板 $860 \times 12 \times 1100$　　1- 拼接板 $410 \times 20 \times 1260$　　1- 拼接板 $410 \times 20 \times 1900$

P_{22}　　　　P_{41}　　　　P_{43}

$2 \times 80 \rightarrow 398$ 　 398 　 2×80

2×80 　 40 　 3840

$40 \quad 40$ 　 40

$2-210 \times 10 \times 4240 \, N_1$
$2-230 \times 10 \times 4240 \, N_2$ $\Big\} L_6$

$2-210 \times 10 \times 8880 \, N_1$
$1-230 \times 10 \times 8880 \, N_2$ $\Big\} L_5$

$1-90 \times 10 \times 1100 \, N_1$
$1-425 \times 10 \times 1100 \, N_2$ $\Big\} L_{17}$

$2-210 \times 10 \times 5040 \, N_1$
$1-230 \times 10 \times 5040 \, N_2$ $\Big\} L_7$

$\dfrac{9596}{8000}$ 　 $\dfrac{9596}{8000}$

说明：
1. 本图尺寸以毫米计。
2. 图中符号：✛表示高强螺栓孔。
3. 未注明长度的焊缝，均全长焊接。

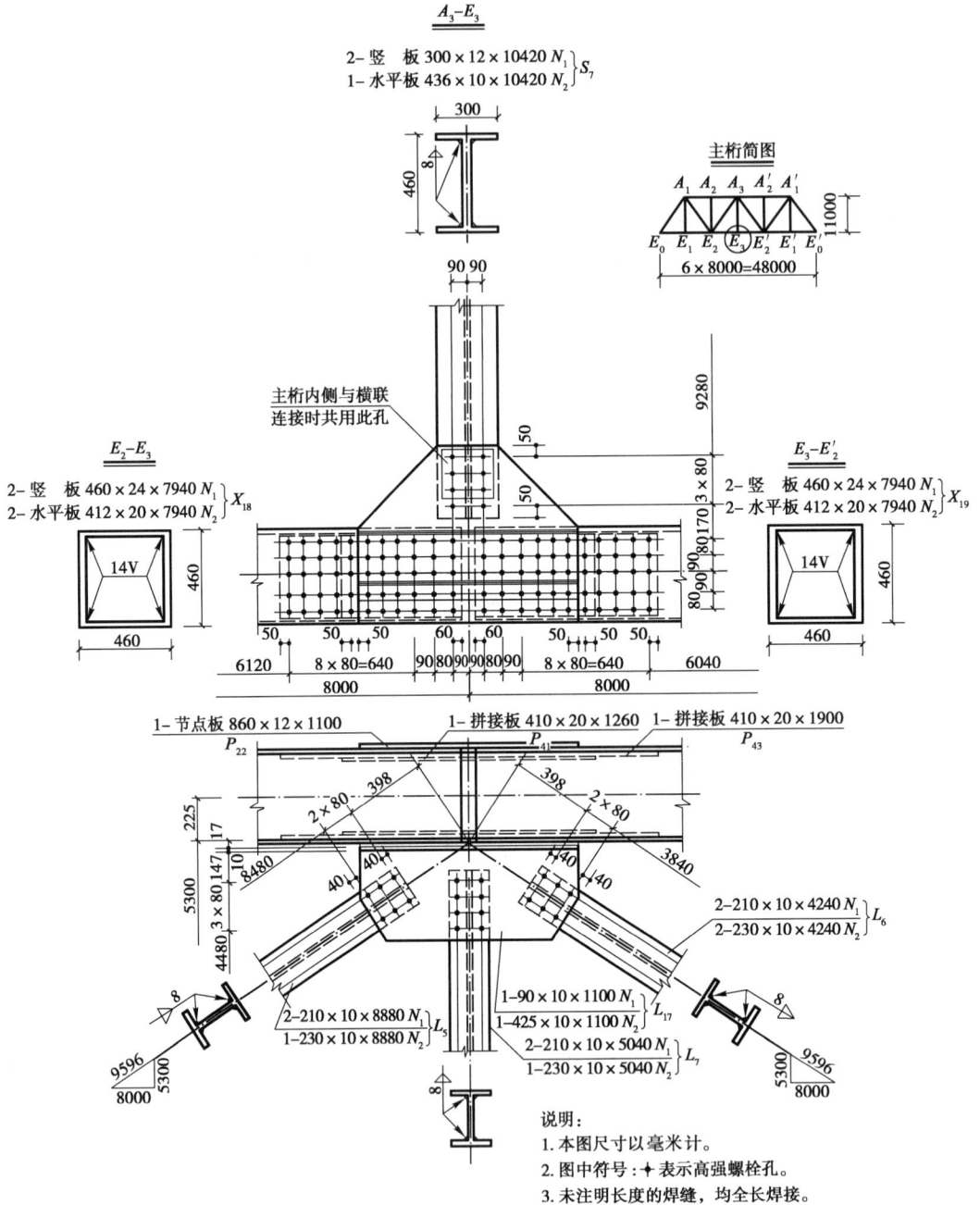

图 14-27　E_3 节点详图

（3）为使图形清晰，节点图中经常采用拆卸画法。拆卸画法指的是，如果某杆件的形状、位置、连接方式等在一个或两个基本视图中已表达清楚，则这些杆件在其他视图中可省略不画。图 14-27 中立面图和平面图均采用了拆卸画法。立面图是将下平纵联的两根水平斜杆 L_5、L_6 和横撑杆 L_7 拆卸后画出的，因为这些杆件在平面图及其断面图中已表达清楚。平面图是将竖杆 S_7 拆卸后画出的，因为 S_7 在立面图及其断面图中已表达清楚。

（4）节点图中螺栓孔用涂黑的小圆圈表示，其中心位置用细点画线或细实线定出。

（5）节点图上的尺寸有以下三种类型：

第一种是和一般尺寸标注形式相同，用以确定螺栓或孔洞的位置。例如立面图中螺栓孔的定位尺寸。

第二种尺寸是用注解的形式标出，用以确定各杆件或零件的尺寸。这类尺寸一般标注在各杆件断面图旁或写在零件的引出线上。例如右边的下弦杆断面图旁注有 2-竖板 $460 \times 24 \times 7940$ N_1、2-水平板 $412 \times 20 \times 7940$ N_2、X_{19}，表明下弦杆 X_{19} 是由两块编号为 N_1、宽 460、厚 24、长 7940 的竖板和两块编号为 N_2、宽 412、厚 20、长 7940 的水平板焊接而成的。

第三种是用直角三角形标出的用以确定斜杆斜度的尺寸。这类尺寸一般标注在各斜杆轴线上或斜杆旁。例如在下平纵联水平斜杆 L_6 轴线上画有一个斜边为 9596、直角边分别为 8000 和 5300 的直角三角形，其中 9596 为表明斜杆轴线的长度，8000 和 5300 为斜杆轴线的两端点在长度方向和宽度方向的距离。

（6）桁架杆件由型钢焊接而成，由于型钢组合连接方式的不同，产生了许多焊缝的形式，如对接焊缝、角焊缝等。图 14-27 中所示的焊缝形式和尺寸是采用引出线的方法标注的，焊缝符号标注在引出线的横线上，焊缝符号包含焊缝高度和焊缝图形符号等多项内容。图中有两种焊缝形式，一种是标注在下弦杆断面图上，焊缝的图形符号为 V 字形，表示 V 形焊缝，焊缝高度为 14mm；另一种是标注在竖杆和下平纵联杆断面图上，焊缝的图形符号为上下两个三角形，表示双面角焊缝，焊缝高度为 8mm。图中说明焊缝为全长焊接。

对 E_3 节点详图进行阅读后，就可以知道该节点的形状和大小。

该节点的下弦杆 X_{18}、X_{19} 和竖杆 S_7 是借助于节点板 P_{22}、拼接板 P_{41} 和 P_{43} 通过高强螺栓连在一起的。P_{22}、P_{41}、P_{43} 均为前后各一块；下弦杆 X_{18}、X_{19} 都是箱形断面，它们的尺寸相同；竖杆 S_7 为工字形断面。下平纵联的水平斜杆 L_5、L_6 和 L_7 横撑杆均为工字形断面，这三根杆用高强螺栓与下平纵联节点板 L_{17} 上的水平板连在一起的，然后借助于下平纵联节点板 L_{17} 上的竖板，通过高强螺栓把下平纵联与主桁连在一起。下平纵联节点板上下各一块，每块均由一块竖板和一块水平板焊接而成。

四、杆件图和零件图

图 14-28 是下弦杆 X_{18} 的杆件图。该图采用立面、上平面、三个剖面（1-1、2-2、3-3 剖面）和一个坡口详图表明该杆件的形状和大小，上平面即平面图，但按第三角画法，把它画在立面图之上。

立面、上平面和 1-1 剖面均采用了折断画法，这是因为杆件在该段内的形状是一致的。立面图反映了该杆件在 E_2（左端）和 E_3（右端）节点处与节点板、拼接板连接时高强螺栓的分布情况。

从上平面图、2-2 剖面图及坡口详图中可以看出，该杆件为箱形断面，它是由两块 N_1（$460 \times 24 \times 7940$）mm 的竖板与两块 N_2（$412 \times 20 \times 7940$）mm 的水平板焊接而成。坡口详图表达了竖板与水平板焊接处焊接的断面形状（V 形）和尺寸。

从立面、上平面和剖面图中还可看出，在整根箱形杆件中均匀布置了一些横隔板，左右两端为编号 N_3 的矩形横隔板。中间相隔 1980mm 间距设置了一块编号为 N_4 的横隔板，从 3-3 剖面图可看出，该板被切掉了四个角，用高度为 6mm 的角焊缝将横隔板焊接在杆件中。从 1-1 剖面图中还可看到杆件的两端各有一个 $\phi50$ 的圆孔为泄水孔，长孔是为方便施工人员安装螺栓而设置的。

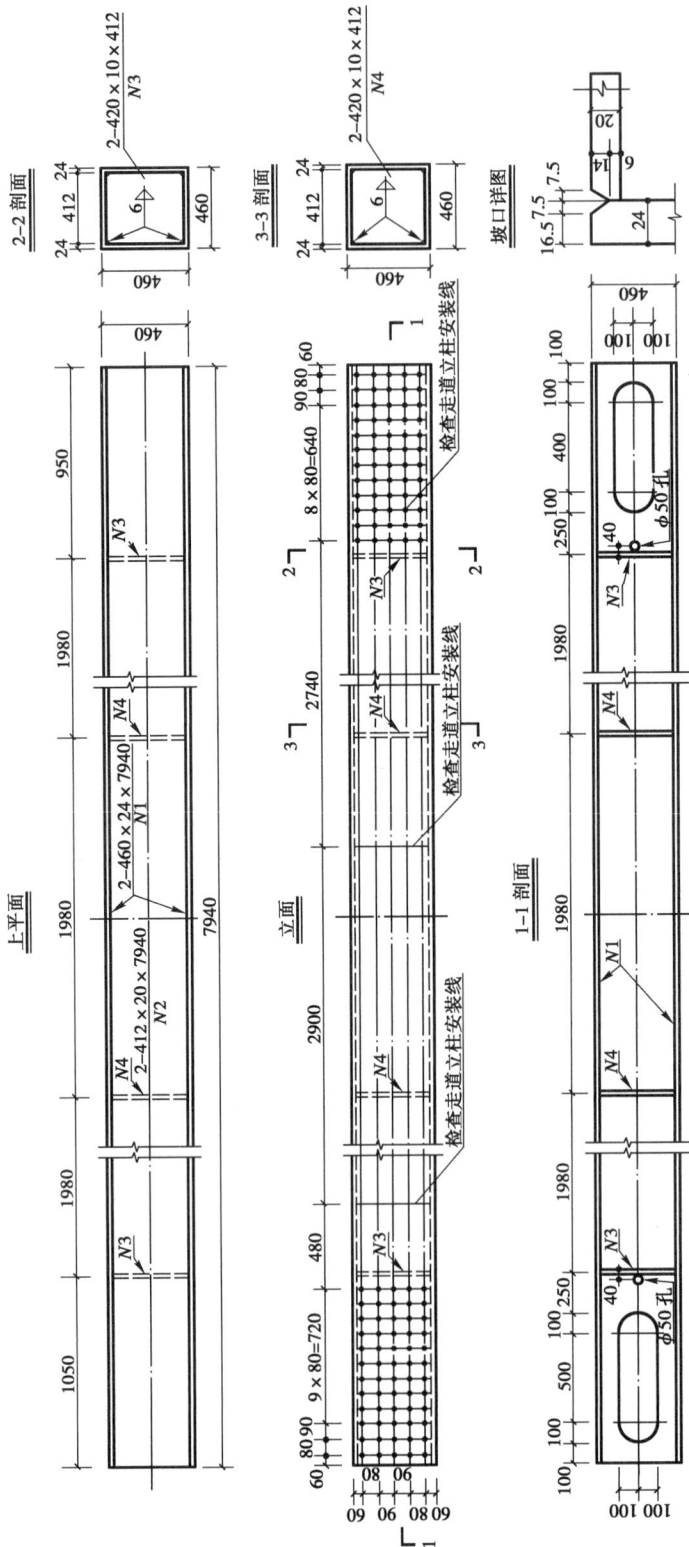

图 14-28 杆件图(尺寸单位:mm)

第十五章

隧道、涵洞工程图

第一节　隧道工程图

隧道是道路穿越山岭的构筑物,它虽然形体很长,但中间断面形状变化很小,所以隧道工程图除了用平面图表示它的位置外,其构造图主要用隧道洞门图、横断面图(表示洞身形状和衬砌)及避车洞图等来表达。

一、隧道洞门的构造

隧道洞门按地质情况和结构要求,有下列几种基本形式。

1. 洞口环框

当洞口石质坚硬稳定,可仅设洞口环框,起加固洞口和减少洞口雨后漏水等作用,如图15-1所示。

2. 端墙式洞门

端墙式洞门适用于地形开阔、石质基本稳定的地区。端墙的作用在于支护洞顶上的仰坡,保持其稳定,并将仰坡水流汇集排出,如图15-2所示。

图 15-1　洞口环框

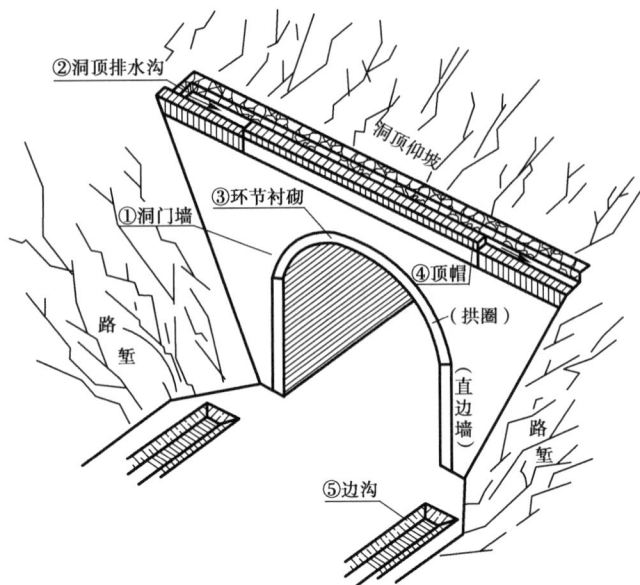

图 15-2　端墙式洞门

3. 翼墙式洞门

当洞口地质条件较差时，在端墙式洞门的一侧或两侧加设挡墙，构成翼墙式洞门，如图 15-3 所示。它是由端墙、洞口衬砌（包括拱圈和边墙）、翼墙、洞顶排水沟及洞内外侧沟等部分组成。隧道衬砌断面除曲边墙式外，还有直边墙式。

4. 柱式洞门

当地形较陡，地质条件较差，仰坡下滑可能性较大，而修筑翼墙又受地形、地质条件限制时，可采用柱式洞门，如图 15-4 所示。柱式洞门比较美观，适宜建于城市要道、风景区或长大隧道的洞口。

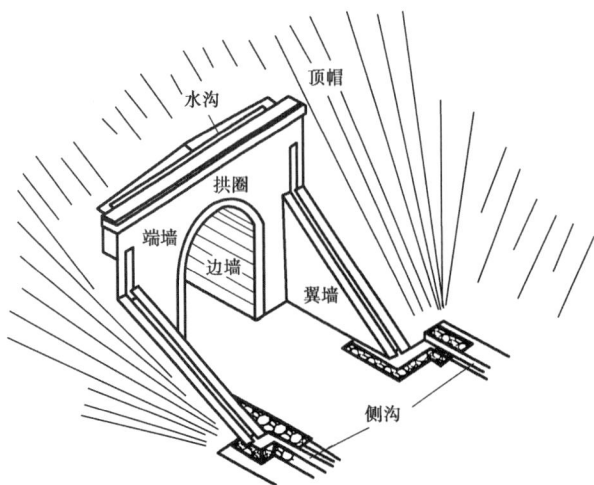

图 15-3　翼墙式洞门

图 15-4　柱式洞门

图 15-5 为端墙式隧道洞门三面投影图。

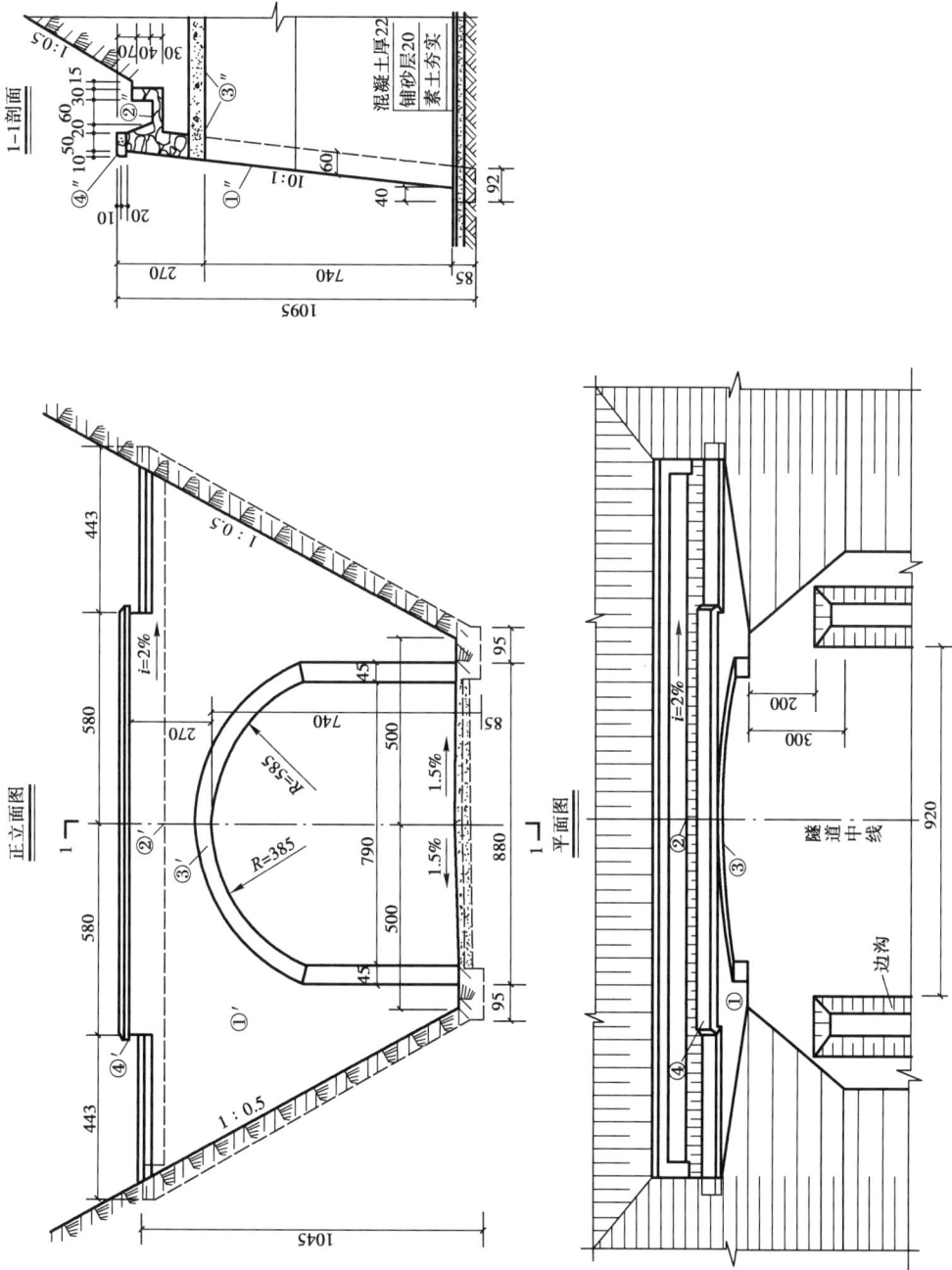

图15-5 隧道洞门图（尺寸单位：cm）

（1）正立面图（即立面图）。立面图是洞门的正立面投影,不论洞门是否左右对称均应画全。正立面图反映出洞门墙的式样,洞门墙上面高出的部分为顶帽,同时也表示出洞口衬砌断面类型,它是由两个不同半径（$R = 385cm$ 和 $R = 585cm$）的圆弧和两直边墙所组成,拱圈厚度为45cm。洞口净空尺寸高为740cm,宽为790cm;洞门墙的上面有一条从左往右方向倾斜的虚线,并注有 $i = 2\%$ 的箭头,这表明洞门顶部有坡度为2%的排水沟,用箭头表示流水方向。其他虚线反映了洞门墙和隧道底面的不可见轮廓线。它们被洞门前面两侧路堑边坡和公路路面遮住,所以用虚线表示。

（2）平面图。仅画出洞门外露部分的投影,平面图表示了洞门墙顶帽的宽度、洞顶排水沟的构造及洞门口外两边沟的位置（边沟断面未示出）。

（3）1-1剖面图。1-1剖面图仅画靠近洞口的一小段,图中可以看到洞门墙倾斜坡度为10:1,洞门墙厚度为60cm,还可以看到排水沟的断面形状、拱圈厚度及材料断面符号等。

为了读图方便,图15-5还在三个投影图上对不同的构件分别用数字注出,如洞门墙为①、①′、①″,洞顶排水沟为②、②′、②″,拱圈为③、③′、③″,顶帽为④、④′、④″等。

二、避车洞图

避车洞有大、小两种,是供行人和隧道维修人员及维修小车避让来往车辆而设置的,它们沿路线方向交错设置在隧道两侧的边墙上。通常小避车洞常每隔30m设置一个,大避车洞则每隔150m设置一个,为了表示大、小避车洞的相互位置,采用位置布置图来表示。

如图15-6所示,由于这种布置图图形比较简单,为了节省图幅,纵横方向可采用不同比例,纵向常采用1:2000,横向常采用1:200等比例。

如图15-7所示,为大避车洞示意图。图15-8和图15-9则为大小避车洞详图,洞内底面两边做成斜坡以供排水之用。

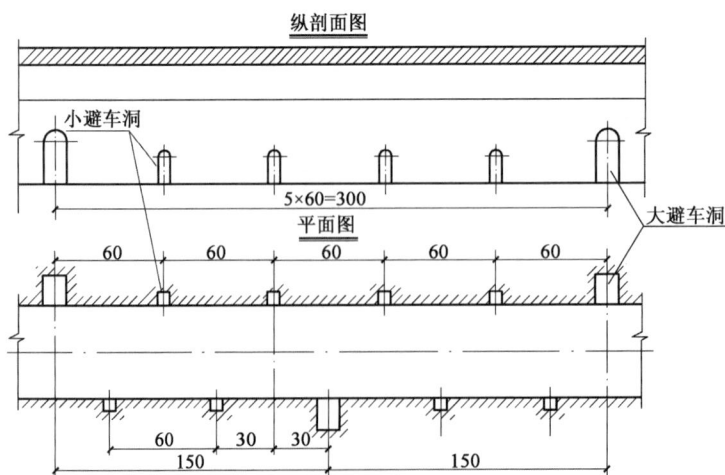

图15-6　避车洞布置图（尺寸单位:m）

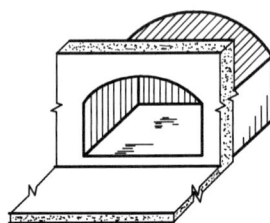

图15-7　大避车洞示意图

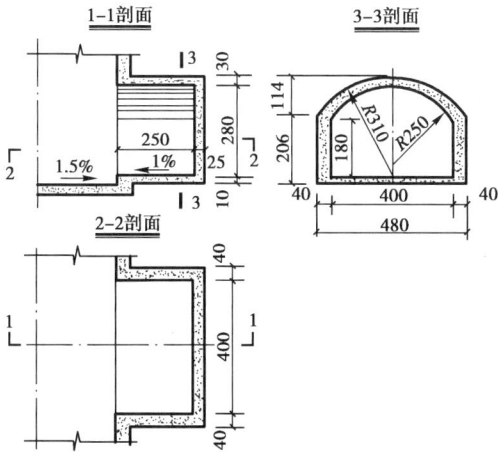

图 15-8　大避车洞详图(尺寸单位:cm)

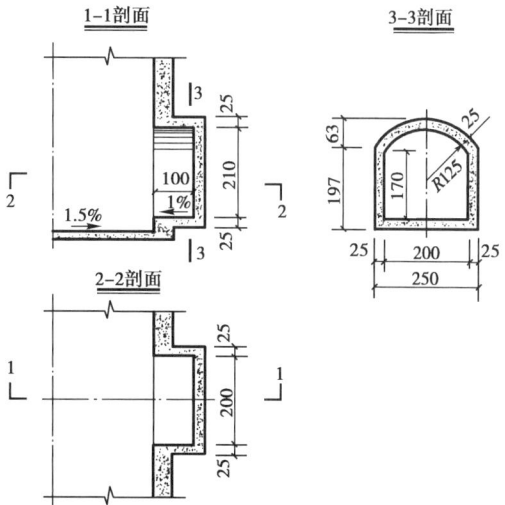

图 15-9　小避车洞详图(尺寸单位:cm)

第二节　涵洞工程图

涵洞是宣泄小量流水的工程构筑物,它同桥梁的区别在于跨径的大小。根据标准中的规定,凡单孔跨径小于 5m、多孔跨径总长小于 8m,以及圆管涵、箱涵不论管径或跨径大小、孔径多少,均称为涵洞。涵洞顶上一般都有较厚的填土,填土不仅可以保持路面的连续性,而且分散了汽车荷载的集中压力,并减少了它对涵洞的冲击力。

一、涵洞的分类

涵洞的种类很多,按建筑材料可分为砖涵、石涵、混凝土涵、钢筋混凝土涵、木涵、陶瓷管涵、缸瓦管涵等;按构造形式可分为圆管涵、盖板涵、拱涵、箱涵等;按断面形状可分为圆形涵、卵形涵、拱形涵、梯形涵、矩形涵等;按孔数可分为单孔、双孔和多孔;按有无覆土可分为明涵和暗涵。

涵洞是由基础、洞身和洞口组成,洞口包括端墙、翼墙或护坡、截水墙和缘石等部分。图 15-10 为圆管涵洞分解图。

洞口是保证涵洞基础和两侧路基免受冲刷,使水流顺畅的构造。一般进出水口均采用同一形式,常用的洞口形式有端墙式(图 15-10、图 15-11)和翼墙式(图 15-12、图 15-13)(又名八字墙式)两种。

洞口形式应根据涵洞的作用而采用不同的形式。如高速公路中,有些涵洞只是为通行人群而设置,或平时通行人群,又兼作下雨时过水的涵洞,可称为通道。洞口除了考虑与路基边坡的衔接外,还应考虑涵底同人群往来的道路连接;如涵洞仅为过水而设置的,那么洞口的构造应保证涵洞和两侧路基免受冲刷,使水流顺畅。如水流湍急涵洞,其出口还应设有消力池以减少水对边坡的冲刷。若山区道路的涵洞,当进水口地形较高,无法建立上述两种洞口形式时,可将进口改成窨井式的涵洞进口。

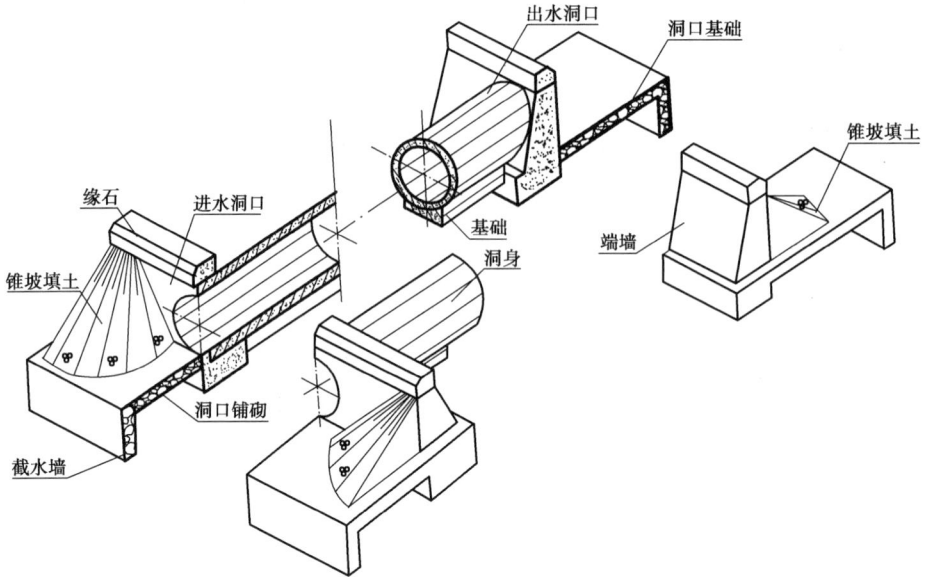

图 15-10　圆管涵洞分解图

二、涵洞工程图的表示法

由于涵洞是狭长的工程构造物,故以水流方向为纵向,并以纵剖面图代替立面图。为了使平面图表达清楚,画图时不考虑洞顶的覆土,如进、出水口形状不一时,则要把进、出水口的侧面图都画出。有时平面图与侧面图以半剖形式表达,水平剖面图一般沿基础顶面剖切,横剖面图则垂直于纵向剖切。除上述三种投影图外,还应画出必要的构造详图,如钢筋布置图、翼墙断面图等。

涵洞体积较桥梁小,故画图所选用的比例较桥梁图稍大。

现以常用的圆管涵、盖板涵和拱涵三种涵洞为例,说明涵洞工程图的表示方法。

1.圆管涵

图 15-11 为钢筋混凝土圆管涵洞,比例为 1∶50,洞口为端墙式,端墙前洞口两侧有 20cm 厚干砌片石铺面的锥形护坡,涵管内径为 75cm,涵管长为 1060cm,再加上两边洞口铺砌长度得出涵洞的总长为 1335cm。由于其构造对称,故采用半纵剖面图、半平面图和侧面图来表示。

(1)半纵剖面图

由于涵洞进出洞口一样,左右基本对称,所以只画半纵剖面图,以对称中心线为分界线。纵剖面图中表示出涵洞各部分的相对位置和构造形状,如管壁厚10cm、防水层厚15cm、设计流水坡度为1%、涵身长1060cm、洞底铺砌厚20cm和基础、截水墙的断面形式等,路基填土厚度>50cm、路基宽度为800cm,锥形护坡顺水方向的坡度与路基边坡一致,均为1∶1.5。各部分所用材料均在图 15-11 中表达出来,但未示出洞身的分段。

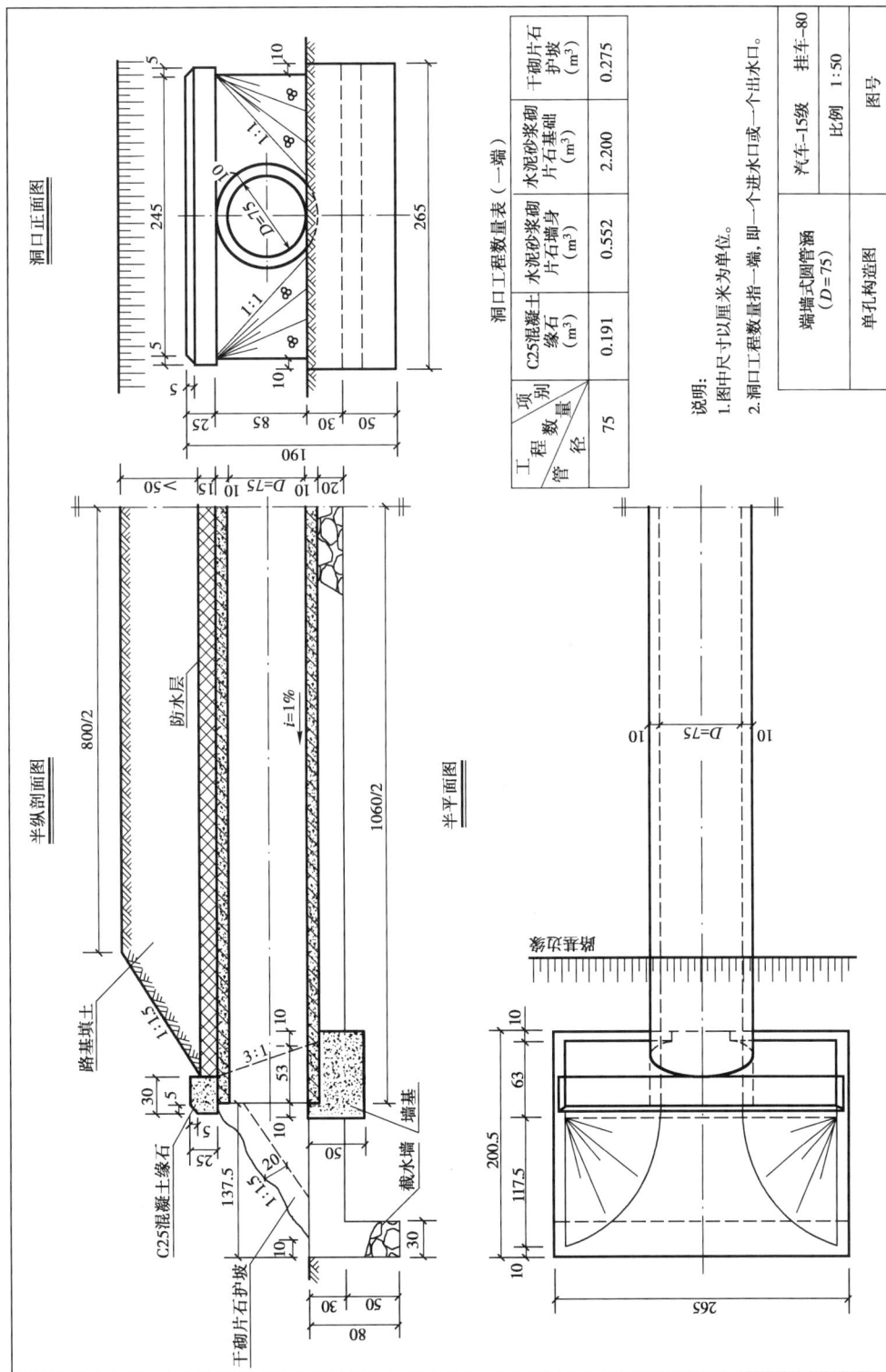

图 15-11 圆管涵端墙式单孔构造图

洞口工程数量表（一端）

工程 数量 项别 管径	C25混凝土 缘石 （m³）	水泥砂浆砌 片石墙身 （m³）	水泥砂浆砌 片石基础 （m³）	干砌片石 护坡 （m³）
75	0.191	0.552	2.200	0.275

说明：
1. 图中尺寸以厘米为单位。
2. 洞口工程数量指一端，即一个进水口或一个出水口。

端墙式圆管涵 （D=75）	汽车-15级	挂车-80
	比例	1：50
单孔构造图	图号	

（2）半平面图

为了同半纵剖面图相配合,平面图也只画一半。图 15-11 中表达了管径尺寸与管壁厚度,以及洞口基础、端墙、缘石和护坡的平面形状及尺寸、涵顶填土作透明体处理,但路基边缘线应予画出,并以示坡线表示路基边坡。

（3）侧面图

侧面图主要表示管涵孔径和壁厚、洞口缘石和端墙的侧面形状及尺寸、锥形护坡的坡度等。为了使图形清晰起见,把土壤作为透明体处理,并且某些虚线未予画出,如路基边坡与缘石背面的交线和防水层的轮廓线等。图 15-11 中的侧面图,按习惯称为洞口正面图。

2. 钢筋混凝土盖板涵

图 15-12 所示为单孔钢筋混凝土盖板涵立体图。图 15-13 所示则为其构造图,比例为 1:50,洞口两侧为八字翼墙,洞高 120cm,净跨 100cm,总长 1482cm。由于其构造对称故仍采用半纵剖面图、半平面及半剖面图和侧面图等来表示。

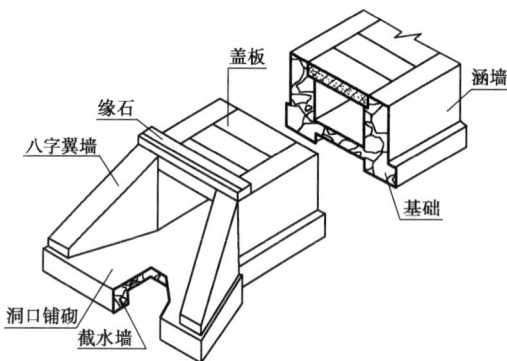

图 15-12　盖板涵立体图

（1）半纵剖面图

图 15-13 中半纵剖面图把带有 1:1.5 坡度的八字翼墙和洞身的连接关系,以及洞高 120cm、洞底铺砌 20cm、基础纵断面形状、设计流水坡度 1% 等表示出来。盖板及基础所用材料也可由图中看出,但未画出沉降缝位置。

（2）半平面图及半剖面图

图 15-13 中半平面图及半剖面图能把涵洞的墙身宽度、八字翼墙的位置表示得更加清楚,涵身长度、洞口的平面形状和尺寸,以及墙身和翼墙的材料也均在图上可以看出。为了便于表达,在八字翼墙的 1-1 和 2-2 位置进行剖切,并另作 1-1 和 2-2 断面图来表示该位置翼墙墙身和基础的详细尺寸、墙背坡度以及材料情况。4-4 断面图和 2-2 断面图类似,图中未画出,但有些尺寸要变动,请读者自行思考。

（3）侧面图

图 15-13 中立面图(也称侧面图)反映出洞高 120cm 和净跨 100cm,同时反映出缘石、盖板、八字翼墙、基础等的相对位置和它们的侧面形状。

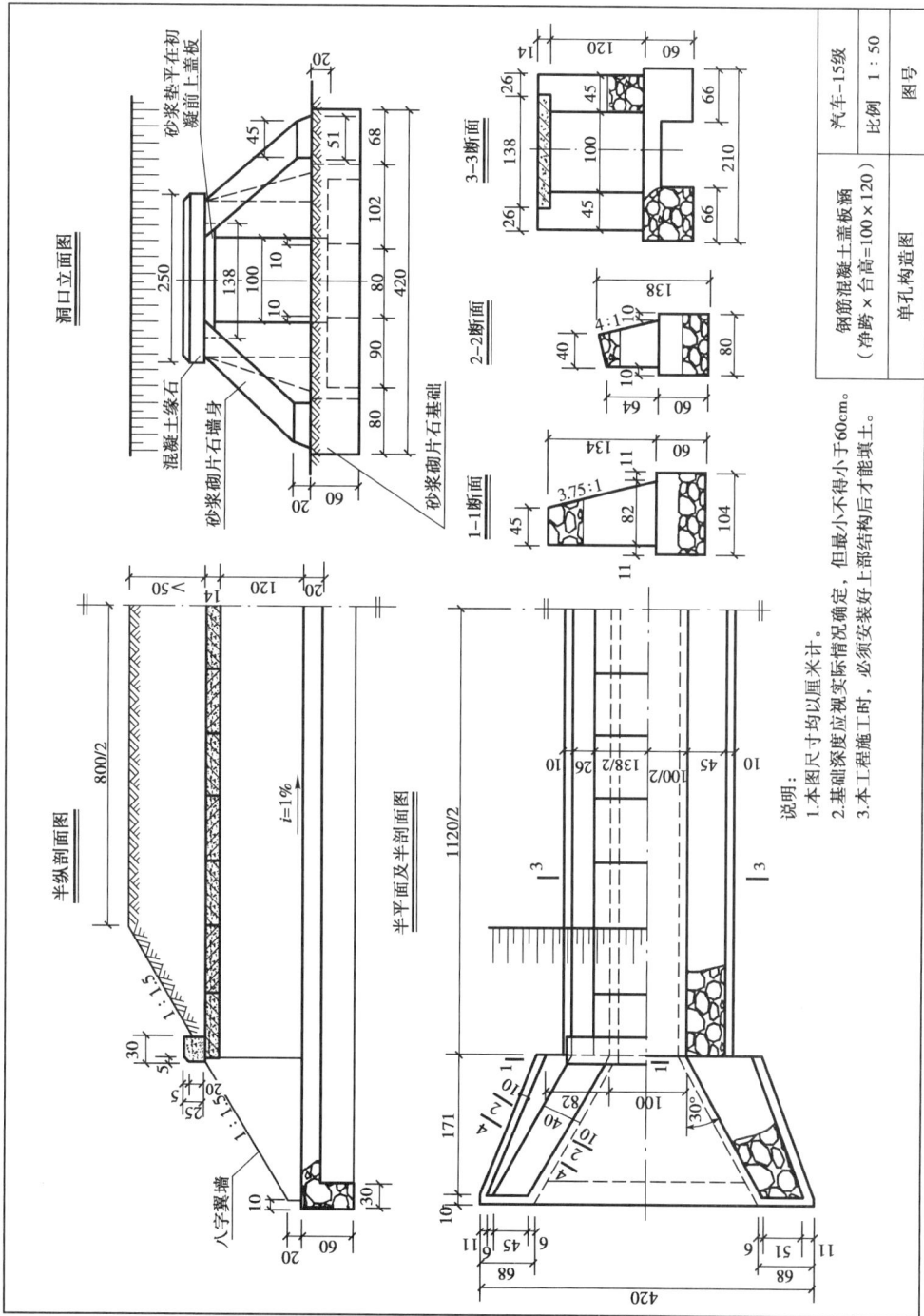

图 15-13 钢筋混凝土盖板涵构造图

说明：
1.本图尺寸均以厘米计。
2.基础埋置深度应视实际情况确定，但最小不得小于60cm。
3.本工程施工时，必须安装好上部结构后才能填土。

汽车-15级 ｜ 图号
比例 1：50

钢筋混凝土盖板涵
（净跨×台高=100×120）
单孔构造图

3. 石拱涵

图 15-14 为单孔石拱涵立体图。图 15-15 为其构造图。洞身长 900cm,涵洞总长 1700cm,净跨 $L_0 = 300cm$,拱矢高 $f_0 = 150cm$,矢跨比 $f_0/L_0 = 150/300 = 1/2$,路基宽度为 700cm。比例选用 1∶100。该图主要由下列图样组成。

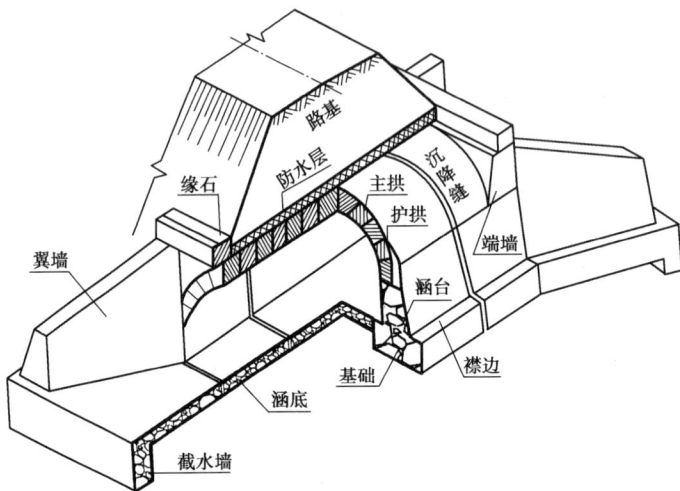

图 15-14 石拱涵洞示意图

(1)纵剖面图

图 15-15 中纵剖面图是沿涵洞纵向轴线进行全剖,表达了洞身的内部结构、洞高、洞长、翼墙坡度、基础纵向形状和洞底流水坡度。为了显示拱底为圆柱面,每层拱圈石投影的厚度不一,下疏而上密。在路基顶部示出了路面断面形状,但未注出尺寸。

(2)平面图

图 15-15 中平面图的特点在于拱顶与拱顶上的两端侧墙的交线均为椭圆弧,画椭圆时,应按前面介绍的几何作图的方法画出。从图上还可看出,八字翼墙与上述盖板涵有所不同,盖板涵的翼墙是单面斜坡,端部为侧平面,而本图则是两面斜坡,端部为铅垂面。

(3)侧面图

图 15-15 中侧面图(即图中立面图)采用了半侧面图和半横剖面图,半侧面图反映出洞口外形,半横剖面图则表达了洞口的特征和洞身与基础的连接关系。从图上还可看出洞口基顶的构造是一个曲面。

当涵洞在两孔或两孔以上或者跨径较大时,也可选取洞口作为立面图。

出水洞口立面图

八字翼墙

纵剖面图

进水洞口

路基填土

洞身

出水洞口

平面图

说明:
1. 本图尺寸以厘米为单位。
2. 石料强度拱圈MU35,其他均可用MU25。

石拱涵	汽车-15级,挂车-80	
$L_0=3.0$m $f_0/L_0=1/2$	比例 1:100	
单孔构造图	图号	

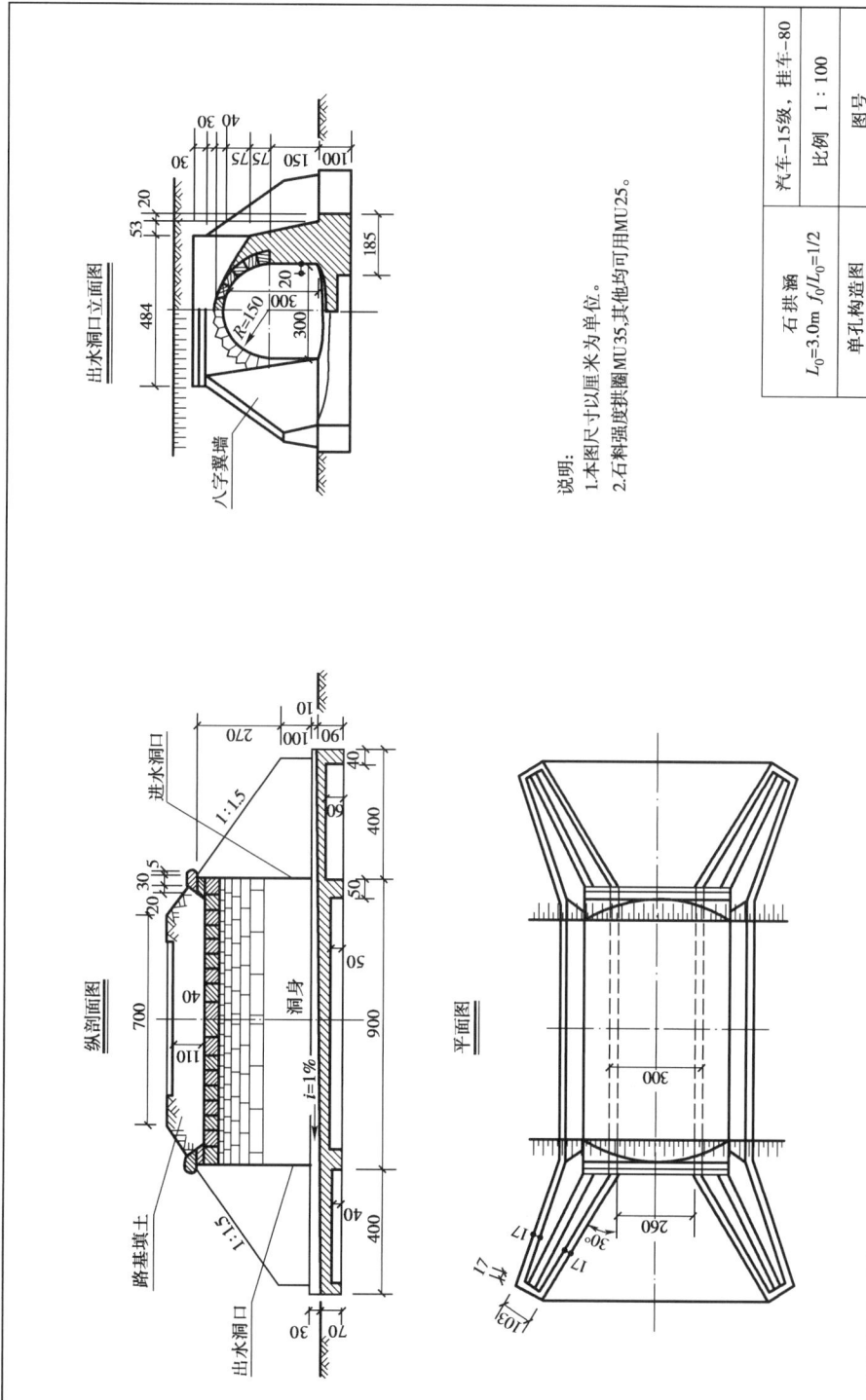

图 15-15 石拱涵构造图

第十六章

房屋施工图

在设计房屋的时候一般要进行三个方面的设计,即建筑设计、结构设计和设备设计。相应所产生的设计图纸分别称为建筑施工图(简称建施)、结构施工图(简称结施)和设备施工图(简称设施)。

1. 建筑施工图

建筑施工图是为了满足建设单位的使用功能需要而设计的工程图样。主要表达建筑物的总体布局、外部造型、内部布置和细部构造等内容。主要的图纸包括建筑总平面图、建筑平面图、建筑立面图、建筑剖面图和建筑详图等图样。

2. 结构施工图

结构施工图是为了保障建筑物的使用安全而设计的施工图样。主要表达建筑物各承重构件(如基础、承重墙、柱、梁、板、屋架等)的布置、形状、大小、材料、配筋和构造等内容。主要的图纸有基础图、结构布置图和结构详图等。

3. 设备施工图

设备施工图是为了满足房屋设备的布置和安装而设计的施工图样。主要表达给排水、电气、采暖通风等各种设备的布置及安装构造等内容。主要有各管道、管线和设备的平面布置图、系统原理图和安装详图等图样。

各专业施工图之间,既体现各自专业的特点,又要相互配合。在建筑工程设计中,建筑是主导专业,而结构和设备是配合专业,因此在施工图的设计中,结构施工图和设备施工图必须与建筑施工图协调一致,做到整套图纸完整统一、尺寸齐全、明确无误。

第一节 建筑施工图

建筑施工图一般包括:建筑施工图的图纸目录、建筑施工总说明、建筑总平面图、建筑平面图、建筑立面图、建筑剖面图、建筑详图和门窗表等图纸。

一、建筑施工图基本知识

为了统一表达,保证图纸质量,提高制图效率并便于阅读,住建部制订了一系列有关的标准。在绘制和阅读建筑施工图时,应严格遵照国家标准的有关规定。现对建筑施工图中常用的一些规定和表示方法予以说明。

1.定位轴线及编号

房屋中的墙、柱、梁或屋架等是主要的承重构件,在建筑施工图中必须为这些承重构件画上定位轴线,并编上轴线号来确定它们的位置,作为施工过程中定位、放样的重要依据。定位轴线用细点画线表示,编号写在直径为 8～10mm 的细实线圆内。横向编号应用阿拉伯数字,从左至右顺序编写;竖向编号应用大写拉丁字母,从下至上顺序编写。对于非承重的分隔墙、次要承重构件等,有时用分轴线表示,有时也可以不注附加的轴线号,而是注明其与附近轴线之间的有关尺寸来确定,如图 16-1 所示。

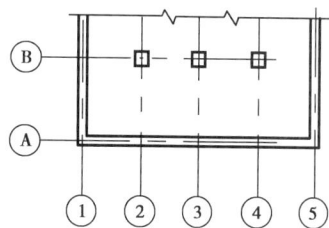

图 16-1 定位轴线的编号顺序

2.标高

标高是标注建筑物高度方向尺寸的一种形式。标高的单位是米,一般标注到三位小数。

标高有绝对标高和相对标高之分。绝对标高以我国青岛(验潮站)黄海的平均海平面为绝对标高的零点,全国各地标高以此为基准测出。相对标高一般是以建筑物底层室内主要地面为零点,其他各个位置的标高以此为基准。除总平面图需注绝对标高外,其他图纸中的标高只需标注相对标高。

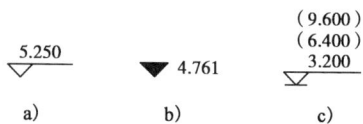

标高符号为一个等腰直角三角形,并注上尺寸数字。它的一般标注形式如图 16-2a)所示;总平面图中室外地坪的标高符号,宜用涂黑的三角形表示,如图 16-2b)所示;在图样的同一位置需表示几个不同标高时,标高数字可按图 16-2c)所示的形式注写。书写标高数字时,零点标高应写成 ±0.000,正数标高不注"＋"号,负数标高应注"－"号。

图 16-2 标高符号的形式
a)一般标注形式;b)室外地坪;c)同一位置需表示几个不同标高

3. 图例及代号

为了房屋施工图样的制图简便、统一,在国家制图标准中,较多地提供了规定的图形符号与代号来代表建筑配构件、建筑材料等。熟悉和掌握这些符号和代号,对阅读建筑工程图是非常重要的。表 16-1 摘录了部分常用的建筑图例。

常 用 建 筑 图 例　　　　　　　　　　表 16-1

名称	图 例	说 明	名称	图 例	说 明
新建的建筑物		需要时可用 ▲ 表示入口,可在图形内右上角用数字表示层数	电梯		1. 电梯应注明类型,并绘出门和平行锤的实际位置; 2. 观景电梯等特殊类型电梯应参照本图例按实际情况绘制
原有的建筑物	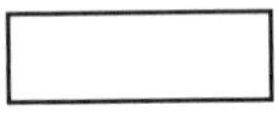	用细实线表示			
计划扩建的预留地或建筑物		用中虚线表示	单扇门(包括平开或单面弹簧)	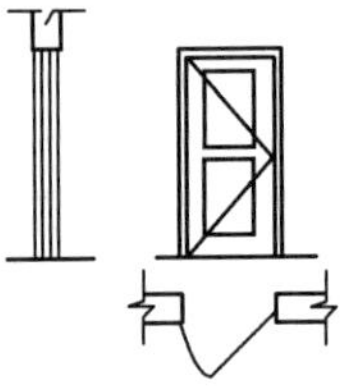	1. 门的名称代号用 M 表示; 2. 剖面图中左为外,右为内,平面图中下为外,上为内; 3. 立面图上开启方向线交角的一侧为安装合页的一侧,实线为外开,虚线为内开;
拆除的建筑物	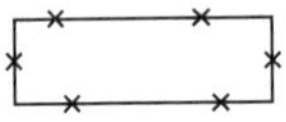	用细实线表示	双扇门(包括平开或单面弹簧)	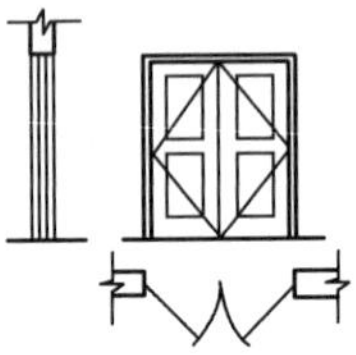	
楼梯	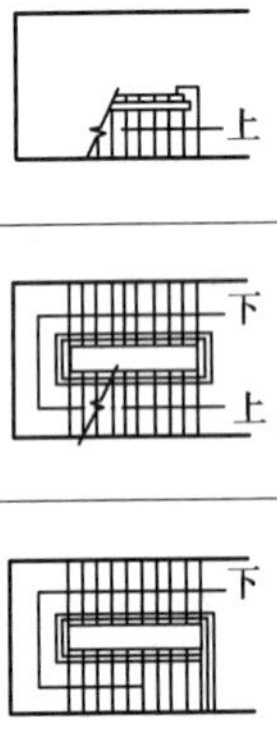	1. 上图为底层楼梯平面,中图为中间层楼梯平面,下图为顶层楼梯平面; 2. 楼梯及栏杆扶手的形式和梯段踏步数应按实际情况绘制	单层固定窗	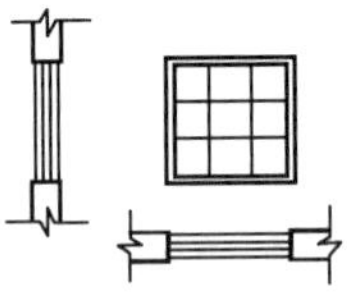	1. 窗的名称代号用 C 表示; 2. 立面图中的斜线表示窗的开关方向,实线为外开,虚线为内开;开启方向为线交角的一侧为安装合页的一侧,一般设计图中可不表示; 3. 剖面图上左为外,右为内,平面图上下为外,上为内;
			单层外开平开窗	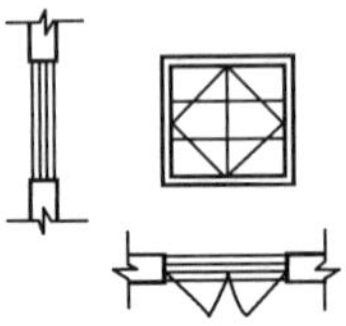	
自动扶梯	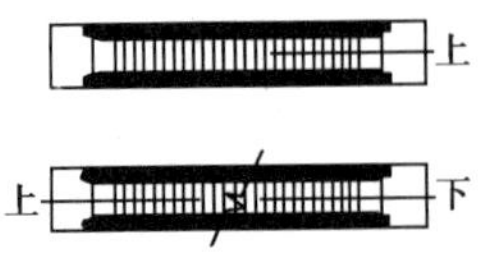		单层内开平开窗	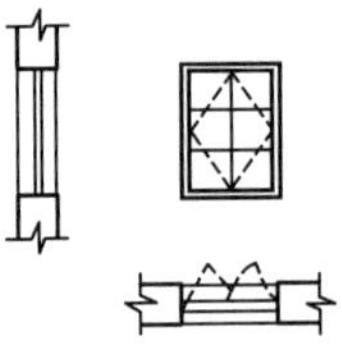	

294

续上表

名称	图 例	说 明	名称	图 例	说 明
单扇双面弹簧门		4. 平面图上门线应 90° 或 45° 开启,开启弧线宜绘出; 5. 立面图上的开启线在一般设计图中可不表示,在详图及室内设计图上应表示; 6. 立面形式应按实际情况绘制	单层中悬窗		4. 平面、剖面图上的虚线仅说明开关方式,在设计图中不需表示; 5. 窗的立面形式应按实际情况绘制; 6. 小比例绘图时平面、剖面的窗线可用单粗实线表示
双扇双面弹簧门					

4. 详图索引符号和详图符号

在房屋施工图的图样中,当所用比例较小而无法清楚地表示某一局部或某一构件时,需要另外用详图来表示。这时应在图中用引出线引出索引符号给以索引,并在所画的详图中编注相应的详图符号与之对应。索引符号和详图符号内的详图编号与图纸编号必须对应一致,以便看图时查找相应的图纸。索引符号的一般形式如图 16-3 所示,由一个圆和水平直线组成,圆的直径为 10mm,圆周和直径都用实线绘制。具体形式有图 16-3a)、b)、c)三种,在这三种形式中,上半圆的数字都表示详图的编号,下半圆的数字表示该详图所在的图纸编号。其中图 16-3a)下半圆中为一段水平线,表示索引出的详图与被索引的图样在同一张图纸上,所以不必另注图纸号;图 16-3b)下半圆中为数字 9,表示此处索引出的详图在编号为 9 的图纸上;图 16-3c)中索引出的详图采用了标准图集的编号为 9 的图纸上,应在索引符号水平直径的延长线上加注该标准图册的名称。

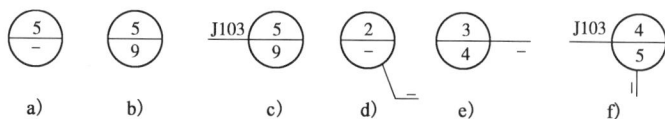

图 16-3 索引符号的形式

a)、b)、c)一般形式;d)、e)、f)用于索引剖面样图的形式

另外,索引符号还有一种形式,即用于索引剖面详图,则应在被剖切的部位绘制剖切位置线,并以引出线引出索引符号,引出线所在的一侧为投射方向,索引符号中数字的意义同上,如图 16-3d)、e)、f)所示。

详图符号的圆用粗实线绘制,直径为 14mm,以区别于索引符号。它的形式有两种:当详图与被索引的图样在同一张图纸内时,详图符号内只需注明详图本身的编号即可;若详图与被索引的图样不在同一张图纸内,应用细实线在详图符号内画一水平直径,在上半圆中注明详图编号,在下半圆中注明被索引的图纸的编号,如图 16-4 所示。

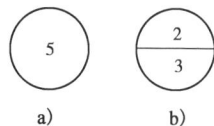

图 16-4 详图符号的形式

a)详图与被索引的图在同一张图纸内;
b)详图与被索引的图不在同一张图纸

5.尺寸单位

标高一律以米为单位,其他线性尺寸除总平面图中可以采用其他单位外,一律以毫米为单位,总平面图中如果要用其他单位时,必须加以说明。

二、建筑总平面图

1.建筑总平面图的表达方法

建筑总平面图是表达一个建筑工程的建筑群体总体布局的水平投影图,主要表示新建房屋基地范围内的地形、地貌、道路、原有及新建建筑物、构筑物等。它是拟建工程项目施工定位、放样、土方工程、施工现场规划布置的主要依据,也是给排水、供电以及暖通等专业管线总平面图规划布置和施工放样的依据。

2.总平面图的图示内容

(1)总体布局

在总平面图中须表示出工程基地范围内的建筑物及构筑物的相对位置、周围道路绿化、围墙等的规划设计等。建筑总平面图选用的比例一般较小,多为1∶500、1∶1000、1∶2000等,因此在《总图制图标准》(GB/T 50103—2010)中,规定了专门的总图图例来表示工程基地范围内的地貌、地物的平面形状等,如果该标准中指定的总图图例不够用,也可自行设定图例,但要在总平面图上的适当位置专门画出自定的图例、注明其名称。常用的总图图例见表16-1。

(2)新建建筑物的定位

确定新建建筑物或构筑物的方式有两种。

对于规模较小、工程项目也较小的建筑物,可以根据相邻的原有永久性建筑物或道路等设施的相对位置来定位,标出定位尺寸,还应在图中直接标出拟建房屋的平面外包总尺寸。

对工程项目较多、规模较大的拟建建筑,或因地形复杂,为了保证定线的准确性,通常采用坐标定建筑物、道路和管道的位置。

总图中的坐标、标高以米为单位,距离可用米为单位,也可用其他单位,但需注明。

(3)室内外绝对标高

总图中标注的标高应为绝对标高,一般须注明建筑物底层室内地坪和室外平整地坪的标高值,对不同高度的地坪,应分别标注其标高。

(4)指北针和风向玫瑰图

指北针指明建筑物的朝向,风向玫瑰图表示该地区常年风向频率。总平面图中必须画指北针,风向玫瑰图可视具体情况而定。

3.建筑总平面图实例

图16-5是某高速公路收费站的建筑总平面图。图的比例为1∶500。图中用图例表示了该站的总体布局,有收费亭、油机房、停车场、办公楼、道路、围墙和绿化等设施,需新建的建筑是图中用粗实线画出的办公楼。拟建的办公楼主体建筑为二层楼房,辅助建筑为一层平房。拟建建筑的定位采用第一种方式,即用已有建筑来定位,如拟建房屋的角点(轴线 A 与轴线 B 的交点)离围墙角点的距离纵、横方向分别是6m和4m。图中还标注了各种设施的外包尺寸以及它们之间的相对位置尺寸。办公楼的绝对标高为6.100,停车场的绝对标高为5.500,油机房的绝对标高为5.950。办公楼标有 ±0.000 = 6.100,说明绝对标高6.100作为相对标高的零

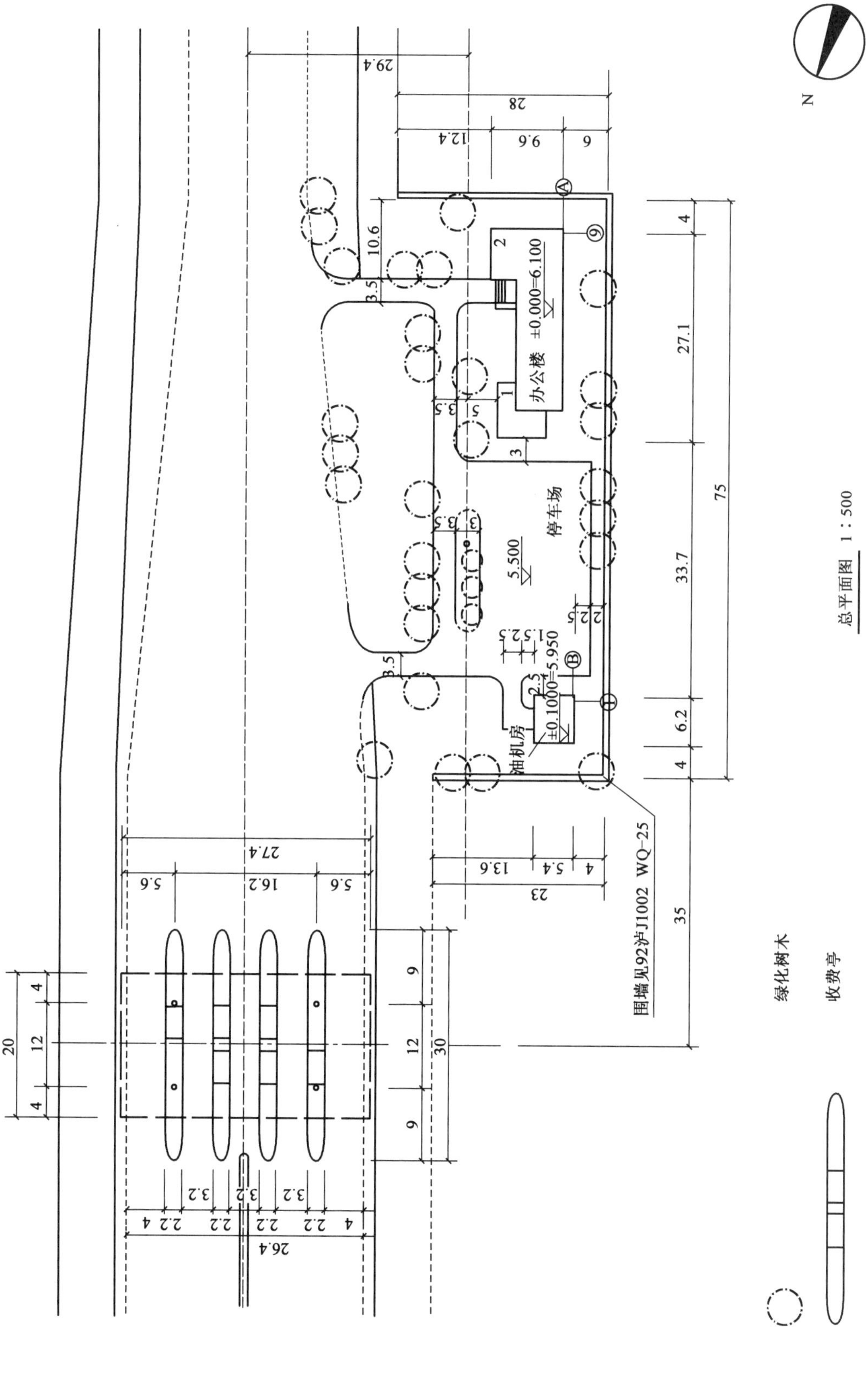

总平面图 1:500

图16-5 建筑总平面图

点,也就是办公楼底层地坪的高度。指北针标明了收费站的方位。

三、建筑平面图

1. 建筑平面图的表达方法

建筑平面图其实是一个剖面图,它是假想用一个水平面去剖切房屋,剖切平面一般位于每层窗台上方的位置,以保证剖切后的平面图中墙、门、窗等主要构件都能剖到,然后移去平面上方的部分,对剩下的房屋作正投影所得到的水平剖面图,习惯上叫作平面图。

建筑平面图反映了建筑物的平面形状、房间分割,墙(柱)的位置、厚薄(断面形状),门窗的位置和大小,以及其他构配件的布置等。建筑平面图是施工图主要的图样,是砌筑墙体、安装门窗和室内装修的重要依据,也是其他图样设计的基础。

一般来说,建筑物有几层,就应当画出几个平面图,并在图的下方注明相应的图名和比例。但是当某几层的平面布置完全相同或绝大部分相同时,这几层可以合用一个平面图,图名标注“标准层平面图”或“二至六层平面图”等形式,局部不同的可另外画出局部平面图。

一般底层平面图需反映出室外的台阶、明沟和散水等,以上的平面图中需反映出前一层平面图未被反映的可见建筑构配件,而前一层中反映过的构配件则不需重复表示(如底层表示过的台阶、明沟等,在二层及以上的平面图中不必再表示)。

屋顶平面图是反映屋顶形状及屋面上构配件的水平投影图。屋顶平面图不需剖切,直接画出其视图。

2. 建筑平面图的图示内容

(1)定位轴线:根据定位轴线了解各承重构件的平面定位与布置。

(2)墙、柱:墙、柱在平面图中总能剖切到,用粗实线画出其轮廓线,房间应注明其名称。

(3)门窗:门窗均按图例画出,并注明门窗编号。门用“M”表示,窗用“C”表示,也可用所选标准图集中门窗的代号来标注。同一类型的门窗用同一个编号。

(4)楼梯:包括楼梯的主入口、楼梯间的位置、梯段上下走向、休息平台位置等。

(5)其他构配件:包括阳台、雨篷、雨水管、入口台阶、散水、明沟等的位置和形状,以及卫生间和厨房设备的布置。

(6)尺寸和标高:平面图中的外墙尺寸规定标注三道。最外面一道为总尺寸,标明房屋的总长度和总宽度;第二道为轴线之间的尺寸,一般为房间的开间或进深尺寸;最里面一道标出了外墙上门窗洞的定形和定位尺寸。此外,还需注出某些局部尺寸,如内墙上的门窗洞位置和宽度、楼梯的主要定位和定形尺寸、主要固定设施的形状和位置尺寸等;如果局部尺寸太密、重叠太多表示不清楚,可另用大比例的局部详图表示,而在建筑平面图中则不必详细注明该部分的细部尺寸。

标高则注明了平面上各主要位置的相对标高值,从中可以看出房屋各处的高度变化。如房间、走廊、厨房、卫生间、阳台及楼梯平台等处的标高。

(7)剖切符号与索引符号、指北针等。

(8)图中剖切到的墙和柱等用粗实线表示,柱通常将断面涂黑,未剖切到的可见轮廓线用中实线表示,较小的建筑构配件、尺寸线等用细实线表示。

3. 建筑平面图实例

图16-6为某办公楼的底层平面图。

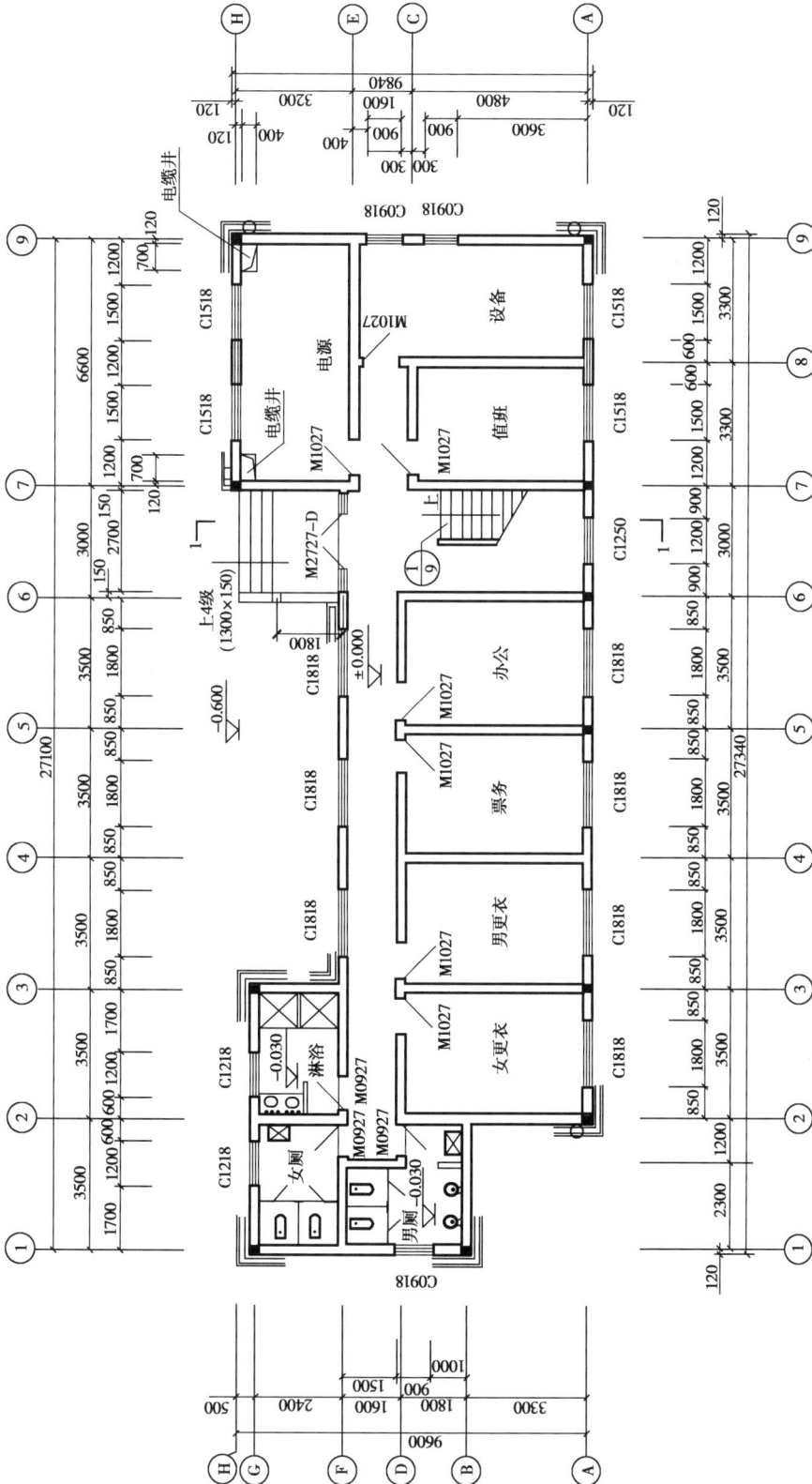

底层平面图 1:100

图16-6 底层平面图

底层平面图是主要的建筑平面图,它的剖切位置大约在底层窗户窗台的上方。表明了建筑物底层的平面布置情况。横向设有 9 根轴线,纵向设有 8 根轴线,轴线与承重墙中心线重合。由底层平面图中可知,大门在轴线 6 与轴线 7 之间,从室外上四级台阶后进入室内。底层设有办公室、值班室、票务室、设备电源等用房,还有浴室、厕所等设施。此外,底层平面图中还画出了室外明沟、雨水管的位置。门窗编号直接注于图上。整幢房屋各种门窗的型号、洞口尺寸、数量等在门窗表中详细列出,以方便加工或订购,见表 16-2。

门 窗 表   表 16-2

门 窗 表	洞口尺寸(mm)	数 量	备 注
M2727-D	2700×2700	1	沪 J511/(1/2)LM18 + LM19 + (1/2)LM18
M1527	1500×2700	1	沪 J511/JM55
M1027	1000×2700	11	沪 J511/JM32
M0927	900×2700	3	沪 J511/JM28
C1818	1800×1800	15	沪 J708/HTC-3
C1518	1500×1800	9	沪 J708/HTC-2
C1218	1200×1800	2	沪 J708/HTC-1
C0918	900×1800	5	沪 J708 参照 HTC-1
C1250	1200×5000	1	沪 J708/(HSC5-89) + (HSC5-42) + (HSC5-77)

尺寸标注有外墙的三道尺寸和其他细部尺寸,从中可以看到房屋的总长和总宽,各个房间的开间、进深、墙厚,门窗的宽度和位置等。

标高则注明了室内外不同位置的相对高度。其中室外地面的标高为 −0.600m,室内地面的标高为 ±0.000m,厕所、浴室的标高为 −0.030m。

楼梯也是平面图要表达的一个重要内容,但由于图较小,在这里许多尺寸和细部构造都无法表达清楚,一般是另外画一张放大的图,称为详图,在平面图上画一详图索引符号,说明有详图另行表示该处的详细做法。

需要说明的是,详图索引符号与详图符号中的图纸号的对应关系,在实际工作中是要将图纸编号并装订成册,便于查找。但在本章中都是以插图的编号来代替实际施工图中的图纸编号的。如底层平面图楼梯处的详图索引符号,下半圆中的 9 表示该详图在图 16-9 中,上半圆 1 表示在图 16-9 中编号为 1 的详图,即为要索引的详图。这一点请读者特别注意,以便对照查阅。

底层平面图中必须标注剖面图(如果需作剖面图的话)的剖切位置、投影方向及其编号,如图中通过楼梯的剖切平面 1-1。

四、建筑立面图

1.建筑立面图的表达方法

建筑立面图是房屋各个方向外墙面的视图。立面图的命名有两种形式:有定位轴线的建筑物,宜根据两端的轴线来命名,如①-⑥立面图、■-■立面图;也可按建筑物的方向命名,如正立面图或南立面图等。

立面图是用来主要反映房屋的体型、外貌、门窗形式和位置、墙面的装修材料和色彩等的图样。一般情况下，房屋有几个立面，就需要画几个立面图，通常房屋有东、南、西、北四个立面，需画出四个立面图。在立面图中，只画可见轮廓线，不画内部不可见的虚线，也不画不可见外墙上的内容。如南立面图只画南墙上的内容，不画内部，也不画北墙上的内容，北墙由北立面图来表达。

2. 建筑立面图的图示内容

(1)立面两端的轴线及编号：立面图中一般只注出两端的轴线，以明确其位置，且与图名及平面图的编号对应起来。

(2)外墙面的体形轮廓线及屋顶外形线：通常为粗线。

(3)门窗的形状、位置与开启方向：门窗是立面上的主要内容之一，门窗洞的形式、分格、开启方式按照有关图例根据实际情况绘制，同一型号的门窗可只画其中一处。

(4)外墙上的其他构筑物：按照投影原理反映建筑物室外地面线以上能够看得见的细部，包括勒脚、台阶、花台、雨篷、阳台、檐口、屋顶和外墙面的壁柱花饰等。

(5)标高及竖向尺寸：立面的高度尺寸，主要以标高的形式标注，一般需要标注的位置有室内外地面、台阶、门窗洞的上下沿、雨篷、檐口等。除了标高外，竖向尺寸可不注写，如需注写时，一般可按最外一道为建筑物的总高度，第二道注楼层间的高度，第三道注门窗的高度，有时还可补充一些局部尺寸。

(6)标注详图索引符号和有关的文字说明：立面图中一般用文字注明外立面装饰的材料和做法。

(7)建筑立面的外轮廓用粗实线表示：立面上凹进或凸出墙面的轮廓线用中实线表示，较小的建筑构配件及装饰线用细实线表示，地坪线用加粗线表示。

3. 建筑立面图实例

图 16-7 是轴线⑨-①立面图。它所反映的是该立面上的建筑轮廓线、建筑配构件情况、墙面的装饰做法等。立面图中标注了主要标高，如室内外地面、台阶、门窗洞的上下沿、雨篷、屋顶等。

五、建筑剖面图

1. 建筑剖面图的表达方法

建筑剖面图是用来表达房屋内部的竖向构造状况的主要图样。从剖面图中可以了解各楼层房间的高度、室内外高差、屋顶坡度以及内部结构形式和构造情况等。阅读剖面图时，应根据平面图中的剖切位置、编号及投影方向查对相应的剖面图以便对照阅读。

剖面图的剖切位置一般选择在能反映房屋全貌、构造特征的有代表性的部位，如通过门厅、楼梯或门窗洞、高低变化较多的地方，并在底层平面图中标明。至于其数量，要视房屋的复杂程度和实际需要确定，一般不是很复杂的房屋，用一个剖面图就可满足要求。

2. 建筑剖面图的图示内容

(1)外墙的定位轴线和编号。应与底层平面图中标注的剖切位置、编号、轴线对应。

(2)剖切到的配构件。

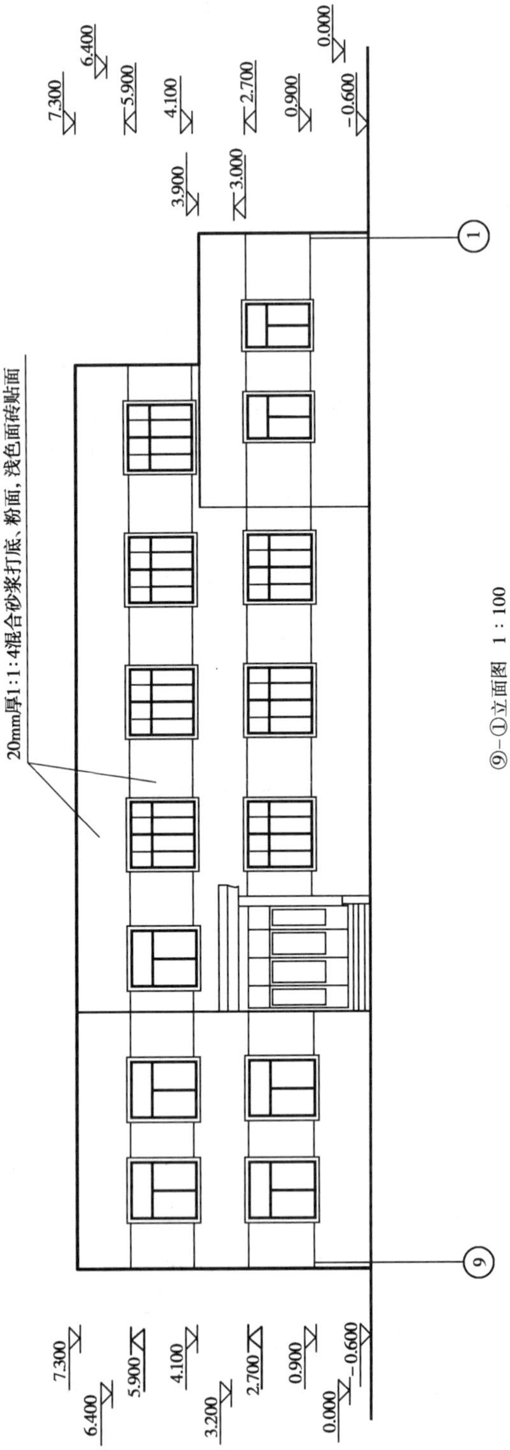

20mm厚1:1:4混合砂浆打底，粉面，浅色面砖贴面

7.300
6.400
5.900
4.100
3.900
△3.000
△2.700
0.900
0.000
−0.600

①

⑨−①立面图 1：100

图16-7 建筑立面图

7.300
6.400
5.900
4.100
3.200
2.700
0.900
0.000
−0.600

⑨

（3）未剖切到的可见配构件。

（4）竖直方向的尺寸和标高。外墙一般标注三道尺寸,从外到里分别为建筑物的总高度、层高尺寸、门窗洞的尺寸,此外还有局部尺寸,以注明构配件的形状和位置。标高需要标注的有室内外地面、各层楼面标高、阳台、台阶、楼梯平台等。

（5）详图索引符号。由于比例的限制,剖面图中表示的配构件都只是示意性的图样,具体的构造做法等则需要在剖面图中引出索引符号,在大比例的详图中另行表示。

（6）剖面图中线形。剖面图中室内外地面线用加粗线表示,剖切到的墙和板等用粗实线表示,未剖到的可见轮廓线用中粗实线表示,较小的建筑构配件、尺寸线等用细实线表示。

3. 建筑剖面图实例

图 16-8 为 1-1 剖面图,剖切位置可到图 16-5 所示的底层平面图中查找。本例剖切在轴线 6 和 7 之间,即剖切到楼梯,投影方向是从右向左观看,对照各层平面图,可以看到沿着视线方向。在底层,分别剖到或看到:四级台阶、雨篷、墙和门洞、楼梯、门窗楼板和屋面等。楼梯部分的剖面图另用详图表示。

在剖面图中用尺寸标注出了外墙的竖向尺寸,另用标高形式注出了室内外地面、各层楼面及屋面等主要位置的标高。

六、建筑详图

1. 建筑详图的表达方法

建筑平、立、剖面图是建筑施工图中最基本的图样,它们反映了建筑物的全局,但由于它们采用的比例较小,因而建筑物的某些细部及构配件的详细构造及尺寸无法清楚地表达,需要另外绘制大比例的图样作为补充。这种局部大比例的图样称为详图。

详图的数量及表示方法,应根据配构件的复杂程度而定,有时仅仅是平面、立面、剖面图中某个细部的放大,有时则需要画出其剖面或断面图,或需要多个视图或剖面(断面)图共同组成某一配构件的详图。

详图必须注明详图符号、详图名称和比例,与被索引的图样上的索引符号对应,以方便对照阅读。

2. 建筑详图实例

图 16-9 是底层楼梯平面详图。图名中圆圈上方的 1 表示是第一个详图,圆圈下方的 6 表示从插图 16-6 中索引过来。

在楼梯的平面详图中,要注明楼梯的走向和级数,以及相关尺寸,如楼梯间的开间、进深、平台深度、梯段及楼梯井宽度、栏杆扶手位置尺寸、梯段的总长度等。为了从楼梯平面图中了解其高度的变化及便于结合楼梯剖面图对照看图,还应注出楼地面和休息平台处的标高。

楼梯踏步中水平的面称为踏面,竖直面称为踢面。在标注梯段长度时,通常写成"梯段踏面数 × 踏面宽 = 梯段长度"这种三者合一的形式。

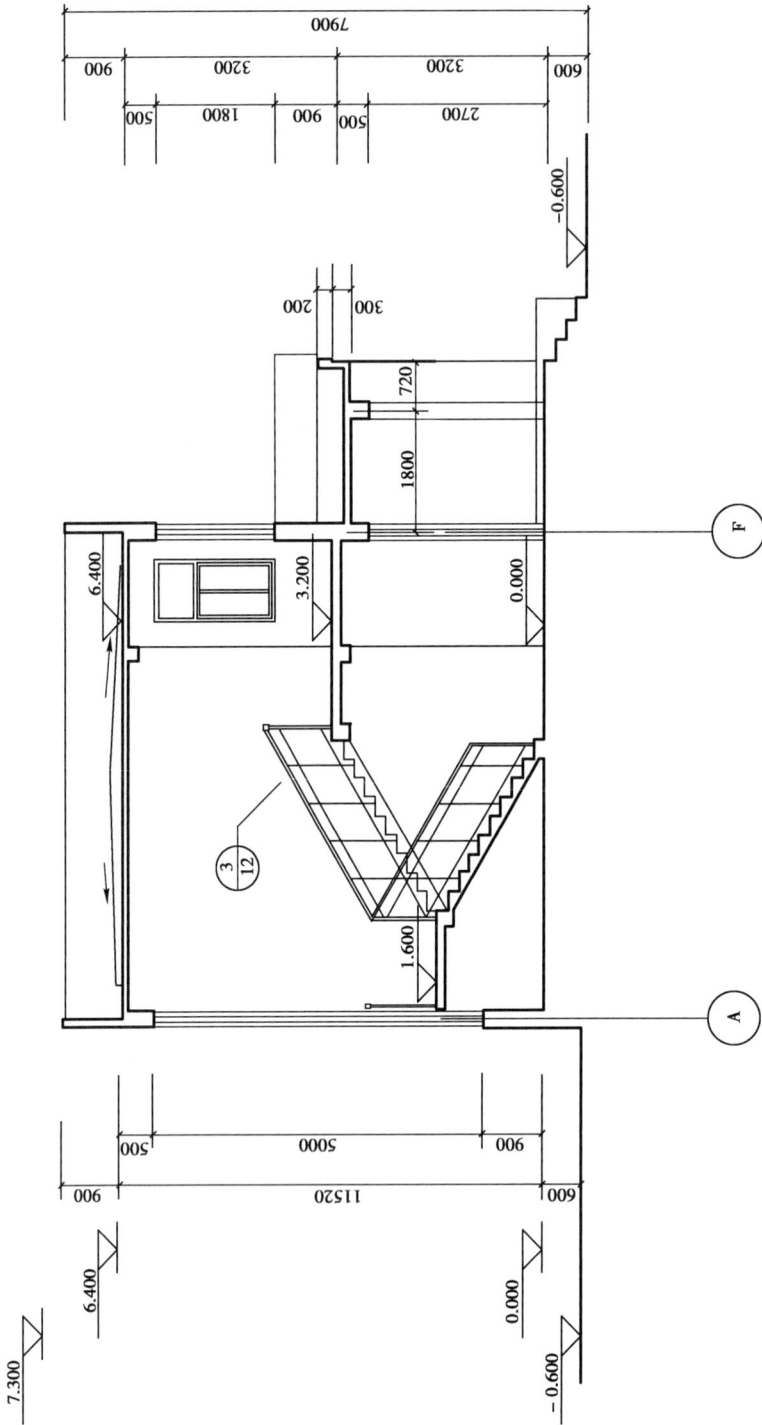

1—1剖面图　1：100

图16-8　建筑剖面图

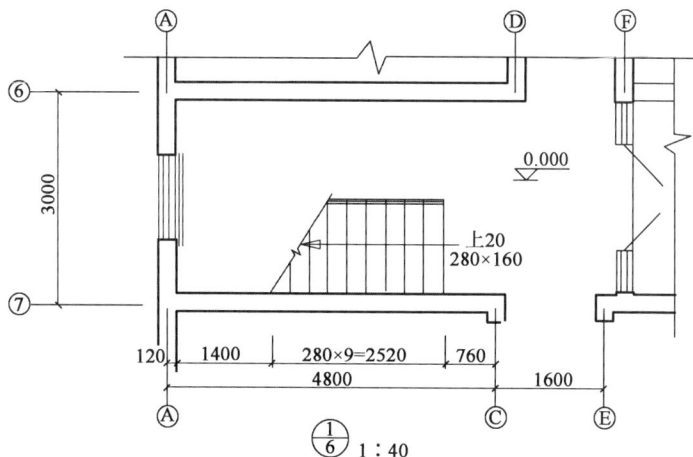

图 16-9　底层楼梯平面详图

第二节　结构施工图

建筑承受外界荷载的构件称为承重构件,如基础、承重墙、柱、梁、板、屋架、屋面板等。承重构件组成了建筑的结构体系,建筑的结构形式主要是根据房屋基础以上部分的结构形式来区分的。从使用的材料上,可分为砌体结构、钢筋混凝土结构、钢结构、木结构;从结构的受力形式上,可分为墙体承重的砖混结构、框架结构、剪力墙结构、框架剪力墙结构等,其中砖混结构往往是砌体和钢筋混凝土的混合结构。

砖混结构和钢筋混凝土结构施工图一般由基础图、上部结构布置图和结构详图组成。

建筑结构构件种类繁多,为图示简明、清晰,国家标准规定构件的名称用代号来表示。构件代号通常为构件类型的汉语拼音的第一个字母,常用的构件代号见表 16-3。预应力钢筋混凝土构件的代号在构件代号前加注"Y-"。如 Y-KL 是预应力钢筋混凝土框架梁。

常 用 构 件 代 号　　　　　　　　　　表 16-3

名　称	代　号	名　称	代　号
板	B	框架梁	KL
屋面板	WB	檩条	LT
空心板	KB	屋架	WJ
槽形板	CB	框架	KJ
楼梯板	TB	柱	Z
盖板或沟盖板	GB	构造柱	GZ
挡雨板或檐口板	YB	挡土墙	DQ
过梁	GL	梯	T
圈梁	QL	桩	ZH
连系梁	LL	雨篷	YP
基础梁	JL	阳台	YT
楼梯梁	TL	梁垫	LD
天沟板	TGB	刚架	GJ

代号后用阿拉伯数字标注该构件的型号或编号,也可为构件的顺序号。

有关钢筋混凝土的基本知识已在前面的章节介绍了。

一、基础施工图

基础是建筑物埋在地面以下的承重构件,承受建筑物的全部荷载,并将这些荷载传给地基。地基是指支承建筑物的土层或岩层。

以土作为地基,它的强度远低于墙体、柱材料的抗压能力。为降低地基单位面积上所受到的压力,避免地基在上部荷载作用下被压碎、失稳、产生过大的或不均匀的沉降,往往需要把墙、柱下端地基部分适当扩大。墙、柱下端基础的扩大部分称为基础的大放脚。

基础的形式和种类很多,按其构造形式可分为连续基础和单独基础两类,一般承重墙下用连续基础,承重柱下用单独基础。

基础施工图,一般由基础平面图和基础详图组成。

1. 基础平面图

基础平面图是假想用一个水平面沿着地面剖切整幢房屋,移去上部房屋和基础上的泥土,用正投影法绘制的水平投影图。

图 16-10 是图 16-5 所示的高速公路收费站办公楼的基础平面图,主要为墙体承重的砖混结构,基础采用连续基础,这种长度方向的尺寸远大于宽度方向尺寸的布置形式称为条形基础。

条形基础平面图的图示特点如下:

基础平面图中画出基础墙的轮廓线,用粗实线表示;基础底部的轮廓线,用中粗或细实线表示;基础圈梁和基础梁,一般用点画线表示;构造柱,一般柱断面用涂黑表示;并标注轴线编号和轴线间距尺寸。

剖切符号,在房屋的不同部位,由于荷载或地基承载力不同,基础的形式、断面尺寸、埋置深度都可能不同。对于每一种不同的基础,都要画出它们的断面图。因此,在基础平面图上,应相应地画出剖切符号并注明断面编号。断面编号一般都用阿拉伯数字边连续编号,如图 16-10 所示。

2. 基础详图

基础平面图只表明了基础的平面布置,基础各部分的断面形状、材料、构造作法(如垫层、防潮层等)及细部尺寸和埋置深度需要在基础详图中表现出来。基础详图一般都采用垂直断面图表达。在墙下条形基础的平面图上,如图 16-10 所示,用 1-1、2-2 等剖切符号表示房屋各处不同的基础的断面剖切位置与编号。由于各剖面的结构形式完全一样,仅尺寸和配筋略有不同,所以只需一个详图附加一个表格即可,如图 16-11 所示的断面详图,它既适用于 1-1 剖面,又适用于 2-2 剖面和其他的剖面,这种图一般称为通用断面图。对各个剖面可查看表格,将不同剖面与各自的尺寸和配筋一一对应。

图示内容主要有:

(1)基础断面的轮廓线和基础圈梁、基础梁的位置。

(2)基础底部及基础圈梁、基础梁的配筋情况。

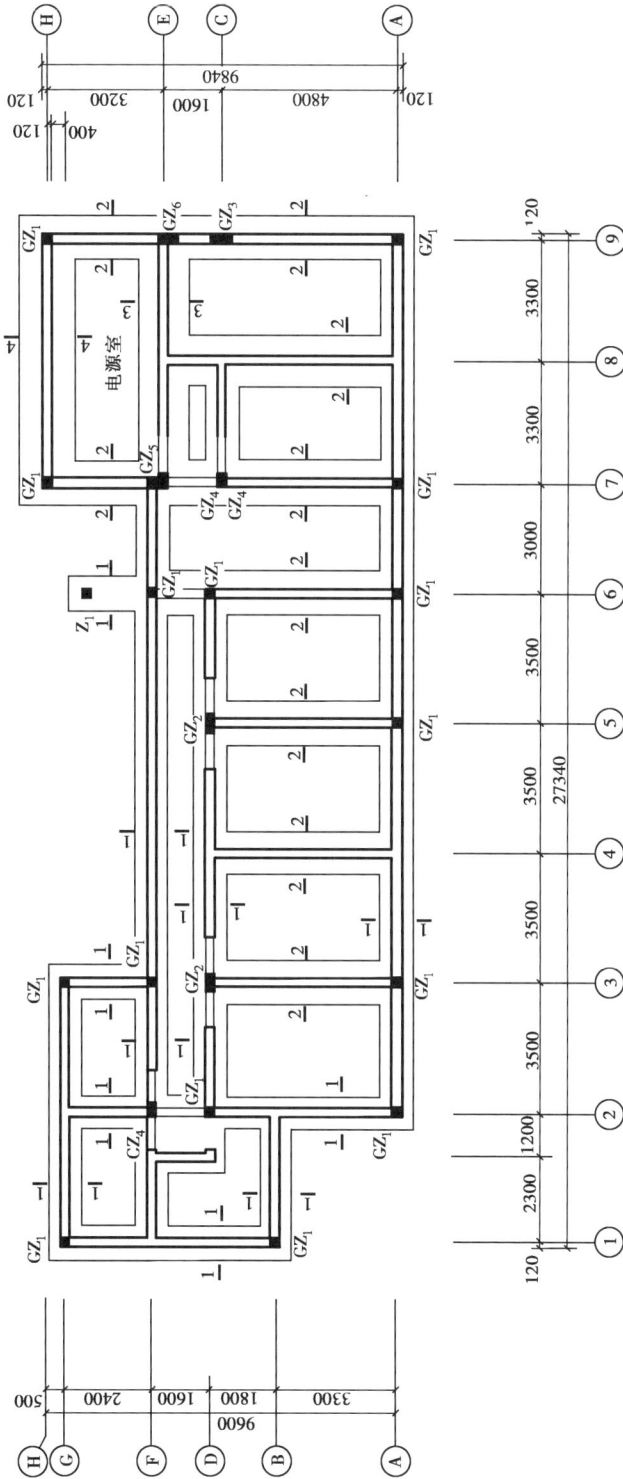

基础平面布置图　1：100

图16-10　基础平面图

（3）室内外地坪线及防潮层位置，室内地坪相对标高为 ± 0.000m，室外地坪标高为 −0.600m，室内外高差为 600mm。

（4）基础埋置深度，垫层底标高为 −2.600m。

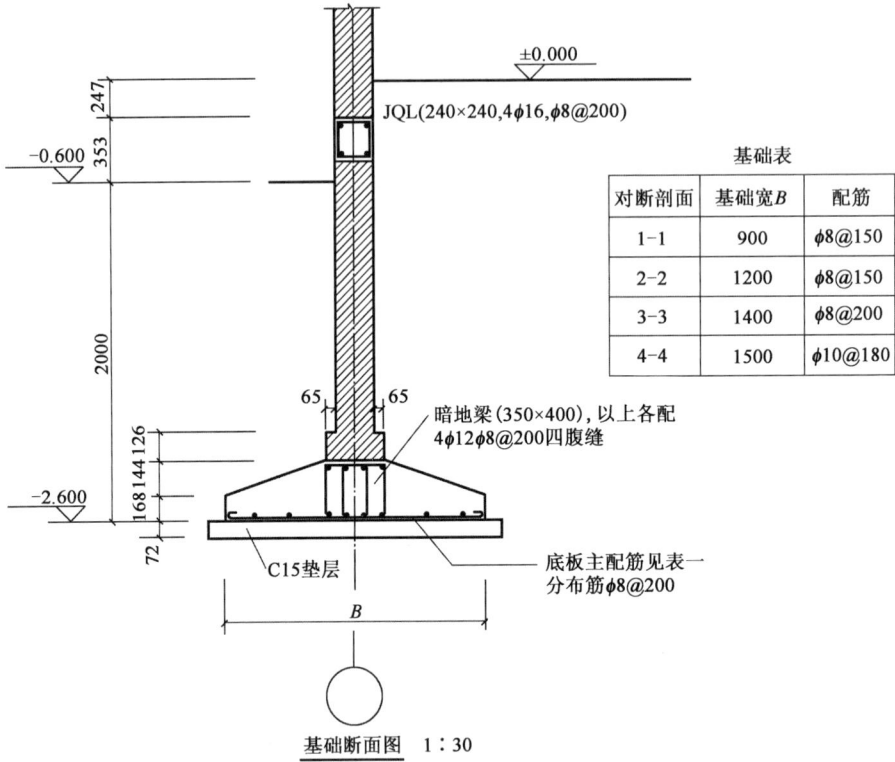

图 16-11　基础详图

二、结构平面图

结构平面图主要表达楼面、屋面、梁、柱、墙等承重构件的平面布置，重点表达该层楼板的结构布置形式和相关的梁、柱、墙的平面位置。楼层的施工方式有现场浇筑和安装预制板两种，目前较多选用的施工方式是现浇。

主要内容有以下几个方面：

（1）墙、柱、梁等构件的位置和编号。

（2）屋面板或楼板部分设计情况，如采用安装预制板方式，须表明预制板的型号或编号、数量、铺设的范围和方向等；如采用现浇方式，须表明现浇板的范围、厚度和配筋，留孔洞的位置及尺寸等。

（3）圈梁和门窗过梁及其他的梁的布置、代号与编号。

（4）各种梁、板底面结构标高，各定位轴线间的距离。

（5）有关剖切符号、详图索引符号和其他标注代号。

（6）说明：如总说明中未指明的，或在本楼层中需要特别说明的特殊材料、尺寸或构造措施等。

图 16-12 为某办公楼的屋面结构平面布置图。办公楼全部为现浇钢筋混凝土楼板。按规范

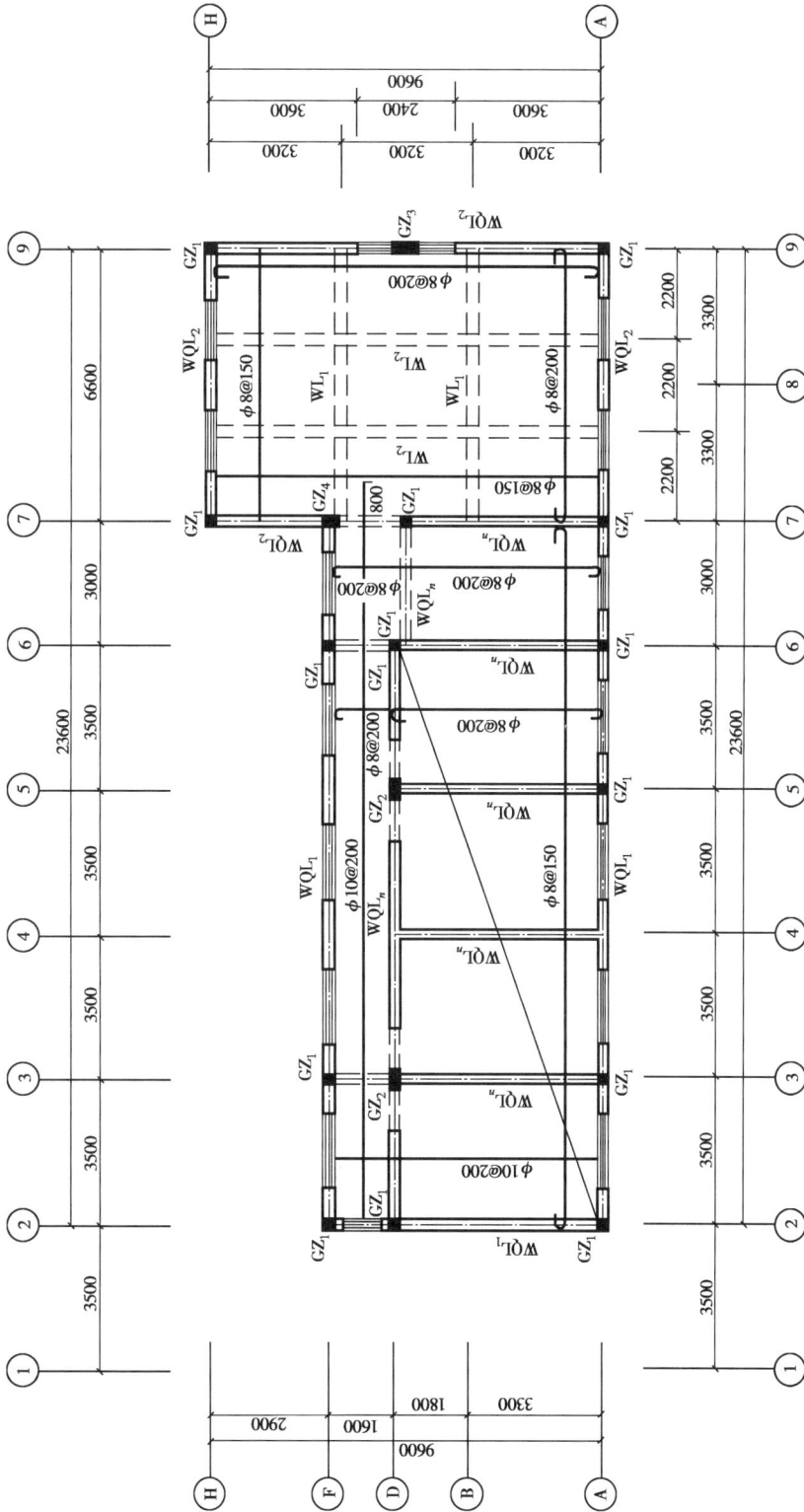

说明:
1. 板面标高为6.400 m。
2. 板厚图中未注明处为80 mm。

屋面结构布置及板配筋 1:100

图16-12 二层结构平面布置图

要求,砖墙承重的结构在墙的拐角和部分、内外墙交接处及楼梯间设置构造柱。图中用涂黑表示其断面,并标注 GZ。圈梁在砖墙承重的混合结构中,起到保证房屋整体刚度、防止或减轻由于地基不均匀沉降或地震作用而产生过大的不利影响、加强墙身稳定性的作用。图中用点画线表示其中心的位置,并标注 QL(由于本层为屋面层,所以 WQL 为屋面圈梁)。图中轴线⑦-⑨、■-■范围是一个开间和进深都比较大的空间,需要加设屋面梁(WL)承重,屋面梁的位置在图中以虚线示出。图中表示出了屋面板的钢筋的布置情况。

本办公楼的底层采用预制板做架空层,图 16-13 为底层结构平面图(局部)。

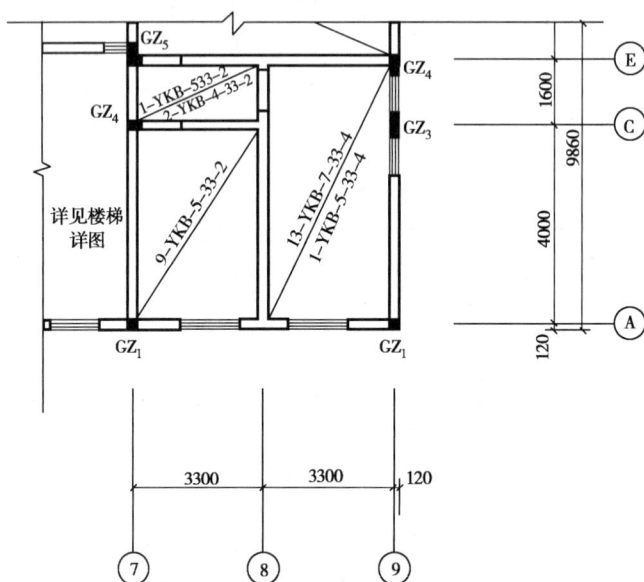

图 16-13　结构平面图(局部)

预应力混凝土楼板的代号为 9-YKB-5-33-2,其含义如下:

9——预应力钢筋混凝土多孔板块数;

YKB——钢筋混凝土多孔板代号;

5——宽度(5 表示 500mm);

33——长度(33 表示 3300mm);

2——两圆孔间预应力钢筋根数。

例如图 16-13 中:在轴线 7-8、A-C 范围之内布置 9 块宽度为 500mm、长度为 3300mm 的预应力钢筋混凝土多孔板。在轴线 8-9、A-C 范围之内布置 13 块宽度为 700mm、长度为 3300mm和 1 块宽度为 500mm、长度为 3300mm 的预应力钢筋混凝土多孔板。

三、构件结构详图

结构布置图只表示出建筑物各承重构件的布置情况,至于它们的形状、大小、材料、构造和连接情况等则需要分别画出它们的详图。

钢筋混凝土构件有定型构件和非定型构件两种。定形构件(包括预制和现浇)可以直接查阅标准图集或通用图集,不需要绘制详图。非定型构件必须绘制详图。一般钢筋混凝土梁、柱、楼梯等现浇构件都需要绘制详图。

本例办公楼的承重构件除砖墙外,主要是钢筋混凝土结构。图 16-14 是办公楼屋面梁(WL_1、WL_2)的结构详图(通常也称为配筋详图或大样图)。

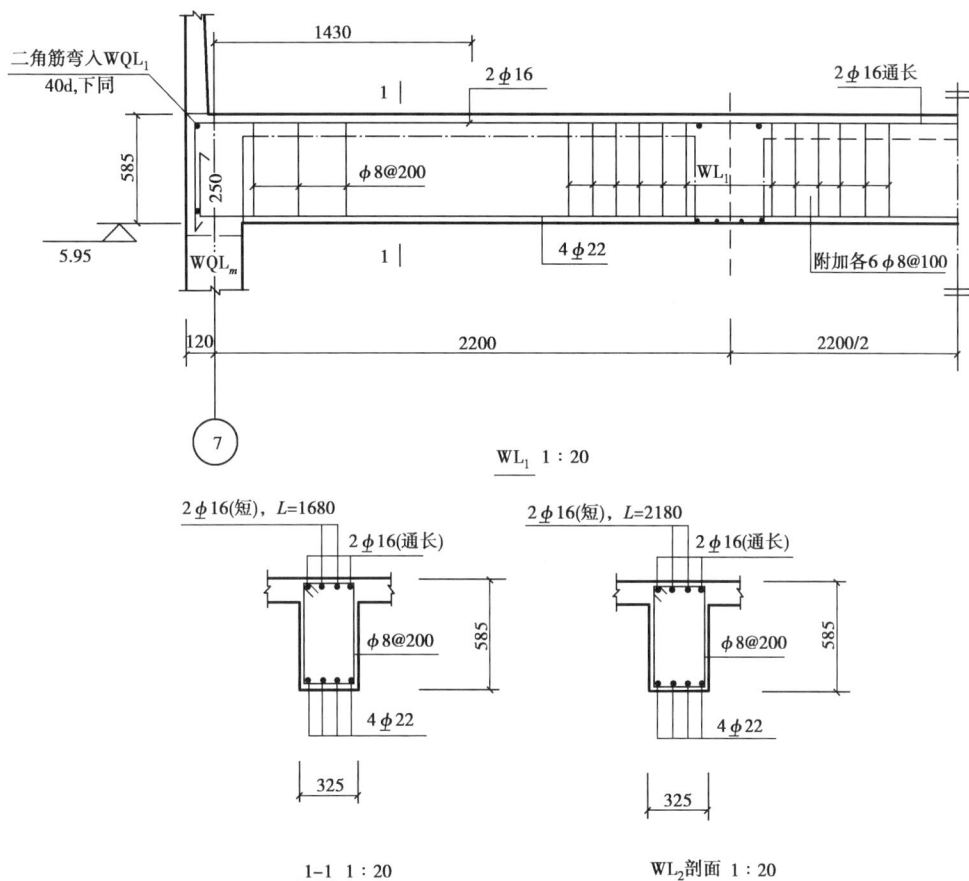

图 16-14　梁结构详图

梁的配筋详图一般由立面图和断面图组成。图中用粗实线画钢筋,细实线画可见的外形轮廓线,不可见的用虚线表示。WL_1 与 WL_2 垂直相交布置,二者的断面尺寸和配筋情况基本相似,故省略了 WL_2 的立面图,只画出其断面图。因为立面图左右形状对称,可以只画一半。梁的配筋主要由梁下部纵向钢筋、上部纵向钢筋和箍筋组成,箍筋在梁端部加密。由于 II 级钢筋不做弯钩,为清楚反映钢筋的终端位置,用 45°方向的短粗线表示无弯钩钢筋的端部。

第三节　给排水施工图

一、给排水施工图基本知识

给排水施工图及暖通施工图与其他专业工程图一样,要符合投影原理和视图、剖面和断面等基本画法的规定。另外,由于给排水及暖通施工图的主要表达对象是各类管道,这些管道的基本特点是:截面形状简单规则;管道长度远远超过管道的直径;分布范围广,纵横交叉相互连接;管道附件众多;这些附件与附属设备一般都有标准的规格和基本统一尺寸,所以国家标准制定了许多图例来统一表达。

1. 图线

当在同一套图样中,只有一种管道时,通常用实线来表示该管道。如果有好几种不同的管道,为避免混淆和更为清晰起见,可用不同的线形(如实线、虚线、点画线等)来表示各种系统的管道,并在图中附加图例进行说明。也可以用国标规定的实线加字母的方法来表达不同的管道。例如在实线中间写 J,表示是生活给水管,实线中间写 F 表示废水管等,该字母的含义是汉语拼音的第一个字母。

2. 比例

管道的平面布置图一般是套用建筑平面图,比例与建筑平面图相同。如果管道和设备比较密集的地方,用原比例不易表达清楚时,可以用局部放大的图样来补充表达。系统原理图是轴测图,主要是说明整个系统及其布置、连接等方式,系统原理图不按比例绘制,轴测图在按比例不易表达清楚时也可以不按比例绘制。

3. 标高

室内工程图应标注相对标高;室外工程图宜标注绝对标高。

压力管道应标注管中心标高;沟渠和重力流管道宜标注沟(管)内底标高。标高的标注方法如图 16-15 所示。管道也可以标注本层建筑地面的标高,在给排水施工图中,标注方法为:$h + \times.\times\times\times$,其中 h 表示本层建筑的地面标高(如 $h + 0.125$);在暖通施工图中是 $B + \times.\times\times\times$(如 $B + 2.200$)。

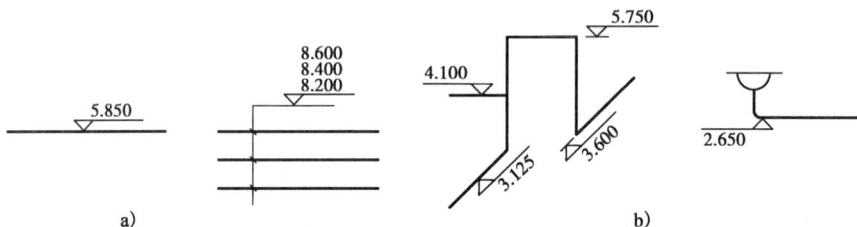

图 16-15 管道标高标注法(标高单位:m)
a)平面图中管道标高标注法;b)轴测图中管道标高标注法

4. 管径

管道直径的标注以毫米为单位,管径的标注方法如图 16-16 所示。不同材质管道应按照不同的管径表示方法。

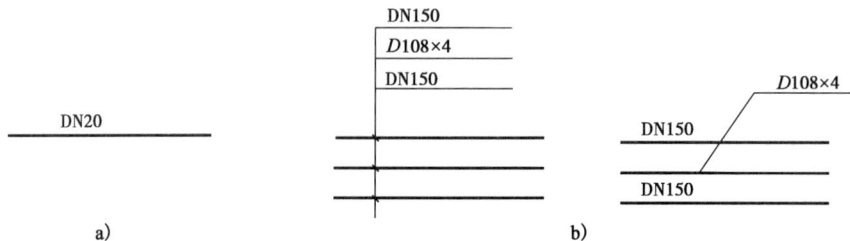

图 16-16 管径表示法
a)单管管径表示法;b)多管管径表示法

(1)水煤气输送钢道(镀锌或不镀锌相同)、铸铁管等管材,管径以公称直径 DN 表示(如 DN25、DN100)。

(2)无缝钢管、焊接钢管、铜管、不锈钢管等管材,管径以公称外径 $D \times$ 壁厚表示(如 $D108 \times 4$、$D159 \times 4.5$ 等)。

(3)钢筋混凝土(或混凝土)管、陶土管、耐酸陶瓷管、缸瓦管等管材,以内径 d 表示(如 $d230$、$d450$ 等)。

(4)塑料管材,管径按产品标准规定的方法标注。例如 De50 表示管径为 50mm 的 UPVC 管材。

5. 常用图例

给排水施工图和暖通施工图用不同的图例来表示各种不同的配件和附属设备,表 16-4 是给排水施工图中常用的图例。在工程实践中,也可以自行拟设或暂用业务单位惯用的图例。无论是否采用标准图例,一般都应在工程图中附足必要的图例或说明,以免在施工时引起误解。

给水排水常用图例   表 16-4

名　称	图　例	名　称	图　例
生活给水管	 —— J ——	管堵	
热水给水管	 —— RJ ——	法兰堵盖	
中水给水管	 —— ZJ ——	三通连接	
废水管	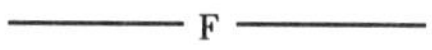 —— F ——	四通连接	
污水管	 —— W ——	盲板	
雨水管	 —— Y ——	管道丁字上接	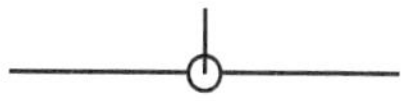
管道立管	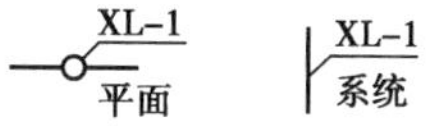 XL-1 平面　XL-1 系统	管道丁字下接	
排水明沟	 坡向 ——→	管道交叉	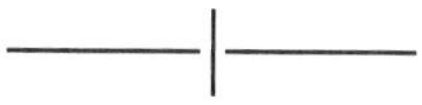
法兰连接	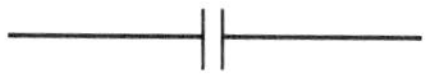	存水弯	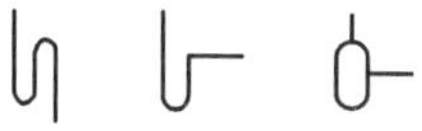
承插连接	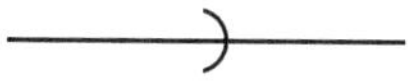	弯头	
活接头		闸阀	

313

名　称	图　例	名　称	图　例
角阀		蹲式大便器	
三通阀		坐式大便器	
截止阀		淋浴喷头	
室内消火栓	平面　系统	阀门井、检查井	
台式洗脸盆		水封井	
浴盆		水表井	
洗涤盆		水泵	
污水池		水表	

6.编号

当建筑物的给水引入管或排水排出管的数量超过一根时,宜进行编号,如图 16-17a)所示。建筑物内穿越楼层的立管,其数量超过一根时,也要进行编号,如图 16-17b)所示。通常将这种图形称为索引符号。

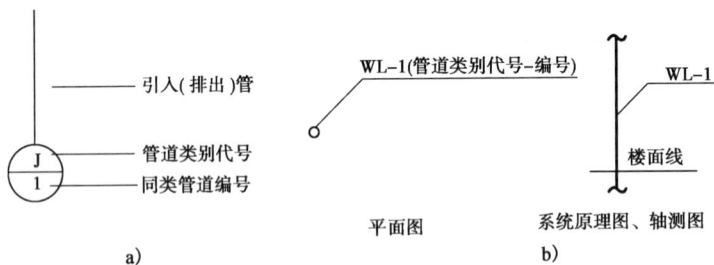

引入(排出)管

管道类别代号

同类管道编号

WL-1(管道类别代号–编号)

WL-1

楼面线

平面图

系统原理图、轴测图

a)

b)

图 16-17　编号方法

a)给水引入(排水排出)管编号表示法；b)立管编号表示法

二、给排水施工图

室内给排水施工图是表示房屋内部的卫生设备、用水器具的种类、规格、安装位置、安装方法及其管道的配置情况和相互关系的图样。它主要包括平面布置图、系统原理图或系统轴测图、屋顶平面图、设备安装详图和施工说明等配套组成的施工工程图。其中,平面布置图和系统原理图或系统轴测图是比较重要的图样。

1. 平面布置图

平面布置图主要是表示卫生器具、管道及其附件相对于房屋的平面位置的图样。图 16-18
是某办公楼底层平面布置图及图例。

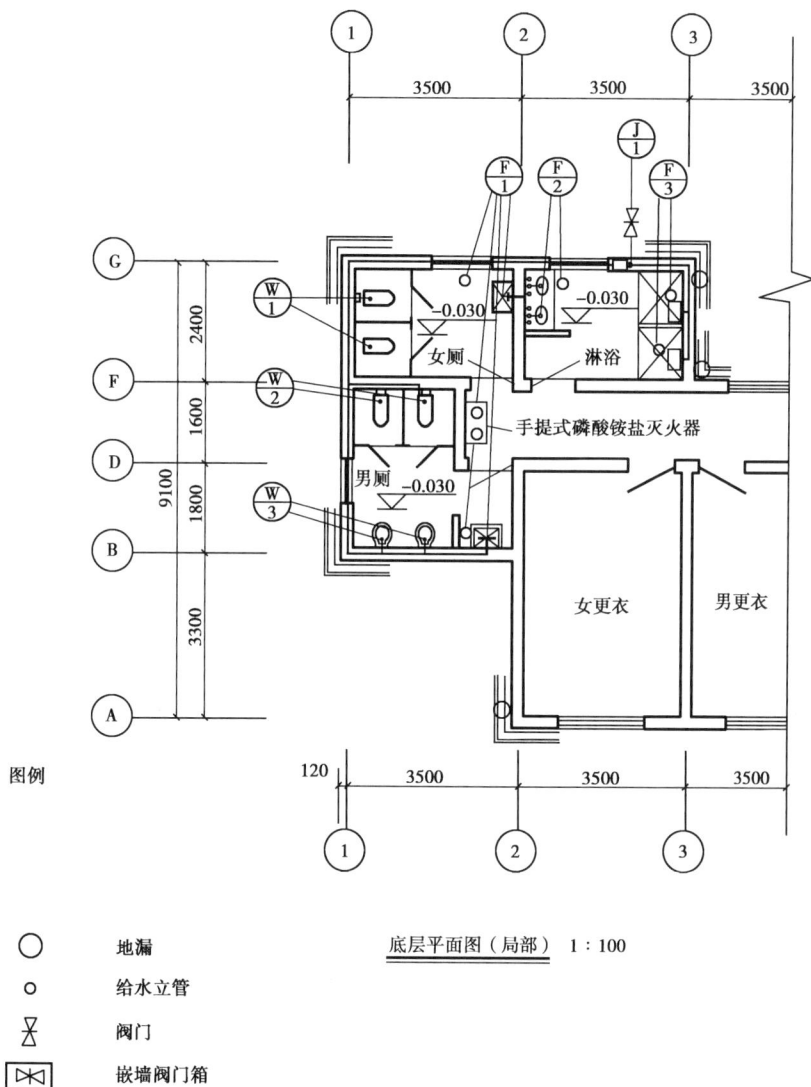

图例

○　地漏

o　给水立管

⊗　阀门

⊠　嵌墙阀门箱

底层平面图（局部）　1∶100

图 16-18　平面布置图

平面布置图的内容主要有：

（1）卫生设备、配水器具

房屋内部的卫生设备、配水器具是房屋中设备的一部分,是房屋工程的建筑施工平面图中
不可缺少的内容。一般给排水工程的平面布置图可以直接在建筑施工平面图上绘制,但两者
所表达的要求、内容实际上是完全不同的。所以在给排水工程的平面布置图上可以对房屋的
具体结构及详细节点进行简化,但要明确显示出卫生设备、配水器具在房屋内的平面位置与管
道的配置。

（2）管道

除非是大型的生产管道，一般室内给水、排水工程管道的直径为十几毫米至几百毫米，因此管道在图中无法按正确的投影来显示直径的大小。所以各种管道不论直径大小，一律用单线来表示，只能是显示了管道的位置和延伸，管径是在系统图中用标注数字来表明的。在各种不同性质的管路系统较多时，则按表 16-4 中的管路代号，在管线中间注上相应的字母代号。但如管线较密，则在看图时容易混淆而发生误差，直观性较低。所以在一般的房屋的平面布置图中，管路种类不多，采用不同的线形来表示，这样容易区别。如在图 16-18 中，给水管用实线表示，污水管用虚线表示，废水管用点画线表示，管道的立管用圆圈表示。

每层平面布置图中的管路，不是以地面作为分界线，而是以连接该层卫生设备的管路为分界线的。不论给水管或排水管，也不论是在地面以上或地面以下的，凡是为底层服务的管路，以及供应或汇集各层楼面而敷设在地面下的管道，也都应画在底层平面图中。同样，凡是连接某楼层卫生设备的管路，虽有安装在楼板上面或下面的，但也都要画在该楼层的平面图中。而且不论管道投影的可见性如何，都按原线型来画。

（3）标注、图符及说明

平面布置图上应标注各楼层和室外地坪的标高，一般底层地面的标高为 0.000。此外，底层平面布置图上标有指北针，表明房屋的朝向。

为使平面布置图与系统轴测图(图 16-18 和图 16-19)相互对照和便于读图，各种管路均有按管路系统分别编号。进水管是以每一引入管(从室外给水干管上引入室内给水管网的水平进户管)为一系统；排水管是以窨井承接的每一排出管(汇集室内排水立管废污水至室外窨井之间连接的水平横管)为一系统。室内给水排水管路系统的进、出口数，在两个或两个以上时，都有管道类别代号和编号。平面布置图中的给水管，连接到各设备的放水龙头或冲洗水箱的支管接口；排水管则连接至各设备废、污水的排泄口。

各种管道及其附件、阀门、仪表、配水器具、卫生设备等都是用图例和文字符号，在平面布置图中表示。除了国家标准规定的符号，设计单位一般都会在图边，以图例的形式加以说明。

2. 系统原理图和系统轴测图

系统原理图和系统轴测图，有时按习惯简称系统图。它们在一张图纸中完整、连贯的显示出管路系统在三维方向上的分布和连接。图 16-19 是该办公楼的给水系统图。图 16-21 是排水系统图(包括污水系统和废水系统)。

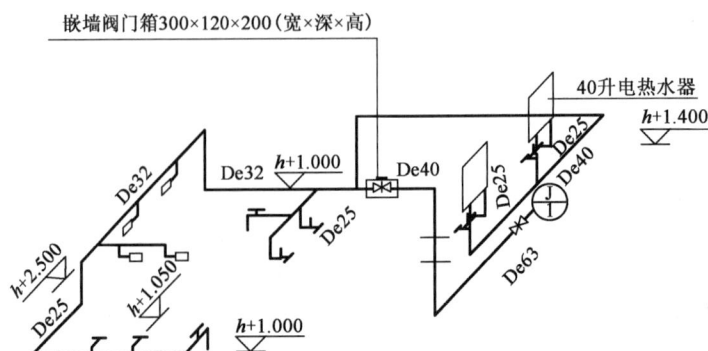

图 16-19　给水系统图

系统轴测图的图示特点：习惯上系统轴测图一般用"三等正面斜轴测图"来绘制，其轴间角如图16-20所示。Y轴与水平线成45°夹角；轴间角$\angle XOZ = \angle YOZ = 135°$，$\angle YOZ = 90°$。这样，管路在空间长、宽、高三个方向的延伸，在系统图中分别与相应的X、Y、Z轴平行。在按此轴向绘制的管路重叠或交叉较多时，改用Y轴与水平线成30°或60°的方向绘制系统轴测图。

系统轴测图的内容主要有：

（1）管道系统及设备配件

各管系要分别绘制系统轴测图或系统原理图。系统轴测图

图16-20 三等正面斜轴测图

中的管路用单线来表示，其图例及线形、图线宽度等均与平面布置图相同。阀门、卫生设备、给水配件、管道附件都是用图例绘制在管道的中间或末尾。当空间成交叉的管路时，反应在系统图中是两根管道相交。为鉴别其前后、上下的可见性，在相交点处，位于前面或上面的管道是延续的，而后面或下面的管道则是断开的。

（2）房屋构件位置

主要是画出管道需穿越的楼面、地面和墙壁等的位置。一般用两条短的平行线表示墙身的位置；用一条短的水平线或水平线加阴影线来表示楼、地面，并在边上注写"二层""三层"等字样。

（3）标注及说明

对于各个不同性质的管路分系统，可以按平面布置图上的管道类型的代号和编号，对应地在每个分系统图中都标出与平面布置图中相同代号与编号。

管径、标高应标注在相应管段的边上。管道的坡度可以标注在系统图上，也可以统一在"施工说明"中进行说明，图中不注。

3. 读图实例

以办公楼的给排水施工图（图16-18、图16-19、图16-21）为例，说明其阅图的方法。

平面布置图与系统图是给排水工程图中的基本图纸，二者必须互为对照和联系起来，才能将卫生设备、配水器具和管道网路组合成完整的给排水体系，充分明确每种设备的具体位置与管路在空间的伸展，从而理解设计师所要表达的内容，付诸工程的施工和安装。

通过阅读底楼的平面布置图，可知底层有三个房间安装卫生设备和配水器具，需要铺设进水管道和排水管道。淋浴间有洗脸盆和地漏、两处淋浴房及其地漏；男厕有五处用水点，分别是污水池、两个小便器和两个大便器；女厕有三处用用水点，分别是污水池、两个大便器。因底楼其他房间无给排水管道，可以采用局部图来表示。在图中，标明了卫生设备和配水器具的平面安装位置以及地坪标高，进水及废水（污水）出口的位置，地漏的位置。

通过阅读给排水系统轴测图，结合平面布置图，可以明确该房屋的给水排水系统和管道的配置。图中标明了室外地面标高为 −0.6m，厕所和淋浴间标高为 −0.03m。

该房屋仅有一个给水系统，引入管位于淋浴间外侧。给水干管进入房间前为管径为De63，进入房屋后管径为De40。淋浴房给水支管的管径为De40，其他给水支管的管径为De32、De25，所有给水支管全部是布置在墙内。给水干管穿墙进入淋浴间后，通过嵌墙阀门箱分出两条给水支管，一条管径为De40的给水管通往两个淋浴房的电热水器，在相对标高为1.4m处安装了四个供水阀门。另一条给水支管（相对标高1.0m，管径为De32）通往厕所，并

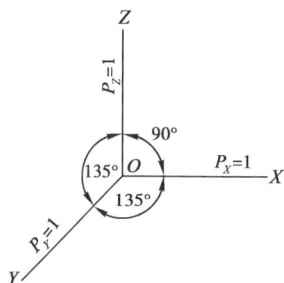

分出管径 De25 的支管向女厕和淋浴房的洗脸盆供水。给水支管在女厕墙角通过立管,沿墙进入男厕,管道标高为2.5m,分别向四个大便池的冲水斗供水。在男厕墙角给水支管通过另一立管,沿墙转弯,管道标高为 1.0m,管径为 De25,向男厕小便器和污水池供水,其中向小便器供水的角阀标高为 1.05m,污水池的出水阀门标高为 1.0m。

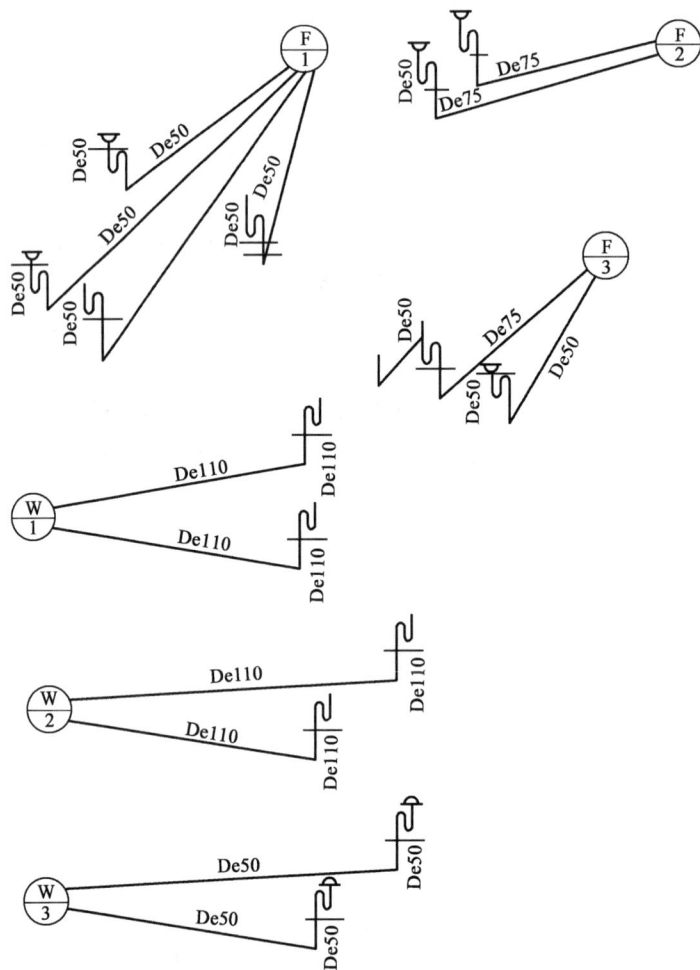

图 16-21　排水系统图

　　该房屋共有六个排水系统,按排水出口进行分类:三个废水排水分系统,承接污水池、淋浴房和地漏排放出的废水,其排水出口分别标为 F1～F3,三个污水排水分系统,承接便器排放出的污水,其排水出口分别标为 W1～W3。排水管道的管径为 De50～De110。

　　现以图 16-20 中编号为 F1 的废水排水分系统为例,分析排水系统及排水管道的布置。该系统共有四条排水管道,管径均为 De50,由厕所污水池和地漏排放出的污水通过存水弯进入排水管道,排水出口位于女厕墙外侧。

第十七章

机械图

第一节 概　　述

在建筑工程中广泛地使用着各种施工机械和机械设备。在使用这些机械和设备时,需要通过识读有关的机械图样来了解它们的性能和结构,以便保养与维修。因此,建筑工程技术人员除了能够绘制和阅读建筑工程图以外,还必须对机械图有所了解。

机械图与建筑工程图都是采用正投影原理绘制的。但机械具有运动的特点,所以机械零件的形状、结构、材料以及加工等方面,都与建筑物或构筑物之间存在很大的差别。因此在表达方法和内容上也就有所不同。另外,在学习机械图时,必须遵守国家标准《机械制图》(GB/T 4457～4459)的各项规定,注意掌握机械图的图示特点和表达方法。

一、基本视图

机械制图国家标准对基本视图的名称及其投影方向作了如下的规定:

主视图——由前向后投影所得的视图,相当于土建图中的正立面图。

俯视图——由上向下投影所得的视图,相当于土建图中的平面图。

左视图——由左向右投影所得的视图,相当于土建图中的左侧立面图。

右视图——由右向左投影所得的视图,相当于土建图中的右侧立面图。

仰视图——由下向上投影所得的视图,相当于土建图中的底面图。

后视图——由后向前投影所得的视图,相当于土建图中的背立面图。

六个基本视图的配置关系如图 17-1 所示。在一张图纸内按图 17-1 配置视图时,一律不标注视图的名称。

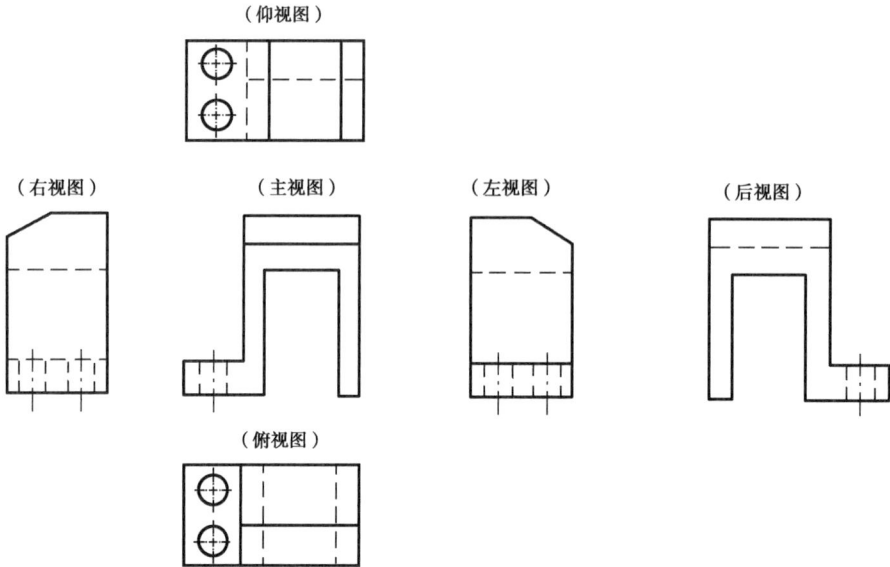

图 17-1 六个基本视图的配置关系及其名称

如不能按图 17-1 配置视图时,应在视图的上方标出视图的名称"X 向"("X"为大写拉丁字母的代号),在相应的视图附近用箭头指明投影方向,并注上同样的字母,如图 17-2 所示。图中除主视图、俯视图和左视图外,其余三个视图未按规定配置,故该三视图需注上相应的字母。图名标注在图形的上方,不必在图名下画线。而土建图是将图名标注在图形的下方,并在图名下画一粗实线,请读者注意区别。

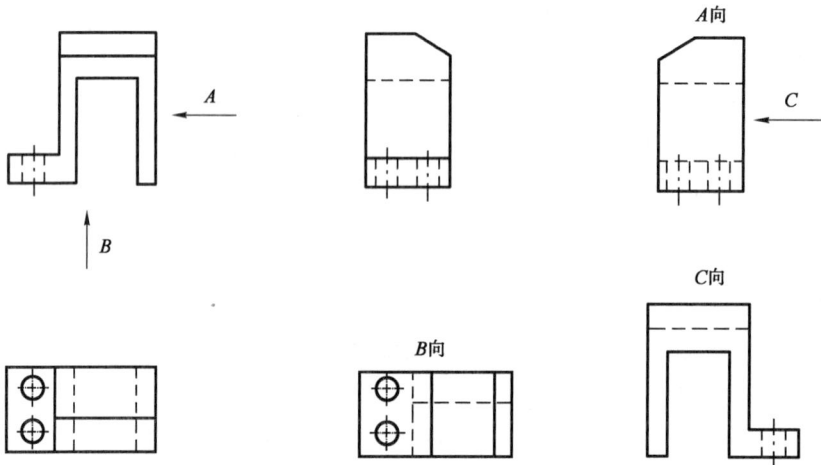

图 17-2 六个基本视图不按配置关系时的标注

与土建图一样,并不是每个形体都需要用六个视图来表达的。要根据形体的结构及尺寸表达上的需要来选择视图。在一般情况下,主视图、俯视图、左视图是较常选用的视图。

二、剖视图、断面图和规定画法

机械零件或装配体的内部一般较为复杂,为了能清晰地表达其内部形状和结构,并便于标注尺寸,往往采用剖视、断面的形式来表达。它与土建图中的剖面、断面概念是完全一致的,仅是名称上的不同,即机械图中的剖视相当于土建图中的剖面,断面的概念和名称均相同。

在机械图中,一般应在剖视图上方用字母标注出剖切视图的名称"*X-X*"。在相应的视图上用剖切符号表示剖切位置,剖切符号(线宽 *b*、断开的粗实线)尽可能不与图形轮廓线相交,用箭头表示投影方向,并注上同样的字母,以便对照。当剖视图按投影关系配置,中间又没有图形隔开时,可省略标注箭头与名称,如图 17-3 所示。

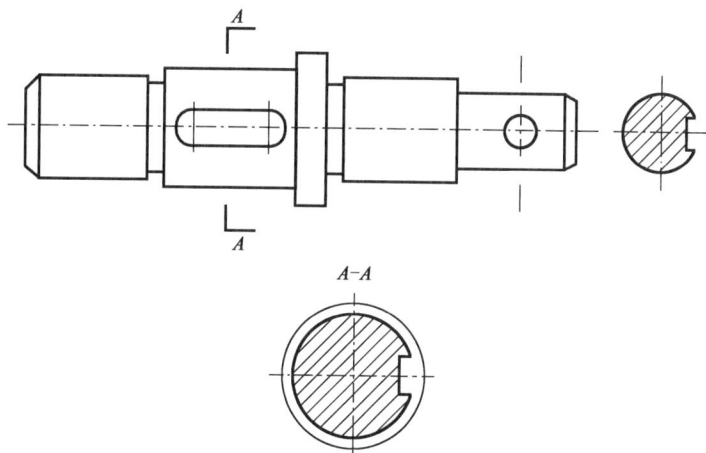

图 17-3 剖视图与断面图

为了使图形简化并能更清晰反映出某些零件或装配体的特征和结构形状,国家标准《机械制图》(GB/T 4457～4459)对此作了某些规定画法,现摘要列举如下:

(1)当圆形孔分布在回转形零件的同一圆周上时,在剖视图中应将其中一孔,假设旋转到剖切平面内按旋转剖切画出,如图 17-4 所示。

(2)对于机件的肋、轮辐及薄壁等,如按纵向剖切,这些结构规定都不画剖切图例线(即图中的 45°斜线),并用粗实线将它与邻接部分分开。当零件回转体上均匀分布的肋、轮辐、孔等结构不处于剖切平面上时,可将这些结构旋转到剖切平面上画出。图 17-5a)、b)为肋的规定画法。

(3)当零件上带有小槽或小孔时,它们与零件表面的交线允许采用简化画法,如图 17-6a)中简化了圆柱形轴与圆锥(台)形孔的交线。图 17-6b)中简化了圆柱形轴与键槽圆柱形端部的交线。当剖切平面通过回转面形成的孔时,这些结构按剖视绘制,如图 17-6a)所示。

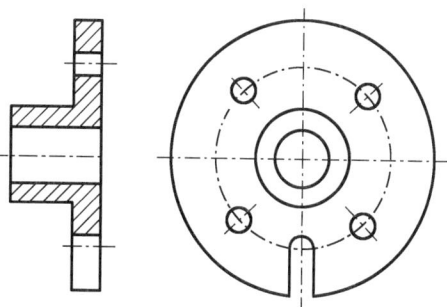

图 17-4 规定画法(一)

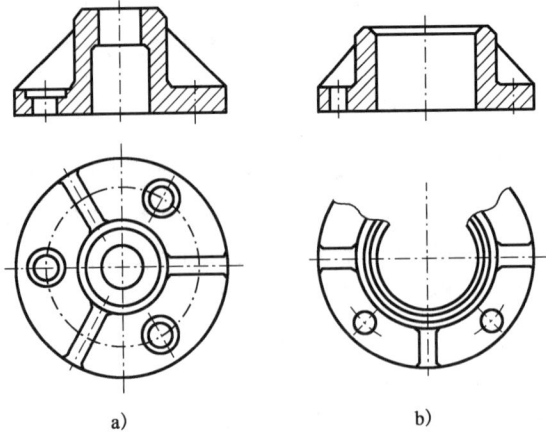

图 17-5　规定画法(二)

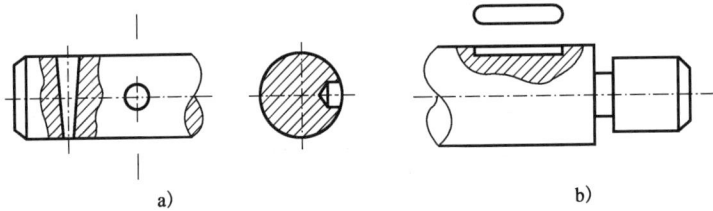

图 17-6　规定画法(三)

三、特殊视图

当一个零件在选用基本视图表达时,尚不能使零件的某些结构的实形反映清楚,或有些部分不适宜用基本视图来表达,或是采用了某一基本视图来表达而部分图形又有所多余或重复,则经常根据零件的具体情况选用某些特殊视图,如斜视图、斜剖视图、局部视图等,以补充其表达上的不足。

图 17-7 表示一压紧杆,采用了主视图加 A 向斜视图和 B 向、C 向局部视图表达,这样可以比较简洁并清晰地表达出零件的空间形状。图 17-7a)是一种布置形式,即斜视图按投影方向配置;图 17-7b)是另一种布置形式,即将斜视图旋转配置,这样配置时,表示视图名称的字母前或后应标上表示旋转箭头。

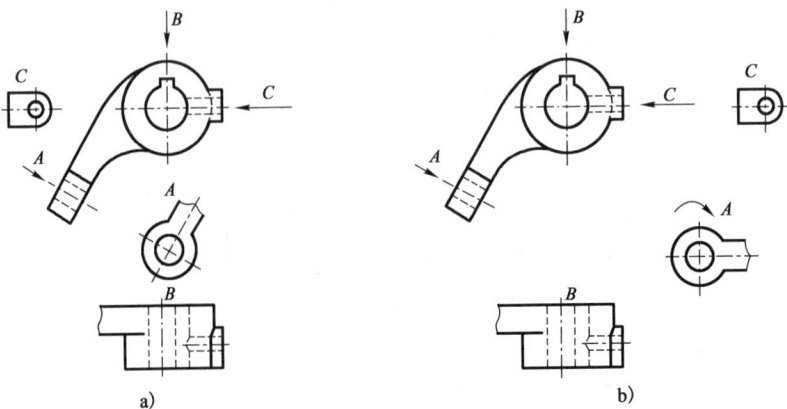

图 17-7　压紧杆的特殊视图

图 17-8 表示一弯管。为了保留弯管顶部凸缘和凸台的外形,主视图采用了局部剖视。由于顶部的凸缘不平行于基本投影面,故在任一基本视图中都无法反映其实形。在顶部 *A-A* 处作一斜剖视,则不仅显示出方形凸缘的真实形状,同时还反映出凸台与弯管的连接情况。弯管底部的凸缘则采用 *B* 向的局部视图来表示。这样,该弯管采用了一个基本视图(主视图)和两个特殊视图(斜剖视图和局部视图),加上尺寸的标注,就清楚、完整地表达了弯管的结构和形状。*A-A* 也可以按图 17-8b)或图 17-8c)配置。

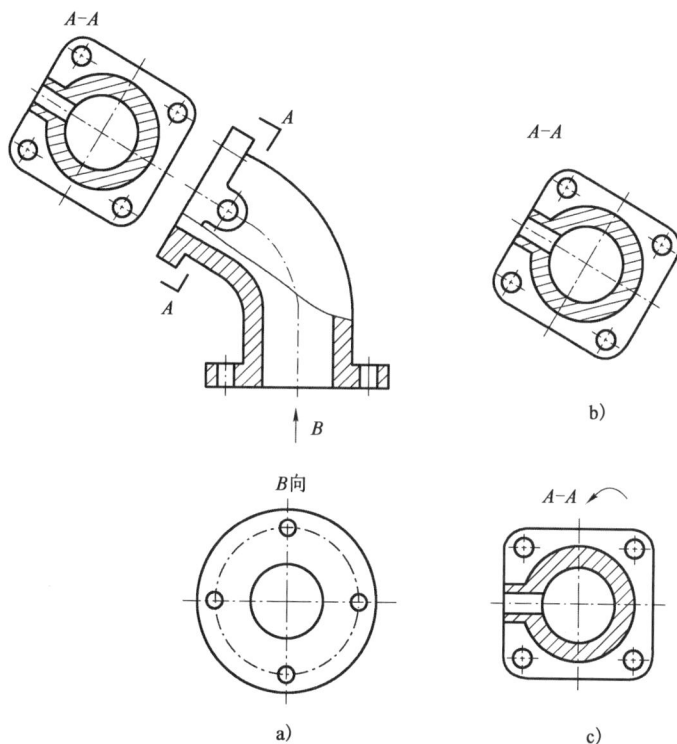

图 17-8 弯管的特殊视图

第二节 几种常用零件和画法

机器是由许多零件组成的,其中常用的零件有螺栓、螺钉、螺母、键、销和滚动轴承等。为了简化设计、保证互换性和便于大量生产,国家已对这些零件的结构形状、尺寸和技术求等,作了统一规定,实行了标准化,故称为标准件。还有一些用量大,使用广泛的零件如齿轮、弹簧等,国家只对其中部分参数实行了标准化,这类零件一般称为常用件。

由于标准件和常用件的结构基本定型,且使用广泛,所以国家标准中制定了它们的规定画法和简化画法。

一、螺纹

螺纹是指螺钉、螺栓与螺母、螺孔等起连接或传动作用的部分。

1. 螺纹的各部分名称

在零件的外表面上加工出来的螺纹称为外螺纹,如螺钉、螺栓等的螺纹;在零件的内孔表面上加工出来的螺纹称为内螺纹,如螺母、螺孔等的螺纹。凡螺纹要起到连接或传动的作用,必须成对使用,同时它们的牙型、直径、螺距、旋向也必须完全相同。螺纹各部分名称如图17-9所示。

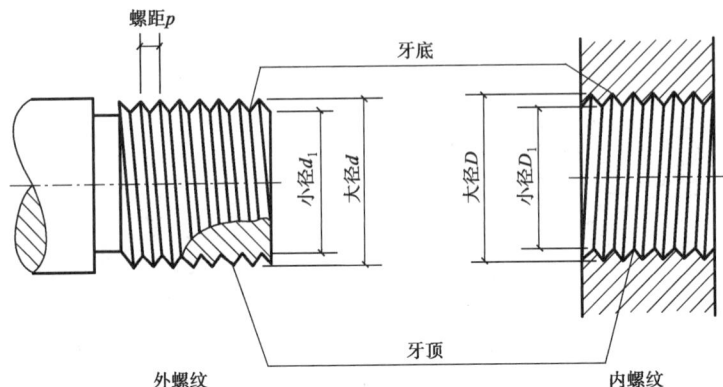

图17-9　螺纹的各部分名称

2. 螺纹的规定画法

(1)外螺纹画法

图17-10为外螺纹的画法,图17-10a)是不剖切时的画法,图17-10b)是剖切时的画法。规定外螺纹的大径(牙顶)用粗实线表示,小径(牙底)用细实线表示。画图时,如已知大径 d ,则小径 d_1 可按大径 d 的0.85倍画出,即 $d_1 = 0.85d$ 。螺纹的终止界线要画成粗实线。为了保护螺杆上外螺纹以及使其易于旋入螺孔的内螺纹,在外螺纹端部经常加工成锥台形的倒角。在主视图中表示小径的细实线规定画入倒角内。在外螺纹投影为圆的视图中,用粗实线的圆表示大径,用细实线圆表示小径,但细实线圆规定只画3/4圈,而倒角所形成的圆在此视图中规定不画出。在剖视、断面图中的外螺纹,仍用细实线表示其小径,但螺纹剖面中的终止界线仅画出大径和小径之间的一部分。

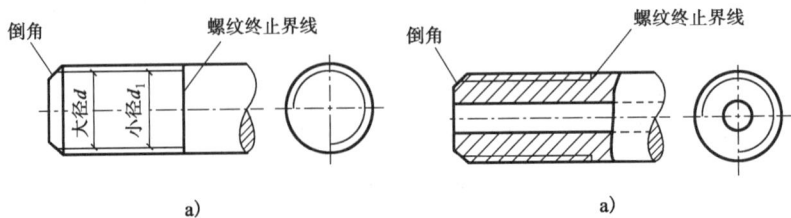

图17-10　外螺纹的画法

(2)内螺纹画法

图17-11a)为穿通的内螺纹在剖视图中的画法。规定大径画成细实线,小径画成粗实线 $(D_1 \approx 0.85D)$,剖面图例线应画到小径的粗实线为止。在内螺纹投影为圆的视图中,不论螺孔是否带有倒角,规定仅画出表示大径的3/4圈细实线和表示小径的粗实线圆,不画倒角圆。必

须注意:内螺纹的大径和小径所表示的形式恰与外螺纹所表示的相反。对于不穿通的螺孔,如图 17-11b)所示,其螺纹终止界线要用粗实线表示,并应分别画出螺孔深度和钻孔深度,钻孔底部的锥顶角一般画成 120°。

(3)螺纹连接画法

当内、外螺纹连接时,在剖视图中,规定其旋合部分按外螺纹画法表示,即大径画成粗实线,小径画成细实线。如外螺纹的零件为一实体,在剖视图中则以不剖表示,至于螺纹未旋合的部分,仍按各自的画法表示。螺纹的连接画法如图 17-12 所示。

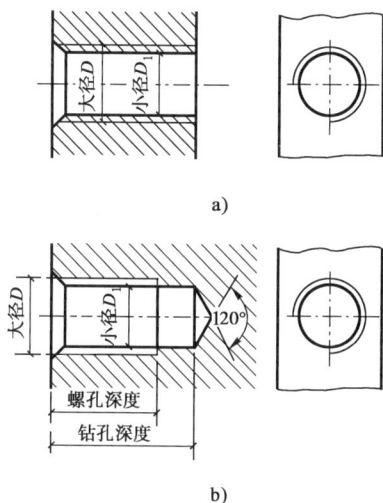

图 17-11 内螺纹的画法

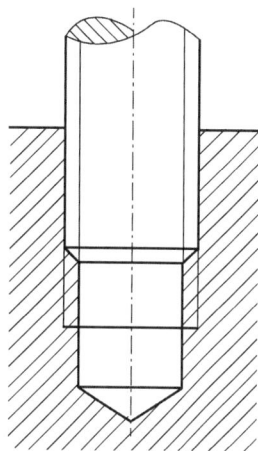

图 17-12 螺纹的连接画法

3.螺纹的类型和标注

上述螺纹的画法适用于各种类型的螺纹。至于图示上螺纹类型的区别,仅在螺纹代号和标注上有所不同。

(1)螺纹的类型

连接螺纹常用的有普通螺纹和管螺纹。常用螺纹的类型见表 17-1。普通螺纹有粗牙和细牙两种,均为公制,以 M 为代号。粗牙普通螺纹是使用最广的一种连接螺纹,当螺纹大径相同时,细牙普通螺纹的螺距与牙型高度比粗牙的要小。因此细牙普通螺纹一般适用于精密仪器或薄壁零件的连接。普通螺纹的规格可查阅《普通螺纹 直径与螺距系列》(GB/T 193—2003)。

管螺纹是指各种管道(如水管、油管、煤气管等)连接的螺纹。我国目前对管螺纹仍沿用着英寸制单位。常用的为圆柱管螺纹,以 G 为代号。

(2)螺纹的标注

在视图中,螺纹的类型由螺纹的标注内容所确定,所以螺纹的标注就极为重要。常用连接螺纹的类型及其标注方法,参阅表 17-1。

其中,管螺纹的标注方式比较特殊。一般螺纹注在大径上的尺寸是指螺纹的公称直径(即大径),而管螺纹的公称直径则指的是管子的通孔直径(这对于了解管子的通径和计算流量较为方便)。但表示管子公称直径的尺寸规定要用引出线标注在螺纹的大径上。管螺纹的螺距因有标准,如无特殊要求则不必标注。画图时,管螺纹大、小径的实际尺寸,要根据其公称直径查阅国家标准《55°非密封管螺纹》（GB/T 7307—2001）得出。例如:表 17-1 中的管螺纹标注为 G1″,字母 G 表示圆柱管螺纹,1 表示其公称直径(即通孔直径)为 1in(英寸) ,可从《55°非密封管螺纹》(GB/T 7307—2001) 中查得其大径为 33.249mm,小径为 30.291mm。

常用连接螺纹的类型及其标注 表 17-1

螺纹类型	牙型代号	牙　型	图　例	标 注 方 法
粗牙普通螺纹	M	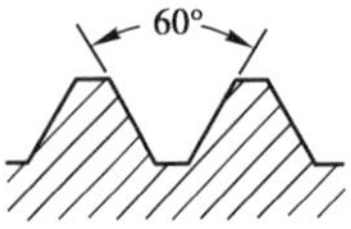 60°	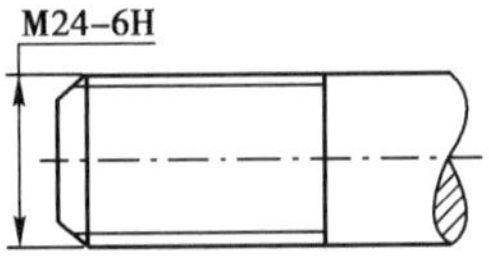 M24−6H	M24−6H 公差带代号 公称直径(大径) 牙型代号
细牙普通螺纹			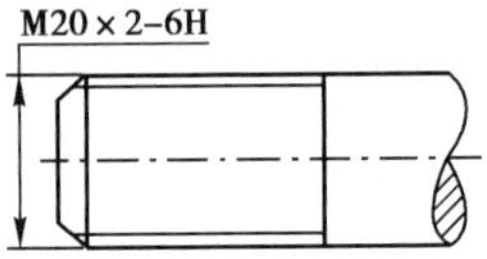 M20×2−6H	M20×2−6H 公差带代号 螺距 公称直径(大径) 牙型代号
管螺纹	G	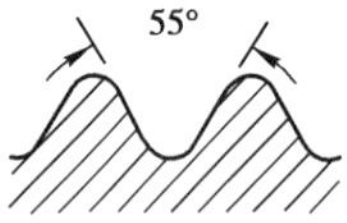 55°	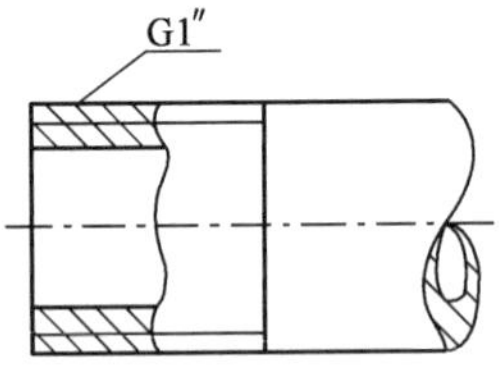 G1″	G1″ 管子的孔径 牙型代号

二、螺栓连接

在建筑工程中和机械工程中都广泛地使用螺栓连接。螺栓连接的作用主要是由螺栓、垫圈和螺母等标准件将其他两个或两个以上的零件或构件连接成为整体。螺栓、螺母和垫圈等标准件已列入国家标准,并制定了统一规格。六角头螺栓 A 和 B 级,国标号为 GB/T 5782—2016;六角螺母 C 级,国标代号为 GB/T 6170—2015;平垫圈 A 级,国标号为 GB/T 97.1—2002。

1. 螺栓连接的近似画法

螺栓连接一般采用近似画法,如图 17-13 所示。图中由螺栓、垫圈和螺母将两块钢板连接成为整体。如两钢板的厚度 $\delta_1 + \delta_2$ 以及螺栓的大径 d 为已知时,则根据 d 值可计算出各有关部分的尺寸来,而按尺寸即能近似画出螺栓连接图。其中 $c = 0.15d$, $a = (0.2 - 0.3)d$, $H = 0.8d$, $b = 0.15d$, $h = 0.7d$, $d_0 = 1.1d$, $D = 2d$, $D_1 = 2.2d$。

2. 螺栓连接画法的某些规定和尺寸标注

(1) 当需要表明螺栓连接的内部情况时,一般可将主视图画成剖视图。在剖视图中,当剖切平面通过螺栓中心时,则螺栓、垫圈和螺母等标准件,如无特殊需要均按不剖表示,即仍画其外形。螺栓头部和螺母的安装位置应相互一致,在主视图中,一般应反映出六角形的螺栓头和螺母的三个侧面,如图 17-13 所示。

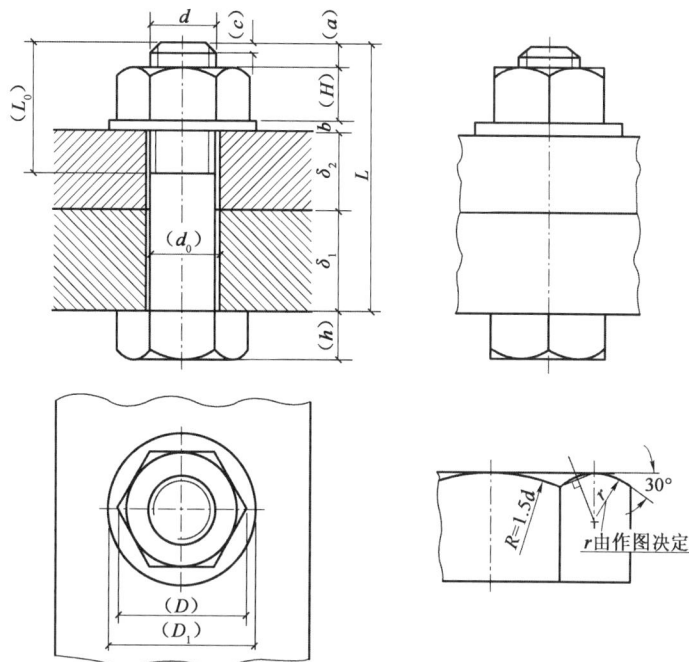

图 17-13　螺栓连接的近似画法

(2)当两零件表面接触时,其接触处应画成一条线;不接触时(或是轴与孔的公称直径不相同时,如图 17-13 中的 d 与 d_0),必需画出两条线,即留有间隙。

(3)在剖视图中,被剖切的两相邻零件(如图 17-13 中的两钢板),其剖面线方向应该相反。而同一零件在各剖视图或剖面图中的剖面线,其方向和间距应保持一致。

在螺栓连接的尺寸标注中,例如图 17-13 所示,它仅需注出两钢板的厚度 δ_1 和 δ_2,螺栓的螺纹大径 d(按螺纹要求标注)以及螺栓的长度 L。其中 $L = \delta_1 + \delta_2 + b + H + a$ 仅为螺栓长度的计算值,还需查阅国标中的 L(系列)值,然后取与计算值最为接近的 L(系列)值,作为画图和标注的螺栓有效长度 L。图 17-13 中所注出的其他(带有括号的)尺寸仅是为了绘图上的需要,不应标注。

三、键连接

轴与装在轴上的传动零件(如齿轮、皮带轮等)之间通常使用键连接。键属于标准零件,常用的一种普通平键[《普通型平键》(GB/T 1096—2003)],如图 17-14a)所示。

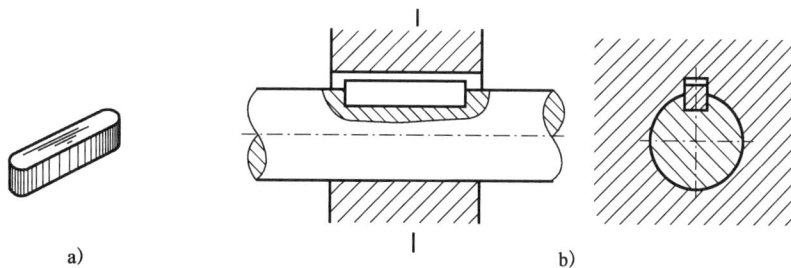

图 17-14　平键

a)平键的示意图;b)平键的连接画法

键的连接方式是在轴上和轮毂上各开一键槽,键的一部分嵌在轴槽内,另一部分嵌入轮毂槽内。为了加工和安装上的方便,一般将轮毂槽做成贯通的。平键主要依靠两侧面受力,所以键和键槽的两侧面相互接触,图中应画成一条线。而键的高度与键槽总高的公称尺寸是不相等的,因此键的顶面与键槽顶面之间存有间隙,图中应画成两条线。平键的连接画法如图 17-14b)所示。图中为了显示出键和轴上的键槽,在主视图上将轴画成局部剖视而键规定不作剖切表示。但在左视图中,当键被剖切到时,则应按实际情况作剖切处理。

四、齿轮

机械中的齿轮是作为传递功率、变换速度和变换运动方向的一种常用传动零件。齿轮一般分为圆柱齿轮和圆锥齿轮。圆柱齿轮用于两平行轴间的传动;圆锥齿轮用于两相交轴之间的传动。以下仅简单说明直齿圆柱齿轮。

1. 直齿圆柱齿轮部分名称和尺寸关系

直圆柱齿轮如图 17-15 所示。

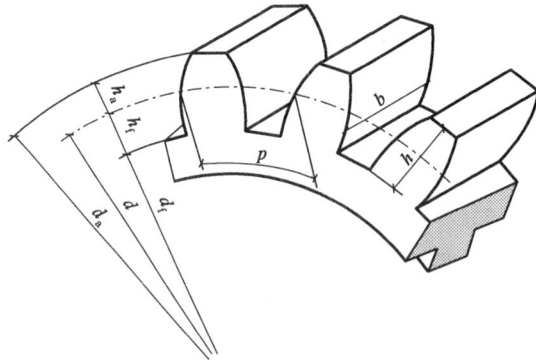

图 17-15　直圆柱齿轮

m 为齿轮的模数,它是齿轮计算中的一个重要参数。

以 z 为齿轮的齿数,p 为周节,则:

$$\pi d = pz, d = pz/\pi$$

令　　　　　　　　　　　$p/\pi = m$,则 $d = mz$

在上式中,如已知模数 m 和齿数 z,就能确定分度圆直径 d 和其他部分尺寸;或已知齿数 z 和分度圆直径 d,也可确定其模数 m。模数 m 是周节 p 与 π 的比值,模数越大,轮齿也越大,能承受的力也大。当一对齿轮啮合时,其周节 p 必须相等,也就是它们的模数 m 必须相等。

直齿圆柱齿轮轮齿的各部分尺寸,可按齿轮的模数 m 和齿数 z 计算得出,其计算公式见表 17-2。

直齿圆柱齿轮各部分尺寸关系　　　　　　　　　　表 17-2

名　称	代　号	计算公式	名　称	代　号	计算公式
齿顶高	h_a	$h_a = m$	分度圆直径	d	$d = mz$
齿根高	h_f	$h_f = m$	齿顶圆直径	d_a	$d_a = m(z+2)$
全齿高	h	$h = 2.25m$	齿根圆直径	d_f	$d_f = m(z-2.5)$

为了使模数能统一化和标准化,国家制定了标准数值,为设计和制造齿轮所选用。表17-3为齿轮的常用的标准模数值。

渐开线圆柱齿轮模数系列(GB 1357—2008)
表17-3

第一系列	1		1.25		1.5		2		2.5		3
第二系列		1.125		1.375		1.75		2.25		2.75		3.5
第一系列	4		5		6			8		10		12
第二系列		4.5		5.5		(6.5)	7		9		11	
第一系列		16		20		25		32		40		50
第二系列	14		18		22		28		35		45	

注:选取时,优先采用第一系列,括号内的模数尽可能不用。

2.圆柱齿轮画法

关于圆柱齿轮部分,机械制图国家标准对此已规定了统一的简化画法,以便于画图和读图。

(1)圆柱齿轮的规定画法

图17-16为圆柱齿轮的规定画法。

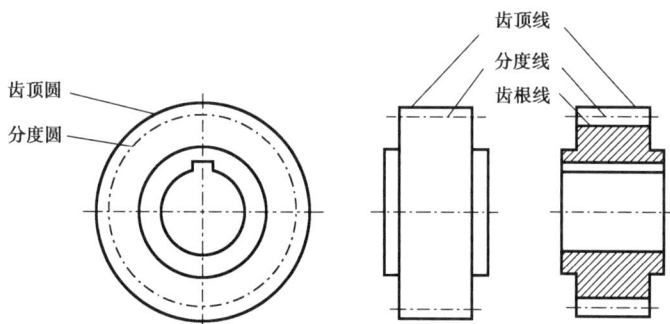

图17-16 圆柱齿轮的规定画法

在外形视图中,齿顶圆和齿顶线用粗实线表示;分度圆和分度线用点画线表示;齿根圆和齿根线可用细实线表示,也可省略不画,如图17-16所示。在剖视图中,轮齿部分按不剖处理,故齿根线用粗实线表示。

(2)圆柱齿轮啮合的规定画法

图17-17为两圆柱齿轮啮合的画法。

在剖视图中轮齿啮合区内:两分度线必须相互重合,用一条点画线画出;一齿轮的轮齿用粗实线表示,另一齿轮的轮齿被遮挡的部分用虚线画出。在反映为圆的视图中,要求两节圆相切,两齿顶圆均以粗实线表示,而齿根圆则省略不画,如图17-17a)所示;其省略画法可将圆视图中啮合区内的齿顶圆不画,如图17-17b)所示。

图17-18为两圆柱齿轮啮合及齿线形状的画法。图中啮合区的齿顶线不需画出,节线画成粗实线,但别处的节线仍用点画线表示。

为了说明齿形,图17-18同时列出了三个视图。图17-18b)由三条平行于齿线方向的细实线所表示的为斜齿圆柱齿轮的啮合画法;图17-18c)由三条人字形细实线所表示的为人字齿圆柱齿轮的啮合画法;无细实线表示的则为直齿圆柱齿轮的啮合画法,如图17-18a)所示。

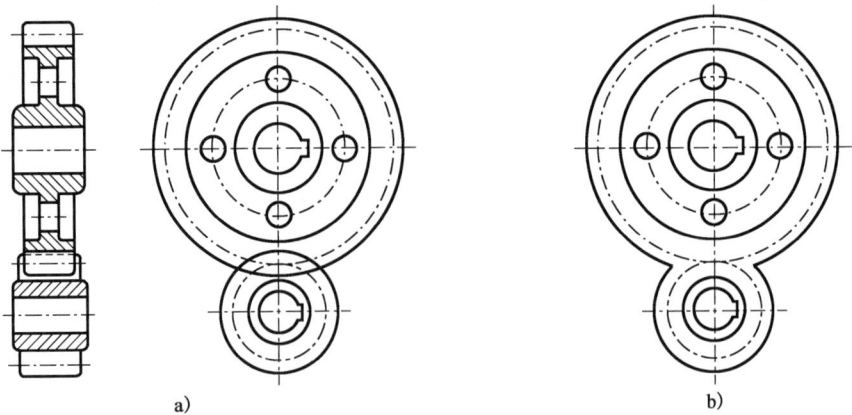

图 17-17　圆柱齿轮啮合的规定画法

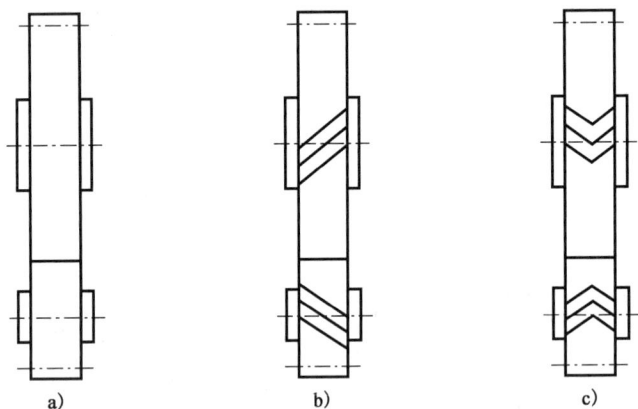

图 17-18　圆柱齿轮啮合及齿线形状的表示
a)直齿;b)斜齿;c)人字齿

第三节　零　件　图

零件图是加工制造零件的工作图,它是制造和检验零件的主要依据。为了使所制造的零件能符合机械设计、制造工艺和使用性能上的要求,零件工作图需有下列内容。

一、零件的视图

零件的视图起着确定所加工制造的零件的形状和结构的作用。它要求以较少的视图而又能清晰、完整、无误地反映出零件的形状和结构,而且它也与零件的主要加工方法和工作情况有着密切关系。所以,零件视图的选择,不但影响零件图的绘制和阅读的方便,而且还会涉及零件生产制造上的实际问题。现以图 17-23 齿轮传动装置中的几个零件为例,对零件的视图作简单的说明。

(1)轴是机械中常见的一种零件。不论它在机械中的工作位置如何,一律以轴类零件在车床上的切削加工位置作为画主视图的位置,即将它的轴线横放成水平位置。同时在主视图中应能反映出它的特征形状,如键槽、小孔等。

图 17-19 为图 17-23 齿轮传动装置中的一根轴。该轴为回转体,采用了一个主视图,加上各部分直径尺寸 Φ 的标注,就能清楚地表达出它的主体形状。在主视图上还反映出两键槽的具体形状和位置,而轴上的键槽深度等一些局部结构,则常用断面表示。图中右端键槽的断面中心是位于其剖切位置线的延长线上,所以不需要字母标注;而轴中部键槽的断面因不位于其剖切位置线的延长线上,所以在断面的上方标注,用和其剖切位置线旁标注的字母相同的字母表示图名,以便对照。轴类零件基本上采用以上的图示方法。

(2)轮类零件是指齿轮、皮带轮、链轮等一些零件。这类零件加工工艺较复杂,工序较多。但其主要形体大致呈回转体,其主要的加工也由车床来完成。因此,这类零件也以主要的加工位置作为画其主视图的位置,且常采取剖视形式来表达其内部结构。轮类零件通常画出主、左两个视图。

图 17-20 为图 17-23 齿轮传动装置中的一个齿轮。现将其轴线呈水平的视图作为主视图,且以剖视来表达其内部结构。在主视图中,反映了轮齿部分、轴孔和键槽等部分,以及它们之间用辐板连接的组成关系。在铸造或锻造齿轮的毛坯件时,因制造上的需要,在零件的表面沿着拔模或锻压方向应做成一定的斜度,如图中所示的斜度 1∶20。同时,在铸造和锻造件的表面相交之处,为了易于加工,避免相交处产生裂缝和增加强度,都采用圆角过渡。圆角的半径随零件的壁厚和零件的大小而决定。另外,凡经机械切削的零件表面,其表面交线会产生毛刺和锐边,它会使零件在装配和维护上发生伤手事故,而且零件外表面上的锐边容易碰损,给装配带来麻烦。因此,外表面上的毛刺和锐边是不允许存在的,可采用加工倒角来剔除,如图中所示的 $4 \times 45°$ 等。左视图反映了键槽形状和齿轮的外形,以补充主视图表达上的不足。如左视图的图形比较简单也可采用局部视图表示。

另外,如圆盘、圆盖等一类零件,一般也常采用两个视图表达,其图示方式与轮类零件相似。

(3)壳体类零件是指机械中的阀体、泵体、箱体和壳体等一类零件。这类零件均以其通常的工作位置作为画主视图的位置。由于这些零件的形体和内部结构均较复杂,故主视图的方向应根据其形体的特征形状和内部结构的层次作综合分析,以选出最佳方案。在视图的数量上一般需要两个以上或更多一些,某些零件有时还需要补充不同数量的特殊视图方能表达清楚。

图 17-21 为一轴承底座的零件图,它是图 17-23 齿轮传动装置中的轴承座(图 17-22)的底座部分。该零件采用了三个视图,主视图反映出轴承底座在通常情况下的工作位置,选用半剖视图表达其外形轮廓和内部结构,从而显示了轴承底座的主要特征。在左视图中,由于它的外形和内部也较复杂,且不对称,可采用局部剖视表示,并有利于某些内部尺寸的标注。俯视图则采用外形视图表示,即能将底座的底部形状反映清楚。

轴承底座是个铸件,由于在不切削加工表面的相交之处做成了圆角,因而画不出确实的表面交线。为了使零件的表面在视图中富有立体感,便于看图,则在其相交处仍画出近似表面交线的过渡线。如图 17-21 的左视图和俯视图中底板交线断开之处即为其圆角过渡线。

二、零件图中的尺寸

零件图中的尺寸,根据零件各部分加工制造上的不同要求,可分为基本尺寸和具有公差要求的尺寸。

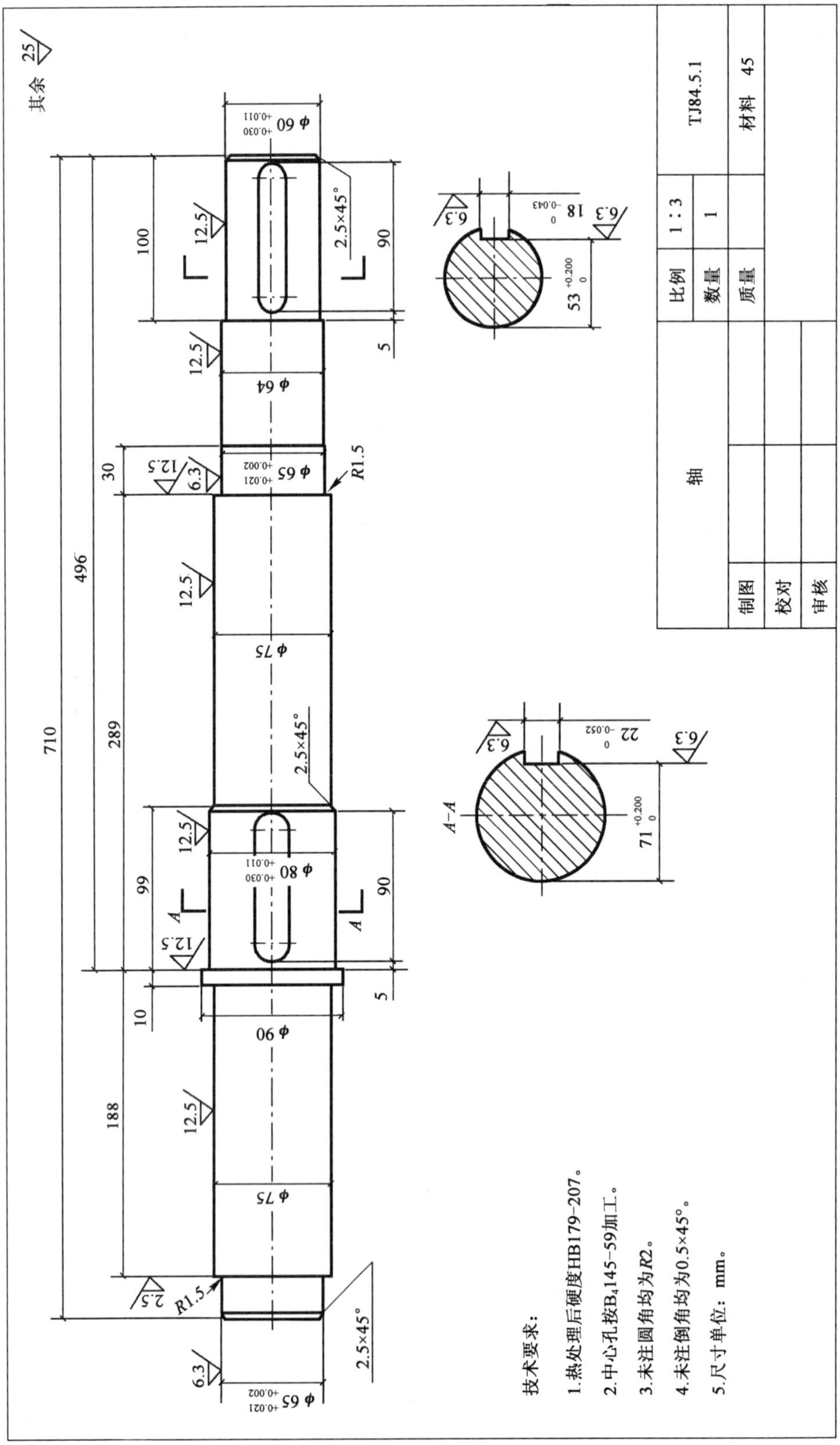

图17-19 轴

技术要求：

1. 热处理后硬度HB179~207。

2. 中心孔按B₁145~59加工。

3. 未注圆角均为R2。

4. 未注倒角均为0.5×45°。

5. 尺寸单位：mm。

比例	1:3	轴	制图		
数量	1		校对		
质量			审核		

TJ84.5.1

材料 45

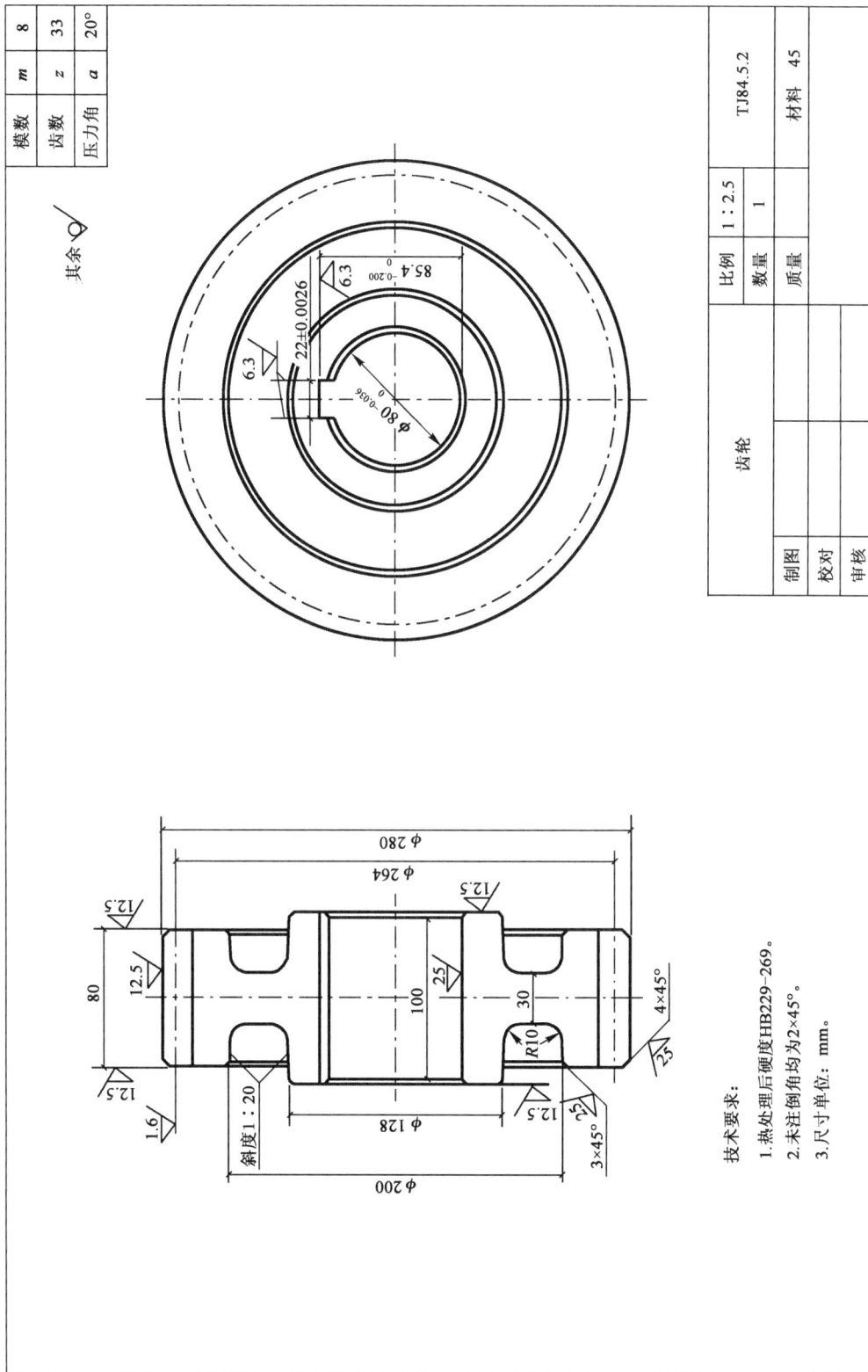

模数	m	8
齿数	z	33
压力角	a	20°

其余 ▽

85.4 $_{-0.200}^{0}$
22±0.0026
6.3
6.3
ϕ80 $_{-0.036}^{0}$

齿轮

比例	1 : 2.5			TJ84.5.2
数量	1			
质量				材料 45

制图			
校对			
审核			

ϕ280
ϕ264
12.5
12.5
80
12.5
100
25
30
R10
4×45°
斜度1：20
ϕ128
ϕ200
1.6
12.5
3×45°

技术要求：

1. 热处理后硬度HB229~269。

2. 未注倒角均为2×45°。

3. 尺寸单位：mm。

图17-20 齿轮

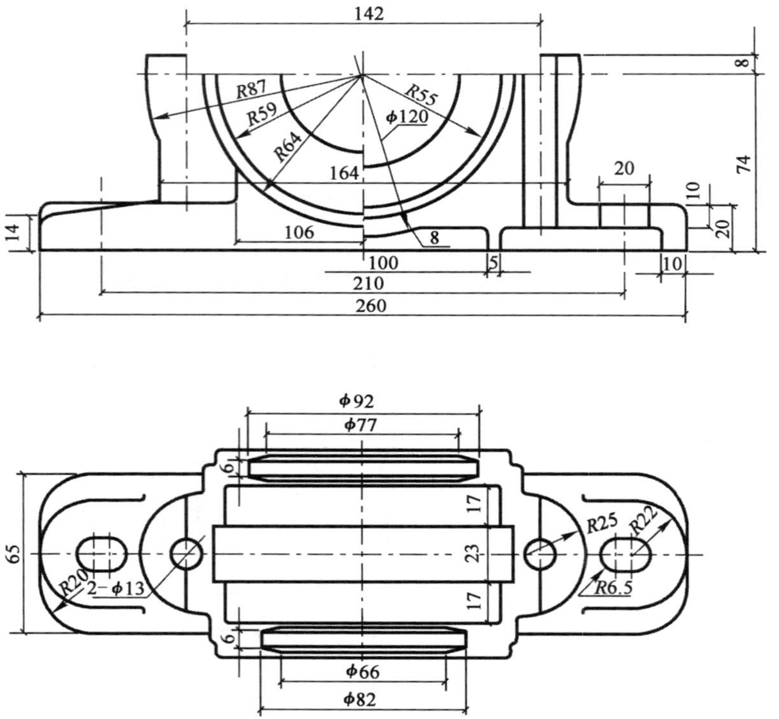

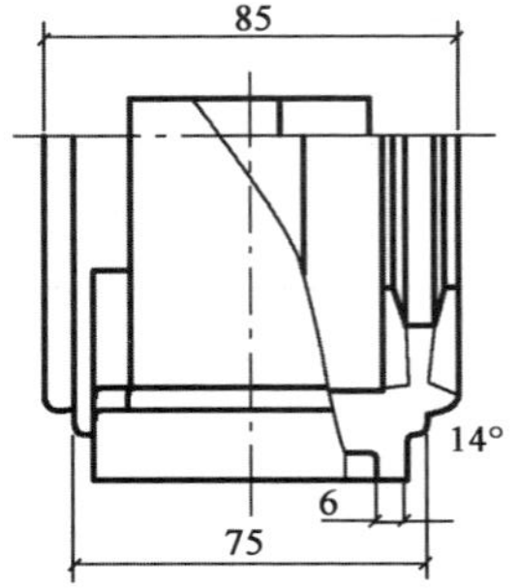

技术要求：

1.该件孔直径φ66、φ77、φ120与轴承盖装配后一起加工。

2.铸件应时效处理。

3.未注圆角为*R*3−5。

4.尺寸单位：mm。

轴承底座		比例	1∶1.5	TJ84.5.3
		数量	1	
制图		质量		材料　HT15−33
校对				
审核				

图17-21　轴承底座

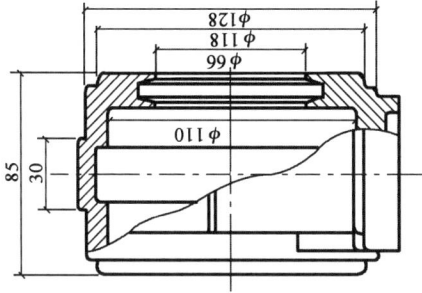

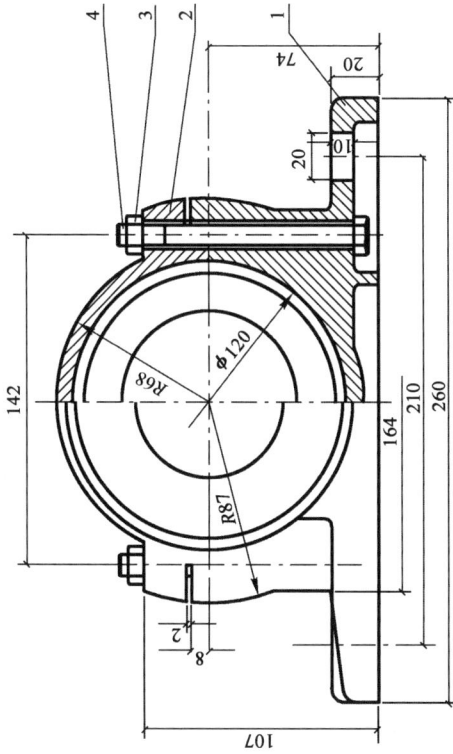

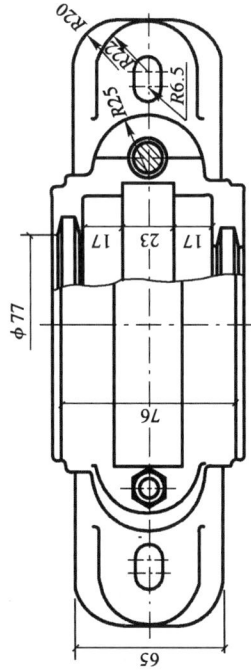

4			螺栓M12×110		2	Q235		GB/T 5782
3			螺栓M12		2	Q235		GB/T 6170
2			轴承盖		1	HT15-33		TJ84.5.3.2
1			轴承底座		1	HT15-33		TJ84.5.3.1
序号			名称		数量	材料		附注
			轴承座		比例	1:1.5		TJ84.5.3.00
					数量	2		
					质量			材料
制图								
校对								
审核								

图17-22 轴承座

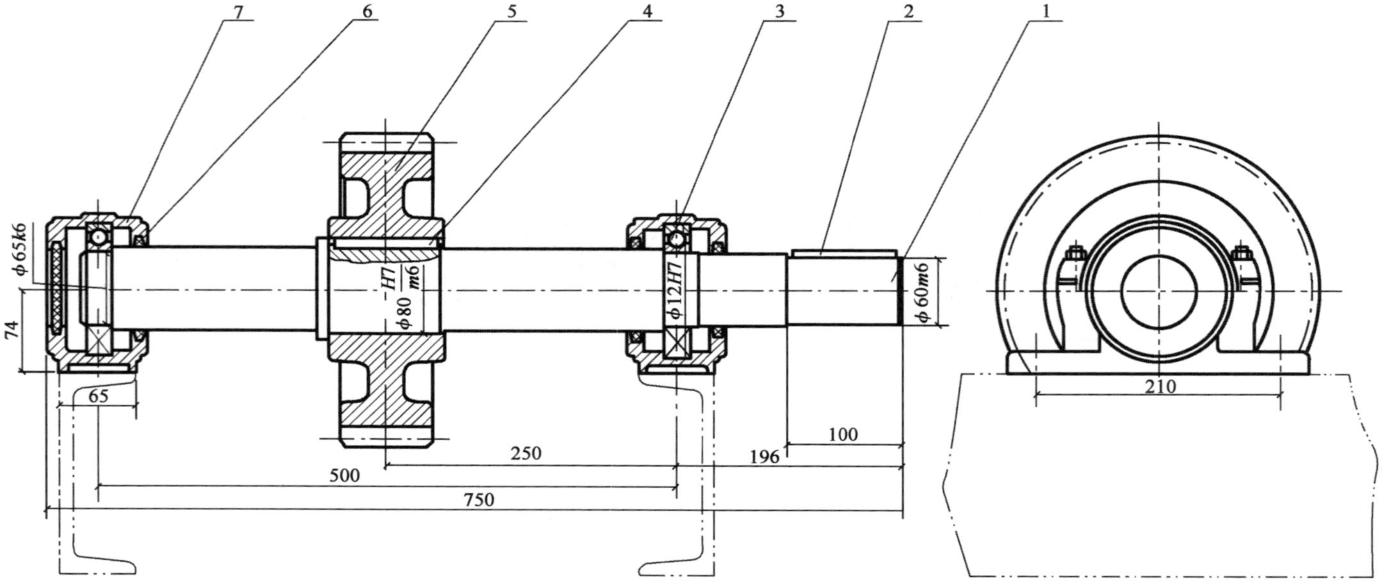

图17-23　齿轮传动装置

尺寸单位：mm

2	键18×90		1	45	材料	GB/T 1096
1	轴		1	45		TJ84.5.1
序号	名称		数量	材料		附注
	齿轮转动装置			比例	1：3	TJ84.5.00
				数量	1	
				质量		材料
			制图			
			校对			
			审核			

7	轴承座	2			TJ84.5.3
6	毡封油圈65、75	各2		羊毛毡	
5	齿轮	1		45	TJ84.5.2
4	键22×90	1		45	GB/T 1096
3	轴承213	2			GB/T 276

（1）基本尺寸一般是公称尺寸。它包括确定零件各部分几何形状的定形尺寸和确定各几何形状相互位置的定位尺寸。标注尺寸除了要求标注得准确、完整和清晰以外，还要求标注得合理，并能符合机械设计、装配和生产工艺上的需要。关于后者需要涉及有关机械专业知识，故在此不作详述。

在土建图中，尺寸一般常注成连续的封闭形式。若机械图中的尺寸也按土建图尺寸的标注方式注成封闭形式，则不但影响零件的加工精度和装配精度，甚至会造成废品。因此，机械图中的尺寸必须注成开口形式，这也是机械图与土建图在尺寸标注上的一个重要的不同点。

现以图 17-19 中轴的尺寸标注为例说明尺寸的开口形式。该轴的总长为 710，轴的右端面到直径为 ϕ90 的轴肩右侧面的距离为 496，轴肩右侧面到轴左端部直径 ϕ65 和 ϕ75 的接触面处的长度为 188，则左端部直径 ϕ65 一段的长度实际应为 $710 - (496 + 188) = 26$，而此一段尺寸在图中不予标注，则就形成了尺寸标注的开口形式，也就是各段长度在制造上的误差可累积于这段不予标注尺寸的范围之内。至于其余各部分尺寸的注法也是与此相类似。另外，图中如键槽长度和深度的尺寸标注方式，则是为了便于测量和检验，这种标注方式在零件图中也是常见的。

在图 17-21 中的 ϕ66、ϕ77 和 ϕ120 等尺寸，均是以直径标注的，目的是这些部分要求轴承盖与轴承底座一起进行加工，以保证其圆度。而以半径 R 所表示的，如 R55、R59 等的尺寸，在轴承盖与其底座配合时，并无严格要求。

（2）由于机械设计或装配图上的需要，零件的某些部位的尺寸规定了它们的尺寸公差，也就是规定了它们的尺寸有加工和检验的允许误差范围。现以图 17-19 中的 $\phi 80^{+0.030}_{+0.011}$ 为例，作简单的说明。其中，ϕ80 为基本尺寸，$^{+0.030}_{+0.011}$ 为其极限偏差。该尺寸 $\phi 80^{+0.030}_{+0.011}$ 定了轴的该部分直径的最大极限尺寸为 $\phi(80 + 0.030) = \phi 80.030$。最小极限尺寸为 $\phi(80 + 0.011) = \phi 80.011$。凡所制造出来的该部分直径必须在 $\phi 80.011 \sim \phi 80.030$ 范围之内，否则为不合格。上述尺寸的公差也可采用公差代号来标注，如 $\phi 80 m6$，即为 $\phi 80^{+0.030}_{+0.011}$（可通过查表得到，本书略）。其中，注在基本尺寸 ϕ80 右边的 $m6$ 为公差带的代号，它代表了相应的极限偏差。当要求同时标注公差代号和相应的极限偏差时，则后者应加上圆括号，如 $\phi 80 m6 \left(^{+0.030}_{+0.011}\right)$。

三、表面粗糙度代（符）号和技术要求

1. 表面粗糙度

表面粗糙度是指零件表面的光滑程度。零件的各表面由于要求不同，其粗糙度也互不相同。国家标准将表面粗糙度的代（符）号和标注方法作了如下的规定。

（1）表面粗糙度的代（符）号，见表 17-4。

表面粗糙度的代（符）号　　　　　　　　　　　　　　　　　　表 17-4

符　号	意　义	符　号	意　义
✓	基本符号，单独使用这符号是没有意义的	✓（带小圆）	基本符号上加一小圆，表示表面粗糙度是用不去除材料的方法获得。例如铸锻、冲压变形、热轧、冷轧、粉末冶金等。 或者是用于保持原供应状况的表面（包括保持上道工序的状况）
✓（带短划）	基本符号上加一短划，表示表面粗糙度是用去除材料的方法获得。例如车、钻、磨、剪切、抛光、腐蚀、电火花加工等	3.2 ✓	用任何方法获得的表面，Ra 的最大允许值为 $3.2\,\mu m$

续上表

符　号	意　义	符　号	意　义
 3.2 ▽	用去除材料方法获得的表面,Ra 的最大允许值为 3.2μm	 3.2 ∨	用不去除材料方法获得的表面,Ra 的最大允许值为 3.2μm

(2)表面粗糙度的标注:表面粗糙度的代(符)号应注在可见轮廓线、尺寸界线或它们的延长线上,代(符)号的尖端必须从材料外指向零件表面。在零件图中,对其中使用最多的某一种表面粗糙度符号往往集中注在图纸的右上角,并加注"其余"两字。表面粗糙度的标注方式如图 17-19 和图 17-20 所示。当零件所有表面具有相同的表面粗糙度要求时,其代(符)号也可在图纸的右上角统一标注。

符号中不等长的左右两斜边与被测表面投影轮廓线各成 60°,长边高度为短边的 2 倍。

2. 技术要求

当零件的某些加工制造要求,无法在零件图的图形上用代(符)号进行标注或标注过于繁琐时,则常列入技术要求加以补充说明。如图 17-19 所示的技术要求,说明了热处理的硬度要求,以及该轴在进行加工制造时,对轴端中心孔所提出的规格和其他要求。

零件图上的技术要求,内容广泛,应视零件的设计、加工、装配以及图示上的具体情况而确定。技术要求宜书写在零件图的右下方空白处,如图 17-19 ~ 图 17-21 所示。

第四节　装　配　图

装配图是表达整台机器或部件的图样,它是指导机器或部件的装配、安装以及了解它们的构造、性能和工作原理的主要依据。

一、装配图中的视图

1. 视图选择

在装配图中,应选用机器或部件的工作位置或自然位置作为画主视图的位置。一般将最能充分反映各零件的相互位置、装配关系和工作原理的视图作为主视图,且经常使用剖视表示。对于主视图未能表达清楚的部分则用其他视图加以补充。由于装配图不是直接用于生产制造零件的,所以并不需要将每个零件的具体形状、细部结构都详细地反映出来。但必须要反映出装配体的工作原理和零件的装配关系。

图 17-22 为一轴承座(部件)的装配图。在使用上它可以有各种位置,现以最常见的工作位置作为画主视图的位置。该轴承座的形状是左右对称,因此,主视图采用了半剖视,可反映出各零件的相互位置和装配关系。

2. 视图的特殊表达方法

(1)拆卸画法

某些零件在装配图的某视图上已有表示,而这些零件在另外视图中的重复出现有时会影响其他零件表达上的清晰度,或是为了简化绘图工作,则可在该视图中采用拆去这些零件的重复出现部分。这种拆卸画法在装配图中应用较多。如图 17-22 的俯视图中右边的一个螺栓就是采用拆卸画法,而仅仅画了一个螺栓孔。

(2)沿结合面剖切

在装配图的某个视图中,可假想沿某零件与相邻零件的结合面进行剖切。这样,在剖视图中所表达的结合面上就不再画出剖面线,如图 17-22 的俯视图所示。

(3)假想画法

为了表示运动零件的极限位置或本部件与相邻零件(或部件)的相互关系,可用细双点画线画其外形轮廓。如图 17-23 齿轮传动装置装配图中所示的与轴承座连接的槽钢。

(4)夸大画法

在装配图中,对于薄片零件(如垫片等)、细小零件(如紧定螺钉等)以及微小间隙(如键高与键槽深度的间隙等),如按它们的实际尺寸用比例难以画出时,可不按比例而采用适当夸大的画法,对于垫片等一类零件可画成特粗实线以表示其厚度。这种表达方法在装配图中是很常见的。

3. 规定画法和简化画法

对于螺纹连接件等相同的零件组,在不影响理解的情况下,允许在装配图中只在一处画出,而其余重复的仅用点画线表示其中心位置。

在装配图中,零件的某些工艺结构,如倒角、圆角等细节因图形比例较小难以画出时,一般可以不画。

在剖视或断面图中,相邻两零件的剖面线方向要求相反,当两个以上的零件相互接触在一起时,则可将剖面线的间距予以改变,以避免零件间的混淆。但同一零件在不同的视图中,它们的剖面线方向和间距应保持一致。

二、装配图中的尺寸

装配图不是直接用于加工制造零件的,所以不需要将每个零件的尺寸都详细地注出,一般标注下列几种尺寸:

(1)性能(或规格)尺寸:表示机器或部件的性能或规格的尺寸。如图 17-22 中的 $\phi120$ 和 23 尺寸是该轴承座安装滚动轴承的规格。

(2)外形尺寸:表示机器或部件最外轮廓的尺寸,即总长、总宽和总高。如图 17-22 的 260、85 和 $R68 + 74 = 142$ 等尺寸。

(3)安装尺寸:表示机器或部件安装时所需要的尺寸。如图 17-22 的 210 尺寸为轴承底座两螺栓孔的中心距;图 17-23 的 500 和 210 尺寸为齿轮传动装置的轴承座在安装时螺栓孔的纵向和横向中心距。

(4)配合尺寸:表示零件之间有配合要求的尺寸。如图 17-23 中的 $\phi80\dfrac{H7}{m5}$ 等尺寸。其分子用大写字母和数字表示孔的公差带的代号;分母用小写字母和数字表示轴的公差带的代号。当标注标准件、外购件与零件(轴或孔)的配合代号时,可以仅标注相配零件的公差带代号。如图 17-23 中所示的 $\phi65k6$,则表示大写字母和数字的分子按规定省略。同样,如图 17-23 中所示的 $\phi120H7$,则表示小写字母和数字的分母也按规定省略。由于配合的概念涉及有关专业知识,在此仅作简单的说明。

三、序号、明细表和标题栏

1. 零件的序号

在装配图中各零件(或部件)采用指引线进行编号。关于序号的编号和要求应注意下列各项。

(1)装配图上规格完全相同的每种零件一般只编一个序号。

(2)指引线以细实线自所指部分的可见轮廓内引出,并在引出端画一小圆点。在另一端用细实线画一水平线或一圆圈以编写序号。序号字高应比尺寸数字的高度大一号或大二号,如图 17-22 和图 17-23 所示。

(3)对装配关系清楚的连接零件组,可采用公共指引线,例如螺栓、垫圈、螺母等的零件组。

(4)对滚动轴承、轴承座、电机等组件或独立部件(另有部件装配图表示),只编一个序号,如图 17-23 所示的滚动轴承和轴承座。

(5)装配图上的序号,应按顺时针或逆时针呈水平或铅直方向排列。

2. 明细表

对有序号的零件、组件或部件均应列入明细表作较详细的说明。明细表一般画在标题栏的上方,零件的序号应由下而上顺序编写,如图 17-23 所示。

明细表包括序号、零件名称、代号、数量、材料、重量和附注等内容。明细表中的序号应与视图中所编写的零件序号相一致。代号的注写,一般有两种方式:凡是标准件或通用件列入国家标准或其他统一标准的,注写其标准代号,不再画出其零件图;其余的零件(或部件)均需画出零件图(或部件图),且给予自编代号。如图 17-23 明细表中的代号 TJ84.5.1、TJ84.5.2、TJ84.5.3 等分别为轴、齿轮、轴承座等非标准零件的代号。该代号应与相应零件的零件图代号相同。代号中的末位数 1、2、3 等为零件图的编号,末位数前的一位数(如 5)表示该部件(齿轮传动装置)的编号。前面的字母和数字(如丁 J84)则表示该机器的代号。

3. 标题栏

标题栏内容与零件图的标题栏大致相同。装配图(总装与部装图)的代号在标题栏内注写时,在其末位数后需加 00 两字。如图 17-23 中标题栏内所示的 TJ84.5.00。

参 考 文 献

[1] 郑国权. 道路工程制图[M]. 北京:人民交通出版社,1979.

[2] 中华人民共和国国家推荐性标准. GB/T 50001—2010 房屋建筑制图统一标准[S]. 北京:中国建筑工业出版社,2011.

[3] 中华人民共和国国家推荐性标准. GB/T 50103—2010 总图制图标准[S]. 北京:中国建筑工业出版社,2011.

[4] 中华人民共和国国家推荐性标准. GB/T 50104—2010 建筑制图标准[S]. 北京:中国建筑工业出版社,2011.

[5] 中华人民共和国国家推荐性标准. GB/T 50105—2010 建筑结构制图标准[S]. 北京:中国建筑工业出版社,2011.

[6] 中华人民共和国国家推荐性标准. GB 50162—1992 道路工程制图标准[S]. 北京:中国标准出版社,1993.

[7] 中华人民共和国国家推荐性标准. GB/T 50106—2010 给水排水制图标准[S]. 北京:中国建筑工业出版社,2011.

[8] 中华人民共和国国家推荐性标准. GB/T 4457~4459 机械制图[S]. 北京:中国标准出版社,1996~2014.